Modern Russian 2

Clayton L. Dawson
Assya Humesky

in consultation with
Charles E. Bidwell

Georgetown University Press, Washington, D.C. 20057

Library of Congress Cataloging in Publication Data

Dawson, Clayton L.
  Modern Russian.

  Includes indexes.
    1. Russian language—Grammar—1950–
2. Russian language—Spoken Russian. I. Bidwell,
Charles Everett, 1923–   joint author. II. Humesky,
Assya, joint author. III. Title.
PG2112.D36 1977   491.7′83′421   77-5837
ISBN 0-87840-170-9 (v. 2)

Copyright © 1965 by Georgetown University
Printed in the United States of America

International Standard Book Number: 0-87840-170-9

In February 1960 the University of Michigan sponsored a conference of scholars to "develop criteria for a two-year college sequence of specialized materials for learning the Russian language." In its proposal to the U.S. Office of Education for funds to support the conference, the University of Michigan stated its view that "The urgency of our national need to improve and increase the study of the Russian language in our schools and colleges and the comparative dearth and inadequacy of existing materials for this purpose dictate the collaboration of the U.S. Office of Education with the Russian language specialists . . . in the production of a complete two-year college level course in Russian." The proposal advised that "pertinent decisions regarding personnel, institutional sponsorship, and methodology for the production of such a course should be made only on a broadly established basis of consensus among a widely representative group of scholars and specialists in this field." The twenty-seven scholars and specialists listed on the page opposite collaborated at the conference to achieve that consensus, and designated nine persons, similarly listed, as an Advisory Committee to the project.

Recommendations arising from the February 1960 conference and from the Advisory Committee resulted in the naming and empowering of the Working Committee: Dr. Clayton L. Dawson, Professor and Chairman of the Slavic Department at Syracuse University (project coordinator); Dr. Charles E. Bidwell, Associate Professor and Chairman of the Department of Slavic Languages and Literatures, University of Pittsburgh; and Dr. Assya Humesky, Associate Professor of Russian Language and Literature, University of Michigan. Syracuse University undertook to house and administer the entire project and assumed responsibility for the preparation of the new materials. Both the University of Michigan conference and the University of Syracuse project to produce the two-year course were supported by the U.S. Office of Education, under authority of Title VI of the National Defense Education Act.

The University of Michigan, the University of Pittsburgh, and Syracuse University cooperated by granting leaves of absence to Drs. Humesky, Bidwell, and Dawson respectively. Along with these universities, The American University, the Foreign Service Institute, Georgetown University, Indiana University, St. John's University, the State University College at New Paltz, New York, and the University of Washington participated in the field testing of materials prior to publication, providing helpful suggestions and encouragement. Generous help was provided in typing, advising, and recording by a large group of native Russians teaching in the Slavic Department of Syracuse University. Professors Robert L. Baker of Indiana University and Tatiana Cizevska of the University of Illinois contributed timely information on culture and current usage out of their recent experience in the Soviet Union. Finally, special critical evaluations and recommendations were provided by Professors Baker, Richard Burgi of Princeton University, Kurt Klein of the University of Illinois, and Laurence C. Thompson of the University of Washington.

Modern Russian, together with the recordings and the teacher's manual prepared to accompany it, unique in both content and techniques in the Russian field, is the fruition of this cooperative group effort.

Contents

Recordings for *Modern Russian*

Modern Russian 1

Cassette	Side A: Lesson	Page	Minutes	Side B: Lesson	Page	Minutes
1	1	3	45	2	19	31
2	3	35	46	4	49	31
3	5	61	30	5	74	25
4	6	83	43	6	99	39
5	7	109	28	7	122	29
6	7	127	25	7	131	27
7	8	139	54	8	156	55
8	9	167	29	9	180	27
9	9	185	26	9	189	24
10	10	195	26	10	209	25
11	10	213	26	10	216	26
12	11	225	23	11	237	24
13	11	240	30	11	245	30
14	12	253	40	12	268	36
15	13	279	30	13	293	30
16	13	299	24	13	303	23
17	14	309	25	14	320	24
18	14	323	29	14	327	28
19	15	335	49	15	351	51
20	16	361	47	16	376	46
21	17	389	26	17	401	24
22	17	403	27	17	409	27
23	18	419	24	18	424	23
24	18	436	31	18	441	31

Modern Russian 2

Cassette	Side A: Lesson	Page	Minutes	Side B: Lesson	Page	Minutes
25	19	483	41	19	498	37
26	20	507	45	20	523	43
27	21	533	46	21	546	47
28	22	553	23	22	563	22
29	22	566	29	22	570	25
30	23	577	47	23	591	47
31	24	599	44	24	612	43
32	25	619	36	25	631	35
33	25	635	24	25	638	19
34	26	643	50	26	657	46

Modern Russian 2 (continued)

Cassette	Side A: Lesson	Page	Minutes	Side B: Lesson	Page	Minutes
35	27	667	44	27	679	44
36	28	687	46	28	701	47
37	29	709	31	29	720	30
38	29	725	24	29	728	24
39	30	735	30	30	746	30
40	30	750	26	30	754	25
41	31	761	46	31	776	44
42	32	787	46	32	801	44
43	33	811	45	33	825	43
44	34	833	27	34	845	27
45	34	849	24	34	852	23
46	35	859	41	35	873	40
47	36	883	22	36	886	21
48	36	896	30	36	902	28

Modern Russian 2

NOTES

PREPARATION FOR CONVERSATION   ## На аэропо́рте Вну́ково

аэропо́рт	airfield, airport
Вну́ково	Vnukovo (name of airport)
на аэропо́рте Вну́ково	at Vnukovo airport
Во́т мы́ и на аэропо́рте Вну́ково.	Well, here we are at Vnukovo airport.
Никола́й Никола́евич! Во́т не ожида́л!	Nikolay Nikolaevich! I didn't expect to see you!
лете́ть (II, u-d)[1], лечу́, лети́шь, –я́т	to be flying; to be on one's way (by air)
Вы́ то́же лети́те?	Are you flying, too?
провожа́ть (I)	to see off
Не́т, я́ провожа́л жену́.	No, I was seeing my wife off.
улете́ть (pfv II)	to fly away, leave (by air)
Она́ то́лько что улете́ла в Ки́ев.	She just left for Kiev.
родны́е, –ых	relatives (close)
Она́ то́лько что улете́ла в Ки́ев, к родны́м.	She just left for Kiev, to see her relatives.
А вы́ куда́?	And where are you going?
Го́рький	Gorky (name of city)
Я́ лечу́ в Го́рький.	I'm flying to Gorky.
командиро́вка	assignment, travel order, mission
посыла́ть (I)	to send
посыла́ть в командиро́вку	to assign, send on business
Меня́ посыла́ют в командиро́вку.	I'm being assigned there.
Меня́ посыла́ют на ме́сяц в командиро́вку.	I'm being assigned there for a month.
Во́т ка́к!	You don't say!
куда́-нибудь [kudáṇibuṭ]	somewhere, anywhere
Всегда́ ва́с куда́-нибудь посыла́ют.	They're always sending you somewhere.
отправля́ться (I)	to depart, start out
самолёт	airplane, aircraft
А когда́ ва́ш самолёт отправля́ется?	And when does your plane depart?

---

[1] The abbreviation u-d stands for unidirectional as opposed to m-d for multidirectional in reference to simple verbs of motion.

В де́сять два́дцать.

    отпра́виться (pfv II), отпра́влюсь, отпра́вишься, –ятся

До́лжен бы́л отпра́виться в де́сять два́дцать.

    расписа́ние

По расписа́нию до́лжен бы́л отпра́виться в де́сять два́дцать.

    бюро́ (indecl n)

    спра́вочный

В спра́вочном бюро́ сказа́ли, что опозда́ет.

    со́рок

Самолёт опозда́ет на со́рок мину́т.

В спра́вочном бюро́ сказа́ли, что опозда́ет мину́т на со́рок.

    быва́ть (I)

Э́то ча́сто быва́ет.

    отстава́ть (I) (*like* дава́ть)

    часы́, –о́в (pl only)

Мои́ часы́ немно́го отстаю́т.

    оди́ннадцать [aḑínətcəṭ]

    че́тверть (f)

    без че́тверти

По мои́м часа́м без че́тверти оди́ннадцать.

Посмо́трим: по мои́м часа́м без че́тверти оди́ннадцать, но они́, ка́жется, немно́го отстаю́т.

Ско́лько на ва́ших часа́х?

    ро́вный

    ро́вно

По мои́м часа́м ро́вно оди́ннадцать.

Мои́ часы́ спеша́т.

По мои́м часа́м ро́вно оди́ннадцать, но мои́ всегда́ спеша́т.

    висе́ть (II)

    стена́ (nom *and* acc pl: сте́ны; acc sg: сте́ну)

Во́н та́м на стене́ вися́т часы́.

    прове́рить (pfv II) (*like* ве́рить)

Сейча́с прове́рим.

    оказа́ться (pfv I) (*like* каза́ться)

Мои́ часы́ оказа́лись пра́вильными.

Без че́тверти оди́ннадцать. Мои́ оказа́лись пра́вильными.

    ма́сса вре́мени

Так у ва́с ещё ма́сса вре́мени.

At 10:20.

    to depart, leave, go (*or* start out)

It was supposed to have left at 10:20.

    schedule, timetable

According to the schedule it was supposed to have departed at 10:20.

    office, bureau, desk

    information (adj)

At the information desk they said it would be late.

    forty

The plane will be forty minutes late.

At the information desk they said it would be about forty minutes late.

    to happen, be the case; to visit, frequent

That often happens.

    to lag, be slow, be behind

    watch, clock

My watch is a little slow.

    eleven

    quarter, fourth

    a quarter of, a quarter to

It's a quarter to eleven by my watch.

Let's see, by my watch it's a quarter to eleven, but I think it's a little slow.

What does your watch say?

    smooth; even, equal

    even; exactly, sharp

According to my watch it is exactly eleven.

My watch is fast.

It's exactly eleven by my watch, but mine's always fast.

    to hang, be hanging

    wall

There's a clock over there on the wall.

    to check, verify

Let's check it now.

    to turn out, to be, prove to be, happen to be; find oneself

My watch proved to be correct.

A quarter to eleven. Mine turned out to be right.

    plenty of time, lots of time

So you still have plenty of time.

Не хоти́те ли зайти́ в буфе́т?

    чего́-нибудь (gen of что́-нибудь)

Не хоти́те ли зайти́ в буфе́т чего́-нибудь вы́пить?

С удово́льствием.

    поза́втракать (pfv I), поза́втракаю, –ешь, –ют

Я́ не успе́л поза́втракать.

    торопи́ться (II), тороплю́сь, торо́пишься

Я́ та́к торопи́лся, что не успе́л поза́втракать.

    у́тром

У́тром я́ та́к торопи́лся, что не успе́л поза́втракать.

    закуси́ть (pfv II), закушу́, заку́сишь, –ят

    бы́ть не про́чь

Я́ не про́чь закуси́ть.

    призна́ться

Я́, призна́ться, и закуси́ть не про́чь.

Я́, призна́ться, и закуси́ть не про́чь. У́тром та́к торопи́лся, что не успе́л поза́втракать.

    пи́во

    заку́ска

Зака́жем заку́ску и пи́ва.

    како́й-нибудь

Зака́жем каку́ю-нибудь заку́ску и пи́ва.

Ну́ так сейча́с зака́жем каку́ю-нибудь заку́ску и пи́ва.

    во́дка

Жа́ль, что во́дки не́т.

    встре́ча

    прия́тный

Вы́пьем за прия́тную встре́чу.

    а то́

    вы́пили бы

Жа́ль, что во́дки не́т, а то́ вы́пили бы за прия́тную встре́чу.

    ка́к сле́дует

Жа́ль, что во́дки не́т, а то́ вы́пили бы ка́к сле́дует за прия́тную встре́чу.

Wouldn't you like to stop in at the snack bar?

    something

Wouldn't you like to stop in at the snack bar and have something to drink?

Fine!

    to have breakfast, have lunch

I didn't have time to eat breakfast.

    to rush, be in a hurry

I was in such a hurry that I didn't have time to eat breakfast.

    in the morning, this morning

I was in such a rush this morning, I didn't have time to eat breakfast.

    to have a bite (*or* snack)

    to not mind, have no objection

I wouldn't mind having a bite to eat.

    to tell the truth, I must confess

I wouldn't mind having a bite to eat, I must confess.

To tell the truth, I wouldn't mind having a bite to eat. I was in such a rush this morning I didn't have time to eat breakfast.

    beer

    light snack, bite (to eat); (pl) appetizers, hors d'œuvres

Let's order a snack and some beer.

    some, sort sort of; any

Let's order some sort of snack and beer.

Well, now let's order a snack of some sort and beer.

    vodka

Too bad there's no vodka.

    encounter, meeting; welcome

    pleasant, agreeable, nice

Let's drink to a pleasant encounter.

    otherwise, or else; that way

    could have drunk, might have drunk

Too bad there's no vodka; that way we could have drunk to a pleasant encounter.

    properly

Too bad there's no vodka; that way we could have drunk a proper toast to a pleasant encounter.

SUPPLEMENT

встреча́ть (I)

Кто́ его́ встреча́ет на аэропо́рте?

    to meet, encounter, greet

Who's meeting him at the airport?

за́втракать (I)	to eat breakfast, eat lunch
Я обы́чно за́втракаю до́ма.	I usually eat breakfast (or lunch) at home.
за́втрак	breakfast, lunch
Она́ пригласи́ла меня́ на за́втрак.	She invited me for breakfast (or lunch).
ро́дственник	relative, relation
ро́дственница	relative, relation (f)
Прие́хали все́ ро́дственники.	All our relatives have arrived.
Она́ моя́ ро́дственница.	She's a relative of mine.
оди́ннадцать [aḍínətcət]	eleven
двена́дцать [dẏinátcət]	twelve
трина́дцать [ṭrinátcət]	thirteen
четы́рнадцать [čiṭírnətcət]	fourteen
пятна́дцать [p̧itnátcət]	fifteen
шестна́дцать [šisnátcət]	sixteen
семна́дцать [şimnátcət]	seventeen
восемна́дцать [vəşimnátcət]	eighteen
девятна́дцать [ḍiẏitnátcət]	nineteen
два́дцать [dvátcət]	twenty
три́дцать [ṭrítcət]	thirty
со́рок [sórək]	forty

На аэропо́рте Вну́ково[1]

И. И. — Ива́н Ива́нович   Н. Н. — Никола́й Никола́евич

И. И. 1 Никола́й Никола́евич! Во́т не ожида́л! Вы́ то́же лети́те?

Н. Н. 2 Не́т, я провожа́л жену́. Она́ то́лько что улете́ла в Ки́ев, к родны́м.[2] А вы́ куда́?

И. И. 3 В Го́рький.[3] Посыла́ют на ме́сяц в командиро́вку.[4]

Н. Н. 4 Во́т ка́к! Всегда́ ва́с куда́-нибудь посыла́ют. А когда́ ва́ш самолёт отправля́ется?

И. И. 5 По расписа́нию до́лжен бы́л отпра́виться в де́сять два́дцать, но в спра́вочном бюро́ сказа́ли, что опозда́ет мину́т на со́рок.[5]

Н. Н. 6 Э́то ча́сто быва́ет. Посмо́трим: по мои́м часа́м без че́тверти оди́ннадцать, но они́, ка́жется, немно́го отстаю́т. Ско́лько на ва́ших?[6]

И. И. 7 Ро́вно оди́ннадцать, но мои́ всегда́ спеша́т. Во́н та́м на стене́ вися́т часы́. Сейча́с прове́рим.

Н. Н. 8 Без че́тверти оди́ннадцать. Мои́ оказа́лись пра́вильными. Та́к у ва́с ещё ма́сса вре́мени. Не хоти́те ли зайти́ в буфе́т чего́-нибудь вы́пить?

И. И. 9 С удово́льствием. Я, призна́ться, и закуси́ть не про́чь. У́тром та́к торопи́лся, что не успе́л поза́втракать.[7]

Н. Н. 10 Ну́ так сейча́с зака́жем каку́ю-нибудь заку́ску и пи́ва.[8] Жа́ль, что во́дки не́т, а то́ вы́пили бы ка́к сле́дует за прия́тную встре́чу.

NOTES

[1] Vnukovo airport is situated near a small town of the same name, twenty-four kilometers from Moscow. Most foreign dignitaries arriving in Moscow land there.

[2] **Родны́е** (*literally*, one's own) is an adjectival noun that is used in the plural to refer mostly to the members of one's immediate family; the noun **ро́дственники** refers to one's other relatives or relations. As an adjective, **родно́й** means *native* or *one's own*, for example: **Мо́й родно́й язы́к — англи́йский.**

[3] The city of **Го́рький**, formerly **Ни́жний Но́вгород**, is located east of Moscow on the Volga River. It was the birthplace of the famous writer, Maxim Gorky (1868–1936) and was renamed in his honor in 1932.

[4] **Командиро́вка** can refer to an official assignment involving travel, the trip itself, or the accompanying travel orders. Without a **командиро́вка** or some other type of travel permit, one cannot check into a hotel.

[5] The use of cardinal numbers alone to tell time, as, for example, **в де́сять два́дцать** *at* 10:20, is largely reserved for such official purposes as rail and air departure and arrival times, broadcasting, and other scheduled activities.

[6] **Ско́лько на ва́ших?** *What does your watch say?* is short for **Ско́лько вре́мени на ва́ших часа́х?** In asking for the time, either **Кото́рый ча́с?** or **Ско́лько вре́мени?** may be used. Similarly, *at what time* may be expressed by either **во ско́лько** or **в кото́ром часу́**, although the latter is more typical of older generation speakers.

[7] Although **за́втрак** is the literal word for *breakfast* and **обе́д** for *dinner*, there is some overlapping in the usage of these nouns as well as in the usage of the derived verbs, **за́втракать** and **обе́дать**. Russians usually call their midday meal **за́втрак** and their late afternoon meal **обе́д**, although some consider **обе́д** the midday meal. Note the expressions **до обе́да** and **по́сле обе́да** *before noon* and *afternoon*. For some, breakfast is **ча́й**.

[8] **Заку́ска** is any light snack; in the plural it refers to appetizers or hors d'œuvres. The verb **закуси́ть** means *to have a bite of something*, especially with an accompanying drink.

PREPARATION FOR CONVERSATION　　**На самолёте**

чего́-то (gen of что́-то)	something
не хвата́ть (I)	to be missing, short (*or* lacking); to run out of
чего́-то не хвата́ет	something's missing
Ка́жется, чего́-то не хвата́ет.	Something seems to be missing.
бума́жник	wallet, billfold
Бума́жник е́сть.	My billfold is here.
по́л, –а; полы́, –о́в	floor
на полу́　[nəpalú]	on the floor

ná пол [ná·pəl] — onto the floor
чемода́нчик — suitcase (small)
Чемода́нчик на полу́. — The suitcase is on the floor.
поста́вить (pfv II) (*like* оста́вить) — to put (in standing position)
Чемода́нчик я на́ пол поста́вил. — I put the suitcase on the floor.

па́пка — folder, cardboard case (for carrying documents)
Ага́, па́пки нет. — Ahh, the folder's missing.

бортпроводни́ца — stewardess
Где́ бортпроводни́ца? — Where's the stewardess?
Что́ вы и́щете, граждани́н? — What are you looking for, sir?
Вы что́-нибудь потеря́ли? — Have you lost something?
Я не ви́жу свое́й па́пки. — I don't see my folder.
А куда́ вы её положи́ли? — But where did you put it?

голова́, –ы́; го́ловы, голо́в (acc sg го́лову) — head
над (*or* надо) (*plus* instr) — above, over
у себя́ над голово́й — above my head
Я её положи́л у себя́ над голово́й. — I put it up over my head.
ря́дом — close by, next to each other
ря́дом с (*plus* instr) — alongside, next to
шля́па — hat
Я её положи́л у себя́ над голово́й, ря́дом со шля́пой. — I put it up over my head, next to my hat.

укра́сть (pfv I) (past укра́л, –а, –о, –и; fut украду́, –ёшь, –у́т) — to steal
Неуже́ли укра́ли? — Is it possible it's been stolen?
Да что́ вы! — Why, what are you talking about!
кра́сть (I) (*like* укра́сть) — to steal
Кто́ же бу́дет кра́сть каку́ю-то па́пку? — Just who would be stealing some sort of folder?
шпио́н — spy
А шпио́ны? — How about spies?
шути́ть (II), шучу́, шу́тишь, –ят — to joke
Я, коне́чно, шучу́. — I'm joking, of course.
исче́знуть (pfv I) [iščéznuṭ] исче́зну, исче́знешь (irreg past исче́з, исче́зла, –о, –и) — to vanish, disappear
Куда́ э́та па́пка исче́зла? — Where did the folder vanish [to]?
Но я про́сто не понима́ю, куда́ э́та па́пка исче́зла? — But I simply don't understand where the folder vanished [to].
сиде́нье — seat
Па́пка упа́ла за сиде́нье. — The folder fell behind the seat.
вероя́тно — probably
Па́пка, вероя́тно, упа́ла за ва́ше сиде́нье. — The folder probably fell behind your seat.
та́к и есть! — just as I thought! I was right!
Та́к и есть: во́т она́! — I was right; here it is!

никто́ (не)

Во́т ви́дите, никто́ её не кра́л.

благодари́ть (II)

Благодарю́ ва́с.

беспоко́иться (II), беспоко́юсь, –о́ишься

Я беспоко́ился.

в са́мом де́ле

Я в са́мом де́ле на́чал беспоко́иться.

ва́жный

В э́той па́пке ва́жные бума́ги.

дово́льно

В э́той па́пке дово́льно ва́жные бума́ги.

везти́ (I, u-d), везу́, везёшь, везу́т (past вёз, везла́, –о́, –и́)

Я в э́той па́пке везу́ дово́льно ва́жные бума́ги.

осторо́жнее

Бу́дьте осторо́жнее!

в друго́й ра́з

В друго́й ра́з бу́дьте осторо́жнее!

класть (I) (pres кладу́, –ёшь, –у́т; past кла́л, –а, –о, –и)

В друго́й ра́з клади́те таки́е ве́щи в портфе́ль.

чемода́н

пря́тать (I), пря́чу, пря́чешь, –чут

В друго́й ра́з пря́чьте таки́е ве́щи в чемода́н.

Клади́те таки́е ве́щи в портфе́ль и́ли пря́чьте в чемода́н.

Да я́ всегда́ пря́чу.

Сего́дня я́ э́того не сде́лал.

почему́-то

Сего́дня я́ почему́-то э́того не сде́лал.

Да я́ всегда́ пря́чу, но сего́дня почему́-то э́того не сде́лал.

SUPPLEMENT

кто́-то (gen *and* acc кого́-то)

Кто́-то укра́л мо́й чемода́н.

кто́-то из (*plus* gen)

Кто́-то из ва́ших друзе́й звони́л.

кто́-нибудь (gen *and* acc кого́-нибудь)

Кто́-нибудь звони́л?

кто́-нибудь из (*plus* gen)

Кто́-нибудь из мои́х знако́мых звони́л?

су́мка

Положи́те хле́б в свою́ су́мку.

су́мочка (var. of су́мка)

Положи́те клю́ч в свою́ су́мочку.

карма́н

---

nobody, no one

So you see, nobody stole it.

to thank

Thank you.

to worry; to trouble oneself, bother

I was worried.

indeed, really

I really began to get worried.

important

There are important papers in this folder.

rather, quite

There are rather important papers in this folder.

to be carrying (*or* taking) (by vehicle)

I'm carrying rather important papers in this folder.

more careful, more carefully

Be more careful!

next time, another time

Next time, be more careful!

to put, place

Next time put such things in your briefcase.

suitcase

to hide, conceal

Next time hide such things in your suitcase.

Put such things in your briefcase or hide them in your suitcase.

I always do.

I didn't do it today.

for some reason, somehow

For some reason I didn't do it today.

I always do, but for some reason I didn't do it today.

someone, somebody

Somebody stole my suitcase.

one of

One of your friends phoned.

anybody, anyone, someone

Did anybody call?

one of, any (one) of

Did one (*or* any) of my friends phone?

bag, pouch

Put the bread in your bag.

small bag, handbag, purse, pocketbook

Put the key in your handbag.

pocket

Положи́те авторучку в карма́н руба́шки.	Put the pen in your shirt pocket.
спря́тать (pfv I)	to hide, conceal
Я спря́чу ключ в я́щик.	I'll hide the key in the drawer.
ста́вить (II)	to put (in standing position)
Не ста́вьте стака́н на́ пол!	Don't put your glass on the floor.
пошути́ть (pfv II)	to joke; to play (*or* pull) a joke
Я пошути́л.	I was joking.
исчеза́ть (I) [iščizát]	to disappear, vanish
Куда́ он исчеза́ет по суббо́там?	Where does he disappear [to] on Saturdays?
повезти́ (pfv I) (*like* везти́)	to take (*or* carry) (by vehicle)
Я вас повезу́ за́ город по́сле обе́да.	I'll drive you to the country this afternoon.
у (*plus* gen) боли́т	to have an ache (*or* pain)
У меня́ боли́т голова́.	I have a headache.
У меня́ боле́ла голова́.	I had a headache.

На самолёте

И. И. — Ива́н Ива́нович   Б. — Бортпроводни́ца

И.И. 1 Ка́жется, чего́-то не хвата́ет. Бума́жник есть, чемода́нчик я на́ пол поста́вил. Ага́, па́пки нет.

Б.   2 Что́ вы и́щете, граждани́н? Вы что́-нибудь потеря́ли?

И.И. 3 Да́. Я не ви́жу свое́й па́пки.

Б.   4 А куда́ вы её положи́ли?

И.И. 5 У себя́ над голово́й, ря́дом со шля́пой. Неуже́ли укра́ли?

Б.   6 Да что́ вы! Кто́ же бу́дет кра́сть каку́ю-то па́пку?

И.И. 7 А шпио́ны? Я, коне́чно, шучу́. Но про́сто не понима́ю, куда́ э́та па́пка исче́зла?

Б.   8 Она́, вероя́тно, упа́ла за ва́ше сиде́нье. Та́к и есть: во́т она́. Во́т ви́дите, никто́ её не кра́л.

И.И. 9 Благодарю́ вас.[1] А я в са́мом де́ле на́чал беспоко́иться — я в э́той па́пке везу́ дово́льно ва́жные бума́ги.

Б.   10 В друго́й ра́з бу́дьте осторо́жнее! Клади́те таки́е ве́щи в портфе́ль и́ли пря́чьте в чемода́н.[2]

И.И. 11 Да я всегда́ пря́чу, но сего́дня почему́-то э́того не сде́лал.

NOTES   [1] The expression **благодарю́ вас**, which was considered overly polite and old-fashioned for many years after the Revolution, is now coming back into vogue. Party members and young Communists are encouraged to be polite and use this expression.

[2] Notice here that the accusative case follows the preposition **в** when used with the verbs **кла́сть** *to put* and **пря́тать** *to hide*. Correspondingly, in a question, **куда́** (rather than **где́**) is used for *where*: **Куда́ ты́ спря́тал клю́ч?** *Where did you hide the key?*

Basic sentence patterns

1. До аэропо́рта ну́жно е́хать почти́ ча́с.

   ———————————————— о́коло ча́са.

   ———————————————— полчаса́.

   ———————————————— со́рок пя́ть
   мину́т.

   ———————————————— бо́льше ча́са.

   ———————————————— два́ часа́.[1]

   It takes almost an hour to drive to the airport.

   —————— about an hour ——————————.

   —————— half an hour ——————————.

   —————— forty-five minutes ——————————.

   —————— more than an hour ——————————.

   —————— two hours ——————————.

2. Когда́ отправля́ется ва́ш самолёт?
   — В де́сять два́дцать.
   — В оди́ннадцать.
   — В двена́дцать.
   — В ча́с.
   — Без че́тверти два́.

   When does your plane depart?
   At 10:20.
   At 11:00.
   At 12:00.
   At 1:00.
   At a quarter to two.

3. Когда́ вы́ отправля́етесь в
   командиро́вку?
   —————— они́ отправля́ются ——————?
   —————— ты́ отправля́ешься ——————?

   When do you leave for the assignment?
   —————— they leave ——————?
   —————— you leave ——————?

4. Ско́лько вре́мени по ва́шим часа́м?
   — Ро́вно ча́с.
   — Без че́тверти два́.
   — Пя́ть часо́в.

   What time is it by your watch?
   Exactly one o'clock.
   A quarter to two.
   Five o'clock.

5. Мои́ часы́ отстаю́т на пя́ть мину́т.

   —————— спеша́т ——————.

   —————— иду́т пра́вильно.

   —————— иду́т непра́вильно.

   My watch is five minutes slow.

   —————————————— fast.

   —————— correct (or right).

   —————— wrong.

6. Я́ уезжа́ю на ме́сяц.
   Я́ та́м жи́л це́лый ме́сяц.
   Я́ вы́йду на пя́ть мину́т.
   Я́ подожда́л пя́ть мину́т.

   I'm leaving for a month.
   I lived there for a whole month.
   I'll step out for five minutes.
   I waited for five minutes.

7. Мы́ ча́сто быва́ем в колхо́зе у родны́х.
   Вы́ ча́сто быва́ете в клу́бе?

   We frequently visit our folks at the kolkhoz.
   Do you often visit the club?

8. Что́ сего́дня на за́втрак?
   — Не зна́ю, говоря́т что́-то вку́сное.
   Что́ бы́ло на за́втрак?
   — Кака́я-то ка́ша.

   What's for breakfast today?
   I don't know; they say it's something tasty.
   What was for breakfast?
   Some kind of kasha.

9. Куда́ поста́вить ва́ш чемода́н?
   — Куда́-нибудь на́ пол.
   Где́ мы́ поза́втракаем?
   — Где́-нибудь в рестора́не.
   Кто́ на́м пока́жет доро́гу?
   — Кто́-нибудь из э́того села́.

   Where should I put your suitcase?
   Anywhere on the floor.
   Where shall we eat breakfast?
   In a restaurant somewhere.
   Who's going to show us the way?
   Someone from this village.

---

[1] Note that the genitive singular of **ча́с** has two possible stresses. After two, three, and four, the stress is on the ending: **два́ (три́, четы́ре) часа́**; otherwise, it is on the stem: **о́коло ча́са** *about an hour*, *about one o'clock*, **ме́ньше ча́са** *less than an hour*.

10. Кто́ ко мне́ приходи́л?
    — Кто́-то из бюро́.
    Где́ о́н жи́л?
    — Где́-то за́ городом.
    О́ля придёт?
    — Не́т, она́ почему́-то не хо́чет.
    Заче́м о́н берёт чемода́н?
    — Зна́чит о́н ему́ заче́м-то ну́жен.

Who came to see me?
Somebody from the office.
Where did he live?
Somewhere out of town.
Is Olya coming?
No, she doesn't want to for some reason.
What is he taking the suitcase for?
It means he needs it for some purpose or other.

11. Не пря́чь от меня́ ничего́.
    — Я́ не пря́чу.
    Спря́чьте э́то куда́-нибудь.
    — Я́ сейча́с спря́чу.
    Куда́ ты́ всегда́ пря́чешь во́дку?
    — Я́ её не пря́чу, она́ всегда́ стои́т в буфе́те.

Don't hide anything from me.
I'm not.
Hide this somewhere or other.
I'll hide it right away.
Where do you always hide the vodka?
I don't hide it; it's always in the sideboard.

12. Куда́ исче́з Никола́й?
    — О́н лежи́т, у него́ боли́т голова́.
    Куда́ исче́зла во́дка?
    — Её кто́-то вы́пил.
    Куда́ исче́зли ва́ши бра́тья?
    — Они́ пошли́ за пи́вом и заку́сками.

Where did Nikolay disappear to?
He's lying down; he has a headache.
Where did the vodka disappear to?
Somebody drank it.
Where did your brothers disappear to?
They've gone to get beer and snacks.

13. Вы́ не заку́сите с на́ми?
    — Благодарю́ ва́с, я́ тороплю́сь на самолёт.
    — Я́ закушу́ где́-нибудь по доро́ге.

Won't you have a bite with us?
Thanks, [but] I'm hurrying to catch a plane.

I'll have a bite somewhere along the way.

14. Сове́тую ва́м узна́ть расписа́ние в спра́вочном бюро́.
    — Та́м виси́т объявле́ние, что бюро́ закры́то.

I advise you to find out the schedule at the information desk.
There's a notice posted there [saying] that the office is closed.

15. У меня́ никогда́ не хвата́ло вре́мени.
    Е́сли у ва́с не бу́дет хвата́ть де́нег, обраща́йтесь ко мне́.

I never had enough time.
If you don't have enough money, come to me.

16. Обяза́тельно прове́рь у него́ докуме́нты.
    — Коне́чно, прове́рю.
    Вы́ прове́рили его́ бага́ж?
    — Не́т, сейча́с прове́рим.

Be sure and check his documents.
I'll check them, of course.
Did you inspect his baggage?
No, we'll do it right away.

17. За́втрак оказа́лся о́чень вку́сным.
    Оказа́лось, что самолёт уже́ улете́л.

Breakfast proved to be very good.
It turned out the plane had already left.

18. Вы́ о нём не беспоко́йтесь!
    — Я́ не беспоко́юсь.
    Вы́ о ни́х не беспоко́йтесь!
    — Мы́ не беспоко́имся.

Don't you worry about him!
I don't.
Don't you worry about them!
We don't.

19. О́н спря́тал что́-то в карма́н.
    Она́ спря́тала ⸺ в су́мочку.

He hid something in his pocket.
She ⸺ her purse.

20. У меня́ укра́ли бума́жник.
    Ту́т ча́сто краду́т ве́щи.
    У меня́ э́тот па́рень укра́л часы́.
    О́н уже́ не в пе́рвый ра́з крадёт.

My wallet was stolen.
Things are often stolen here.
That fellow stole my watch.
This isn't the first time he's stolen.

21. Я кладу́ в ча́й са́хар.

I'm putting sugar in my tea.

— Ты́ кладёшь сли́шком мно́го са́хару.

You're putting [in] too much sugar.

Pronunciation practice: review of assimilated clusters beginning with the letters с and з

A. с + с = long с   versus

[ssóṇij] с Со́ней
  with Sonya
[şşévəm] с се́вом
  with the sowing

с + з = long з

[zzónəj] с зо́ной
  with a zone
[ẓẓévəm] с зе́вом
  with a pharynx

B. з + с = long с   versus

[issálə] из са́ла
  from fat
[işşéṃiṇi] из се́мени
  from the seed

з + з = long з

[izzálə] из за́ла
  from a hall
[iẓẓéḷiṇi] из зе́лени
  from greens

C. с + з = long з   versus

[ẓẓimój] с зимо́й
  with winter
[zzáḍi] сза́ди
  from behind

с + ж = long ж

[žžinój] с жено́й
  with the wife
[žžábəj] с жа́бой
  with a frog

STRUCTURE AND DRILLS

The indefinite pronouns: кто́-то and кто́-нибудь; что́-то and что́-нибудь

MODELS

Кто́-то пришёл.
Кто́-то стучи́т.
Кто́-то укра́л мо́й чемода́н.
Вы́ **кого́-нибудь** здесь зна́ете?

Someone's come.
Somebody's knocking.
Somebody's stolen my suitcase.
Do you know *anybody* here?

Кто́-нибудь звони́л?
— Да́, **кто́-то** из Москвы́.

Did *anyone* call?
Yes, *someone* from Moscow.

Она́ с **ке́м-нибудь** говори́ла?
— Да́, с **ке́м-то** из горсове́та.

Did she talk with *anyone*?
Yes, with *somebody* from the gorsovet.

Они́ **кому́-нибудь** э́то пока́зывали?
— Да́, **кому́-то** из пединститу́та.

Did they show this to *anybody*?
Yes, to *someone* from the pedagogical institute.

Она́ о **ко́м-нибудь** писа́ла?
— Да́, о **ко́м-то** из ву́за.

Did she write about *anyone*?
Yes, about *somebody* from college.

Я хотéл вáм **чтó-то** предложи́ть.

А ты́, Тáня, нашлá **чтó-нибудь**?

Давáйте зайдём в буфéт **чегó-нибудь** закуси́ть.

Онá **чтó-нибудь** купи́ла?
— Дá, **чтó-то** интерéсное.

Онá **чегó-нибудь** вы́пила?
— Дá, **чегó-то** холóдного.

Они́ говори́ли о **чём-нибудь** интерéсном?
— Дá, кáжется, о **чём-то** óчень интерéсном.

I wanted to suggest *something* to you.

Tanya, did you find *anything*?

Let's stop in at the snack bar and have a bite of *something or other*.

Did she buy *anything*?
Yes, *something* interesting.

Did she drink *anything*?
Yes, *something* cold.

Did they talk about *anything* interesting?
Yes, about *something* very interesting, it seems.

■ REPETITION DRILL

Repeat the given models, noting that **ктó-нибудь** and **чтó-нибудь** are very indefinite and are most likely to be used in questions, commands, or statements expressed in the present or future. **Ктó-то** and **чтó-то**, on the other hand, are definite but not identified, and are most apt to be used in statements expressed in the past or present.

■ STRUCTURE REPLACEMENT DRILLS

1. *He's afraid of somebody.*
   Is he afraid of anybody?
   Óн когó-то бои́тся.
   Óн когó-нибудь бои́тся?
   Óн когó-то пригласи́л.
   Óн комý-то э́то сказáл.
   Óн комý-то писáл.
   Óн о кóм-то говори́л.
   Óн о кóм-то писáл.
   Óн с кéм-то говори́л.
   Óн с кéм-то познакóмился.

2. *She bought something.*
   Did she buy anything?
   Онá чтó-то купи́ла.
   Онá чтó-нибудь купи́ла?
   Онá чéм-то занимáется.
   Онá чемý-то ýчится.
   Онá о чём-то говори́ла.
   Онá чегó-то боя́лась.
   Онá чтó-то ви́дела.
   Онá чтó-то спря́тала.
   Онá чтó-то вы́пила.
   Онá на чтó-то надéялась.

■ QUESTION-ANSWER DRILLS

1. *Was anyone there?*
   Yes, somebody was.
   Ктó-нибудь бы́л там?
   Дá, ктó-то бы́л.
   Ктó-нибудь звони́л?
   Ктó-нибудь пришёл?
   Ктó-нибудь приéхал?
   Ктó-нибудь её провожáл?
   Ктó-нибудь её встречáл?
   Ктó-нибудь её повёз?
   Ктó-нибудь пéл?

2. *Is he afraid of anything?*
   Yes, he's afraid of something.
   Óн чегó-нибудь бои́тся?
   Дá, óн чегó-то бои́тся.
   Óн о чём-нибудь беспокóится?
   Óн чтó-нибудь говори́л?
   Óн чтó-нибудь купи́л?
   Óн чéм-нибудь бóлен?
   Óн чéм-нибудь интересýется?
   Óн чéм-нибудь зáнят?

■ STRUCTURE REPLACEMENT DRILLS

1. *The folder disappeared.*
   Something disappeared.
   Па́пка исче́зла.
   Что́-то исче́зло.
   Тётя исче́зла.
   Кто́-то исче́з.

   (деньги, дети, бумажник,
   родственники, бумага, он)

2. *A suitcase is missing.*
   Something is missing.
   Не хвата́ет чемода́на.
   Чего́-то не хвата́ет.
   Не хвата́ет О́ли.
   Кого́-то не хвата́ет.

   (ложек, секретаря, деревянной ложки,
   уборщицы, синей рубашки)

3. *Does he need the secretary?*
   Does he need anyone?
   Ему́ ну́жен секрета́рь?
   Ему́ кто́-нибудь ну́жен?
   Ему́ ну́жен сто́л?
   Ему́ что́-нибудь ну́жно?

   (папка, помощник директора, бумаги,
   атлас, директор)

4. *Is she interested in music?*
   Is she interested in anything?
   Она́ интересу́ется му́зыкой?
   Она́ че́м-нибудь интересу́ется?
   Она́ интересу́ется Ви́тей?
   Она́ ке́м-нибудь интересу́ется?

   (стихами, учителем, работой,
   инженером, физикой, джазом,
   доктором, пением)

■ QUESTION-ANSWER DRILLS

1. *Who was that?*
   Someone from the office.
   Кто́ э́то бы́л?
   Кто́-то из бюро́.
   Кому́ он позвони́л?
   Кому́-то из бюро́.
   О ком он говорил?
   С кем он приехал?
   У кого он был?
   Кого он видел?
   О ком он спрашивал?
   Кого он пригласил?
   Кем он интересуется?

2. *Did he bring anything?*
   Yes, he brought something.
   О́н что́-нибудь принёс?
   Да́, о́н что́-то принёс.
   О́н что́-нибудь сказа́л?
   Да́, о́н что́-то сказа́л.
   Он с чем-нибудь не согласен?
   Он о чём-нибудь просил?
   Он чего-нибудь боится?
   Она чем-нибудь недовольна?
   Она что-нибудь пела?

■ RESPONSE DRILLS

1. *Someone's come.*
   Probably somebody from the office.
   Кто́-то пришёл.
   Наве́рно, кто́-нибудь из бюро́.
   О́н о ко́м-то спра́шивал.
   Наве́рно, о ко́м-нибудь из бюро́.
   О́н с ке́м-то говори́л.
   О́н кого́-то слу́шал.
   О́н кому́-то звони́л.
   О́н к кому́-то ходи́л.
   О́н с ке́м-то игра́л в ка́рты.
   О́н о ко́м-то писа́л.

2. *He's writing something.*
   Probably something interesting.
   О́н что́-то пи́шет.
   Наве́рно, что́-нибудь интере́сное.
   О́н о чём-то ду́мает.
   Наве́рно, о чём-нибудь интере́сном.
   О́н че́м-то занима́ется.
   О́н что́-то пря́чет.
   О́н о чём-то говори́т.
   О́н над чём-то рабо́тает.
   О́н что́-то у́чит.
   О́н чему́-то у́чится.

The indefinite pronouns are formed by adding the unstressed particles –нибудь and –то to the interrogatives кто́ and что́. Their declension is exactly like that of кто́ and что́.

	someone, somebody, anybody	*someone, somebody*	*something, anything*	*something*
NOM	кто́-нибудь	кто́-то	что́-нибудь	что́-то
ACC	(*like* gen)	(*like* gen)	(*like* nom)	(*like* nom)
GEN	кого́-нибудь	кого́-то	чего́-нибудь	чего́-то
PREP	о ко́м-нибудь	о ко́м-то	о чём-нибудь	о чём-то
DAT	кому́-нибудь	кому́-то	чему́-нибудь	чему́-то
INSTR	ке́м-нибудь	ке́м-то	чём-нибудь	чём-то

The particle –нибудь is always used for that which is indefinite, –то for that which is definite but unspecified or not yet defined.

As a general rule, the student should use –нибудь forms in questions, commands, and statements expressed in the future and –то forms in statements expressed in the past.

Compare	**Кто́-нибудь** звони́л?	Did anyone (at all) call?
	Да́йте ему́ **чего́-нибудь** вы́пить.	Give him something to drink.
	Купи́те ей **что́-нибудь** недорого́е.	Buy her something (or other) inexpensive.
	Кто́-нибудь, наве́рно, принесёт вина́.	Someone will probably bring wine.
with	**Кто́-то** звони́л.	Somebody telephoned.
	О́н **что́-то** говори́л об уро́ке.	He was saying something about the lesson.
	Она́ **чего́-то** боя́лась.	She was afraid of something.

In present statements, forms with –то are more common, although those with –нибудь can be used if repeated action is described.

Compare	**Кто́-то** стучи́т.	Somebody's knocking.
	Она́ **кого́-то** бои́тся.	She's afraid of somebody.
	К на́м **кто́-то** идёт.	Somebody's coming to see us.
	За э́тим столо́м **кто́-то** сиди́т.	Someone's sitting at that table.
with	По суббо́там к на́м всегда́ **кто́-нибудь** прихо́дит.	On Saturday somebody (or other) always comes to see us.
	За э́тим столо́м всегда́ **кто́-нибудь** сиди́т.	There's always someone sitting at that table.
	Она́ обы́чно покупа́ет **что́-нибудь** интере́сное.	She usually buys something interesting.

Other forms with the unstressed particles –нибудь and –то

Indefinite adverbs and adjectival modifiers are also formed by adding the unstressed particles –нибудь and –то to interrogatives.

гдé	where	гдé-нибудь	anywhere, some-where	гдé-то	somewhere
кудá	where (to)	кудá-нибудь	(to) anywhere, somewhere	кудá-то	(to) somewhere
когдá	when	когдá-нибудь	sometimes, at any time, ever	когдá-то	at one time, once
кáк	how	кáк-нибудь	in any way, somehow	кáк-то	in some way, somehow
почемý	why	почемý-нибудь	for any reason	почемý-то	for some reason
какóй	what (sort of)	какóй-нибудь	a, any (sort of), some (kind of)	какóй-то	some (kind of), a (certain), one
чéй	whose	чéй-нибудь	anyone (some-one) else's	чéй-то	someone, (somebody) else's

MODELS

Óн бýдет **гдé-нибудь** преподавáть?
— Дá, **гдé-то** в шкóле в Кѝеве.

Онѝ **кудá-нибудь** éдут?
— Дá, **кудá-то** зá город.

Заходѝте к нáм **когдá-нибудь**.
Вы́ **когдá-нибудь** бы́ли в Кѝеве?
— Дá, бы́л **когдá-то** давнó.

Óн дóлжен **кáк-нибудь** достáть дéнег.
Óн **кáк-то** достáл дéнег.

Éсли вы **почемý-нибудь** не смóжете прийтѝ, то позвонѝте.
Óн **почемý-то** не пришёл.

Мнé нýжен **какóй-нибудь** стóл.
— В сосéдней кóмнате éсть **какóй-то** стóл.

Я́ возьмý **чью́-нибудь** кнѝгу по истóрии.
Óн по ошѝбке взя́л **чью́-то** кнѝгу.

Will he be teaching *somewhere*?
Yes, *somewhere* in a school in Kiev.

Are they going *anywhere* (or *somewhere*)?
Yes, *somewhere* out of town.

Come and see us *sometime*.
Have you *ever* been to Kiev?
Yes, *once* long ago.

He must get some money *somehow or other*.
He got some money *somehow*.

If for *any* reason you can't come, then call.

For *some* reason he didn't come.

I need a table of *some sort*.
There's *some sort* of table in the next room.

I'll borrow *somebody's* history book.
He took *somebody's* book by mistake.

■ REPETITION DRILL

Repeat the given models noting that in the various adverbial and adjectival forms with the unstressed particles –нибудь and –то, the pattern of usage is the same as for the indefinite pronouns; –нибудь forms are mostly used in questions, commands, and future constructions, while –то forms are mostly used in past and present tense constructions.

■ EXPANSION DRILLS

1. *He went away.*
   He went somewhere.
   Óн уéхал.
   Óн кудá-то уéхал.
   Óн ýчится.
   Óн гдé-то ýчится.
   (позвонѝл, рабóтает, улетéл, преподаёт, спешѝт, закусѝл, торóпится)

2. *There's an application lying here.*
   There's somebody's application lying here.
   Здéсь лежѝт заявлéние.
   Здéсь лежѝт чьé-то заявлéние.
   Здéсь лежѝт шля́па.
   Здéсь лежѝт чья́-то шля́па.
   (письмó, бумáги, бумáжник, авторýчка, часы́, пáпка, чемодáнчик)

1. *When are you going to do it?*
   Don't worry, I'll do it sometime or other.
   Когда́ ты э́то сде́лаешь?
   Не беспоко́йся, когда́-нибудь сде́лаю.
   Куда́ ты пойдёшь?
   Не беспоко́йся, куда́-нибудь пойду́.
   Ка́к ты доста́нешь разреше́ние?
   Где́ ты позавтракаешь?
   Когда́ ты ко́нчишь?
   Куда́ ты обрати́шься?
   Ка́к ты пое́дешь?

2. *Are they setting out for somewhere?*
   Yes, they're setting out for some place.
   Они́ куда́-нибудь отправля́ются?
   Да́, куда́-то отправля́ются.
   Они́ где́-нибудь устро́ились?
   Да́, где́-то устро́ились.
   Они́ куда́-нибудь торо́пятся?
   Они́ когда́-нибудь та́м бы́ли?
   Они́ ка́к-нибудь договори́лись?
   Они́ куда́-нибудь летя́т?
   Они́ че́м-нибудь недово́льны?

■ PATTERNED RESPONSE DRILLS

1. *He can take anybody's pen.*
   He's already taken somebody's.
   О́н мо́жет взя́ть чью́-нибудь ру́чку.
   О́н уже́ чью́-то взя́л.
   О́н мо́жет писа́ть каки́м-нибудь
   карандашо́м.
   О́н уже́ каки́м-то пи́шет.
   О́н мо́жет доста́ть где́-нибудь бума́ги.
   О́н мо́жет узна́ть ка́к-нибудь расписа́ние.
   О́н мо́жет устро́иться ка́к-нибудь на
   рабо́ту.
   О́н мо́жет принести́ чьё-нибудь
   заявле́ние.
   О́н мо́жет посмотре́ть в како́м-нибудь
   словаре́.

2. *My brother went to Moscow.*
   I'll go somewhere or other, too.
   Бра́т пое́хал в Москву́.
   Я́ то́же куда́-нибудь пое́ду.
   Бра́т написа́л интере́сный о́черк.
   Я́ то́же напишу́ како́й-нибудь о́черк.
   Бра́т встре́тил интере́сную де́вушку.
   Бра́т устро́ился на мясокомбина́т.
   Бра́т познако́мился с краси́вой де́вушкой.
   Бра́т купи́л интере́сные пласти́нки.
   Бра́т купи́л чёрное пи́во.
   Бра́т бу́дет рабо́тать на ста́нции.
   Бра́т бу́дет пе́ть наро́дные пе́сни.

DISCUSSION

Particular attention should be paid to **како́й-то** and **како́й-нибудь**. They are often used in Russian where English uses the indefinite article *a* or *an* in the sense of *a certain* or *some*.

На углу́ стоя́л **како́й-то** челове́к.
Ва́м **како́е-то** письмо́.

There was *a* (or *some*) man standing on the corner.
There's *a* letter for you (*or* There's *some sort of* letter for you.

Это рабо́та для **како́го-нибудь** рабо́чего, а не для профе́ссора.

This is a job for *a* (or *some*) working man, not for a professor.

Note also that **како́й-то** may be used with adjectives in the same way as English *sort of*, *kind of*.

О́н **како́й-то** безду́шный.

He's *kind of* unfeeling.

Prepositions за and под: the accusative versus the instrumental

MODELS

Поста́вьте маши́ну **за общежи́тие**.
Маши́на стоя́ла **за общежи́тием**.

Park the car *behind the dormitory*.
The car was parked (*or* standing) *behind the dormitory*.

Я поста́вил ведро́ **за дверь.** I put the bucket *behind the door.*
Ведро́ стоя́ло **за две́рью.** The bucket was standing *behind the door.*

Ста́нем **под де́рево.** Let's get *under a tree.*
Не сто́йте **под де́ревом!** Don't stand *under a tree!*

Я поста́вил чемода́н **под стул.** I put the suitcase *under the chair.*
Ваш чемода́н **под сту́лом.** Your suitcase is *under the chair.*

Я поста́вил маши́ну **за́ угол.** I parked the car *around* (lit. *behind*) *the corner.*
Маши́на стоя́ла **за угло́м.** The car was parked *around the corner.*

■ REPETITION DRILL

Repeat the given models, noting that with both **под** and **за**, the instrumental case is used in locational (**где**) constructions, and the accusative case in destinational (**куда**) constructions.

■ STRUCTURE REPLACEMENT DRILLS

1. *The [hand]kerchief fell off the table.*
   The [hand]kerchief is under the table.
   Плато́к упа́л со стола́.
   Плато́к лежи́т под столо́м.
   (с полки, с окна, со шкафа, со стула,
   с лестницы, с буфета, с машины)

2. *I parked the car behind the house.*
   The car's parked behind the house.
   Я поста́вил маши́ну за до́м.
   Маши́на стои́т за до́мом.
   (за общежи́тие, за кио́ск, за це́рковь,
   за избу́, за зда́ние, за комиссио́нный
   магази́н, за ста́нцию)

■ SUBJECT REVERSAL DRILLS

1. *Our house is beyond the lake.*
   The lake's beyond our house.
   На́ш до́м за о́зером.
   О́зеро за на́шим до́мом.
   Две́рь за шка́фом.
   Карти́на за па́пкой.
   Телефо́н за по́лками.
   Магази́н за теа́тром.
   Село́ за ле́сом.
   Лаборато́рия за библиоте́кой.
   Кио́ск за гости́ницей.
   Дере́вья за зда́нием.

2. *The notebooks were lying under the atlas.*
   The atlas was lying under the notebooks.
   Тетра́ди лежа́ли под а́тласом.
   А́тлас лежа́л под тетра́дями.
   Ка́мень лежа́л под ли́стьями.
   Коро́бка лежа́ла под словаре́м.
   Па́пка лежа́ла под портфе́лем.
   Но́ж лежа́л под бума́гами.
   Биле́т лежа́л под ка́ртой.
   Салфе́тки лежа́ли под па́пкой.
   Письмо́ лежа́ло под карти́ной.

DISCUSSION

Both **за** *behind, beyond* and **под** *under* are used with the accusative in answer to **куда**, that is, where a change in position is involved:

Куда́ упа́л но́ж? Where did the knife fall?
— Но́ж упа́л за буфе́т. The knife fell behind the sideboard.
— Но́ж упа́л под буфе́т. The knife fell under the sideboard.

When no change in position is involved, that is, in answer to the question **где**, the instrumental accompanies **за** and **под**:

Где́ бы́л но́ж?   Where was the knife?

— Но́ж бы́л за буфе́том.   The knife was behind the sideboard.

— Но́ж бы́л под буфе́том.   The knife was under the sideboard.

The same contrast is observed in certain stereotyped expressions using **за**:

Compare	Сади́тесь **за сто́л.** (acc)	Sit down at the table.
with	Мы́ сиде́ли **за столо́м.** (instr)	We were sitting at the table.
Compare	Я́ поста́вил маши́ну **за́ угол.** (acc)	I parked the car around the corner.
with	Маши́на стои́т **за угло́м.** (instr)	The car is parked around the corner.
Compare	Пое́дем **за́ город.** (acc)	Let's drive out of town.
with	Мы́ бы́ли **за́ городом.** (instr)	We were out of town.

Note that the stress sometimes shifts from the noun to the preposition: **за́ город** [zágərət], **за́ городом** [zágərədəm], **за́ угол** [záugəl].

Closed-stem verbs: verbs with infinitives ending in -сть, -сти, -зть, -зти, and -чь

Verbs whose basic stem ends in a consonant and which do not contain a linking vowel before the infinitive suffix are called "closed-stem" verbs. These are verbs with infinitives ending in –сть, –сти, –зть, –зти, and –чь. All belong to the first conjugation and are regular in the present and the future, but show certain special features in their past tense and infinitive. They belong to three main groups:

1. Verbs which lose the д of the stem throughout the past tense and replace it with с in the infinitive:

INFINITIVE	PAST	PRESENT-FUTURE	IMPERATIVE
кла́сть (ipfv)	кла́л, –а, –о, –и	кладу́, кладёшь	клади́! клади́те!
кра́сть (ipfv)	кра́л, –а, –о, –и	краду́, крадёшь	кради́! кради́те!
укра́сть (pfv)	укра́л, –а, –о, –и	украду́, украдёшь	укради́! укради́те!
упа́сть (pfv)	упа́л, –а, –о, –и	упаду́, упадёшь	упади́! упади́те!
пропа́сть (pfv)	пропа́л, –а, –о, –и	пропаду́, пропадёшь	пропади́! пропади́те!

2. Verbs which lose the л in the masculine past tense form. Note particularly **расти́**, which is spelled with the stem vowel **о** in the past tense and **а** in all other forms:

INFINITIVE	PAST	PRESENT-FUTURE	IMPERATIVE
расти́ (ipfv)	ро́с, росла́, –ло́, –ли́	расту́, растёшь	расти́! расти́те!
принести́ (pfv)	принёс, принесла́, –ло́, –ли́	принесу́, принесёшь	принеси́! принеси́те!
везти́ (ipfv)	вёз, везла́, –ло́, ли́	везу́, везёшь	вези́! вези́те!
повезти́ (pfv)	повёз, повезла́, –ло́, –ли́	повезу́, повезёшь	повези́! повези́те!
ползти́ (ipfv)	по́лз, ползла́, –ло́, –ли́	ползу́, ползёшь	ползи́! ползи́те!

3. Verbs which lose the л in the masculine past tense form, and have infinitives ending in –чь:

INFINITIVE	PAST	PRESENT-FUTURE	IMPERATIVE
пе́чь (ipfv)	пёк, пекла́, пекли́	пеку́, печёшь, пеку́т	пеки́! пеки́те!
испе́чь (pfv)	испёк, испекла́, испекли́	испеку́, испечёшь, испеку́т	испеки́! испеки́те!
помо́чь (pfv)	помо́г, помогла́, помогли́	помогу́, помо́жешь, помо́гут	помоги́! помоги́те!

MODELS

Не клади́ туда́ руба́шек! | Don't put the shirts there!
Она́ их кладёт сюда́ в шка́ф. | She puts them here in the cupboard.
Она́ кла́ла руба́шки в шка́ф. | She was putting the shirts in the cupboard.
Он кла́л руба́шки на сту́л. | He was putting the shirts on a chair.
Она́ не хо́чет их кла́сть туда́. | She doesn't want to put them there.

Кто́ ва́с повезёт на аэропо́рт? | Who'll take you to the airport?
Она́ на́с повезла́ _____. | She took us _____.
Он на́с повёз _____. | He took us _____.
Я до́лжен их повезти́ _____. | I have to take them _____.

Я принесу́ ва́м стака́н молока́. | I'll bring you a glass of milk.
Принеси́те мне́ _____. | Bring me _____.
Она́ мне́ принесла́ _____. | She brought me _____.
Он мне́ принёс _____. | He brought me _____.
Ва́м принести́ стака́н молока́? | Can I bring you a glass of milk?

Испеки́те пиро́г с гриба́ми. | Bake a mushroom pirog.
Я испеку́ _____. | I'll bake _____.
Она́ испекла́ _____. | She baked _____.
Он испёк _____. | He baked _____.
Я собира́юсь испе́чь _____. | I plan to bake _____.

■ REPETITION DRILL

Repeat the given models, noting that verbs which pattern like **повезти́**, **принести́**, and **испе́чь** lose the past tense suffix л in the masculine form only, whereas verbs which pattern like **кла́сть** and **кра́сть** retain the л in *all* past forms, but lose their final stem consonant, д, in all these forms.

■ TRANSFORMATION DRILLS

1. *He's putting the money in his pocket.*
   He was putting the money in his pocket.
   Он кладёт де́ньги в карма́н.
   Он кла́л де́ньги в карма́н.
      (мы, Нина, они, сестра, вы, брат, Валя)

2. *We'll take all the luggage.*
   We took all the luggage.
   Мы́ повезём ве́сь бага́ж.
   Мы́ повезли́ ве́сь бага́ж.
      (сын, жена, директор, носильщики,
      семья, соседи, инженер, бабушка)

3. *The tree is growing fast.*
   The tree was growing fast.
   Де́рево растёт бы́стро.
   Де́рево росло́ бы́стро.
      (ребёнок, дети, сын, дочь, деревья,
      гриб, трава, город)

■ STRUCTURE REPLACEMENT DRILL

Bake a pirog!
It's necessary to bake a pirog.
Испеки́ пиро́г!
На́до испе́чь пиро́г.
Вези́ чемода́ны!
На́до везти́ чемода́ны.

Укради́ кусо́к пирога́!
Помоги́ ему́!
Принеси́ и́м во́дки!
Повези́ её в го́род!
Клади́ дете́й спа́ть!
Ползи́ по земле́!

1. *Who stole the pirogs?*
   I don't know who could have stolen them.
   Кто́ укра́л пироги́?
   Я́ не зна́ю, кто́ и́х мо́г укра́сть.
   Кто́ принёс пироги́?
   Я́ не зна́ю, кто́ и́х мо́г принести́.
   (вёз, кра́л, испёк, повёз, пёк, укра́л, принёс)

2. *Did she want to bring something?*
   Yes, but she didn't.
   Она́ хоте́ла что́-то принести́?
   Да́, но не принесла́.
   Она́ хоте́ла что́-то испе́чь?
   Да́, но не испекла́.
   (укра́сть, печь, туда́ класть, принести́, испе́чь)

3. *What did you have in the luggage compartment?*
   I was hauling materials in it.
   Что́ у тебя́ бы́ло в бага́жнике?
   Я́ та́м вёз материа́лы.
   Что́ у неё бы́ло в бага́жнике?
   Она́ та́м везла́ материа́лы.
   (у них, у неё, у вас, у него́, у инжене́ра, у студе́нтов)

4. *Did you put the napkins on the table?*
   I'm just putting them on.
   Ты́ положи́л на сто́л салфе́тки?
   Я́ как ра́з кладу́.
   Вы́ положи́ли на сто́л салфе́тки?
   Мы́ как ра́з кладём.
   (он, ты, они, вы, мать, ты, он, вы)

DISCUSSION

Verbs with infinitives ending in –**чь** and those ending in –**ть** or –**ти** directly preceded by a consonant are called "closed-stem" verbs. They all belong to the first conjugation and are completely regular in the present-future and imperative.

In the formation of the past tense and the infinitive, however, they show a more complicated patterning than the majority of Russian verbs.

1. Verbs like **печь** and **мо́чь** lose the **к** or **г** of their present-future stem in the infinitive and, instead of –**ть**, they take –**чь**. In the past tense they lose the suffix **л** in the masculine form. Compare **пёк** with **пекла́**, and **мо́г** with **могла́**.

2. Verbs like **принести́** and **повезти́** also lose the suffix **л** in the masculine past tense form. Compare **принёс** with **принесла́**.

3. Verbs like **класть** and **упа́сть** replace the **д** of the present-future stem with **с** in the infinitive. They lose the **д** altogether in the past tense, but retain the **л** in all forms of the past: **упа́л, упа́ла, упа́ло, упа́ли.**

Telling time on the hour and at a quarter to the hour[1]

MODELS

Кото́рый ча́с?	What time is it?
— Уже́ ча́с.	It's already one.
_____ два́ часа́.	_____ two o'clock.
_____ три́ ___.	_____ three ___.
_____ четы́ре _.	_____ four ___.
_____ пя́ть часо́в.	_____ five ___.

---

[1] Telling time in Russian with minutes is rather complicated and will be treated in more detail in a later lesson. In this section only time on the hour and a quarter to the hour will be practiced.

Ско́лько вре́мени?	What time is it?
— Без че́тверти четы́ре.	A quarter to four.
—————————— се́мь.	—————————— seven.
—————————— двена́дцать.	—————————— twelve.
Во ско́лько вы́ уезжа́ете?	What time are you leaving?
— В ча́с.	At one.
— В два́ часа́.	At two o'clock.
— В четы́ре ___.	At four _____.
— В ше́сть часо́в.	At six _____.
В кото́ром часу́ вы́ уе́дете?	At what time will you leave?
— В два́ часа́.	At two o'clock.
— Без че́тверти два́.	At a quarter to two.
— В пя́ть часо́в.	At five o'clock.
— Без че́тверти пя́ть.	At a quarter to five.
— В де́вять часо́в.	At nine o'clock.
— Без че́тверти де́вять.	At a quarter to nine.

■ REPETITION DRILL

Repeat the given models, noting that (as in English) the word for *hours* (*o'clock*) can usually be omitted in Russian.

■ CUED QUESTION-ANSWER DRILLS

1. (*one*) *What time is it by your watch?*
   According to my watch it's a quarter to one.

   (ча́с) Ско́лько вре́мени по ва́шим часа́м?
   По мои́м часа́м без че́тверти ча́с.

   (два́) Ско́лько вре́мени по ва́шим часа́м?
   По мои́м часа́м без че́тверти два́.

   (три, четыре, пять, шесть, семь, восемь)

2. (*eight*) *What time does the movie begin?*
   At eight sharp.

   (во́семь) В кото́ром часу́ нача́ло фи́льма?
   Ро́вно в во́семь.

   (де́вять) В кото́ром часу́ нача́ло фи́льма?
   Ро́вно в де́вять.

   (десять, одиннадцать, двенадцать, час, два, три)

■ QUESTION-ANSWER DRILLS

1. *What time could it be? Six?*
   No, it's already seven.

   Кото́рый мо́жет бы́ть ча́с? Ше́сть?
   Не́т, уже́ се́мь часо́в.

   Кото́рый мо́жет быть ча́с? Се́мь?
   Не́т, уже́ во́семь часо́в.

   (девять, десять, одиннадцать, двенадцать, час, два, три, четыре, пять)

2. *What time does the plane leave—at two?*
   No, at a quarter to two.

   Во ско́лько отправля́ется самолёт, в два́?
   Не́т, без че́тверти два́.

   Во ско́лько отправля́ется самолёт, в четы́ре?
   Не́т, без че́тверти четы́ре.

   (час, двенадцать, семь, три, пять)

1. *My watch says twelve sharp.*
   Mine says a quarter to twelve.
   На мои́х часа́х ро́вно двена́дцать.
   А на мои́х без че́тверти двена́дцать.
   На мои́х часа́х ро́вно три́.
   А на мои́х без че́тверти три́.
   (шесть, восемь, двенадцать,
   одиннадцать, девять, два)

2. *It's already two o'clock, it seems.*
   No, it's still only a quarter to two.
   Уже́, ка́жется, два́ часа́!
   Не́т, ещё то́лько без че́тверти два́.
   Уже́, ка́жется, три́ часа́!
   Не́т, ещё то́лько без че́тверти три́.
   (четыре, пять, шесть, семь, восемь)

DISCUSSION

In telling time informally one may omit the genitive forms **часа́** and **часо́в**, just as in informal English the word *o'clock* may be omitted:

в два́ [часа́], в четы́ре [часа́]   at two [o'clock], at four [o'clock]
в пя́ть [часо́в], в се́мь [часо́в]   at five [o'clock], at seven [o'clock]

Since **ча́с** alone is used for *one o'clock*, obviously it cannot be omitted there. In **без че́тверти** constructions, **часа́** and **часо́в** are not used.

Note that in constructions using **без**, the preposition **в** is not used for *at*. Thus **без че́тверти пя́ть** can mean both *a quarter to five* and *at a quarter to five* depending upon the context.

Compare   **Уже́ без че́тверти пя́ть.**   It's *a quarter to five* already.
          Я приду́ без че́тверти пя́ть.   I'll come *at a quarter to five.*

with   **Уже́ пя́ть часо́в.**   It's already *five o'clock.*
          Я приду́ в пя́ть часо́в.   I'll come *at five o'clock.*

Note the following expressions for indicating the accuracy of a watch or clock:

Часы́ на стене́ иду́т пра́вильно.   The clock on the wall is right.
_____ спеша́т.   _____ fast.
_____ спеша́т на две́ мину́ты.   _____ two minutes fast.
_____ отстаю́т.   _____ slow.
_____ отстаю́т на пя́ть мину́т.   _____ five minutes slow.

ПОВТОРЕ́НИЕ

Когда́ самолёт бы́л уже́ в во́здухе, Ива́н Ива́нович реши́л прове́рить свои́ ве́щи. Это, коне́чно, немно́го по́здно, но лу́чше по́здно, чем никогда́. Каза́лось, что всё на ме́сте — бума́жник, чемода́нчик. Но у Ива́на Ива́новича всё-таки бы́ло чу́вство, что чего́-то не хвата́ет. Так и оказа́лось: не́ было па́пки с ва́жными бума́гами. Ива́н Ива́нович на́чал беспоко́иться. В э́то вре́мя пришла́ бортпроводни́ца, и они́ на́чали вме́сте иска́ть па́пку. Ива́н Ива́нович пошути́л, что па́пку, вероя́тно, укра́ли шпио́ны. Но, коне́чно, никто́ её и не ду́мал кра́сть: она́ оказа́лась на полу́, за его́ сиде́ньем.

— Зайдём в столо́вую, заку́сим.

— Так, зна́чит, Ви́тя, на пра́ктику е́дешь, в колхо́з?

— Да́. Что́ же де́лать, е́сли посыла́ют? Во́т жи́знь!

— А ра́зве плоха́я? Та́м све́жий во́здух, прия́тная рабо́та...

— Да́, ты́ во́т шу́тишь, а мне́ совсе́м невесело. В голове́ таки́е чёрные мы́сли, про́сто жи́ть не хо́чется.

— Ну́, ничего́. Это ведь то́лько на два́ го́да.

— Да́, два́ го́да — э́то до́лго. Мно́гое мо́жет случи́ться. Ка́тя, наве́рно, за́муж вы́йдет.

— Ну нет, твоя́ Ка́тя не така́я. Она́ бу́дет тебя́ жда́ть. По́мнишь стихи́ «Жди́ меня́, и я́ верну́сь»?

— Ту́т не стихи́, а сама́ жи́знь.

— Ну во́т, ты́ опя́ть о жи́зни говори́шь. Это уже́ стано́вится ску́чным.

— Ну́, хорошо́. Ты́ же понима́ешь, в чём де́ло.

— Да́, коне́чно. Зна́ешь, что́? Дава́й пойдём, вы́пьем. Когда́ у тебя́ чёрные мы́сли, во́дка — лу́чший вра́ч.

— Ты́ пра́в. Пойдём.

— Кири́лл, почему́ ты́ та́к ра́но верну́лся с рабо́ты? Сейча́с то́лько без че́тверти пя́ть. Что́-нибудь случи́лось?

— Не́т, не́т, всё в поря́дке. Про́сто немно́го боли́т голова́.

— «Немно́го»? У тебя́ тако́й плохо́й ви́д. Я́ тебе́ не ве́рю. Это, наве́рно, что́-нибудь серьёзное. Позвони́ть врачу́?

— Не́т, пожа́луйста, не беспоко́йся. Я́ немно́го полежу́, и всё бу́дет хорошо́.

— А́х, како́й ты́ невозмо́жный! Никогда́ меня́ не слу́шаешь: говори́ла я́ тебе́ сего́дня у́тром — возьми́ тёплую ша́пку. Не́т, ты́ взя́л свою́ ста́рую шля́пу. Мне́ давно́ на́до бы́ло её вы́бросить. На дворе́ зима́, хо́лодно. Во́т и результа́т.

— Ири́на, ми́лая, я́, пра́вда, совсе́м здоро́в. Принеси́ мне́ то́лько немно́го горя́чего ча́ю, и всё бу́дет в поря́дке.

NOTES

PREPARATION FOR CONVERSATION

Поедем ловить рыбу

ловить (II), ловлю, ловишь, –ят	to catch
ловить рыбу	to fish, catch fish
Поедем ловить рыбу!	Let's go fishing!
вставать (I), встаю, –ёшь, –ют	to get up, rise
Толя, вставай!	Tolya, get up!
выходной (*full form* выходной день)	day off (usually Sunday)
У нас сегодня выходной.	It's our day off today.
река, –и́; реки, рек	river
Поедем на реку рыбу ловить?	Shall we go to the river to fish?
дождь, дождя (m) [došč, daẓẓá]	rain
Конечно. Только ты не бойшься, что будет дождь?	Sure, but aren't you afraid it'll rain?
туча	dark cloud, storm cloud
небо, –а (pl небеса, небес)	sky
Видишь, какие на небе тучи.	See what dark clouds there are in the sky.
солнце [sónсə]	sun, sunshine
Будет солнце.	There'll be sunshine *or* It'll be sunny.
передавать (I) (*like* давать)	to broadcast, announce, say; to hand over, pass
По радио передавали, что будет солнце.	They said on the radio it'd be sunny.
Вижу, но по радио передавали, что будет солнце.	I see, but they said on the radio it'd be sunny.
предсказание	prediction, forecast
Правда, этим предсказаниям трудно верить.	It's hard to believe those forecasts, it's true.
Всё равно поедем.	Let's go anyhow.
дышать (II), дышу, дышишь, –ат	to breathe
нечем дышать	[it's] impossible to breathe (*lit.* [there's] nothing to breathe)
В городе нечем дышать.	It's impossible to breathe in town.
прямо	just; straight, directly

В го́роде пря́мо не́чем дыша́ть.　It's just impossible to breathe in town.

Где́ бу́дем лови́ть?　Where shall we fish?

мо́ст, –а́; –ы́, –о́в　bridge
во́зле (*plus* gen)　by, beside, next to, near
Во́зле моста́.　Beside the bridge.
На ста́ром ме́сте, во́зле моста́.　At the old place, beside the bridge.

пойма́ть (pfv of лови́ть), пойма́ю, –ешь　to catch
шту́ка　item, piece, thing; trick
не́сколько шту́к　several
Та́м Бори́с не́сколько шту́к пойма́л.　Boris caught several there.
на дня́х　the other day; one of these days
Та́м Бори́с на дня́х не́сколько шту́к пойма́л.　Boris caught several there the other day.

зави́довать (I) (*plus* dat)　to envy, be jealous of
Зави́дую ему́ — ка́ждый де́нь мо́жет ры́бу лови́ть.　I envy him—he can go fishing every day.

ему́ везёт　he's lucky
И вообще́ ему́ везёт.　He has all the luck *or* He's lucky all the way around.

да́ча　summer place, summer cottage
У ни́х своя́ да́ча.　They have their own summer cottage.
ло́дка　boat
У ни́х своя́ ло́дка.　They have their own boat.
и... и...　both . . . and . . .
И да́ча у ни́х своя́, и ло́дка.　They have both their own summer cottage and a boat.

И вообще́ ему́ везёт — и да́ча у ни́х своя́, и ло́дка.　He's just generally lucky. They have both their own summer cottage and a boat.

изве́стный　[izɣésnij]　well-known, noted, famous
У него́ ведь оте́ц — изве́стный учёный.　After all, his father is a well-known scientist.
поня́тный　understandable, clear
Э́то поня́тно, у него́ ведь оте́ц — изве́стный учёный.　That's understandable; after all, his father is a well-known scientist.

И то́ пра́вда.　That's true, too.

Дава́й пригласи́м Бо́рю с собо́й.　Let's invite Borya to come along.

поката́ться (pfv I), поката́юсь, поката́ешься　to go for a ride

На его́ ло́дке смо́жем поката́ться.　We can go for a ride in his boat.

пое́сть (pfv) (*like* е́сть)　to eat
И возьмём чего́-нибудь пое́сть.　And let's take something or other to eat.
обяза́тельно　for sure, without fail
И обяза́тельно возьмём чего́-нибудь пое́сть.　And let's be sure and take something or other to eat.

умере́ть (pfv I) (past у́мер, –ло, –ли; умерла́; fut умру́, умрёшь, умру́т)　to die

го́лод	hunger, famine
умере́ть с го́лоду	to die of hunger, starve to death
Мы́ не умрём с го́лоду.	We won't starve to death (*or* die of hunger).
Да́же е́сли ры́бы не пойма́ем, то́ не умрём с го́лоду.	Then, even if we don't catch any fish, we won't die of hunger.
Пра́вильно.	That's right.
карто́шка	potatoes
Я́ возьму́ карто́шки.	I'll bring some potatoes.
бе́рег (pl берега́)	bank, shore, coast
на берегу́	on the bank, on the shore, on the coast
Я́ возьму́ карто́шки, бу́дем пе́чь на берегу́.	I'll bring some potatoes; we'll bake them on the bank.
А я́ хле́ба, ча́ю и са́хару.	And I'll bring some bread, tea, and sugar.
со́ль (f)	salt
Ну́ и со́ли, коне́чно.	And some salt, too, of course.

SUPPLEMENT

идёт (шёл) до́ждь	it is (it was) raining
Сего́дня идёт до́ждь.	It's raining today.
Вчера́ шёл до́ждь.	It rained yesterday.
сне́г (pl –а́)	snow
идёт (шёл) сне́г	it is (it was) snowing
Вчера́ ве́сь де́нь шёл сне́г.	It snowed all day yesterday.
е́сть (irreg) (past е́л, е́ла, е́ло, е́ли; pres е́м, е́шь, е́ст, еди́м, еди́те, едя́т; imper е́шь! е́шьте!)	to eat
Вы́ еди́те грибы́?	Do you eat mushrooms?
— Не́т, я́ не е́м грибо́в.	No, I don't eat mushrooms.
съе́сть (pfv) (*like* е́сть)	to eat up, finish eating
Она́ съе́ла ве́сь су́п.	She ate up all the soup.
Ту́т оста́лось немно́го пирога́.	There's some pirog left.
Съе́шьте его́, пожа́луйста.	Finish [eating] it, please.

Пое́дем лови́ть ры́бу

В. — Ви́тя   Т. — То́ля

В. 1 То́ля, встава́й! У на́с сего́дня выходно́й — пое́дем на́ реку ры́бу лови́ть?[1] [2]

Т. 2 Коне́чно. То́лько ты́ не бои́шься, что бу́дет до́ждь? Ви́дишь, каки́е на не́бе ту́чи.

В. 3 Ви́жу, но по ра́дио передава́ли, что бу́дет со́лнце. Пра́вда, э́тим предсказа́ниям тру́дно ве́рить.

Т. 4 Всё равно́ пое́дем, в го́роде пря́мо не́чем дыша́ть. Где́ бу́дем лови́ть?

В. 5 На ста́ром ме́сте, во́зле моста́. Та́м Бори́с на дня́х не́сколько шту́к пойма́л.

T. 6 Завидую ему — каждый день может рыбу ловить.

В. 7 И вообще ему везёт — и дача у них своя, и лодка.[3]

Т. 8 Это понятно, у него ведь отец — известный учёный.

В. 9 И то правда. Давай пригласим Борю с собой. На его лодке сможем покататься.[4]

Т. 10 Хорошо. И обязательно возьмём чего-нибудь поесть. Даже если рыбы не поймаем, то не умрём с голоду.

В. 11 Правильно. Я возьму картошки, будем печь на берегу.[5]

Т. 12 А я хлеба, чаю и сахару.[6] Ну и соли, конечно.

NOTES
[1] **Выходной** (*full form* **выходной день**) *day off* is used by many speakers instead of the word **воскресенье**, since Sunday is the usual day off. A six-day work week is typical for workers and students in the Soviet Union.

[2] Note the shift of stress from noun to preposition in the phrase **на реку**. When stressed, the accusative singular of **река** is **реку**, with a shift of stress from the ending in all other forms of the singular to the stem in the accusative singular. A number of other **жена**-nouns follow the same pattern of stress shift: **рука** (accusative **руку**), **нога** (**ногу**), **вода** (**воду**), **зима** (**зиму**), **стена** (**стену**), **среда** (**среду**), **голова** (**голову**), **пора** (**пору**), **душа** (**душу**), and **земля** (**землю**).

[3] A **дача** is a place in the country, usually rented; often it is simply a room in a peasant cottage. One must be very successful to have his own **дача**, as is the case with Borya's father.

[4] The verb **кататься** (perfective **покататься**) is like **ездить** and **ехать** in that it describes going by some means other than walking, for example, **кататься на лодке** *to go boating*, and **кататься на машине** *to go driving*. It differs from **ездить** (**ехать**), however, in that it describes going purely for the fun of it, with no particular destination. It is mostly used in prepositional constructions or with **где**, whereas **ездить** (**ехать**) is generally used with **куда** and the accusative.

Compare	Где вы катались на лодке?	Where did you go boating?
	— На озере.	On the lake.
with	Куда вы едете?	Where are you going?
	— На озеро.	To the lake.

Thus **кататься** (**покататься**) corresponds to the "on foot" verb, **гулять** (**погулять**), which describes walking for pleasure (strolling) and is also used with **где** and the prepositional.

[5] When Russians go fishing they often bring along potatoes to bake in an open fire on the bank. **Картошка** may refer to a single potato or to more than one, depending upon the context. Note also the masculine noun **картофель**, which has the same meaning but is used less often in colloquial Russian.

[6] The forms **чаю** and **сахару** are alternate genitive singular forms, commonly used in spoken Russian instead of the regular genitive singular forms, **чая** and **сахара**, when a part of a larger amount is indicated, that is, *some tea, some sugar*.

поспо́рить (pfv II)	to argue, dispute; to bet, wager
Поспо́рим!	Let's make a bet!
жара́	heat
Ну́ и жара́!	Boy, it's hot!
вы́купаться (pfv I), вы́купаюсь, –ешься	to bathe, take a bath; go for a dip (or swim)
хорошо́ бы	it'd be nice
Хорошо́ бы вы́купаться!	It'd be nice to go for a dip!
Подожди́, посиди́м ещё немно́го.	Wait a while, let's sit [and fish] a little longer.
пусто́й	empty
сты́дно	ashamed, it's a shame
Сты́дно идти́ наза́д с пусты́ми рука́ми.	It'd be a shame to go back empty-handed.
Подожди́, посиди́м ещё немно́го, а то́ сты́дно идти́ наза́д с пусты́ми рука́ми.	Wait a while, let's fish a little longer; after all, it'd be a shame to go back empty-handed.
Ка́к с пусты́ми? У тебя́ во́н три́ ры́бы.	What do you mean, empty-handed? You have three fish over there.
всего́	in all, altogether, only, a total of
Это я́ всего́ одну́ ры́бу пойма́л.	I'm the one who's only caught one fish.
купа́ться (I)	to bathe, swim
Ребя́та, пойдём купа́ться!	Let's go swimming, fellows!
хвати́ть (pfv II)	to have enough; to last
Ребя́та, хва́тит уже́, пойдём купа́ться.	I've already had it, fellows; let's go swimming.
Ну́, ла́дно.	Well, O.K.
пры́гать (I), пры́гаю, –ешь	to jump, leap
Бу́дем пры́гать с моста́.	Let's jump from the bridge.
уме́ть (I)	to know how, be able
Я́ ещё не о́чень хорошо́ уме́ю.	I'm still not very good at it or I don't know how to do it very well yet.
учи́ть (II)	to teach; to study
Я́ ещё не о́чень хорошо́ уме́ю, хотя́ ты́ меня́ и учи́л.	I'm still not very good at it, even though you did teach me.
Да э́то же про́сто.	Why, it's simple.
Смотри́: вот та́к.	Look, like this.
Ребя́та, пры́гайте, вода́ тёплая.	Jump in, fellows, the water's warm.
умира́ть (I), умира́ю, –ешь	to die
Эх, оди́н ра́з умира́ть!	Oh well, you only die once.
Молоде́ц, Бо́ря!	Nice going, Borya!
плы́ть (I, u-d), плыву́, –ёшь (f past плыла́)	to be swimming, floating, drifting; to be sailing
Эй, Ви́тя, я́ к тебе́ плыву́!	Hey, Vitya, I'm swimming toward you!
догоня́ть (I)	to catch up to, overtake
Бо́ря, догоня́й!	Catch up, Borya!

пла́вать (I, m-d)	to swim, float, drift; to sail
быстре́е	faster, more rapidly
Не могу́, ты́ пла́ваешь быстре́е.	I can't; you swim faster.
поплы́ть (pfv I) (*like* плы́ть)	to set out swimming (*or* sailing)
То́ля, поплывём к бе́регу.	Tolya, let's swim over to the shore.
перегна́ть (pfv II), перегоню́, перего́нишь (f past перегнала́)	to outdistance, surpass, leave behind
Посмо́трим, кто́ кого́ перего́нит.	We'll see who can outdistance whom.
поспо́рить (pfv II)	to argue, discuss; to bet
Ла́дно. Дава́й поспо́рим.	O.K., let's make a bet.
отда́ть (pfv) (*like* да́ть) (past о́тдал, –о, –и; f отдала́)	to give, hand over; to return; to pay
Я́ тебе́ отда́м свою́ ры́бу.	I'll give you my fish.
проигра́ть (pfv I)	to lose (a game or bet); to play (to the end)
Éсли я́ проигра́ю, то́ отда́м тебе́ свою́ ры́бу.	If I lose, I'll give you my fish.
вы́играть (pfv I)	to win (a game or bet)
Éсли я́ вы́играю, ты́ мне́ отда́шь всю́ твою́ ры́бу.	If I win, you'll give me all your fish.
Одну́ несча́стную ры́бу?	One miserable fish?
Ла́дно, я́ всё равно́ вы́играю.	O.K., I'm going to win anyway.
вопро́с	question
Э́то ещё вопро́с.	That remains to be seen.
Ну́, поплы́ли!	Well, we're off!
ура́	hurrah!
Ура́! То́ля вы́играл!	Hurrah! Tolya won!

SUPPLEMENT

вста́ть (pfv I) (*like* ста́ть)	to get up, rise
За́втра я́ вста́ну в се́мь.	Tomorrow I'll get up at seven.
ката́ться (I)	to ride, go for a ride
Мы́ ката́емся на ло́дке.	We're going for a boat ride.
пры́гнуть (pfv I), пры́гну, пры́гнешь	to jump
Посмотри́, о́н пры́гнул с моста́.	Look! He jumped off the bridge.
суме́ть (pfv I)	to be able; to know how
О́н суме́ет э́то сде́лать?	Will he be able to do it?
научи́ть (pfv II)	to teach
О́н научи́л меня́ пла́вать.	He taught me to swim.
изве́стно [izɣésnə]	it's known
все́м изве́стно	everybody knows
Все́м изве́стно, что она́ выхо́дит за́муж.	Everybody knows she's getting married.
по́лный	full, complete
по́лное собра́ние сочине́ний	the complete works
У меня́ в библиоте́ке по́лное собра́ние сочине́ний Пу́шкина.	I have the complete works of Pushkin in my library.
ка́к ва́м (тебе́) не сты́дно	aren't you ashamed [of yourself]

Ка́к тебе́ не сты́дно! | Aren't you ashamed of yourself?
догна́ть (pfv II) (*like* перегна́ть) | to catch up to, overtake
СССР хо́чет догна́ть и перегна́ть Аме́рику. | The U.S.S.R. wants to overtake and surpass America.

спо́рить (II) | to argue, dispute; to bet
Не сто́ит об э́том спо́рить. | There's no use arguing about it.

Поспо́рим !

Б. — Бо́ря (Бори́с)   В. — Ви́тя (Ви́ктор)   Т. — То́ля (Анато́лий)

Б. 1 Ну́ и жара́! Хорошо́ бы вы́купаться!

В. 2 Подожди́, посиди́м ещё немно́го, а то́ сты́дно идти́ наза́д с пусты́ми рука́ми.

Т. 3 Ка́к с пусты́ми? У тебя́ во́н три́ ры́бы. Э́то я́ всего́ одну́ ры́бу пойма́л.

Б. 4 Ребя́та, хва́тит уже́, пойдём купа́ться.[1]

В. 5 Ну́, ла́дно. Бу́дем пры́гать с моста́.

Б. 6 Я́ ещё не о́чень хорошо́ уме́ю, хотя́ ты́ меня́ и учи́л.[2]

В. 7 Да э́то же про́сто. Смотри́: вот та́к. Ребя́та, пры́гайте, вода́ тёплая.

Б. 8 Э́х, оди́н ра́з умира́ть!

Т. 9 Молоде́ц, Бо́ря! Э́й, Ви́тя, я́ к тебе́ плыву́. Бо́ря, догоня́й!

Б. 10 Не могу́, ты́ пла́ваешь быстре́е.[3]

В. 11 То́ля, поплывём к бе́регу. Посмо́трим, кто́ кого́ перего́нит.

Т. 12 Ла́дно. Дава́й поспо́рим: е́сли я́ вы́играю, ты́ мне́ отда́шь всю́ твою́ ры́бу, а е́сли проигра́ю, то́ отда́м тебе́ свою́.

В. 13 Одну́ несча́стную ры́бу? Ла́дно, я́ всё равно́ вы́играю.

Т. 14 Э́то ещё вопро́с. Ну́, поплы́ли!

Б. 15 Ура́! То́ля вы́играл!

NOTES

[1] The verb купа́ться (perfective вы́купаться) means both *to take a bath* and *to go swimming* or *bathing*. Swimming, specifically, is usually expressed by the verbs пла́вать and плы́ть.

[2] The verb учи́ть can mean both *to study* and *to teach*. It requires the accusative for the thing *studied*, but the dative or the infinitive for the thing *taught*:

Гдé вы́ учи́ли ру́сский язы́к? | Where did you *study Russian*?
Она́ его́ учи́ла ру́сскому языку́. | She was *teaching* him *Russian*.
Вы́ меня́ учи́ли пла́вать. | You were *teaching* me [how] *to swim*.

The perfective научи́ть is used only in the sense *to teach* and is also accompanied by the dative or the infinitive for the thing taught:

Óн меня́ **научи́л** игре́ в ша́хматы. He *taught* me the game of chess.

Óн меня́ **научи́л** игра́ть в ша́хматы. He *taught* me [how] to play chess.

In the sense *to teach*, the person taught must be mentioned; otherwise the verb **преподава́ть** is used instead of **учи́ть (научи́ть)**:

Óн **преподаёт** ру́сский язы́к. He *teaches* Russian.

The reflexive verb **учи́ться** (perfective **научи́ться**) means only *to study*, *to learn* and is accompanied by the dative or infinitive for the thing studied:

Óн ско́ро **научи́лся пла́вать**. He soon *learned* [how] to swim.

Óн **у́чится** ру́сскому языку́. He's *studying* Russian.

³ The verbs **пла́вать** and **плы́ть** are both imperfective and form another set of multidirectional versus unidirectional verbs of motion. **Пла́вать** is the multidirectional imperfective describing the general activity (compare **ходи́ть, е́здить**), and **плы́ть** is the unidirectional imperfective describing the activity in process toward a goal (compare **идти́, е́хать**).

Óн хорошо́ **пла́вает**. He *swims* well.

Óн **плывёт** к бе́регу. He's *swimming* toward shore.

Note that **пла́вать** and **плы́ть** are not limited to the notion of *swimming* alone, but describe any movement on or in the water, whether swimming, floating, sailing, or drifting.

Ло́дка ме́дленно **плыла́** к бе́регу. The boat was *drifting* slowly toward shore.

В воде́ **пла́вает** де́рево. There's a tree *floating* in the water.

Basic sentence patterns

1. Я хочу́ бульо́на. I want some consommé (*or* broth).
   _____ хле́ба. _____ bread.
   _____ молока́. _____ milk.
   _____ борща́. _____ borsch.

2. Она́ принесла́ ча́ю. She brought some tea.
   _____ са́хару. _____ sugar.
   _____ су́пу. _____ soup.

3. Я вы́пью молока́. I'll drink some milk.
   _____ ча́ю. _____ tea.
   _____ воды́. _____ water.
   _____ во́дки. _____ vodka.

4. Они́ вы́пили во́дки. They drank vodka.
   _____ всю во́дку. _____ all the vodka.
   _____ пи́ва. _____ beer.
   _____ всё пи́во. _____ all the beer.
   _____ ча́ю. _____ tea.
   _____ ве́сь ча́й. _____ all the tea.

5. Они́ уже́ пое́ли?
 — Нет, они́ ещё не е́ли.
 Вы́ уже́ пое́ли?
 — Нет, я ещё не е́л.

Have they already eaten?
No, they haven't eaten yet.
Have you already eaten?
No, I haven't eaten yet.

6. Она́ е́ла бы́стро.
 Она́ съе́ла два́ куска́ хле́ба.
 Они́ е́ли с удово́льствием.
 Они́ съе́ли все́ грибы́.

She ate quickly.
She ate two pieces (*or* slices) of bread.
They ate with gusto (*or* pleasure).
They ate up all the mushrooms.

7. Е́шьте, пожа́луйста.
 — Спаси́бо, я е́м.
 Съе́шь э́тот пиро́г.
 — Хорошо́, я съе́м.
 Пое́шь пе́ред рабо́той.
 — Я пое́м.

Eat, please.
Thank you, I am eating.
Eat this pirog.
All right, I will.
Have something to eat before work.
I will.

8. Никто́ меня́ не учи́л пла́вать.
 Я никого́ ту́т не зна́ю.
 Я ни у кого́ не быва́ю.
 Я ни к кому́ не хожу́.
 Я э́того никому́ не скажу́.
 Я ни с ке́м ту́т не знако́м.

 Он нике́м не дово́лен.
 Он ни о ко́м не спра́шивал.

No one taught me to swim.
I don't know anyone here.
I don't visit anybody.
I don't go to see anybody.
I won't tell it to a soul.
I don't know (I'm not acquainted with) anyone here.
He's not satisfied with anyone.
He didn't ask about anybody.

9. Ничто́ его́ не интересу́ет.
 Я ничего́ не е́л.
 Я ничему́ не ве́рю.
 Я ничему́ не удивля́юсь.
 Я ни о чём не беспоко́ился.
 Он ниче́м не интересу́ется.

Nothing interests him.
I didn't eat a thing.
I don't believe a thing.
I'm surprised at nothing.
I didn't worry about a thing.
He's not interested in anything.

10. Ло́дка плывёт к бе́регу.
 Где́ вы́ пла́ваете?
 — Мы́ пла́ваем во́зле бе́рега.
 Куда́ вы́ плывёте?
 — Мы́ плывём на друго́й бе́рег.

The boat is drifting toward shore.
Where do you swim?
We swim along the shore.
Where are you swimming to?
We're swimming to the other bank.

11. Он со все́ми знако́м.
 —— все́х перегна́л.
 —— все́м помога́ет.
 —— обо все́х беспоко́ится.

He is acquainted with everybody.
—— surpassed everyone.
—— helps everybody.
—— worries about everybody.

12. Он съе́л всю́ колбасу́.
 ———— ве́сь хле́б.
 ———— всё пече́нье.
 ———— все́ пироги́.

He ate up all the sausage.
———— all the bread.
———— all the cookies.
———— all the pirogs.

13. Я его́ учу́ ру́сскому языку́.
 Он у меня́ у́чится ру́сскому языку́.
 Я учу́ э́ту америка́нку ру́сскому языку́.
 Она́ у меня́ у́чится ру́сскому языку́.
 Я и́х научи́л пла́вать.
 Они́ научи́лись пла́вать.

I'm teaching him Russian.
He's studying Russian with me.
I'm teaching this American lady Russian.
She's studying Russian with me.
I taught them to swim.
They learned to swim.

14. У негó не хватáло однóй пáпки.

He was one folder short.

Óн не мóг э́того сдéлать однóй рукóй.

He couldn't do it with one hand.

Онá взялá чемодáн в однý рýку, а портфéль в другýю.

She took the suitcase in one hand and the briefcase in the other.

15. Óн живёт тепéрь одúн.

He lives alone now.

Онá живёт тепéрь однá.

She lives alone now.

Онú живýт тепéрь однú.

They live alone now.

16. Здéсь, кáжется, жúл Óсипов?

Didn't Osipov live here?

— Дá, но óн ýмер мéсяц томý назáд.

Yes, but he died a month ago.

Здéсь, кáжется, жилá Óсипова?

Didn't Mrs. Osipov live here?

— Дá, но онá умерлá мéсяц томý назáд.

Yes, but she died a month ago.

17. Вáши часы́ спешáт на тринáдцать минýт.

Your watch is thirteen minutes fast.

Мой часы́ отстают на четы́рнадцать минýт.

My watch is fourteen minutes slow.

Вчерá я́ опоздáл на пятнáдцать минýт.

Yesterday I was fifteen minutes late.

Вчерá вы́ опоздáли на трú чéтверти чáса.

Yesterday you were three quarters of an hour late.

Вчерá онá опоздáла бóльше, чéм на чáс.

Yesterday she was more than an hour late.

18. Скóлько стóит э́та рубáшка?

How much is this shirt?

— Девятнáдцать рублéй.

Nineteen rubles.

Скóлько стóит э́тот костю́м?

How much is this suit?

— Сóрок рублéй.

Forty rubles.

19. Во скóлько отправля́ется пóезд?

At what time does the train leave?

— В чáс двáдцать.

At 1:20.

Во скóлько отправля́ется самолёт?

At what time does the plane leave?

— В трú трúдцать.

At 3:30.

Pronunciation practice : inconsistencies in spelling as compared with pronunciation

SIMPLIFICATION OF CONSONANT CLUSTERS

A. Clusters with medial д and т usually omit these letters in pronunciation.

1. здн, pronounced [zn] or [zn̦]

[prázn̦ik] прáздник
feast

[póznə] пóздно
late

[najézn̦ik] наéздник
jockey

[zɣóznəjə] звёздное
starry

[pózn̦ij] пóздний
late

2. стн, pronounced [sn] or [sn̦]

[l̦ésn̦icə] лéстница
stairs

[n̦iščásn̦ij] несчáстный
unfortunate

[úsn̦ij] ýстный
oral

[šisnátcəț] шестнáдцать
sixteen

[čásn̦ij] чáстный
private

[čésn̦ij] чéстный
honest

3. **стл**, pronounced [sl] or [sļ]

[sláţ] стла́ть
to spread

[pasláţ] постла́ть
to spread

[ščisļívij] счастли́вый
happy

[ščásļif] сча́стлив
happy

4. **рдц**, pronounced [rc]

[şércə] се́рдце
heart

B. The consonant **ч** is usually pronounced [š] before **т** and **н**.

[štó] что́
what

[pətamúštə] потому́ что
because

[kaņéšnə] коне́чно
of course

[skúšnə] ску́чно
boring

C. The consonant **в** is often omitted in speech when it occurs in clusters containing several consonants.

[zdrástujţi] здра́вствуйте
hello

[čústujiţi] чу́вствуете
you feel

D. The consonant **л** is not pronounced in the word **со́лнце**.

[sóncə] со́лнце
sun

OTHER SPELLING INCONSISTENCIES

A. The consonant **г** is pronounced [v] in the genitive endings **–ого** and **–его** and the word **сего́дня**.

[fşivó xaróšivə] всего́ хоро́шего
good-bye

[štó nóvəvə] что́ но́вого
what's new

[şivódņə] сего́дня
today

[ņičivó] ничего́
nothing; all right

[talstóvə] Толсто́го
of Tolstoy

[adnavó] одного́
of one

B. The consonant **г** is pronounced [x] before **к** and **ч**.

[m̧áxķij] мя́гкий
soft

[ļóxķij] лёгкий
light, easy

[m̧áxči] мя́гче
softer

[ļixkó] легко́
it's easy

[ļéxči] ле́гче
easier

STRUCTURE AND DRILLS

Irregular verbs éсть (imperfective) and поéсть, съéсть (perfectives)

	éсть (ipfv)		поéсть (pfv)
PAST	éл, éла, éло, éли	PAST	поéл, –а, –о, –и
PRES	éм, éшь, éст	FUT	поéм, поéшь, поéст,
	едим, едите, едят		поедим, поедите, поедят
IMPER	éшь! éшьте!	IMPER	поéшь! поéшьте!

The alternate perfective, **съéсть** *to eat up, finish eating*, follows exactly the same conjugation pattern as **поéсть**.

MODELS

Óн ещё не éл.	He hasn't eaten yet.
Онá ——— éла.	She hasn't ———.
Они ——— éли.	They haven't ———.
На зáвтрак я éм кáшу.	I eat kasha for breakfast.
——— ты éшь —.	You eat ———.
——— óн éст —.	He eats ———.
——— мы едим —.	We eat ———.
——— вы едите —.	You eat ———.
——— они едят —.	They eat ———.
Не éшь этого!	Don't eat that!
— éшьте —!	—— eat —!
Я тóлько что поéл.	I just ate.
Онá ——— поéла.	She just —.
Мы ——— поéли.	We just —.
Я поéм пóзже.	I'll eat later.
Ты поéшь —.	You'll eat —.
Óн поéст —.	He'll eat —.
Мы поедим —.	We'll eat —.
Вы поедите —.	You'll eat ———.
Они поедят —.	They'll eat —.
Ты всё съéл?	Have you finished [eating] everything?
——— съéла?	Have you ———————?
Вы — съéли?	Have you ———————?
Ты съéшь вéсь сýп?	Are you going to eat up all the soup?
— Дá, съéм.	Yes, I am.
Вы съедите вéсь сýп?	Are you going to eat up all the soup?
— Дá, съедим.	Yes, we are.

■ TRANSFORMATION DRILLS

1. *He was eating kasha.*
   He ate the kasha.
   Óн éл кáшу.
   Óн съéл кáшу.
   Ты éл хлéб.
   Ты съéл хлéб.

   Онá éла картóшку.
   Они éли колбасý.
   Вы éли бóрщ.
   Онá éла лапшý.
   Мы éли бýлку.

518 LESSON 20

2. *He ate the kasha.*
   He'll eat the kasha.
   Óн съе́л ка́шу.
   Óн съе́ст ка́шу.

   Она́ съе́ла ка́шу.
   Она́ съе́ст ка́шу.
   (я, мы, Катя, Олег, они, он, вы)

■ QUESTION-ANSWER DRILLS

1. *Have you eaten already?*
   No, we'll eat later.
   Вы́ уже́ е́ли?
   Не́т, мы́ поеди́м по́зже.
   Óн уже́ е́л?
   Не́т, он пое́ст по́зже.
   (ты, дети, инженер, вы, ваши родители, сестра, ты)

2. *Would you like a bite to eat?*
   Yes, we'll eat some bread and sausage.
   Ва́м хо́чется закуси́ть?
   Да́, мы́ съеди́м хле́ба с колбасо́й.
   И́м хо́чется закуси́ть?
   Да́, они съедя́т хле́ба с колбасо́й.
   (Толе, тебе, друзьям, ему, вам, Вере, туристам, тебе)

■ RESPONSE DRILLS

1. *It's time for me to eat.*
   I haven't eaten yet.
   Мне́ пора́ е́сть.
   Я́ ещё не е́л.
   Ва́м пора́ е́сть.
   Вы́ ещё не е́ли.
   (ему, ей, нам, Оле, Вите, детям)

2. *I'm having my breakfast.*
   I eat kasha for breakfast.
   Я́ за́втракаю.
   На за́втрак я́ е́м ка́шу.
   Сосе́дка за́втракает.
   На за́втрак она́ е́ст ка́шу.
   (он, соседи, уборщица, я, врач, мы, сосед, ты)

3. *You're not eating anything.*
   Please eat!
   Вы́ ничего́ не еди́те.
   Е́шьте, пожа́луйста.
   Ты́ ничего́ не пое́л.
   Пое́шь, пожа́луйста.

   Ты́ ничего́ не е́шь.
   Вы́ ничего́ не пое́ли.
   Ты́ ничего́ не е́л.
   Вы́ ничего́ не еди́те.
   Ты́ ничего́ не пое́ла.
   Вы́ ничего́ не е́ли.

DISCUSSION

There are two commonly used perfectives for **е́сть**: **пое́сть** and **съе́сть**. Of the two, **съе́сть** is more restricted and usually requires that the thing eaten be mentioned (or implied), whereas **пое́сть** does not.

Compare   Вы́ уже́ пое́ли?   Have you already finished eating?

with   Óн съе́л ве́сь хле́б.   He ate up all the bread.

When the thing eaten is mentioned, the perfective verb **пое́сть** requires the genitive case, whereas the imperfective verb **е́сть** requires the accusative.

Compare   Óн пое́л хле́ба.   He ate some bread.

with   Óн е́л хле́б.   He was eating bread.
            По утра́м я́ е́м хле́б.   I eat bread in the morning.

The perfective verb **съе́сть**, on the other hand, can be used with either the genitive or accusative, depending upon whether a part (gen) or the whole (acc) is eaten.

Compare   Óн съе́л хле́ба с ма́слом. He ate some bread and butter.

with   Óн съе́л ве́сь хле́б.   He ate up all the bread.

The nouns **за́втрак** and **обе́д** are not ordinarily used as direct objects of the verbs **есть**, **пое́сть**, and **съесть** in the sense *to eat breakfast* (or *dinner*). Instead, the verbs **за́втракать**, **поза́втракать**, **обе́дать**, and **пообе́дать** are used.

Вы́ уже́ пообе́дали?	Have you already eaten dinner?
Мы́ то́лько что поза́втракали.	We just ate breakfast.

The "partitive" genitive used after transitive verbs to indicate a part of the whole

MODELS

Да́йте мне́ хле́ба.	Give me some bread.
Нале́й ему́ вина́.	Pour him some wine.
Хоти́те пи́ва?	Want some beer?
Возьми́ хле́ба и колбасы́.	Take some bread and sausage.
Наре́жь хле́ба.	Slice some bread.
Вы́пей во́дки.	Drink some vodka.
—— воды́.	—— water.
Хоти́те са́хару?	Want some sugar?
—— ча́ю?	—— tea?
—— су́пу?	—— soup?

■ REPETITION DRILL

Repeat the given models, noting that the genitive (rather than the accusative) is used for the direct object when only part of a larger amount is involved. Note also that some **сто́л**– nouns have an alternate form ending in –**у** or –**ю** as, for example, **са́хару**, **су́пу**, **ча́ю**.

■ QUESTION-ANSWER DRILLS

1. *Are we going to eat bread?*
   Yes, slice some bread.
   Мы́ бу́дем е́сть хле́б?
   Да́, наре́жь хле́ба.
   Мы́ бу́дем е́сть огурцы́?
   Да́, наре́жь огурцо́в.
   (пирог, булку, торт, колбасу, хлеб, огурцы)

2. *Do you drink vodka?*
   Yes, pour me some vodka, please.
   Вы́ пьёте во́дку?
   Да́, нале́йте мне́ во́дки, пожа́луйста.
   Вы́ еди́те ры́бу?
   Да́, положи́те мне́ ры́бы, пожа́луйста.
   (пьёте молоко, едите грибы, пьёте вино, едите огурцы, пьёте пиво, едите картошку)

■ STRUCTURE REPLACEMENT DRILLS

1. *He drank up the wine.*
   He drank some wine.
   О́н вы́пил вино́.
   О́н вы́пил вина́.
   (молоко, чай, лимонад, водку, воду, бульон, пиво)

2. *She's buying cookies.*
   She bought some cookies.
   Она́ покупа́ет пече́нье.
   Она́ купи́ла пече́нья.
   (молоко, рыбу, сахар, колбасу, вино, хлеб, чай, бумагу, пиво, водку)

1. *The potatoes are on the table.*
   Help yourself to some potatoes.
   Карто́шка на столе́.
   Возьми́ себе́ карто́шки.
   Ча́й на столе́.
   Возьми́ себе́ ча́ю.
   (грибы, пирог, уха, булочки, сахар,
   водка, суп)

2. *You'll need warm shirts.*
   Take some warm shirts along.
   Ва́м нужны́ бу́дут тёплые руба́шки.
   Возьми́те с собо́й тёплых руба́шек.
   Ва́м нужна́ бу́дет бума́га.
   Возьми́те с собо́й бума́ги.
   (деньги, молоко, вода, хлеб, соль,
   булочки, вино, вода)

DISCUSSION

A few **стол**-nouns have an alternate genitive form ending in –у or –ю: **са́хару, наро́ду, су́пу, во́з-духу, сне́гу, ча́ю**. These are only used when quantity is involved and may be replaced by the regular genitive ending in –а or –я.

After some transitive verbs, the so-called "partitive" genitive is used instead of the normal accusative to specify a part of a larger amount, as compared with the whole amount. This usually corresponds to the English *some* or *any* (for the partitive genitive) as compared with *the* (for the accusative):

Да́йте мне́ **вино́**. Give me *the wine.*   Да́йте мне́ **вина́**. Give me *some wine.*
Съе́шь хле́б! Eat *the bread.*   Пое́шь хле́ба. Eat *some bread.*
Принеси́ **са́хар**. Bring *the sugar.*   Принеси́ **са́хару**. Bring *some sugar.*

Except for the verb **хоте́ть** (ipfv), the partitive genitive is more likely to be used with perfective verbs, for example, **взя́ть, вы́пить, пое́сть, купи́ть, наре́зать, да́ть**, and **нали́ть**.

Negative pronouns никто́ and ничто́;
negative adverbs никогда́, нигде́, никуда́, and ника́к

Note in the following models that negative pronouns and adverbs are regularly used in double negative constructions in Russian.

MODELS

Никто́ не звони́л.	Nobody telephoned.
О́н никого́ не ви́дел.	He didn't see anyone.
О́н ни у кого́ не быва́ет.	He doesn't go to visit anyone.
О́н никому́ не звони́л.	He didn't call anyone.
О́н ни к кому́ не пошёл.	He didn't go see anyone.
О́н нике́м не дово́лен.	He isn't satisfied with anyone.
О́н ни с ке́м не говори́л.	He didn't talk with anybody.
О́н ни о ко́м не спра́шивал.	He didn't ask about anybody.
Ничто́ её не интересу́ет.	Nothing interests her.
Она́ ничего́ не потеря́ла.	She didn't lose anything.
Она́ ничего́ не бои́тся.	She's not afraid of anything.
Она́ ничему́ не удивля́ется.	She's not surprised at anything.
Она́ ни о чём не беспоко́илась.	She wasn't worried about a thing.
Она́ ни к чему́ не привы́кла.	She's not used to anything.

Она́ ни с че́м не согла́сна.   She doesn't agree with anything.
Она́ ниче́м не интересу́ется.   She's interested in nothing.

Я никогда́ не́ был в СССР.   I've never been in the U.S.S.R.
Я его́ нигде́ не ви́дел.   I didn't see him anywhere.
Я никуда́ не иду́.   I'm not going anywhere.
Я ника́к не могу́ доста́ть биле́ты.   There's no way I can get tickets.

Declension of **никто́** *no one, nobody* and **ничто́** *nothing, not anything*		
NOM	никто́	ничто́[1]
ACC-GEN	никого́	ничего́
PREP	ни о ко́м	ни о чём
DAT	никому́	ничему́
INSTR	нике́м	ниче́м

■ REPETITION DRILL

Repeat the given models, noting that the negative pronouns **никто́** and **ничто́** are treated as single words except when used with prepositions; in that case they are separated by the preposition.

■ QUESTION-ANSWER DRILLS

1. *Who was sitting there?*
   No one.
   Кто́ та́м сиде́л?
   Никто́.
   С ке́м она́ танцева́ла?
   Ни с ке́м.
   О ком она́ писала?
   Кого́ она́ видела?
   К кому́ она́ пошла?
   У кого́ она́ была?
   Кем она́ интересуется?

2. *What are they talking about?*
   Nothing.
   О чём они́ говоря́т?
   Ни о чём.
   Чего́ они́ боя́тся?
   Ничего́.
   С чем они́ согласны?
   К чему́ они́ привыкли?
   Что они́ пили?
   Чем они́ интересу́ются?

■ STRUCTURE REPLACEMENT DRILLS

1. *Someone's here.*
   There's no one here.
   Ту́т кто́-то е́сть.
   Ту́т никого́ не́т.
   Ту́т кто́-то бы́л.
   Ту́т никого́ не́ было.
   Тут о ком-то спрашивают.
   Тут у кого́-то есть кофе.
   Тут кому́-то предлагают работу.
   Тут кого́-то ожидают.
   Тут о ком-то говорят.
   Тут кем-то интересуются.

2. *He's afraid of something.*
   He's not afraid of anything.
   О́н чего́-то бои́тся.
   О́н ничего́ не бои́тся.
   О́н что́-то потеря́л.
   О́н ничего́ не потеря́л.
   Он о чём-то забыл.
   Он что-то принёс.
   Он чем-то стучал.
   Он что-то преподаёт.
   Он о чём-то думает.
   Он чем-то занят.

---

[1] The nominative form **ничто́** is often replaced in conversational Russian by **ничего́**:
Ничто́ ему́ не нра́вилось. (formal)
Ничего́ ему́ не нра́вилось. (colloquial)   Nothing pleased him.

1. *Did anyone call?*
   No, no one called.
   Кто́-нибудь звони́л?
   Нет, никто́ не звони́л.
   Он кого́-нибудь провожа́л?
   Нет, он никого́ не провожа́л.
   Он к кому́-нибудь пойдёт?
   Кто-нибудь приходил?
   Он о ком-нибудь писал?
   Он кем-нибудь интересуется?
   Он кому-нибудь нравится?
   Он с кем-нибудь знаком?

2. *Did you hear anything?*
   No, we heard nothing.
   Вы́ что́-нибудь слы́шали?
   Нет, мы́ ничего́ не слы́шали.
   Вы о чём-нибудь договори́лись?
   Нет, мы́ ни о чём не договори́лись.
   Вы что-нибудь поймали?
   Вы чему-нибудь поверили?
   Вы о чём-нибудь спорили?
   Вы с чего-нибудь прыгали?
   Вы что-нибудь сварили?
   Вы чем-нибудь интересовались?
   Вы о чём-нибудь говорили?
   Вы что-нибудь заработали?

3. *Where did you go?*
   Nowhere.
   Куда́ ты́ ходи́л?
   Никуда́.
   Где́ ты́ бы́л?
   Нигде́.
   Когда ты будешь это знать?
   Кого ты встретил?
   Куда тебя пригласили?
   Где ты работаешь?
   Что ты потерял?

4. *Were you ever in the U.S.S.R.?*
   No, never.
   Вы́ когда́-нибудь бы́ли в СССР?
   Нет, никогда́ не́ был.
   Вы́ где́-нибудь ви́дели во́дку?
   Нет, нигде́ не ви́дел.
   Вы когда-нибудь ели грибы?
   Вы как-нибудь можете достать билеты?
   Вы где-нибудь слышали об этом?
   Вы куда-нибудь собираетесь?

DISCUSSION

Negative pronouns and adverbs are used in double negative constructions in Russian.

Я́ **ничего́** не де́лаю. — I'm not doing *anything.*
Никто́ не кра́л ва́шего чемода́на. — *Nobody* stole your suitcase.
Я́ сего́дня **никуда́** не иду́. — I'm not going *anywhere* today.
Никого́ зде́сь не́т. — There's *no one* here.

The negative pronouns **никто́** and **ничто́** are formed by combining the negative particle **ни** with the interrogatives **кто́** and **что́**. These are written and treated as single words except when a preposition separates them.

Compare   Он **нике́м** не дово́лен. — He's not satisfied with *anybody.*

with   Он **ни с ке́м** не говори́л. — He didn't talk to *anybody.*

Никто́ functions as the negative opposite of **кто́-то** and **кто́-нибудь**, and **ничто́** as the negative opposite of **что́-то** and **что́-нибудь**.

Он **что́-то** купи́л. He bought *something.*   Он **ничего́** не купи́л. He bought *nothing.*
Кто́-нибудь звони́л? Did *anyone* call?   **Никто́** не звони́л? Didn't *anyone* call?

The negative adverbs are formed by prefixing **ни**– to the interrogatives **когда́**, **где́**, **куда́**, and **ка́к**: **никогда́**, **нигде́**, **никуда́**, **ника́к**.

Declension of весь

Ве́сь го́род об э́том говори́т.   The whole town is talking about it.
Вся́ шко́ла _____.   The whole school _____.
Всё общежи́тие _____.   The whole dormitory _____.
Всё студе́нты об э́том говоря́т.   All the students are talking about it.

Мы́ ве́сь де́нь лови́ли ры́бу.   We fished all day long.
____ всю суббо́ту _____.   _____ all day Saturday.
____ всё ле́то _____.   _____ all summer long.
____ всё у́тро _____.   _____ all morning ____.

Мы́ говори́ли обо всём пла́не.   We talked about the entire plan.
_____ обо всём общежи́тии.   _____ the entire dormitory.
_____ о (обо) все́х рабо́чих.[1]   _____ all the workers.

О́н все́м дово́лен.   He's satisfied with everything.
____ все́ми _____.   _____ everybody.

Всё в поря́дке.   Everything's in order.
Всё в сбо́ре.   Everyone's here.

Она́ всему́ удивля́ется.   She's surprised at everything.
____ все́м _____.   _____ everybody.

Я́ всего́ фи́льма не ви́дел.   I didn't see the whole film.
____ всего́ расписа́ния ____.   _____ the whole schedule.
____ все́й карти́ны _____.   _____ the whole picture.
____ все́х сни́мков _____.   _____ all the snapshots.

	SINGULAR			PLURAL
	Masculine	*Neuter*	*Feminine*	
NOM	ве́сь	всё	вся́	всё
ACC	(*like* nom *or* gen)	(*like* nom)	всю	(*like* nom *or* gen)
GEN	всего́		всей	все́х
PREP	всём			
DAT	всему́			все́м
INSTR	все́м			все́ми

■ STRUCTURE REPLACEMENT DRILL

Everyone in the city is talking about it.   Всё в шко́ле об э́том говоря́т.
The whole city is talking about it.   **Вся́ шко́ла об э́том говори́т.**
Всё в го́роде об э́том говоря́т.   (в общежитии, в университете, в бюро,
Ве́сь го́род об э́том говори́т.   в колхозе, в институте, на литфаке, на
                                                     заводе, в селе, в посольстве)

---

[1]Both o and обо are possible in the prepositional case: usually обо before всём, but o before все́й. In the plural, either o or обо is possible: o все́х or обо все́х.

■ QUESTION-ANSWER DRILLS

1. *Are there any more potatoes?*
   No, we've already eaten them all up.
   Карто́шка ещё е́сть?
   Не́т, мы́ уже́ всю́ съе́ли.
   Хле́б ещё е́сть?
   Не́т, мы́ уже́ ве́сь съе́ли.

   (огурцы, печенье, рыба, грибы, суп,
   лапша, торт)

2. *Did you see the whole film?*
   No, I didn't see all of the film.
   Вы́ ви́дели ве́сь фи́льм?
   Не́т, всего́ фи́льма я́ не ви́дел.
   Вы́ ви́дели всю́ карти́ну?
   Не́т, все́й карти́ны я́ не ви́дел.

   (бумаги, расписание, снимки, Европу,
   город, аэропорт, Америку)

■ EXPANSION DRILLS

1. *We talked about institutes.*
   We talked about all the institutes.
   Мы́ говори́ли об институ́тах.
   Мы́ говори́ли о все́х институ́тах.
   Мы́ говори́ли о пла́не.
   Мы́ говори́ли обо все́м пла́не.

   (о мостах, о группе,
   о бортпроводницах, об истории,
   о рабочих, об общежитии, о знакомых,
   о предсказаниях)

2. *I'm pleased with the papers.*
   I'm pleased with all the papers.
   Я́ дово́лен рабо́тами.
   Я́ дово́лен все́ми рабо́тами.
   Я́ дово́лен э́той гру́ппой.
   Я́ дово́лен все́й э́той гру́ппой.

   (этим факультетом, студентами, этим
   курсом, производством, машинами,
   школой)

■ QUESTION-ANSWER DRILLS

1. *What did you lose?*
   Everything.
   Что́ вы́ потеря́ли?
   Всё.
   Че́м вы́ интересу́етесь?
   Все́м.
   О чём вы говорили?
   К чему вы привыкли?
   Чего вы боитесь?
   Чем вы довольны?
   Что вы проверили?
   О чём вы думаете?
   Чему вы верите?
   О чём вы спорили?

2. *Who was there?*
   Everybody.
   Кто́ та́м бы́л?
   Все́.
   О ко́м о́н спра́шивал?
   Обо все́х.
   Кому он помогал?
   С кем он познакомился?
   К кому он обращался?
   У кого он бывал?
   О ком он думал?
   Кого он благодарил?
   С кем он спорил?

DISCUSSION

In addition to their function as modifiers, the neuter singular and the plural of **ве́сь** also serve as independent pronouns:

1. Neuter singular **всё** *everything, all:*

Всё бы́ло хорошо́.	*Everything* was fine.
Ты́ **всё** зна́ешь.	You know *everything.*
Э́то **всё.**	That's *all.*

2. Plural **всё** *everyone, everybody, all*. Note that unlike the English *everyone, everybody*, **всё** is plural in Russian:

Всё бы́ли дово́льны.	*Everyone* was satisfied. (*Lit.* All were satisfied.)
Óн **всём** об э́том ска́жет.	He'll tell *everybody* about it.

A number of time expressions employ the accusative forms of **весь**: **всю неде́лю** *all week* (*long*), **всё у́тро** *all morning*, **всю зи́му** *all winter*, **ве́сь ве́чер** *the whole evening*, **ве́сь де́нь** *all day*, **всю суббо́ту** *all day Saturday*.

Declension of оди́н

In different contexts **оди́н** may mean not only *one*, but also *a, a single, only, alone, all by oneself, the same, one and the same*, and *a certain*. In meanings such as *only* and *alone*, it is used in the plural as well as in the singular. The plural form is also required with nouns used only in the plural, for example: **одни́ часы́** *one watch, one clock*.

MODELS

Óн **оди́н** э́то сде́лал.	He did it all *by himself*.
Она́ оста́вила и́х **одни́х** до́ма.	She left them *alone* at home.
У меня́ то́лько **одна́** ка́рта.	I have only *one* map.
У меня́ то́лько **одно́** перо́.	I have only *one* pen [point].
У ни́х то́лько **одни́** часы́.	They have only *one* clock.
Óн то́лько **оди́н** ра́з бы́л в Москве́.	He was in Moscow only *once* (that is, *one time*).
Та́ня нашла́ то́лько **оди́н** гри́б.	Tanya found only *one* mushroom.
Мы́ на **одно́м** ку́рсе, но ма́ло знако́мы.	We're *the same* class year but not very well acquainted.
Мы́ в **одно́й** гру́ппе.	We're in *the same* group.
Одну́ мину́тку.	Just *a* minute!
Счита́йте от **одного́** до десяти́.	Count from *one* to ten!
Я́ хочу́ ко́мнату на **одного́**.	I want *a single* room (that is, a room for *one*).

Except for its stress, which is on the endings throughout, **оди́н** is declined like **э́тот**; the inserted vowel **и** occurs only in the form **оди́н**.

	SINGULAR			PLURAL
	Masculine	*Neuter*	*Feminine*	
NOM	оди́н	одно́	одна́	одни́
ACC	(*like* nom *or* gen)	(*like* nom)	одну́	(*like* nom *or* gen)
GEN	одного́		одно́й	одни́х
PREP	(об) одно́м			
DAT	одному́			одни́м
INSTR	одни́м			одни́ми

He left.
He left alone (or *by himself*).
Óн уéхал.
Óн уéхал одúн.
Онá уéхала.
Онá уéхала однá.

(мы, директор, вы, певица, друзья, она,
мой помощник, товарищи)

■ QUESTION-ANSWER DRILLS

1. *How many tourists did you see?*
   Only one.
   Скóлько вы́ вúдели турúстов?
   Тóлько однóго.
   Скóлько вы́ вúдели гостúниц?
   Тóлько однý.

   (чемоданов, сумок, грибов, станций,
   девушек, парней, бумажников, папок,
   лóдок)

2. *Did you speak to any stewardesses?*
   Yes, I did talk to one.
   Вы́ говорúли с бортпроводнúцами?
   Дá, говорúл с однóй.
   Вы́ говорúли со студéнтами?
   Дá, говорúл с однúм.

   (американками, колхозниками,
   учительницами, рабочими, соседками)

■ STRUCTURE REPLACEMENT DRILLS

1. *I don't see all the suitcases.*
   There's one suitcase I don't see.
   Я́ не вúжу всéх чемодáнов.
   Я́ не вúжу однóго чемодáна.
   Я́ не вúжу всéх бумáг.
   Я́ не вúжу однóй бумáги.

   (билетов, лодок, сочинений, стаканов,
   чашек, ножей, салфеток)

2. *We saw lots of boats.*
   We saw only one boat.
   Мы́ вúдели мнóго лóдок.
   Мы́ вúдели тóлько однý лóдку.
   Мы́ вúдели мнóго прoúгрывателей.
   Мы́ вúдели тóлько одúн прoúгрыватель.

   (много машин, много общежитий,
   много чемоданов, много комнат,
   много домов, много квартир, много
   объявлений, много гостиниц, много
   иностранцев)

First conjugation verbs ending in -нуть or -нуться: отдохнýть, пры́гнуть, вернýться, проснýться, привы́кнуть, исчéзнуть

MODELS

Давáйте отдохнём.	Let's take a rest.
_____ вернёмся домóй.	—— go back home.
_____ пры́гнем.	—— jump.
Я́ тáм хорошó отдохнý.	I'll have a good rest there.
Óн _____ отдохнёт.	He'll _____.
Онú _____ отдохнýт.	They'll _____.

Я скóро привы́кну к э́тому.	I'll soon get used to it.
Óн ____ привы́кнет ____.	He'll _____.
Они́ ____ привы́кнут ____.	They'll _____.
Я скóро верну́сь.	I'll be back soon.
Óн ____ вернётся.	He'll _____.
Они́ ____ верну́тся.	They'll _____.
Óн скóро проснётся.	He'll soon wake up.
Они́ ____ просну́тся.	They'll _____.
Отдохни́!	Take a rest!
Пры́гни!	Jump!
Верни́сь!	Come back!
Просни́сь!	Wake up!
Óн ужé отдохну́л.	He already took a rest.
Онá ____ отдохну́ла.	She _____.
Óн ____ верну́лся.	He _____ returned.
Онá ____ верну́лась.	She _____.
Óн ____ просну́лся.	He _____ woke up.
Онá ____ просну́лась.	She _____.
Óн ужé привы́к к э́тому.	He's already used to it.
Онá ____ привы́кла ____.	She's _____.
Они́ ____ привы́кли ____.	They're _____.
Кудá óн исчéз?	Where did he disappear to?
____ онá исчéзла?	_____ she _____?
____ они́ исчéзли?	_____ they _____?

■ REPETITION DRILL

Repeat the given models, noticing the pattern of these first conjugation verbs. Note especially the verbs **привы́кнуть** and **исчéзнуть**, which lose the suffix –ну– in the past tense.

■ RESPONSE DRILLS

1. *He needs to rest.*
   He already did.
   Ему́ ну́жно отдохну́ть.
   Óн ужé отдохну́л.
   Ему́ ну́жно просну́ться.
   Óн ужé просну́лся.
   (верну́ться, пры́гнуть, просну́ться,
   отдохну́ть, верну́ться)

2. *There was no way the folder could get lost.*
   But somehow it did.
   Пáпка никáк не моглá исчéзнуть.
   Но кáк-то исчéзла.
   Портфéль никáк не мóг исчéзнуть.
   Но кáк-то исчéз.
   (письмо, бумáжник, заявлéние, сýмка)

3. *You must jump.*
   Jump!
   Тебé нáдо пры́гнуть.
   Пры́гни!
   Тебé нáдо верну́ться.
   Верни́сь!
   (просну́ться, пры́гнуть, отдохну́ть,
   исчéзнуть, верну́ться)

4. *We won't be back.*
   You'll be back.
   Мы́ не вернёмся.
   Вернётесь.
   Мы́ не пры́гнем.
   Пры́гнете.
   (отдохнём, привы́кнем, проснёмся,
   исчéзнем, вернёмся, пры́гнем)

1. *No one jumped?*
   No one could jump.
   Никто́ не пры́гнул?
   Никто́ не мо́г пры́гнуть.
   Никто́ не отдохну́л?
   Никто́ не мо́г отдохну́ть.
   (исчез, вернулся, привык, проснулся,
   прыгнул, отдохнул)

2. *Has he gotten used to getting up early?*
   Yes, and so has she.
   О́н уже́ привы́к ра́но встава́ть?
   Да́, и она́ то́же привы́кла.
   О́н уже́ просну́лся?
   Да́, и она́ то́же просну́лась.
   (исчез, отдохнул, вернулся, прыгнул,
   привык, проснулся)

DISCUSSION

Most verbs with infinitives ending in **–нуть** or **–нуться** retain the suffix **–ну–** in the past tense, especially if the stress falls on this syllable:

отдохну́ть	отдохну́л, отдохну́ла, –ло, –ли
верну́ться	верну́лся, –ла́сь, –ло́сь, –ли́сь
просну́ться	просну́лся, –ла́сь, –ло́сь, –ли́сь

Some with the stress on the syllable preceding **–ну–**, however, drop this suffix in the past tense, as well as the **л** of the masculine past tense form:

привы́кнуть	привы́к, привы́кла, –ло, –ли
исче́знуть	исче́з, исче́зла, –ло, –ли

Verbs ending in **–нуть** and **–нуться** are almost all perfective, and all belong to the first conjugation.

Two-stem first conjugation verbs ending in -овать or -евать

MODELS

Она́ лю́бит танцева́ть.	She loves to dance.
Она́ всю́ но́чь танцева́ла.	She danced all night.
Вы́ танцу́ете? Дава́йте потанцу́ем!	Do you dance? Let's dance!
Не танцу́й!	Don't dance!
Вы́ не должны́ ей зави́довать.	You shouldn't envy her.
Я́ никому́ не зави́довал.	I didn't envy anyone.
Я́ ва́м не зави́дую.	I don't envy you.
Не зави́дуй други́м!	Don't envy others!
О́н на́чал интересова́ться хи́мией.	He began to get interested in chemistry.
О́н интересова́лся хи́мией.	He was interested in chemistry.
О́н интересу́ется хи́мией.	He's interested in chemistry.
Интересу́йся бо́льше рабо́той!	Show more interest in the job!

■ REPETITION DRILL

Repeat the given models, noticing the regular pattern of alternation of stems for all verbs with infinitives ending in **–овать** or **–евать**.

1. *Where will you dance?*
   We always dance at the club.
   Где́ вы́ бу́дете танцева́ть?
   Мы́ всегда́ танцу́ем в клу́бе.
   Где́ о́н бу́дет танцева́ть?
   О́н всегда́ танцу́ет в клу́бе.

   (ты, она, мы, они, твоя подруга, этот парень, студенты)

2. *She was interested in physics, it seems?*
   Yes, and she's still interested in it.
   Она́, ка́жется, интересова́лась фи́зикой?
   Да́, она́ и сейча́с е́ю интересу́ется.
   Вы́, ка́жется, интересова́лись фи́зикой?
   Да́, я и сейча́с е́ю интересу́юсь.

   (он, ты, её сын, эти студенты, её дочь, Толя, Нина)

■ TRANSFORMATION DRILLS

1. *How do you feel?*
   How did you feel?
   Ка́к вы́ себя́ чу́вствуете?
   Ка́к вы́ себя́ чу́вствовали?
   Ка́к о́н себя́ чу́вствует?
   Ка́к о́н себя́ чу́вствовал?

   (ваши родители, директор, ваша соседка, они, ваш друг, её подруга, ваша мать)

2. *What would you advise?*
   What did you advise?
   Что́ ты́ посове́туешь?
   Что́ ты́ посове́товал?
   Что́ она́ посове́тует?
   Что́ она́ посове́товала?

   (врач, родные, учительница, ваш отец, ваша мать, ваши родители)

■ RESPONSE DRILLS

1. *I heard he's going to the kolkhoz.*
   I don't envy him.
   Я́ слы́шал, что о́н е́дет в колхо́з.
   Я́ ему́ не зави́дую.
   Мы́ слы́шали, что о́н е́дет в колхо́з.
   Мы́ ему́ не зави́дуем.

   (сестра слышала, ребята слышали, она слышала, они слышали, брат слышал, я слышал)

2. *You shouldn't be jealous.*
   Don't be jealous!
   Вы́ не должны́ зави́довать.
   Не зави́дуйте!
   Вы́ должны́ посове́товать.
   Посове́туйте!

   (танцевать, этим интересоваться, всем советовать, это чувствовать, ему посоветовать)

DISCUSSION

Verbs with infinitives containing the suffix **–ова** or **–ева** belong to the first conjugation. All show a regular and predictable alternation of stems, with the present-future and imperative based on a variant of the stem differing from that found in the infinitive and past tense:

Compare INFINITIVE: **сове́товать** *to advise*
PAST: **сове́товал, –а**, etc.

with PRESENT: **сове́тую, сове́туешь**, etc.
IMPERATIVE: **сове́туй! сове́туйте!**

Compare INFINITIVE: **ночева́ть** *to spend the night*
PAST: **ночева́л, –а**, etc.

with PRESENT: **ночу́ю, ночу́ешь**, etc.
IMPERATIVE: **ночу́й! ночу́йте!**

ПОВТОРЕ́НИЕ

Ва́ня с Ко́лей це́лый де́нь бы́ли на реке́. Они́ собира́лись лови́ть ры́бу, но бы́ло та́к жа́рко, что вме́сто э́того они́ реши́ли купа́ться. Они́ пры́гали в во́ду пря́мо с моста́ и плы́ли к бе́регу. Пото́м они́ нашли́ во́зле бе́рега ло́дку и поката́лись. О́коло ча́са и́м захоте́лось е́сть, но они́ ничего́ с собо́й не взя́ли. Пришло́сь лови́ть ры́бу. Они́ сиде́ли два́ часа́ и ника́к не могли́ ничего́ пойма́ть. Наконе́ц Ва́ня пойма́л одну́ большу́ю ры́бу, а Ко́ля две́ ма́ленькие. Друзья́ ту́т же свари́ли и́х и съе́ли. Ры́ба показа́лась и́м о́чень вку́сной. Ва́ня да́же сказа́л, что никогда́ в жи́зни о́н не е́л тако́й вку́сной ры́бы.

— Зи́на, что́ ты́ собира́ешься де́лать за́втра?

— Ничего́ осо́бенного. А почему́ ты́ спра́шиваешь?

— Мы́ за́втра е́дем на о́зеро на це́лый де́нь. Хо́чешь с на́ми пое́хать?

— Коне́чно. Е́сли вы́ пойма́ете мно́го ры́бы, я сварю́ уху́.

— Что́ зна́чит «е́сли пойма́ете»? Коне́чно пойма́ем. Хо́чешь поспо́рим?

— Не́т, я спо́рить не хочу́. А что́ я должна́ с собо́й взя́ть? Хле́ба, колбасы́?

— Не беспоко́йся, у на́с всё е́сть. Е́сли хо́чешь, возьми́ каку́ю-нибудь кни́гу.

— Я по́сле экза́менов на кни́ги про́сто не могу́ смотре́ть. Хочу́ от ни́х отдохну́ть.

— Я слы́шал, что ва́ш сы́н отли́чник.

— Да́, Ви́тя прекра́сно у́чится. В э́том году́ конча́ет шко́лу.

— А в како́й институ́т о́н хо́чет поступи́ть?

— О́н са́м ещё не реши́л. О́н интересу́ется и те́хникой и языка́ми. Пе́ред ни́м хоро́шее бу́дущее.

— А во́т на́ша до́чь Ма́ша не хо́чет учи́ться.

— Да́? А что́ же она́ хо́чет де́лать?

— Ста́ть жено́й своего́ му́жа и ма́терью свои́х дете́й. Она́ выхо́дит за́муж.

— Так ра́но? Сра́зу по́сле шко́лы?

— Да́. Мы́ ей сове́товали подожда́ть, узна́ть лу́чше жи́знь, люде́й, но она́ ничего́ не хо́чет слы́шать, говори́т: «Я его́ люблю́ и хочу́ вы́йти за́муж».

NOTES

PREPARATION FOR CONVERSATION   **Слу́чай на база́ре**

чтó с (*plus* instr)
Чтó с вáми?

взволнóван, –а, –о
Вы́ тáк взволнóваны.

базáр
У меня́ на базáре укрáли дéньги.

Двáдцать пя́ть рублéй.

Áх, Бóже мóй!

Кáк же э́то случи́лось?

сби́ть, собью́т (pfv I)[1] (imper сбéй, сбéйте!)
мальчи́шка
Какóй-то мальчи́шка сби́л меня́ с нóг.
Какóй-то мальчи́шка чу́ть не сби́л меня́ с нóг.
ми́мо (*plus* gen)
бежáть (u-d) (irreg pres бегу́; бежи́шь,
–и́т; –и́м, –и́те; бегу́т)

Какóй-то мальчи́шка бежáл ми́мо меня́.
Да какóй-то мальчи́шка бежáл ми́мо, чу́ть не сби́л меня́ с нóг.

кошелёк, –лькá
А потóм смотрю́ — в су́мочке кошелькá нéт.

негодя́й
Вóт негодя́й!

Надéюсь, егó поймáли?

what's the matter with
What's the matter with you?

upset, excited, agitated
You're so upset.

market
Some money was stolen from me at the market.

Twenty-five rubles.

Oh, my goodness!

How in the world did it happen?

to knock off (*or* down)
little boy; urchin
Some little brat knocked me off my feet.
Some little brat almost knocked me off my feet.
past, by
to be running

Some little brat was running past me.
Why, some little brat was running past me and nearly knocked me off my feet.

change purse
And then I look and find my change purse is missing from my bag.

villain, scoundrel
The scoundrel!

They caught him, I hope?

---

[1] Starting with this lesson, verbs will be given only in the infinitive and the third person plural of the present-future except where their other forms are not predictable.

Да́, сра́зу же.

дружи́нник

Дружи́нники спра́шивают, где́ де́ньги.
Он говори́т: «Не бра́л я никаки́х де́нег».

ещё бы   [jiščóbį]
Ну́, ещё бы!

Да ра́зве мо́жно ему́ ве́рить?

вра́ть, вру́т (I)
Он врёт, коне́чно.

уве́рен, –а, –о, –ы
А я ка́к-то не уве́рена, что он укра́л.

во́р, –а; –ы, –о́в
похо́жий (похо́ж)
похо́ж на (plus acc)
Он не похо́ж на во́ра.

Тогда́ где́ же ва́ши де́ньги?

всю́ду
Вы́ всю́ду иска́ли?

Вы́ смотре́ли в карма́нах?

ды́рка
Подожди́те! Та́к и е́сть: здесь в карма́не ды́рка.

подкла́дка
А во́т и кошелёк за подкла́дкой!

сла́ва
сла́ва Бо́гу
Ну́, сла́ва Бо́гу!

конча́ться, конча́ются (I)
«Всё хорошо́, что хорошо́ конча́ется».

ма́льчик
бе́дный
Бе́дный ма́льчик!

винова́тый (винова́т)
всё я винова́та (f speaker)

А всё я винова́та!

мили́ция
Сейча́с же позвоню́ в мили́цию.

отпусти́ть (pfv II), отпущу́, отпу́стят
Я́ позвоню́ в мили́цию, чтобы его́ отпусти́ли.

Yes, right away.

"druzhinnik" (volunteer civilian militia-man)
The "druzhinniki" ask where the money is.
He says, "I didn't take any money."

of course
Well, of course he would!

Can you possibly believe him?

to lie, tell lies
He's lying, of course.

sure, confident
But I'm somehow not sure he did steal.

thief
like, similar
to look like, resemble
He doesn't look like a thief.

Then where is your money?

everywhere
Have you looked everywhere?

Have you looked in your pockets?

hole
Wait! That's it; there's a hole in my pocket here.

lining
And here's the change purse in the lining.

glory, praise
thank goodness
Well, thank goodness!

to end, to be finished; to be running out of
"All's well that ends well."

boy
poor
The poor boy!

guilty, to blame, at fault
it's all my fault (or I've been to blame all along)

And it's all my fault!

police, militia
I'll call the police right away.

to let go, dismiss, release
I'll call the police so he'll be released.

де́вочка	girl, young girl
Она́ ещё ма́ленькая де́вочка.	She's still a little girl.

Ordinal numbers from first through fortieth.

пе́рвый	first	двена́дцатый	twelfth
второ́й	second	трина́дцатый	thirteenth
тре́тий, тре́тья, –е	third	четы́рнадцатый	fourteenth
четвёртый	fourth	пятна́дцатый	fifteenth
пя́тый	fifth	шестна́дцатый [šisnátcətij]	sixteenth
шесто́й	sixth	семна́дцатый	seventeenth
седьмо́й	seventh	восемна́дцатый	eighteenth
восьмо́й	eighth	девятна́дцатый	nineteenth
девя́тый	ninth	двадца́тый	twentieth
деся́тый	tenth	тридца́тый	thirtieth
оди́ннадцатый [aɟínətcətij]	eleventh	сороково́й	fortieth

Слу́чай на база́ре

И. И. — Ири́на Ива́новна   Л. П. — Любо́вь Петро́вна

И. И. 1 Что́ с ва́ми? Вы́ та́к взволно́ваны.

Л. П. 2 У меня́ на база́ре укра́ли де́ньги.[1] Два́дцать пя́ть рубле́й.

И. И. 3 А́х, Бо́же мо́й! Ка́к же э́то случи́лось?

Л. П. 4 Да како́й-то мальчи́шка бежа́л ми́мо, чу́ть не сби́л меня́ с но́г.[2] А пото́м смо-
трю́ — в су́мочке кошелька́ не́т.

И. И. 5 Во́т негодя́й! Наде́юсь, его́ пойма́ли?

Л. П. 6 Да́, сра́зу же. Дружи́нники спра́шивают, где́ де́ньги, а о́н говори́т: «Не бра́л я́
никаки́х де́нег».[3]

И. И. 7 Ну́, ещё бы! Да ра́зве мо́жно ему́ ве́рить? Врёт, коне́чно.

Л. П. 8 А я́ ка́к-то не уве́рена, что о́н укра́л. Не похо́ж о́н на во́ра.

И. И. 9 Тогда́ где́ же ва́ши де́ньги? Вы́ всю́ду иска́ли? В карма́нах смотре́ли?

Л. П. 10 Подожди́те! Та́к и е́сть: здесь в карма́не ды́рка. А во́т и кошелёк за подкла́д-
кой!

И. И. 11 Ну́, сла́ва Бо́гу! «Всё хорошо́, что хорошо́ конча́ется».

Л. П. 12 Бе́дный ма́льчик! А всё я́ винова́та! Сейча́с же позвоню́ в мили́цию, чтобы его́
отпусти́ли.[4]

NOTES   [1] **База́р** is an outdoor market comparable to what we generally call *farmers'*
markets. After their assigned quota has been delivered to the government, the collective farmers are allowed to sell the remaining produce in the free market, setting their
own prices.

² **Ма́льчик** is the usual word for *boy*; **мальчи́шка** is a variant showing a more emotional attitude on the part of the speaker. In this Conversation, **мальчи́шка** is used in a derogatory way, but the word can be used without any sense of disapproval.

³ The **дружи́нники** are civilian volunteer militiamen, often members of the Young Communist Organization (Komsomol), who patrol the streets and make the rounds of clubs, restaurants, and bars trying to check the hooliganism or disorderliness resulting from too much drinking. There are mixed feelings about the **дружи́нники** because they are often overzealous, breaking up rock-and-roll parties and dances and attacking the **стиля́ги**, the young non-conformists who are considered too cosmopolitan in their dress and tastes to suit the government.

⁴ After the Revolution, the Soviets adopted the word **мили́ция** for *police*, limiting the meaning of the old word, **поли́ция**, to foreign police only. The functions of the **мили́ция** are similar to those of our police.

PREPARATION FOR CONVERSATION   **В мили́ции**

соста́вить, соста́вят (pfv II)	to compile, draw up, put together
протоко́л	report of proceedings, minutes
соста́вить протоко́л	to get the facts on record
Ну́, сейча́с соста́вим протоко́л.	Well, now let's get the facts on record.
Ка́к тебя́ зову́т?	What's your name?
Никола́й Верёвкин.	Nikolay Veryovkin.
роди́ться, родя́тся (pfv II) (past роди́лся, родила́сь, –ли́сь)¹	to be born
Когда́ ты́ роди́лся?	When were you born?
а́вгуст	August
два́дцать восьмо́го	on the twenty-eighth
пятьдеся́т пе́рвого го́да	[of] the fifty-first year
Два́дцать восьмо́го а́вгуста пятьдеся́т пе́рвого го́да.	On the twenty-eighth of August, '51.
Где́ ты́ живёшь?	Where do you live?
На у́лице Ге́рцена.	On Herzen Street.
шестьдеся́т	sixty
до́м но́мер	number (of a building)
На у́лице Ге́рцена. До́м но́мер шестьдеся́т, кварти́ра се́мь.	On Herzen Street, number 60, apartment 7.
Та́к. Где́ ты́ у́чишься?	All right. Where do you go to school?
се́мьдесят	seventy
В се́мьдесят тре́тьей шко́ле.	At school 73. (*Lit.* At the seventy-third school.)
кла́сс	class, classroom, grade
Я́ в шесто́м кла́ссе.	I'm in the sixth grade.

---

¹ The past tense may also be stressed **роди́лся**, **роди́лась**, and **роди́лись**.

536   LESSON 21

А почему́ ты́ не в шко́ле?	And why aren't you in school?
А почему́ ты́ не в шко́ле? Сего́дня ведь суббо́та.	And why aren't you in school? After all, today is Saturday.
Что́ ты́ на база́ре де́лал.	What were you doing at the market?
проду́кт	product; produce; (pl) food, groceries
Ма́ть посла́ла меня́ за проду́ктами.	My mother sent me to get groceries.
Она́ лежи́т больна́я.	She's sick in bed. (*Lit.* She's lying ill.)
Лу́чше не ври́!	Better not lie!
Говори́ пра́вду!	Tell the truth!
(Звони́т телефо́н.)	(The phone rings.)
найти́сь, найду́тся (pfv I)	to turn up, be found
Слу́шаю. Ага́, нашли́сь.	Hello. Ah, it's been found.
паренёк, –нька́	lad, my boy
Ну́, паренёк, всё в поря́дке, де́ньги нашли́сь. Мо́жешь идти́.	Well, my boy, everything's all right; the money's been found. You can go.

SUPPLEMENT

Cardinal and ordinal numbers from fifty to one hundred.

пятьдеся́т [piḍḍişát]	fifty	во́семьдесят [vóşimḍişit]	eighty
пятидеся́тый	fiftieth	восьмидеся́тый	eightieth
шестьдеся́т [šiẓḍişát]	sixty	девяно́сто	ninety
шестидеся́тый	sixtieth	девяно́стый	ninetieth
се́мьдесят [şémḍişit]	seventy	сто́	one hundred
семидеся́тый	seventieth	со́тый	one-hundredth

MONTHS OF THE YEAR

Note: All of the months are masculine and all are written with small letters.

янва́рь, –я́	January	ию́ль, –я	July
февра́ль, –я́	February	а́вгуст, –а	August
ма́рт, –а	March	сентя́брь, –я́	September
апре́ль, –я	April	октя́брь, –я́	October
ма́й, –я	May	ноя́брь, –я́	November
ию́нь, –я	June	дека́брь, –я́	December

число́, –а́; чи́сла, чи́сел	date, number
Како́е сего́дня число́?	What's today's date?
— Сего́дня два́дцать седьмо́е сентября́.	Today's the twenty-seventh of September.
Како́го числа́ конча́ются заня́тия?	[On] what date do classes end?
— Два́дцать седьмо́го ма́я.	[On] the twenty-seventh of May.
начина́ться, начина́ются (I)	to begin, start
Когда́ начина́ются заня́тия?	When do classes begin?
девятьсо́т [ḍiɣitsót]	nine hundred
ты́сяча [tíşičə] or [tíščə]	one thousand
ты́сяча девятьсо́т шестьдеся́т тре́тий го́д	[the year] 1963
в ты́сяча девятьсо́т шестьдеся́т тре́тьем году́	in [the year] 1963

В мили́ции

М. — милиционе́р   Н. — Никола́й (Верёвкин)

М. 1 Ну́, сейча́с соста́вим протоко́л. Ка́к тебя́ зову́т?

Н. 2 Никола́й Верёвкин.

М. 3 Когда́ ты́ роди́лся?

Н. 4 Два́дцать восьмо́го а́вгуста пятьдеся́т пе́рвого го́да.[1]

М. 5 Где́ ты́ живёшь?

Н. 6 На у́лице Ге́рцена. До́м но́мер шестьдеся́т, кварти́ра се́мь.[2]

М. 7 Та́к. Где́ ты́ у́чишься?

Н. 8 В се́мьдесят тре́тьей шко́ле, в шесто́м кла́ссе.

М. 9 А почему́ ты́ не в шко́ле? Сего́дня ведь суббо́та. Что́ ты́ на база́ре де́лал?[3]

Н. 10 Меня́ ма́ть посла́ла за проду́ктами. Она́ лежи́т больна́я.

М. 11 Лу́чше не ври́! Говори́ пра́вду! (Звони́т телефо́н.) Слу́шаю. Ага́, нашли́сь. Ну́, паренёк, всё в поря́дке, де́ньги нашли́сь. Мо́жешь идти́.

NOTES

[1] The Russian way of expressing the year differs sharply from ours. Whereas English uses "teen" numbers, as in nineteen fifty-one (1951), Russian uses the "hundred" system, that is, **ты́сяча девятьсо́т пятьдеся́т пе́рвый го́д** ([one] *thousand ninehundred fifty-first year*). Undeclined cardinal numbers are used in Russian for all except the last number, which is expressed by the declined ordinal, and agrees with **го́д** *year*.

Э́то случи́лось в ты́сяча девятьсо́т пятьдеся́т **пе́рвом** году́.	It happened in 1951.
О́н роди́лся в ма́е ты́сяча девятьсо́т пятьдеся́т **пе́рвого** го́да.	He was born in May 1953.

[2] The word **но́мер** in the combination **до́м но́мер** is usually written using the Latin symbol № and may refer to the number address of any building, residential or otherwise. Only the first word is declined: **Мы́ живём в до́ме № 60 (но́мер шестьдеся́т)** *We live at number 60.*

[3] Soviet children attend school six days a week, although no homework may be assigned for weekends or holidays. The starting age for elementary school, which was formerly eight years, is now seven. Education is compulsory for ten years in the cities, but in rural areas this is often reduced to seven years. Children are required to wear uniforms to school.

Basic sentence patterns

1. В како́м ме́сяце вы́ роди́лись?
   — В январе́.
   — В феврале́.

In which month were you born?
In January.
— February.

— В ма́рте.
— В апре́ле.
— В ма́е.
— В ию́не.

In March.
— April.
— May.
— June.

2. Когда́ у́мер ва́ш де́душка?
   — В про́шлом году́, в ию́ле ме́сяце.
   _____ в а́вгусте _____.
   _____ в сентябре́ ___.
   _____ в октябре́ _____.
   _____ в ноябре́ _____.
   _____ в декабре́ _____.

When did your grandfather die?
Last year, in the month of July.
_____ of August.
_____ of September.
_____ of October.
_____ of November.
_____ of December.

3. Како́е сего́дня число́?
   — Сего́дня пе́рвое октября́.
   _____ второ́е _____.
   _____ тре́тье _____.
   _____ четвёртое _____.

What's the date today?
Today's the first of October.
_____ second _____.
_____ third _____.
_____ fourth _____.

4. Како́е бы́ло вчера́ число́?
   — Вчера́ бы́ло оди́ннадцатое ма́рта.
   _____ двена́дцатое _____.
   _____ трина́дцатое _____.
   _____ четы́рнадцатое _____.
   _____ пятна́дцатое _____.

What was yesterday's date?
Yesterday was the eleventh of March.
_____ twelfth _____.
_____ thirteenth _____.
_____ fourteenth _____.
_____ fifteenth _____.

5. Како́е бу́дет за́втра число́?
   — За́втра бу́дет двадца́тое сентября́.
   _____ два́дцать второ́е ___.
   _____ пя́тое ___.
   _____ шесто́е ___.
   _____ седьмо́е ___.
   _____ восьмо́е ___.

What will tomorrow's date be?
Tomorrow will be September twentieth.
_____ twenty-second.
_____ twenty-fifth.
_____ twenty-sixth.
_____ twenty-seventh.
_____ twenty-eighth.

6. Когда́ бу́дет конце́рт?
   — Шестна́дцатого января́.
   — Семна́дцатого февраля́.
   — Восемна́дцатого ма́рта.
   — Девятна́дцатого апре́ля.
   — Двадца́того ма́я.

When will the concert be?
On the sixteenth of January.
_____ seventeenth ___ February.
_____ eighteenth ___ March.
_____ nineteenth ___ April.
_____ twentieth _____ May.

7. Когда́ прие́дут ва́ши роди́тели?
   — Два́дцать пе́рвого ию́ля.
   _____ второ́го _____.
   _____ тре́тьего _____.
   _____ четвёртого ___.
   _____ шесто́го _____.
   _____ восьмо́го _____.
   — Тридца́того _____.
   — Три́дцать пе́рвого _____.

When are your parents going to come?
On the twenty-first of July.
_____ twenty-second _____.
_____ twenty-third _____.
_____ twenty-fourth _____.
_____ twenty-sixth _____.
_____ twenty-eighth _____.
_____ thirtieth _____.
_____ thirty-first _____.

8. Какóго числá вы́ уезжáете? — On what date are you leaving?
   — Пéрвого мáя. — On the first of May.
   — Трéтьего ——. — —— third ——.
   — Пятнáдцатого ——. — —— fifteenth ——.
   — Двадцáтого ——. — —— twentieth ——.

9. В какóм годý родúлся úх сы́н? — In what year was their son born?
   — В пятьдесят шестóм годý. — In '56.
   — В шестидесятом годý. — — '60.
   — В шестьдесят пéрвом годý. — — '61.
   — —————— вторóм ——. — — '62.

10. Когдá у вáс кончáются занятия? — When do your classes end?
    — В начáле ию́ня, четвёртого числá. — At the beginning of June, on the fourth.
    — Четвёртого ию́ня. — On June fourth.
    — В концé мáя, двáдцать восьмóго числá. — At the end of May, on the twenty-eighth.
    — Двáдцать восьмóго мáя. — On May twenty-eighth.

11. Когдá вы́ бýдете в США? — When will you be in the U.S.A.?
    — В сентябрé мéсяце. — In the month of September.
    — В áвгусте ——. — —————— of August.
    — В мáе ——. — —————— of May.
    — В ию́ле ——. — —————— of July.

12. С какóго числá начинáются канúкулы? — On what date does vacation begin?
    — С восемнáдцатого декабря. — On the eighteenth of December.
    — С девятнáдцатого ——. — —— nineteenth ——.
    — С двадцáтого ——. — —— twentieth ——.
    — С двáдцать пéрвого ——. — —— twenty-first ——.

13. Кáк дóлго продолжáются канúкулы? — How long does the vacation last?
    — От шестнáдцатого декабря до трéтьего января. — From December 16 to January 3.
    — От восемнáдцатого декабря до пятого января. — From December 18 to January 5.
    — С девятнáдцатого декабря по шестóе января. — From December 19 through January 6.
    — С двадцáтого декабря по восьмóе января. — From December 20 through January 8.

14. Гдé вы́ живёте? — Where do you live?
    — На ýлице Гéрцена, в дóме № 61 (шестьдесят одúн). — At number 61 Herzen Street.
    — На ýлице Гéрцена, в дóме № 72 (сéмьдесят двá). — At number 72 Herzen Street.
    — На ýлице Гéрцена, в дóме № 83 (вóсемьдесят трú). — At number 83 Herzen Street.

15. Где́ здесь продаётся со́ль?
    —————————— вино́?
    —————————— бума́га?

Where is salt sold here?
—————— wine ——————?
—————— paper ——————?

16. Где́ здесь продаю́тся огурцы́?
    —————————— ю́бки?
    —————————— руба́шки?

Where are cucumbers sold here?
—————— skirts ——————?
—————— shirts ——————?

17. Э́то та́к не де́лается.
    —————————— пи́шется.
    —————————— чита́ется.
    —————————— говори́тся.

It isn't done that way.
—————— written ——————.
—————— read ——————.
—————— said ——————.

18. Когда́ начина́ется уро́к?
    —————— начнётся ——————?
    —————— начался́ ——————?
    —————— конча́ется ——————?
    —————— ко́нчится ——————?
    —————— ко́нчился ——————?

When does the lesson begin?
—————— will ——————?
—————— did ——————?
—————— does —————— end?
—————— will ——————?
—————— did ——————?

19. Магази́н открыва́ется через ча́с.
    —————— откро́ется ——————.
    —————— закрыва́ется ——————.
    —————— закро́ется ——————.

The store opens in an hour.
—————— will open ——————.
—————— closes ——————.
—————— will close ——————.

20. Та́м стро́ится но́вое общежи́тие.
    —————— стро́илось ——————.
    —————— бу́дет стро́иться ——————.

A new dorm is being built there.
—————————— was ——————.
—————————— will be ——————.

21. Мы́ встреча́лись на мосту́.
    —————— встреча́емся ——————.
    —————— встре́тились ——————.
    —————— встре́тимся ——————.
    —————— бу́дем встреча́ться ——.

We used to meet on the bridge.
We meet on the bridge.
We met ——————.
We'll meet ——————.
We'll meet ——————.

22. Мы́ проща́лись с друзья́ми.
    Мы́ не бу́дем проща́ться.
    Мы́ уви́димся за́втра.
    Мы́ давно́ не ви́делись.
    Мы́ ча́сто ви́димся.

We were saying good-bye to our friends.
We won't say good-bye.
We'll see each other tomorrow.
We haven't seen each other for a long time.
We often see each other.

Pronunciation practice : clusters of two consonants with в as the second element

A. Consonant cluster тв pronounced [tv], [tɣ] or [tf].

  1. Initial position

[tvaróg] творо́г
cottage cheese
[tvórčistvə] тво́рчество
creativity

[tɣórdəst̡] твёрдость
hardness

2. Medial position

[atvaṛíṭ] отворить   [atɣét] отвéт
to open   answer
[natvój] на твой
onto your

3. Final position: тв pronounced [tf]

[maḷítf] молитв   [kḷátf] клятв
of prayers   of oaths
[bṛítf] бритв
of razors

B. Consonant cluster дв pronounced [dv] or [dɣ].

1. Initial position

[dvúx] двух   [dɣínuṭ] двинуть
of two   to move
[dɣé] двé
two (f)

2. Medial position

[nadvór] на двóр   [nadɣínuṭ] надвинуть
outdoors   to move over
[ṃidɣéṭ] медвéдь
bear

STRUCTURE AND DRILLS

Months, dates, and ordinal numbers

MODELS

Какóе сегóдня числó?   What's the date today?
— Сегóдня пéрвое октября́.   It's the first of October today.
_____ вторóе _____.   _____ second _____ .
_____ трéтье _____.   _____ third _____ .

Вчерá бы́ло двадцáтое ноября́.   Yesterday was November twentieth.
_____ двáдцать пéрвое.   _____ twenty-first.
_____ тридцáтое ноября́.   _____ thirtieth.

Когдá э́то случи́лось?   When did it happen?
— Четвёртого áвгуста.   On the fourth of August.
— Пя́того _____ .   _____ fifth _____.
— Шестóго _____ .   _____ sixth _____.
— Двадцáтого _____ .   _____ twentieth _____.
— Двáдцать седьмóго ___.   _____ twenty-seventh __.

Когда́ они́ прие́дут?	When will they arrive?
— В сре́ду, седьмо́го ма́я.	On Wednesday, May seventh.
_____ восьмо́го ____.	_____ eighth.
_____ девя́того ____.	_____ ninth.
_____ деся́того ____.	_____ tenth.
Како́го числа́ вы уезжа́ете?	On what date do you leave?
— Четы́рнадцатого ма́рта.	On the fourteenth of March.
— Девятна́дцатого _____.	_____ nineteenth _____.
— Двадца́того _____.	_____ twentieth _____.
— Два́дцать тре́тьего ____.[1]	_____ twenty-third _____.

■ REPETITION DRILL

Repeat the given models, noting that (1) the last element of the date employs the ordinal number (neuter singular to agree with **число**) and (2) combinations such as twenty-one, twenty-two, thirty-one, and so forth, use the non-declined cardinal number for the first part and the declined ordinal number for the second part. Note also that the genitive case is used to express the concept "on" a certain date.

■ QUESTION-ANSWER DRILLS

1. *What's the date tomorrow?*
Tomorrow is the twenty-second of November.[2]
Како́е за́втра число́?
За́втра два́дцать второ́е ноября́.
Како́е за́втра число́?
За́втра два́дцать тре́тье ноября́.
(24-ое–30-ое)

2. *Is today the sixth?*
No, it's already the seventh.
Сего́дня 6-ое?
Нет, сего́дня уже́ 7-ое.
Сего́дня 8-ое?
Нет, сего́дня уже́ 9-ое.
(10-ое, 12-ое, 14-ое, 16-ое, 18-ое, 20-ое, 22-ое, 24-ое)

3. *On what date do classes end?*
On June eleventh.[3]
Како́го числа́ конча́ются заня́тия?
Оди́ннадцатого ию́ня.
Како́го числа́ конча́ются заня́тия?
Двена́дцатого ию́ня.
(13-го–18-го)

4. *Were you born in September?*
Yes, on the nineteenth of September.[4]
Вы роди́лись в сентябре́?
Да, 19-го сентября́.
Вы роди́лись в сентябре́?
Да, 20-го сентября́.
(21-го–30-го)

■ STRUCTURE REPLACEMENT DRILLS

1. *We've lived here for twelve years.*
It's the twelfth year we've been living here.
Мы живём здесь двена́дцать лет.
Мы живём здесь двена́дцатый год.
Мы живём здесь два́дцать лет.
Мы живём здесь двадца́тый год.
(30, 19, 13, 18, 28, 17, 27)

2. *I've told you ten times.*
I'm telling you for the tenth time.
Я тебе́ де́сять раз говори́л.
Я тебе́ деся́тый раз говорю́.
Я тебе́ два́дцать раз говори́л.
Я тебе́ двадца́тый раз говорю́.
(30, 40, 50, 60, 10, 20)

---

[1] As in English, dates are normally written with numbers. The ending of the ordinal number may be indicated, for example, 1-ого or 1-го for **пе́рвого**, 3-е or 3-ье for **тре́тье**, 1-ом or 1-м for **пе́рвом**, 3-ьем or 3-м for **тре́тьем**, and so forth. The word for *year* is sometimes abbreviated in dates to г. (singular) or гг. (plural), for example, **в 1962 г.; 1960, 1961 гг.**
[2] Continue in sequence until *the thirtieth of November* (24-ое–30-ое).
[3] Continue in sequence until *the eighteenth of June* (13-го–18-го).
[4] Continue in sequence until *the thirtieth of September* (21-го–30-го).

1. *It's May now.*
   It always rains here in May.
   Тепе́рь ма́й.
   В ма́е зде́сь всегда́ иду́т дожди́.
   Тепе́рь ию́нь.
   В ию́не зде́сь всегда́ иду́т дожди́.
   (ию́ль, а́вгуст, янва́рь, сентя́брь,
   ноя́брь, февра́ль)

2. *It was the month of May.*
   It was the twentieth of May.
   Бы́л ма́й ме́сяц.
   Бы́ло двадца́тое ма́я.
   Бы́л янва́рь ме́сяц.
   Бы́ло двадца́тое января́.
   (февра́ль, а́вгуст, ию́нь, сентя́брь,
   ию́ль, ноя́брь)

DISCUSSION

Ordinal numbers, with the exception of **тре́тий** *third*, are declined like the hard-stem adjectives. **Тре́тий** declines like **чей** *whose* except for the stress.

	SINGULAR			PLURAL
	Masculine	*Neuter*	*Feminine*	
NOM	тре́тий	тре́тье	тре́тья	тре́тьи
ACC	(*like* nom or gen)	(*like* nom or gen)	тре́тью	(*like* nom or gen)
GEN	тре́тьего		тре́тьей	тре́тьих
PREP	(о) тре́тьем			
DAT	тре́тьему			тре́тьим
INSTR	тре́тьим			тре́тьими

Non-reflexive versus reflexive verbs

Many reflexive verbs already encountered by the student also have non-reflexive forms. In the paired examples below illustrating both reflexive and non-reflexive usage, note that only the non-reflexive form can take an accusative direct object:

Не беспоко́йтесь!   Don't worry! *or* Don't trouble yourself!
Я́ не хоте́л ва́с беспоко́ить.   I didn't want to disturb you.

Не удивля́йтесь!   Don't be surprised!
Вы́ меня́ удивля́ете.   You surprise me.

Мы́ купа́лись в реке́.   We swam (*or* bathed) in the river.
Ма́ть купа́ла дете́й.   The mother bathed the children.

О́н на меня́ рассерди́лся.   He got mad at me.
О́н меня́ рассерди́л.   He made me mad.

Мы́ собира́емся по суббо́там.	We get together on Saturdays.
Собира́й свои́ ве́щи, и пое́дем!	Get your things together and let's go!
Знако́мьтесь, пожа́луйста.	Get acquainted with each other, please.
На́с не на́до знако́мить, мы́ уже́ знако́мы.	You don't need to introduce us; we're already acquainted.
Торопи́сь, мы́ опозда́ем.	Hurry [or] we'll be late.
Не торопи́ меня́, успе́ем.	Don't rush me; we'll make it [in time].
Поката́емся на ло́дке!	Let's go for a boat ride!
О́н поката́л меня́ на ло́дке.	He took me for a boat ride.
О́н обрати́лся ко мне́ за по́мощью.	He turned to me for help.
О́н хоте́л обрати́ть э́то в шу́тку.	He wanted to turn it into a joke.
О́н верну́лся в пя́ть часо́в.	He returned at five o'clock.
О́н верну́л мне́ все́ кни́ги.	He returned all the books to me.

■ STRUCTURE REPLACEMENT DRILLS

1. *I'm interested in everything.*
   Everything interests me.
   Я́ все́м интересу́юсь.
   Меня́ все́ интересу́ет.
   Она́ все́м интересу́ется.
   Её все́ интересу́ет.
   (вы, они, ты, мы, он)

2. *I'm in a hurry.*
   Everybody hurries me.
   Я́ тороплю́сь.
   Все́ меня́ торо́пят.
   Она́ торо́пится.
   Все́ её торо́пят.
   (мы, вы, ты, он)

3. *He's interested in everything.*
   Everything interests him.
   О́н все́м интересу́ется.
   Его́ все́ интересу́ет.
   О́н на все́ се́рдится.
   Его́ все́ се́рдит.
   (обо всём беспокоится, всему
   удивляется, всем занимается, на всё
   сердится)

4. *They've got to learn.*
   They have to be taught.
   И́м на́до научи́ться.
   И́х на́до научи́ть.
   И́м на́до познако́миться.
   И́х на́до познако́мить.
   (вернуться, выкупаться, покататься,
   собраться, торопиться, собираться,
   купаться, кататься)

■ RESPONSE DRILL

He got mad at something.
What made him mad?
О́н на что́-то рассерди́лся.
Что́ его́ рассерди́ло?
О́н чему́-то удивля́лся.
Что́ его́ удивля́ло?

О́н че́м-то интересова́лся.
О́н на что́-то серди́лся.
О́н че́м-то занима́лся.
О́н о чём-то беспоко́ился.
О́н на что́-то рассерди́лся.
О́н чему́-то удивля́лся.

Ordinal numbers in dates including the year

MODELS

В како́м году́ вы́ родили́сь?	In what year were you born?
— В ты́сяча девятьсо́т сороково́м году́.	In 1940.
—————————————— со́рок шесто́м.	— 1946.
—————————————— со́рок девя́том.	— 1949.
В како́м году́ роди́лся ва́ш бра́т?	In what year was your brother born?
— В ты́сяча девятьсо́т пятидеся́том году́.	In 1950.
—————————————— пятьдеся́т пе́рвом году́.	— 1951.
—————————————— второ́м ————.	— 1952.
В како́м году́ она́ родила́сь?	In what year was she born?
— В ты́сяча девятьсо́т шестидеся́том году́.	In 1960.
—————————————— шестьдеся́т пе́рвом году́.	— 1961.
—————————————— второ́м ————.	— 1962.
—————————————— тре́тьем ————.	— 1963.
В како́м году́ роди́лся ва́ш оте́ц?	In what year was your father born?
— В ты́сяча девятьсо́т пе́рвом году́.	— 1901.
—————————————— деся́том ————.	— 1910.
—————————————— оди́ннадцатом ——.	— 1911.
В како́м году́ родила́сь ва́ша ма́ть?	In what year was your mother born?
— В [ты́сяча девятьсо́т] семна́дцатом году́.	In '17.
—————————————— восемна́дцатом ——.	— '18.
—————————————— девятна́дцатом ——.	— '19.
—————————————— двадца́том ————.	— '20.
Когда́ вы́ родили́сь?	When were you born?
— Два́дцать пе́рвого февраля́ ты́сяча девятьсо́т тридца́того го́да.	On February 21, 1930.
—————————————— сороково́го ————.	—————————————— 1940.
—————————————— пятидеся́того ——.	—————————————— 1950.
—————————————— шестидеся́того ——.	—————————————— 1960.

■ **REPETITION DRILLS**

Repeat the given models, noticing the patterning of dates in Russian. Note particularly that cardinal numbers are used for all but the last unit of a year date, which is an ordinal number.

■ **READING DRILLS**

The following drills are given for practice in reading numbers. Note the style of Russian abbreviations.

1. *Next year will be 1963.*
   Сле́дующий го́д бу́дет 1963-ий.
   (1964-ый, 1965-ый, 1966-ой, 1967-ой, 1968-ой)

2. *Today is the fifth of October '61.*
   Сего́дня 5-ое октября́ 61-го го́да.
   (62-го, 63-го, 64-го, 65-го, 66-го, 67-го)

3. *It happened in 1930.*
   Э́то случи́лось в 1930-ом году́.
   (1936-ом, 1933-ьем, 1939-ом, 1940-ом, 1945-ом, 1950-ом, 1954-ом, 1959-ом, 1961-ом)

4. *It happened in June 1940.*
   Э́то случи́лось в ию́не 1940-го го́да.
   (1941-го, 1942-го, 1943-го, 1944-го, 1945-го)

1. *It was the year 1920.*
   That was in 1920.
   Бы́л 1920-ый го́д.
   Э́то бы́ло в 1920-ом году́.
   ·Бы́л 1930-ый го́д.
   Э́то бы́ло в 1930-ом году́.
   (1940-ой, 1910-ый, 1960-ый, 1940-ой, 1920-ый)

2. *January was coming to an end.*
   It happened at the end of January.
   Янва́рь конча́лся.
   Э́то случи́лось в конце́ января́.
   Ию́нь конча́лся.
   Э́то случи́лось в конце́ ию́ня.
   (март, сентябрь, май, декабрь, август)

3. *He arrived in '21, in the summer.*
   He arrived in the summer of '21.
   О́н прие́хал в 21-ом году́, ле́том.
   О́н прие́хал ле́том 21-го го́да.
   О́н прие́хал в 22-о́м году́, ле́том.
   О́н прие́хал ле́том 22-го го́да.
   (23-ьем, 24-ом, 25-ом, 26-ом, 27-ом, 28-ом, 29-ом)

4. *Spring of '50 had arrived.*
   We left in '50, in the spring.
   Пришла́ весна́ 50-го го́да.
   Мы́ уе́хали в 50-ом году́, весно́й.
   Пришла́ весна́ 51-го го́да.
   Мы́ уе́хали в 51-ом году́, весно́й.
   (59-го, 53-го, 57-го, 54-го, 56-го, 58-го, 52-го)

Reflexives formed from non-reflexive verbs

MODELS

Э́то не та́к говори́тся.
_____ де́лается.
_____ пи́шется.
_____ чита́ется.
_____ игра́ется.

It isn't said that way.
_____ done _____.
_____ spelled _____.
_____ read _____.
_____ played _____.

Ка́к пи́шется ва́ша фами́лия, Гра́нт, через «т» и́ли через «д»?

How is your name written, Grant, with a "t" or a "d"?

Ра́ньше сло́во «танцева́ть» писа́лось через «о».[1]

The word "танцева́ть" was formerly written with an "o."

Когда́ начина́ется конце́рт?
_____ конча́ется _____?

When does the concert begin?
_____ end?

Когда́ начну́тся кани́кулы?
_____ ко́нчатся заня́тия?

When will the vacation start?
_____ classes end?

Уро́к ско́ро ко́нчится.
_____ начнётся.

The lesson will soon be over.
_____ begin.

О́н всегда́ теря́ется в таки́х слу́чаях.

He's always lost on such occasions.

У меня́ слома́лся каранда́ш.
_____ потеря́лась ру́чка.

My pencil broke.
___ pen's lost.

---

[1] That is, **танцова́ть**.

Мы́ встре́тились на аэропо́рте.	We met (each other) at the airport.
—— проща́лись ——————.	—— said good-bye (to each other) ——.
Мы́ ча́сто встреча́лись в клу́бе.	We often met at the club.
———— встреча́емся ———..	———— meet ————.
———— ви́димся ————.	———— see each other ————.
———— ви́делись ————.	———— saw each other ————.
Мы́ уви́димся в клу́бе.	We'll see each other at the club.

■ REPETITION DRILL

Repeat the given models, noting that reflexives are often used to express the passive voice.

■ RESPONSE DRILLS

1. *What a long song!*
   When will it end?
   Кака́я дли́нная пе́сня!
   Когда́ она́ ко́нчится?
   Како́й дли́нный рома́н!
   Когда́ он ко́нчится?
   (уроки, лекция, собрание, разговор,
   стихи, очерк, романс, пластинка)

2. *Classes haven't started yet.*
   When will they start?
   Заня́тия ещё не начина́лись.
   Когда́ они́ начну́тся?
   Уро́к ещё не начина́лся.
   Когда́ он начнётся?
   (концерт, танцы, завтрак, игра,
   лекция, каникулы)

■ QUESTION-ANSWER DRILLS

1. *Is the store open?*
   No, the store opens at eight.
   Магази́н откры́т?
   Не́т, магази́н открыва́ется в во́семь.
   Библиоте́ка откры́та?
   Не́т, библиоте́ка открыва́ется в во́семь.
   (буфет, почта, магазины, красный
   уголок, лаборатория, киоски, касса)

2. *When will they open the park?*
   The park opens in a month.
   Когда́ откро́ют па́рк?
   Па́рк откро́ется через ме́сяц.
   Когда́ откро́ют ку́рсы?
   Ку́рсы откро́ются через ме́сяц.
   (театр, мясокомбинат, столовые,
   ресторан, этот зал, эти аудитории)

■ STRUCTURE REPLACEMENT DRILLS

1. *People always say it that way.*
   It's always said that way.
   Та́к всегда́ говоря́т.
   Та́к всегда́ говори́тся.
   Та́к всегда́ пи́шут.
   Та́к всегда́ пи́шется.
   (делают, кончают, начинают, строят,
   читают, понимают)

2. *How does one open this?*
   How is this opened?
   Ка́к э́то откры́ть?
   Ка́к э́то открыва́ется?
   Ка́к э́то сде́лать?
   Ка́к э́то де́лается?
   (написать, закрыть, сказать, начать,
   кончить, прочитать)

3. *We met our friends.*
   We've met with our friends.
   Мы́ встре́тили друзе́й.
   Мы́ встре́тились с друзья́ми.
   Я́ встре́тил друзе́й.
   Я́ встре́тился с друзья́ми.
   (мальчики, Ирина, они, Николай,
   сестра, доктор, Валя)

4. *I'll meet you at the club.*
   You and I will meet at the club.
   Я́ ва́с встре́чу в клу́бе.
   Я́ с ва́ми встре́чусь в клу́бе.
   Вы́ её встре́тите в клу́бе.
   Вы́ с не́й встре́титесь в клу́бе.
   (они-нас, ты-его, мы-их, она-нас,
   я-её, он-его)

5. *We were seeing our neighbors off.*
We were saying good-bye to our neighbors.
Мы́ провожа́ли сосе́дей.
Мы́ проща́лись с сосе́дями.
Я́ провожа́л сосе́дей.
Я́ проща́лся с сосе́дями.
(мать, ребя́та, отец, дети, дочь,
роди́тели, певица)

6. *I'll see you.*
You and I will see each other.
Я́ ва́с уви́жу.
Я́ с ва́ми уви́жусь.
О́н ва́с уви́дит.
О́н с ва́ми уви́дится.
(мы, они́, она́)

DISCUSSION

Reflexive verbs have several functions in Russian. They are used:

1. When the subject is the receiver as well as the performer of the action, that is, in true reflexive actions.

Ма́льчик спря́тался от отца́.   *The boy hid himself* from his father.

2. When two or more subjects act on each other, that is, they show reciprocal action.
Мы́ встре́тились на мосту́.   *We met (each other)* on the bridge.

3. When the subject undergoes the action of the verb, as one of the means of expressing passive concepts in Russian.

Где́ здесь **продаётся молоко́?**   Where is *milk sold* here?

Use of prepositions от, до, с, and по in expressing dates

MODELS

Ка́к до́лго вы́ бу́дете в СССР?
— С пе́рвого ию́ля по деся́тое а́вгуста.
— Со второ́го ____ по оди́ннадцатое а́вгуста.

How long will you be in the U.S.S.R.?
From July first through August tenth.
_____ second _____ eleventh.

Ка́к до́лго вы́ бу́дете здесь?
— От седьмо́го ию́ня до пе́рвого а́вгуста.
— От девя́того ____ до деся́того ____.

How long will you be here?
From June seventh until August first.
_____ ninth _____ tenth.

От како́го числа́ э́та газе́та?
— От трина́дцатого ноября́.
— От четы́рнадцатого декабря́.

What's the date of this paper?
The thirteenth of November.
The fourteenth of December.

С како́го числа́ вы́ начина́ете рабо́тать?
— С двена́дцатого апре́ля.
— С девятна́дцатого ____.
— С двадца́того _____.

What date do you start work?
The twelfth of April.
The nineteenth __.
The twentieth __.

До како́го числа́ вы́ та́м бу́дете?
— До шестна́дцатого а́вгуста.
— До семна́дцатого _____.
— До два́дцать пе́рвого ____.

Until what date will you be there?
Until the sixteenth of August.
_____ seventeenth _____.
_____ twenty-first _____.

Repeat the given models, noting that the combination *from . . . to* is **от... до**, and *from . . . through* is **с... по**. Note particularly that **с** is used alone in the sense *starting from*. All of these prepositions are followed by the genitive except for **по**, which requires the accusative.

■ READING DRILLS

1. *I'll be here from the seventh through the four-teenth.*
   Я бу́ду здесь с 7-го по 14-ое.
   Я бу́ду здесь с 8-го по 15-ое.
   (с 9-го по 16-ое; с 10-го по 17-ое; с 11-го по 18-ое; с 12-го по 19-ое; с 13-го по 20-ое; с 14-го по 21-ое)

2. *We'll be at the lake until the twenty-second.*
   Мы́ бу́дем на о́зере до 22-го.
   Мы́ бу́дем на о́зере до 10-го.
   (14-го, 27-го, 30-го, 31-го, 11-го, 17-го, 19-го, 28-го, 9-го)

■ QUESTION-ANSWER DRILLS

1. *Will you be free the whole month?*
   No, only from the first through the eleventh.[1]
   Вы́ бу́дете свобо́дны це́лый ме́сяц?
   Не́т, то́лько с пе́рвого по оди́ннадцатое.
   Вы́ бу́дете свобо́дны це́лый ме́сяц?
   Не́т, то́лько со второ́го по двена́дцатое.

2. *When does your vacation start?*
   [From] the first of next month.[2]
   Когда́ у ва́с начина́ются кани́кулы?
   С пе́рвого числа́ сле́дующего ме́сяца.
   Когда́ у ва́с начина́ются кани́кулы?
   Со второ́го числа́ сле́дующего ме́сяца.

■ RESPONSE DRILLS

1. *We'll be at our cottage until August eleventh.*
   And we until the twelfth.
   Мы́ бу́дем на да́че до 11-го а́вгуста.
   А мы́ до 12-го.
   Мы́ бу́дем на да́че до 12-го а́вгуста.
   А мы́ до 13-го.
   (до 13-го, до 14-го, до 15-го, до 16-го, до 17-го, до 18-го)

2. *This room will be open from the thirtieth.*
   And that one from the thirty-first.
   Э́тот за́л бу́дет откры́т с 30-го числа́.
   А то́т с 31-го.
   Э́тот за́л бу́дет откры́т с 1-го числа́.
   А то́т со второ́го.
   (с 8-го, с 6-го, со 2-го, с 3-го, с 9-го, с 4-го, с 7-го)

ПОВТОРЕ́НИЕ

— Иди́те сюда́, Ле́в Петро́вич! Ма́льчики пойма́ли змею́, хотя́т ва́м показа́ть.

— Сейча́с иду́. О́, кака́я дли́нная! Вы́ её не бои́тесь?

— Не́т, мы́ и́х да́же в ру́ки бра́ть уме́ем.

— Во́т как! А где́ же вы́ её пойма́ли?

— Ту́т на камня́х. Мы́ сиде́ли, отдыха́ли, а она́ ми́мо ползла́. Это мы́ уже́ тре́тью пойма́ли. Они́ ту́т в ведре́. Во́т, смотри́те.

---

[1] Continue in sequence until *from the ninth through the thirteenth* (с 3-ьего по 13-ое–с 9-го по 19-ое).

[2] Continue in sequence until *from the tenth* (с 3-ьего–с 10-го).

— Вы их пря́мо рука́ми ло́вите?

— Не́т, у на́с е́сть така́я па́лка, чтобы зме́й лови́ть. Покажи́, Ко́ля.

— Во́т она́. Похо́жа на ви́лку.

— А что́ вы собира́етесь де́лать с ва́шими зме́ями?

— Принесём в кла́сс и пока́жем учи́телю.

— Э́то хоро́шая мы́сль.

— Когда́ у ва́с в шко́ле конча́ются заня́тия?

— В нача́ле ию́ня, 4-го числа́. Пото́м у на́с кани́кулы три́ ме́сяца: ию́нь, ию́ль, а́вгуст.

— А когда́ опя́ть в шко́лу?

— 1-го сентября́.

— Ну́, а зимо́й? То́же е́сть кани́кулы?

— Коне́чно, в декабре́ ме́сяце.

— С како́го числа́? С 24-го?

— Не́т, с двадца́того декабря́ по 2-ое января́.

На база́ре всегда́ мно́го люде́й, но осо́бенно по воскресе́ньям. Колхо́зники продаю́т све́жие проду́кты. У ни́х покупа́ют молоко́, ма́сло, карто́шку и други́е проду́кты. Хотя́ всё у ни́х дорого́е, но гора́здо лу́чше, че́м в магази́нах. А на толку́чке в э́ти дни́ люде́й ещё бо́льше. Та́м мо́жно всё найти́: и поде́ржанные ве́щи, и но́вые костю́мы, пла́тья, руба́шки, ю́бки, и америка́нские пласти́нки, и ста́рые ру́сские ико́ны, и часы́, и ша́хматы, и кни́ги, и карти́ны. На база́ре е́сть всё. Е́сть и во́ры. На база́ре ну́жно бы́ть осторо́жным, хорошо́ пря́тать де́ньги, а то́ украду́т.

В 1952-о́м году́ Никола́й око́нчил шко́лу и поступи́л в институ́т. Та́м о́н учи́лся пя́ть ле́т и в 1957-о́м году́ ста́л инжене́ром. О́н специали́ст по моста́м и доро́гам. В 58-о́м году́ рабо́тал во́зле Я́лты, с 59-го по 60-ый бы́л недалеко́ от Владивосто́ка. Ле́том 61-го го́да о́н е́здил в США с гру́ппой инжене́ров посмотре́ть, ка́к стро́ят мосты́ и доро́ги в Аме́рике.

NOTES

PREPARATION FOR CONVERSATION   **На катке́**

катóк, –ткá
Нý вóт, мы́ и на катке́.
конёк, –нькá
катáться на конькáх
Ты́ хорошó на конькáх катáешься?

гдé тáм
Гдé тáм!

шáг (pl шаги́)
на кáждом шагу́
пáдать, пáдают (I)
Пáдаю на кáждом шагу́.

вы́расти, вы́растут (pfv I)
ю́г
Ведь я́ на ю́ге вы́росла.
мóре, –я; –я, –ей
**Ведь я́ на ю́ге вы́росла, на берегу́ Чёрного
мóря.**

сéвер
А я́ с сéвера.

лёд, льдá
Я́, мóжно сказáть, на льду́ вы́рос.

невáжный
**Хотя́ я́ на сéвере вы́рос, я́ тóже невáжно
катáюсь.**

Я́ катáюсь горáздо ху́же сестры́.

летáть, –áют (I, m-d)
пти́ца
тá
Тá кáк пти́ца летáет.

skating rink
Well, here we are at the skating rink.
skate, ice-skate
to skate
Are you a good skater?

far from it! (*or* go on!)
Far from it!

step, stride, pace
with every step, at every turn
to fall
I fall with every step.

to grow up
south
I grew up in the south, after all.
sea
I grew up in the south, on the Black Sea coast.

north
And I'm from the north.

ice
You might say I grew up on the ice.

unimportant; not good; indifferent
Even though I grew up in the north, I don't skate
   very well either.

I skate far worse than my sister.

to fly
bird
she (*lit.* that one)
She flies like a bird.

лёгок (легка́) на поми́не

А во́т и она́, легка́ на поми́не.

Све́та, беги́ сюда́, к на́м!

моро́з

Ну́ и моро́з!

нос, –а; носы́, –о́в
о́ба, обо́их (f о́бе, обе́их)

У ва́с обо́их носы́ совсе́м кра́сные.

Почему́ вы́ не ката́етесь?

потому́ что [pətamúštə]

Потому́ что уста́ли па́дать.

конькобе́жец, –жца

Мы́ о́ба плохи́е конькобе́жцы.

не то́, что
ма́стер, –а; –а́, –о́в
спо́рт

Мы́ о́ба плохи́е конькобе́жцы, не то́, что ты́,
на́ш «ма́стер спо́рта».

Како́й я́ ма́стер!

не́рвничать, –ают (I)
соревнова́ние

Я́ бу́ду не́рвничать на соревнова́ниях.

испо́ртить, –ят (pfv II)

Я́ бу́ду не́рвничать и всё испо́рчу.

тренирова́ться, трениру́ются (I)

Ка́ждый де́нь трениру́юсь, а на
соревнова́ниях бу́ду не́рвничать и всё
испо́рчу.

бро́сить, бро́сят (pfv II)

Бро́сь говори́ть глу́пости.

бе́гать, бе́гают (I, m-d)
во́зраст
шестиле́тний, –яя, –ее

Она́ с шестиле́тнего во́зраста на конька́х
бе́гает.

Пра́вда, Све́та?

Мне́ бы́ло четы́ре го́да.

привести́, приведу́т (pfv I) (past привёл,
привела́, –о́, –и́)

Не́т, мне́ бы́ло всего́ четы́ре го́да, когда́
меня́ пе́рвый ра́з привели́ на като́к.

расстава́ться, расстаю́тся (I)
с те́х по́р

speak of the devil (*lit.* light on a mention)
And speak of the devil, there she is.

Sveta, come on over here to us!

freezing cold, freezing weather; frost
Boy, it's cold!

nose
both

Both your noses are quite red.

Why aren't you skating?

because

Because we're tired of falling down.

skater
not like; a far cry from
expert, master; foreman
sport(s)

We're both poor skaters, a far cry from you, our
"master sportsman."

I'm some expert!

to be nervous, feel nervous
competition, contest, event, meet

I'll be nervous at the contests.
to spoil, ruin

I'll be nervous and spoil everything.
to train, be in training

I train every day, but I'll be nervous at the contests and spoil everything.

to throw; to drop; to quit, stop
Stop talking nonsense.

to run; (на конька́х) to skate
age
of six years

She's been skating since the age of six.

Isn't that so, Sveta?

I was four years old.
to bring, take, lead (to)

No, I was only four when they first took me to
the skating rink.

to part
since then, since that time

Та́к, с те́х по́р и не расстаю́сь с конька́ми.	So since that time I haven't parted company with my skates.
искусство [iskústvə]	art, skill
Ну́, покажи́ на́м своё иску́сство.	Well, show us your skill.

восто́к	east
На́ш колхо́з нахо́дится на восто́к от Ки́ева.	Our kolkhoz is situated [to the] east of Kiev.
за́пад	west
На́ш колхо́з нахо́дится на за́пад от Ки́ева.	Our kolkhoz is situated [to the] west of Kiev.
по́ртить, по́ртят (II)	to spoil, ruin
Ты́ всегда́ всё по́ртишь!	You always spoil everything!
приводи́ть, приво́дят (II)	to bring, take, lead (to)
Сюда́ всегда́ приво́дят тури́стов.	They always bring the tourists here.
води́ть, во́дят (II, m-d)	to lead, conduct, take
О́н во́дит тури́стов по го́роду.	He conducts tourists through the city.
вести́, веду́т (I, u-d) (past вёл, вела́, –о́, –и́)	to be leading, be conducting, be taking
Куда́ вы́ на́с ведёте?	Where are you taking us?
расста́ться, расста́нутся (pfv I)	to part, take leave of
Когда́ они́ расста́лись?	When did they part?
Я́ никогда́ не расста́нусь с э́той карти́ной.	I'll never part with this picture.

На катке́

T. — Тама́ра (Тама́рочка)   В. — Вади́м (Ва́дя)   С. — Светла́на (Све́та)

В.   1 Тама́ра, ты́ хорошо́ на конька́х ката́ешься?

Т.   2 Где́ та́м! Па́даю на ка́ждом шагу́. Ведь я́ на ю́ге вы́росла, на берегу́ Чёрного мо́ря.

В.   3 А я́ с се́вера, мо́жно сказа́ть, на льду́ вы́рос, а то́же нева́жно ката́юсь, гора́здо ху́же сестры́.[1] Та́ ка́к пти́ца лета́ет.

Т.   4 А во́т и она́, легка́ на поми́не. Све́та, беги́ сюда́, к на́м!

С.   5 Ну́ и моро́з! У ва́с обо́их носы́ совсе́м кра́сные. Почему́ вы́ не ката́етесь?

Т.   6 Потому́ что уста́ли па́дать.

В.   7 Мы́ о́ба плохи́е конькобе́жцы, не то́, что ты́, на́ш «ма́стер спо́рта».[2]

С.   8 Како́й я́ ма́стер! Ка́ждый де́нь трениру́юсь, а на соревнова́ниях бу́ду не́рвничать и всё испо́рчу.

В.   9 Бро́сь говори́ть глу́пости. Зна́ешь, Тама́рочка, она́ с шестиле́тнего во́зраста на конька́х бе́гает. Пра́вда, Све́та?[3]

С. 10 Не́т, мне́ бы́ло всего́ четы́ре го́да, когда́ меня́ пе́рвый ра́з привели́ на като́к. Та́к с те́х по́р и не расстаю́сь с конька́ми.

Т. 11 Ну́, покажи́ на́м своё иску́сство.

[1] Note that when the context makes it clear, **на коньках** may be omitted and **кататься** used alone in the meaning *to skate*.

[2] Since 1936, **мастер спорта** has been the official title given to Soviet athletes who successfully compete in a series of national contests. Here, of course, it is used jokingly.

[3] The expressions **кататься на коньках** and **бегать на коньках** are both used to describe the activity of skating. **Кататься** is more apt to be used when done by an amateur or for fun, whereas **бегать** is used to describe the skating done by a professional. The noun, **конькобежец** *skater*, is based on the latter expression.

PREPARATION FOR CONVERSATION — На лыжах

лыжи (sg лыжа)	skis
кататься на лыжах	to ski
Ты любишь кататься на лыжах?	Do you like to ski?
забор	fence
Ай, я прямо на забор лечу!	Help! I'm heading (*lit.* flying) straight for the fence!
бок, –а; бока, –ов	side
на́ бок [nábək]	to one side, to the side, aside
на боку́ [nəbakú]	on the side, on one's side
Па́дай на́ бок!	Fall to one side!
разбиться, разобьются (pfv I)	to break, be broken, be smashed up; to be hurt badly
Па́дай на́ бок, а то́ разобьёшься!	Fall to one side, or else you'll get hurt badly!
встать, встанут (pfv I)	to get up, rise
Помоги мне встать, Вадя.	Help me up, Vadya.
весь в снегу́	all covered with snow
Я вся в снегу́.	I'm all covered with snow.
Как лыжи?	How are the skis?
да что (*plus* nom)	to heck with, who cares about
Да что́ лыжи! Как ты́?	To heck with the skis! How are you?
Вставай!	Get up!
держаться, держатся (II)	to hold, keep
держаться за (*plus* acc)	to hold (*or* hang) on to
Держись за меня, вставай!	Hang on to me; try to get up!
цел, –о, –ы (f –а́)	whole, intact, unbroken, in one piece
Руки и ноги целы, кажется.	My arms and legs seem to be all in one piece.
понести, понесут (pfv I)	to carry, bear
Ты можешь идти или тебя понести?	Can you walk or shall I carry you?
Нет, не беспокойся.	No, don't bother.

плечо́, –а́; пле́чи, пле́ч   shoulder

бедро́, –а́; бёдра, бёдер   hip

У меня́ бедро́ и плечо́ немно́го боля́т.   My hip and shoulder hurt a bit.

У меня́ то́лько бедро́ и плечо́ немно́го боля́т, но э́то пройдёт.   Only my hip and shoulder hurt a bit, but that'll pass.

напуга́ть, –а́ют (pfv I)   to scare, frighten

Напуга́ла ты меня́, Све́та.   You had me scared, Sveta.

Э́то мне́ нау́ка.   Let that be a lesson to me.

повести́, поведу́т (pfv I)   to take, lead, conduct

гора́, –ы́; го́ры, го́р (acc sg го́ру)   mountain, hill

Я тебя́ бо́льше никогда́ на э́ту го́ру не поведу́.   I won't ever take you to this hill again.

Не́т, пожа́луйста! Зде́сь та́к хорошо́!   No, please! It's so nice here.

Я в друго́й ра́з бу́ду осторо́жнее.   I'll be more careful next time.

хара́ктер   character, nature, personality, temperament, disposition

–то [тэ]   (emphatic particle)

С твои́м-то хара́ктером?   The kind of person you are?

сомнева́ться, –а́ются (I)   to doubt, have one's doubts

сомнева́ться в (*plus* prep)   to doubt (something)

Я в э́том сомнева́юсь.   I doubt that.

С твои́м-то хара́ктером? Сомнева́юсь.   The kind of person you are? I have my doubts.

У меня́ тако́й хара́ктер — ты́ со мно́ю не шути́!   The kind of person I am—you'd better not joke with me!

Но ты́ са́м то́же хоро́ш!   You're a fine one to talk!

сумасше́дший   madman; (as adj) mad, insane

Ты́ лети́шь с горы́, ка́к сумасше́дший.   You fly downhill like a madman.

Я — друго́е де́ло.   Me—that's different.

сторона́, –ы́; сто́роны, –ро́н (acc sg сто́рону)   side

сверну́ть, сверну́т (pfv I)   to turn

сверну́ть в сто́рону   to turn aside, make a turn to the side

Я уме́ю в сто́рону сверну́ть.   I know how to make a turn.

во́время (*or* во́-время)   on time, in time

останови́ться, –о́вятся (pfv II)   to stop, come to a stop; stop over, stay

Я уме́ю останови́ться во́время.   I know how to stop in time.

и... и...   both . . . and . . .

Я уме́ю и в сто́рону сверну́ть, и останови́ться во́время.   I can both make a turn and stop in time.

А ты́ ведь то́лько у́чишься ката́ться на лы́жах.   And, after all, you're just learning to ski.

ско́лько ле́т (*plus* dat)	how old
Ско́лько ему́ ле́т?	How old is he?
како́го во́зраста (*plus* nom)	what age
Како́го во́зраста её бра́т?	What age is her brother?
держа́ть, де́ржат (II)	to hold, keep
Где́ вы́ де́ржите стака́ны?	Where do you keep glasses?
пуга́ть, пуга́ют (I)	to frighten, scare, intimidate
Не пуга́йте дете́й!	Don't frighten the children!
разби́ть, разобью́т (pfv I)	to break, smash; to break up, divide
Разбе́йте кла́сс на не́сколько гру́пп.	Break the class up into several groups.
остана́вливаться (I)	to stop, come to a stop; to stop over, stay
Мы́ обы́чно остана́вливаемся в э́той гости́нице.	We usually stop at this hotel.
остано́вка	stop (station)
Выходи́те на сле́дующей остано́вке.	Get out at the next stop.
са́д	garden, orchard
в саду́	in the garden (*or* orchard)
Де́ти игра́ют в саду́.	The children are playing in the garden.
нести́, несу́т (I, u-d)	to be carrying (*or* taking)
Куда́ ты́ несёшь бума́ги?	Where are you taking the papers?
ма́л, –а́, –о́, –ы́	small, too small
Э́тот костю́м ва́м ма́л.	That suit is too small for you.
вели́к, –а́, –о́, –и́	big, too big, too large
Э́то пла́тье ва́м велико́.	That dress is too large for you.

На лы́жах

С. — Светла́на (Све́та)   В. — Вади́м (Ва́дя)

С. 1 Ай, я́ пря́мо на забо́р лечу́!

В. 2 Па́дай на́ бок, а то́ разобьёшься! Ну́ во́т...

С. 3 Помоги́ мне́ вста́ть, Ва́дя. Я́ вся́ в снегу́. Ка́к лы́жи?

В. 4 Да чтó лы́жи! Ка́к ты́? Держи́сь за меня́, встава́й.

С. 5 Ру́ки и но́ги це́лы, ка́жется.

В. 6 Ты́ мо́жешь идти́ и́ли тебя́ понести́?

С. 7 Не́т, не беспоко́йся. У меня́ то́лько бедро́ и плечо́ немно́го боля́т, но э́то пройдёт.

В. 8 Напуга́ла ты́ меня́, Све́та. Э́то мне́ нау́ка. Я́ тебя́ бо́льше никогда́ на э́ту го́ру не поведу́.

С. 9 Не́т, пожа́луйста! Зде́сь та́к хорошо́! Я́ в друго́й ра́з бу́ду осторо́жнее.

В. 10 С твои́м-то хара́ктером? Сомнева́юсь.

C. 11 «У меня́ тако́й хара́ктер — ты́ со мно́ю не шути́!»[1] Но ты́ са́м то́же хоро́ш: лети́шь с горы́, ка́к сумасше́дший.

В. 12 Я́ — друго́е де́ло. Я́ уме́ю и в сто́рону сверну́ть, и останови́ться во́время. А ты́ ведь то́лько у́чишься ката́ться на лы́жах.[2]

NOTES

[1] «У меня́ тако́й хара́ктер — ты́ со мно́ю не шути́!» is a line from a song introduced in the Soviet movie «Де́вушка с хара́ктером». Both the song and the movie were very popular at one time.

[2] Both **ката́ться на лы́жах** and **ходи́ть на лы́жах** are used here to describe the activity of skiing. As with skating, **ката́ться** emphasizes the pleasurable aspects of the sport, whereas **ходи́ть** describes the professional activity. In addition, **ходи́ть на лы́жах** is used for cross-country or distance skiing rather than downhill skiing. Some speakers also say **е́здить на лы́жах** or **бе́гать на лы́жах**.

Basic sentence patterns

1. О́н всегда́ тако́й весёлый.
   —— сего́дня та́к ве́сел.
   Она́ всегда́ така́я весёлая.
   —— сего́дня та́к весела́.
   Они́ всегда́ таки́е весёлые.
   —— сего́дня та́к ве́селы.

   He's always so cheerful.
   —— so cheerful today.
   She's always so cheerful.
   —— so cheerful today.
   They're always so cheerful.
   —— so cheerful today.

2. Како́й о́н споко́йный!
   Ка́к о́н споко́ен!
   Кака́я она́ споко́йная!
   Ка́к она́ споко́йна!
   Каки́е они́ споко́йные!
   Ка́к они́ споко́йны!

   How quiet he is!
   How ——!
   How quiet she is!
   How ——!
   How quiet they are!
   How ——!

3. Ты́ тако́й ми́лый, Воло́дя!
   —— та́к ми́л ——!
   Ты́ така́я ми́лая, Све́та!
   —— та́к мила́ ——!
   Вы́ тако́й ми́лый, Оле́г!
   —— та́к ми́лы ——!
   Вы́ така́я ми́лая, Ве́ра!
   —— та́к ми́лы ——!
   Вы́ всё таки́е ми́лые!
   —— та́к ми́лы!

   You're so nice, Volodya!
   You're ——!
   —— Sveta!
   You're ——!
   —— Oleg!
   You're ——!
   —— Vera!
   You're ——!
   You're all so nice!
   You're all ——!

4. О́ба её бра́та ещё у́чатся.
   —— сы́на ——.
   —— дру́га ——.
   О́бе её сестры́ ——.
   —— до́чери ——.
   —— подру́ги ——.

   Both of her brothers are still students.
   —— sons ——.
   —— friends ——.
   —— sisters ——.
   —— daughters ——.
   —— girl friends ——.

5. Где Воло́дя и Ко́ля?
   — Они́ о́ба больны́.
   Где Све́та и Та́ня?
   — Они́ о́бе больны́.
   Где ва́ши сёстры?
   — Они́ о́бе больны́.

Where are Volodya and Kolya?
They're both sick.
Where are Sveta and Tanya?
They're both sick.
Where are your sisters?
They're both sick.

6. Я ви́дел обо́их ва́ших бра́тьев на катке́.
   ———— обо́их ———— дете́й ————.
   ———— обо́их ———— сынове́й ————.
   ———— обе́их ———— сестёр ————.
   ———— обе́их ———— дочере́й ————.

I saw both your brothers at the rink.
———————— children ————.
———————— sons ————.
———————— sisters ————.
———————— daughters ————.

7. Что́ э́то лежи́т та́м в снегу́?
   ———————— в шкафу́?
   ———————— в углу́?
   ———————— в лесу́?
   ———————— в саду́?

What's that lying there in the snow?
———————— cupboard?
———————— corner?
———————— woods?
———————— garden?

8. Ско́лько ва́м ле́т?
   — Мне́ восемна́дцать ле́т.
   ———— девятна́дцать ——.
   ———— два́дцать ————.
   ———— два́дцать оди́н го́д.
   ———————— два́ го́да.

How old are you?
I'm eighteen years old.
—— nineteen ————.
—— twenty ————.
—— twenty-one ————.
—— twenty-two ————.

9. Ско́лько ме́сяцев ва́шему ребёнку?
   — Ему́ всего́ четы́ре ме́сяца.
   ———————— пя́ть ме́сяцев.

How old is your baby?
He's only four months old.
———— five ————.

10. Како́го о́н во́зраста?
    — Ему́ со́рок ле́т.
    ———— со́рок пя́ть ле́т.
    ———— пятьдеся́т ——.
    ———— се́мьдесят ——.

What age is he? (*Or* What's his age?)
He's forty years old.
—— forty-five ——.
—— fifty ————.
—— seventy ————.

11. В то́ вре́мя ей бы́ло ше́сть ле́т.
    ———————————— де́сять ——.
    ———————————— трина́дцать ——.
    ———————— бы́л два́дцать оди́н го́д.
    ———————— бы́ло два́дцать два́ го́да.

At that time she was six.
———————————— ten.
———————————— thirteen.
———————————— twenty-one.
————————————-two.

12. Куда́ ты́ на́с ведёшь?
    ———— о́н и́х ведёт?
    ———————— повёл?
    ———— она́ — повела́?
    ———————— поведёт?

Where are you taking (*or* leading) us?
———— is he taking them?
———— did he take ——?
———————— she ——?
—— will ————?

13. Они́ ча́сто води́ли дете́й в па́рк.
    ———————— во́дят ————.
    Я ———— вожу́ ————.
    Вы́ ———— во́дите ————?

They often took the children to the park.
———————— take ————.
I ————————.
Do you often ————————?

14. Де́ти бе́гают в саду́.
    ———— бе́гали ——.
    Не бе́гайте ——.

The children run about in the garden.
———————— ran ————.
Don't run ————————.

15. Куда́ вы́ бежи́те?
——— ты́ бежи́шь?
——— о́н бежи́т?
——— они́ бегу́т?
Я́ бегу́ на по́чту.

Where are you running to?
——— are you ———?
——— is he ———?
——— are they ———?
I'm running to the post office.

16. Она́ во́зит дете́й в шко́лу.
Я́ вожу́ дете́й в шко́лу.
Я́ всегда́ вози́л дете́й в шко́лу.

She drives the children to school.
I drive ———————————.
I always drove ——————.

17. Я́ везу́ роди́телей на вокза́л.

О́н везёт ——————————.
О́н вёз ——————————.
Мы́ везли́ ——————————.
Вези́те ——————————.

I'm taking (or driving) my parents to the station.
He's taking his ———————————.
He was taking his ———————————.
We were taking our ———————————.
Take your ———————————.

18. Сади́тесь, я́ ва́с повезу́ домо́й.
——————— мы́ ва́с повезём ——.
——————— му́ж ва́с повезёт ——.

Get in (the car); I'll drive you home.
——————— we'll drive ———.
——————— my husband will drive ——.

19. О́н повёз на́шего сосе́да на аэропо́рт.
Она́ повезла́ ———————————.
Они́ повезли́ ———————————.

He drove our neighbor to the airport.
She drove ———————————.
They drove ———————————.

20. Что́ э́то ты́ несёшь?
— Я́ несу́ су́п сосе́дке.
Что́ случи́лось?
— Я́ нёс ча́й и упа́л.
Что́ с ней случи́лось?
— Она́ несла́ стака́ны и упа́ла.

What's that you're carrying?
I'm taking soup to my neighbor.
What happened?
I was carrying the tea and fell.
What happened to her?
She was carrying glasses and fell.

21. Я́ понесу́ э́ти ве́щи наве́рх.
— повезу́ ва́с на вокза́л.
— поведу́ дете́й в па́рк.

I'll take these things upstairs.
——— you to the station.
——— the children to the park.

22. Она́ на́м но́сит молоко́.
——————— носи́ла молоко́.
Я́ не ношу́ с собо́й де́нег.

She brings us milk.
—— used to bring ——.
I don't carry any money with me.

23. Отку́да вы́, с се́вера?
— Не́т, я́ с ю́га.
— Я́ вы́рос на ю́ге.
Отку́да вы́, с ю́га?
— Не́т, я́ с се́вера.
— Я́ вы́рос на се́вере.

Where are you from— the north?
No, I'm from the south.
I grew up in the south.
Where are you from — the south?
No, I'm from the north.
I grew up in the north.

24. Э́то де́рево растёт у на́с на восто́ке.
——————————— на за́паде.
——————————— на се́вере.
——————————— на ю́ге.

That tree grows in our east.
——————— our west.
——————— our north.
——————— our south.

25. Э́тот по́езд пришёл с восто́ка.
——————— с за́пада.
——————— с ю́га.
——————— с се́вера.

That train came from the east.
——————— the west.
——————— the south.
——————— the north.

Pronunciation practice: consonant clusters зв, св, and цв

A. Consonant cluster **зв** pronounced [zv] or [ʐɣ].

1. Initial position

[zvoņíṭ] звони́ть
to ring, phone

[ʐɣéṛ] звéрь
beast

[ʐɣizdá] звездá
star

2. Medial position

[sazvúčijə] созву́чие
accord

[vizváņivəṭ] вызвáнивать
to ring out

[pazɣáḵivəṭ] позвя́кивать
tinkle

B. Consonant cluster **св** pronounced [sv] or [şɣ].

1. Initial position

[svúzəm] с ву́зом
with college

[şɣéṭ] свéт
light

[şɣáş] свя́зь
connection

2. Medial position

[asvəbaḍíṭ] освободи́ть
to free

[póşɣist] по́свист
whistling

[pəşɣižéjə] посвежée
fresher

C. Consonant cluster **цв** pronounced [cɣ].

1. Initial position

[cɣét] цвéт
color

[cɣitók] цветóк
flower

[cɣéḷ] цвéль
mould

2. Medial position

[pəcɣisṭí] поцвести́
to bloom

[acɣéṭi] о цвéте
about color

[zacɣól] зацвёл
became mouldy

STRUCTURE AND DRILLS

Short-form adjectives

MODELS

Óн такóй дóбрый.	He's so kind.
— тáк дóбр.	He's _____.
Какáя онá глу́пая!	How silly she is!
Кáк _____ глупá!	How _____!

Како́й о́н у́мный!	How intelligent he is!
Ка́к ——— умён!	How ——————!
Каки́е они́ молоды́е!	How young they are!
Ка́к ——— мо́лоды!	How ——————!

Э́тот сто́л тако́й ма́ленький.	This table is so small.
О́н для меня́ ма́л.	It's too small for me.
Э́та ко́мната така́я ма́ленькая.	This room is so small.
Она́ для меня́ мала́.	It's too small for me.
Э́ти руба́шки таки́е ма́ленькие.	These shirts are so small.
Они́ мне́ малы́.	They're too small for me.
Э́то пла́тье тако́е ма́ленькое.	This dress is so small.
Оно́ е́й мало́.	It's too small for her.[1]

Костю́м сли́шком большо́й.	The suit is too large.
О́н на меня́ вели́к.	It's too large for me.
Шля́па сли́шком больша́я.	The hat is too large.
Она́ на меня́ велика́.	It's too large for me.
Ша́пки сли́шком больши́е.	The caps are too large.
Они́ на ни́х велики́.	They're too large for them.[2]

■ REPETITION DRILL

Repeat the given models, noting that although long- and short-form adjectives are *sometimes* interchangeable, short-form adjectives are used only in the predicate. Note also that long-form adjectives are accompanied by the appropriate forms of **тако́й** and **како́й**, whereas the short-form adjectives and the adverb are accompanied by **та́к** and **ка́к**.

■ STRUCTURE REPLACEMENT DRILLS

1. *They're healthy people.*
   These people are healthy.
   Э́то здоро́вые лю́ди.
   Э́ти лю́ди здоро́вы.
   Э́то ста́рые лю́ди.
   Э́ти лю́ди ста́ры.
   (просты́е, несимпати́чные,
   безду́шные, глу́пые, у́мные,
   осторо́жные, пусты́е)

2. *It's such important business.*
   It's so important.
   Э́то тако́е ва́жное де́ло.
   Э́то та́к ва́жно.
   Э́то тако́е ску́чное де́ло.
   Э́то та́к ску́чно.
   (интере́сное, серьёзное, стра́нное,
   лёгкое, но́вое)

■ RESPONSE DRILLS

1. *He's a quiet man.*
   Yes, he's always [so] quiet.
   О́н споко́йный челове́к.
   Да́, о́н всегда́ споко́ен.
   О́н весёлый челове́к.
   Да́, о́н всегда́ ве́сел.
   (здоро́вый, больно́й, осторо́жный,
   серьёзный, занято́й)

2. *She's a nice woman.*
   Yes, she's so nice.
   Она́ ми́лая же́нщина.
   Да́, она́ та́к мила́.
   Она́ краси́вая же́нщина.
   Да́, она́ та́к краси́ва.
   (до́брая, больна́я, несча́стная, глу́пая,
   у́мная)

---

[1] The short forms ма́л, мала́, мало́, малы́ usually mean *too small*.

[2] Similarly, the short forms вели́к, велика́, велико́, and велики́ usually mean *too large, too big*.

1. *Isn't this room too big?*
   Yes, it's too big for me.
   Эта кóмната не слúшком большáя?
   Дá, онá для меня́ великá.
   Этот стóл не слúшком большóй?
   Дá, он для меня́ велúк.
   (чемодáн, сýмка, шкаф, конькú,
   машúна, часы́)

2. *Didn't the glass break?*
   No, it's in one piece.
   Стакáн не разбúлся?
   Нéт, он цéл.
   Чáшка не разбúлась?
   Нéт, онá целá.
   (стакáны, пластúнка, чáшки,
   проúгрыватель, часы́, телефóн)

DISCUSSION

Short-form adjectives are formed from the adjective stem: masculines have a zero ending (often with an inserted vowel between the last two consonants of the stem), feminines have the ending –a, neuters –o, and plurals –ы. After к, г, х, ш, ж, ч, and щ, the plural ending is spelled –и.

The short-form adjectives are only used in the nominative, and are limited to use in the predicate. They agree with their subject in gender and number. The number of adjectives that can be used in the short form is rather restricted. In some instances their use is poetic or old-fashioned; in others, the short form has a slightly different meaning than the long form:

Compare	хорóший	*good, fine*
with	хорóш, –á, –ó, –й	*pretty, beautiful*
Compare	знакóмый	*familiar*
with	знакóм, –a, –o, –ы	*acquainted*

The adjectives **большóй** and **мáленький** have short forms based on the adjectives **велúкий** *great* and **мáлый** *small*. The short forms usually denote an excess of the quality:

Compare	большóй	*big, large*
with	велúк, –á, –ó, –й	*big, large, too large*
Compare	мáленький	*little, small*
with	мáл, –á, –ó, –ы́	*little, small, too small*

Эта кóмната для вáс малá.   This room is too small for you.

When adjectives are used in conjunction with **такóй, какóй, тáк,** and **кáк,** note that **такóй** and **какóй** must be used with the long-form adjectives, and **тáк** and **кáк** with the short-form adjectives:

Compare	Óн такóй занятóй.	He's so busy.
with	Óн тáк зáнят.	
Compare	Какáя онá красúвая!	How pretty she is!
with	Кáк онá красúва!	

The short-form adjective often denotes a more temporary quality than the long-form adjective.

Compare	Óн бóлен.	He's sick.
with	Óн больнóй человéк.	He's a sickly person.

In the list below, note that the stress of the short form may not only differ from that of the long form, but that variations in stress position often exist within the four short forms. In most instances the feminine ending carries the stress and contrasts with the other forms in its place of stress. Occasionally, however, more than one stress possibility exists, as in **кóроток** (*or* **корóток**), **кóротко** (*or* **корóтко, короткó**), and **кóротки** (*or* **корóтки, короткú**), where some of the alternate stress possibilities have been indicated parenthetically.

безду́шный	безду́шен, –шна, –о, –ы	молодо́й	мо́лод, –а́, –о, –ы
бли́зкий	бли́зок, близка́, –о, –и	несимпати́чный	несимпати́чен, –чна, –о, –ы
больно́й	бо́лен, больна́, –о, –ы́	осторо́жный	осторо́жен, –жна, –о, –ы
ва́жный	ва́жен, важна́, –о, –ы	по́лный	по́лон, полна́, –о (–о́), –ы (–ы́)
весёлый	ве́сел, –а́, –о, –ы	просто́й	прост, –а́, –о, –ы
голо́дный	го́лоден, –а́, –о, –ы (–ы́)	пусто́й	пуст, –а́, –о–, –ы
глу́пый	глуп, –а́, –о, –ы	свобо́дный	свобо́ден, свобо́дна, –о, –ы
гото́вый	гото́в, –а, –о, –ы	серьёзный	серьёзен, –зна, –о, –ы
до́брый	добр, –а́, –о, –ы (–ы́)	споко́йный	споко́ен, споко́йна, –о, –ы
дорого́й	до́рог, –а́, –о, –и	ста́рый	стар, –а́, –о, –ы
здоро́вый	здоро́в, –а, –о, –ы	у́мный	умён, умна́, –о (–о́), –ы (–ы́)
коро́ткий	ко́роток, –тка́, –о, (–о́), –и (–й)	холо́дный	хо́лоден, –дна́, –о, –ы (–ы́)
краси́вый	краси́в, –а, –о, –ы	це́лый	цел, –а́, –о, –ы
ми́лый	мил, –а́, –о, –ы		

Intransitive verbs of motion with paired imperfectives: multidirectional (m-d) versus unidirectional (u-d) imperfectives

Most of the simple verbs of motion have both a multidirectional imperfective and a unidirectional imperfective. In this section we treat only the intransitive ones, that is, those which do not take a direct object. In the sets below we give first the multidirectional imperfective, then the unidirectional imperfective. Note that the single corresponding perfective is always formed from the unidirectional imperfective by means of the prefix **по–**.

MODELS

1. ipfv **ходи́ть** and **идти́**; pfv **пойти́** *to go* (on foot)

   Я хожу́ в па́рк ка́ждый де́нь. — I go to the park every day.
   Я иду́ в па́рк. — I'm going (*or* I'm on my way) to the park.
   Я пойду́ в па́рк. — I'll go to the park.

2. ipfv **е́здить** and **е́хать**; pfv **пое́хать** *to go* (by vehicle)

   Я ча́сто е́зжу к мо́рю. — I often drive to the seashore.
   Я е́ду к мо́рю. — I'm going (*or* I'm on my way) to the seashore.
   За́втра я пое́ду в го́ры. — Tomorrow I'll drive to the mountains.

3. ipfv **лета́ть** and **лете́ть**; pfv **полете́ть** *to fly*

   Я иногда́ лета́ю в Ки́ев. — I sometimes fly to Kiev.
   Я лечу́ в Ки́ев. — I'm flying (*or* I'm on my way) to Kiev.
   Куда́ вы́ полети́те, в Го́рький? — Where will you fly—to Gorky?

4. ipfv **пла́вать** and **плы́ть**; pfv **поплы́ть** *to swim*

   Вы́ хорошо́ пла́ваете. — You're a good swimmer *or* You swim well.
   Куда́ плывёт э́та ло́дка? — Where is that boat sailing to?
   Поплывём на друго́й бе́рег реки́. — Let's swim to the other side of the river.

5. ipfv **бе́гать** and **бежа́ть**; pfv **побежа́ть** *to run*

   Де́ти бе́гают по са́ду. — The children run around in the garden.
   Ко́ля бежи́т в шко́лу. — Kolya's running to school.
   Ко́ля побежа́л за газе́той. — Kolya ran to get the paper.

■ TRANSFORMATION DRILL

I'm running to a meeting.
I was running to a meeting.
Я́ бегу́ на собра́ние.
Я́ бежа́л на собра́ние.
Ты́ бежи́шь на собра́ние.
Ты́ бежа́л на собра́ние.

(он бежит, мы бежим, вы бежите, они
бегут, она бежит, я бегу)

■ STRUCTURE REPLACEMENT DRILLS

1. *Tanya's running to get a newspaper.*
Tanya runs to get the paper every morning.
Та́ня бежи́т за газе́той.
Ка́ждое у́тро Та́ня бе́гает за газе́той.
Они́ бегу́т за газе́той.
Ка́ждое у́тро они́ бе́гают за газе́той.

(я бегу, мы бежим, вы бежите, дети
бегут, ты бежишь, вы бежите)

2. *I'm flying to Moscow.*
I often fly to Moscow.
Я́ лечу́ в Москву́.
Я́ ча́сто лета́ю в Москву́.
Мы́ лети́м в Москву́.
Мы́ ча́сто лета́ем в Москву́.

(директор, вы, товарищи, ты, сосед,
мы)

■ QUESTION-ANSWER DRILLS

1. *When were you in Yalta?*
I flew there last year.
Когда́ вы́ бы́ли в Я́лте?
Я́ туда́ лета́л в про́шлом году́.

Когда́ она́ была́ в Я́лте?
Она́ туда́ лета́ла в про́шлом году́.
(наши мастера, эта американка, ваши
друзья, её жених, его жена, ваш
родственник)

2. *Did you go to the market on foot?*
No, we went by bus.
Вы́ ходи́ли на база́р пешко́м?
Нет, мы́ е́здили авто́бусом.
Ма́ть ходи́ла на база́р пешко́м?
Нет, она́ е́здила авто́бусом.

(дедушка, тётя, вы, соседки, дядя,
бабушка, учитель)

3. *Where were you?*
I went (lit. ran) to look at the clock.
Где́ ты́ бы́л?
Я́ бе́гал посмотре́ть на часы́.
Где́ она́ была́?
Она́ бе́гала посмотре́ть на часы́.

(вы, он, дети, Света, Олег, ребята)

■ RESPONSE DRILLS

1. *They swam around the boat for a long time.*
Now they're swimming toward shore.
Они́ до́лго пла́вали вокру́г ло́дки.
Тепе́рь они́ плыву́т к бе́регу.
Я́ до́лго пла́вал вокру́г ло́дки.
Тепе́рь я́ плыву́ к бе́регу.

(мы, парни, девушка, ребята,
мальчик, Тамара)

2. *She's been running around the stores all morning.*
Now she's rushing (lit. running) home.
Она́ всё у́тро бе́гала по магази́нам.
Тепе́рь она́ бежи́т домо́й.
Я́ всё у́тро бе́гал по магази́нам.
Тепе́рь я́ бегу́ домо́й.

(мы, Тамара, соседка, вы, подруги, я)

DISCUSSION

Like the paired "going" verbs **ходи́ть**, **идти́** and **е́здить**, **е́хать**, other verbs of motion, for example *swimming*, *flying*, and *running* also come in pairs with double imperfectives. The multidirectional imperfectives **пла́вать**, **лета́ть**, and **бе́гать** are used to describe movement in more than one direction; the unidirectional imperfectives **плы́ть**, **лете́ть**, and **бежа́ть** are used to describe movement in one direction, that is, with a single goal.

The multidirectional imperfective may describe the activity in general terms, movement in several directions without a specific goal, or one or more round trips to a single destination:

Вы любите плавать?	Do you like to swim? (general activity)
Мы долго плавали вокруг лодки.	We swam around the boat for a long time. (motion in several directions)
Вчера мы летали в Горький.	We flew to Gorky yesterday [and returned]. (single round trip)
Вы часто туда летаете?	Do you often fly there? (more than one round trip)

The unidirectional imperfective describes motion directed toward a single goal, either in process or contemplated for the near future:

Куда ты плывёшь?	Where are you swimming to? (action in process in present)
Когда она бежала через улицу, у неё упала сумочка.	As she was running across the street her purse fell. (action in process in past)
Завтра я лечу в Киев.	Tomorrow I'm flying to Kiev. (contemplated action)

The basic perfective for these verbs is formed by means of the prefix **по–** which is added to the unidirectional imperfective form: **поплыть, полететь, побежать.**

Поплывём на другой берег.	Let's swim to the other bank.
Завтра я полечу в Москву.	Tomorrow I'll fly to Moscow.
Она побежала за газетой.	She ran to get the paper.

Transitive verbs of motion with paired imperfectives: multidirectional versus unidirectional verbs of *taking*

A few verbs of motion with paired imperfectives are transitive verbs. These are the verbs of *taking*, that is, *carrying*, *transporting*, and *leading*. In the sets below we give first the multidirectional imperfective, then the unidirectional imperfective, followed by the single perfective.

MODELS

1. ipfv **носить** and **нести**; pfv **понести** *to carry, take* (on foot)

Вы всегда носите с собой книги?	Do you always carry your books with you?
Куда вы несёте эти вещи?	Where are you taking those things?
Я понесу ребёнка наверх.	I'll take the baby upstairs.
Она понесла ребёнка наверх.	She took the baby upstairs.

2. ipfv **возить** and **везти**; pfv **повезти** *to transport, haul, take* (by vehicle)

Раз в неделю они возят на базар картошку.	Once a week they haul (*or* take) potatoes to the market.
Везите нас на аэропорт.	Drive (*or* take) us to the airport.
Я повезу вас туда.	I'll take (*or* drive) you there.
Он повёз их на вокзал.	He took them to the station.

3. ipfv **водить** and **вести**; pfv **повести** *to lead, conduct, take* (usually on foot)

Он водит туристов по колхозу.	He conducts tourists around the kolkhoz.
Она ведёт детей в парк.	She's taking the children to the park.
Он вёл _____.	He was taking _____.
Я поведу _____.	I'll take _____.

1. *Yesterday Mother took the children to see the doctor.*
   Mother will take the children to see the doctor today.

   Вчера́ ма́ть води́ла дете́й к врачу́.

   Сего́дня ма́ть поведёт дете́й к врачу́.

   Вчера́ я води́л дете́й к врачу́.

   Сего́дня я поведу́ дете́й к врачу́.

   (отец, родители, мы, соседка, он, бабушка, вы, знакомые)

2. *He drives (or takes) tourists around town.*
   He's driving (or taking) the tourists into town.

   Он во́зит тури́стов по го́роду.

   Он везёт тури́стов в го́род.

   Мы во́зим тури́стов по го́роду.

   Мы везём тури́стов в го́род.

   (я, шофёр, они, сосед, вы, секретарь, ты)

1. *Did you take them to the meat packing plant?*
   No, we'll take them today.

   Вы вози́ли их на мясокомбина́т?

   Нет, сего́дня повезём.

   Инжене́ры вози́ли их на мясокомбина́т?

   Нет, сего́дня повезу́т.

   (ты, учительница, друзья, товарищ Царапкин, вы, рабочие)

2. *Who'll take the child to the garden—Grandmother?*
   Yes, she always takes him.

   Кто поведёт ребёнка в са́д, бабушка?

   Да, она́ ведь всегда́ его во́дит.

   Кто поведёт ребёнка в са́д, я?

   Да, ты́ ведь всегда́ его во́дишь.

   (мать, вы, сёстры, ты, брат, мы, отец)

3. *How does he manage (lit. live)?*
   He takes things to the flea market and sells them.

   Ка́к он живёт?

   Но́сит на толку́чку ве́щи и продаёт.

   Ка́к вы́ живёте?

   Но́сим на толку́чку ве́щи и продаём.

   (она, ты, я, они, вы, он, мы)

4. *Where are you going?*
   We're taking some records to the recreation room.

   Куда́ вы́ идёте?

   Мы́ несём пласти́нки в кра́сный уголо́к.

   Куда́ она́ идёт?

   Она́ несёт пласти́нки в кра́сный уголо́к.

   (ты, он, они, она)

5. *Do you work as a driver?*
   Yes, I haul boards and other materials.

   Ты́ рабо́таешь шофёром?

   Да, я вожу́ до́ски и други́е материа́лы.

   Вы́ рабо́таете шофёрами?

   Да, мы́ во́зим до́ски и други́е материа́лы.

   (твой знакомый, эти девушки, ты, этот парень, вы, эта женщина)

6. *Where did he go?*
   He took his relatives to the airport.

   Куда́ он пое́хал?

   Он повёз ро́дственников на аэропо́рт.

   Куда́ они пое́хали?

   Они́ повезли́ ро́дственников на аэропо́рт.

   (они, соседи, отец, сестра, секретарь, подруги)

1. *Sister went to visit her neighbors.*
   She took them a present.

   Сестра́ пошла́ к сосе́дям.

   Она́ понесла́ им пода́рок.

   Бра́т пошёл к сосе́дям.

   Он понёс им пода́рок.

   (девушки, студент, друзья, певица, инженер, дети)

2. *I drew up a plan.*
   I'll take it and show it to the director.

   Я́ соста́вил пла́н.

   Я понесу́ его показа́ть дире́ктору.

   Мы́ соста́вили пла́н.

   Мы́ понесём его показа́ть дире́ктору.

   (техник, инженеры, ты, девушки, вы, секретарь, я)

DISCUSSION

A few motion verbs, with double imperfectives, are transitive verbs which take a direct object in the accusative. Of these the most important are the verbs of "taking", such as **носи́ть** and **нести́** *carrying*, **вози́ть** and **везти́** *transporting* or *hauling*, and **води́ть** and **вести́** *leading*.

As with other verbs of motion, the multidirectional imperfectives are used to describe movement in more than one direction, and the unidirectional imperfectives are used to describe movement in one direction with a single goal.

1. The multidirectional imperfective is used to describe the activity in general terms, movement in several directions without a specific goal, or one or more round trips to a single destination:

Я не люблю́ носи́ть мно́го кни́г.	I don't like carrying lots of books. (general activity)
Она́ до́лго носи́ла ребёнка по ко́мнате.	She carried the baby around the room for a long time. (motion in various directions)
Дире́ктор води́л инжене́ров по всему́ заво́ду.	The director took the engineers all around the plant. (motion in various directions)
Он вчера́ вози́л ма́ть к специали́сту.	He took his mother to a specialist yesterday. (single round trip)
Он ча́сто вози́л и́х за́ город.	He often drove them to the country. (repeated round trips)

2. The unidirectional imperfective is used when the movement is directed toward a single goal and is either in process or contemplated for the near future:

Она́ ведёт дете́й в па́рк.	She's taking the children to the park. (action in process in present)
Она́ вела́ и́х в па́рк, ка́к вдру́г упа́ла и чу́ть не сломáла но́гу.	She was taking them to the park when she suddenly fell and almost broke her leg. (action in process in past)
За́втра она́ везёт на́с на о́зеро.	She's driving us to the lake tomorrow. (contemplated action)

The basic perfective for these verbs is formed by means of the prefix **по–** which is added to the unidirectional imperfective form: **понести́, повезти́, повести́.**

Он повёл дете́й в па́рк.	He's taken the children to the park.
Она́ поведёт и́х в са́д.	She'll take them to the garden.
Он повёз роди́телей на вокза́л.	He's taken his parents to the station.
Я повезу́ и́х на вокза́л.	I'll take them to the station.
Она́ понесла́ ребёнка в са́д.	She took the baby into the garden.
Она́ понесёт ребёнка в са́д.	She'll take the baby into the garden.

Remember that **вози́ть, везти́,** and **повезти́** specify carrying or taking by vehicle, and are opposed to **носи́ть, нести́,** and **понести́** which describe carrying while walking. **Води́ть, вести́,** and **повести́** are not so specific, but usually describe leading or taking while on foot.

The verb **вести́** is also used intransitively:

Эта доро́га ведёт к о́зеру.	This road leads to the lake.

The verb **носи́ть** is also used in the sense *to wear clothes*:

Она́ никогда́ не но́сит шля́пы.	She never wears a hat.

Стол-nouns with the special prepositional ending –ý

Чтó э́то лежи́т тáм на полý?	What's that lying on the floor there?
——————————— на снегý?	——————————— snow ——?
——————————— на берегý?	——————————— shore ——?
Я́ э́то нашёл в шкафý.	I found this in the cupboard.
——————————— в углý.	——————————— corner.
——————————— в садý.	——————————— garden.
Гдé ты́ э́то нашёл?	Where did you find it?
— На углý, прóтив ГУ́Ма.	On the corner—across from GUM.
— На берегý реки́.	On the river bank.
— На мостý.	On the bridge.
— На льдý, на каткé.	On the ice at the skating rink.
В какóм годý вы́ родили́сь?	In what year were you born?
В котóром часý они́ придýт?	At what time will they come?
Óн лежáл на бокý и спáл.	He was lying on his side, asleep.

■ REPETITION DRILL

Repeat the given models, noting that some **стол**-nouns take the special prepositional case ending –ý (always stressed) when used in conjunction with the prepositions **в** and **на**.

■ RESPONSE DRILL

Look at the floor!
There's a cap lying on the floor.
Посмотри́ нá пол!
На полý лежи́т шáпка.

Посмотри́ на мóст!
На мостý лежи́т шáпка.
(в угол, на снег, на берег, на лёд)

■ STRUCTURE REPLACEMENT DRILLS

1. *We were strolling along the shore.*
   We were sitting on the shore.
   Мы́ гуля́ли по бéрегу.
   Мы́ сидéли на берегý.
   Мы́ гуля́ли пó лéсу.[1]
   Мы́ сидéли в лесý.
   (по мóстý, по сáду, пó снéгу, по льдý, пó лéсу, по бéрегу)

2. *They walked around the forest.*
   They were in the forest.
   Они́ ходи́ли пó лéсу.
   Они́ бы́ли в лесý.
   Они́ ходи́ли по льдý.
   Они́ бы́ли на льдý.
   (пó снéгу, по бéрегу, по мóстý, пó полу)

■ QUESTION-ANSWER DRILL

1. *What year are you talking about—this one?*
   Yes, it happened this year.
   О какóм гóде вы́ говори́те, об э́том?
   Дá, э́то случи́лось в э́том годý.

   О какóм углé вы́ говори́те, об э́том?
   Дá, э́то случи́лось на э́том углý.
   (береге, лесе, мосте, годе)

---

[1] Double stresses in these dative case forms show that *either* stress may be heard: пó лесу [póļisu] or по лéсу [paļésu].

In addition to their regular prepositional ending, –е, a number of **стол**-nouns have a second prepositional ending in stressed –ý (rarely –ю), which is used only when the noun is preceded by the prepositions **в** and **на**:

Compare	Вы́ поду́мали о льде́?	Did you think about the ice?
with	Что́ э́то ту́т во льду́.	What's this here in the ice?
	Не сиди́те на льду́.	Don't sit on the ice.

Almost all **стол**-nouns with special prepositional endings in –ý have monosyllabic stems.

Those **стол**-nouns with nominative singular endings in –й spell the prepositional case ending –ю: **кра́й** *edge*, **на краю́**; **бо́й** *battle*, **в бою́**.

Telling age in Russian

MODELS

Ско́лько ле́т ва́шему сы́ну?	How old is your son?
— Ему́ два́дцать ле́т.	He's twenty years old.
—⸺ два́дцать оди́н го́д.	⸺ twenty-one ⸺.
⸺ два́дцать два́ го́да.	⸺ twenty-two ⸺.
⸺ два́дцать пя́ть ле́т.	⸺ twenty-five ⸺.
Ско́лько ва́м тогда́ бы́ло ле́т?	How old were you then?
— Мне́ бы́ло пятна́дцать ле́т.	I was fifteen.
⸺ ле́т пятна́дцать.	⸺ about fifteen.
⸺ два́дцать ле́т.	⸺ twenty.
⸺ ле́т два́дцать.	⸺ about twenty.
— Мне́ бы́л два́дцать оди́н го́д.	⸺ twenty-one.
Како́го во́зраста ва́ш де́душка?	How old is your grandfather?
— Ему́ шестьдеся́т пя́ть ле́т.	He's sixty-five years of age.
⸺ ле́т се́мьдесят.	⸺ about seventy ⸺.
⸺ се́мьдесят ле́т.	⸺ seventy ⸺.

■ REPETITION DRILL

Repeat the given models, noticing the use of the dative in expressing age.

■ CUED QUESTION-ANSWER DRILLS[1]

1. *How old is your baby?*
   He's only six months old.
   Ско́лько ме́сяцев ва́шему ребёнку?
   Ему́ всего́ ше́сть ме́сяцев.
   Ско́лько ме́сяцев ва́шему ребёнку?
   Ему́ всего́ се́мь ме́сяцев.
   (8, 9, 10, 11, 12)

2. *How old is their daughter?*
   She's already two.
   Ско́лько ле́т и́х до́чери?
   Е́й уже́ два́ го́да.
   Ско́лько ле́т и́х до́чери?
   Е́й уже́ три́ го́да.
   (4, 5, 6, 7, 8, 9)

3. *How old were you then?*
   I was thirteen.
   Ско́лько ва́м тогда́ бы́ло ле́т?
   Мне́ бы́ло трина́дцать ле́т.
   Ско́лько ва́м тогда́ бы́ло ле́т?
   Мне́ бы́ло четы́рнадцать ле́т.
   (15, 16, 17, 18, 19, 20)

4. *How old will he be then?*
   He'll be thirty-one.
   Ско́лько ему́ бу́дет тогда́ ле́т?
   Ему́ бу́дет три́дцать оди́н го́д.
   Ско́лько ему́ бу́дет тогда́ ле́т?
   Ему́ бу́дет три́дцать два́ го́да.
   (33, 34, 35, 36, 37, 38, 39, 40, 41, 42)

---

[1] Numbers may be cued in class by writing the figures on the blackboard.

5. *What age is her father?*
   He's fifty-seven.
   Какóго вóзраста еë отéц?
   Емý пятьдеся́т сéмь лéт.
   Какóго вóзраста еë отéц?
   Емý пятьдеся́т вóсемь лéт.
   (59, 40, 38, 52, 33, 44)

6. *What ages are her children?*
   The son is two and the daughter three.
   Какóго вóзраста еë дéти?
   Сы́ну двá гóда, а дóчери три́.
   Какóго вóзраста еë дéти?
   Сы́ну четы́ре гóда, а дóчери пя́ть лéт.
   (6–7, 8–9, 10–11, 12–13, 14–15, 16–17)

DISCUSSION

When asking a person's age the expression **скóлько лéт** is normally used, unless the inquiry is about a very young baby and an answer in months is expected; in that case **скóлько мéсяцев** would be used. The dative case must be used for the person whose age is in question:

Скóлько **вáм** лéт?   How old are you?
Скóлько мéсяцев **вáшему ребëнку**?   How old is your baby?

A more formal way of asking a person's age is by means of the expression **какóго вóзраста** plus the nominative (for the person whose age is in question). The dative must be used for the subject of the answer, however:

Какóго вóзраста **вáша бáбушка**?   How old is your grandmother?
— **Éй** вóсемьдесят лéт.   She's eighty years old.
Какóго **онá** вóзраста?   What age is she?
— **Éй** сéмьдесят оди́н гóд.   She's seventy-one years old.

Note that the appropriate form of **гóд** must be used in agreement with the number involved:

Емý двáдцать оди́н гóд.   He's twenty-one years old.
——————— двá гóда.   ————-two ————.
——————— пя́ть лéт.   ————-five ————.

Declension and usage of óба (f óбе)

MODELS

Óба брáта хорóшие конькобéжцы.   Both brothers are good skaters.
Óбе сестры́ игрáют в тéннис.   Both sisters play tennis.
Óба ребëнка бы́ли здорóвы.   Both children were healthy.
У обóих детéй éсть лы́жи.   Both children have skis.
У ни́х (у)[1] обóих éсть лы́жи.   They both have skis.

Гдé Зи́на и Кáтя?   Where are Zina and Katya?
— Они́ óбе на каткé.   They're both at the skating rink.
— Я ви́дел и́х обéих в лаборатóрии.   I saw them both in the laboratory.
— У ни́х (у) обéих заня́тия.   They both have classes.

Вы́ знакóмы с мои́ми дочерьми́?   Are you acquainted with my daughters?
— Я знакóм с обéими вáшими дочерьми́.   I'm acquainted with both your daughters.
— Я познакóмился с ни́ми (с)[1] обéими вчерá вéчером.   I met them both yesterday evening.

————————
[1] Letters in parentheses are optional.

Óн говори́л об Оле́ге и́ли обо мне́?

— О ва́с обо́их.

— Об обо́их, и о ва́с и об Оле́ге.

Óн говори́л о Ка́те и́ли о Зи́не?

— Об обе́их.

— О ни́х обе́их.

Was he talking about Oleg or about me?

About both of you.

About both you and Oleg.

Was he talking about Katya or Zina?

About both.

About both of them.

	Masculine and Neuter	*Feminine*
NOM	óба (*plus* gen sg)	óбе (*plus* gen sg)
ACC	*same as* nom *or* gen	
GEN PREP DAT INSTR	обо́их (*plus* gen pl) обо́их (*plus* prep pl) обо́им (*plus* dat pl) обо́ими (*plus* instr pl)	обе́их (*plus* gen pl) обе́их (*plus* prep pl) обе́им (*plus* dat pl) обе́ими (*plus* instr pl)

■ REPETITION DRILL

Repeat the given models, noting that the masculine and neuter genders use one set of forms (**óба, обо́их**, and so forth) as distinct from feminine (**óбе, обе́их**, and so forth).

■ STRUCTURE REPLACEMENT DRILLS

1. *My friend and I were sick.*
   We both were sick.
   Я́ и мо́й това́рищ бы́ли больны́.
   Мы́ óба бы́ли больны́.
   Мне́ и това́рищу бы́ло ску́чно.
   На́м обо́им бы́ло ску́чно.
   У меня́ и у това́рища бы́ли экза́мены.
   У на́с обо́их бы́ли экза́мены.
   Мне́ и това́рищу бы́ло ве́село.
   Меня́ и това́рища не́ было до́ма.
   Со мно́й и това́рищем бы́ло пло́хо.
   Мне́ и това́рищу бы́ло неудо́бно.
   Мно́й и това́рищем всё интересова́лись.
   Меня́ и това́рища э́то не интересу́ет.

2. *My sister and her girl friend are at the skating rink.*
   They're both at the skating rink.
   Сестра́ и её подру́га на катке́.
   Они́ óбе на катке́.
   Сестре́ и её подру́ге никто́ не ве́рит.
   И́м обе́им никто́ не ве́рит.
   Óн говори́л с сестро́й и её подру́гой.
   Óн снима́л сестру́ и её подру́гу.
   Óн интересова́лся сестро́й и её подру́гой.
   Óн боя́лся сестры́ и её подру́ги.
   Óн понра́вился сестре́ и её подру́ге.
   Óн повёз на като́к сестру́ и её подру́гу.

3. *The brothers were nervous.*
   Both brothers were nervous.
   Бра́тья не́рвничали.
   Óба бра́та не́рвничали.
   Сёстрам бы́ло хо́лодно.
   Обе́им сёстрам бы́ло хо́лодно.
   Бра́тья уста́ли.

Сёстры уста́ли.
Бра́тьям пришли́ пи́сьма.
Сёстрам пришли́ пи́сьма.
О бра́тьях писа́ли в газе́тах.
О сёстрах писа́ли в газе́тах.
Бра́тьями всё дово́льны.
Сёстрами всё дово́льны.

I talked to his teachers.
To both of them?
Я говори́л с его́ учителя́ми.
С обо́ими?
Я говори́л с его́ учи́тельницами.
С обе́ими?

Я ви́дел его́ учителе́й.
Я ви́дел его́ учи́тельниц.
Я уви́жусь с его́ учи́тельницами.
Я уви́жусь с его́ учителя́ми.
Его́ учителя́ уе́хали.
Его́ учи́тельницы уе́хали.

DISCUSSION

The nominative and inanimate accusative forms **о́ба** (masculine and neuter) and **о́бе** (feminine), like **два́** and **две́**, are followed by the genitive singular:

О́ба бра́та живу́т зде́сь.	Both brothers live here.
О́бе сестры́ у́чатся в ву́зе.	Both sisters attend college.
Я ви́дел о́ба фи́льма.	I saw both movies.
——— о́ба письма́.	——— both letters.
——— о́бе карти́ны.	——— both pictures.

In all other cases, forms of **о́ба** and **о́бе** are treated as modifiers of the plural noun which follows. Note that these forms are based on expanded stems and that the endings are like the plural endings of the possessive pronoun modifiers: **–их** (animate accusative, genitive, prepositional), **–им** (dative), and **–ими** (instrumental):

Я ви́дел **обо́их бра́тьев.**	I saw both brothers.
——— **обе́их сестёр.**	——— both sisters.
Скажи́те э́то **обо́им бра́тьям.**	Tell that to both brothers.
——— **обе́им сёстрам.**	——— both sisters.
Поговори́те с **обо́ими бра́тьями.**	Have a talk with both brothers.
——— с **обе́ими сёстрами.**	——— both sisters.

Sometimes Russians avoid using **о́ба** and **о́бе** by substituting such phrases as **и то́т и друго́й** (*lit.* both that one and the other):

Кака́я шля́па ва́м нра́вится?	Which hat do you like?
— Мне́ нра́вится и та́ и друга́я.	I like both of them.
Каку́ю шля́пу вы́ возьмёте?	Which hat will you take?
— И ту́ и другу́ю.	Both of them.

Note particularly that **о́ба** and **о́бе** are not used in the compound conjunction *both . . . and*, which is expressed instead by **и... и**:

Она́ и краси́вая и у́мная.	She's both beautiful and intelligent.

ПОВТОРЕ́НИЕ

— Здра́вствуйте, Тама́рочка! Ва́м не ску́чно ката́ться одно́й?
— Я́ не одна́, я́ с друзья́ми.
— Где́ же они́? Я́ и́х не ви́жу.
— Во́н та́м, в конце́ катка́.
— А́х, так э́то ва́ши друзья́! А я́ как ра́з смотре́л, как они́ ката́ются. Они́ замеча́тельные конькобе́жцы.

— Да́. Они́ о́ба, и Зи́на и Воло́дя, с шестиле́тнего во́зраста бе́гают на конька́х.

— Во́т как! А я́ во́т о́чень пло́хо ката́юсь — в де́тстве не научи́лся, а тепе́рь уже́ по́здно.

— Никогда́ не по́здно, Кири́лл Па́влович. Зна́ете, говоря́т: «Лу́чше по́здно, че́м никогда́».

— Вы́, пожа́луй, пра́вы.

Гра́нт спроси́л това́рищей по общежи́тию, лета́ли ли они́ когда́-нибудь на само-лёте. Оказа́лось, что никто́ не лета́л. Ви́ктор сказа́л, что бои́тся. Ему́ всегда́ не везёт, и о́н уве́рен, что е́сли полети́т, то́ самолёт обяза́тельно разобьётся. Оле́г отве́тил, что э́то глу́пости, и что о́н давно́ мечта́ет полете́ть. Вади́м же сказа́л, что не лета́л про́сто по-тому́, что у него́ не́т де́нег. Тогда́ все́ студе́нты сказа́ли Гра́нту, что лета́ть — э́то для ни́х сли́шком дорого́е удово́льствие.

Тама́ре о́чень хо́чется пойти́ в но́вый рестора́н. О́н откры́лся на про́шлой неде́ле, и её подру́ги уже́ та́м бы́ли. Говоря́т, что та́м замеча́тельно: му́зыка, та́нцы. И во́т сего́-дня Вади́м пригласи́л Тама́ру в э́тот рестора́н. О́н заказа́л обе́д. Обе́д бы́л сли́шком до́рог для него́, но о́н, коне́чно, не мо́г сказа́ть э́того Тама́ре. Принесли́ вино́ во льду́ и каки́е-то замеча́тельные заку́ски. Тама́ра никогда́ тако́го не ви́дела. Она́ вообще́ никогда́ не быва́ла в рестора́нах. Но е́й хоте́лось показа́ть, что она́ привы́кла к таки́м обе́дам. Она́ сра́зу вы́пила два́ стака́на вина́, и у неё начала́ немно́го боле́ть голова́, но е́й бы́ло о́чень ве́село. Ско́ро начали́сь та́нцы, и Вади́м с Тама́рой до́лго танцева́ли. Ве́чер прошёл о́чень хорошо́.

NOTES

PREPARATION FOR CONVERSATION

Василий запаковывает посылку

посылка

package, parcel

запаковывать, –ают (I)

to wrap, pack

Василий запаковывает посылку.

Vasily is wrapping a package.

тонкий

thin, fine

иголка

needle

Иголка слишком тонкая.

The needle's too fine.

фу ты!

darn it! darn it all!

Фу ты, иголка слишком тонкая!

Darn it all, the needle's too fine!

толстый

thick, stout, heavy

потолще

a bit thicker (or stouter, or heavier)

Нет ли у тебя потолще?

You wouldn't have one a bit heavier?

У меня нет никаких иголок.

I don't have any needles.

У меня вообще никаких нет.

I don't have any (needles) at all.

шить, шьют (I)

to sew

Я никогда не шью.

I never sew.

пришить, пришьют (pfv I)

to sew on

пуговица

button

Я даже пуговицы пришить не умею.

I don't even know how to sew a button on.

уйти, уйдут (pfv I)

to go away, go off (on foot), leave

Филипп куда-то ушёл.

Philip has gone off somewhere.

жалко

too bad, it's a pity

Жалко, Филипп куда-то ушёл: у него наверно есть.

Too bad Philip has gone off somewhere; he probably has one.

А вот и он.

Oh, here he is now.

не найдётся ли у тебя (*plus* gen)

you wouldn't happen to have

Не найдётся ли у тебя толстой иголки?

You wouldn't happen to have a heavy needle?

Думаю, что найдётся, сейчас поищу.

I think I do; I'll take a look.

самый

the most, the very

самая толстая иголка

the stoutest (or heaviest) needle

Вот самая толстая иголка, какая есть.

Here's the heaviest needle I've got.

А что́ э́то ты́ шьёшь?

But what's that you're sewing?

Посы́лку запако́вываю.[1]

I'm wrapping a package.

> ни́тки (sg ни́тка)
> кре́пкий

> thread
> strong, sound

Мо́жет, у тебя́ и ни́тки кре́пкие е́сть?

Perhaps you have some strong thread, too?

> кре́пче (comparative of кре́пкий)

> stronger

Ни́тки е́сть, то́лько не зна́ю, кре́пче ли они́, че́м твой.

I have thread, only I don't know whether it's any stronger than yours.

> подойти́, подойду́т (pfv I)

> to be suitable, do; to approach, come up to

Ни́тки вполне́ подойду́т. Спаси́бо.

The thread will do just fine. Thanks.

> приня́ть (pfv I) (past при́нял, –о, –и; f –а́;
>   fut приму́, при́мешь, –ут)

> to accept, take; to admit, see (a patient)

Ну́, наде́юсь, что посы́лку при́мут.

Well, I hope they'll accept the parcel.

> пра́вило
> запако́ван, –а, –о

> rule, regulation
> packed, wrapped

Всё запако́вано по пра́вилам.

Everything's wrapped according to regulations.

> мочи́ть, мо́чат (II)

> to wet, moisten, soak

А заче́м э́то ты́ тепе́рь посы́лку водо́й мо́чишь?

But why are you moistening the package with water now?

> а́дрес, –а; адреса́, –о́в

> address

Чтобы написа́ть а́дрес.

In order to write the address.

> хими́ческий
> хими́ческий каранда́ш

> chemical
> indelible pencil

Да́й мне́ во́н то́т хими́ческий каранда́ш.

Give me that indelible pencil over there.

> на́   [ná] (stressed particle)

> here you are, take it

На́.

Here you are.

Ну́, гото́во?

Well, all set?

Тогда́ пошли́.

Let's go then.

И я́ пойду́ с ва́ми.

I'll go with you, too.

Мне́ то́же на́до идти́ на по́чту.

I've got to go to the post office, too.

SUPPLEMENT

> запакова́ть, запаку́ют (pfv I)

> to wrap up; to pack

Я́ запаку́ю чемода́ны.

I'll pack my bags.

> сши́ть, сошью́т (pfv I) (imper сше́й! –те!)

> to sew

Ма́ть сошьёт ей ю́бку.

Mother'll sew her a skirt.

> пришива́ть, –а́ют (I)

> to sew on

О́н пришива́л к руба́шке пу́говицу.

He was sewing the button on his shirt.

> уходи́ть, ухо́дят (II)

> to go away, leave (on foot)

---

[1] Parcels are commonly wrapped in cloth and sewed up for mailing purposes in the U.S.S.R.

Уже́ пять часо́в, я ухожу́.	It's five o'clock already; I'm leaving.
принима́ть, –а́ют (I)	to accept, take; to admit, see (a patient)
Сего́дня до́ктор никого́ не принима́ет.	The doctor isn't seeing anyone today.
За кого́ вы меня́ принима́ете?	Who do you take me for?
швейная маши́на	sewing machine
Она́ уме́ет шить на шве́йной маши́не.	She knows how to sew on a sewing machine.
пиджа́к, –а́	jacket, coat (suit)
На нём был чёрный пиджа́к.	He had on a black jacket.
пальто́ (indecl n)	topcoat, overcoat
Он был в пальто́.	He had on a coat.
дождеви́к, –а́ [dəẓẓivík]	raincoat
Возьми́ с собо́й дождеви́к.	Take a raincoat with you!
сла́бый	weak, feeble; poor
Он сла́бый студе́нт.	He's a poor student.

Васи́лий запако́вывает посы́лку

В. — Васи́лий   Б. — Бори́с   Ф. — Фили́пп

В. 1 Фу́ ты, иго́лка сли́шком то́нкая. Нет ли у тебя́, Бо́ря, потолще?[1]

Б. 2 У меня́ вообще́ никаки́х нет. Я никогда́ не шью, да́же пу́говицы приши́ть не уме́ю.

В. 3 Жа́лко, Фили́пп куда́-то ушёл: у него́ наве́рно есть. А вот и он! Фили́пп, не найдётся ли у тебя́ то́лстой иго́лки?

Ф. 4 Ду́маю, что найдётся, сейча́с поищу́. Вот са́мая то́лстая иго́лка, кака́я есть. А что э́то ты шьёшь?

В. 5 Посы́лку запако́вываю. Мо́жет, у тебя́ и ни́тки кре́пкие есть?

Ф. 6 Ни́тки есть, то́лько не зна́ю, кре́пче ли они́, чем твои́. Посмотри́!

В. 7 Вполне́ подойду́т. Спаси́бо. Ну, наде́юсь, что посы́лку при́мут. Всё запако́вано по пра́вилам.

Ф. 8 А заче́м э́то ты тепе́рь посы́лку водо́й мо́чишь?

В. 9 Чтобы написа́ть а́дрес. Бо́ря, дай мне вон тот хими́ческий каранда́ш.[2]

Б. 10 На́.[3] Ну, гото́во? Тогда́ пошли́.

Ф. 11 И я с ва́ми. Мне то́же на́до на по́чту.[4]

NOTES

[1] Note here the prefix **по–** in **пото́лще** *somewhat thicker* (from **то́лще** *thicker*). This prefix often adds the meaning *somewhat, a bit* to a simple comparative, for example, **да́льше** *farther*, **пода́льше** *somewhat farther*, **бли́же** *nearer*, **побли́же** *a bit nearer*, **ча́ще** *more often*, **поча́ще** *somewhat more often*. In other contexts, the prefix is used to imply the full extent possible, for example, **поскоре́е** *as quickly as possible*.

[2] Addresses are written on cloth-bound parcels with an indelible pencil, which requires wetting of the material. The indelible pencil is sometimes used in offices as a substitute for pen and ink.

³ The stressed particle **на** and its plural-polite form, **на́те**, serve as conversational substitutes for the imperatives **возьми́(те)**, **бери́(те)**, and **получи́(те)** in urging someone to take something. It is generally restricted to use among close friends or one's family and is used with the accusative for the object offered:

> **На́ ру́чку!** *Take the pen!*

Do not confuse this **на́** (which is stressed) with the ordinarily unstressed preposition **на**.

⁴ It is not uncommon in conversational Russian for the verb to be omitted if the context is clear without it. In Philip's last speech the verbs **пойду́** and **идти́** are omitted:

> И я́ с ва́ми (И я́ пойду́ с ва́ми).
>
> Мне́ то́же на́до на по́чту (Мне́ то́же на́до идти́ на по́чту).

PREPARATION FOR CONVERSATION	Смотри́, куда́ е́дешь!

Смотри́, куда́ е́дешь!	Watch where you're driving!
Мы́ не опозда́ем с на́шей посы́лкой?	Won't we be late with our parcel?
Уже́ почти́ ше́сть.	It's already almost six.
отделе́ние	branch, department, division
до восьми́	until eight
Э́то отделе́ние рабо́тает до восьми́.	This branch works till eight.
до девяти́	until nine
Не́т, э́то отделе́ние рабо́тает до восьми́ и́ли да́же до девяти́.	No, this branch works till eight or even nine.
тя́жесть (f)	load, weight
Ну́ и тя́жесть!	Boy, is this heavy!
Дава́й я тепе́рь понесу́.	Let me carry it now.
кило́ (indecl n)¹	kilogram (about 2.2 lbs.)
ме́ньше	less, smaller
не ме́ньше (*plus* gen)	at least, not less than
Действи́тельно, не ме́ньше десяти́ кило́ бу́дет.	Really, it must weigh at least ten kilograms.
довезти́, довезу́т (pfv I)	to take, deliver (by vehicle), drive (to a destination)
в два́ счёта	in a jiffy, in two shakes
велосипе́д	bicycle
е́сли бы (*or* е́сли б)	if (in conditional constructions)
Е́сли бы ты́ взя́л у Оле́га велосипе́д, в два́ счёта довёз бы.	If you'd taken Oleg's bicycle, you'd have delivered [it] there in two shakes.
донести́, донесу́т (pfv I)	to take, deliver (somewhere on foot)
Ничего́, донесём.	Never mind, we'll get it there.
в двух шага́х отсю́да	a short way from here, a few steps from here
Э́то ведь в двух шага́х отсю́да, не пра́вда ли?	It's just a short way from here, isn't that right?
Ну́ не совсе́м.	Well, not quite.

---

¹ The declinable noun **килогра́мм** is also used. It is pronounced [k̦ilagrám] and has two possible forms in the genitive plural: **килогра́ммов** and **килогра́мм**.

площадь, –и; –и, –ей (f)

на площадь; на площади

квартал

Ну не совсем: надо перейти площадь, а там ещё три-четыре квартала.

square, surface, area

to the square; in the square

block; quarter (of a year)

Well, not quite; we've got to cross the square, and then [there's] still three or four blocks.

путь, пути; –й, –ей (m)

более

Я знаю более короткий путь.

way, route, path

more

I know a shorter way.

переулок, –лка

повернуть, повернут (pfv I)

Повернём в этот переулок.

lane, alley

to turn

Let's turn into this alley.

грузовик, –а

Осторожней! Грузовик!

truck

Watch out! (*Lit.* More careful!) A truck!

Эй, ты! Смотри, куда едешь!

Hey you! Watch where you're driving!

пьяный

Наверно пьяный какой-то.

drunk

Probably some drunk!

SUPPLEMENT

счёт

Дайте мне, пожалуйста, счёт.

bill, check; account, score

Give me the check (*or* bill), please.

на твоём месте (*or* на вашем месте)

На твоём месте, я бы туда не ходил.

in your place, if I were you

If I were you I wouldn't go there (*or* I wouldn't have gone there).

тяжёлый (тяжёл, –а, –о, –ы)

У него тяжёлый характер.

Он тяжело работал.

тяжелее

Этот чемодан гораздо тяжелее.

heavy; hard, difficult; grave

He's difficult to get along with.

He worked hard.

heavier; harder

This suitcase is much heavier.

опасный (опасен, –сна, –о, –ы)

Работа шпиона опасна.

опаснее

Эта работа ещё опаснее.

dangerous

The work of a spy is dangerous.

more dangerous

This work is even more dangerous.

SPECIAL -е COMPARATIVES

ближе

Он теперь живёт ближе к посольству.

Подойди ближе!

closer, nearer

He now lives closer to the embassy.

Come closer!

короче

Новый пиджак короче старого.

shorter

The new jacket is shorter than the old one.

толще

Эта подкладка толще, чем та.

thicker, heavier; coarser

This lining is thicker than that.

тоньше

Эта подкладка тоньше, чем та.

thinner, finer

This lining is thinner than that.

легче [ĺéxči]

Этот велосипед легче того.

На это мне легче ответить.

lighter; easier

This bicycle is lighter than that one.

That's easier for me to answer.

реже

rarer, less frequently

Э́тим ле́том дожди́ иду́т ре́же.
   ча́ще
Ча́ще всего́ о́н е́здит на грузовике́.
   ста́рше
Сестра́ на́ год ста́рше меня́.
   моло́же
Е́сли бы я́ бы́л моло́же, я́ бы то́же та́к
   бе́гал.

It's been raining less frequently this summer.
   more frequent, more (*or* most) often
He rides (*or* drives) a truck most often.
   older
My sister is a year older than I.
   younger
If I were younger, I'd run like that too.

Смотри́, куда́ е́дешь!

В. — Васи́лий   Б. — Бори́с   Ф. — Фили́пп

Ф.   1 Мы́ не опозда́ем с на́шей посы́лкой? Уже́ почти́ ше́сть.

В.   2 Не́т, э́то отделе́ние рабо́тает до восьми́ и́ли да́же до девяти́. Ну́ и тя́жесть!

Ф.   3 Дава́й я́ тепе́рь понесу́. Действи́тельно, не ме́ньше десяти́ кило́ бу́дет.

Б.   4 Е́сли бы ты́ взя́л у Оле́га велосипе́д, в два́ счёта довёз бы.

Ф.   5 Ничего́, донесём. Э́то ведь в двух шага́х отсю́да, не пра́вда ли?

В.   6 Ну́ не совсе́м: на́до перейти́ пло́щадь, а та́м ещё три́-четы́ре кварта́ла.[1]

Б.   7 Я́ зна́ю бо́лее коро́ткий пу́ть.[2] Повернём в э́тот переу́лок.

Ф.   8 Осторо́жней! Грузови́к!

В.   9 Э́й, ты́! Смотри́, куда́ е́дешь!

Б.   10 Наве́рно пья́ный како́й-то.

NOTES
    [1] Although **та́м** ordinarily means *there*, it is sometimes used in the sense *then*, for example, *at that point* or *having reached that point*. The other words for *then* which we have encountered are **тогда́** and **пото́м**, and they are *not* interchangeable.

    Тогда́ is used for *then* in a time sense (*at that time*) and also in a causal sense (*in that event*):

Тогда́ мне́ бы́ло де́сять ле́т.   I was ten years old *then* (*or* *at that time*).
Мне́ не нра́вится э́то пальто́.   I don't like this coat.
— **Тогда́** не покупа́й.   Don't buy it *then* (*or* *in that case*).

    Пото́м is used for *then* only in a time sense (*thereupon, after that, later on*) and usually in a sequence of events:

Я́ зашёл в магази́н. **Пото́м** я́ пошёл домо́й.   I dropped in at a store. Then (*or after that*) I went home.
Мы́ пое́дем в Ки́ев, а **пото́м** в Оде́ссу.   We'll go to Kiev and *then* (*or later on, after that*) to Odessa.

    [2] The masculine noun **пу́ть** *way, route, path* is irregularly declined in the singular: **пу́ть** (nominative, accusative), **пути́** (genitive, dative, prepositional), **путём** (instrumental). Its plural follows the regular soft declension pattern.

Basic sentence patterns

1. Ка́сса откры́та от дву́х до пяти́.
  —————— от трёх до шести́.
  —————— от четырёх до семи́.
  —————— от пяти́ до восьми́.

The box office is open from two to five.
  —————— from three to six.
  —————— from four to seven.
  —————— from five to eight.

2. Сде́лайте э́то к двум часа́м.
  —————— к трём ——.
  —————— к пяти́ ——.
  —————— к четырём ——.
  —————— к восьми́ ——.

Get this done by two o'clock.
  —————— by three ——.
  —————— by five ——.
  —————— by four ——.
  —————— by eight ——.

3. Óн на́ два го́да ста́рше сестры́.
  — на́ три —————————.
  — на́ четы́ре —————————.

He's two years older than his sister.
  —— three —————————.
  —— four —————————.

4. Она́ шестью́ года́ми моло́же меня́.
  —— семью́ —————————.
  —— девятью́ —————————.
  —— десятью́ —————————.

She's younger than I by six years.
  —————— seven ——.
  —————— nine ——.
  —————— ten ——.

5. Туда́ посла́ли два́дцать одного́ студе́нта.
  —————————— одну́ студе́нтку.
  —————————— два́ студе́нта.
  —————————— две́ студе́нтки.
  —————————— се́мь студе́нтов.

They sent twenty-one students there.
  —————— twenty-one girl students ——.
  —————— twenty-two students ——.
  —————— twenty-two girl students ——.
  —————— twenty-seven students ——.

6. Мы́ познако́мились
      с двумя́ иностра́нцами.
  —————— с тремя́ —————.
  —————— с четырьмя́ —————.
  —————— с пятью́ —————.
  —————— с восемью́ —————.

We met two foreigners.
  —————— three ——.
  —————— four ——.
  —————— five ——.
  —————— eight ——.

7. Э́то в дву́х кварта́лах отсю́да.
  — в трёх —————————.
  — в четырёх —————————.
  — в пяти́ —————————.

It's within two blocks of here.
  —— within three —————.
  —— within four —————.
  —— within five —————.

8. Купи́те не ме́ньше пяти́ кило́ са́хара.
  —————— десяти́ —————.
  —————— двадцати́ —————.
  —————— тридцати́ —————.

Buy at least five kilograms of sugar.
  —————— ten —————————.
  —————— twenty —————————.
  —————— thirty —————————.

9. На́м не хвата́ет дву́х сту́льев.
  —————— трёх ——.
  —————— четырёх ——.

We're short two chairs.
  —————— three ——.
  —————— four ——.

10. Ча́й до́лжен бы́ть кре́пче.
  —————— слабе́е.
  —————— горяче́е.

The tea should be stronger.
  —————— weaker.
  —————— hotter.

11. Пого́да ста́ла ещё холодне́е.
  —————— тепле́е.
  —————— жа́рче.

The weather got even colder.
  —————— warmer.
  —————— hotter.

12. Дни́ стано́вятся длинне́е.   The days are getting longer.
    _____ коро́че.   _____ shorter.
    _____ тепле́е.   _____ warmer.
    _____ холодне́е.   _____ colder.

13. О́н зараба́тывает бо́льше, че́м я́.   He earns more than I.
    _____ бо́льше меня́.   _____ more _____.
    _____ ме́ньше, че́м я́.   _____ less _____.
    _____ ме́ньше меня́.   _____ less _____.

14. Твоя́ ко́мната доро́же мое́й.   Your room is more expensive than mine.
    _____ лу́чше _____.   _____ better _____.
    _____ ху́же _____.   _____ worse _____.

15. Э́ти пироги́ вкусне́е те́х.   These pirogs are tastier than those.
    _____ свеже́е _____.   _____ fresher _____.
    _____ горяче́е _____. _____ hotter _____.

16. Моя́ маши́на старе́е, че́м его́.   My car is older than his.
    _____ нове́е _____.   _____ newer _____.
    _____ доро́же _____.   _____ more expensive _____.
    _____ краси́вее _____. _____ more beautiful _____.
    _____ длинне́е _____.   _____ longer _____.
    _____ коро́че _____.   _____ shorter _____.
    _____ ле́гче _____.   _____ lighter _____.
    _____ тяжеле́е _____.   _____ heavier _____.

17. Оле́г серьёзнее Ива́на.   Oleg is more serious than Ivan.
    _____ бедне́е _____.   _____ poorer _____.
    _____ симпати́чнее _____.   _____ nicer _____.
    _____ споко́йнее _____.   _____ quieter _____.
    _____ умне́е _____.   _____ smarter _____.
    _____ глупе́е _____.   _____ more stupid _____.

18. Я́ бы поста́вил пласти́нку, но не зна́ю   I'd put on a record, but [I] don't know how.
    ка́к.

    Я́ бы приши́л пу́говицу, но не зна́ю   I'd sew on a button, but [I] don't know how.
    ка́к.

19. На твоём ме́сте я́ бы не беспоко́ился.   If I were you I wouldn't worry.
    _____ я́ бы бро́сил пи́ть.   _____ I'd stop drinking.
    _____ я́ бы пригласи́л её в кино́. _____ I'd ask her to the movies.

20. Ты́ пойдёшь на като́к?   Are you going to [go to] the rink?
    — Я́ бы пошёл, е́сли бы бы́ло вре́мя.   I'd go if there were time.

21. Е́сли о́н зна́ет и́х а́дрес, то́ мо́жет и́м   If he knows their address he can write to them.
    написа́ть.

    Е́сли бы о́н зна́л и́х а́дрес, о́н мо́г бы   If he knew their address he could write to them *or*
    и́м написа́ть.   If he had known their address he could have
                            written to them.

    Е́сли о́н узна́ет и́х а́дрес, о́н смо́жет и́м If he learns their address he can write to them.
    написа́ть.

    Е́сли бы о́н узна́л и́х а́дрес, о́н смо́г бы If he learned their address he could write to
    и́м написа́ть.   them *or* If he had learned their address he
                            could have written to them.

Pronunciation practice: clusters льв, хв, кв, гв, and шв

A. Consonant cluster **льв** pronounced [l̩v] or [l̩ɣ].

[l̩ví] львы́
lions

[l̩ɣícə] льви́ца
lioness

[mál̩və] ма́льва
a flower

B. Consonant cluster **хв** pronounced [xv].

[xvóst] хво́ст
tail

[xvástəṭ] хва́стать
to boast

[xval̩íṭ] хвали́ть
to praise

C. Consonant cluster **кв** pronounced [kv] or [kɣ].

[kvákəṭ] ква́кать
to croak

[kɣérxu] кве́рху
upward

[kɣitáncijə] квита́нция
slip

D. Consonant cluster **гв** pronounced [gv].

[gvóṣṭ] гво́здь
nail

[gvárḍijə] гва́рдия
guard

[gvált] гва́лт
noise

E. Consonant cluster **шв** pronounced [šv] or [šɣ].

[šɣijá] швея́
dressmaker

[švábrə] шва́бра
mop

[šɣéjnij] шве́йный
sewing

STRUCTURE AND DRILLS

Comparison of adjectives and adverbs: part 1—regular comparatives ending in -ee

Regular comparatives are formed by adding –**ee** to the adjective-adverb stem. In colloquial Russian this may be shortened to –**ей**. The stress of the comparative usually corresponds to that of the feminine short-form adjective.

LONG-FORM ADJECTIVE	ADVERB	SHORT-FORM FEMININE ADJECTIVE	COMPARATIVE
интере́сный	интере́сно	интере́сна	интере́снее
краси́вый	краси́во	краси́ва	краси́вее
осторо́жный	осторо́жно	осторо́жна	осторо́жнее
прия́тный	прия́тно	прия́тна	прия́тнее
ми́лый	ми́ло	мила́	миле́е
весёлый	ве́село	весела́	веселе́е
дли́нный	дли́нно	длинна́	длинне́е
у́мный	умно́	умна́	умне́е
глу́пый	глу́по	глупа́	глупе́е
тру́дный	тру́дно	трудна́	трудне́е

MODELS

Она́ добра́, но́ о́н ещё добре́е.

—— краси́ва ————— краси́вее.

—— стара́ ————— старе́е.

—— симпати́чна ——— симпати́чнее.

Э́ти пироги́ свеже́е, че́м те́.

————————— вкусне́е ———.

————————— горяче́е ———.

————————— холодне́е ——.

————————— тепле́е ———.

She's kind, but he's even kinder.

—— attractive ———— more attractive.

—— old ——————— older.

—— nice ———————— nicer.

These pirogs are fresher than those.

————————— tastier ————.

————————— hotter ————.

————————— colder ————.

————————— warmer ————.

Зи́на краси́вее, че́м О́ля.

Зи́на краси́вее О́ли.

О́ля умне́е, че́м Зи́на.

О́ля умне́е Зи́ны.

Ви́тя серьёзнее, че́м Оле́г.

Ви́тя серьёзнее Оле́га.

Оле́г споко́йнее, че́м Ви́тя.

Оле́г споко́йнее Ви́ти.

Zina is prettier than Olya.

Zina ————————.

Olya is more intelligent than Zina.

Olya ——————————.

Vitya is more serious than Oleg.

Vitya ——————————.

Oleg is quieter than Vitya.

Oleg ——————————.

О́н говори́т быстре́е, че́м вы́.

О́н говори́т быстре́е ва́с.

О́н говори́т ме́дленнее, че́м Фили́пп.

О́н говори́т ме́дленнее Фили́ппа.

О́н говори́т пра́вильнее, че́м бра́т.

О́н говори́т пра́вильнее бра́та.

He talks faster than you.

He ————————.

He —— more slowly than Philip.

He ——————————.

He —— more correctly than his brother.

He ——————————————.

■ REPETITION DRILL

Repeat the given models, noting that in comparisons either **че́м** plus the nominative case, or the genitive case alone may be used after the comparative form.

■ STRUCTURE REPLACEMENT DRILL

It was cold.

It became colder.

Бы́ло хо́лодно.

Ста́ло холодне́е.

(тепло́, свежо́, ску́чно, удо́бно, интере́сно)

■ RESPONSE DRILLS

1. *She's kind.*
   But her sister is even kinder.
   Она́ добра́.
   Но её сестра́ ещё добре́е.
   Она́ краси́ва.
   Но её сестра́ ещё краси́вее.
   (глупа́, мила́, умна́, споко́йна, интере́сна)

2. *They're both nice people.*
   But she's nicer than he.
   Они́ о́ба симпати́чные лю́ди.
   Но она́ симпати́чнее его́.
   Они́ о́ба ми́лые лю́ди.
   Но она́ миле́е его́.
   (здоро́вые, прия́тные, до́брые, глупые, умные, весёлые, осторо́жные, изве́стные, серьёзные)

1. *Is it hard for you to work now?*
   Yes, harder than before.
   Ва́м тепе́рь тру́дно рабо́тать?
   Да́, трудне́е, че́м ра́ньше.
   Ва́м тепе́рь интере́сно рабо́тать?
   Да́, интере́снее, че́м ра́ньше.
   (ску́чно, прия́тно, ве́село, удо́бно)

2. *Does he always speak so slowly?*
   Usually he speaks even slower.
   О́н всегда́ та́к ме́дленно говори́т?
   Обы́чно о́н говори́т ещё ме́дленнее.
   О́н всегда́ та́к бы́стро говори́т?
   Обы́чно о́н говори́т ещё быстре́е.
   (пра́вильно, глу́по, осторо́жно, дли́нно, краси́во)

■ EXPANSION DRILLS

1. *This side is longer.*
   This side is longer than that.
   Э́та сторона́ длинне́е.
   Э́та сторона́ длинне́е, че́м та́.
   Э́тот протоко́л длинне́е.
   Э́тот протоко́л длинне́е, че́м то́т.
   Э́то о́зеро длинне́е.
   Э́тот челове́к бедне́е.
   Э́та же́нщина бедне́е.
   Э́ти лю́ди бедне́е.
   Э́то де́рево старе́е.
   Э́тот забо́р старе́е.
   Э́та це́рковь старе́е.

2. *My suitcase is heavier.*
   My suitcase is heavier than yours.
   Мо́й чемода́н тяжеле́е.
   Мо́й чемода́н тяжеле́е твоего́.
   Моя́ су́мка тяжеле́е.
   Моя́ су́мка тяжеле́е твое́й.
   Мо́й велосипе́д тяжеле́е.
   Моё пальто́ тяжеле́е.
   Мой пу́ть опа́снее.
   Моя́ рабо́та опа́снее.
   Моё де́ло опа́снее.

DISCUSSION

In a comparison, **че́м** *than* is followed by the same case or construction that precedes it:

Мо́й чемода́н тяжеле́е, че́м тво́й. — My suitcase is heavier than yours.
Э́та кни́га интере́снее, че́м та́. — This book is more interesting than that one.
Э́та карти́на мне́ бо́льше нра́вится, че́м ему́. — I like this picture better (*lit.* more) than he does.
Вы́ говори́те лу́чше, че́м пи́шете. — You speak better than you write.
Никола́ю нужны́ де́ньги бо́льше, че́м Ива́ну. — Nikolay needs money more than Ivan does.

Note: A comma is always written before **че́м**.

The genitive case is very often used in place of **че́м** plus the nominative. In the genitive construction no comma is written.

Мо́й чемода́н тяжеле́е твоего́. — My suitcase is heavier than yours.
Э́тот сту́л удо́бнее того́. — This chair is more comfortable than that one.

Note particularly that the same comparative form serves as both adjective and adverb:

(adv) О́н говори́т бо́льше, че́м рабо́тает. — He talks more than he works.
(adj) Э́та ко́мната бо́льше, че́м моя́. — This room is bigger than mine.

Comparison of adjectives and adverbs:
part II—special comparatives ending in -e

Most comparatives ending in **–e** show some modification of the adjective-adverb stem. A few are based on different stems altogether.

COMPARATIVE	LONG-FORM ADJECTIVE AND ADVERB	COMPARATIVE	LONG-FORM ADJECTIVE AND ADVERB
бли́же	бли́зкий, бли́зко	ме́ньше	ма́ленький, мало́
бо́льше	большо́й, мно́го	моло́же	молодо́й, мо́лодо
гро́мче	гро́мкий, гро́мко	мя́гче	мя́гкий, мя́гко
да́льше	далёкий, далеко́	про́ще	просто́й, про́сто
доро́же	дорого́й, до́рого	ре́же	ре́дкий, ре́дко
коро́че	коро́ткий, ко́ротко	ста́рше	ста́рый, ста́ро
кре́пче	кре́пкий, кре́пко	то́лще	то́лстый, то́лсто
ле́гче	лёгкий, легко́	то́ньше	то́нкий, то́нко
лу́чше	хоро́ший, хорошо́	ху́же	плохо́й, пло́хо
		ча́ще	ча́стый, ча́сто

MODELS

Моя́ рабо́та лу́чше ва́шей.　　　　　　　My job is better than yours.
＿＿＿＿＿＿ ху́же ＿＿＿＿＿.　　　　　＿＿＿＿＿ worse ＿＿＿＿＿.
＿＿＿＿＿＿ ле́гче ＿＿＿＿＿.　　　　　＿＿＿＿＿ easier ＿＿＿＿＿.
＿＿＿＿＿＿ про́ще ＿＿＿＿.　　　　　＿＿＿＿＿ simpler ＿＿＿＿＿.

Ваш чемода́н ме́ньше моего́.　　　　　　Your suitcase is smaller than mine.
＿＿＿＿＿＿＿ бо́льше ＿＿＿＿.　　　　＿＿＿＿＿＿ bigger ＿＿＿＿＿.
＿＿＿＿＿＿＿ коро́че ＿＿＿＿.　　　　＿＿＿＿＿＿ shorter ＿＿＿＿＿.
＿＿＿＿＿＿＿ лу́чше ＿＿＿＿.　　　　＿＿＿＿＿＿ better ＿＿＿＿＿.

Э́тот материа́л доро́же того́.　　　　　This material is more expensive than that.
＿＿＿＿＿＿＿＿ мя́гче ＿＿＿.　　　　＿＿＿＿＿＿ softer ＿＿＿＿＿＿.
＿＿＿＿＿＿＿＿ ле́гче ＿＿＿.　　　　＿＿＿＿＿＿ lighter ＿＿＿＿＿＿.
＿＿＿＿＿＿＿＿＿ то́ньше ＿＿.　　　　＿＿＿＿＿＿ finer ＿＿＿＿＿＿.
＿＿＿＿＿＿＿＿＿ то́лще ＿＿.　　　　＿＿＿＿＿＿ coarser ＿＿＿＿＿＿.

Он стал говори́ть гро́мче.　　　　　　He began to speak louder.
＿＿＿＿＿＿＿＿ бо́льше.　　　　　　＿＿＿＿＿＿＿＿ more.
＿＿＿＿＿＿＿＿ ме́ньше.　　　　　　＿＿＿＿＿＿＿＿ less.
＿＿＿＿＿＿＿＿ лу́чше.　　　　　　＿＿＿＿＿＿＿＿ better.
＿＿＿＿＿＿＿＿ ху́же.　　　　　　＿＿＿＿＿＿＿＿ worse.
＿＿＿＿＿＿＿＿ про́ще.　　　　　　＿＿＿＿＿＿＿＿ more simply.

Он тепе́рь живёт бли́же к университе́ту.　　He now lives closer to the university.
＿＿＿＿＿＿＿＿ да́льше от университе́та.　＿＿＿＿＿ farther from ＿＿＿＿＿.

Как больно́й?　　　　　　　　　　　How's the patient?
Ему́ тепе́рь лу́чше.　　　　　　　　　He's better now.
＿＿＿＿＿ ху́же.　　　　　　　　　　＿＿ worse ＿＿.
＿＿＿＿＿ ле́гче.　　　　　　　　　　＿＿ resting more easily ＿＿.

Э́ти самолёты тепе́рь лета́ют да́льше.　　These planes now fly farther.
＿＿＿＿＿＿＿＿＿＿＿ ча́ще.　　　　＿＿＿＿＿＿＿＿ more often.
＿＿＿＿＿＿＿＿＿＿＿ ре́же.　　　　＿＿＿＿＿＿＿＿ less often.

■ REPETITION DRILL

Repeat the given models illustrating the special –e comparatives.

1. *This lining is thin.*
   But that lining is even thinner.
   Э́та подкла́дка тонка́.
   А та́ подкла́дка ещё то́ньше.
   Э́та подкла́дка толста́.
   А та́ подкла́дка ещё то́лще.
   (легка́, мягка́, дорога́, крепка́,
   хороша́, тонка́, толста́)

2. *It's too far.*
   Yes, it's much farther than I thought.
   Э́то сли́шком далеко́.
   Да́, э́то гора́здо да́льше, чём я́ ду́мал.
   Э́то сли́шком до́рого.
   Да́, э́то гора́здо доро́же, чём я́ ду́мал.
   (про́сто, легко́, ма́ло, бли́зко, мя́гко,
   мно́го, коротко́)

3. *He talked loudly.*
   His brother talked even louder.
   О́н говори́л гро́мко.
   Его́ бра́т говори́л ещё гро́мче.
   О́н говори́л ма́ло.
   Его́ бра́т говори́л ещё ме́ньше.
   (хорошо́, мно́го, пло́хо, гро́мко,
   мя́гко, про́сто, ко́ротко, ма́ло)

4. *This suitcase is heavy.*
   This suitcase is a little lighter.
   Э́тот чемода́н тяжёлый.
   Э́тот чемода́н немно́го ле́гче.
   Э́то пальто́ дли́нное.
   Э́то пальто́ немно́го коро́че.
   Э́та пу́говица больша́я.
   Э́тот материа́л то́лстый.
   Э́тот материа́л то́нкий.
   Э́та пу́говица ма́ленькая.
   Э́тот материа́л плохо́й.
   Э́тот материа́л хоро́ший.

1. *Does she sew well?*
   Yes, even better than I.
   Она́ хорошо́ шьёт?
   Да́, да́же лу́чше меня́.
   Она́ ча́сто шьёт?
   Да́, да́же ча́ще меня́.
   (мно́го, пло́хо, ма́ло, ча́сто, ре́дко,
   хорошо́)

2. *Is his bike expensive?*
   Yes, more expensive than yours.
   У него́ дорого́й велосипе́д?
   Да́, доро́же, чём у тебя́.
   У него́ ма́ленький велосипе́д?
   Да́, ме́ньше, чём у тебя́.
   (лёгкий, большо́й, хороший,
   плохой, маленький, дорогой)

DISCUSSION

Most of the special –е comparatives come from adjectives with stems ending in к, г, х, or ст. The change in stem is sometimes predictable: к is replaced by ч, г by ж, х by ш, and ст by щ. For example:

гро́мкий, гро́мче	ти́хий *quiet*, ти́ше
дорого́й, доро́же	простой, про́ще

However, in many instances there are more complicated changes in the stem, or a completely different root may be used in the comparative. For example:

ре́дкий, ре́же	ма́ленький, ме́ньше
далёкий, да́льше	хоро́ший, лу́чше
то́нкий, то́ньше	плохо́й, ху́же

Occasionally there are two comparatives from the same stem, such as **старе́е** and **ста́рше**. These are not interchangeable.

Старе́е is used in comparing things and old people:

Ба́бушка старе́е де́душки.	Grandmother is older than Grandfather.
Э́то вино́ старе́е того́.	This wine is older than that.

Ста́рше is limited to a comparison of age, for instance, people who are *older* but not old:

Мо́й ребёнок ста́рше ва́шего.　　　My baby is older than yours.
Моя́ сестра́ ста́рше меня́.　　　　　My sister is older than I.

Declension of cardinal numbers два́ (две́), три́, and четы́ре

	Two	*Three*	*Four*	
NOM	два́ две́ (f)	три́	четы́ре	(*plus* gen sg of noun)
ACC	(*like* nom *or* gen)			
GEN	дву́х	трёх	четырёх	(*plus* gen pl of noun)
PREP	дву́х	трёх	четырёх	(*plus* prep pl of noun)
DAT	дву́м	трём	четырём	(*plus* dat pl of noun)
INSTR	двумя́	тремя́	четырьмя́	(*plus* instr pl of noun)

MODELS

У меня́ то́лько два́ рубля́.　　　　　　　I have only two rubles.
——————— две́ копе́йки.　　　　　　——————— two kopecks.
——————— три́ платка́.　　　　　　　——————— three handkerchiefs.
——————— четы́ре руба́шки.　　　　　——————— four shirts.

Вы́ уви́дите та́м два́ чемода́на.　　　　　You'll see two suitcases there.
——————— две́ карти́ны.　　　　　　——————— two pictures ———.
——————— три́ письма́.　　　　　　　——————— three letters ———.
——————— четы́ре колбасы́.　　　　　——————— four sausages ———.

Мне́ не хвата́ет дву́х копе́ек.　　　　　　I'm short two kopecks.
——————— трёх ———.　　　　　　——————— three ———.
——————— четырёх ——.　　　　　　——————— four ———.

Не забу́дьте об э́тих дву́х студе́нтах.　　Don't forget about these two students.
——————— трёх ———.　　　　　　——————— three ———.
——————— четырёх ———.　　　　　——————— four ———.

На́до позвони́ть э́тим дву́м студе́нткам.　We've got to call these two (girl) students.
——————— трём ———.　　　　　　——————— three ———.
——————— четырём ———.　　　　　——————— four ———.

Я́ поговорю́ с э́тими двумя́ де́вушками.　I'll have a talk with these two girls.
——————— тремя́ ———.　　　　　　——————— three ——.
——————— четырьмя́ ———.　　　　　——————— four ——.

■ REPETITION DRILL

Repeat the given models, noting that the numbers two, three, and four in the nominative and inanimate accusative are followed by the genitive singular of the noun, but that elsewhere the noun is in the appropriate plural case.

■ QUESTION-ANSWER DRILLS

1. *You wouldn't have two kopecks?*
   No, what do you need two kopecks for?
   У тебя́ не́т дву́х копе́ек?
   Не́т, а заче́м тебе́ две́ копе́йки?
   У тебя́ не́т трёх рубле́й?
   Не́т, а заче́м тебе́ три́ рубля́?
   (четырёх копеек, двух рублей, трёх
   копеек, четырёх рублей, двух копеек,
   трёх рублей, одного рубля, одной
   копейки)

2. *Is it two blocks from here?*
   Yes, it's within two blocks of here.
   Э́то два́ кварта́ла отсю́да?
   Да́, э́то в дву́х кварта́лах отсю́да.
   Э́то три́ кварта́ла отсю́да?
   Да́, э́то в трёх кварта́лах отсю́да.
   (четыре, три, два, четыре, три, два)

■ RESPONSE DRILLS

1. *Here are two raincoats.*
   Where did you get these two raincoats?
   Во́т два́ дождевика́.
   Где́ вы́ доста́ли э́ти два́ дождевика́?
   Во́т три́ ю́бки.
   Где́ вы́ доста́ли э́ти три́ ю́бки?
   (два пальто, четыре дождевика,
   две юбки, три дождевика, четыре
   юбки, два дождевика, три пальто)

2. *I need two helpers.*
   I'll send you two helpers.
   Мне́ нужны́ два́ помо́щника.
   Я́ ва́м пошлю́ дву́х помо́щников.
   Мне́ нужны́ три́ убо́рщицы.
   Я́ ва́м пошлю́ трёх убо́рщиц.
   (четы́ре помощника, две уборщицы,
   три помощника, четыре уборщицы,
   два помощника, три уборщицы)

■ SUBJECT REVERSAL DRILLS

1. *Three fellows approached us.*
   We approached the three fellows.
   К на́м подошли́ три́ паренька́.
   Мы́ подошли́ к трём паренька́м.
   К на́м подошли́ две́ де́вушки.
   Мы́ подошли́ к дву́м де́вушкам.
   (4 паренька, 3 девушки, 2 паренька, 4
   девушки, 3 паренька, 2 девушки)

2. *The three students took leave of them.*
   They took leave of the three students.
   Три́ студе́нта расста́лись с ни́ми.
   Они́ расста́лись с тремя́ студе́нтами.
   Четы́ре студе́нтки расста́лись с на́ми.
   Мы́ расста́лись с четырьмя́ студе́нтками.
   (2 студентки, 4 студента, 3 студента, 4
   студентки, 3 студента)

■ STRUCTURE REPLACEMENT DRILLS

1. *The three friends are at exams.*
   The three friends have exams.
   Три́ това́рища на экза́менах.
   У трёх това́рищей экза́мены.
   (2 товарища, 4 подруги, 3 товарища,
   2 подруги, 4 товарища, 3 подруги,
   2 товарища)

2. *The four brothers are already on their way.*
   *The four brothers have to be on their way
   already.*
   Четы́ре бра́та уже́ е́дут.
   Четырём бра́тьям уже́ на́до е́хать.
   (3 сестры́, 3 брата, 4 сестры́, 3 амери-
   канца, 4 соседа, 3 соседки, 4 американки,
   3 туриста, 4 женщины)

DISCUSSION

As with **о́ба** and **о́бе**, in all the cases except the nominative and inanimate accusative, the numbers two, three, and four are treated as modifiers of the plural noun that follows:

Ты́ ви́дишь э́тих дву́х студе́нтов?   Do you see those two students?
У э́тих трёх студе́нтов не́т кни́г.   These three students don't have books.

Покажи́те э́тим четырём студе́нтам, где лаборато́рия.

Show these four students where the lab is.

Поговори́ с э́тими тремя́ студе́нтами.

Talk with these three students.

In the nominative and inanimate accusative forms два́ (две́), три́, and четы́ре are treated as subject or object rather than as modifiers, and the noun following them is in the genitive singular:

Два́ студе́нта до́лго рабо́тали в лаборато́рии.

The two students worked in the lab for a long time.

Во́т два́ рубля́.

Here are two rubles.

Я потеря́л два́ рубля́.

I lost two rubles.

Declension of numbers from five through thirty

1. The numbers 5–10, 20, and 30 follow a similar declension pattern, with stress shifting to the endings in the genitive, prepositional, dative, and instrumental cases:

	5	6	7	8	9	10	20	30
NOM ACC	пя́ть	ше́сть	се́мь	во́семь	де́вять	де́сять	два́дцать	три́дцать
GEN PREP DAT	пяти́	шести́	семи́	восьми́	девяти́	десяти́	двадцати́	тридцати́
INSTR	пятью́	шестью́	семью́	восемью́ (*or* восьмью́)	девятью́	десятью́	двадцатью́	тридцатью́

2. The numbers 11–19 are declined according to the same general pattern except that there is no shift of stress to the endings:

	11	12	13	14	15
NOM ACC	оди́ннадцать	двена́дцать	трина́дцать	четы́рнадцать	пятна́дцать
GEN PREP DAT	оди́ннадцати	двена́дцати	трина́дцати	четы́рнадцати	пятна́дцати
INSTR	оди́ннадцатью	двена́дцатью	трина́дцатью	четы́рнадцатью	пятна́дцатью

	16	17	18	19
NOM ACC	шестна́дцать	семна́дцать	восемна́дцать	девятна́дцать
GEN PREP DAT	шестна́дцати	семна́дцати	восемна́дцати	девятна́дцати
INSTR	шестна́дцатью	семна́дцатью	восемна́дцатью	девятна́дцатью

MODELS

Э́тот шофёр повезёт пя́ть челове́к.   This driver will take five people.
_____ ше́сть тури́стов.   _____ six tourists.
_____ се́мь америка́нцев.   _____ seven Americans.

Ва́м не хвата́ет семна́дцати копе́ек.   You're seventeen kopecks short.
_____ восемна́дцати ____.   _____ eighteen _____.
_____ девятна́дцати ____.   _____ nineteen _____.
_____ двадцати́ _____.   _____ twenty _____.
_____ тридцати́ _____.   _____ thirty _____.

О́н ушёл с пятью́ рубля́ми в карма́не.   He left with five rubles in his pocket.
_____ с шестью́ _____.   _____ with six _____.
_____ с семью́ _____.   _____ with seven _____.
_____ с восемью́ _____.   _____ with eight _____.
_____ с девятью́ _____.   _____ with nine _____.
_____ с десятью́ _____.   _____ with ten _____.

■ REPETITION DRILL

Repeat the given models, noting that except for stress these numbers follow the same declension pattern as singular **две́рь**-nouns, with the accusative always like the nominative.

■ SUBSTITUTION DRILLS[1]

1. Give me five kopecks.
   Да́йте мне́ пя́ть копе́ек.
   (10, 15, 20, 30, 13, 19, 14, 17, 9)

2. I'm five rubles short.
   Мне́ не хвата́ет пяти́ рубле́й.
   (6, 7, 8, 9, 10, 11, 12, 13, 14)

3. I paid more than thirty rubles.
   Я́ заплати́л бо́льше тридцати́ рубле́й.
   (20, 10, 15, 16, 17, 18, 19)

4. I've already talked with ten students.
   Я́ уже́ говори́л с десятью́ студе́нтами.
   (11, 12, 13, 14, 15, 16, 17, 18, 19)

■ RESPONSE DRILLS

1. *Send us six trucks.*
   We don't have six trucks.
   Пришли́те на́м ше́сть грузовико́в.
   У на́с не́т шести́ грузовико́в.
   Пришли́те на́м де́вять грузовико́в.
   У на́с не́т девяти́ грузовико́в.
   (7, 8, 10, 12, 9, 13)

2. *Ten students are going to Vladivostok.*
   I don't envy those ten students.
   Де́сять студе́нтов пое́дут во Владивосто́к.
   Я́ не зави́дую э́тим десяти́ студе́нтам.
   Ше́сть студе́нтов пое́дут во Владивосто́к.
   Я́ не зави́дую э́тим шести́ студе́нтам.
   (20, 30, 15, 12, 16, 18)

---

[1] These drills may also be performed as reading drills in class with books open. The cues may be written on the blackboard.

1. *What should we do with these five students?*
   I don't want to talk about those five students.
   Что́ на́м де́лать с э́тими пятью́
   студе́нтами?
   Я не хочу́ говори́ть об э́тих пяти́
   студе́нтах.
   Что́ на́м де́лать с э́тими шестью́
   студе́нтами?
   Я не хочу́ говори́ть об э́тих шести́
   студе́нтах.
   (7, 8, 9, 10, 11, 12)

2. *Do you know these ten rules?*
   No, I'm not familiar with those ten rules.
   Вы́ зна́ете э́ти де́сять пра́вил?
   Не́т, я не знако́м с э́тими десятью́
   пра́вилами.
   Вы́ зна́ете э́ти пя́ть пра́вил?
   Не́т, я не знако́м с э́тими пятью́
   пра́вилами.
   (6, 12, 30, 8, 15, 19)

DISCUSSION

The numbers five through twenty and thirty are declined like singular **две́рь**-nouns. The nominative and accusative are exactly alike and are accompanied by the genitive plural. Unlike numbers two, three, and four no distinction is made between the animate and inanimate accusative:

Compare	Я ви́жу пя́ть студе́нтов.	I see five students.
	Я ви́жу пя́ть столо́в.	I see five tables.
with	Я ви́жу дву́х студе́нтов.	I see two students.
	Я ви́жу два́ стола́.	I see two tables.

In all other cases the numbers five through twenty and thirty are treated as though they were modifiers of the accompanying noun, which is always in its appropriate plural case:

Óн пришёл с двадцатью́ рубля́ми.	He came with twenty rubles.
Óн потеря́л о́коло двадцати́ рубле́й.	He lost about twenty rubles.
Вы́ говори́те об э́тих двадцати́ рубля́х?	Are you talking about these twenty rubles?

Conditional constructions in Russian: the particle бы (б) in hypothetical conditions

MODELS

Éсли у меня́ бу́дет вре́мя, то́ я э́то сде́лаю.	If I have time, I'll do it.
Éсли б у меня́ бы́ло вре́мя, то́ я бы э́то сде́лал.	If I had time, I'd do it *or* If I'd had time, I'd have done it.
Éсли я захочу́, я э́то сде́лаю.	If I feel like it, I'll do it.
Éсли бы я захоте́л, я бы э́то сде́лал.	If I felt like it, I'd do it *or* If I'd felt like it, I'd have done it.
Бы́ло бы лу́чше, е́сли б они́ туда́ не ходи́ли.	It'd be better if they didn't go there *or* It would have been better if they hadn't gone there.
Бы́ло бы лу́чше, е́сли б она́ не спра́шивала.	It'd be better if she didn't ask *or* It would have been better if she hadn't asked.

На твоём ме́сте я́ бы не беспоко́ился.   If I were you I wouldn't worry.
————————— я́ бы об э́том не ду́мал.   ————————— I wouldn't think of it.
————————— я́ бы э́того не де́лал.   ————————— I wouldn't do it.
————————— я́ бы ей написа́л.   ————————— I would write her.
————————— я́ бы ей позвони́л.   ————————— I would call her.
————————— я́ бы ра́ньше уе́хал.   ————————— I would leave earlier.

■ REPETITION DRILL

Repeat the given models, noting that to express conditions contrary to fact or viewed as doubtful, the unstressed particle **бы** (sometimes **б**) is used together with the past tense form of the verb.

■ STRUCTURE REPLACEMENT DRILLS

1. *If there's time, I'll go with you.*
   If there were time, I'd go with you.
   Е́сли бу́дет вре́мя, я́ с ва́ми пойду́.
   Е́сли бы бы́ло вре́мя, я́ бы с ва́ми пошёл.
   Е́сли бу́дет вре́мя, я́ с ва́ми закушу́.
   Е́сли бы бы́ло вре́мя, я́ бы с ва́ми закуси́л.
   (поката́юсь, пое́ду, посижу́, погуля́ю, по-за́втракаю, поговорю́, пообе́даю)

2. *I'll do it if I feel like it.*
   I'd do it if I felt like it.
   Е́сли я́ захочу́, я́ э́то сде́лаю.
   Е́сли бы я́ захоте́л, я́ бы э́то сде́лал.
   Е́сли я́ захочу́, я́ э́то съе́м.
   Е́сли бы я́ захоте́л, я́ бы э́то съе́л.
   (вы́пью, узна́ю, ко́нчу, скажу́, зарабо́таю, оста́влю, переда́м)

3. *If she needs books, he'll buy them.*
   If she needed books, he'd buy them.
   Е́сли ей нужны́ бу́дут кни́ги, то́ о́н их ку́пит.
   Е́сли бы ей нужны́ бы́ли кни́ги, то́ о́н бы их купи́л.
   Е́сли ей нужны́ бу́дут кни́ги, то́ о́н их доста́нет.
   Е́сли бы ей нужны́ бы́ли кни́ги, то́ о́н бы их доста́л.
   (полу́чит, да́ст, пошлёт, вернёт, принесёт, найдёт)

4. *I'll wait if it's necessary.*
   I'd have waited if it were necessary or *I'd wait if it were necessary.*
   Е́сли э́то ну́жно, то́ я́ подожду́.
   Е́сли бы э́то бы́ло ну́жно, то́ я́ бы подожда́л.
   Е́сли э́то ну́жно, то́ я́ уйду́.
   Е́сли бы э́то бы́ло ну́жно, то́ я́ бы ушёл.
   (пое́ду, позвоню́, туда́ пойду́, приду́ опя́ть, верну́сь ра́ньше, зайду́ опя́ть, прие́ду ра́ньше)

■ RESPONSE DRILLS

1. *He ought to eat.*
   Yes, it wouldn't be a bad idea if he did eat.
   Ему́ на́до пое́сть.
   Да́, бы́ло бы непло́хо, е́сли бы о́н пое́л.
   Ему́ на́до вы́купаться.
   Да́, бы́ло бы непло́хо, е́сли бы о́н вы́купался.
   (погуля́ть, вста́ть, пообе́дать, отдохну́ть, порабо́тать, запакова́ть ве́щи, уе́хать)

2. *She shouldn't go there.*
   Yes, it would be better if she didn't go there.
   Ей не на́до туда́ ходи́ть.
   Да́, бы́ло бы лу́чше, е́сли бы она́ туда́ не ходи́ла.
   Ей не на́до спра́шивать.
   Да́, бы́ло бы лу́чше, е́сли бы она́ не спра́шивала.
   (туда́ обраща́ться, туда́ е́здить, не́рвничать, беспоко́иться, серди́ться, жда́ть)

Why don't you put on a record?
I would, but I don't know how.

Почему́ ты́ не поста́вишь пласти́нку?

Я́ бы поста́вил, но я́ не зна́ю ка́к.

Почему́ ты́ не пришьёшь пу́говицу?

Я́ бы приши́л, но́ я́ не зна́ю ка́к.

    (запаку́ешь посы́лку, не откро́ешь
    окна́, не ло́вишь ры́бу, не наре́жешь
    хле́ба, не испечёшь пирога́)

DISCUSSION

In Russian, as in English, there are two kinds of conditional statements: real and hypothetical. The real conditional states the proposition in a direct way:

Éсли за́втра бу́дет до́ждь, мы́ никуда́ не пое́дем.	If it rains tomorrow we won't go anywhere.
Éсли я́ захочу́, я́ э́то сде́лаю.	If I feel like it, I'll do it.

Note that Russian uses the future here in the *if* clause, whereas English uses the present.

The hypothetical conditional, on the other hand, views the activity as impossible to fulfill or as highly unlikely to occur. Such conditionals require **бы** plus the past tense, usually in both clauses:

Éсли **бы** у меня́ **бы́ли** де́ньги, я́ **бы купи́л** себе́ маши́ну.	If I had the money I'd buy myself a car *or* If I'd had the money I'd have bought myself a car.
Éсли **бы** у бра́та **бы́ло** ме́сто, я́ **бы жи́л** у него́.	If my brother had room I'd live at his place *or* If my brother had had room I'd have lived at his place.
Éсли **бы** я́ **захоте́л**, я́ **бы** э́то за́втра же **сде́лал**.	If I wanted to, I'd do it tomorrow.
Éсли **бы** я́ **захоте́л**, я́ **бы** э́то давно́ **сде́лал**.	If I had wanted to, I'd have done it long ago.

Note that Russian is less specific than English as to the actual time of the hypothetical activity and that often only the context makes it clear whether past, present, or future is referred to.

The particle **бы** may appear anywhere in its clause except in the initial position. It is never stressed and, after vowels, may be shortened to **б**:

Бы́ло бы лу́чше, éсли **б** она́ не спра́шивала.	It'd be better if she didn't ask *or* It would have been better if she hadn't asked.
Éсли **б** у меня́ бы́ло вре́мя, то́ я́ бы пошёл за́втра на база́р.	If I had the time, I'd go to the market tomorrow.

The conjunction **то́** *then, in that case* is often used to introduce the second clause in a sentence beginning with **éсли**.

ПОВТОРÉНИЕ

Вадѝм зашёл в ГУ́М купѝть себé дождевѝк. Тáм бы́ло мнóго дождевикóв и стóили онѝ от двадцатѝ до тридцатѝ рублéй. Вадѝм решѝл купѝть подорóже: дорогѝе вéщи всегдá лу́чше. Как рáз, когдá он выходѝл из магазѝна, начался́ дóждь. «Вóт, — подýмал óн — хорóший слýчай провéрить мóй нóвый дождевѝк». Вадѝм пошёл мéдленно, потóм побежáл. Скóро емý стáло хóлодно и óн почýвствовал, что дóждь мóчит ужé не тóлько дождевѝк, но и плéчи, спѝну, рýки. Óн ужé хотéл повернýть назáд и вернýть дождевѝк в магазѝн, но подýмал, что всё равнó дождевикá не возьмýт назáд, и дéньги егó пропáли.

Вéра не лю́бит и не умéет шѝть такѝх вещéй, кáк плáтья ѝли костю́мы. Но э́то не знáчит, что онá не мóжет пришѝть пýговицу. Сегóдня ýтром онá замéтила, что на пиджакé её мýжа не хватáет пýговицы. Онá поискáла в швéйной корóбке и нашлá похóжую пýговицу — тóже чёрную, но немнóго мéньше. Вéра ужé хотéла её пришѝть, но в э́то врéмя вошёл мýж и сказáл ей, что óн пришьёт сáм. «Хорошó, — подýмала Вéра, — посмóтрим, кáк ты́ пришьёшь. Ведь ты́ дáже игóлки в рукáх держáть не умéешь!» Вéра былá увéрена, что скóро мýж придёт к нéй и попрóсит её пришѝть пýговицу. Тáк и случѝлось.

Вчерá Грáнт пошёл на пóчту спросѝть, кáк нáдо запакóвывать посы́лку. Óн свобóдно говорѝт по-рýсски и слóво «запакóвывать» вы́говорил довóльно прáвильно, но на пóчте всé срáзу замéтили, что óн инострáнец, и нáчали на негó смотрéть. Но óн ужé к э́тому привы́к: тáк всегдá бывáет, когдá óн захóдит в какóе-нибудь бюрó.

Одѝн рáз с Грáнтом бы́л интерéсный слýчай. Óн бы́л на концéрте. Егó сосéдом бы́л молодóй человéк лéт двадцатѝ. Óн бы́л похóж на якýта, товáрища Грáнта по кýрсу. Онѝ познакóмились и нáчали говорѝть о мýзыке. Вдрýг э́тот молодóй человéк сказáл: «Вы́ тáк красѝво говорѝте по-рýсски. Вы́ из Москвы́?» Грáнт бы́л óчень довóлен, что óн тáк хорошó говорѝт, что мóжно подýмать, что óн рýсский. Óн сказáл сосéду, что óн америкáнец и в свою́ óчередь спросѝл егó, откýда тóт. Оказáлось, что сосéд из Китáя и приéхал в Москвý кáк студéнт всегó пя́ть мéсяцев назáд.

NOTES

PREPARATION FOR CONVERSATION | **В бюро́ обслу́живания**

обслу́живание
service

Где́ бюро́ обслу́живания?
Where is the Service Bureau?

регистра́тор
desk clerk, registering clerk

Спроси́те у регистра́тора.
Ask the desk clerk.

офо́рмлен, –а, –о (ppp of офо́рмить) [1]
registered; official; in order, filled out in official form

Всё уже́ офо́рмлено, господи́н Ку́к.
Everything's in order, Mr. Cook.

докуме́нт
document, official paper

обра́тный
return, back

Вы́ мо́жете получи́ть обра́тно ва́ши докуме́нты.
You can have your papers back.

тало́н
coupon

еда́ (sg only)
food, meal, eating

Прекра́сно. А где́ тало́ны на еду́?
Wonderful. And where are the meal coupons?

у́жин
supper

Во́т они́. Это тало́ны на за́втраки, обе́ды и у́жины.
Here they are. These are coupons for breakfasts, dinners, and suppers.

специа́льный
special

Это специа́льные тало́ны на ча́й.
These are special coupons for tea.

Хорошо́. А ка́к насчёт маши́ны?
Fine. And how about a car?

це́нтр
center, middle; capital city

це́нтр го́рода
right downtown, the heart of town

Я́ хоте́л бы сейча́с пое́хать посмотре́ть це́нтр го́рода.
I'd like to go see the downtown area now.

сожале́ние
regret; pity

к сожале́нию
unfortunately

в разъе́зде
out, departed; on the move, on call

К сожале́нию, сейча́с все́ маши́ны в разъе́зде.
Unfortunately, all the cars are out now.

Ка́к же та́к?
How come?

---

[1] The abbreviation *ppp* stands for *past passive participle*.

распоряже́ние
Мне́ сказа́ли, что в моём распоряже́нии
бу́дет маши́на.
Интури́ст

Мне́ в Интури́сте сказа́ли, что в моём
распоряже́нии бу́дет маши́на.

ве́рный
соверше́нный
Соверше́нно ве́рно.

по́льзоваться, –зуются (I) (*plus* instr)
Вы́ мо́жете по́льзоваться маши́ной.
в де́нь
Вы́ мо́жете по́льзоваться маши́ной три́ часа́
в де́нь.

полчаса́ (gen получа́са)
Но сейча́с вам придётся подожда́ть о́коло
получа́са.

к тому́ вре́мени
Ну́, ничего́. Тогда́ я поза́втракаю ту́т, а к
тому́ вре́мени бу́дет маши́на.

Рестора́н уже́ откры́т?

полвосьмо́го
Да́, откры́т. Уже́ полвосьмо́го.

А ка́к туда́ пройти́?

коридо́р
Иди́те пря́мо по коридо́ру, а пото́м
поверни́те напра́во.

Спаси́бо. Я́ верну́сь о́чень ско́ро, то́лько
вы́пью ко́фе с бу́лочкой.

Пожа́луйста, не торопи́тесь.

сообщи́ть, –а́т (pfv II)
Когда́ маши́на придёт, я ва́м сообщу́.

disposal, command
I was told there'd be a car at my disposal.

Intourist (Soviet agency for foreign tourists)
I was told at Intourist there'd be a car at my disposal.

true, right; faithful, loyal
absolute, perfect; complete; quite
Quite right.

to use, enjoy, take advantage of
You can use a car.
per day, a day
You can use a car three hours a day.

half an hour
But now you'll have to wait about half an hour.

by that time, by then
Oh, well. I'll have breakfast here then, and by that
time the car will be here.

Is the restaurant open yet?

half past seven
Yes, it's open. It's already half past seven.

And how does one get there?

corridor, hall
Go straight down the hall and then turn right.

Thanks. I'll be right back; I'll just have coffee
and a roll.

Please, take your time.

to inform, let know, report
When the car arrives I'll let you know.

SUPPLEMENT
ги́д
Ги́д пока́жет ва́м ГУ́М.
ви́за
Вы́ уже́ получи́ли ви́зу?
па́спорт
Мо́жно посмотре́ть ваш па́спорт?
жи́тельство
ви́д на жи́тельство

guide
The guide will show you GUM.
visa
Did you already get your visa?
passport
May I see your passport?
residence, stay, sojourn
internal passport, residence permit; identity
card

Ва́ш ви́д на жи́тельство уже́ офо́рмлен.
    оформля́ть, –я́ют (I)
	Your identity card has already been processed.
	    to make official; to register, certify, process, issue (official papers)

В э́том бюро́ оформля́ют пропуска́.
    офо́рмиться, –ятся (pfv II)
	They issue permits at this office.
	    (see above meanings)

Вы́ уже́ офо́рмились?	Have you already filled out all the necessary papers?
оформля́ться, –я́ются (I)	to register, be registered officially; to fill out the necessary papers

За́втра мы́ пойдём оформля́ться на рабо́ту.
    офо́рмить, –ят (pfv II)
	Tomorrow we'll go register for work.
	    (see above meanings)

Мне́ ну́жно офо́рмить докуме́нты.
    сообща́ть, –а́ют (I)
	I must get some documents certified.
	    to inform, let know; to report

Из Ки́ева сообща́ют, что грузовики́ гото́вы.
    кра́й, –я; края́, –ёв
    на краю́
	Kiev reports that the trucks are ready.
	    outskirts; edge; region, land, part(s)
	    on (or at) the edge [of], on the outskirts [of]

Они́ жи́ли на краю́ го́рода.
    кафе́ (indecl n)   [kafé]
	They lived on the outskirts of town.
	    coffee house, café

В э́том кафе́ вку́сные бу́лочки.
    воспо́льзоваться (pfv I) (plus instr)
	They serve tasty rolls in this café.
	    to take advantage of

Я́ воспо́льзуюсь слу́чаем пое́хать на ю́г.	I'll take advantage of the opportunity to go south.
заку́сочная	diner, grill (cheap restaurant)

Не е́шьте в э́той заку́сочной.
    иностра́нный
	Don't eat in that diner.
	    foreign

Я́ учу́сь в Институ́те иностра́нных языко́в.	I attend the Foreign Language Institute.

В бюро́ обслу́живания[1]

Р. — Регистра́тор   К. — Ку́к

Р. 1 Всё уже́ офо́рмлено, господи́н Ку́к.[2] Мо́жете получи́ть обра́тно ва́ши докуме́нты.[3]

К. 2 Прекра́сно. А где́ тало́ны на еду́?[4]

Р. 3 Во́т они́. Это тало́ны на за́втраки, обе́ды и у́жины, а э́то специа́льные тало́ны на ча́й.[5]

К. 4 Хорошо́. А ка́к насчёт маши́ны? Я́ хоте́л бы сейча́с пое́хать посмотре́ть це́нтр го́рода.

Р. 5 К сожале́нию, сейча́с все́ маши́ны в разъе́зде.

К. 6 Ка́к же та́к? Мне́ в Интури́сте сказа́ли, что в моём распоряже́нии бу́дет маши́на.[6]

Р. 7 Соверше́нно ве́рно. Вы́ мо́жете по́льзоваться маши́ной три́ часа́ в де́нь, но сейча́с ва́м придётся подожда́ть о́коло получа́са.

К. 8 Ну́, ничего́. Тогда́ я́ поза́втракаю ту́т, а к тому́ вре́мени бу́дет маши́на. Рестора́н уже́ откры́т?[7]

P.   9 Да, открыт. Уже полвосьмого.

К. 10 А как туда пройти?

P. 11 Идите прямо по коридору, а потом поверните направо.

К. 12 Спасибо. Я вернусь очень скоро, только выпью кофе с булочкой.

P. 13 Пожалуйста, не торопитесь. Когда машина придёт, я вам сообщу.[8]

NOTES

[1] In Soviet hotels accommodating tourists there is always a Service Bureau (**Бюро обслуживания**) set up to provide the tourist with various services, such as making all kinds of reservations, setting up appointments, ordering tickets, arranging for guides, calling cabs, and providing information.

[2] It usually takes at least an hour to fill out all the necessary forms at the **Бюро обслуживания**. The verb **оформлять(ся)** is important to the tourist or exchange student in the Soviet Union, since it describes the business of registering at a hotel, getting one's internal passport, gaining access to library facilities at a university, and so forth.

[3] Some of the important documents an American tourist or exchange student must have are the following:

паспорт or **национальный паспорт,** the national passport issued by the U.S. government; **виза,** the visa issued by the Soviet government (the **въездная виза** permits the foreigner to enter the country and the **выездная виза** permits him to leave it); **вид на жительство,** the internal passport issued by the Soviet government, which records one's residences and travels while in the Soviet Union.

[4] **Талоны** *meal coupons* are paid for in advance with the purchase of a ticket to the U.S.S.R. The coupons themselves, however, are not issued until the tourist arrives and registers for the first time with the hotel Service Bureau. The tourist with deluxe accommodations receives three coupons a day plus an extra one for afternoon tea.

[5] Both **пища** and **еда** mean *food* but are not ordinarily interchangeable. **Пища** usually refers to one's fare or diet, while **еда** more often refers to the process of eating or the actual prepared meal. Neither noun is used in the plural:

«Щи да каша — пища наша».	"Schi and kasha are our diet (*or* fare, *or* food)."
В этом краю рыба — главная пища.	In this region fish is the main food.
Вот вам талоны на еду.	Here are your coupons for meals.

[6] **Интурист (Иностранный турист)** is the official Soviet travel agency handling all foreign tourist arrangements. It is through Intourist that the foreign traveler buys his ticket, gets his visas, and arranges his tour to the U.S.S.R. before he departs from his own country. An individual tourist not traveling with a group usually goes at the deluxe rate (about thirty-five dollars a day in 1964). In addition to first class hotel room with private bath and all meals, this entitles him to the use of a car with chauffeur for three hours a day, as well as an English-speaking guide for two excursions a day.

[7] There are several kinds of eating places. The **ресторáн** is usually the best and has the highest prices, the greatest variety of foods, and often the slowest service. It may be either a part of a hotel or a separate establishment.

Next in quality is the **кафé**. Some are comparable to the **ресторáн** but most are limited in fare, usually specializing in such things as pastries and coffees.

Столóвая, in addition to meaning *dining room* or *dining hall*, refers to an average restaurant or café. It has more reasonable prices, but a poorer selection and preparation of food.

The **закýсочная** is similar to our grill or diner. It offers extremely limited fare and seating facilities. The quality of food and service is usually lower than that of the **столóвая**.

The **буфéт** offers only one hot item (usually a kind of sausage) and specializes in drinks or cold foods.

[8] Note the use of the "on foot" verb **прийти** in reference to the car arriving. Compare the two sentences:

Когдá придёт машина, я вáм сообщý.	When the car arrives, I'll let you know.
Когдá óн приéдет из Москвы, я вáм сообщý.	When he arrives from Moscow, I'll let you know.

In referring to the movement of the vehicles themselves the "on foot" verbs of motion are ordinarily used:

Поездá хóдят тóчно по расписáнию.	The trains run right on schedule.
Вóт идёт автóбус.	Here comes the bus.

The "by vehicle" verbs are required, however, when a person goes by some means other than self-locomotion:

Мы éхали автóбусом.	We went by bus.
Поéдем на автóбусе.	Let's go by bus.

PREPARATION FOR CONVERSATION   **Разговóр с гóрничной**

гóрничная	maid (in hotel)
Мóжно войти? Это гóрничная.	May I come in? It's the maid.
Вы меня звáли?	Did you call me?
чистка	cleaning; purge
отдáть в чистку	to have cleaned, send out to be cleaned
Дá. Я хотéл бы отдáть в чистку этот костюм.	Yes, I'd like to send this suit out to be cleaned.
Это мóжно устрóить?	Can it be arranged?
Конéчно.	Of course.
приблизительно	approximately
через (*plus* acc)	in (with time expressions); across; through
Óн бýдет готóв приблизительно через недéлю.	It'll be ready in approximately a week.

Та́к до́лго? | So long?

пробы́ть, пробу́дут (pfv I) (past про́был, –о, –и; f –а́) | to be (in a place), stay, remain; to spend (time)

Я́ в Москве́ пробу́ду всего́ пя́ть дне́й. | I'll be in Moscow five days in all.

почи́стить, почи́щу, почи́стят (pfv II) | to clean, scrub, brush; to peel

Вы́ не могли́ бы попроси́ть, чтобы они́ почи́стили побыстре́е? | Couldn't you ask them to clean it a little faster?

постара́ться, –а́ются (pfv I) | to try, attempt, make an effort

Я́ постара́юсь э́то устро́ить. | I'll try to arrange it.

Большо́е спаси́бо. | Thanks very much.

ле́чь (pfv I) (fut ля́гу, ля́жешь, ля́гут; past лёг, легла́, –о́, –и́) | to lie down, go to bed

Тепе́рь я́ хоте́л бы ле́чь. | Now I'd like to lie down.

А тепе́рь я́ хоте́л бы ле́чь и немно́го отдохну́ть. | And now I'd like to lie down and rest a bit.

у́жинать, –ают (I) | to eat supper

Когда́ у ва́с здесь у́жинают? | When do you eat supper here?

У́жин от шести́ до десяти́. | Supper is from six to ten.

ложи́ться, ложа́тся (II) споко́йно | to lie down, go to bed quietly, calmly; with one's mind at ease

Ложи́тесь споко́йно и отдыха́йте. | You can lie down quietly and have a rest.

че́тверть пя́того | quarter past four

Сейча́с че́тверть пя́того. | It's now [a] quarter past four.

Сейча́с всего́ че́тверть пя́того. | It's now only [a] quarter past four.

разбуди́ть, разбу́дят (pfv II) | to rouse, wake up

Разбуди́те меня́ перед у́жином. | Wake me up before supper.

затрудни́ть, затрудня́т (pfv II) ва́с не затрудни́т | to cause trouble, be too much trouble it won't be too much trouble

Ва́с не затрудни́т разбуди́ть меня́ перед у́жином? | It won't be too much trouble for you to wake me up before supper, will it?

ниско́лько | not at all, not in the least

Ниско́лько. Когда́ вы́ хоти́те, чтобы я́ ва́с разбуди́ла? | Not at all. When do you want me to wake you up?

полови́на | half

В полови́не шесто́го. | At half past five.

побри́ться, побре́ются (pfv I) | to shave (oneself), get shaved

Я́ хоте́л бы ещё успе́ть побри́ться. | I'd like to have a little extra time to shave (*lit.* to have time still to shave).

SUPPLEMENT

позва́ть, позову́т (pfv I) (past позва́л, –о, –и; f позвала́) | to call, summon, get

Позови́те милиционе́ра! | Call a policeman!

Она́ позвала́ до́ктора?	Did she get (*or* summon) the doctor?
будить, бу́дят (II)	to waken, rouse
Не буди́ её та́к ра́но!	Don't wake her up so early!
бри́ться, бре́ются (I)	to shave (oneself)
Бре́йся скоре́е!	Hurry and shave!
затрудня́ть, –я́ют (I)	to cause trouble, be too much trouble
Вы́ меня́ ниско́лько не затрудня́ете.	You're not causing me the least bit of trouble.
стара́ться, –а́ются (I)	to attempt, try, make an effort
О́н уже́ давно́ стара́ется получи́ть ви́зу.	He's been trying to get a visa for a long time now.
чи́стить, чи́стят (II)	to clean, scrub, brush; peel
Убо́рщица чи́стит ле́стницу.	The cleaning woman is cleaning (*or* scrubbing) the stairs.
Я́ чи́щу карто́шку.	I'm peeling potatoes.
поу́жинать, –ают (pfv I)	to have supper, eat supper
Дава́йте поу́жинаем в э́той заку́сочной.	Let's eat supper in this diner (*or* grill).
Сове́тский Сою́з	the Soviet Union
Ско́лько неде́ль вы́ пробу́дете в Сове́тском Сою́зе?	How many weeks will you spend in the Soviet Union?
ложи́ться спа́ть (pfv ле́чь спа́ть)	to go to bed (retire)
Когда́ вы́ обы́чно ложи́тесь спа́ть?	When do you usually go to bed?
Вчера́ я́ лёг спа́ть о́чень ра́но.	Yesterday I went to bed very early.

Разгово́р с го́рничной

Г. — Го́рничная   К. — Ку́к

Г.   1 Мо́жно войти́? Э́то го́рничная. Вы́ меня́ зва́ли?

К.   2 Да́. Я́ хоте́л бы отда́ть в чи́стку э́тот костю́м. Э́то мо́жно устро́ить?

Г.   3 Коне́чно. О́н бу́дет гото́в приблизи́тельно через неде́лю.[1]

К.   4 Та́к до́лго? Я́ в Москве́ пробу́ду всего́ пя́ть дне́й. Вы́ не могли́ бы попроси́ть, чтобы они́ почи́стили побыстре́е?

Г.   5 Я́ постара́юсь э́то устро́ить.

К.   6 Большо́е спаси́бо. А тепе́рь я́ хоте́л бы ле́чь и немно́го отдохну́ть. Когда́ у ва́с здесь у́жинают?

Г.   7 У́жин от шести́ до десяти́.[2] Ложи́тесь споко́йно и отдыха́йте. Сейча́с всего́ чётверть пя́того.

К.   8 Ва́с не затрудни́т разбуди́ть меня́ перед у́жином?[3]

Г.   9 Ниско́лько. Когда́ вы́ хоти́те, чтобы я́ ва́с разбуди́ла?

К.   10 В полови́не шесто́го. Я́ хоте́л бы ещё успе́ть побри́ться.

NOTES

[1] Visitors to the Soviet Union in recent years have found that laundry service is prompt and reasonably priced. It is almost impossible, however, to get things dry-cleaned in less than a week and it usually takes much longer.

² The main meal of the day for Russians is **обéд**, generally eaten as the second meal of the day. It consists of at least three courses and always includes soup. In contrast, **ýжин** *supper* is a light meal served around eight in the evening and usually consists of sandwiches and tea.

³ Both **до** and **перед** are used in the time sense *before*, but they are not interchangeable. When **до** is used, the noun following is viewed as a point in time and **до** refers to an unspecified range of time prior to the event:

До войны́ óн бы́л студéнтом.	*Before the war* he was a student.
Я успéл написáть всé пи́сьма до концéрта.	I managed to write all my letters *before the concert.*

When **перед** is used, however, the noun following is viewed as an activity or event and the preposition specifies the time immediately prior to it:

Óн зашёл ко мнé **перед концéртом**.	He dropped in to see me (*just*) *before the concert.*
Вы́пейте э́то **перед обéдом**.	Drink this (*just*) *before dinner.*
Мы́ познакóмились как рáз **перед войнóй**.	We met *just before the war.*

Basic sentence patterns

1. Гдé нахóдится гости́ница Интури́ста?
   — В цéнтре гóрода.
   — На краю́ гóрода.
   — Далекó от цéнтра гóрода.
   — Довóльно бли́зко от цéнтра гóрода.
   — На Крáсной плóщади.
   — Приблизи́тельно в трёх квартáлах отсю́да.
   — В концé э́той у́лицы.

   Where is the Intourist hotel located?
   In the middle of town.
   At the edge of town.
   A long way from the downtown area.
   Quite close to the center of town.
   On Red Square.
   About three blocks from here.

   At the end of this street.

2. Покажи́те вáши докумéнты!
   Покажи́те вáши бумáги!
   Гдé вáш прóпуск?
   ___ вáша ви́за?
   ___ вáш пáспорт?
   ___ вáш ви́д на жи́тельство?
   Получи́те обрáтно вáши докумéнты.
   _____ вáши бумáги.

   Your papers! (*Lit.* Show your documents!)
   Your papers! (*Lit.* Show your papers!)
   Where's your pass?
   _____ your visa?
   _____ your passport?
   _____ your internal passport?
   You may have your documents back.
   _____ your papers _____.

3. Нáм придётся дóлго ждáть?
   — Не мéньше чáса.
   — Приблизи́тельно чáс.
   — Приблизи́тельно полчасá.
   — Óколо получáса.
   — Часá три́.
   — Óколо трёх часóв.

   Will we have to wait long?
   At least an hour.
   Approximately one hour.
   Approximately half an hour.
   About half an hour.
   About three hours.
   About three hours.

4. Когда́ вы́ хоти́те, чтобы мы́
                    ва́с разбуди́ли?
—————————————— э́то сде́лали?
—————————————— э́то верну́ли?
—————————————— э́то прочита́ли?

When do you want us to wake you up?
—————————— to get this done?
—————————— to return this?
—————————— to have this read?

5. Мне́ ну́жно отда́ть в чи́стку
                    э́тот костю́м.
—————————————— э́тот пиджа́к.
—————————————— э́то пла́тье.

I've got to have this suit cleaned.
—————————— this jacket ————.
—————————— this dress ————.

6. Ско́лько дне́й вы́ пробу́дете в Москве́?
————————————— ты́ пробу́дешь ————?
————————————— о́н пробу́дет ————?

How many days will you spend in Moscow?
—————————— you spend ————?
—————————— he spend ————?

7. Мы́ пробы́ли в Сове́тском Сою́зе
                    ше́сть неде́ль.
О́н пробы́л ————————————.
Я́ пробы́л ——————————————.
Она́ пробыла́ ————————————.

We spent six weeks in the Soviet Union.
He spent ————————————.
I spent ——————————————.
She spent ————————————.

8. Ка́к пройти́ на вокза́л?
————————— на гла́вную пло́щадь?
————————— на Кра́сную пло́щадь?
————————— в це́нтр го́рода?

How does one get to the railroad station?
—————————— the main square?
—————————— Red Square?
—————————— the heart of town?

9. Хорошо́ бы́ло бы поката́ться на ло́дке.
————————————— закуси́ть.
————————————— ле́чь и отдохну́ть.

It'd be nice to go for a boat ride.
—————————— have a snack.
—————————— lie down and rest.

10. Я́ хоте́л бы пригласи́ть ва́с на у́жин.
————————— с ва́ми поговори́ть.
————————— поступи́ть в ву́з.

I'd like to invite you for supper.
———— to have a talk with you.
———— to enroll in college.

11. Я́ хочу́, чтобы ты́ мне́ помо́г.
————————————— э́то сде́лал.
————————————— ко́нчил говори́ть.
————————————— на́чал рабо́тать.
————————————— пошёл на ле́кцию.

I want you to help me.
———————— to do it.
———————— to stop talking.
———————— to start working.
———————— to go to the lecture.

12. Я́ хочу́ тебе́ помо́чь.
———— э́то сде́лать.
———— пое́хать на о́зеро.

I want to help you.
———— to do it.
———— to drive to the lake.

13. Э́то бо́лее коро́ткий пу́ть.
—— са́мый —————.
Мы́ пойдём бо́лее коро́тким путём.
————————— са́мым —————.

This is a shorter route.
———— the shortest —.
We'll go by a shorter route.
—————————— the shortest —.

14. Ги́д на́м показа́л бо́лее ста́рые у́лицы.
————————————— са́мые —————.
Ги́д повёл на́с по бо́лее ста́рым у́лицам.
————————————— са́мым —————.

The guide showed us the older streets.
—————————————— the oldest ————.
The guide took us through the older ————.
—————————————— the oldest ————.

15. Она́ тепе́рь оде́та в бо́лее тёплое пальто́.
————————————— в са́мое —————.

She's dressed in a warmer coat now.
—————————— the warmest ————.

16. На у́жин ему́ ну́жно полчаса́.
_____ о́коло получа́са.
_____ мину́т три́дцать.
_____ о́коло тридцати́
мину́т.

He needs half an hour for supper.
_____ about half an hour ____.
_____ about thirty minutes __.
_____ about thirty minutes __.

17. О́н пришёл то́чно в полпе́рвого.
_____ в полвторо́го.
_____ в полпя́того.
_____ в полвосьмо́го.

He came at exactly half past twelve.
_____ one.
_____ four.
_____ seven.

18. Ва́ш ги́д придёт в полови́не четвёртого.
_____ пя́того.
_____ шесто́го.

Your guide will arrive at 3:30.
_____ 4:30.
_____ 5:30.

19. Мы́ вернёмся через ча́с.
_____ полчаса́.
_____ де́нь.

We'll be back in an hour.
_____ half an hour.
_____ a day.

20. Приходи́ в че́тверть пе́рвого.
_____ второ́го.
_____ тре́тьего.

Come at quarter after twelve.
_____ one.
_____ two.

21. Вы́ когда́-нибудь бы́ли в Сове́тском
Сою́зе?

Have you ever been to the Soviet Union?

Когда́ о́н возвраща́ется из Сове́тского
Сою́за?

When is he coming back from the Soviet Union?

Когда́ о́н возвраща́ется в Сове́тский
Сою́з?

When is he going back to the Soviet Union?

Гру́ппа тури́стов е́здила по Сове́тскому
Сою́зу.

The group of tourists traveled around the Soviet
Union.

Pronunciation practice: clusters of three consonants

A. Consonant cluster **стр**.

1. Initial **стр** pronounced [str] or [str̩]

[strógə] стро́го
harshly
[strujá] струя́
stream

[str̩ápət] стря́пать
to cook, concoct

2. Final **стр** pronounced [str]

[m̩ịn̩ístr] мини́стр
minister
[şim̩éstr] семе́стр
semester

[ark̜éstr] орке́стр
orchestra

B. Consonant cluster **ств**.

1. Initial **ств** pronounced [stv] or [stγ]

[stvórkə] ство́рка
leaf, fold
[stγórdɨm] с твёрдым
with hard

[stvaróžitcə] створо́житься
to curdle

2. Final **ств** pronounced [stf]

[taržéstf] торже́ств
of festivities
[γiščéstf] веще́ств
of matter

[nófšistf] но́вшеств
of new things

C. Consonant cluster **стк** pronounced [stk] or [stķ].

[žóstķij] жёсткий
hard
[bḷóstķi] блёстки
sparkles

[čístkə] чи́стка
cleaning

D. Consonant cluster **кст** pronounced [kst] or [ķsţ].

[kstáţi] кста́ти
to the point
[ķsţixám] к стиха́м
to the verses

[kstánciji] к ста́нции
to a station

E. Consonant clusters **лст** and **льст** pronounced [lst] and [ḷsţ].

[tólst] то́лст
fat
[paḷsţíţ] польсти́ть
to flatter

[ņiḷsţí] не льсти́
don't flatter

STRUCTURE AND DRILLS

Telling time: a quarter past and half past the hour

MODELS

Сейча́с че́тверть тре́тьего.
————————— четвёртого.
————————— пя́того.

It's now a quarter past two.
————————— three.
————————— four.

Я приду́ в че́тверть шесто́го.
————————— седьмо́го.
————————— восьмо́го.
————————— девя́того.

I'll come at a quarter past five.
————————— six.
————————— seven.
————————— eight.

По мои́м часа́м полови́на деся́того.
————————— оди́ннадцатого.
————————— двена́дцатого.

It's half past nine by my watch.
———— ten ————.
———— eleven ————.

Приди́те в полови́не пе́рвого.
————————— второ́го.
————————— тре́тьего.

Come at half past twelve.
————————— one.
————————— two.

Сейчас всего полседьмого.	It's now only half past six.
_____ полвосьмого.	_____ seven.
_____ полдевятого.	_____ eight.
Разбудите меня в полдесятого.	Wake me up at half past nine.
_____ в пол-одиннадцатого.	_____ ten.
_____ в полдвенадцатого.	_____ eleven.
_____ в полпервого.	_____ twelve.

■ REPETITION DRILL

Repeat the given models, noting that time at a quarter past and half past the hour is viewed as a portion of the following hour, and that the genitive singular masculine of the ordinal number is used. Note also that the more formal **половина** *half* is often replaced in spoken Russian by **пол–** prefixed to the following ordinal number.

■ QUESTION-ANSWER DRILLS

1. *Will you come at one?*
   No, I'll come at half past one.
   Вы придёте в час?
   Нет, я приду в полвторого.
   Вы придёте в два?
   Нет, я приду в полтретьего.
   (три, четыре, пять, шесть, семь, восемь, девять)

2. *Is it five now?*
   No, it's already a quarter after five.
   Сейчас пять?
   Нет, сейчас уже четверть шестого.
   Сейчас восемь?
   Нет, сейчас уже четверть девятого.
   (три, семь, час, четыре, два, десять, двенадцать)

3. *What time will the cars arrive—at one?*
   No, at half past twelve.
   В котором часу придут машины? В час?
   Нет, в половине первого.
   В котором часу придут машины? В два?
   Нет, в половине второго.
   (семь, десять, двенадцать, три, пять, четыре)

4. *Does the plane leave at four?*
   No, at a quarter after four.
   Самолёт отправляется в четыре?
   Нет, в четверть пятого.
   Самолёт отправляется в пять?
   Нет, в четверть шестого.
   (два, три, десять, одиннадцать, шесть, восемь, двенадцать)

■ RESPONSE DRILLS

1. *According to my watch it's twelve sharp.*
   And according to mine, it's already half past twelve.
   По моим часам ровно двенадцать.
   А по моим уже полпервого.
   По моим часам ровно час.
   А по моим уже полвторого.
   (пять, шесть, семь, восемь, девять, десять, одиннадцать)

2. *It's now one o'clock, I think.*
   No, it's now half past twelve.
   Сейчас, кажется, час.
   Нет, сейчас половина первого.
   Сейчас, кажется, два.
   Нет, сейчас половина второго.
   (три, четыре, пять, шесть, семь, восемь, девять)

DISCUSSION

The system of telling time for a quarter past and half past the hour is markedly different from that used for a quarter to the hour. The latter is expressed by **без четверти** plus the nominative of the cardinal number.

без четверти два	a quarter to two, at a quarter to two
без четверти восемь	a quarter to eight, at a quarter to eight

For a quarter past and half past the hour, however, time is viewed as a portion of the *following* hour and is expressed by the genitive singular masculine of the ordinal number.

че́тверть тре́тьего	a quarter past two (*lit.* a quarter of the third)
в че́тверть двена́дцатого	at a quarter past eleven (*lit.* at a quarter of the twelfth)
полови́на пя́того (*or* полпя́того)	half past four (*lit.* a half of the fifth)
в полови́не восьмо́го (*or* в полвосьмо́го)	at half past seven (*lit.* at a half of the eighth)

Simple versus compound comparatives and superlatives

MODELS

Мы́ говори́ли о бо́лее ва́жных дела́х.	We talked of more important things.
Мы́ говори́ли о са́мых ва́жных дела́х.	We talked about the most important things.
Перейдём к бо́лее серьёзным вопро́сам.	Let's switch to more serious questions.
Перейдём к вопро́сам посерьёзнее.	Let's switch to questions a bit more serious.
Перейдём к са́мым серьёзным вопро́сам.	Let's switch to the most important questions.
Его́ рабо́та бо́лее интере́сная, чём моя́.	His paper (*or* work) is more interesting than mine.
Его́ рабо́та интере́снее мое́й.	His _____.
Его́ рабо́та са́мая интере́сная из все́х.	His is the most interesting paper (*or* work) of all.
Он говори́т по-ру́сски лу́чше на́с все́х.	He speaks Russian better than all [the rest] of us.
Лу́чше всего́ он говори́т по-ру́сски.	He speaks Russian best of all (that is, better than any other language).
Он бо́льше всего́ лю́бит чита́ть.	He likes to read best of all (that is, more than anything else).
Из все́х городо́в СССР Москва́ мне́ понра́вилась бо́льше всего́.	Of all the cities of the U.S.S.R. I liked Moscow best.

■ REPETITION DRILL

Repeat the given models, noting that both simple and compound constructions are used to express the comparative and superlative.

■ STRUCTURE REPLACEMENT DRILLS

1. *This road is shorter.*
   This is a shorter road.
   Эта доро́га коро́че.
   Это бо́лее коро́ткая доро́га.
   Эта доро́га пряме́е.
   Это бо́лее пряма́я доро́га.
   (краси́вее, опа́снее, споко́йнее, ровне́е, старе́е, ху́же, лу́чше, нове́е)

2. *Show me material that's a little more expensive.*
   Show me more expensive material.
   Покажи́те мне́ материа́л подоро́же.
   Покажи́те мне́ бо́лее дорого́й материа́л.
   Покажи́те мне́ материа́л потолще.
   Покажи́те мне́ бо́лее то́лстый материа́л.
   (попроще, помя́гче, покраси́вее, покре́пче, попроще, полегче, полу́чше)

3. *He speaks a bit more correctly than I.*
   He speaks more correctly than I.
   Он говори́т поправи́льнее меня́.
   Он говори́т бо́лее пра́вильно, чём я́.
   Он говори́т побыстре́е меня́.
   Он говори́т бо́лее бы́стро, чём я́.
   (помедленнее, поинтере́снее, поску́чнее, поосторо́жнее, попроще, посвобо́днее, полегче).

4. *She's prettier than her sister.*
   Она́ краси́вее сестры́.
   Она́ бо́лее краси́ва, чём её сестра́.
   Она́ добре́е сестры́.
   Она́ бо́лее добра́, чём её сестра́.
   (моло́же, интере́снее, осторо́жнее, споко́йнее, умне́е, глупе́е)

5. *He's younger than we are.*
   He's the youngest of us.
   Óн моло́же на́с.
   Óн са́мый молодо́й из на́с.
   Óн осторо́жнее на́с.
   Óн са́мый осторо́жный из на́с.
   (здоро́вее, бедне́е, моло́же, важне́е,
   лу́чше, старе́е, умне́е)

6. *He's more wretched than all of them.*
   He's the most wretched of them all.
   Óн несча́стнее, че́м все́ они́.
   Óн са́мый несча́стный из ни́х все́х.
   Óн пьяне́е, че́м все́ они́.
   Óн са́мый пья́ный из ни́х все́х.
   (веселе́е, ме́ньше, то́лще,
   серьёзнее, точне́е)

7. *Give him a warm shirt.*
   Give him a warmer shirt.
   Да́йте ему́ тёплую руба́шку.
   Да́йте ему́ бо́лее тёплую руба́шку.
   Да́йте ему́ лёгкую руба́шку.
   Да́йте ему́ бо́лее лёгкую руба́шку.
   (дли́нную, коро́ткую, просту́ю,
   но́вую, дорогу́ю, то́нкую, краси́вую)

8. *They talked about interesting things.*
   They talked about the most interesting things.
   Они́ говори́ли об интере́сных веща́х.
   Они́ говори́ли о са́мых интере́сных веща́х.
   Они́ говори́ли о прия́тных веща́х.
   Они́ говори́ли о са́мых прия́тных веща́х.
   (серьёзных, ва́жных, ску́чных,
   стра́нных, просты́х)

DISCUSSION

Compound comparatives formed by means of unchanging **бо́лее** *more* plus the regular adjective require **че́м** plus the nominative; they can never be directly followed by the genitive as can the simple –**ee** or –**e** comparatives:

Compare   Óн бо́лее осторо́жный, че́м я́.
with   Óн осторо́жнее меня́.

He's more careful *than I*.

The compound **бо́лее** comparatives also differ from the simple –**ee** and –**e** comparatives in that they can be used in both the subject and the predicate, and in all of the six cases, singular and plural:

Бо́лее дороги́е магази́ны нахо́дятся в це́нтре го́рода.

The *more expensive* stores are located in the center of town.

Это оди́н из **бо́лее дороги́х** рестора́нов.

This is one of the *more expensive* restaurants.

Simple –**ee** and –**e** comparatives have the meaning of a superlative when followed by the pronoun **всего́** (or **все́х**). **Всего́** refers to things, **все́х** to people. This is the only way of forming the superlative of adverbs:

Óн говори́т по-ру́сски лу́чше на́с все́х.

He speaks Russian *the best* of us all.

Лу́чше всего́ о́н говори́т по-ру́сски.

He speaks Russian *best* of all (that is, better than any other language).

Óн моло́же все́х.

He's the *youngest* of all.

The most common way of forming the superlative of adjectives is by a combination of **са́мый** and the long-form adjective. Both forms are declined:

Вы́ слы́шали **са́мую после́днюю** но́вость?

Have you heard *the latest* news?

Они́ живу́т в **са́мой большо́й** кварти́ре в э́том до́ме.

They live in *the largest* apartment in this building.

Óн **са́мый изве́стный** из ни́х все́х.

He's the *most famous* of them all.

Это оди́н из **са́мых краси́вых** городо́в Сове́тского Сою́за.

It's one of the *most beautiful* cities in the Soviet Union.

Other constructions using бы (б) and the past tense

MODELS

Вы́ не могли́ бы ему́ позвони́ть?   Couldn't you perhaps call him?
——————————— со мно́й пое́хать?   ——————————— go with me?
——————————— её разбуди́ть?   ——————————— wake her up?
——————————— мне́ помо́чь?   ——————————— help me?

Хорошо́ бы́ло бы вы́купаться.   It'd be nice to go for a swim.
——————————— погуля́ть.   ——————— to go for a stroll.
——————————— поката́ться на ло́дке.   ——————— to go for a boat ride.
——————————— ле́чь и отдохну́ть.   ——————— to lie down and rest.

Я́ хоте́л бы посмотре́ть це́нтр го́рода.   I'd like to see the downtown area.
——————— отда́ть в чи́стку костю́м.   —————— to have my suit cleaned.
——————— ле́чь и немно́го отдохну́ть.   —————— to lie down and rest a bit.
——————— пойти́ в кино́.   —————— to go to the movies.

Что́, е́сли бы вы́ ей написа́ли?   What if you were to write her?
——————————— ей помогли́?   ——————————— to help her?
——————————— ей э́то предложи́ли?   ——————————— to suggest this to her?
——————————— ей позвони́ли?   ——————————— to call her?

Мы́ бы пошли́, е́сли бы не собра́ние.   We'd go if it weren't for the meeting.
——— пое́хали ———————————.   ——— go ———————————.
——— уе́хали ———————————.   ——— leave ———————————.

Я́ бы с удово́льствием пришёл, но бою́сь, что не смогу́.   I'd be glad to come, but I'm afraid that I won't be able to.

Я́ бы с удово́льствием э́то сде́лал ———————.   I'd be glad to do it ———————————.

■ REPETITION DRILL

Repeat the given models, noting particularly the use of **бы** and the past tense in mild suggestions, requests, and wishes.

■ STRUCTURE REPLACEMENT DRILLS

1. *I want to have breakfast.*
   I'd like to have breakfast.
   Я́ хочу́ поза́втракать.
   Я́ хоте́л бы поза́втракать.
   Я́ хочу́ побри́ться.
   Я́ хоте́л бы побри́ться.
   (оформиться, отдохнуть, пообедать, поужинать, лечь, полететь, погулять)

2. *What if I write him?*
   What if I were to write him?
   Что́, е́сли я́ ему́ напишу́?
   Что́, е́сли бы я́ ему́ написа́л?
   Что́, е́сли я́ туда́ пойду́?
   Что́, е́сли бы я́ туда́ пошёл?
   (ему помогу, их познакомлю, ему это предложу, за него заплачу, ему это пошлю, ему отвечу, ему это посоветую)

■ RESPONSE DRILLS

1. *You eat so little.*
   You should eat more.
   Вы́ ма́ло еди́те.
   Вы́ бы бо́льше е́ли.
   Вы́ ма́ло гуля́ете.
   Вы́ бы бо́льше гуля́ли.
   (тренируетесь, занимаетесь, спите, читаете, отдыхаете, учитесь)

2. *You talk too much.*
   You ought to talk less.
   Ты́ сли́шком мно́го говори́шь.
   Ты́ бы поме́ньше говори́л.
   Ты́ сли́шком мно́го пьёшь.
   Ты́ бы поме́ньше пи́л.
   (врёшь, летаешь, думаешь, споришь, шутишь)

1. *Will you be going to the competitions?*
   I would, if it weren't for the meeting.
   Вы пойдёте на соревнова́ния?
   Я бы пошёл, е́сли бы не собра́ние.
   Вы пое́дете на като́к?
   Я бы пое́хал, е́сли бы не собра́ние.
   Вы зайдёте на по́чту?
   Вы посмо́трите сни́мки?
   Вы вы́пьете ча́ю?
   Вы повезёте их домо́й?
   Вы успе́ете ко́нчить рабо́ту?

2. *Who did this?*
   I don't know who could have done this.
   Кто э́то сде́лал?
   Я не зна́ю, кто бы э́то мог сде́лать.
   Кто э́то написа́л?
   Я не зна́ю, кто бы э́то мог написа́ть.
   (принёс, соста́вил, испо́ртил, бро́сил,
   разби́л, приши́л, посла́л)

DISCUSSION

In addition to its use in hypothetical-conditional **е́сли бы** sentences, **бы** also occurs in constructions expressing wishing, requesting, and suggesting. Often it has the effect of softening the request, or of making the wish more tentative and less direct.

Although **бы** is normally accompanied by the past tense, in some instances the verb (especially **бы́ло**) may be omitted:

Compare *with*	Хорошо́ бы вы́купаться. Хорошо́ бы́ло бы вы́купаться.	It'd be nice to go for a swim.
Compare *with*	Я бы пришёл, е́сли бы не собра́ние. Я бы пришёл, е́сли бы не́ было собра́ния.	I'd come if it weren't for the meeting.

Constructions using чтобы plus the past tense

MODELS

Когда́ вы хоти́те, чтобы она́ вам
                    позвони́ла?
——————————— э́то сде́лала?
——————————— ко́нчила
                    рабо́ту?

When do you want her to phone you?
——————————— to do it?
——————————— to finish her work?

Скажи́те ему́, чтобы он пришёл пора́ньше.
——————————— ничего́ не
                    спра́шивал.
——————————— немно́го подожда́л.

Tell him to come earlier.
——— not to ask any questions.

——— to wait a bit.

Она́ меня́ попроси́ла, чтобы я вам
позвони́л.

She asked me if I would phone you.

Он сказа́л, чтобы вы получи́ли биле́ты.
Он хоте́л, чтобы мы о́ба пошли́ на конце́рт.

He said you were to get the tickets.
He wanted us both to go to the concert.

Он сказа́л, чтобы я лёг и отдохну́л.
——————————— пошёл офо́рмиться.
——————————— заказа́л биле́ты.

He said I should lie down and rest.
——————— go register.
——————— order the tickets.

■ REPETITION DRILL

Repeat the given models, noting the use of **чтобы** plus the past tense of the verb in subordinate clauses following main clause verbs of wishing, suggesting, requesting, demanding, and doubting.

■ STRUCTURE REPLACEMENT DRILLS

1. *Everything's in order.*
   See to it that everything's in order.
   Всё в поря́дке.
   Смотри́, чтобы всё бы́ло в поря́дке.
   Всё в сбо́ре.
   Смотри́, чтобы всё бы́ли в сбо́ре.
   Разреше́ние офо́рмлено.
   Костю́м гото́в.
   Всё запако́вано.
   Всё це́ло.
   Всё здоро́вы.

2. *I doubt that he'll understand it.*
   I doubt that he would understand it.
   Сомнева́юсь, что о́н э́то поймёт.
   Сомнева́юсь, чтобы о́н э́то по́нял.
   Сомнева́юсь, что о́н уе́дет.
   Сомнева́юсь, чтобы о́н уе́хал.
   (их дого́нит, вернёт де́ньги, их
   перего́нит, их отпу́стит, это прочита́ет,
   это вы́бросит)

3. *Suggest taking a walk to him.*
   Suggest to him that he might take a walk.
   Предложи́ ему́ погуля́ть.
   Предложи́ ему́, чтобы о́н погуля́л.
   Предложи́ ему́ пое́сть.
   Предложи́ ему́, чтобы о́н пое́л.
   (вы́купаться, поу́жинать, отдохну́ть,
   побри́ться, офо́рмить докуме́нты,
   позва́ть го́рничную, ле́чь, почи́стить
   костю́м)

4. *He said that you got (or took) the coupons.*
   He said that you were to get (or take) the coupons.
   О́н сказа́л, что вы́ взя́ли тало́ны.
   О́н сказа́л, чтобы вы́ взя́ли тало́ны.
   О́н сказа́л, что вы́ поу́жинали.
   О́н сказа́л, чтобы вы́ поу́жинали.
   (верну́лись, получи́ли тало́ны,
   побри́лись, вы́бросили биле́ты,
   свари́ли обе́д, их пригласи́ли)

5. *He asked me to call you.*
   He asked me if I would call you.
   О́н меня́ попроси́л ва́м позвони́ть.
   О́н меня́ попроси́л, чтобы я́ ва́м позвони́л.
   О́н меня́ попроси́л узна́ть и́х а́дрес.
   О́н меня́ попроси́л, чтобы я́ узна́л и́х
   а́дрес.
   (отда́ть в чи́стку пальто́, верну́ть ему́
   докуме́нты, получи́ть для него́
   посы́лку, заплати́ть за биле́ты,
   подожда́ть, его́ разбуди́ть)

6. *You've got to get used to it.*
   You must (or it's necessary that you) get used
   to it.
   Тебе́ на́до к э́тому привы́кнуть.
   На́до, чтобы ты́ к э́тому привы́к.
   Тебе́ на́до с ни́м поговори́ть.
   На́до, чтобы ты́ с ни́м поговори́л.
   (об э́том договори́ться, об э́том
   сообщи́ть, это прочита́ть, отту́да
   уйти́, это запакова́ть, научи́ться
   пла́вать)

7. *When must we have things packed?*
   When do you want us to have things packed?
   Когда́ мы́ должны́ запакова́ть ве́щи?
   Когда́ вы́ хоти́те, чтобы мы́ запакова́ли
   ве́щи?
   Когда́ мы́ должны́ это прочита́ть?
   Когда́ вы́ хоти́те, чтобы мы́ это
   прочита́ли?
   (верну́ться, это сде́лать, верну́ть эти
   пла́ны, за это заплати́ть, вас
   разбуди́ть)

8. *What am I to do?*
   What do you want me to do?
   Что́ мне́ де́лать?
   Что́ вы́ хоти́те, чтобы я́ де́лал?
   Что́ мне́ чита́ть?
   Что́ вы́ хоти́те, чтобы я́ чита́л?
   (посла́ть, писа́ть, принести́,
   посове́товать, пи́ть, е́сть)

9. *Where am I to go?*
Where do you want me to go?
Куда́ мне́ е́хать?
Куда́ вы́ хоти́те, чтобы я́ е́хал?
Куда́ мне́ плы́ть?
Куда́ вы́ хоти́те, чтобы я́ плы́л?
(идти, звонить, их везти, это послать, смотреть, писать, их вести)

10. *I wanted to go there.*
I wanted him to go there.
Я́ хоте́л пойти́ туда́.
Я́ хоте́л, чтобы о́н пошёл туда́.
Я́ хоте́л пое́хать по́зже.
Я́ хоте́л, чтобы о́н пое́хал по́зже.
(поиграть, уйти, уехать, прыгнуть, покататься на лыжах, побегать на коньках, поставить пластинки, послушать музыку)

DISCUSSION

The use of **чтобы** plus the past tense in subordinate clauses often has the effect of softening a suggestion or a request. After certain verbs there are two choices possible: a simple and straightforward statement using the infinitive, or the less direct, often more polite construction using **чтобы**.

Compare	Предложи́ ему́ побри́ться.	Suggest shaving to him.
with	Предложи́ ему́, чтобы о́н побри́лся.	Suggest to him that he might shave.
Compare	О́н меня́ попроси́л подожда́ть.	He asked me to wait awhile.
with	О́н меня́ попроси́л, чтобы я́ подожда́л.	He asked me if I would wait awhile.
Compare	Скажи́те ему́ прийти́ в се́мь.	Tell him to come at seven.
with	Скажи́те ему́, чтобы о́н пришёл в се́мь.	Tell him he should come at seven.

With verbs such as **хоте́ть**, however, the infinitive may be used only if the subject of the main verb is also the subject of the infinitive:

О́н хо́чет пойти́ на конце́рт.　　　　　　　He wants to go to the concert.

When the subject of the verb **хоте́ть** wants *someone else* to perform the activity, however, only the construction **чтобы** plus the past tense can be used:

О́н хо́чет, чтобы я́ пошёл на конце́рт.　　　He wants me to go to the concert.

After such verbs as **сказа́ть**, either **что** or **чтобы** may be used in a subordinate clause, but the meaning is quite different:

О́н сказа́л, что вы́ получи́ли биле́ты.　　　He said that you got the tickets.
О́н сказа́л, чтобы вы́ получи́ли биле́ты.　　He said that you should get the tickets.

When the word following it begins with a vowel, **чтобы** may be shortened to **чтоб**:

Я́ хочу́, **чтоб** она́ пришла́.

ПОВТОРЕ́НИЕ

В про́шлом году́ профе́ссор Ку́к е́здил в Сове́тский Сою́з с гру́ппой америка́нских студе́нтов. Профе́ссор Ку́к быва́л в СССР уже́ мно́го ра́з, но ра́ньше о́н е́здил оди́н, ка́к тури́ст, а тепе́рь до́лжен бы́л води́ть студе́нтов по вся́ким интере́сным места́м, достава́ть биле́ты, смотре́ть, чтобы никто́ не потеря́л докуме́нты, и де́лать ма́ссу други́х веще́й. Ка́ждое у́тро студе́нты должны́ бы́ли подходи́ть к его́ две́ри и стуча́ть, чтобы его́ разбуди́ть: бе́дный профе́ссор та́к кре́пко спа́л.

Когда́ Гра́нт прие́хал в университе́т, ему́ сказа́ли, что о́н до́лжен офо́рмиться. О́н показа́л регистра́тору свою́ ви́зу и па́спорт и получи́л ви́д на жи́тельство. Регистра́тор да́л ему́ про́пуск, чтобы о́н мо́г пока́зывать его́ вахтёрше в общежи́тии. Гра́нт удиви́лся, что вахтёрша проверя́ет все́х, кто вхо́дит в общежи́тие, но регистра́тор сказа́л ему́, что здесь тако́е пра́вило. По́зже Гра́нт узна́л, что ви́д на жи́тельство, пропуска́, разреше́ния, ви́зу, па́спорт и други́е докуме́нты на́до всё вре́мя носи́ть с собо́й, потому́ что их ча́сто проверя́ют.

— Я́ ищу́ бюро́ обслу́живания. Вы́ мне́ не ска́жете, где́ оно́ нахо́дится?

— К сожале́нию, я́ са́м не зна́ю, где́ оно́. Спроси́те убо́рщицу, мо́жет бы́ть, она́ ва́м ска́жет.

— Спаси́бо. Скажи́те, де́вушка, ка́к пройти́ в бюро́ обслу́живания?

— Иди́те пря́мо по коридо́ру и в конце́ поверни́те нале́во. Пройди́те ещё немно́го, и вы́ уви́дите ле́стницу. Иди́те по ле́стнице на второ́й эта́ж. Бюро́ обслу́живания бу́дет пе́рвая две́рь напра́во.

— Большо́е спаси́бо. Вы́ та́к хорошо́ и то́чно мне́ всё сказа́ли. Ва́м на́до бы́ло бы ста́ть ги́дом.

— Я́ ва́ш ги́д, господи́н Ку́к. Я́ в ва́шем распоряже́нии ка́ждый де́нь. Вы́ мо́жете е́здить со мно́й, куда́ хоти́те.

— Отли́чно. Я́ о́чень ра́д с ва́ми познако́миться. Ка́к ва́ше и́мя, о́тчество?

— Меня́ зову́т Вади́м Кири́ллович, но вы́ зови́те меня́ про́сто Вади́м.

— О́чень хорошо́, Вади́м. У меня́, призна́ться, не́т никаки́х пла́нов на сего́дня. Что́ бы вы́ посове́товали?

— Ка́к насчёт це́нтра го́рода? Вы́ та́м уже́ бы́ли?

— Не́т, не́ был. Я́ ведь прие́хал вчера́ о́чень по́здно, в полвена́дцатого, и сра́зу лёг спа́ть. Я́ с больши́м удово́льствием пое́ду посмотре́ть го́род.

— Прекра́сно. Маши́на уже́ е́сть, и мы́ мо́жем е́хать, когда́ вы́ захоти́те.

— Пое́дем мину́т через пятна́дцать. Я́ до́лжен побри́ться.

— Пожа́луйста, не торопи́тесь. У на́с ма́сса вре́мени.

NOTES

PREPARATION FOR CONVERSATION   **Ма́ть с детьми́ собира́ются в ба́ню**

ба́ня
                bathhouse, public bath; steam bath
Ма́ть с детьми́ собира́ются в ба́ню.   Mother and the children are getting ready to go to the bathhouse.

допива́ть, –а́ют (I)   to finish drinking, drink up
Пе́тя, допива́й молоко́.   Petya, finish your milk.
   яи́чница [jijíšņicə]   eggs (fried)
   доеда́ть, –а́ют (I)   to finish eating, eat up
Пе́тя, доеда́й яи́чницу и допива́й молоко́.   Petya, eat the rest of your eggs and finish your milk.

холоди́льник   refrigerator, icebox
Поста́вь ма́сло в холоди́льник.   Put the butter in the refrigerator.
А ты́, Та́ня, поста́вь ма́сло в холоди́льник.   And you, Tanya, put the butter in the refrigerator.

пятно́, –а́; пя́тна, пя́тен   spot, stain, blot
ска́терть, –и; –и, –е́й (f)   tablecloth
Здесь на ска́терти како́е-то пятно́.   There's some kind of stain on the tablecloth.
Смотри́, ма́ма, здесь на ска́терти како́е-то пятно́.   Look, Mamma. There's some kind of stain on the tablecloth.

очеви́дный   obvious, apparent
Очеви́дно, ча́й.   [It's] obviously tea.

разли́ть, разолью́т (pfv I) (imper разле́й!   to spill; to pour
   –те!)
Вчера́ ве́чером кто́-то разли́л ча́й.   Somebody spilled his tea last night.
   го́сть, го́стя; го́сти, –е́й (m)   guest
Да́, э́то вчера́ ве́чером оди́н из госте́й разли́л.   Yes, one of the guests spilled [it] last night.

сня́ть, сниму́, сни́мут (pfv I)   to take off (or down), remove; to take a picture; to rent

Мы́ сни́мем ска́терть, когда́ верне́мся из ба́ни.   We'll remove the tablecloth when we come back from the bath.

Ну́, Пе́тя, ты́ уже́ ко́нчил?   Well, Petya, are you all finished?

Ко́нчил.

    бельё, –я́

    пригото́вить, –ят (pfv II)

Та́ня, ты́ пригото́вила мне́ бельё?

    чи́стый

Та́ня, ты́ пригото́вила мне́ чи́стое бельё?

    крова́ть, –и; –и, –ей (f)

Да́, оно́ та́м на крова́ти.

    полоте́нце, –а; –а, –нец

    мохна́тое полоте́нце

Я́ тебе́ дала́ мохна́тое полоте́нце.

    мы́ло

Подожди́, ту́т не́т мы́ла.

    моча́лка

    ни... ни

Спаси́бо. Но подожди́, ту́т не́т ни мы́ла, ни моча́лки.

Неуже́ли?

    спе́шка

Я́ в э́той спе́шке забы́ла положи́ть.

Во́т моча́лка.

    умыва́льник

    кусо́к мы́ла

Возьми́ себе́ то́т кусо́к мы́ла, что во́зле умыва́льника.

    забо́титься, забо́чусь, забо́тятся (II)

Ты́, Пе́тя, са́м до́лжен забо́титься о свои́х веща́х.

    заверну́ть, заверну́т (pfv I)

Заверни́ мы́ло в газе́ту!

    снача́ла

Да не клади́ же ты́ мы́ло пря́мо та́к, заверни́ его́ снача́ла в газе́ту.

Ну́ во́т, я́ гото́в.

    мужско́й

    мужско́е отделе́ние

Наде́юсь, что мужско́е отделе́ние уже́ откры́то.

    ремо́нт

    на ремо́нте

Це́лый ме́сяц мужско́е отделе́ние бы́ло на ремо́нте.

Yes.

    underthings, underwear; linen, wash

    to prepare, get ready; to fix; to cook

Tanya, did you get linen ready for me?

    clean, fresh; pure

Tanya, did you get clean linen ready for me?

    bed

Yes, it's there on the bed.

    towel

    Turkish towel, bath towel

I gave you a Turkish towel.

    soap

Wait, there's no soap here.

    sponge (of wood fiber)

    neither . . . nor

Thanks. But wait; there's neither soap nor sponge here.

Really?

    hurry, rush

In all this hurrying I forgot to put them in.

Here's a sponge.

    washstand, washbasin

    bar of soap

Take that bar of soap [that's] by the washbasin for yourself.

    to take care of, look after; to be concerned about, worry about

Petya, you yourself have to take care of your own things.

    to wrap, wrap up; to turn

Wrap the soap in a newspaper!

    first, at first, from (or at) the beginning

And don't just put the soap right in like that; first wrap it in a newspaper.

Well now, I'm ready.

    male, masculine; men's

    the men's side

I hope the men's side is open now.

    repair, reconditioning

    under repair, being repaired

The men's side was under repair for a whole month.

Наде́юсь, что мужско́е отделе́ние уже́ откры́то. Це́лый ме́сяц бы́ло на ремо́нте.

    узнава́ть, узнаю́т (I)

Да́, откры́то. Я́ узнава́ла.

    о́бщее отделе́ние

Мы́ с тобо́й, Та́ня, пойдём сего́дня в о́бщее отделе́ние.

    каби́на

Мы́ с тобо́й, Та́ня, пойдём сего́дня не в каби́ны, а в о́бщее отделе́ние.

    дешёвый (дёшево)
    деше́вле

Та́м деше́вле.

    зо́нтик
    на вся́кий слу́чай

Хорошо́. Возьмём на вся́кий слу́чай зо́нтик.

По ра́дио передава́ли, что бу́дет до́ждь.

    пла́щ
    наде́ть, наде́нут (pfv I)

Во́т ка́к! Пе́тя, наде́нь пла́щ!

Ну́ пойдём уже́, а то́ мы́ та́к до́лго собира́емся, что никогда́ и́з дому не вы́йдем.

I hope the men's side is open now. It was under repair for a whole month.

    to find out; to investigate, check; to recognize

Yes, I checked. It's open.

    the public room

You and I, Tanya, will go into the public room today.

    stall, booth; hut

You and I won't go to the private stalls today, Tanya, but to the public room.

    cheap, inexpensive
    cheaper, more inexpensive

It's cheaper there.

    umbrella
    just in case

All right. Let's take an umbrella, just in case.

They said on the radio there'd be rain.

    raincoat
    to put on, wear

You don't say! Petya, put on your raincoat.

Well, let's get going or else we'll take so long getting ready [that] we'll never get out of the house.

SUPPLEMENT

    допи́ть (*like* пи́ть) (pfv I)

Допе́й вино́!

    дое́сть (*like* е́сть) (pfv)

Я́ сейча́с дое́м яи́чницу и пойду́.

    позабо́титься, –ятся (pfv II)

Позабо́ться, чтобы всё бы́ло гото́во.

    гото́вить, –ят (II)

Я́ гото́влю на обе́д ры́бу.

    завора́чивать, –ают (I)

Маши́на завора́чивала за́ угол.

Продавщи́ца завора́чивает ма́сло.

    яйцо́, –а́; я́йца, яи́ц

Ка́к ва́м свари́ть я́йца?

    в гостя́х (асс в го́сти)

Мы́ бы́ли в гостя́х.

На́с пригласи́ли в го́сти.

    же́нский

Же́нское отделе́ние тепе́рь на ремо́нте.

    гало́ши (*or* кало́ши) (sg гало́ша [*or* кало́ша])

Я́ наде́л гало́ши.

    to finish drinking, drink up

Finish drinking the wine!

    to finish eating, eat up

I'll finish eating my eggs and go.

    to look after; to see to it

See to it that everything is ready.

    to prepare, get ready; to fix; to cook

I'm cooking fish for dinner.

    to wrap, wrap up; to turn

The car was turning the corner.

The saleslady is wrapping the butter.

    egg

How do you like your eggs cooked?

    at (*or* to) a party; visiting, for a visit

We were at a party *or* We went for a visit.

We were invited to a party.

    female, feminine; ladies', women's

The ladies' side is now undergoing repairs.

    rubbers

I put on rubbers.

Мать с детьми собираются в баню[1]

М. — Мать   П. — Пётя   Т. — Таня

М. 1 Пётя, доедай яичницу и допивай молоко. А ты, Таня, поставь масло в холодильник.

Т. 2 Хорошо. Смотри, мама, здесь на скатерти какое-то пятно. Очевидно, чай.

М. 3 Да, это вчера вечером один из гостей разлил. Мы снимем скатерть, когда вернёмся из бани. Ну, Пётя, ты уже кончил?

П. 4 Кончил. Таня, ты приготовила мне чистое бельё?

Т. 5 Да, оно там на кровати. Я тебе дала мохнатое полотенце.

П. 6 Спасибо. Но подожди, тут нет ни мыла, ни мочалки.[2]

Т. 7 Неужели? Я в этой спешке забыла положить. Вот мочалка. Возьми себе тот кусок мыла, что возле умывальника.[3]

М. 8 Ты, Пётя, сам должен заботиться о своих вещах. Да не клади же ты мыло прямо так, заверни его сначала в газету.

П. 9 Ну вот, я готов. Надеюсь, что мужское отделение уже открыто. Целый месяц было на ремонте.[4]

М. 10 Да, открыто. Я узнавала. Мы с тобой, Таня, пойдём сегодня не в кабины, а в общее отделение.[5] Там дешевле.

Т. 11 Хорошо. Возьмём на всякий случай зонтик. По радио передавали, что будет дождь.

М. 12 Вот как! Пётя, надень плащ! Ну пойдём уже, а то мы так долго собираемся, что никогда из дому не выйдем.

NOTES

[1] Compare **ванная** *bathroom*, **ванна** *bathtub* or *bath*, and **баня** *bathhouse*. Of these types of baths, the most traditional for Russians is the **баня**, which is always located in a separate building. In the cities and towns, the **баня** is a public building with facilities for tub bath, shower bath, and sometimes steam bath. In rural areas, the **баня** is a small log hut, usually with only steam bath facilities. Part of the ritual of a steam bath is the switching of one's body with birch twigs to stimulate circulation. Most Russians go to the **баня** once a week, usually on Saturday.

[2] Instead of a washcloth, a long piece of sponge-like wood fiber, called **мочалка**, is used.

[3] The word **умывальник** refers to any receptacle used for washing the face and hands. It may be a washstand, a sink with running water, or the simplest kind of basin or container.

Note the expression **мыться под умывальником** *to wash at the washstand.*

[4] Modernization, construction, and repair are constantly carried on throughout the Soviet Union. One frequently sees signs on libraries, relatively new apartment buildings, stores, and offices saying: **На ремонте** or **Закрыто на ремонт.**

Note that the preposition **на** is used largely for buildings and that **в** is used for things taken in for repair.

Compare	Библиоте́ка закры́та на ремо́нт.	The library is closed for remodeling (*or* repair).
	Ба́ня на ремо́нте.	The bathhouse is being remodeled.
with	Я́ о́тдал часы́ в ремо́нт.	I took my watch in to be repaired.
	Мо́й костю́м в ремо́нте.	My suit is being repaired.

⁵ The public bathhouse has separate divisions for men and women. In each there is a large public room, the "second-class" section, where one can wash for about fifteen kopecks. It costs a little more to bathe "first class": about twenty kopecks for a private shower stall and about twenty-five kopecks for a combination private tub and shower.

PREPARATION FOR CONVERSATION · По́сле ба́ни

Во́т и я́.
— Here I am.

   се́сть (pfv I) (past се́л, –а, –о, –и; fut ся́ду, ся́дешь, –ут; imper ся́дь! –те!)
      — to sit down

   ни́где
      — there's nowhere, there's no place

Не́где бы́ло се́сть.
— There was no place to sit down.

   сто́лько (*plus* gen)
      — so many, so much

Сто́лько наро́ду, что не́где бы́ло се́сть.
— It was so crowded there was no place to sit down.

   помы́ться, помо́ются (pfv I)
      — to wash up, wash oneself

Но́ я́ всё-таки хорошо́ помы́лся.
— But anyway, I had myself a good wash.

А вы́ ка́к?
— How about you?

Да не о́чень.
— Well, not really.

   ду́ш
      — shower

   прохла́дный
      — cool

Я́ люблю́ постоя́ть под прохла́дным ду́шем.
— I love to stand under a cool shower.

   по́сле того́ как
      — after (conj)

Я́ люблю́ постоя́ть под прохла́дным ду́шем, по́сле того́ как помо́юсь.
— I love to stand under a cool shower after I've washed myself.

   испо́ртиться (pfv II)
      — to go out of order, be broken, become spoiled (*or* damaged)

   душева́я
      — shower room

В душево́й испо́ртились ду́ши, а я́ та́к люблю́ постоя́ть под прохла́дным ду́шем, по́сле того́ как помо́юсь.
— The showers were broken in the shower room, and I do so love to stand under a cool shower after I've washed myself.

   со́к
      — juice

   тома́тный
      — tomato

Кто́ из ва́с хо́чет тома́тного со́ка?
— Who wants tomato juice?

   то́ же са́мое
      — the same thing

   со́к и со́к
      — juice and more juice

Я́ не́т.
— Not I.

Всегда́ то́ же са́мое — со́к и со́к.
— It's always the same thing—juice and more juice.

Почему́ зде́сь не продаётся пи́во?
— Why don't they sell beer here?

с каки́х по́р

С каки́х по́р ты́ на́чал пи́ть пи́во?

Во́т но́вость! С каки́х э́то по́р ты́ на́чал пи́ть пи́во?

ро́т, рта́; рты́, рто́в
ни ра́зу

Ты́ его́ ни ра́зу ещё в ро́т не бра́л.

призна́ться, –а́ются (pfv I)

Призна́йся, ты́ ведь его́ ни ра́зу ещё в ро́т не бра́л.

взро́слый
вы́глядеть, –ят (II)

Оста́вь его́! На́ш Пе́тя хо́чет вы́глядеть совсе́м уже́ взро́слым.

А ка́к ты́, Та́ня, насчёт со́ка?

Да́, пожа́луйста.

тяну́чка
люби́мый

Купи́ мои́х люби́мых тяну́чек, хорошо́?

Хорошо́.

гря́зный
гря́зное бельё

Пе́тя, а где́ твоё гря́зное бельё?

раздева́лка

Я́ забы́л бельё в раздева́лке.

побежа́ть (II) (*like* бежа́ть)

Сейча́с побегу́ принесу́.

гро́м

Поторопи́сь. Уже́ слы́шишь? Гро́м.

с мину́ты на мину́ту
поли́ть, полью́т (pfv I)

С мину́ты на мину́ту польёт до́ждь.

SUPPLEMENT

сто́лько... ско́лько

Я́ возьму́ сто́лько биле́тов, ско́лько вы́ захоти́те.

не ра́з

Я́ ему́ не ра́з э́то говори́л.

мы́ть, мо́ют (I)

Я́ мо́ю стака́ны.

помы́ть, помо́ют (pfv I)

Ты́ помы́л ру́ки?

since when, how long

Since when have you started drinking beer?

That's something new! Since just when have you started drinking beer?

mouth
not once, never

You've never even once tasted it.

to admit, confess

Admit it, you've never even once tasted it.

grown-up; adult
to appear, look

Leave him alone! Our Petya already wants to appear quite grown-up.

But how about some juice for you, Tanya?

Yes, please.

caramel, toffee
favorite; beloved

Buy some of my favorite caramels, will you?

O.K.

dirty; muddy
wash, things to be washed

Petya, where are your things to be washed?

dressing room

I left the wash in the dressing room.

to run

I'll run and get it.

thunder

Hurry. You hear that? [It's] thunder.

any minute now
to begin to pour, come pouring down; to water

Any minute now the rain will come pouring down.

as much . . . as, as many . . . as, so much . . . as

I'll get as many tickets as you wish.

more than once

I've told him that more than once.
to wash

I'm washing the glasses.
to wash

Did you wash your hands?

мы́ться, мо́ются (I)	to wash (oneself)
Мы́ мы́лись в ба́не ка́ждую суббо́ту.	We washed (ourselves) at the bathhouse every Saturday.
полива́ть, –а́ют (I)	to pour (on); to water
Они́ забо́тятся о траве́ и ча́сто её полива́ют.	They take such care of their grass and water it often.
помидо́р	tomato
Здесь хорошо́ расту́т помидо́ры.	Tomatoes grow well here.
тома́т	tomato, tomato paste (*or* sauce)
Вы́ лю́бите ры́бу в тома́те?	Do you like fish in tomato sauce?
конфе́та	candy (piece of)
Ма́льчик съе́л всё конфе́ты.	The boy ate all the candies.
Оста́лась то́лько одна́ конфе́та.	Only one piece of candy is (*or* was) left.
фрукто́вый	fruit
По утра́м я́ привы́к пи́ть фрукто́вый со́к.	I'm used to drinking fruit juice in the morning.
фру́кт (used largely in pl)	fruit
Здесь продаю́тся све́жие фру́кты.	Fresh fruit is sold here.
апельси́н	orange
В Москве́ почти́ невозмо́жно бы́ло доста́ть апельси́ны.	It was almost impossible to get oranges in Moscow.
апельси́новый со́к	orange juice
В СССР не пью́т апельси́нового со́ка.	They don't drink orange juice in the U.S.S.R.
ора́нжевый (цве́т)	orange (color)
Не́бо бы́ло ора́нжевого цве́та.	The sky was an orange color.
шокола́д	chocolate
Шокола́д бы́л о́чень дорого́й.	The chocolate was very expensive.
ва́нна	bathtub, bath
В ва́нной стоя́ла больша́я ва́нна.	There was a large tub in the bathroom.
принима́ть (*or* приня́ть) ва́нну (*or* ду́ш)	to take a bath (*or* shower)
Как то́лько она́ вста́ла, она́ приняла́ ду́ш.	As soon as she got up, she took a shower.
Ка́ждый ве́чер о́н принима́л горя́чую ва́нну.	Every evening he took a hot bath.
сади́ться (*or* се́сть) на авто́бус	to take (*or* catch) a bus
Е́сли пойдёт до́ждь, мы́ ся́дем на авто́бус.	If it rains we'll take a bus.
Я́ всегда́ сажу́сь на авто́бус на э́том углу́.	I always catch a bus on this corner.
сади́ться (*or* се́сть) в авто́бус	to get on (*or* board) a bus
О́н се́л не в то́т авто́бус.	He got on the wrong bus.
Милиционе́р стоя́л и смотре́л, как лю́ди сади́лись в авто́бус.	The policeman stood and watched people getting on the bus.

По́сле ба́ни

М. — Ма́ть   П. — Пе́тя   Т. — Та́ня

П.   1 Во́т и я́. Сто́лько наро́ду, что не́где бы́ло се́сть. Но я́ всё-таки хорошо́ помы́лся.[1] А вы́ ка́к?

Т.   2 Да не о́чень: в душево́й испо́ртились ду́ши, а я́ та́к люблю́ постоя́ть под прохла́дным ду́шем, по́сле того́ как помо́юсь.

М. 3 Кто́ из ва́с хо́чет тома́тного со́ка?[2]

П. 4 Я́ не́т. Всегда́ то́ же са́мое — со́к и со́к. Почему́ здесь не продаётся пи́во?

Т. 5 Во́т но́вость! С каки́х э́то по́р ты́ на́чал пи́ть пи́во? Призна́йся, ты́ ведь его́ ни ра́зу ещё в ро́т не бра́л.

М. 6 Оста́вь его́! На́ш Пе́тя хо́чет вы́глядеть совсе́м уже́ взро́слым. А ка́к ты́, Та́ня, насчёт со́ка?

Т. 7 Да́, пожа́луйста. И купи́ мои́х люби́мых тяну́чек, хорошо́?

М. 8 Хорошо́. Пе́тя, а где́ твоё гря́зное бельё?

П. 9 Забы́л в раздева́лке! Сейча́с побегу́ принесу́.

М. 10 Поторопи́сь. Уже́ слы́шишь? Гро́м! С мину́ты на мину́ту польёт до́ждь.

NOTES

[1] Compare the verbs **купа́ться** (pfv **вы́купаться**) and **мы́ться** (pfv **помы́ться**). Both can mean *to bathe*, but **мы́ться** (**помы́ться**) has the basic meaning *to wash oneself* and, unlike **купа́ться** (**вы́купаться**), does not necessarily involve complete immersion in water. The latter verb also describes the activity of bathing for pleasure, such as swimming.

Ста́нь под ду́ш и помо́йся.	Step into the shower and wash yourself.
Она́ мо́ется в ва́нне (*or* Она́ купа́ется в ва́нне).	She's taking a bath.
Помо́йся под умыва́льником.	Wash yourself at the washstand.
Мы́ ча́сто купа́емся в э́том о́зере.	We often swim (*or* bathe) in this lake.

[2] As a rule Russians drink fruit juices between meals rather than with their meals. Both *fruit juices* and *soft drinks* (generically called **лимона́д**) are sold on the street. Another popular drink is **ква́с**, which is made from fermented rye. It has a low alcohol content and may be bought from street venders by the glass or the bottle.

Basic sentence patterns

1. Куда́ вы́ положи́ли ска́терть?
— В буфе́т. Я́ всегда́ её туда́ кладу́.
Куда́ вы́ поста́вили па́лку?
— В у́гол. Я́ всегда́ её туда́ ста́влю.

Where did you put the tablecloth?
In the cupboard. I always put it there.
Where did you put (*lit.* stand) the stick?
In the corner. I always put it there.

2. Поста́вь на сто́л во́дку.
Положи́те на сто́л салфе́тки.
Поста́вьте маши́ну перед до́мом.
Положи́ па́пку в портфе́ль.
Поста́вь э́ту пласти́нку.
Не клади́ пласти́нку на́ пол.

Put (*or* set) the vodka on the table.
Put (*or* set) the napkins on the table.
Put (*or* park) the car in front of the house.
Put the folder in the briefcase.
Play this record *or* Put this record on.
Don't put (*or* place) the record on the floor.

3. Мы́ спроси́ли, куда́ на́м се́сть.
На́м сказа́ли се́сть на́ пол.
На́м сказа́ли: «Ся́дьте на́ пол!»
На́м сказа́ли, чтобы мы́ се́ли на́ пол.

We asked where we should sit down.
They told us to sit down on the floor.
They told us, "Sit down on the floor!"
They told us we should sit down on the floor.

4. Мы́ спроси́ли, куда́ на́м ле́чь.
   На́м сказа́ли ле́чь на́ пол.
   На́м сказа́ли: «Ля́гте на́ пол!»
   На́м сказа́ли, что́бы мы́ легли́ на́ пол.

   We asked where we could lie down.
   They told us to lie down on the floor.
   They told us, "Lie down on the floor!"
   They told us we should lie down on the floor.

5. На́м сказа́ли ста́ть сюда́.
   На́м сказа́ли: «Ста́ньте сюда́!»
   На́м сказа́ли, что́бы мы́ ста́ли сюда́.

   They told us to stand here.
   They told us, "Stand here!"
   They told us we were to stand here.

6. Во́т мы́ло и полоте́нце.
   Пойди́ помо́йся в ва́нне.
   Пойди́ помо́йся в ба́не.
   Пойди́ помо́йся под ду́шем.
   Пойди́ помо́й ру́ки под умыва́льником.

   Here's soap and a towel.
   Go bathe in the tub.
   Go take a bath at the bathhouse.
   Go take a shower.
   Go wash your hands at the washstand.

7. Не лежи́ на крова́ти!
   Не ложи́сь на крова́ть!
   Не сиди́ на крова́ти!
   Не сади́сь на крова́ть!
   Не сто́й на крова́ти!
   Не станови́сь на крова́ть!

   Don't lie on the bed!
   Don't lie down on the bed!
   Don't sit on the bed!
   Don't sit down on the bed!
   Don't stand on the bed!
   Don't step on the bed!

8. На вся́кий слу́чай, наде́ньте гало́ши!
   _____ пла́щ.
   _____ пиджа́к.

   Put on your rubbers, just in case.
   _____ raincoat _____.
   _____ jacket _____.

9. Сними́ гало́ши в коридо́ре.
   Оста́вь гало́ши в коридо́ре.
   _____ зо́нтик _____.

   Take off your rubbers in the hall.
   Leave your rubbers in the hall.
   _____ umbrella _____.

10. Я́ говорю́ то́лько о себе́.
    Мы́ говори́м _____.
    Вы́ говори́те _____.

    I'm speaking only about myself.
    We're speaking _____ ourselves.
    You're speaking _____ yourself.

11. О́н дово́лен собо́й.
    Она́ дово́льна ___.
    Они́ дово́льны ___.

    He's pleased with himself.
    She's _____ herself.
    They're _____ themselves.

12. Она́ пошла́ к себе́ в ко́мнату.
    Она́ сиди́т у себя́ в ко́мнате.
    О́н пошёл к себе́ в бюро́.
    О́н сиди́т у себя́ в бюро́.
    Они́ пошли́ к себе́ наве́рх.
    Они́ сидя́т у себя́ наверху́.

    She went to her room.
    She's sitting in her room.
    He went to his office.
    He's sitting in his office.
    They've gone upstairs to their room.
    They're sitting in their room upstairs.

13. Ка́к о́н тепе́рь вы́глядит?
    — О́н вы́глядит вполне́ здоро́вым.
    Ка́к о́н вы́глядит?
    — О́н похо́ж на яку́та.
    — О́н вы́глядит, как иностра́нец.

    How does he look now?
    He looks completely well.
    What does he look like?
    He looks like a Yakut.
    He looks like a foreigner.

14. Я́ об э́том не забо́чусь.
    Я́ са́м об э́том позабо́чусь.
    Мы́ об э́том не забо́тимся.
    Мы́ са́ми об э́том позабо́тимся.
    О́н об э́том не забо́тится.
    О́н са́м об э́том позабо́тится.

    I'm not concerned about it.
    I'll take care of it myself.
    We're not concerned about it.
    We'll take care of it ourselves.
    He's not concerned about it.
    He'll take care of it himself.

15. Слишком мало людей об этом знает.   Too few people know about this.
    Так ———————————————.   So ————————————————.
    Довольно ————————————.   Rather —————————————.
    Очень ——————————————.   Very ——————————————.
    Очень немногие (люди) об этом знают.   Very ——————————————.
    Только —————————————.   Only a ————————————.

16. Столько людей об этом слышало!   So many people have heard about it!
    Многие уже об этом слышали.   Many (people) —————————.
    Сколько людей об этом слышало?   How many people —————?

17. Сколько стаканов сока ты выпил?   How many glasses of juice did you drink?
    — Ни одного.   Not a (single) one.
    — Много.   Lots.
    — Несколько.   Several.
    — Столько, сколько и ты.   As many as you.

18. Скольким людям вы об этом сообщили?   How many people have you informed of this?
    — Нескольким.   Several.
    — Немногим.   A few.
    — Многим.   A lot.
    — Стольким, что я уже не помню.   So many I don't remember any more.
    — Я уже не помню скольким.   I no longer remember how many.

Pronunciation practice: clusters of three consonants with в as the initial consonant

A. Clusters in which initial в is pronounced voiced.

1. **вдр** pronounced [vdr] or [vdr̩]

   [vdrák̦i] в драке
   in a fight
   [vdr̩éb̦izgi] вдребезги
   into pieces

   [vdrugój rás] в другой раз
   next time

2. **взр** pronounced [vzr] or [vzr̩]

   [vzríf] взрыв
   explosion
   [vzróslij] взрослый
   adult

   [vzr̩iγét] взреветь
   to roar

3. **взл** pronounced [vzl] or [vzl̩]

   [vzlóm] взлом
   breaking into
   [vzl̩ót] взлёт
   take-off

   [vzl̩izáț] взлезать
   to climb

4. **взм** pronounced [vzm] or [vzm̩]

   [vzman̦íț] взманить
   to lure
   [vzm̩itnúț] взметнуть
   to throw

   [vzmór̦jə] взморье
   seashore

5. **взн** pronounced [vzn] or [vzn̥]

[vzn̥iṣt̬í] взнестú
  to raise
[vznaṣítcə] взносúться
  to rise

[vznós] взнóс
  payment

6. **вгн** pronounced [vgn] or [vgn̥]

[vgn̥ilóm] в гнилóм
  in rotten
[vgn̥ót̬i] в гнёте
  in oppression

[vgn̥izd̬é] в гнездé
  in the nest

B. Clusters in which initial **в** is pronounced voiceless.

1. **вкн** pronounced [fkn] or [fkn̥]

[fkn̥ígi] в кнúге
  in the book
[fknópkax] в кнóпках
  in buttons

[fknut̬é] в кнутé
  in the whip

2. **всл** pronounced [fsl] or [fsl̥]

[fsl̥ét] вслéд
  after
[fslóɣi] в слóве
  in the word

[fslúx] вслýх
  aloud

3. **всм** pronounced [fsm] or [fsm̥]

[fsm̥it̬án̥i] в сметáне
  in sour cream
[fsmát̬rivətcə] всмáтриваться
  to look closely

[fsm̥átku] всмя́тку
  soft-boiled

4. **всн** pronounced [fsn] or [fsn̥]

[fsn̥igú] в снегý
  in snow
[fsn̥ímk̬i] в снúмке
  in a snapshot

[fsnóp] в снóп
  into a sheaf

5. **вср** pronounced [fsr] or [fsr̥]

[fsr̥íɣi] в сры́ве
  in breaking
[fsrók] в срóк
  in time

[fsr̥édu] в срéду
  on Wednesday

6. **втр** pronounced [ftr] or [ftr̥]

[ftrójə] втрóе
  three times
[ftr̥í] в трú
  at three

[ftraɣé] в травé
  in the grass

7. **вхл** pronounced [fxl] or [fxl̥]

[fxl̥ép] в хлéб
  into the bread
[fxlám̬i] в хлáме
  amidst rubbish

[fxl̥éɣi] в хлéве
  in the cowbarn

STRUCTURE AND DRILLS

Verbs of *putting*: кла́сть (perfective положи́ть) versus ста́вить (perfective поста́вить)

MODELS

Куда́ вы́ положи́ли ска́терть?	Where did you put the tablecloth?
— На сто́л.	On the table.
–– На по́лку.	On the shelf.
— В я́щик.	In the drawer.
— В шка́ф.	In the cupboard.
Куда́ она́ кладёт ста́рые газе́ты?	Where does she put old newspapers?
— В у́гол.	In the corner.
— В э́ту коро́бку.	In this box.
·— На́ пол.	On the floor.
— На по́лку.	On the shelf.
Куда́ ты́ поста́вил мо́й стака́н?	Where did you put my glass?
— В шка́ф.	In the cupboard.
— На сту́л.	On the chair.
— На сто́л.	On the table.
— На окно́.	On the window.
Куда́ ты́ ста́вишь чемода́н?	Where are you putting the suitcase?
— На́ пол.	On the floor.
— На сту́л.	On the chair.
— В бага́жник.	In the trunk (*or* baggage compartment).
— В маши́ну.	In the car.

■ **REPETITION DRILL**

Repeat the given models, noting that these verbs, like the verbs of motion, are used in conjunction with **куда́** and the accusative. Note also that Russian makes a distinction between putting in an upright or standing position (**ста́вить, поста́вить**) and putting in a flat position (**кла́сть, положи́ть**).

■ **TRANSFORMATION DRILLS**

1. *I always used to put lemon in my tea.*
   I always put lemon in my tea.
   Я́ всегда́ кла́л в ча́й лимо́н.
   Я́ всегда́ кладу́ в ча́й лимо́н.
   Мы́ всегда́ кла́ли в ча́й лимо́н.
   Мы́ всегда́ кладём в ча́й лимо́н.
      (ты, она, вы, они, он, я, мы)

2. *We put butter on the noodles.*
   We'll put butter on the noodles.
   Мы́ положи́ли в лапшу́ ма́сло.
   Мы́ поло́жим в лапшу́ ма́сло.
   Она́ положи́ла в лапшу́ ма́сло.
   Она́ поло́жит в лапшу́ ма́сло.
      (я, они, ты, он, мы, она, вы)

■ **RESPONSE DRILLS**

1. *There's some sort of a cup (standing) here.*
   I'm the one who put it there.
   Зде́сь стои́т кака́я-то ча́шка.
   Э́то я́ её туда́ поста́вил.
   Зде́сь лежи́т кака́я-то ло́жка.
   Э́то я́ её туда́ положи́л.
      (газета, вода, платок, стакан, костюм, стул, ключ, шляпа)

2. *There always used to be napkins lying here.*
   My sister used to put them here.
   Зде́сь всегда́ лежа́ли салфе́тки.
   Сестра́ и́х сюда́ кла́ла.
   Зде́сь всегда́ стоя́ли стака́ны.
   Сестра́ и́х сюда́ ста́вила.
      (лежали книги, лежали перья, стояли чашки, лежали рецепты, лежали карандаши, стояли стулья, стояли вёдра, лежали булочки)

1. *What should I do with the glasses?*
   Put them in the cupboard.
   Что́ мне́ де́лать со стака́нами?
   Поста́вь и́х в шка́ф.
   Что́ мне́ де́лать с ша́пкой?
   Положи́ её в шка́ф.
   (чашками, бельём, мочалкой, вином,
   рубашками, юбкой, салфетками,
   молоком)

2. *Where's the milk?*
   I'm already putting the milk on the table.
   Где́ молоко́?
   Я́ уже́ ста́влю молоко́ на сто́л.
   Где́ хле́б?
   Я́ уже́ кладу́ хле́б на сто́л.
   (пиво, салфетки, борщ, скатерть, уха,
   ложки, суп, ножи)

3. *Is it all right to put the suitcase here?*
   No, don't put it there.
   Мо́жно сюда́ поста́вить чемода́н?
   Не́т, не ста́вьте его́ туда́.
   Мо́жно сюда́ положи́ть бума́ги?
   Не́т, не клади́те и́х туда́.
   (поставить машину, положить папку,
   поставить проигрыватель, положить
   булочки, положить ключ, поставить
   коробку)

DISCUSSION

Although the distinction is made in Russian between **ста́вить, поста́вить** and **кла́сть, положи́ть,** there are some exceptions. The verbal pair **ста́вить, поста́вить** is used not only for glasses and cups, but for all dishes, including plates. Notice also the somewhat contradictory idiom, **ста́вить пласти́нки** *to play* (or *put on*) *records.*

Verbs of *sitting, lying,* and *standing*:
сади́ться (perfective се́сть) versus сиде́ть (perfective посиде́ть), ложи́ться (perfective ле́чь) versus лежа́ть (perfective полежа́ть), станови́ться (perfective ста́ть) versus стоя́ть (perfective постоя́ть)

MODELS

Не сади́сь на э́тот сту́л!	Don't sit down in that chair!
Я́ сюда́ ся́ду, на э́тот сту́л.	I'll sit down here, in this chair.
Почему́ ты́ сиди́шь на э́том сту́ле?	Why are you sitting in this chair?
Я́ посижу́ здесь ещё мину́тку.	I'll sit here a minute longer.
Не ложи́тесь на зе́млю.	Don't lie down on the ground.
Дава́йте ля́жем на траву́.	Let's lie down on the grass.
Что́ э́то лежи́т во́н та́м на траве́?	What's that lying on the grass over there?
Положи́ во́т здесь на крова́ти, тебе́ на́до немно́го отдохну́ть.	Lie on the bed here awhile; you need to rest a bit.
Не станови́тесь в э́ту о́чередь!	Don't get in (*or* step into) that line.
Ста́ньте лу́чше во́н в ту́ о́чередь.	Get in that line over there instead.
Ты́ до́лго стоя́ла в о́череди?	Did you stand in line long?
Не́т, я́ постоя́ла в о́череди всего́ пя́ть мину́т.	No, I stood in line only five minutes.

Куда́ ему́ ле́чь?	Where should he lie down?
_____ се́сть?	_____ sit down?
_____ ста́ть?	_____ stand?
Куда́ ты́ ля́жешь?	Where are you going to lie down?
_____ ся́дешь?	_____ to sit down?
_____ ста́нешь?	_____ to stand?
Сто́й здесь, у окна́!	Stand here by the window!
Ста́нь сюда́, бли́же к окну́!	Step over here closer to the window!
Лежи́ ту́т, у стены́!	Lie here by the wall!
Ля́г сюда́, бли́же к стене́!	Lie down here closer to the wall!
Сиди́ здесь, у стола́!	Sit here at the table!
Ся́дь сюда́, к столу́!	Sit down here at the table!

■ REPETITION DRILL

Repeat the given models, noting that the directional verbs **ложи́ться (ле́чь)**, **сади́ться (се́сть)**, and **станови́ться (ста́ть)** are normally used in conjunction with **куда́** and the accusative, while their locational counterparts, **лежа́ть (полежа́ть)**, **сиде́ть (посиде́ть)**, and **стоя́ть (постоя́ть)**, are used in conjunction with **где́** and the prepositional.

■ STRUCTURE REPLACEMENT DRILLS

1. _Where does he usually sit?_
   Where does he usually sit down?
   Где́ о́н обы́чно сиди́т?
   Куда́ о́н обы́чно сади́тся?
   Где́ ты́ обы́чно сиди́шь?
   Куда́ ты́ обы́чно сади́шься?
   (вы, она, они, ты, он)

2. _Why is he lying in bed?_
   Why is he getting into bed?
   Почему́ о́н лежи́т в крова́ти?
   Почему́ о́н ложи́тся в крова́ть?
   Почему́ они́ лежа́т в крова́ти?
   Почему́ они́ ложа́тся в крова́ть?
   (ты, вы, она, они, он)

■ EXPANSION DRILLS

1. _When will you rest?_
   When will you sit down and rest?
   Когда́ ты́ отдохнёшь?
   Когда́ ты́ ся́дешь и отдохнёшь?
   Когда́ вы́ отдохнёте?
   Когда́ вы́ ся́дете и отдохнёте?
   (ваша мать, они, мы, он, я, ты, она, вы)

2. _I'll take a little nap._
   I'll lie down and take a little nap.
   Я́ немно́го посплю́.
   Я́ ля́гу и немно́го посплю́.
   О́н немно́го поспи́т.
   О́н ля́жет и немно́го поспи́т.
   (мы, вы, она, ты, они, отец, я, бабушка)

■ STRUCTURE REPLACEMENT DRILLS

1. _I'll sit down at this table._
   I'm sitting down at this table.
   Я́ ся́ду за э́тот сто́л.
   Я́ сажу́сь за э́тот сто́л.
   Мы́ ся́дем за э́тот сто́л.
   Мы́ сади́мся за э́тот сто́л.
   (вы, подруги, ты, регистратор, она, студенты, я)

2. _In winter I usually went to bed early._
   I went to bed early yesterday.
   Зимо́й я́ обы́чно ра́но ложи́лся спа́ть.
   Вчера́ я́ ра́но лёг спа́ть.
   Зимо́й мы́ обы́чно ра́но ложи́лись спа́ть.
   Вчера́ мы́ ра́но легли́ спа́ть.
   (она, он, вы, мать, дети)

3. *I'll take this bus.*
   I just got on the bus.
   Я ся́ду на э́тот авто́бус.
   Я то́лько что сёл в авто́бус.
   Она́ ся́дет на авто́бус.
   Она́ то́лько что се́ла в авто́бус.
   (мы, он, они́, вы, она́)

4. *I got* (or *stepped*) *into line.*
   I'm getting in line.
   Я ста́л в о́чередь.
   Я становлю́сь в о́чередь.
   Ты ста́ла в о́чередь.
   Ты стано́вишься в о́чередь.
   (мы, она́, они́, вы, он, горничная)

DISCUSSION

The directional verbs **ложи́ться (ле́чь)**, **сади́ться (се́сть)**, and **станови́ться (ста́ть)** are ordinarily used in conjunction with **куда́** *where to* and always involve a change in position. They contrast with the locational verbs **лежа́ть (полежа́ть)**, **сиде́ть (посиде́ть)**, and **стоя́ть (постоя́ть)**, which are used in conjunction with **где́** *where* and do *not* involve a change in position.

Note that some of these verbs are used in special expressions:

ложи́ться (ле́чь) спа́ть	to go to bed (retire)
сади́ться (се́сть) на авто́бус	to take a bus
сади́ться (се́сть) в авто́бус	to get on the bus
сади́ться (се́сть) на (*or* в) по́езд	to take a train, board a train
сади́ться (се́сть) в маши́ну	to get in the car
сади́ться (се́сть) за рабо́ту	to settle down to work, sit down and start working
сиде́ть до́ма	to stay home

Demonstrative pronouns э́тот and то́т; special expressions using то́т

	Declension of the demonstrative pronouns э́тот and то́т			
	Masculine	*Neuter*	*Feminine*	*Plural*
NOM	э́тот то́т	э́то то́	э́та та́	э́ти те́
ACC	(*like* nom *or* gen)	э́то то́	э́ту ту́	(*like* nom *or* gen)
GEN	э́того того́			э́тих те́х
PREP	(об) э́том (о) то́м		э́той той	
DAT	э́тому тому́			э́тим те́м
INSTR	э́тим те́м			э́тими те́ми

Of the two demonstratives, **э́тот** is much more widely used and embraces the notions *this* and *that*. **То́т**, in addition to meaning *that* (remote), is also used to emphasize the contrast with **э́тот**, or in special expressions, for example:

и то́т и друго́й	both (of them)
ни то́т, ни друго́й	neither (of them)

не то́т	the wrong (one)
с те́х по́р	since then, since that time
то́т же са́мый	the same, the very same
оди́н и то́т же	one and the same, the very same

MODELS

Э́ти часы́ доро́же те́х.	This watch is more expensive than that.
Э́то пальто́ коро́че того́.	This coat is shorter than that.
Э́та го́рничная симпати́чнее то́й.	This maid is nicer than that.
Э́тот пиро́г вкусне́е того́.	This pirog is tastier than that.
Ты́ взя́л не ту́ ска́терть.	You took the wrong tablecloth.
—————— не то́т пла́щ.	—————————— raincoat.
—————— не те́ ша́хматы.	—————————— chess set.
—————— не ту́ моча́лку.	—————————— sponge.
—————— не то́ мы́ло.	—————————— soap.
—————— не те́ конфе́ты.	—————————— candy.
Каку́ю шля́пу вы́ берёте, э́ту и́ли ту́?	Which hat are you taking, this one or that?
— Ни ту́, ни другу́ю.	Neither one.
— И ту́ и другу́ю.	Both.
Он говори́л с те́м же са́мым челове́ком.	He talked to the same man.
—————— с то́й же са́мой же́нщиной.	———— to the same woman.
—————— с те́ми же са́мыми людьми́.	———— to the same people.
Я́ её ви́жу всегда́ в одно́м и то́м же пла́тье.	I always see her in the same dress.
—————————— в одно́й и то́й же шля́пе.	—————— in the same hat.
—————————— в одно́м и то́м же костю́ме.	—————— in the same suit.
У ва́с но́вая ска́терть?	Is that a new tablecloth you have?
— Не́т, та́ же са́мая.	No, [it's] the same one.
У ва́с но́вые часы́?	Is that a new watch you have?
— Не́т, те́ же са́мые.	No, [it's] the same one.
У ва́с но́вое пальто́?	Is that a new coat you have?
— Не́т, то́ же са́мое.	No, [it's] the same one.
У ва́с но́вый зо́нтик?	Is that a new umbrella you have?
— Не́т, то́т же са́мый.	No, [it's] the same one.

■ REPETITION DRILL

Repeat the given models illustrating the usage of э́тот and то́т. Notice particularly the special expressions using the various forms of то́т.

■ RESPONSE DRILLS

1. *This grill isn't bad.*
   Yes, but that one is much better.
   Э́та заку́сочная неплоха́я.
   Да́, но та́ гора́здо лу́чше.
   Э́то кафе́ неплохо́е.
   Да́, но то́ гора́здо лу́чше.
   (буфет, столовая, велосипеды, плащ, швейная машина, нитки, дорога, сад)

2. *I can't decide which raincoat I should take.*
   Take that black one over there.
   Я́ не могу́ реши́ть, како́й мне́ взя́ть пла́щ.
   Возьми́ во́н то́т чёрный.
   Я́ не могу́ реши́ть, каку́ю мне́ взя́ть ю́бку.
   Возьми́ во́н ту́ чёрную.
   (платье, платки, шляпу, пальто, костюм, зонтик, сумочку)

1. *Which hat are you taking, this one or that?*
   Both of them.
   Какую шля́пу вы́ берёте, э́ту и́ли ту́?
   И ту́ и другу́ю.
   Какой слова́рь вы́ берёте, э́тот и́ли то́т?
   И то́т и друго́й.
       (перо, костюмы, журнал, радио,
       книги, колбасу, плащ)

2. *Which record did he like, this one or that?*
   Neither one.
   Кака́я пласти́нка ему́ понра́вилась, э́та
   и́ли та́?
   Ни та́, ни друга́я.
   Како́е пи́во ему́ понра́вилось, э́то и́ли
   то́?
   Ни то́, ни друго́е.
       (конфеты, портфель, часы, мыло, чай,
       булочки, рыба)

■ STRUCTURE REPLACEMENT DRILLS

1. *These are not our seats.*
   We took the wrong seats.
   Э́то не на́ши места́.
   Мы́ се́ли не на те́ места́.
   Э́то не на́ш авто́бус.
   Мы́ се́ли не в то́т авто́бус.
       (поезд, стулья, вагон, машина,
       самолёт, места)

2. *You gave a different address.*
   You gave me the wrong address.
   Вы́ мне́ да́ли друго́й а́дрес.
   Вы́ мне́ да́ли не то́т а́дрес.
   Вы́ мне́ да́ли другу́ю квита́нцию.
   Вы́ мне́ да́ли не ту́ квита́нцию.
       (бумаги, кошелёк, номер, счёт,
       посылку, плащ, талоны)

DISCUSSION

The Russian demonstrative pronouns э́тот and то́т do not correspond accurately to English *this* and *that*. English *this* usually refers to something close to the speaker, while Russian э́тот indicates that which is both close and intermediate in distance. English *that* is much more general than English *this* and is used to define anything beyond what is immediately near the speaker. Russian то́т, on the other hand, is very specific in its usage; it refers to that which is rather far removed or remote and is frequently used together with во́н *over there, yonder*.

The pronoun са́м

	SINGULAR			PLURAL
	Masculine	*Neuter*	*Feminine*	
NOM	са́м	само́	сама́	са́ми
ACC	(*like* nom *or* gen)	само́	саму́[1]	(*like* nom *or* gen)
GEN	самого́		само́й	сами́х
PREP	само́м			
DAT	самому́			сами́м
INSTR	сами́м			сами́ми

---

[1] An alternate feminine accusative form, само́ё, also exists as a literary variant of саму́.

MODELS

Са́м дире́ктор э́то сказа́л.	The director himself said it.
Сама́ Ни́на Петро́вна э́то сказа́ла.	Nina Petrovna herself said it.
Я́ са́м э́то сде́лаю.	I'll do it myself.
Она́ сама́ э́то сде́лает.	She'll do it herself.
Скажи́те э́то самому́ дире́ктору.	Tell it to the director himself.
Скажи́те э́то ему́ самому́.	Tell it to him personally.
Мы́ ви́дели самого́ космона́вта.	We saw the cosmonaut himself.
Мы́ ви́дели его́ самого́.	We saw him in person.
Спроси́ саму́ певи́цу.	Ask the singer herself.
Спроси́ её саму́.	Ask her in person.
Ему́ самому́ э́то не нра́вится.	He himself doesn't like it.
Е́й само́й —————————.	She herself —————————.
И́м сами́м —————————.	They themselves ————.
Они́ са́ми ва́м э́то ска́жут.	They themselves will tell you that.

■ REPETITION DRILL

Repeat the given models, noticing the usage of the pronoun са́м.

■ EXPANSION DRILLS

1. *She doesn't have any money.*
   She herself doesn't have any money.
   У неё не́т де́нег.
   У неё само́й не́т де́нег.
   У него́ не́т де́нег.
   У него́ самого́ не́т де́нег.
   (них, меня, нас, неё, вас, Олега, Маши)

2. *They're expecting the director.*
   They're expecting the director himself.
   Они́ ожида́ют дире́ктора.
   Они́ ожида́ют самого́ дире́ктора.
   Они́ ожида́ют жену́ дире́ктора.
   Они́ ожида́ют саму́ жену́ дире́ктора.
   (специалистов, американку, ректора, певицу, профессоров, до́ктора, учительницу)

■ QUESTION-ANSWER DRILLS

1. *Have you talked with Zina?*
   No, I haven't talked with her personally.
   Ты́ поговори́л с Зи́ной?
   Не́т, с не́й само́й я́ не говори́л.
   Ты́ поговори́л с космона́втом?
   Не́т, с ни́м сами́м я́ не говори́л.
   (специалистами, профессором Курочкиным, певицей Орловой, её родственниками, её отцом, её родителями)

2. *Did it happen near Moscow?*
   No, in Moscow itself.
   Э́то случи́лось во́зле Москвы́?
   Не́т, в само́й Москве́.
   Э́то случи́лось во́зле магази́на?
   Не́т, в само́м магази́не.
   (закусочной, Интуриста, общежития, села, школы)

■ RESPONSE DRILLS

1. *I'm tired myself.*
   I need to take a rest myself.
   Я́ са́м уста́л.
   Мне́ самому́ ну́жно отдохну́ть.
   Ты́ сама́ уста́ла.
   Тебе́ само́й ну́жно отдохну́ть.
   (мы, она, они, он, вы)

2. *I myself don't have the time.*
   I'm busy myself.
   У меня́ самого́ не́т вре́мени.
   Я́ са́м за́нят.
   У ни́х сами́х не́т вре́мени.
   Они́ са́ми за́няты.
   (у неё, у него, у нас, у меня, у неё, у вас)

The pronoun **сáм** ordinarily precedes the noun but follows the pronoun:

Сáм Хрущёв э́то сказáл.	Khrushchev himself said it.
Óн сáм э́то сказáл.	He himself said it.
Поговори́ с самóй Ни́ной.	Talk with Nina herself.
Поговори́ с нéй самóй.	Talk with her personally.

Do not confuse the pronoun **сáм** *oneself, in person* with **сáмый** *the most, the very*. Except for the two nominative forms, **сáм** and **сáми**, the pronoun **сáм** takes the stress on the endings: **самогó, самомý, самóй, сами́х**, and so forth. **Сáмый**, on the other hand, is declined like a regular hard-stem adjective and has a fixed stress on the stem throughout its declension: **сáмого, сáмому, сáмой, сáмых**, and so forth.

Note particularly that, like most pronouns, the final stem consonant of **сáм** is softened in the plural and the endings are spelled –и, –их, –им, and –ими: **сáми, сами́х, сами́м, сами́ми**.

The reflexive personal pronoun себя́

The reflexive personal pronoun **себя́** has no nominative form but is used in all the other cases. It derives its meaning from the subject to which it refers. The forms are:

ACC-GEN	PREP-DAT	INSTR
себя́	себé	собóй (собóю)[1]

MODELS

Кáк ты́ себя́ чýвствуешь?	How do you feel?
Кáк вы́ себя́ чýвствуете?	How do you feel?
— Я́ себя́ хорошó чýвствую.	I feel fine.
Они́ кýпят себé маши́ну.	They'll buy themselves a car.
Я́ куплю́ _____.	I'll buy myself a car.
Мы́ кýпим _____.	We'll buy ourselves a car.
Возьми́те с собóй докумéнты.	Take your documents with you.
Мы́ взя́ли с собóй докумéнты.	We took along our documents.
Óн живёт тóлько для себя́.	He lives for himself alone.
Онá живёт _____.	She lives for herself alone.
Ты́ живёшь _____.	You live for yourself alone.
Óн чýть не сломáл себé нóгу.	He almost broke his leg.
Я́ _____.	I almost broke my leg.
Ты́ _____.	You almost broke your leg.
Онá пошлá к себé в кóмнату.	She went to her room.
Óн пошёл _____.	He went to his _____.
Они́ пошли́ _____.	They went to their __.
Дирéктор у себя́?	Is the director in?
Они́ пригласи́ли нáс к себé.	They invited us to their place.

---

[1] The alternate instrumental form **собóю** is generally encountered in literary works.

Repeat the given models illustrating the usage of **себя**. Note that **у себя** often corresponds to the English *in*, **с собóй** to the English *along*, and **себé** is sometimes used in Russian where English uses a possessive pronoun.

■ STRUCTURE REPLACEMENT DRILLS

1. *He's pleased with the job.*
   He's pleased with himself.
   Óн довóлен рабóтой.
   Óн довóлен собóй.
   Онá довóльна рабóтой.
   Онá довóльна собóй.
   (вы, они, ты, он, мы, я)

2. *They aren't concerned about anything.*
   They aren't concerned about themselves.
   Онú ни о чём не забóтятся.
   Онú не забóтятся о себé.
   Я́ ни о чём не забóчусь.
   Я́ не забóчусь о себé.
   (мы, она, вы, он, ты, они, я)

■ RESPONSE DRILLS

1. *I got ready in five minutes.*
   I'm amazed at myself.
   Я́ собрáлся за пя́ть минýт.
   Я́ сáм себé удивля́юсь.
   Мы́ собралúсь за пя́ть минýт.
   Мы́ сáми себé удивля́емся.
   (он, они, я, она, мы)

2. *I'll pour you some tea.*
   Never mind, we'll pour our own.
   Я́ налью́ вáм чáю.
   Ничегó, мы́ сáми себé нальём.
   Я́ налью́ тебé чáю.
   Ничегó, я́ самá себé налью́.
   (им, тебе, ему, вам, ей, им)

■ QUESTION-ANSWER DRILLS

1. *Is she better?*
   Yes, she feels much better.
   Éй ужé лýчше?
   Дá, онá себя́ чýвствует горáздо лýчше.
   Тебé ужé лýчше?
   Дá, я́ себя́ чýвствую горáздо лýчше.
   (вам, им, ему, ей, тебе, им)

2. *You're not taking a raincoat?*
   No, I'll take along an umbrella.
   Ты́ не берёшь плащá?
   Нéт, я́ возьмý с собóй зóнтик.
   Онá не берёт плащá?
   Нéт, онá возьмёт с собóй зóнтик.
   (вы, он, ты, они, она, мы)

DISCUSSION

In addition to its function as the reflexive personal pronoun, **себя́** often combines with the emphatic pronoun **сáм** in special expressions:

Это **самó собóй**.	That goes without saying *or* That stands to reason.
Это кáк-то **самó собóй** вы́шло.	It somehow turned out that way (of itself).
Это **самó по себé**.	That's something else again.
Кáждый **сáм за себя́**.	Every man for himself.

Indefinite expressions of quantity: мнóго, немнóго, скóлько, нéсколько, and стóлько

The indefinite expressions of quantity previously encountered include the following: **мнóго** *much, many, lots;* **мáло** *little, few;* **немнóго** *a little;* **скóлько** *how much, how many;* **стóлько** *so much, so many;* **нéсколько** *several, a few;* and **стóлько... скóлько** *as much (or as many) . . . as.*

In the nominative and accusative, these indefinite expressions of quantity are accompanied by the genitive case (usually plural). When they are used as the subject of the clause, the verb is in the neuter singular. However, in the oblique cases (genitive, prepositional, dative, and instrumental), they are replaced by forms with the adjectival endings –их, –им, and –ими:[1]

NOM-ACC	мно́го	немно́го	ско́лько	не́сколько	сто́лько
GEN-PREP	мно́гих	немно́гих	ско́льких	не́скольких	сто́льких
DAT	мно́гим	немно́гим	ско́льким	не́скольким	сто́льким
INSTR	мно́гими	немно́гими	ско́лькими	не́сколькими	сто́лькими

MODELS

Ско́лько челове́к бы́ло на собра́нии?
How many people were at the meeting?
— Бы́ло всего́ не́сколько челове́к.
There were just a few people there.
— Бы́ло ма́ло люде́й.
There weren't many people there.
— Бы́ло сто́лько наро́ду!
There were so many people there!

Купи́ сто́лько ма́сла, ско́лько смо́жешь.
Buy as much butter as you can.
_____ са́хару _____.
_____ sugar _____.
_____ яйц _____.
— as many eggs _____.
_____ помидо́ров _____.
_____ tomatoes _____.

Со ско́лькими студе́нтами вы́ говори́ли?
How many students did you talk with?
— Я́ говори́л со мно́гими студе́нтами.
I talked with many students.
_____ с не́сколькими из ни́х.
_____ with several of them.
_____ с немно́гими из ни́х.
_____ with a few of them.
_____ со сто́лькими из ни́х!
_____ with so many of them!

■ REPETITION DRILL

Repeat the given models, noting that in the nominative and accusative cases the indefinite expressions of quantity are followed by the genitive case. In the oblique cases, however, the declined forms must be used. The exception is ма́ло, which is not used in the oblique cases.

■ STRUCTURE REPLACEMENT DRILLS

1. *Many stores were closed.*
   Lots of stores were closed.
   Мно́гие магази́ны бы́ли закры́ты.
   Мно́го магази́нов бы́ло закры́то.
   Мно́гие кино́ бы́ли закры́ты.
   Мно́го кино́ бы́ло закры́то.
   (бани, бюро, киоски, столовые, рестораны, кафе, закусочные)

2. *A few Americans know this.*
   Too few Americans know this.
   Немно́гие америка́нцы э́то зна́ют.
   Ма́ло америка́нцев э́то зна́ет.
   Немно́гие ру́сские э́то зна́ют.
   Ма́ло ру́сских э́то зна́ет.
   (директора, туристы, родители, иностранцы, гиды, рабочие)

■ QUESTION-ANSWER DRILLS

1. *Should I buy tomatoes?*
   Yes, buy a few tomatoes.
   Купи́ть помидо́ры?
   Да́, купи́ не́сколько помидо́ров.
   Купи́ть яйца?
   Да́, купи́ не́сколько яи́ц.
   (лимоны, огурцы, помидоры, грибы, пирожки, булки, яйца)

2. *Do we have any butter left?*
   Yes, there is a little butter left.
   У на́с оста́лось ма́сло?
   Да́, ма́сла немно́го оста́лось.
   У на́с оста́лось молоко́?
   Да́, молока́ немно́го оста́лось.
   (хлеб, суп, сахар, уха, пиво, вода, бумага, конфеты)

---

[1] Ма́ло is never used in the oblique cases.

1. *These women are engineers.*
   How many women engineers are there in the Soviet Union?
   Эти же́нщины — инжене́ры.
   Ско́лько в Сове́тском Сою́зе же́нщин-инжене́ров?
   Эти же́нщины — врачи́.
   Ско́лько в Сове́тском Сою́зе же́нщин-враче́й?
   (те́хники, преподава́тели, учёные, профессора́, специали́сты, фи́зики, исто́рики, хи́мики, шофёры)

2. *You bought eggs again.*
   Why do you buy so many eggs?
   Ты́ опя́ть купи́л я́йца.
   Заче́м ты́ покупа́ешь сто́лько яи́ц?
   Ты́ опя́ть купи́л хле́б.
   Заче́м ты́ покупа́ешь сто́лько хле́ба?
   (помидо́ры, вино́, ры́бу, ма́сло, колбасу́, молоко́, лимо́ны, фру́кты)

1. *There were many tourists here.*
   I spoke with many tourists.
   Зде́сь бы́ло мно́го тури́стов.
   Я́ говори́л со мно́гими тури́стами.
   Зде́сь бы́ло сто́лько тури́стов!
   Я́ говори́л со сто́лькими тури́стами.
   (немно́го, не́сколько, мно́го, сто́лько)

2. *We saw many bathhouses.*
   We've been in many bathhouses.
   Мы́ ви́дели мно́го ба́нь.
   Мы́ быва́ли во мно́гих ба́нях.
   Мы́ ви́дели не́сколько ба́нь.
   Мы́ быва́ли в не́скольких ба́нях.
   (немно́го, сто́лько, мно́го, не́сколько)

DISCUSSION

It is important to notice the distinction between **ма́ло** *little, few* on the one hand and **немно́го** and **не́сколько** on the other. **Ма́ло** expresses the essentially negative notion of insufficiency:

У на́с ма́ло хле́ба.　　　　We have [too] little bread.
У ни́х ма́ло друзе́й.　　　　They have [very] few friends.

Немно́го and **не́сколько**, despite their negative prefixes, express a more positive notion. **Не́сколько** is used only with plural nouns and **немно́го** is more often used with singular, mass nouns:

У на́с бы́ло немно́го хле́ба.　　　　We had a little bread.
У на́с бы́ло не́сколько бли́зких друзе́й.　　　　We had a few close friends.

For reference to indefinite numbers of people, the genitive forms **люде́й**, **наро́ду**, and **челове́к** are used. With **мно́го**, **ма́ло**, and **сто́лько** either **люде́й** or **наро́ду** can be used:

Та́м бы́ло мно́го (ма́ло, сто́лько) люде́й.
Та́м бы́ло мно́го (ма́ло, сто́лько) наро́ду.　　　　There were many (few, so many) people here.

With **ско́лько**, either **наро́ду** or **челове́к** can be used:

Ско́лько та́м бы́ло челове́к?
Ско́лько та́м бы́ло наро́ду?　　　　How many people were there?

With **не́сколько**, however, only **челове́к** may be used:

Та́м бы́ло не́сколько челове́к.　　　　There were several people there.

Наро́д has two possible genitive singular forms: **наро́да** and **наро́ду**. Use of the latter focuses on the people as a collective mass.

ПОВТОРЕ́НИЕ

— Ты́ ви́дел, каку́ю Ви́ктор купи́л себе́ шля́пу?

— Óн, наве́рно, хо́чет вы́глядеть америка́нцем.

— Никака́я шля́па ему́ не помо́жет. Всё равно́ сра́зу ви́дно, что он ру́сский.

— Не понима́ю, почему́ э́то сто́лько ребя́т хотя́т бы́ть похо́жими на иностра́нцев? Ра́зве ху́же бы́ть ру́сским?

— Коне́чно, не́т. Про́сто всё сове́тское они́ ви́дят ка́ждый де́нь — у все́х то́ же са́мое, а они́ не хотя́т бы́ть похо́жими на други́х.

— Пожа́луй. А пото́м они́, наве́рно, ду́мают, что та́к ле́гче понра́виться де́вушкам.

— Да́, к сожале́нию, они́ пра́вы. Почти́ все́ де́вушки интересу́ются иностра́нцами. А е́сли не сами́ми иностра́нцами, то́ и́х веща́ми, во вся́ком слу́чае.

— Така́я доса́да — мы́ с Га́лей опозда́ли вчера́ в кино́ на полчаса́, а фи́льм бы́л о́чень интере́сный.

— Почему́ же вы́ опозда́ли, Фили́пп? По́здно вы́шли из до́му?

— Не́т, как ра́з о́чень ра́но. Мы́ купи́ли биле́ты, и у на́с остава́лось ещё бо́льше получа́са до нача́ла.

— И вы́ пошли́ гуля́ть и забы́ли о кино́, да́?

— Не́т. Я́ предложи́л зайти́ в магази́н: мне́ на́до бы́ло купи́ть яи́ц.

— А́, тепе́рь понима́ю. Стоя́ли в о́череди и в результа́те опозда́ли, ве́рно?

— Соверше́нно ве́рно. Снача́ла в о́череди к продавщи́це, пото́м к ка́ссе, зате́м опя́ть к продавщи́це. На всё э́то ушло́ бо́льше ча́са!

— Сра́зу ви́дно, что вы́ иностра́нец. Ра́зве мо́жно та́к ско́ро купи́ть я́йца?

— Тепе́рь я́ зна́ю, что нельзя́.

Тама́ра уезжа́ла на се́вер на пра́ктику, и Вади́м провожа́л её. Óн взя́л её ма́ленький чемода́нчик и донёс его́ до авто́буса. На вокза́л они́ прие́хали ра́но, и в и́х распоряже́нии бы́л ещё це́лый ча́с. Они́ воспо́льзовались э́тим и пошли́ в буфе́т вы́пить ко́фе со све́жими бу́лочками. Они́ сиде́ли и говори́ли о бу́дущем. Обо́им бы́ло невесело, и Вади́м гото́в бы́л пое́хать вме́сте с Тама́рой, но не мо́г оста́вить рабо́ту. Они́ договори́лись ча́сто писа́ть пи́сьма, и Вади́м реши́л прие́хать ка́к то́лько смо́жет.

Ива́н Никола́евич ча́сто ви́дел рекла́мы но́вого пи́ва и реши́л, наконе́ц, купи́ть его́. Óн пригласи́л свои́х друзе́й, купи́л колбасы́, ма́сла, хле́ба, огурцо́в — обо́ всём поду́мал. Го́сти пришли́, се́ли за сто́л. Ива́н Никола́евич уже́ хоте́л сказа́ть: «Дава́йте вы́пьем но́вого пи́ва, посмо́трим, како́е оно́», но вдру́г заме́тил, что пи́ва на столе́ не́т. Ка́к э́то могло́ случи́ться? Неуже́ли в спе́шке он забы́л о са́мом гла́вном — о пи́ве? Да́, к сожале́нию, та́к и оказа́лось. Кака́я доса́да! Но ту́т Пе́тя, его́ сы́н, предложи́л, что он пое́дет на велосипе́де и в два́ счёта привезёт пи́во. Всё бы́ли о́чень дово́льны. Но бо́льше все́х бы́л дово́лен са́м Пе́тя: ему́, ка́к взро́слому, предложи́ли стака́н пи́ва.

На́дя и Са́ша америка́нцы, они́ роди́лись в США, но роди́тели и́х ру́сские. И бра́т и сестра́ мо́лоды, и жи́знь и́х полна́ пла́нов, как э́то быва́ет у люде́й и́х во́зраста. Ле́том, наприме́р, они́ собира́ются пое́хать в Евро́пу, а отту́да в Сове́тский Сою́з. Они́ мно́го слы́шали от роди́телей об э́той стране́, мно́го чита́ли о не́й и давно́ уже́ мечта́ют пое́хать туда́. Роди́тели На́ди и Са́ши научи́ли и́х прекра́сно говори́ть по-ру́сски, а пото́м ещё и в университе́те они́ слу́шали ку́рсы ру́сского языка́, литерату́ры и исто́рии.

NOTES

PREPARATION FOR CONVERSATION

вы́йти за́муж (за *plus* acc)

Óля вы́шла за́муж.

Йра, ты́ слы́шала но́вость? Óля вы́шла за́муж.

свáдьба

На про́шлой неде́ле была́ свáдьба.

За кого́ она́ вы́шла за́муж?

Она́ вы́шла за́муж за Михаи́ла Соловьёва.

нефтяно́й

За Михаи́ла Соловьёва из Нефтяно́го институ́та.

Ты́ его́, вероя́тно, зна́ешь?

Дá, ка́жется.

блонди́н

высо́кий

Тако́й высо́кий блонди́н?

ка́рий, –яя, –ее

Тако́й высо́кий блонди́н, с ка́рими глаза́ми?

во́т, во́т

Во́т, во́т!

спосо́бный

Óн симпати́чный и о́чень спосо́бный.

аспиранту́ра

Ему́ оста́лся ещё го́д аспиранту́ры.

Кавка́з

Баку́

получа́ть, получа́ют (I)

Пото́м о́н получа́ет рабо́ту на Кавка́зе, в Баку́.

Ну́, я́ ра́да за Óлю.

Óле с му́жем нужна́ ко́мната

to get married (said of women only)

Olya got married.

Ira, have you heard the news? Olya got married.

wedding

The wedding was last week.

Whom did she marry?

She married Mikhail Solovyov.

petroleum, oil (adj)

Michael Solovyov, from the Petroleum Institute.

You probably know him.

Yes, I guess so.

blond (man)

high, tall

Kind of a tall blond?

brown

Kind of a tall blond with brown eyes?

that's right; that's the one; yes, yes

Yes, that's the one!

gifted, capable, able, clever

He's nice and very gifted.

graduate work, graduate study

He has one more year of graduate work left.

the Caucasus

Baku

to receive; to get, obtain

After that he's getting a job in the Caucasus, in Baku.

Well, I'm happy for Olya.

пока́ что [pakáštə]

in the meantime, meanwhile

А где́ же они́ пока́ что бу́дут жи́ть?

But where will they live in the meantime?

О́лин, –а, –о

Olya's

перее́хать, перее́дут (pfv I)

to cross (by vehicle); to run over (with a vehicle); to move, change residence

Они́ перее́дут к О́линому бра́ту?

Will they move to Olya's brother's place?

у того́

he has (*lit.* that one has)

Не́т, у того́ больша́я семья́.

No, he has a large family.

те́сный

tight, cramped, crowded

Им сами́м те́сно.

They themselves are crowded.

поверну́ться, –у́тся (pfv I)

to turn around, turn over

Поверну́ться не́где.

There's no room to turn around in.

Михаи́л надее́тся получи́ть ко́мнату в общежи́тии.

Mikhail hopes to get a room in the dorm.

рассчи́тывать, –ают (I)

to count on, figure on (*or* out); to estimate

На э́то тру́дно рассчи́тывать.

It's hard to count on it.

Им придётся сня́ть ко́мнату в ча́стном до́ме.

They'll have to rent a room in a private house.

Э́то гора́здо удо́бнее, хотя́ и доро́же.

It's much more comfortable, even though it's more expensive.

к тому́ же [ktamúži]

furthermore, besides, in addition, what's more

К тому́ же э́то гора́здо удо́бнее, хотя́ и доро́же.

Besides, it's much more comfortable, even though it's more expensive.

Они́ и са́ми ра́ды бы.

They'd be happy to.

подходя́щий

suitable, right; proper, appropriate

нелегко́

it's not easy; it's hard

Они́ и са́ми ра́ды бы, но нелегко́ найти́ подходя́щую.

They'd be happy to, but it's hard to find a suitable one.

не по карма́ну

beyond one's means, too expensive

Всё не по карма́ну.

Everything's too expensive.

све́т

world; light

на краю́ све́та

way out in the middle of nowhere, in some Godforsaken place (*lit.* at the edge of the world)

Всё на краю́ све́та.

Everything's way out in the middle of nowhere.

и́ли... и́ли

either . . . or

Всё и́ли не по карма́ну, и́ли на краю́ све́та.

Everything's either too expensive or way out in the middle of nowhere.

сдава́ться, сдаю́тся (I)

to be for rent; to surrender, give up

Недалеко́ отсю́да сдаётся ко́мната.

Not far from here there's a room for rent.

Подожди́, я как ра́з вчера́ слы́шала, что недалеко́ отсю́да сдаётся ко́мната.

Wait—just yesterday I heard there was a room for rent not far from here.

гастроно́м

food store, grocery, delicatessen

Где́-то во́зле Гастроно́ма но́мер оди́н сдаётся ко́мната.

Somewhere near food store number 1 there's a room for rent.

Гдé-то вóзле Гастронóма нóмер одúн сдаётся кóмната, всегó за трúдцать пúть рублéй в мéсяц.	Somewhere near food store number 1 there's a room for rent for only thirty-five rubles a month.
Это óчень дёшево.	That's very inexpensive.
Обязáтельно узнáй тóчный áдрес и скажú Óле.	Be sure and find out the exact address and tell Olya.

SUPPLEMENT

аспирáнт	graduate student
Скóлько здéсь аспирáнтов?	How many graduate students are here?
аспирáнтка	woman graduate student
Скóлько здéсь аспирáнток?	How many women graduate students are here?
блондúнка	blonde (woman)
В тó врéмя онá былá блондúнкой.	At that time she was a blonde.
невéста	fiancée, bride-to-be
Óн придёт с невéстой.	He'll come with his fiancée.
приходúться (II)	to have to
Нáм прихóдится рабóтать по суббóтам.	We have to work Saturdays.
Нáм чáсто приходúлось рабóтать по вечерáм.	We often had to work evenings.
рóст	height, stature; growth, increase
Вошёл человéк высóкого рóста.	A tall man came in.
Какóго óн рóста?	How tall is he?
Какóй у вáс рóст?	How tall are you? or What's your height?
нúзкий	short; low
Óн бы́л нúзкого рóста.	He was a short man.
зáмужем (за plus instr)	married (woman only)
Óля зáмужем за Михáйлом.	Olya's married to Mikhail.
женáт, женáты	married
Óн женáт?	Is he married?
Онú ужé двá гóда женáты.	They've been married two years now.
сéрый	grey; dull (person)
Онá блондúнка с сéрыми глазáми.	She's blonde with grey eyes.
на бýдущей недéле	next week
Óля выхóдит зáмуж на бýдущей недéле.	Olya's getting married next week.
нéкуда [ņékudə]	there's nowhere
Нáм нéкуда бы́ло пойтú.	We had nowhere to go.
нéкогда [ņékəgdə]	there's no time
Мнé бы́ло нéкогда написáть письмó.	I didn't have time to write the letter.

Óле с мýжем нужнá кóмната

С. — Светлáна (Свéта)   И. — Ирúна (Йра)

С. 1 Йра, ты́ слы́шала нóвость? Óля вы́шла зáмуж. На прóшлой недéле былá свáдьба.

И. 2 Чтó ты́ говорúшь? За когó?

С. 3 За Михáйла Соловьёва из Нефтянóго институ́та. Ты́ егó, вероя́тно, знáешь.

И. 4 Да, кажется. Такой высокий блондин, с карими глазами?

С. 5 Вот, вот. Симпатичный и очень способный. Ему остался ещё год аспирантуры,[1] а потом он получает работу на Кавказе, в Баку.[1,2]

И. 6 Ну, я рада за Олю. А где же они пока что будут жить? Переедут к Олиному брату?

С. 7 Нет, у того большая семья, им самим тесно, повернуться негде. Михаил надеется получить комнату в общежитии.[3]

И. 8 На это трудно рассчитывать. Им придётся снять комнату в частном доме. К тому же это гораздо удобнее, хотя и дороже.

С. 9 Они и сами рады бы, но нелегко найти подходящую. Всё или не по карману, или на краю света.

И. 10 Подожди, я как раз вчера слышала, что где-то возле Гастронома номер один сдаётся комната, всего за тридцать пять рублей в месяц.[4,5]

С. 11 Это очень дёшево. Обязательно узнай точный адрес и скажи Оле.

NOTES

[1] Although the **аспирант (аспирантка)** *graduate student* does not ordinarily have to register officially for courses or take course examinations, he must pass a set of qualifying examinations before he can begin the work of writing his dissertation. Preparation for this usually takes at least a year or two. When he has completed his graduate work, he is generally assigned by the government to his first post.

[2] **Кавказ** refers to the entire region between the Black Sea (**Чёрное море**) and the Caspian Sea (**Каспийское море**). **Баку**, the fifth largest city in the U.S.S.R., is located in the southeast corner of the region, on the Caspian Sea. It is the capital of the Azerbaidzhan Republic and the center of the Soviet oil industry. The word **Баку** is not declined. Note that it is **в Баку** *to Baku* (or *in Baku*), but **на Кавказ, на Кавказе** *to* (or *in*) *the Caucasus*.

[3] Although there are no separate married students' housing facilities in the U.S.S.R., a few of the larger universities set aside some rooms in the dorms for them. The rent for these rooms is extremely low—only a few rubles a month—but such rooms are very hard to get.

[4] Grocery stores are state owned and each has a number. The term for the larger ones is **гастроном** (*lit.* epicure), and for the smaller ones **бакалея** (from **бакалейная лавка** *grocery store*). In conversational Russian one may simply use **магазин** or **лавка**, for example:

Я пойду в магазин за хлебом.   I'll go to the store and get bread.
Пошли Петю в лавку за хлебом.   Send Petya to the store for some bread.

[5] There is a serious shortage of housing in the large cities of the U.S.S.R. Although the rent in government-owned apartment houses is low, there is always a long list of applicants waiting for such housing. Rent for rooms sublet in private apartments is usually very high.

PREPARATION FOR CONVERSATION   **Меблированная комната**

меблированный   furnished
Мы ищем меблированную комнату.   We're looking for a furnished room.

сухо́й	dry
све́тлый	light; bright
Ко́мната све́тлая и суха́я.	The room is light and dry.
движе́ние	movement, motion; traffic
ти́хий	quiet, soft, calm; slow
У́лица у на́с ти́хая, движе́ние небольшо́е.	Our street is quiet; there's not much traffic.
Во́т сюда́, в э́ту две́рь, пожа́луйста.	Come this way, through this door, please.
обстано́вка	furnishings; environment
О́, кака́я хоро́шая обстано́вка!	Oh, what nice furnishings!
ковёр, ковра́	rug, carpet
Да́же ковёр на стене́!	Even a carpet on the wall!
ме́бель (f)	furniture
Вся́ э́та ме́бель оста́нется зде́сь?	Will all this furniture remain here?
Да́, коне́чно.	Yes, of course.
Е́сли ва́м ещё что́-нибудь ну́жно, то скажи́те.	If you need anything else, say so.
необходи́мый (необходи́м)	essential, indispensable
пи́сьменный	written; (for) writing; stationery
пи́сьменный сто́л	writing table, desk
Му́жу необходи́м пи́сьменный сто́л.	My husband must have a writing table.
ла́мпа	light, lamp
ла́мпа для рабо́ты	light to work by; reading lamp
Му́жу необходи́ма ла́мпа для рабо́ты.	My husband needs a reading lamp.
кро́ме (*plus* gen)	except; besides
кро́ме того́	besides, in addition
Во́т одно́, пожа́луй: му́жу необходи́м пи́сьменный сто́л и, кро́ме того́, ла́мпа для рабо́ты.	There's one thing, perhaps. My husband must have a writing table and, in addition, a reading lamp.
Э́то мо́жно доста́ть.	That we can get.
комо́д	chest of drawers, bureau, dresser
передви́нуть, передви́нут (pfv I)	to shift, move over
Мы́ передви́нем комо́д к э́той стене́.	We'll move the bureau over to this wall.
гардеро́б	wardrobe; checkroom
ме́жду (*plus* instr)	between, among
Сто́л ста́нет зде́сь, между окно́м и гардеро́бом.	The desk will go here, between the window and the wardrobe.
Во́т и прекра́сно!	That's fine!
ую́тный	cozy
Та́к бу́дет ую́тнее.	That way it'll be cozier.
кре́сло, –а; –а, кре́сел	armchair, easy chair
А кре́сло поста́вим сюда́, та́к бу́дет ую́тнее.	Let's put the armchair over here; it'll be cozier that way.
Тепе́рь скажи́те, ва́нная у ва́с е́сть?	Now tell me, do you have a bathroom?
не́ту[1]	there isn't (*or* there aren't) any

---

[1] **Не́ту** is used colloquially for **не́т** in the sense *there isn't any* or *there aren't any.*

Нёт, нёту.
Нёт, нёту, но здёсь бáня совсём рядом.

    кýхня (gen pl кýхонь)
    на кýхне; на кýхню
    умывáться, –áются (I)
Мы́ умывáемся на кýхне.
    крáн
    под крáном
Мы́ умывáемся на кýхне под крáном.

Пойдёмте, я́ покажý.

    простóрный
Какáя простóрная кýхня!

    хозя́йка

Скóлько хозя́ек здёсь готóвит?
    квартирáнтка
Двé: я́ и моя́ другáя квартирáнтка.
    посýда (sg only)
Ёсли у вáс нёт своёй посýды, то мóжете пóльзоваться моёй.

    Большóе спасибо.
    тáк как
    кстáти
Это óчень кстáти, тáк как у нáс ничегó своегó нёт.
    поженúться, поженятся (pfv II)
Мы́ ведь тóлько что поженúлись.
    отдёльный
Мы́ ещё живём отдёльно.

Тогдá вы́ мóжете переезжáть зáвтра же.
    счастливый [ščiṣḷívij]
Мнё бýдет óчень прия́тно видеть у себя́ счастливых людёй.
    чáсть (f)
Я́ вáм дáм чáсть дёнег.
    остальнóй
Спасибо. Ёсли мóжно, я́ вáм дáм чáсть дёнег сейчáс, а остальны́е зáвтра.

Дá, дá, конéчно.

Так до зáвтра.

    лáвка
По дорóге домóй я́ зайдý в лáвку.

No, we don't.
No, we don't, but there's a bathhouse quite close by.

    kitchen
    in the kitchen; to the kitchen
    to wash up, wash one's face and hands
We wash up in the kitchen.
    faucet, tap
    at the tap, under the tap
We wash up at the tap in the kitchen.

Come along, I'll show you.

    roomy, spacious
What a roomy kitchen!

    landlady; housewife, lady of the house; hostess
How many of the (house)wives cook here?
    lady roomer
Two: my other lady roomer and I.
    dishes
If you don't have any dishes, you can use mine.

    Thanks very much.
    since, inasmuch as
    opportune, handy; well timed; incidentally
That would be very handy, since we don't have anything of our own.
    to get married (said of couple only)
You see, we just got married.
    separate, individual
We still live apart.

Then you can move in tomorrow.
    happy
It'll be very pleasant for me to see happy people at my place.
    part
I'll give you part of the money.
    the remaining, the rest; the other
Thanks. If it's all right, I'll give you part of the money now and the rest tomorrow.

Yes, yes, of course.

Until tomorrow then.

    small store, shop; bench
On my way home I'll stop in at the store.

Russian	English
Посидим здесь на лавке и отдохнём.	Let's sit on this bench and rest awhile.
хозяин, –а (irreg pl хозяева, хозяев)	landlord, owner; host
Кто здесь хозяин?	Who's the landlord (or owner) here?
Хозяев нет дома.	The landlords (or owners) are out.
квартирант	roomer, lodger, tenant
Познакомьтесь с нашим новым квартирантом.	Meet our new roomer.
передвигать, –ают (I)	to shift, move over
Она всегда передвигает мебель на новое место.	She's always moving furniture to a different place.
умыться, умоются (pfv I)	to wash up, wash one's face and hands
Умойся и садись завтракать.	Wash up and sit down to eat your breakfast.
жениться, женятся (II)	to marry, wed
Он женится на Оле.	He's marrying Olya.
тёмный (темно)	dark
темнее	darker
Становится темно.	It's getting dark.
громкий (громко)	loud
Не говори так громко.	Don't talk so loud.
тише	quiet; softer, more softly; more slowly
Тише! Ребёнок спит.	Quiet! The baby's asleep.
Тише едешь — дальше будешь.	Go slowly and you'll get further.
мокрый	wet
Я весь мокрый, дождь прямо льёт.	I'm all wet; it's simply pouring down rain.
диван	sofa, couch
Передвинем диван ближе к окну.	Let's move the sofa closer to the window.

Меблированная комната

О. — Оля   Х. — Хозяйка

Х. 1 Комната светлая и сухая. Улица у нас тихая, движение небольшое. Вот сюда, в эту дверь, пожалуйста.

О. 2 О, какая хорошая обстановка! Даже ковёр на стене![1] Вся эта мебель останется здесь?

Х. 3 Да, конечно. Если вам ещё что-нибудь нужно, то скажите.

О. 4 Вот одно, пожалуй: мужу необходим письменный стол и, кроме того, лампа для работы.

Х. 5 Это можно достать. Мы передвинем комод к этой стене, тогда стол станет здесь, между окном и гардеробом.[2]

О. 6 Вот и прекрасно. А кресло поставим сюда, так будет уютнее. Теперь скажите, ванная у вас есть?

Х. 7 Нет, нету, но здесь баня совсем рядом. А умываемся мы на кухне под краном. Пойдёмте, я покажу.[3]

О. 8 Какая просторная кухня! Сколько хозяек здесь готовит?[4]

X. 9 Две: я и моя другая квартирантка. Если у вас нет своей посуды, то можете пользоваться моей.[5]

О. 10 Большое спасибо. Это очень кстати, так как у нас ничего своего нет. Мы ведь только что поженились, ещё живём отдельно.

X. 11 Тогда можете переезжать завтра же. Мне будет очень приятно видеть у себя счастливых людей.

О. 12 Спасибо. Если можно, я вам дам часть денег сейчас, а остальные завтра.

X. 13 Да, да, конечно. Так до завтра.

NOTES

[1] Oriental, or imitation oriental, rugs are often hung on the wall or draped over a sofa.

[2] The word **гардероб** is used both for a public checkroom and a movable wardrobe closet. The more expensive wardrobes usually have a large mirror in the door.

[3] The addition of the unstressed suffix **–те** to the first person plural imperative adds a note of politeness, suggesting an invitation to do something together, as in the English *let's go, you and I*.

[4] It is usual to share (with other tenants) not only kitchens but also bathroom and toilet facilities. Even the new apartment buildings are so arranged that three or four families share these facilities.

[5] The collective term **посуда** is used for dishes, tea service, and pots and pans for cooking. More specifically, **столовая посуда** is used for the tableware, **чайная посуда** for the tea service, and **кухонная посуда** for the cooking utensils.

Basic sentence patterns

1. Который сейчас час?
— Без четверти час.
— Без пяти час.
— Без десяти час.
— Без двадцати час.

What time is it now?
A quarter to one.
Five to one.
Ten to one.
Twenty to one.

2. Сейчас без двадцати трёх три.
——— без двадцати четырёх ——.
——— без двадцати пяти ———.
——— без двадцати шести ———.

It's now twenty-three minutes to three.
——— twenty-four ——————.
——— twenty-five ——————.
——— twenty-six ——————.

3. Сколько по вашим часам?
— Сейчас десять минут пятого.
——— пятнадцать ———.
——— четверть ———.
——— двадцать минут шестого.
——— двадцать две минуты ——.

What time do you have?
It's now ten after four.
——— fifteen ——.
——— a quarter ——.
——— twenty after five.
——— twenty-two ——.

4. Сейчас уже двадцать пять минут первого.
——— две минуты ——————.
——— три ——————.
——— четыре ——————.

It's already twenty-five minutes after twelve.
——— two ——————.
——— three ——————.
——— four ——————.

5. Когда́ придёт по́езд?
   — По расписа́нию без двадцати́ шесть.
   —————————————— че́тверти ——————.
   —————————————— десяти́ ——————.

6. В кото́ром часу́ отправля́ется самолёт?
   — В два́дцать мину́т второ́го.
   — В два́дцать пя́ть мину́т второ́го.
   — В че́тверть второ́го.
   — В де́сять мину́т второ́го.

7. Когда́ лети́т ва́ш самолёт?
   — В два́ три́дцать.
   — В два́ со́рок.
   — В два́ пятьдеся́т два́.

8. Сообщи́те э́то Соловьёву.
   —————————— Соловьёвой.
   —————————— Соловьёвым.
   —————————— бра́тьям Соловьёвым.
   —————————— сёстрам Соловьёвым.

9. Мы́ бы́ли в гостя́х у Цара́пкина.
   —————————————— у Цара́пкиной.
   —————————————— у Цара́пкиных.

10. Ты́ ви́дел Петро́ву?
    — О како́й Петро́вой ты́ говори́шь?

    Ты́ ви́дел Петро́ва?
    — О како́м Петро́ве ты́ говори́шь?
    Ты́ ви́дел Петро́вых?
    — О каки́х Петро́вых ты́ говори́шь?

11. Она́ вы́шла за́муж за Соловьёва.
    —————————————— за Ку́рочкина.
    —————————————— за Орло́ва.

12. О́н жени́лся на Соловьёвой.
    —————————— на Алексе́евой.
    —————————— на Цара́пкиной.

13. Вчера́ я́ познако́мился с Во́лковым.
    —————————————————— с Верёвкиным.
    —————————————————— с Петро́вым.

14. О́ля выхо́дит за́муж.
    —— вы́шла ——————.
    —— вы́йдет ——————.
    —— выхо́дит (за́муж) за Михаи́ла.
    —— уже́ за́мужем.
    —— за́мужем за Михаи́лом.

15. Михаи́л же́нится на О́ле.
    —————————— жени́лся ——————.
    —————————— жена́т.
    —————————— жена́т на О́ле.

When will the train come?
At twenty to six, according to the schedule.
— a quarter ——————————————.
— ten ——————————————————.

At what time does the plane leave?
At twenty past one.
At twenty-five ————.
At a quarter ——————.
At ten ——————————.

When is your plane flying?
At 2:30.
At 2:40.
At 2:52.

Tell that to Solovyov.
—————————— Miss (or Mrs.) Solovyov.
—————————— the Solovyovs.
—————————— the Solovyov brothers.
—————————— the Solovyov sisters.

We visited Mr. Tsarapkin.
—————————— Miss (or Mrs.) Tsarapkin.
—————————— the Tsarapkins.

Did you see Miss (or Mrs.) Petrov?
Which Miss (or Mrs.) Petrov are you talking about?
Did you see Mr. Petrov?
Which Petrov are you talking about?
Did you see the Petrovs?
Which Petrovs are you talking about?

She married Solovyov.
—————————— Kurochkin.
—————————— Orlov.

He married Miss Solovyov.
—————————— Alexeev.
—————————— Tsarapkin.

Yesterday I met Volkov.
—————————— Veryovkin.
—————————— Petrov.

Olya is getting married.
—— got ——————————.
—— is going to get ——.
—— is going to marry Mikhail.
—— is already married.
—— is married to Mikhail.

Mikhail is marrying Olya.
—————————— married ——————.
—————————— is married.
—————————— is married to Olya.

16. Они́ уже́ два́ го́да жена́ты.　　They've already been married two years.
    Они́ ско́ро поже́нятся.　　They'll soon get married.
    Они́ то́лько что пожени́лись.　　They just got married.

17. Ва́ш бра́т жена́т?　　Is your brother married?
    — Не́т, ещё не жена́т.　　No, he's still unmarried.
    Ва́ши бра́тья жена́ты?　　Are your brothers married?
    — Да́, о́ба жена́ты.　　Yes, they're both married.
    Ва́ша сестра́ за́мужем?　　Is your sister married?
    — Не́т, она́ ещё не за́мужем.　　No, she's still unmarried.
    Ва́ши сёстры за́мужем?　　Are your sisters married?
    — Да́, они́ о́бе за́мужем.　　Yes, they're both married.

18. Когда́ они́ же́нятся?　　When are they getting married?
    — На бу́дущей неде́ле.　　Next week.
    Когда́ они́ поже́нятся?　　When are they going to get married?
    — Через неде́лю.　　In a week.

19. Где́ ты́ достаёшь таки́е све́жие я́йца?　　Where do you get such fresh eggs?
    ____ вы́ достаёте _____?　　_____ do you get _____?
    ____ она́ достаёт _____?　　_____ does she get _____?
    ____ они́ достаю́т _____?　　_____ do they get _____?

20. Ты́ ра́ньше не сдава́лся та́к бы́стро.　　You didn't (used to) give up so quickly before.
    Вы́ _____ сдава́лись _____.　　You _____.
    Не сдава́йся!　　Don't give up!
    Не сдава́йтесь!　　Don't _____!

21. Мне́ необходи́м пи́сьменный сто́л.　　I have to have a writing table (or desk).
    ____ необходи́ма ла́мпа.　　_____ a lamp.
    ____ необходи́мо кре́сло.　　_____ an easy chair.
    ____ необходи́мы де́ньги.　　_____ money.

22. О́н не узнаёт э́того ме́ста.　　He doesn't recognize the place.
    О́н не узнава́л _____.　　He didn't _____.

Pronunciation practice: clusters of three consonants with к as the initial consonant

A. Clusters in which initial к is pronounced voiced.

1. кдв pronounced [gdv] or [gd̦v̦]

   [gdvójk̦i]　к дво́йке
     to the twosome
   [gdvətcațí]　к двадцати́
     to twenty

   [gd̦v̦ér̦i]　к две́ри
     to the door

2. кдр pronounced [gdr] or [gdr̦]

   [gdrámi]　к дра́ме
     to the drama
   [gdravám]　к дрова́м
     to the firewood

   [gdr̦ómi]　к дрёме
     to the slumber

3. **кзв** pronounced [gzv] or [gẓɣ]

[gzvúku] к зву́ку
  to the sound
[gẓɣéru] к зве́рю
  to the beast

[gẓɣinú] к звены́
  to the link

4. **кзн** pronounced [gzn]

[gznáɲiju] к зна́нию
  to the knowledge
[gznakómɨm] к знако́мым
  to friends

[gẓnáṃiɲi] к зна́мени
  to the banner

B. Clusters in which initial **к** is pronounced voiceless.

1. **кср** pronounced [ksr] or [ksṛ]

[ksrámu] к сра́му
  to the shame
[ksróku] к сро́ку
  by the deadline

[ksṛiḏé] к среде́
  by Wednesday

2. **ксн** pronounced [ksn] or [ksṇ]

[ksnósu] к сно́су
  to the demolition
[ksnaṛádu] к снаря́ду
  to the shell

[ksṇégu] к сне́гу
  to the snow

3. **ктр** pronounced [ktr] or [ktṛ]

[ktrónu] к тро́ну
  to the throne
[ktrudú] к труду́
  to the labor

[ktṛóm] к трём
  by three

4. **кст** pronounced [kst] or [kṣṭ]

[kstupṇé] к ступне́
  to the foot
[kstáji] к ста́е
  to the flock

[kṣṭiṇé] к стене́
  to the wall

5. **ктв** pronounced [ktv] or [ktɣ]

[ktvəragú] к творогу́
  to the cottage cheese
[ktvəjimú] к твоему́
  to your

[ktɣórdəṣṭi] к твёрдости
  to strictness

6. **ксв** pronounced [ksv] or [kṣɣ]

[ksvádḅi] к сва́дьбе
  for the wedding
[ksvabóḏi] к свобо́де
  to freedom

[kṣɣéḏiɲiju] к све́дению
  for one's information

7. **ксл** pronounced [ksl] or [kṣḷ]

[kslúčəju] к слу́чаю
  to the occasion
[kslóvu] к сло́ву
  by the way

[kṣḷédu] к сле́ду
  to the trace

STRUCTURE AND DRILLS

Declension of surnames ending in -ов, -ёв, -ев, and -ин

	SINGULAR		PLURAL
	Masculine	*Feminine*	
NOM	Соловьёв	Соловьёва	Соловьёвы
ACC GEN	Соловьёва	Соловьёву	Соловьёвых
PREP	Соловьёве		
DAT	Соловьёву	Соловьёвой	Соловьёвым
INSTR	Соловьёвым		Соловьёвыми

noun endings (brace at left spanning NOM–INSTR)
adjective endings (brace at right spanning ACC/GEN–INSTR)

MODELS

Мы́ бы́ли у Петро́ва.   We were at Mr. Petrov's place.
———— у Петро́вой.   ———— Miss (*or* Mrs.) Petrov's place.
———— у Петро́вых.   ———— the Petrovs' place.

Я́ удивля́юсь Петро́ву.   I'm surprised at Mr. Petrov.
———————— Петро́вой.   ———————— Miss (*or* Mrs.) Petrov.
———————— Петро́вым.   ———————— the Petrovs.

Мы́ у́жинали с Петро́вым.   We had supper with Mr. Petrov.
———————— с Петро́вой.   ———————— Miss (*or* Mrs.) Petrov.
———————— с Петро́выми.   ———————— the Petrovs.

Где́ Никола́й Верёвкин?   Where's Nikolay Veryovkin?
— Верёвкина сего́дня не́т.   Veryovkin isn't here today.
— Я́ ви́дел Никола́я Верёвкина на база́ре.   I saw Nikolay Veryovkin at the market.

Где́ Ири́на Верёвкина?   Where's Irina Veryovkin?
— Ири́ны Верёвкиной сего́дня не́т.   Irina Veryovkin isn't here today.
— Позвони́ Ири́не Верёвкиной.   Give Irina Veryovkin a call.

Вы́ чита́ли «А́нну Каре́нину»?   Have you read *Anna Karenina*?
———— «Евге́ния Оне́гина»?   ———— *Eugene Onegin*?
———— «Бори́са Годуно́ва»?   ———— *Boris Godunov*?
———— «Бра́тьев Карама́зовых»?   ———— *The Brothers Karamazov*?

■ REPETITION DRILL

Repeat the models, noting that the declension of last names ending in **–ов**, **–ёв**, **–ев**, and **–ин** is varied; that is, some endings are like those of nouns and others like those of adjectives.

■ QUESTION-ANSWER DRILLS

1. *Miss Petrov isn't here, is she?*
   No, Miss Petrov has been sent to the capital.
   Петро́вой здесь нет?
   Нет, Петро́ву посла́ли в центр.
   Алексе́евой здесь нет?
   Нет, Алексе́еву посла́ли в центр.
   (Орло́вой, Верёвкиной, Семёновой,
   Волко́вой, Козло́вой)

2. *Can one count on the Petrovs?*
   *On Mr. Petrov—yes, but on Mrs. Petrov—not
   very much.*
   Мо́жно рассчи́тывать на Петро́вых?
   **На Петро́ва — да, но на Петро́ву — не
   о́чень.**
   Мо́жно рассчи́тывать на Орло́вых?
   **На Орло́ва — да, но на Орло́ву — не
   о́чень.**
   (Во́лковых, Семёновых, Хитро́вых,
   Козло́вых)

■ STRUCTURE REPLACEMENT DRILLS

1. *Miss Petrov is looking for a job.*
   Miss Petrov has to have a job.
   Петро́ва и́щет рабо́ту.
   Петро́вой необходи́ма рабо́та.
   Алексе́ева и́щет рабо́ту.
   Алексе́евой необходи́ма рабо́та.
   (Орло́ва, Верёвкина, Семёнова,
   Соловьёва, Козло́ва)

2. *Kozlov is always in a hurry.*
   Kozlov never has time.
   Козло́в всегда́ спеши́т.
   Козло́ву всегда́ не́когда.
   Алексе́ев всегда́ спеши́т.
   Алексе́еву всегда́ не́когда.
   (Петро́в, Куро́чкин, Оси́пов, Волко́в,
   Цара́пкин)

■ RESPONSE DRILLS

1. *I used to work with Nikolay Orlov.*
   And I with Natasha Orlov.
   Я́ рабо́тал с Никола́ем Орло́вым.
   А я́ с Ната́шей Орло́вой.
   Я́ рабо́тал с Никола́ем Во́лковым.
   А я́ с Ната́шей Во́лковой.
   (Семёновым, Цара́пкиным, Хитро́вым,
   Козло́вым, Куро́чкиным)

2. *Here's a package for Nadya Volkov.*
   No, this is for Nikolay Volkov.
   Во́т посы́лка На́де Во́лковой.
   Нет, э́то Никола́ю Во́лкову.
   Во́т посы́лка На́де Верёвкиной.
   Нет, э́то Никола́ю Верёвкину.
   (Петро́вой, Оси́повой, Орло́вой,
   Семёновой, Куро́чкиной)

DISCUSSION

Most Russian surnames end in –ов, –ёв, –ев, or –ин. They follow a mixed declension pattern, having some endings typical of nouns and others typical of adjectives. Masculine surnames are declined like hard-stem nouns except for the instrumental singular, which has the adjectival ending –ым. Feminine surnames are declined like nouns in the nominative (–а) and accusative (–у) cases only; they have the adjectival ending –ой in all other cases. Only in the nominative (–ы) case is the declension of surnames in the plural like that of the noun. In all other cases the declension follows an adjectival pattern (–ых, –ым, and –ыми).

Stress is generally placed on the same syllable throughout the declension of surnames. Last names ending in –ин often have their stress on the ending:

Во́т иду́т Ильины́.	Here come the Ilyins.
Вы́ зна́ете Влади́мира Ильина́?	Do you know Vladimir Ilyin?
Э́то Наде́жда Петро́вна Ильина́.	This is Nadezhda Petrovna Ilyin.

Where there is no ending (masculine nominative singular), the stress necessarily shifts back to the stem:

Э́то Бори́с Петро́вич Ильи́н.	This is Boris Petrovich Ilyin.

Verbs of *marrying*: жени́ться (пожени́ться) versus выходи́ть (вы́йти) за́муж, жена́т(ы) versus за́мужем

to marry, get married	жени́ться (ipfv and pfv) пожени́ться (pfv) выходи́ть за́муж (ipfv) вы́йти за́муж (pfv)	на + prep (no prep) за + acc за + acc	(said of men or couple) (said of couple only) (said of women only)
married, to be married	жена́т (жена́ты) за́мужем	на + prep за + instr	(said of men or couple) (said of women only)

MODELS

Влади́мир же́нится.	Vladimir is getting married.
Влади́мир и Та́ня же́нятся.	Vladimir and Tanya are getting married.
Ты́ жена́т?	Are you married?
Вы́ жена́ты?	Are you married?
Они́ уже́ два́ го́да жена́ты.	They've been married for two years now.
О́н ра́но жени́лся.	He married early.
Когда́ они́ поже́нятся?	When are they going to get married?
Мы́ то́лько что пожени́лись.	We just got married.
На ко́м о́н же́нится?	Whom is he marrying?
— О́н же́нится на Зи́не.	He's marrying Zina.
На ко́м о́н жена́т?	To whom is he married?
— На Зи́не.	To Zina.
Ма́ша уже́ за́мужем.	Masha's already married.
Ма́ша выхо́дит за́муж.	Masha's getting married.
За кого́ она́ выхо́дит за́муж?	Whom is she marrying?
Она́ то́лько что вы́шла за́муж.	She just got married.
Я́ не ду́маю, что она́ когда́-нибудь вы́йдет за́муж.	I don't think she'll ever get married.

■ REPETITION DRILL

Repeat the given models, noting that while жени́ться and жена́т(ы) can be used in reference both to men and to couples, выходи́ть (вы́йти) за́муж and за́мужем can only refer to women. (The perfective verb пожени́ться can only be used when referring to a couple.)

■ QUESTION-ANSWER DRILLS

1. *When is he getting married?*
   He's getting married next week.
   Когда́ о́н же́нится?
   О́н же́нится на бу́дущей неде́ле.
   Когда́ ты́ же́нишься?
   Я́ женю́сь на бу́дущей неде́ле.
   (вы, они, Виктор, он, мы)

2. *Are you getting married?*
   No, I'm not getting married.
   Ты́ выхо́дишь за́муж?
   Не́т, я́ не выхожу́ за́муж.
   Вы́ с сестро́й выхо́дите за́муж?
   Не́т, мы́ не выхо́дим за́муж.
   (она, эти девушки, ты, Маша, сёстры Орловы, вы)

■ STRUCTURE REPLACEMENT DRILLS

1. *She's Mikhail's fiancée.*
   She's marrying Mikhail.
   Она́ неве́ста Михаи́ла.
   Она́ выхо́дит за́муж за Михаи́ла.
   Она́ неве́ста Оле́га.
   Она́ выхо́дит за́муж за Оле́га.
   (Бориса, Николая, Евгения,
   Владимира, Кирилла, Филиппа)

2. *She's married to Solovyov.*
   She married Solovyov.
   Она́ за́мужем за Соловьёвым.
   Она́ вы́шла за́муж за Соловьёва.
   Она́ за́мужем за Петро́вым.
   Она́ вы́шла за́муж за Петро́ва.
   (за Курочкиным, за Хитровым,
   за Волковым, за Алексеевым,
   за Царапкиным)

■ SUBJECT REVERSAL DRILLS

1. *Nikolay is married to my sister.*
   My sister is married to Nikolay.
   Никола́й жена́т на мое́й сестре́.
   Моя́ сестра́ за́мужем за Никола́ем.
   Евге́ний жена́т на мое́й сестре́.
   Моя́ сестра́ за́мужем за Евге́нием.
   (Иван, Виктор, Пётр, Олег,
   Лев, Ваня)

2. *Zina is married to my brother.*
   My brother is married to Zina.
   Зи́на за́мужем за мои́м бра́том.
   Мой брат жена́т на Зи́не.
   Ма́ша за́мужем за мои́м бра́том.
   Мой брат жена́т на Ма́ше.
   (Таня, Валя, Вера, Катя, Оля, Нина)

■ RESPONSE DRILLS

1. *This is Mikhail, Olya's fiancé.*
   Is Olya getting married to Mikhail?
   Э́то Михаи́л, О́лин жени́х.
   О́ля выхо́дит за́муж за Михаи́ла?
   Э́то Васи́лий, О́лин жени́х.
   О́ля выхо́дит за́муж за Васи́лия?
   (Владимир, Саша, Кирилл, Толя,
   Виктор, Коля)

2. *This is Tamara, Vanya's fiancée.*
   Is Vanya marrying Tamara?
   Э́то Тама́ра, неве́ста Ва́ни.
   Ва́ня же́нится на Тама́ре?
   Э́то Све́та, неве́ста Ва́ни.
   Ва́ня же́нится на Све́те?
   (Маша, Зина, Галя, Таня, Катя, Оля)

DISCUSSION

Жени́ться and **жена́т(ы)** are accompanied by **на** plus the prepositional case to indicate the fiancée or wife:

На ко́м ты́ же́нишься?	Whom are you marrying?
— На Ири́не Петро́вне.	Irina Petrovna.
На ко́м они́ жена́ты?	To whom are they married?
— На сёстрах Орло́вых.	To the Orlov sisters.

Выходи́ть (вы́йти) за́муж is accompanied by **за** plus the accusative case to indicate the fiancé or husband, but **за́мужем** requires **за** plus the instrumental:

Compare	За кого́ она́ выхо́дит за́муж?	Whom is she marrying?
	— За Михаи́ла Ива́новича.	Mikhail Ivanovich.
	Она́ вы́шла за́муж за Евге́ния.	She married Evgeny.
with	За ке́м она́ за́мужем?	To whom is she married?
	— За Михаи́лом Ива́новичем Козло́вым.	To Mikhail Ivanovich Kozlov.
	Она́ за́мужем за Васи́лием Ку́рочкиным.	She's married to Vasily Kurochkin.

Жени́ться is both imperfective and perfective. **Пожени́ться** is used only in reference to a couple:

Compare   Он ско́ро же́нится.   He's getting married soon.

           Он неда́вно жени́лся.   He recently married.

           Его́ бра́тья неда́вно жени́лись.   His brothers recently married.

with   Евге́ний жени́лся на Ни́не?   Did Evgeny marry Nina?

           — Да́, они́ неда́вно пожени́лись.   Yes, they got married recently.

Verbs with infinitives ending in -ава́ть and -ава́ться

MODELS

Я его́ никогда́ не узнава́л.   I always failed to recognize him.

Ра́зве вы́ меня́ не узнаёте?   You really don't recognize me?

Она́ остава́лась в бюро́ по́сле рабо́ты.   She used to stay in the office after work.

Мы́ остава́лись в бюро́ по́сле рабо́ты.   We used to stay in the office after work.

Не остава́йся в бюро́ по́сле рабо́ты!   Don't stay in the office after work!

Ты́ не зна́ешь, здесь где́-нибудь не сдаётся   You don't know whether or not there's a room
ко́мната?   for rent somewhere around here, do you?

На про́шлой неде́ле сдава́лась ко́мната   Last week there was a room for rent not far from
недалеко́ отсю́да.   here.

Мои́ часы́ отстаю́т на не́сколько мину́т.   My watch is several minutes slow.

_____ отстава́ли _____.   _____ was _____.

Встава́й!   Get up!

Пора́ встава́ть!   It's time to be getting up!

Я́ обы́чно встаю́ в се́мь.   I usually get up at seven.

Ле́том я́ встава́л в ше́сть.   In summer I got up at six.

Где́ вы́ преподаёте?   Where do you teach?

Где́ вы́ преподава́ли?   Where did you teach?

Вы́ хоти́те преподава́ть?   Do you want to teach?

■ RESPONSE DRILLS

1. *It's absolutely necessary to sell such things.*
   They do sell such things.
   Таки́е ве́щи необходи́мо продава́ть.
   Они́ продаю́т таки́е ве́щи.
   Таки́е ве́щи необходи́мо достава́ть.
   Они́ достаю́т таки́е ве́щи.
   (передавать, отдавать, давать,
   узнавать, преподавать, доставать)

2. *She doesn't want to rent rooms.*
   But she's doing it.
   Ей не хо́чется сдава́ть ко́мнаты.
   Но она́ сдаёт.
   Ей не хо́чется встава́ть.
   Но она́ встаёт.
   (признаваться, оставаться, отставать,
   подавать, продавать)

1. *Why aren't you getting up?*
   Get up!
   Почему́ ты́ не встаёшь?
   Встава́й!
   Почему́ ты́ не признаёшься?
   Признава́йся!
   (остаёшься, передаёшь, сдаёшься,
   преподаёшь, достаёшь, продаёшь)

2. *Why do you sell it?*
   Don't sell it!
   Заче́м вы́ э́то продаёте?
   Не продава́йте!
   Заче́м вы́ остаётесь?
   Не остава́йтесь!
   (э́то даёте, признаётесь, э́то отдаёте,
   встаёте, отстаёте, э́то передаёте)

1. *They're admitting everything.*
   They've admitted everything.
   Они́ во всём признаю́тся.
   Они́ во всём признава́лись.
   Они́ всё продаю́т.
   Они́ всё продава́ли.
   (узнаю́т, передаю́т, достаю́т,
   преподаю́т, отдаю́т)

2. *They never give up.*
   They never gave up.
   Они́ никогда́ не сдаю́тся.
   Они́ никогда́ не сдава́лись.
   Они́ никогда́ не признаю́тся.
   Они́ никогда́ не признава́лись.
   (не встаю́т в се́мь, не отстаю́т,
   ничего́ не узнаю́т, ничего́ не продаю́т,
   ничего́ не преподаю́т, не остаю́тся)

DISCUSSION

Verbs with infinitives ending in **–ава́ть** and **–ава́ться** are all imperfective verbs of the first conjugation. They all follow a similar conjugation pattern: **–ва–** is retained in the infinitive, past tense, and imperative but lost in the present tense:

INFINITIVE	дава́ть	остава́ться
PAST	дава́л, дава́ла, etc.	остава́лся, остава́лась, etc.
IMPERATIVE	дава́й! дава́йте!	остава́йся! остава́йтесь!
PRESENT	даю́, даёшь, etc.	остаю́сь, остаёшься, etc.

Verbs ending in **–ава́ть** and **–ава́ться** differ in one respect from all other types of verbs. They base their imperative on the infinitive-past tense stem rather than on the present-future stem.

Uses of the dative case

MODELS

Узна́й то́чный а́дрес и скажи́ **Óле**. — Find out the exact address and tell *Olya*.
Я́ **ва́м** покажу́ ку́хню. — I'll show *you* the kitchen.
Помоги́ **мне́**! — Help *me*!
Я́ **ей** не зави́дую. — I don't envy *her*.
Не удивля́йся **ему́**. — Don't be surprised at *him*.
Я́ **ей**, ка́жется, не нра́влюсь. — I guess I don't appeal to *her* or *She* doesn't like me, I guess.

Подойдём бли́же **к óзеру**. — Let's go up closer *to the lake*.
Передви́нем кре́сло **к стене́**. — Let's move the chair over *to the wall*.
До́ктор принима́ет **по вечера́м**. — The doctor has office hours *in the evenings*.
Они́ това́рищи **по ко́мнате**. — They're *roommates*.

Ва́м на́до бо́льше ходи́ть.

На́м не́когда бы́ло поговори́ть.

Мне́ ещё нельзя́ встава́ть.

Им пришло́сь сня́ть меблиро́ванную ко́мнату.

Мне́ всё равно́.

Ва́м не хо́лодно?

Ему́ тепе́рь лу́чше.

Мне́ его́ жа́ль.

На́м бы́ло ве́село.

Влади́миру нужна́ ру́чка.

Му́жу необходи́м пи́сьменный стол.

Мне́ не спало́сь.

Ему́ не спи́тся.

Мне́ выходи́ть на сле́дующей остано́вке.

Что́ **мне́** тепе́рь де́лать?

Заче́м **ему́** об э́том зна́ть?

You should walk more.

We had no time to talk.

I'm not allowed to get up yet.

They had to rent a furnished room.

It's all the same to *me* or *I* don't care.

You're not cold?

He feels better now *or He's* better now.

I feel sorry for him.

We had fun *or We* had a good time.

Vladimir needs a pen.

My husband needs a writing table.

I couldn't seem to sleep.

He can't seem to sleep.

I get out at the next stop.

What am *I* to do now?

Why does *he* have to know about it?

■ REPETITION DRILL

Repeat the models illustrating the uses of the dative case.

■ STRUCTURE REPLACEMENT DRILLS

1. *Doesn't Solovyov know about it?*
   Wasn't Solovyov informed about it?
   Соловьёв об э́том не зна́ет?
   Соловьёву об э́том не сообщи́ли?
   Петро́ва об э́том не зна́ет?
   Петро́вой об э́том не сообщи́ли?
   (Михаил, американцы, Оля, хозяйка, хозяин, хозяева)

2. *Are they moving to Moscow?*
   Are they moving closer to Moscow?
   Они́ переезжа́ют в Москву́?
   Они́ переезжа́ют бли́же к Москве́?
   Они́ переезжа́ют в це́нтр?
   Они́ переезжа́ют бли́же к це́нтру?
   (в Ленинград, в Горький, в Одессу, в Киев, в Ташкент, в Харьков, в Ялту)

3. *He doesn't know where to sit.*
   He has no place to sit.
   О́н не зна́ет, куда́ се́сть.
   Ему́ не́куда се́сть.
   О́н не зна́ет, куда́ пойти́.
   Ему́ не́куда пойти́.
   (смотреть, повернуть, плыть, ехать, поставить машину, положить чемодан)

4. *I can't sleep.*
   I can't seem to sleep.
   Я́ не могу́ спа́ть.
   Мне́ не спи́тся.
   Я́ не могу́ сиде́ть.
   Мне́ не сиди́тся.
   (работать, пить, писать, читать, лежать)

■ SUBJECT REVERSAL DRILLS

1. *Irina didn't believe Oleg.*
   Oleg didn't believe Irina.
   Ири́на не пове́рила Оле́гу.
   Оле́г не пове́рил Ири́не.
   Хозя́йка не пове́рила Оле́гу.
   Оле́г не пове́рил хозя́йке.
   (Владимир, жена, хозяин, хозяева, Тамара, милиционер)

2. *Olya admitted it to him.*
   He admitted it to Olya.
   О́ля ему́ в э́том призна́лась.
   О́н призна́лся в э́том О́ле.
   Ребя́та ему́ в э́том призна́лись.
   О́н призна́лся в э́том ребя́там.
   (Светлана, горничная, Вадим, туристы, мальчики, Михаил)

1. *Should I turn into this alley?*
   O.K., let's drive down this alley.
   Повернуть в этот переулок?
   Хорошо, поедем по этому переулку.
   Повернуть на эту площадь?
   Хорошо, поедем по этой площади.
   (на эту дорогу, в эту улицу, в это
   село, в этот лес, в это поле)

2. *Did you go anywhere?*
   No, where would I go?
   Вы куда-нибудь ездили?
   Нет, куда мне ездить?
   Вы куда-нибудь летали?
   Нет, куда мне летать?
   (ходили, писали, звонили,
   обращались, торопились)

■ RESPONSE DRILLS

1. *You're (going to be) late.*
   You must hurry.
   Вы опаздываете.
   Вам нужно поторопиться.
   Михаил опаздывает.
   Михаилу нужно поторопиться.
   (регистратор, аспиранты, ты, мастер,
   врач, хозяйка, они)

2. *We didn't have a room.*
   We had no place to live.
   У нас не было комнаты.
   Нам негде было жить.
   У Василия не было комнаты.
   Василию негде было жить.
   (у родителей, у них, у брата, у него,
   у уборщицы, у неё, у студента, у меня)

3. *Let me through, please.*
   I get out at the next stop.
   Дайте мне пройти, пожалуйста.
   Мне выходить на следующей остановке.
   Дайте ей пройти, пожалуйста.
   Ей выходить на следующей остановке.
   (нам, ему, им, мне, ей)

4. *I gambled away all my money.*
   What am I to do now?
   Я проиграл все деньги.
   Что мне теперь делать?
   Они проиграли все деньги.
   Что им теперь делать?
   (он, мы, ты, она, я, они)

DISCUSSION

The dative case has many functions, the most important of which are the following:

As the indirect object of verbs which take both a direct and indirect object:

Узнай точный адрес и скажи **мне**.	Find out the exact address and tell *me*.
Она показала **им** кухню.	She showed *them* the kitchen.
Они купили **себе** новую мебель.	They bought *themselves* new furniture.

As the personal object of many verbs which do not take a direct accusative object, for example, **помогать, помочь** *to help,* **завидовать** *to envy,* **верить, поверить** *to believe,* **удивляться, удивиться** *to be surprised at,* **нравиться, понравиться** *to appeal to,* **звонить, позвонить** *to phone,* **мешать, помешать** *to disturb,* **отвечать, ответить** *to answer,* **признаваться, признаться** *to confess,* **врать** *to lie,* and so forth:

Она **вам** поможет.	She'll help *you*.
Я **ему** не завидовал.	I didn't envy *him*.
Я **тебе** удивляюсь!	I'm surprised at *you*!
Вы **мне** нравитесь.	I like *you*.
Я **вам** не мешаю?	I'm not disturbing *you*, am I?

As the object of prepositions such as **к** and **по**:

Подойдём бли́же **к воде́**.	Let's go over closer *to the water*.
Передви́нем дива́н **к окну́**.	Let's move the sofa over *to the window*.
Э́то на́до сде́лать **к восьми́**.	This has to be done *by eight*.
Они́ това́рищи **по шко́ле**.	They're *schoolmates*.
Я не люблю́ ходи́ть **по доктора́м**.	I don't like to go running *to doctors*.

In many impersonal constructions, usually in conjunction with the infinitive, for example, with **на́до, необходи́мо, ну́жно, мо́жно, нельзя́, пора́, придётся, пришло́сь, хо́чется, хоте́лось, не́где, не́куда, не́когда**:

Verbs used in such impersonal constructions are in the neuter singular form:

На́м не́когда бы́ло гуля́ть.	*We* had no time to go strolling.
Ему́ необходи́мо пойти́ к врачу́.	It's essential that *he* go see a doctor.
Тебе́ пора́ идти́ в шко́лу.	It's time for *you* to go to school.
Мне́ пришло́сь рабо́тать по суббо́там.	*I* had to work Saturdays.
Йм не́где поверну́ться.	*They've* no room to turn around in.

In conjunction with adverbs and short adjectives to express one's needs, state of being, or feeling:

Ему́ тепе́рь ху́же.	*He* feels worse now *or He's* worse now.
Мне́ жа́рко.	*I'm* hot.
На́м бы́ло ску́чно.	*We* were bored.
Влади́миру ну́жен портфе́ль.	*Vladimir* needs a briefcase.

With many negated reflexive verbs in an impersonal construction using the neuter singular form, frequently as a substitute for a construction using the verb **мо́чь**, but more often as a statement of inability caused by psychological factors:

Мне́ сего́дня не рабо́талось. (**Я́ не мо́г** сего́дня рабо́тать.)	*I* couldn't seem to work today. (*I couldn't* work today.)
Ему́ не сиди́тся на ме́сте. (**О́н не мо́жет** сиде́ть на ме́сте.)	*He* can't seem to sit still. (*He can't* sit still.)

The dative is often used together with the infinitive in colloquial Russian in questions involving obligation or expectation where English uses *ought to*, *should*, or *supposed to*:

Где́ бы **на́м** пообе́дать?	Where do you think *we* ought to eat dinner?
Заче́м **ему́** об э́том зна́ть?	Why does *he* have to know about it?
Мо́жет быть **мне́** вы́йти?	Perhaps *I* should step out?
Где́ **мне́** доста́ть э́ту кни́гу?	Where am *I* supposed to get the book?
Куда́ **мне́** идти́?	Where am *I* supposed to go?

Telling time in minutes

MODELS

Кото́рый сейча́с ча́с?	What time is it now?
— Сейча́с без че́тверти ча́с.	It's now a quarter to one.
——————— пятна́дцати ——.	——————— fifteen ———.
——————— двадцати́ ——.	——————— twenty ———.
——————— десяти́ ———.	——————— ten ———.
——————— пяти́ ———.	——————— five ———.

Во ско́лько ухо́дит ваш по́езд? | What time does your train leave?
— Без двадцати́ пяти́ три́. | At twenty-five minutes to three.
—————— двадцати́ четырёх ——. | — twenty-four —————————.
—————— двадцати́ трёх ——————. | — twenty-three —————————.
—————— двадцати́ двух ——————. | — twenty-two —————————.

По мои́м часа́м пятна́дцать мину́т | It's fifteen minutes past three by my watch.
                          четвёртого.
——————————— де́сять ——————————. | — ten ——————————————.
——————————— два́дцать ——————————. | — twenty ——————————————.

Разбуди́те меня́ в полови́не пе́рвого. | Wake me up at 12:30.
——————————— в пять мину́т ——————. | —————————— at 12:05.
——————————— в де́сять ——————. | —————————— at 12:10.
——————————— в пятна́дцать ——————. | —————————— at 12:15.
——————————— в два́дцать ——————. | —————————— at 12:20.

■ REPETITION DRILL

Repeat the given models, noting that in colloquial time-telling style the word for *minute* is expressed during the first half hour but omitted during the second half hour.

■ STRUCTURE REPLACEMENT DRILLS[1]

1. *It's now 5:06.*
   It's six minutes past five.
   Сейча́с пять ноль шесть.
   Сейча́с шесть мину́т шесто́го.
   Сейча́с двена́дцать два́дцать.
   Сейча́с два́дцать мину́т пе́рвого.
      (6.20, 11.25, 2.04, 4.08, 7.23, 9.10, 8.17, 6.14)

2. *The train arrives at 5:40.*
   The train arrives at twenty to six.
   По́езд прихо́дит в пять со́рок.
   По́езд прихо́дит без двадцати́ шесть.
   По́езд прихо́дит в пять со́рок оди́н.
   По́езд прихо́дит без девятна́дцати шесть.
      (5.42, 5.44, 5.46, 5.48, 5.50)

■ READING AND WRITING DRILLS

Give the following times in *official* style. Remember that zero is expressed by **ноль** in official style.

   1. 5.05, 5.06, 5.07, 5.10, 5.20, 5.25
   2. в 6.10, в 7.14, в 8.16, в 9.17, в 10.18, в 11.20
   3. 2.35, 2.40, 2.50, 2.55, 2.56, 2.57, 2.58

■ READING DRILLS

Repeat the preceding exercises, substituting *colloquial* style.

DISCUSSION

   In colloquial style, for the first half of the hour the word for *minute* should not be omitted: **одна́ мину́та второ́го** (1:01), **две мину́ты второ́го** (1:02), **пять мину́т второ́го** (1:05). *At* is expressed by **в** plus the accusative case: **в одну́ мину́ту второ́го** (*at* 1:01), **в две́ мину́ты второ́го** (*at* 1:02).

———————

[1] In the following drills replace the *official* or *schedule* time with the same time in *colloquial* style. Note that *zero* in schedule time is expressed by the word **ноль** and that Russian uses a period where English uses a colon.

For the second half of the hour, however, the word for *minute* is *not* expressed, and **в** is *not* used for *at*. Thus, **без пяти шесть** may mean either *it's five of six* or *at five of six*, depending on the context.

In official style, the masculine forms of *one* and *two* are used for these minutes and the word for *minute* is not itself given:

Compare (official)	Тепе́рь два́ два́дцать оди́н.	It's now 2:21.
	По́езд отхо́дит в три́ два́.	The train leaves at 3:02.
	По́езд отхо́дит в три́ три́дцать два́.	The train leaves at 3:32.
with (colloquial)	Тепе́рь два́дцать одна́ мину́та тре́тьего.	It's now twenty-one minutes past two.
	По́езд отхо́дит в две́ мину́ты четвёртого.	The train leaves at two minutes past three.
	По́езд отхо́дит без двадцати́ восьми́ четы́ре.	The train leaves at twenty-eight minutes of four.

ПОВТОРЕ́НИЕ

Орло́в с това́рищем два́ го́да жи́ли в одно́й ко́мнате. Неда́вно това́рищ жени́лся, и Орло́ву пришло́сь иска́ть себе́ другу́ю ко́мнату. Э́то бы́ло нелегко́, но через не́которое вре́мя он нашёл небольшу́ю ко́мнату в одно́м ча́стном до́ме. Ко́мната ему́ не о́чень понра́вилась: в ней бы́ло те́сно и дово́льно темно́. Но что́ бы́ло де́лать? Орло́в сня́л её. Он уже́ перее́хал, и вдруг оказа́лось, что оди́н у́гол бы́л совсе́м мо́крый. К сожале́нию, Орло́в сли́шком по́здно э́то заме́тил. Он передви́нул свою́ крова́ть из э́того угла́ к друго́й стене́. Но ра́зве э́то помо́жет? Его́ тепе́рь э́то всё о́чень беспоко́ит, потому́ что он совсе́м неда́вно бы́л бо́лен, и до́ктор сказа́л ему́, что на́до бы́ть осторо́жным.

— Ка́к у тебя́ здесь те́сно, Ва́ля, про́сто поверну́ться не́где! Заче́м сто́лько ме́бели?
— Ка́к же и́наче, тётя? На́с ведь пя́ть челове́к здесь живёт.
— Зна́ю. Во́т ва́м и ну́жно бы́ло бы вы́бросить ко́е-что из ме́бели, чтобы бы́ло бо́льше ме́ста.
— Ка́к вы́бросить? Что́ ты! Во́т смотри́: э́то у́гол сы́на, во́т его́ крова́ть и сто́л для заня́тий, во́т по́лка с кни́гами. Все́ э́ти ве́щи ему́ соверше́нно необходи́мы.
— Ну́ хорошо́, а заче́м здесь дива́н?
— На нём спи́т ба́бушка.
— А почему́ у ва́с комо́д и гардеро́б стоя́т та́к стра́нно?
— Они́ у на́с вме́сто стены́ — здесь, за шка́фом, устро́ились мы́ с жено́й.
— Да́, тепе́рь я́ ви́жу, что ва́м действи́тельно необходи́ма вся́ э́та ме́бель.

— Зна́ешь, Никола́й, я тепе́рь живу́ в ча́стном до́ме, сня́л ко́мнату.
— Слы́шал. Ну́ и ка́к тебе́ та́м?
— Ничего́. Вчера́, когда́ я умыва́лся на ку́хне, познако́мился с сосе́дкой. Она́ та́м сиде́ла и чита́ла «Кни́гу о вку́сной и здоро́вой пи́ще». О́чень интере́сная.
— Кни́га?
— Не́т, сосе́дка, коне́чно. Блонди́нка, с больши́ми ка́рими глаза́ми. А ка́к она́ танцу́ет!

— Когда́ же ты́ успе́л узна́ть, ка́к она́ танцу́ет? Вы́ ра́зве та́м на ку́хне сра́зу и танцева́ть на́чали?

— Ну́ что́ ты́ таки́е глу́пости говори́шь? Коне́чно, не́т.

Мы́ танцева́ли у меня́ в ко́мнате. Я́ пригласи́л това́рищей, а она́ привела́ свои́х подру́г. Бы́ло о́чень ве́село.

NOTES

PREPARATION FOR CONVERSATION

Ви́ктор и Фили́пп разгова́ривают о спо́рте

разгова́ривать, –ают (I)

to converse, talk

Мы́ до́лго разгова́ривали о спо́рте.

We had a long talk about sports.

хрома́ть, –а́ют (I)

to limp, walk with a limp

Ви́ктор, почему́ ты́ хрома́ешь?

Why are you limping, Victor?

Нога́ боли́т.

My leg hurts.

уда́рить, –ят (pfv II)

to hit, strike

коле́но, –а; коле́ни, коле́н (or коле́ней)

knee (pl lap)

Вчера́ Оле́г уда́рил меня́ по коле́ну, когда́ мы́ игра́ли в футбо́л.

Oleg hit me in the knee yesterday, while we were playing soccer.

бо́льно

painful; it hurts

Я́ зна́ю, как э́то бо́льно.

I know how painful that is.

разби́ть, разобью́т (pfv I)

to break; to hurt badly

ка́к-то

once; somehow

Мне́ ка́к-то то́же разби́ли но́гу.

I once had my leg badly hurt, too.

во вре́мя (*plus* gen)

during

Мне́ ка́к-то то́же разби́ли но́гу во вре́мя игры́.

I once had my leg badly hurt, too, during a game.

Да́, э́то опа́сная игра́.

Yes, it's a dangerous game.

футболи́ст [fudbaļíst]

soccer player

Так ты́, зна́чит, то́же футболи́ст?

So then you're a soccer player, too?

Не́т, я́ игра́л в хокке́й.

No, I played hockey.

врата́рь, –я́; –и́, –е́й (m)

goalkeeper

Я́ бы́л вратарём.

I was goalkeeper.

кома́нда

team; brigade

профессиона́льный

professional

Да́? Ты́ бы́л в профессиона́льной кома́нде?

Really? Were you on a professional team?

любительский

Нет, в любительской команде.

amateur, amateurish

No, on an amateur team.

приятель, –я (m)
шестеро

Нас было шестеро приятелей.

friend, pal
six (a set *or* a group of)

There were six of us friends.

Мы играли зимой в хоккей, а летом в бейсбол.

We played hockey in the winter and baseball in the summer.

слыхал (var. of слышал)
про (*plus* acc)

Я слыхал про ваш бейсбол.

heard
about

I've heard about your baseball.

лапта

Это похоже на нашу лапту.

lapta (Russian game)

It's similar to our lapta.

деревенский

Деревенские ребята играют в лапту.

Это похоже на нашу лапту, в неё деревенские ребята играют.

rural, village, country

The kids in the country play lapta.

It's similar to our lapta. Kids in the country play it.

Какое странное слово «лапта».

What a strange word, "lapta."

лапа

Это от слова «лапа»?

paw

Is it from the word for "paw"?

лопата

Нет, не думаю. Скорее от «лопата».

shovel, spade

No, I don't think so. More likely from the word for "shovel."

SUPPLEMENT

деревня, –и; –и, деревень

В то время мы жили в деревне.

тело, –а; тела, тел

Вы можете назвать все части тела по-русски?

шея, –и; –и, шей

Мне больно повернуть шею.

Какая у неё длинная шея!

лоб, лба; лбы, лбов

У тебя на лбу какое-то пятно.

ухо, –а; (irreg pl уши, ушей)

У меня болит ухо.

Я это слышал своими ушами.

зуб, –а; зубы, –ов

У меня болит зуб.

лицо, –á; лица, лиц

Её лицо мне знакомо.

быть (кому-нибудь) к лицу

Эта шляпа тебе не к лицу.

грудь (f)

У меня болела грудь.

палец, пальца

Он постучал пальцами по столу.

village; country

At that time we lived in the country.
body

Can you name all the parts of the body in Russian?
neck

It hurts me to turn my neck.

What a long neck she has!
forehead

You have some kind of spot on your forehead.
ear

I have an earache.

I heard it with my own ears.
tooth

I have a toothache.
face

Her face is familiar to me.
to be becoming (to a person); to suit (one)

That hat doesn't become you.
chest, breast

My chest hurt *or* I had a pain in the chest.
finger; toe

He tapped on the table with his fingers.

живо́т

У тебя́ боли́т живо́т?   stomach

    городско́й   Do you have a stomach ache?

Вы́ ещё не привы́кли к городско́й жи́зни.   city (adj), town (adj)

    You're not used to city life yet.

COLLECTIVE NUMERALS

    дво́е, двои́х, –и́м, –и́ми   two

Мне́ нужна́ ко́мната на двои́х.   I need a room for two.

    тро́е, трои́х, –и́м, –и́ми   three

На́с бы́ло тро́е.   There were three of us.

    че́тверо, –ы́х, –ы́м, –ы́ми   four

На́с бы́ло че́тверо.   There were four of us.

    пя́теро, –ы́х, –ы́м, –ы́ми   five

    ше́стеро, –ы́х, –ы́м, –ы́ми   six

    се́меро, –ы́х, –ы́м, –ы́ми   seven

На́с бы́ло пя́теро (ше́стеро, се́меро).   There were five (six, seven) of us.

Ви́ктор и Фили́пп разгова́ривают о спо́рте

В. — Ви́ктор   Ф. — Фили́пп

Ф. 1 Ви́ктор, почему́ ты́ хрома́ешь?

В. 2 Нога́ боли́т. Вчера́ Оле́г уда́рил меня́ по коле́ну, когда́ мы́ игра́ли в футбо́л.

Ф. 3 Я́ зна́ю, как э́то бо́льно — мне́ ка́к-то то́же разби́ли но́гу во вре́мя игры́.

В. 4 Да́, э́то опа́сная игра́. Так ты́, зна́чит, то́же футболи́ст?

Ф. 5 Не́т, я́ игра́л в хокке́й. Бы́л вратарём.

В. 6 Да́? Ты́ бы́л в профессиона́льной кома́нде?

Ф. 7 Не́т, в люби́тельской. На́с бы́ло ше́стеро прия́телей, во́т мы́ и игра́ли зимо́й в хокке́й, а ле́том в бейсбо́л.

В. 8 Я́ слыха́л про ва́ш бейсбо́л. Э́то похо́же на на́шу лапту́, в неё дереве́нские ребя́та игра́ют.[1]

Ф. 9 Како́е стра́нное сло́во «лапта́». Э́то от сло́ва «ла́па»?

В. 10 Не́т, не ду́маю. Скоре́е от «лопа́та».[2]

NOTES

[1] **Лапта́** is a traditional game, popular among Russian village children. It is played with a ball and bat and the basic principle of the game is similar to that of baseball. **Лапта́** is not played professionally.

[2] Words quoted out of context appear in their dictionary, or citation form. Thus the nominative form, **лопа́та**, is used here instead of the genitive after **от**, with the word **сло́ва** understood.

пу́сть

Пу́сть Фили́пп игра́ет вме́сто меня́.

Ребя́та, пу́сть сего́дня Фили́пп игра́ет вме́сто меня́.

на́ш футбо́л

А ра́зве о́н уме́ет игра́ть в на́ш футбо́л?

Не́т, но о́н игра́л в хокке́й.

Ему́ не тру́дно бу́дет научи́ться.

ра́зный

Пожа́луй, хотя́ э́то и ра́зные и́гры.

объясни́ть, –я́т (pfv II)

Но мы́ ему́ объясни́м всё пра́вила.

оде́жда

бу́тсы, –ов

У него́ е́сть ну́жная оде́жда и бу́тсы?

одолжи́ть, –а́т (pfv II)

Я́ ему́ одолжи́л бу́тсы.

ма́йка

трусы́, –о́в (pl only)

Трусы́ и ма́йка у него́ е́сть.

Трусы́ и ма́йка у него́ е́сть, а бу́тсы я́ ему́ одолжи́л.

Во́т о́н как ра́з идёт.

Бою́сь, что я́ не смогу́ игра́ть, Ви́тя.

Мне́ твои́ бу́тсы оказа́лись малы́.

но́мер

Подожди́. Ты́ кото́рый но́сишь но́мер?

по-америка́нски

восьмо́й но́мер

По-америка́нски у меня́ восьмо́й но́мер.

по-ва́шему

По-америка́нски у меня́ восьмо́й [но́мер], а по-ва́шему я́ не зна́ю.

Мо́жет быть, тебе́ во́т э́ти подойду́т.

Ко́лин, –а, –о

Э́то Ко́лины бу́тсы.

разме́р

бо́льший

У него́ бо́льший разме́р, чём у Ви́ти.

---

let; have

Let Philip play in my place.

Fellows, let Philip play in my place today.

our (style of) football (that is, soccer)

But does he really know how to play soccer?

No, but he has played hockey.

It won't be hard for him to learn.

different, various; diverse

Perhaps, though they are different games.

to explain

But we'll explain all the rules to him.

clothing, clothes

soccer shoes

Does he have the necessary clothing and soccer shoes?

to loan, lend

I loaned him my soccer shoes.

T-shirt, sports shirt

shorts, trunks

He has a T-shirt and shorts.

He has a T-shirt and shorts, and I loaned him my soccer shoes.

Here he comes now.

I'm afraid I won't be able to play, Vitya.

Your soccer shoes turned out to be too small for me.

number; size; room

Wait a minute. What size do you wear?

in American-style

size eight

I take a size eight American-style.

according to you; in your style

I take a size eight American-style, but in yours I don't know.

Maybe these will fit you.

Kolya's, belonging to Kolya

These are Kolya's soccer shoes.

size, measure; dimension

bigger, larger

He takes a larger size than Vitya.

приме́рить, –ят (pfv II)	to try on
Дава́й приме́рю.	Let me try them on.
подходи́ть, –ят (II) (*plus* dat)	to fit, do, suit
Они́ мне́ вполне́ подхо́дят.	They fit me fine.
име́ть, име́ют (I)	to have, possess
име́ть про́тив	to be against, object; to mind
ничего́ не име́ть про́тив	to have no objection, not mind a bit
А Ко́ля ничего́ не бу́дет име́ть про́тив?	And Kolya won't mind?
Не́т, коне́чно ничего́.	No, of course not.
просту́жен, –а, –о	sick with a cold; in bed with a cold
О́н просту́жен.	He has a cold.
си́льный	strong, severe; heavy
О́н си́льно просту́жен.	He has a bad cold.
О́н всё равно́ не бу́дет игра́ть, он си́льно просту́жен.	He won't be playing, anyway; he has a bad cold.

SUPPLEMENT

объясня́ть, –я́ют (I)	to explain
Не объясня́й ему́ ничего́!	Don't explain anything to him.
примеря́ть, –я́ют (I)	to try on
Я́ примеря́ю ва́ш пла́щ.	I'm trying on your raincoat.
простуди́ться (pfv II), простужу́сь, просту́дятся	to catch cold, come down with a cold
О́н си́льно простуди́лся.	He caught a bad cold.
надева́ть, –а́ют (I)	to put on, don, wear
Заче́м ты́ надева́ешь пальто́?	Why are you putting on your coat?
одева́ть, –а́ют (I)	to dress (someone else)
Одева́й дете́й потепле́е. На дворе́ о́чень хо́лодно.	Dress the children as warmly as you can. It's very cold outdoors.
одева́ться, –а́ются (I)	to dress (oneself)
Одева́йтесь потепле́е. На дворе́ о́чень хо́лодно.	Dress as warmly as possible. It's very cold outdoors.
оде́ть, оде́нут (pfv I)	to dress (someone else)
Я́ сейча́с оде́ну ребёнка и пойду́ с ни́м погуля́ть.	I'll get the baby dressed and take him for a walk.
оде́ться, оде́нутся (pfv I)	to dress (oneself)
Я́ сейча́с оде́нусь и пойду́ в ла́вку.	I'll get dressed and go to the store right away.
ра́зница	difference
Я́ не ви́жу большо́й ра́зницы ме́жду ва́шим пла́ном и мои́м.	I don't see any great difference between your plan and mine.
Кака́я ра́зница? *or* В чём ра́зница?	What's the difference?
га́лстук	tie, necktie
О́н ре́дко но́сит га́лстук.	He seldom wears a tie.
боти́нок, –нка	shoe (man's)
Приме́рь э́ти боти́нки.	Try on these shoes.
носо́к, –ска́	sock
У тебя́ не́т чи́стых носко́в?	Don't you have any clean socks?
по́яс, –а; пояса́, –о́в	belt
Купи́ себе́ но́вый по́яс.	Buy yourself a new belt.

брюки, брюк (pl only)	trousers
Эти брюки надо почистить.	These trousers need to be cleaned.
одинаковый	identical, exactly the same; equal
Эти лопаты одинакового размера.	These shovels are exactly the same size.
меньший	smaller
У меня меньший размер, чём у тебя.	I take a smaller size than you do.
младший	younger, youngest; junior
Это мой младший брат.	This is my younger brother.
старший	older, oldest; senior
Это моя старшая сестра.	This is my older sister.

Филипп будет вратарём

В. — Витя   Ф. — Филипп   С. — Саша   Б. — Боря

В. 1 Ребята, пусть сегодня Филипп играет вместо меня.

С. 2 А разве он умеет играть в наш футбол?[1]

В. 3 Нет, но он играл в хоккей. Ему не трудно будет научиться.

Б. 4 Пожалуй, хотя это и разные игры. Но мы ему объясним всё правила.

С. 5 У него есть нужная одежда и бутсы?[2]

В. 6 Трусы и майка у него есть, а бутсы я ему одолжил. Вот он как раз идёт.

Ф. 7 Боюсь, что я не смогу играть, Витя. Мне твои бутсы оказались малы.

Б. 8 Подожди. Ты который носишь номер?

Ф. 9 По-американски у меня восьмой, а по-вашему я не знаю.

С. 10 Может быть, тебе вот эти подойдут. Это Колины, у него больший размер, чём у Вити.[3]

Ф. 11 Давай примерю. Вполне подходят. А Коля ничего не будет иметь против?

Б. 12 Нет, конечно ничего. Он всё равно не будет играть, он сильно простужен.

NOTES

[1] **Футбол** is a term borrowed from English to refer to the game known in America as *soccer* but elsewhere as *football*. It is an extremely popular sport in Russia: almost every school, kolkhoz, and factory has a team. The government shows a particular interest in this sport and pays particular attention to promising players.

[2] **Бутс** *soccer-boot* is borrowed from English. Like a number of other loan words, the English plural form that ends in *s* is taken as a singular in Russian, for example, **кекс** *kind of fruitcake*, **рельс** *rail*, and **бифштекс** *beefsteak*. To form the plural in Russian the regular endings are added: **бутсы, рельсы, кексы, бифштексы**.

[3] The verbal pair **подходить, подойти**, in the sense *to fit* is accompanied by the dative without a preposition, but in the sense *to approach*, *go up to* it requires **к** with the dative.

Compare	Я уве́рен, что бу́тсы мне́ подойду́т.	I'm sure the soccer shoes will *fit* me.
with	**Подойди́ ко** мне́ побли́же.	*Come over* a little closer to me.

Basic sentence patterns

1. Му́ж простуди́лся.   My husband caught a cold.
     —— просту́жен.   —————— has a cold.
     —— си́льно просту́жен.   —————— has a bad cold.

    Жена́ простуди́лась.   My wife caught a cold.
     —— просту́жена.   —————— has a cold.
     —— си́льно просту́жена.   —————— has a bad cold.

    Де́ти простуди́лись.   The children caught colds.
     —— просту́жены.   —————— have colds.
     —— си́льно просту́жены.   —————— have bad colds.

2. Одолжи́ мне́ два́дцать рубле́й.   Lend me twenty rubles.
    — Не могу́. Я́ уже́ одолжи́л тебе́ пятьдеся́т.   No, I already loaned you fifty.
    — Я́ ва́м одолжу́ де́сять рубле́й.   I'll lend you ten rubles.

3. Мне́ твои́ сапоги́ оказа́лись велики́.   Your boots turned out to be too large for me.
    Мне́ твои́ сапоги́ как ра́з подхо́дят.   Your boots are just the right size for me.
    Мне́ твои́ сапоги́ как ра́з подошли́.   Your boots were just the right size for me.
    Я́ уве́рен, что э́ти сапоги́ мне́ подойду́т.   I'm sure these boots will fit me.

4. Ты́ кото́рый но́сишь но́мер?   What size do you wear?
    — Пя́тый но́мер.   Size five.
    — Шесто́й но́мер.   Size six.
    — Восьмо́й но́мер.   Size eight.

5. Да́йте мне́ ме́ньший разме́р боти́нок.   Give me a smaller size shoe.
     —————————————— носко́в.   —————————— [pair of] socks.
     —————————————— сапо́г.   —————————— boot.
     —————————————— брю́к.   —————————— [pair of] trousers.

6. Я́ ношу́ бо́льший но́мер гало́ш.   I wear a larger size overshoe.
     —————————————— бу́тсов.   —————————— soccer shoe.
     —————————————— боти́нок.   —————————— shoe.
     —————————————— сапо́г.   —————————— boot.

7. Э́тот га́лстук ва́м о́чень идёт.   This tie is very becoming on you.
    Э́тот костю́м ——————.   This suit ——————————.
    Э́та руба́шка ——————.   This shirt ——————————.

8. Э́то пла́тье тебе́ о́чень к лицу́.   This dress is very becoming on you.
    Э́тот пла́щ ——————.   This raincoat ——————————.
    Э́та шля́па ——————.   This hat ——————————.

9. Пу́сть о́н приме́рит э́ти бу́тсы.   Let (*or* Have) him try on these soccer shoes.
     —————————————— трусы́.   —————————— shorts.
     —————————————— штаны́.   —————————— pants.

10. Скажи́ Пе́те, пу́сть о́н наде́нет пальто́.   Tell Petya he's to put on his overcoat.
    Скажи́ Пе́те, пу́сть о́н наде́нет пла́щ.   Tell Petya he's to put on his raincoat.

11. Пу́сть Бо́ря игра́ет вме́сто меня́.   Let Borya play in my place.
    _____ Са́ша _____.   __ Sasha _____.
    _____ Ви́тя _____.   __ Vitya _____.

12. Пу́сть Зи́на е́дет, е́сли хо́чет.   Let Zina go if she wants to.
    _____ идёт _____.   _____ go _____.
    _____ выхо́дит за́муж _____.   _____ get married _____.

13. Дава́йте, я вáм помогу́.   Let me help you.
    _____ э́то понесу́.   _____ carry that.
    _____ принесу́ вáм ча́ю.   _____ bring you some tea.

14. Дава́й, я тебя́ научу́ э́той игре́.   Let me teach you this game.
    _____ пришью́ тебе́ пу́говицу.   _____ sew a button on for you.
    _____ поведу́ тебя́ на като́к.   _____ take you to the skating rink.

15. Да́й, я э́то сде́лаю.   Let me do that.
    _____ э́то принесу́.   Let me bring that.

16. Э́то Ко́лины бу́тсы.   Those are Kolya's soccer boots.
    __ Воло́дины __.   _____ Volodya's _____.
    __ Ва́нины _____.   _____ Vanya's _____.
    __ Са́шины ____.   _____ Sasha's _____.
    __ Фили́ппа ____.   _____ Philip's _____.

17. О́лина сестра́ просту́жена.   Olya's sister has a cold.
    На́дина _____.   Nadya's _____.
    Лю́бина _____.   Lyuba's _____.
    Ви́тина _____.   Vitya's _____.

18. Вы́ знако́мы с Лю́биным женихо́м?   Are you acquainted with Lyuba's fiancé?
    _____ с На́диным _____?   _____ Nadya's ____?
    _____ со Све́тиным _____?   _____ Sveta's ____?

19. Вы́ знако́мы с Ко́линой неве́стой?   Are you acquainted with Kolya's fiancée?
    _____ с Ва́ниной _____?   _____ Vanya's ____?
    _____ с Воло́диной _____?   _____ Volodya's ____?

20. Э́то дя́дины кни́ги.   Those are Uncle's books.
    __ тётины _____.   _____ Aunt's _____.
    __ ма́мины _____.   _____ Mamma's ____.
    __ па́пины _____.   _____ Papa's _____.

21. Вы́ игра́ете в футбо́л?   Do you play soccer?
    _____ в хокке́й?   _____ hockey?
    _____ в те́ннис?   _____ tennis?
    _____ в бейсбо́л?   _____ baseball?
    _____ в ша́хматы?   _____ chess?

22. Вы́ в профессиона́льной кома́нде?   Are you on a professional team?
    Вы́ в люби́тельской кома́нде?   Are you on an amateur team?
    Вы́ футболи́ст?   Are you a soccer player?

23. У меня́ боли́т коле́но.   My knee hurts.
    _____ плечо́.   __ shoulder __.
    _____ гру́дь.   __ chest _____.
    _____ зу́б.   __ tooth _____.
    _____ у́хо.   __ ear _____.

24. У меня́ боле́л живо́т.
    ————— боле́ла спина́.
    ————————— грудь.
    ————— боле́ло всё те́ло.

I had a stomach ache.
———— a backache.
———— a pain in the chest.
My whole body ached.

25. Я ничего́ плохо́го не слыха́л про её
                       сы́на.
    ————————————— до́чь.

I haven't heard anything bad about her son.
————————————————— daughter.

Pronunciation practice: clusters of three consonants with **c** as the initial consonant

A. Clusters in which **c** is pronounced voiced.

1. **сбр** pronounced [zbr] or [zbr̗]
   [zbrátəm] с бра́том
     with brother
   [zbróṣiṭ] сбро́сить
     throw down
   [zbr̗íṭ] сбри́ть
     to shave off

2. **сгр** pronounced [zgr] or [zgr̗]
   [zgrómәm] с гро́мом
     with thunder
   [zgruẓínəm] с грузи́ном
     with the Georgian
   [zgr̗ibáṃi] с гриба́ми
     with mushrooms

3. **сдр** pronounced [zdr] or [zdr̗]
   [zdróḅju] с дро́бью
     with a fraction
   [zdraváṃi] с дрова́ми
     with firewood
   [zdr̗évṇim] с дре́вним
     with ancient

4. **сдв** pronounced [zdv] or [zḍγ]
   [zdvajṇój] с двойнёй
     with the twins
   [zḍγík] сдви́г
     shift
   [zḍγínuṭ] сдви́нуть
     to move

5. **сгл** pronounced [zgl] or [zgl̪]
   [zglupcóm] с глупцо́м
     with a fool
   [zgl̪ínəj] с гли́ной
     with clay
   [zgl̪áncim] с гля́нцем
     with gloss

B. Clusters in which **c** is pronounced voiceless.

1. **скн** pronounced [skn] or [skṇ]
   [ṛisknúṭ] рискну́ть
     to risk
   [skṇígəj] с кни́гой
     with a book
   [skṇáẓim] с кня́зем
     with a prince

2. **скр** pronounced [skr] or [skr̗]
   [skráṣiṭ] скра́сить
     to brighten
   [skruṭíṭ] скрути́ть
     to twist
   [skr̗ágə] скря́га
     miser

3. **схр** pronounced [sxr] or [sxr̩]
   [rəsxrabr̩ítcə] расхрабри́ться
   to get bold
   [sxr̩ípəm] с хри́пом
   with a wheeze
   [sxr̩énəm] с хре́ном
   with horseradish

4. **схв** pronounced [sxv]
   [sxvójij] с хво́ей
   with evergreen needles
   [sxvaţíţ] схвати́ть
   to snatch
   [sxvósţikəm] с хво́стиком
   with a small tail

5. **спл** pronounced [spl] or [spl̩]
   [spláf] спла́в
   alloy
   [splóš] сплошь
   completely
   [spl̩ú] сплю́
   I sleep

STRUCTURE AND DRILLS

Declension of possessive adjectives ending in the suffix -ин

	SINGULAR			PLURAL
	Masculine	*Neuter*	*Feminine*	
NOM	Ко́лин	Ко́лино	Ко́лина	Ко́лины
ACC	(*like* nom *or* gen)	Ко́лино	Ко́лину	(*like* nom *or* gen)
GEN	Ко́линого		Ко́линой	Ко́линых
PREP	Ко́лином			
DAT	Ко́линому			Ко́линым
INSTR	Ко́линым			Ко́лиными

MODELS

Я́ тебе́ покажу́ па́пину ко́мнату.   I'll show you Papa's room.
_____ ма́мину _____.   _____ Mamma's__.
_____ тётину _____.   _____ Aunt's _____.
_____ дя́дину_____.   _____ Uncle's ____.
_____ ба́бушкину ____.   _____ Grandma's _.
_____ де́душкину ____.   _____ Grandpa's _.

Мы́ поката́лись на Ви́тиной ло́дке.   We went for a ride in Vitya's boat.
_____ Ма́шиной ___.   _____ Masha's __.
_____ Ва́ниной ___.   _____ Vanya's __.
_____ Бо́риной ___.   _____ Borya's __.

Чей э́то слова́рь?	Whose dictionary is that?
— Та́нин.	Tanya's.
— Ва́син.	Vasya's.
— То́лин.	Tolya's.
— Зи́нин.	Zina's.
— Ми́шин.	Misha's.
— Све́тин.	Sveta's.

Я тебя́ познако́млю с Пе́тиными бра́тьями.	I'll introduce you to Petya's brothers.
——————— с Са́шиными ———.	——————— to Sasha's ———.
——————— с Ми́шиными ———.	——————— to Misha's ———.

Ты́ знако́м с Ва́синой сестро́й?	Are you acquainted with Vasya's sister?
——————— с Ната́шиной ——?	——————— with Natasha's ——?
——————— с На́диной ———?	——————— with Nadya's ——?

Ты́ знако́м с Зи́ниным му́жем?	Are you acquainted with Zina's husband?
——————— с Та́ниным ———?	——————— with Tanya's ———?
——————— с хозя́йкиным ——?	——————— with the landlady's ——?
——————— с сосе́дкиным ——?	——————— with the neighbor's ——?

■ REPETITION DRILL

Repeat the given models illustrating the use of possessive adjectives formed primarily from **жена́**-class nicknames and nouns denoting kinship. The declension is similar to that of surnames ending in **–ов** and **–ин**, except that all masculine endings, other than the nominative and inanimate accusative, are adjectival.

■ RESPONSE DRILLS

1. *Vitya bought himself a hat.*
So that's Vitya's hat!
Ви́тя купи́л себе́ шля́пу.
Так э́то Ви́тина шля́па!
Ви́тя купи́л себе́ бу́тсы.
Так э́то Ви́тины бу́тсы!
(пояс, ботинки, плащ, майку,
трусы, пальто, шапку, галстук)

2. *Your raincoat is being fixed.*
Then I'll put on (or wear) Sasha's.
Тво́й пла́щ в ремо́нте.
Тогда́ я наде́ну Са́шин.
Твои́ брю́ки в ремо́нте.
Тогда́ я наде́ну Са́шины.
(костюм, сапоги, шляпа, пальто,
рубашка, пиджак, ботинки)

3. *This dress is already too small for Tanya.*
Have her try on Valya's.
Та́не э́то пла́тье уже́ мало́.
Пу́сть приме́рит Ва́лино.
Та́не э́та руба́шка уже́ мала́.
Пу́сть приме́рит Ва́лину.
(носки, пояс, шапка, юбка,
ботинки, пальто, майка, трусы)

4. *Borya lost his fountain pen.*
Didn't anyone see Borya's pen?
Бо́ря потеря́л свою́ авторучку.
Никто́ не ви́дел Бо́риной авторучки?
Бо́ря потеря́л сво́й каранда́ш.
Никто́ не ви́дел Бо́риного карандаша́?
(свою тетрадь, свои носки, свою
майку, свой галстук, свой пояс, свою
шапку, свой кошелёк)

1. *He talked to the landlady's daughter.*
   Óн говори́л с до́черью хозя́йки.
   Óн говори́л с хозя́йкиной до́черью.
   Óн говори́л с дочерьми́ хозя́йки.
   Óн говори́л с хозя́йкиными дочерьми́.
   (ма́терью, му́жем, сы́ном, сыновья́ми,
   ба́бушкой, гостя́ми, бра́том, сестро́й)

2. *I've been in Grandfather's room.*
   Я был в ко́мнате де́душки.
   Я был в де́душкиной ко́мнате.
   Я был в до́ме де́душки.
   Я был в де́душкином до́ме.
   (избе́, саду́, кварти́ре, селе́, дере́вне,
   до́ме, ко́мнате, колхо́зе)

■ EXPANSION DRILLS

1. *I'm talking about Olya.*
   I'm talking about Olya's brother.
   Я говорю́ об О́ле.
   Я говорю́ об О́лином бра́те.
   Я говорю́ о Га́ле.
   Я говорю́ о Га́лином бра́те.
   (о Са́ше, о Ва́не, о Ва́се, об Алёше,
   о Ко́ле, о Та́не, о Ми́ше, о Све́те)

2. *[Do you] want to meet Olya?*
   [Do you] want to meet Olya's sister?
   Хо́чешь познако́миться с О́лей?
   **Хо́чешь познако́миться с О́линой
   сестро́й?**
   Хо́чешь познако́миться с Ма́шей?
   **Хо́чешь познако́миться с Ма́шиной
   сестро́й?**
   (со Све́той, с Ната́шей, с Алёшей,
   с Воло́дей)

3. *We've got to telephone Volodya.*
   We've got to telephone Volodya's mother.
   На́до позвони́ть Воло́де.
   На́до позвони́ть Воло́диной ма́ме.
   На́до позвони́ть Ми́ше.
   На́до позвони́ть Ми́шиной ма́ме.
   (Ко́ле, Та́не, Бо́ре, Пе́те, Са́ше,
   На́де, О́ле, Ве́ре, Ва́се)

4. *I found that out from Vera.*
   I found that out from Vera's father.
   Я узна́л э́то от Ве́ры.
   Я узна́л э́то от Ве́риного отца́.
   Я узна́л э́то от Та́ни.
   Я узна́л э́то от Та́ниного отца́.
   (Све́ты, Ната́ши, На́ди, О́ли, То́ли,
   Ко́ли, Са́ши, Пе́ти)

Third person imperatives with пу́сть

MODELS

Пу́сть о́н ва́м э́то пока́жет.   Let him show it to you.
—— она́ ——————.   — her ——————.
—— они́ ——— пока́жут.   — them ——————.

Пу́сть Влади́мир са́м э́то сде́лает.   Let Vladimir do it himself.
—— Ири́на сама́ э́то сде́лает.   — Irina do it herself.
—— студе́нты са́ми э́то сде́лают.   — the students do it themselves.

Верёвкин стои́т в коридо́ре.   Veryovkin's standing in the hall.
— Пу́сть подождёт.   Let him wait.
Верёвкина стои́т в коридо́ре.   Miss Veryovkin's standing in the hall.
— Пу́сть подождёт.   Let her wait.
Верёвкины стоя́т в коридо́ре.   The Veryovkins are standing in the hall.
— Пу́сть подожду́т.   Let them wait.

Пу́сть о́н игра́ет вме́сто меня́.   Let him play instead of me.
—— она́ игра́ет ——————.   — her play ——————.
—— они́ игра́ют —— на́с.   — them play —— us.

Пу́сть о́н не рабо́тает по суббо́там.   Don't have him work Saturdays.
——— она́ не рабо́тает ———.   ——— her work ———.
——— они́ не рабо́тают ———.   ——— them work ———.

Пу́сть Та́ня постира́ет руба́шки.   Let (*or* Have) Tanya wash the shirts.
——— пригото́вит обе́д.   ——— cook dinner.
——— помо́ет посу́ду.   ——— wash the dishes.
——— пришьёт пу́говицу.   ——— sew on the button.
——— побежи́т в ла́вку.   ——— run (*or* go) to the store.
——— встаёт.   See that Tanya gets up.
——— не опа́здывает.   ——— isn't late.

■ REPETITION DRILL

Repeat the given models, noting that **пусть** is followed by a nominative construction and that the verb
may be either in the imperfective present or the perfective future.

■ STRUCTURE REPLACEMENT DRILLS

1. *I want Oleg to play, too.*
   Let Oleg play, too.
   Я́ хочу́, чтобы Оле́г то́же игра́л.
   Пу́сть Оле́г то́же игра́ет.
   Я́ хочу́, чтобы Оле́г то́же пошёл.
   Пу́сть Оле́г то́же пойдёт.
   (примерил, поехал, поспал, покатался,
   позанимался, это прочитал)

2. *It's time for Philip to get up.*
   See that Philip gets up.
   Фили́ппу пора́ встава́ть.
   Пу́сть Фили́пп встаёт.
   Фили́ппу пора́ гото́виться.
   Пу́сть Фили́пп гото́вится.
   (собираться, уходить, одеваться,
   умываться, обедать, завтракать,
   бриться)

■ QUESTION-ANSWER DRILL

You don't advise him to go?
No, he'd better not go.
Вы́ ему́ не сове́туете е́хать?
Не́т, пу́сть лу́чше не е́дет.
Вы́ ему́ не сове́туете игра́ть?
Не́т, пу́сть лу́чше не игра́ет.
(плавать, гулять, ходить, лежать,
сидеть, встава́ть)

■ RESPONSE DRILLS

1. *I heard that Olya's getting married.*
   So what? Let her!
   Я́ слы́шал, что О́ля выхо́дит за́муж.
   Ну́ и что́ ж? Пу́сть выхо́дит!
   Я́ слы́шал, что О́ля уезжа́ет.
   Ну́ и что́ ж? Пу́сть уезжа́ет!
   (поступает в вуз, уходит с работы,
   учит английский, на тебя сердится,
   тебя ищет)

2. *She doesn't want to go?*
   O.K., let her stay.
   Так она́ не хо́чет идти́?
   Хорошо́, пу́сть не идёт.
   Так она́ не хо́чет е́сть?
   Хорошо́, пу́сть не е́ст.
   (спать, вставать, ужинать, учиться,
   отвечать, шить)

DISCUSSION

Commands directed toward a third person (or persons) are usually expressed in Russian by **пусть** followed by a nominative subject and the third person verb in the present-future:

Пусть о́н игра́ет.	Let him play.
Пусть они́ подожду́т.	Let them wait.
Пусть они́ откро́ют о́кна.	Have them open the windows.

The omission of the subject noun or pronoun adds an element of abruptness or impoliteness:

| Пусть ждёт. | Let him wait (I don't care). |

Note that with **кто́-нибудь** either the **пусть** construction or the second person plural imperative may be used:

| Помоги́те мне́, кто́-нибудь! | |
| Пусть кто́-нибудь мне́ помо́жет! | Somebody help me! |

In colloquial Russian, **пуска́й** is often used instead of **пусть**.

Suggestions in which the speaker volunteers to perform an activity

MODELS

Да́й, я́ э́то сде́лаю.	Let me do that.
Да́йте, _____.	Let _____.
Да́й, мы́ э́то сде́лаем.	Let us do that.
Да́йте, _____.	Let _____.
Я́ не зна́ю, ка́к приши́ть пу́говицу.	I don't know how to sew on a button.
— Дава́й, я пришью́.	Let me do it.
Я́ не уме́ю запако́вывать посы́лки.	I don't know how to wrap a package.
— Дава́й, я запаку́ю.	Let me do it.
Я́ не могу́ закры́ть окно́.	I can't close the window.
— Да́йте, я закро́ю.	Let me do it.
Ва́м тяжело́ нести́ чемода́н.	The suitcase is too heavy for you to carry.
Дава́йте, я ва́м помогу́.	Let me help you.

■ REPETITION DRILL

Repeat the given models illustrating the use of **дава́й(те)** or **да́й(те)** plus a first person construction to suggest that the speaker perform an activity. Note particularly that the perfective future form is used for the main verb.

■ RESPONSE DRILLS

1. *I can't do this.*
Let's do it together.
Я́ не могу́ э́того сде́лать.
Дава́йте, мы́ э́то сде́лаем вме́сте.
Я́ не могу́ э́того принести́.
Дава́йте, мы́ э́то принесём вме́сте.
(передви́нуть, написа́ть, почи́стить, объясни́ть, соста́вить, почи́стить)

2. *I'm afraid to ask them.*
Let me do it.
Я́ бою́сь и́х спра́шивать.
Дава́й, я спрошу́.
Я́ бою́сь с ни́ми говори́ть.
Дава́й, я поговорю́.
(им звони́ть, к ним заходи́ть, их ката́ть на ло́дке, им писа́ть, их везти́ в дере́вню)

1. *How do you write this?*
   Let me do it.
   Кáк э́то пи́шется?
   Дáй, я́ напишý.
   Кáк э́то вáрится?
   Дáй, я́ сварю́.
   (начинáется, читáется, открывáется, мо́ется, закрывáется, снимáется, дéлается)

2. *Do you know how to cook fish?*
   Yes, let me do it.
   Ты́ умéешь вари́ть ры́бу?
   Дá, давáй, я́ сварю́.
   Ты́ умéешь пришивáть пýговицы?
   Дá, давáй, я́ пришью́.
   (готóвить грибы́, пéчь пирóг, мы́ть посýду, стирáть бельё, игрáть в шáхматы, писáть заявлéния, читáть стихи́)

■ STRUCTURE REPLACEMENT DRILLS

1. *I want to finish; then we'll go.*
   Let me first finish; then we'll go.
   Я́ хочý кóнчить, тогдá пойдём.
   Дáй, я́ кóнчу, тогдá пойдём.
   Я́ хочý вы́купаться, тогдá пойдём.
   Дáй, я́ вы́купаюсь, тогдá пойдём.
   (поспáть, поýжинать, позáвтракать, пообéдать, поéсть, чегó-нибудь закуси́ть, чегó-нибудь вы́пить, доéсть, допи́ть)

2. *I'll put on the record.*
   Let me put on the record.
   Я́ постáвлю пласти́нку.
   Давáй, я́ постáвлю пласти́нку.
   Я́ посмотрю́.
   Давáй, я́ посмотрю́.
   (объясню́, узнáю, помóю, поéду, пригото́влю, сообщý, напишý, прочитáю)

DISCUSSION

Suggestions in which the speaker volunteers to perform an activity are expressed by a combination of **давáй(те)** or **дáй(те)** plus **я́** and the appropriate verb, which is almost always in the perfective future:

Дáй, я́ э́то сдéлаю. — Let me do that.
Давáйте, я́ вáм помогý. — Let me help you.

If the suggestion includes someone in addition to the speaker, **давáй(те)** or **дáй(те)** plus **мы́** and the appropriate verb are used:

Дáй, мы́ пойдём тудá вмéсто тебя́. — Let us go there instead of you.

The choice of whether one uses the singular or the plural-polite imperative form of **давáть, дáть** depends on the relationship of the speaker to the addressee:

Ми́ша, дáй, я́ тебé помогý. — Misha, let me help you.
Михаи́л Ивáнович, дáйте, я́ вáм помогý. — Mikhail Ivanovich, let me help you.

Use of the perfective **дáй** or **дáйте** makes the suggestion stronger and lends a greater immediacy to the proposed action.

Uses of the accusative case

MODELS

Одолжи́те мнé э́ту пласти́нку на недéлю. — Lend me this record for a week.
——————— э́ти кни́ги ——————. — ———— these books ————.
——————— э́тот словáрь ——————. — ———— this dictionary ————.
——————— э́ту вéщь ——————. — ———— this thing ————.

Объясни́ мнé, пожáлуйста, э́тот плáн. — Please explain this plan to me.
——————————— э́то слóво. — ———————— this word ——.
——————————— э́ти словá. — ———————— these words ——.

Óн бы́л здéсь тóлько однý зи́му.　　　　He was here only one winter.
―――――――――――― однó лéто.　　　　―――――――――― one summer.
―――――――――――― однý минýту.　　　　―――――――――― a minute.

Моя́ ша́пка упа́ла за дива́н.　　　　My cap fell behind the sofa.
―――――――――――― за крова́ть.　　　　―――――――――― the bed.
―――――――――――― за шка́ф.　　　　―――――――――― the dresser.

Óн э́то сдéлал за оди́н дéнь.　　　　In one day he had it done.
―――――――――― за двé недéли.　　　　In two weeks ――――――.
―――――――――― за два́ дня́.　　　　In two days――――――.

Это стóило два́дцать оди́н рýбль.　　　　That cost twenty-one rubles.
―――――――――― однý копéйку.　　　　―――――― one kopeck.
―――――――――― ты́сячу рублéй.　　　　―――――― a thousand rubles.

Мы́ éдем туда́ на всю́ зи́му.　　　　We're going there for the whole winter.
―――――――――――― на всё лéто.　　　　―――――――――― for the whole summer.

Она́ молóже егó на оди́н мéсяц.　　　　She's a month younger than he.
―――――――――――― на оди́н гóд.　　　　―――― a year ――――――――.
―――――――――――― на однý недéлю.　　　　―――― a week ――――――――.

■ STRUCTURE REPLACEMENT DRILLS

1. *Do you have a spade?*
   Can you lend me a spade?
   У ва́с éсть лопа́та?
   Вы́ мóжете одолжи́ть мнé лопа́ту?
   У ва́с éсть нýжная одéжда?
   **Вы́ мóжете одолжи́ть мнé нýжную
   одéжду?**
   (рубль, десять копеек, галоши, мыло,
   белые нитки, тонкая иголка,
   авторучка, синий галстук, голубая
   рубашка)

2. *These are some new rules.*
   Please explain these rules to me.
   Это каки́е-то нóвые пра́вила.
   Объясни́ мнé, пожа́луйста, э́ти пра́вила.
   Это какóе-то нóвое слóво.
   Объясни́ мнé, пожа́луйста, э́то слóво.
   (план, вопросы, дело, мысль,
   словечко, просьба, игра, рекламы)

■ QUESTION-ANSWER DRILLS

1. *How many years were you there?*
   One year.
   Скóлько лéт вы́ та́м бы́ли?
   Оди́н гóд.
   Скóлько минýт вы́ та́м бы́ли?
   Однý минýту.
   (недель, месяцев, лет, минут, зим,
   вёсен, ночей, вечеров, часов)

2. *Did you find the kerchief on the dresser?*
   No, it fell behind the dresser.
   Ты́ нашёл платóк на шкафý?
   Нéт, óн упа́л за шка́ф.
   Ты́ нашёл платóк на буфéте?
   Нéт, óн упа́л за буфéт.
   (полке, кровати, диване, гардеробе,
   комоде, кресле, проигрывателе, коробке)

3. *In how many days will you be back?*
   I'll be back in exactly one day.
   Чéрез скóлько днéй ты́ вернёшься?
   Я́ вернýсь рóвно чéрез дéнь.
   Чéрез скóлько недéль ты́ вернёшься?
   Я́ вернýсь рóвно чéрез недéлю.
   (месяцев, дней, часов, недель,
   месяцев, часов, дней)

4. *Will you need several weeks for that?*
   No, I'll do it in a week.
   Ва́м для э́того нýжно нéсколько недéль?
   Нéт, я́ э́то сдéлаю в однý недéлю.
   Ва́м для э́того нýжно нéсколько
   мéсяцев?
   Нéт, я́ э́то сдéлаю в оди́н мéсяц.
   (лет, часов, вечеров, дней, зим, ночей)

■ STRUCTURE REPLACEMENT DRILLS

1. *They were walking along the road.*
   They crossed the road.
   Они́ шли́ по доро́ге.
   Они́ перешли́ через доро́гу.
   Они́ шли́ по у́лице.
   Они́ перешли́ через у́лицу.
   (по пло́щади, по переу́лку, по саду́,
   по па́рку, по по́лю, по база́ру)

2. *I'll count this instead of you.*
   I'll count this for you.
   Я́ э́то посчита́ю вме́сто тебя́.
   Я́ э́то за тебя́ посчита́ю.
   Я́ э́то посчита́ю вме́сто него́.
   Я́ э́то за него́ посчита́ю.
   (Зи́ны, вас, Оле́га, Тама́ры, О́ли, неё,
   Петро́вой, Ма́ши)

3. *I'll be in the country the whole summer.*
   I'm going to the country for the whole summer.
   Я́ всё ле́то бу́ду в дере́вне.
   Я́ е́ду в дере́вню на всё ле́то.
   Я́ всю зи́му бу́ду в дере́вне.
   Я́ е́ду в дере́вню на всю зи́му.
   (ме́сяц, ле́то, весну́, неде́лю, де́нь,
   год, о́сень, зи́му)

4. *There's two years' difference between them.*
   He's two years older than she.
   Ме́жду ни́ми два́ го́да ра́зницы.
   О́н ста́рше её на́ два го́да.
   Ме́жду ни́ми оди́н ме́сяц ра́зницы.
   О́н ста́рше её на оди́н ме́сяц.
   (оди́н год, три́ ме́сяца, пя́ть ле́т,
   оди́н ме́сяц, три́ го́да, два́ ме́сяца,
   ше́сть ле́т)

DISCUSSION

The accusative has several functions, the most important of which are the following:

To indicate the direct object of the transitive non-negated verb:

Вчера́ Оле́г уда́рил **меня́** по коле́ну.	Yesterday Oleg hit *me* in the knee.
Мне́ ка́к-то разби́ли **но́гу** во вре́мя игры́.	I got my *leg* hurt once during a game.
Мы́ ва́м объясни́м **всё пра́вила**.	We'll explain *all the rules* to you.
Я́ ему́ одолжи́л **бу́тсы**.	I loaned him *soccer shoes*.
Ты́ **кото́рый но́мер** но́сишь?	What *size* do you wear?

To indicate distance covered:

Мы́ уже́ прошли́ **одну́ ми́лю**.	We've already gone *a mile*.
О́н прое́хал **де́сять киломе́тров**.	He drove *ten kilometers*.

To indicate the total extent of time during which an action takes place:

Мы́ **всю́ но́чь** танцева́ли.	We danced *all night*.
Ты́ **всё вре́мя** сиди́шь до́ма.	You stay home *all the time*.
Я́ **всю́ зи́му** ва́с не ви́дел.	I haven't seen you *all winter*.
Она́ **ве́сь де́нь** рабо́тала над сочине́нием.	She worked on the composition *all day*.

To indicate the cost of a thing:

Э́ти гало́ши сто́ят **два́дцать оди́н ру́бль**.	These rubbers cost *twenty-one rubles*.
Э́тот по́яс сто́ил **три́дцать одну́ копе́йку**.	This belt cost *thirty-one kopecks*.

With the prepositions **про** *about* and **через** *across, through, in* (*a period of time*):

Я́ мно́го слыха́л **про ва́ш бейсбо́л**.	I've heard a lot *about your baseball*.
Через ре́ку постро́или мо́ст.	They've built a bridge *across the river*.
Пойдём **через па́рк**.	Let's go *through the park*.
Они́ приду́т **через ча́с**.	They'll be coming *in an hour*.

With the prepositions **в** and **на** after verbs of motion to indicate a destination:

Я иду́ **в библиоте́ку.**	I'm on my way *to the library.*
Пойдём **на конце́рт.**	Let's go *to the concert.*

With the preposition **в** to indicate the specific time that an action takes place:

В пя́тницу у на́с бу́дет экза́мен.	We're going to have an exam *on Friday.*
В э́ту мину́ту она́ вошла́ в ко́мнату.	*At that moment* she entered the room.
Фи́льм начина́ется **в се́мь часо́в.**	The movie begins *at seven o'clock.*

With the preposition **в** to express frequency:

О́н хо́дит к до́ктору два́ ра́за **в ме́сяц.**	He goes to the doctor twice *a month.*
Ра́з **в неде́лю** в клу́бе пока́зывают фи́льм.	Once *a week* they show a movie at the club.

With the preposition **в** to indicate games played:

Вы́ игра́ете **в ша́хматы?**	Do you play *chess?*
Я́ игра́л **в хокке́й.**	I used to play *hockey.*

With the preposition **на** to indicate the period of time projected for a certain activity:

Они́ уе́хали в дере́вню **на ме́сяц.**	They went to the country *for a month.*
Пое́дем к на́м **на кани́кулы.**	Let's spend *the vacation* at our place *or* Let's go to our place *for the holidays.*

With the preposition **на** to express the degree of difference in comparisons:

Она́ ста́рше меня́ **на́ год.**	She's *a year* older than I am.
Э́то **на одну́ копе́йку** деше́вле.	This is *one kopeck* cheaper.
Ва́ша посы́лка **на́ два кило́** ле́гче мое́й.	Your package is *two kilos* lighter than mine.

With the preposition **на** in a few other fixed phrases:

Во́т ва́м **тало́ны на обе́д.**	Here are your *meal tickets.*
На э́тот ра́з бу́дут та́нцы.	*This time* there'll be dancing.
Что́ сего́дня **на обе́д?**	What's *for dinner* today?
На еду́ на́м ну́жно три́дцать рубле́й в ме́сяц.	We need thirty rubles a month *for food.*
О́н похо́ж **на сестру́.**	He looks like his *sister.*

With the preposition **за** in conjunction with verbs of motion to indicate a destination behind or beyond something:

Поста́вь па́лку **за две́рь.**	Put the stick *behind the door.*
Пое́дем **за́ город.**	Let's drive *to the country.*

With the preposition **за** to indicate the period of time during which an activity takes place, often with emphasis on the short time in which the activity is accomplished:

О́н ко́нчил университе́т **за́ три го́да.**	He finished the university *in three years.*
За э́ту зи́му о́н ни ра́зу не́ был у на́с.	*This winter* he hasn't been to see us once.
За после́днее вре́мя о́н о́чень вы́рос.	He's really grown *lately.*

With the preposition **за** to indicate purpose or reason:

За ва́ше здоро́вье!	*To your health!*
Спаси́бо **за конфе́ты.**	Thanks *for the candy.*
Благодарю́ ва́с **за пода́рок.**	Thank you *for the present.*

With the preposition **за** to indicate an exchange, replacement, or substitute:

Сде́лай э́то **за меня́**.

Do this *for me*.

Я́ купи́л э́ти гало́ши **за со́рок оди́н рубль**.

I bought these rubbers *for forty-one rubles*.

За ко́мнату на́до плати́ть ка́ждую неде́лю.

You have to pay *for the room* every week.

ПОВТОРЕ́НИЕ

— Са́ша, мо́жешь одолжи́ть мне́ сво́й велосипе́д?

— Могу́, коне́чно. А куда́ тебе́ на́до е́хать?

— Никуда́ осо́бенно. Про́сто хочу́ пое́хать в па́рк поката́ться.

— А мо́жно тебя́ спроси́ть, с ке́м ты́ собира́ешься ката́ться?

— Мо́жно. С Тама́рой.

— Ви́дишь, я́ та́к и зна́л, что ты́ не оди́н пое́дешь. Кто́ она́?

— Де́вушка из сосе́дней кварти́ры. Неда́вно прие́хала с Кавка́за.

— Я́ тебе́ скажу́, ка́к она́ вы́глядит: ма́ленького ро́ста, с ка́рими глаза́ми. Я́ ведь зна́ю, каки́е де́вушки тебе́ нра́вятся.

— А во́т и не́т: она́ высо́кая, глаза́ у неё голубы́е, и вообще́ она́ блонди́нка и дово́льно по́лная.

— Во́т ка́к! Э́то что́-то но́вое.

Вчера́ Ку́рочкин бы́л у на́с в гостя́х. О́н немно́го вы́пил и на́чал говори́ть о себе́. Во́т что́ о́н говори́л: «Тепе́рь я́ профе́ссор, и у меня́ уже́ сыновья́ студе́нты. Мне́ уже́ тру́дно предста́вить себе́, что я́ бы́л когда́-то дереве́нским мальчи́шкой, лови́л пти́ц, игра́л в лапту́ с прия́телями, ходи́л с ни́ми на лы́жах, кото́рые мы́ са́ми де́лали. Ле́том в на́шу дере́вню приезжа́ло две́ семьи́ на да́чу. У ни́х бы́ло мно́го дете́й — четы́ре ма́льчика и три́ де́вочки. Ме́жду на́ми, дереве́нскими ребя́тами, и те́ми городски́ми ма́льчиками была́ больша́я ра́зница. Мы́ отли́чно пла́вали, бе́гали, ходи́ли в ле́с за гриба́ми и ничего́ не боя́лись. А те́ ма́льчики пла́вать не уме́ли, и ходи́ть в ле́с без взро́слых и́м не разреша́ли. Говори́ть с ни́ми на́м бы́ло ску́чно, и мы́ ре́дко игра́ли вме́сте. И во́т я́ тепе́рь ста́л профе́ссором и неда́вно уви́дел в одно́м нау́чном журна́ле знако́мую фами́лию. Э́то оди́н из те́х ма́льчиков. О́н то́же ста́л профе́ссором, и я́ тепе́рь спо́рю с ни́м в журна́ле о нау́чных вопро́сах, а о́н и не зна́ет, что мы́ встреча́лись, когда́ бы́ли детьми́».

Вчера́ по́сле конце́рта, когда́ Ви́тя провожа́л Га́лю, они́ до́лго стоя́ли о́коло её до́ма и разгова́ривали. Но́чь была́ о́чень холо́дная, но они́ э́того не замеча́ли и горячо́ спо́рили. Га́ля говори́ла, что обяза́тельно посту́пит в Нефтяно́й институ́т, а Ви́тя да́же серди́лся и не сове́товал е́й идти́ туда́, потому́ что э́то совсе́м не же́нское де́ло. Ка́ждый счита́л, что о́н пра́в, и они́ могли́ бы спо́рить та́к до утра́, е́сли бы не моро́з. Ви́тя пе́рвый почу́вствовал, что у него́ уже́ боля́т у́ши и но́с, а тогда́ и Га́ля заме́тила, что она́ не чу́вствует па́льцев. Га́ля предложи́ла Ви́те зайти́ и посиде́ть у ни́х в тёплой ко́мнате, но у Ви́ти не́ было вре́мени, на́до бы́ло спеши́ть домо́й занима́ться. И́м пришло́сь расста́ться.

NOTES

PREPARATION FOR CONVERSATION

Фёдор Васи́льевич заболе́л

заболе́ть, заболе́ют (pfv I)
Фёдор Васи́льевич заболе́л.
Встава́й, Фе́дя.

Опозда́ешь в университе́т.

Я, Ва́ря, ка́жется, заболе́л.

го́рло
У меня́ боли́т го́рло.

подня́ться (pfv I) (past подня́лся, –о́сь,
    –а́сь, –и́сь; fut поднor му́сь,
    подни́мешься)
Я не могу́ да́же подня́ться.
    сла́бость (f)
**У меня́ така́я сла́бость, что не могу́ да́же
подня́ться.**

вы́звать, вы́зовут (pfv I)
Мо́жет быть, вы́звать врача́?
    поликли́ника
Мо́жет быть, вы́звать врача́ из поликли́ники?

Бою́сь, что придётся.

температу́ра
изме́рить, –ят (pfv II)
Я изме́рю температу́ру.
    гра́дусник
    –ка (unstressed particle)

**Да́й-ка мне́ гра́дусник, я́ изме́рю
температу́ру.**

to fall ill, get sick
Fyodor Vasilyevich has fallen ill.
Get up, Fedya.

You'll be late to the university.

I guess I'm sick, Varya.

throat
I have a sore throat.

to raise oneself, get up, rise; to climb; to
    start up

I can't even get up.
    weakness
I feel so weak I can't even get up.

to summon, call, get; to bring on, cause
Perhaps I should call a doctor?
    out-patient clinic
Perhaps I should call a doctor from the out-
    patient clinic?

I'm afraid you'll have to.

temperature
to measure
I'll take my temperature.
    thermometer
    how about, suppose (often used to soften
        command)

How about handing me the thermometer; I'll
    take my temperature.

Гра́дусник разби́лся. | The thermometer broke.
У на́с не́т гра́дусника, о́н разби́лся. | But we don't have a thermometer—it broke.

урони́ть, уро́нят (pfv II) | to drop, let fall
По́мнишь, ты́ его́ урони́л? | Remember, you dropped it?

полго́да | half a year, six months
А́х, да́! Но э́то бы́ло уже́ полго́да наза́д. | Oh yes! But that was six months ago.

до си́х по́р | till now, up to now, up to here
Почему́ же ты́ до си́х по́р не купи́ла но́вого | But why haven't you bought a new thermometer
гра́дусника? | up to now?

Я́ хоте́ла купи́ть, но ты́ сказа́л, что не сто́ит. | I wanted to buy one, but you said it wasn't worthwhile.

боле́ть, боле́ют (I) | to be sick
Мы́ с тобо́й никогда́ не боле́ем. | You and I are never sick.
мо́л | says he, to quote you, in your words
Мы́ с тобо́й, мо́л, никогда́ не боле́ем. | You and I, to quote you, are never sick.

Неуже́ли я́ тако́е сказа́л? | Did I really say such a thing?

наказа́ть, нака́жут (pfv I) | to punish
нака́зан, –а, –о (ppp of наказа́ть) | punished

подело́м мне́ | it serves me right
Зна́чит, подело́м и нака́зан. | Then it serves me right and I'm punished.

пирамидо́н | pyramidon (headache remedy)
Да́й мне́, Ва́ря, пирамидо́на. Голова́ боли́т. | Give me some pyramidon, Varya. My head aches.

Сейча́с. Ну́, ты́ лежи́. | Right away. Well now, you stay in bed.

апте́ка | pharmacy
сбе́гать, –ают (pfv I) | to run (out and back)
Я́ сбе́гаю в апте́ку и позвоню́ в | I'll run to the pharmacy and phone the out-
поликли́нику. | patient clinic.
ми́гом | in a jiffy, in no time at all, quickly
Я́ ми́гом сбе́гаю в апте́ку и позвоню́ в | I'll run quickly to the pharmacy and phone the
поликли́нику. | out-patient clinic.

заодно́ | while [I'm] at it; at the same time
Заодно́ и гра́дусник куплю́. | And while I'm at it, I'll buy a thermometer.

Ва́ренька (var. of Ва́ря) | Varya, Varya dear
Спаси́бо, Ва́ренька. | Thanks, Varya dear.

одея́ло | blanket
укры́ть, укро́ют (pfv I) | to cover; to shelter
Укро́й меня́ ещё одни́м одея́лом. | Cover me with another blanket.
ухо́д | leaving, going away, departure
Пе́ред ухо́дом укро́й меня́ ещё одни́м | Before you go, put another blanket on me, please.
одея́лом, пожа́луйста.

зноби́ть (II) | to have the chills, shiver
Меня́ зноби́т. | I feel chills *or* I'm shivering.

Сейча́с.

    прове́триться, –ятся (pfv II)

Ко́мната уже́ прове́трилась.
    фо́рточка
Я́ закро́ю фо́рточку.
**Я́ закро́ю фо́рточку, ко́мната уже́
прове́трилась.**

Right away. (I'll do it right away.)

    to get some fresh air; to refresh oneself; to
    get aired (out)

The room has already been aired.
    vent (small hinged window)
I'll close the vent.
I'll close the vent; the room has already been
aired.

SUPPLEMENT

    подня́ть, подни́мут (pfv I) (past по́днял,
      –о, –и; f –а́)
Подними́ полоте́нце, оно́ упа́ло на́ пол.
    поднима́ть, –а́ют (I)
Не поднима́й таки́х тяжёлых веще́й!
    поднима́ться (I)

Е́й тру́дно поднима́ться по ле́стнице.
    вызыва́ть, –а́ют (I)
О́н вызыва́ет такси́.
    измеря́ть, –я́ют (I)
Ка́ждое у́тро мне́ измеря́ют температу́ру.
    гра́дус
Ско́лько сего́дня гра́дусов?
Сего́дня де́сять гра́дусов моро́за.
    Це́льсий
    Фаренге́йт
Э́то по Це́льсию и́ли по Фаренге́йту?
    поду́шка
Э́та поду́шка сли́шком твёрдая.
    на́волока (or на́волочка)
Я́ ва́м принесу́ чи́стую на́волоку.
Я́ ва́м принесу́ чи́стую на́волочку.
    простыня́, –й; про́стыни, просты́нь
Чи́стые про́стыни в ни́жнем я́щике.
    матра́с (or матра́ц)
Я́ не люблю́ спа́ть на мя́гком матра́се.
Я́ не люблю́ спа́ть на мя́гком матра́це.
    больни́ца
О́н уже́ де́сять дне́й лежи́т в больни́це.
    кли́ника
Вы́зовите врача́ из кли́ники.
    до каки́х по́р
До каки́х по́р вы́ та́м рабо́тали?
До каки́х по́р вы́ собира́етесь здесь
    остава́ться?
    до те́х по́р

to lift, pick up; to raise

Pick up the towel; it fell on the floor.
    to lift, pick up; to raise
Don't lift such heavy things!
    to raise oneself up, go (or come) up; to
    climb
It's hard for her to climb the stairs.
    to summon, call; to bring on, cause
He's calling a taxi.
    to measure, check (by measuring)
Every morning they take my temperature.
    degree
What's the temperature today?
It's ten degrees below today.
    centigrade
    Fahrenheit
Is that (according to) centigrade or Fahrenheit?
    pillow
This pillow is too hard.
    pillowcase

I'll bring you a clean pillowcase.

    sheet
Clean sheets are in the bottom drawer.
    mattress

I don't like to sleep on a soft mattress.

    hospital
He's been in the hospital ten days now.
    clinic
Call a doctor from the clinic.
    up to when, how long, how much longer
How long did you work there?
How much longer are you planning to stay here?

    up to then, till then, till that time, before
    that time

До тéх пóр óн рабóтал в поликли́нике.	Before that time he worked at the out-patient clinic.
здорóвье	health
Кáк вáше здорóвье?	How's your health?
На здорóвье!	Gesundheit! *or* God bless you! *or* Your health!
За вáше здорóвье!	To your health! *or* Cheers! (toast)

Фёдор Васи́льевич заболéл

Ф.В. — Фёдор Васи́льевич Берёзов (Фéдя)   В.С. — Варвáра Сергéевна (Вáря), егó женá

В. С. 1 Вставáй, Фéдя! Опоздáешь в университéт.

Ф. В. 2 Я, Вáря, кáжется, заболéл: боли́т гóрло, и такáя слáбость, что не могý дáже подня́ться.

В. С. 3 Мóжет быть, вы́звать врачá из поликли́ники?

Ф. В. 4 Бою́сь, что придётся. Дáй-ка мнé грáдусник, я измéрю температýру.[1]

В. С. 5 У нáс нéт грáдусника, óн разби́лся. Пóмнишь, ты́ егó урони́л?

Ф. В. 6 Áх, дá! Но э́то бы́ло ужé полгóда назáд. Почемý же ты́ до си́х пóр не купи́ла нóвого?

В. С. 7 Я́ хотéла купи́ть, но ты́ сказáл, что не стóит. Мы́ с тобóй, мóл, никогдá не болéем.

Ф. В. 8 Неужéли я́ такóе сказáл? Знáчит, поделóм и накáзан. Дáй мнé, Вáря, пирамидóна.[2] Головá боли́т.

В. С. 9 Сейчáс. Нý, ты́ лежи́, а я́ ми́гом сбéгаю в аптéку и позвоню́ в поликли́нику.[3] Заоднó и грáдусник куплю́.

Ф. В. 10 Спаси́бо, Вáренька. Перед ухóдом укрóй меня́ ещё одни́м одея́лом, пожáлуйста. Меня́ зноби́т.

В. С. 11 Сейчáс. Я́ закрóю фóрточку, кóмната ужé провéтрилась.[4]

NOTES

[1] To measure both body and atmospheric temperature, Russians use the centigrade thermometer. Many Russians say **термóметр** instead of **грáдусник**.

[2] Besides aspirin, a common headache remedy is **пирамидóн** *pyramidon*. It comes in either powder form or crystals and is dissolved in water. It is also available in tablet form.

[3] **Аптéка** is a *pharmacy* in the European sense of the word, that is, a retail store where prescriptions are filled and only medical supplies and toiletries are sold. In every **аптéка** there is a pay telephone booth. Since comparatively few people in the Soviet Union have their own telephone, it is common to call the doctor from there.

[4] The typical Russian window contains a small section which can be opened for ventilation. This **фóрточка** *vent* is usually located in the upper right hand part of the window. Most Russian windows are of the wing type; that is, the two door-shaped halves open inward or outward. In very cold weather, when the rest of the window has been sealed with putty or weather stripping against cold drafts, the small vent is used to air out the room.

У Берёзова грипп

грипп

У Берёзова грипп.

Да́, температу́ра дово́льно высо́кая: три́дцать во́семь и три́.

Что́ у него́, до́ктор?

вероя́тность (f)

По все́й вероя́тности у ва́с грипп.

определённый

Сейча́с ещё тру́дно сказа́ть определённо, но по все́й вероя́тности, грипп.

подозрева́ть, –а́ют (I)

Я та́к и подозрева́л.

кашне́ (indecl n) [kašné]

Я два́ дня́ ходи́л без кашне́.

признава́ться, признаю́тся (I)

Призна́юсь, я два́ дня́ ходи́л без кашне́.

поня́ть, пойму́т (pfv I) (past по́нял, –а́, –о, –и)

Я не могу́ тебя́ поня́ть, Фе́дя!

мете́ль (f)

настоя́щий

На дворе́ настоя́щая мете́ль.

На дворе́ настоя́щая мете́ль, а ты́ бе́гаешь с откры́той ше́ей.

Ва́ря, ми́лая, я́ не винова́т.

Кашне́ потеря́лось.

Ва́ря, ми́лая, я́ ведь не винова́т, что кашне́ где́-то потеря́лось.

перча́тка

Перча́тки и кашне́ у все́х теря́ются.

Пра́вда, до́ктор?

Соверше́нно ве́рно.

о́пыт

со́бственный

Я зна́ю по со́бственному о́пыту.

есте́ственный

тем бо́лее

А у ва́с э́то те́м бо́лее есте́ственно: вы́ профе́ссор.

рассе́янный

Все́ профессора́ рассе́янны.

---

flu, grippe

Beryozov has the flu.

Yes, your temperature is quite high: 38.3°.

What does he have, doctor?

probability, likelihood

In all probability you have the flu.

definite, sure, certain

It's still difficult at the moment to say for certain, but in all probability, the flu.

to suspect

I suspected as much.

muffler, scarf

I went around without my scarf for two days.

to confess, admit

I admit I went around without my scarf for two days.

to understand

I can't understand you, Fedya!

blizzard, snowstorm

real; present

There's a real blizzard outdoors.

There's a real blizzard outdoors and you run around with your neck uncovered.

Varya dear, it's not my fault.

The scarf got lost.

Varya dear, it's not really my fault that the scarf got lost somewhere.

glove

Gloves and scarfs are things everybody loses.

Isn't that right, doctor?

That's absolutely right.

experience; experiment

own, personal

I know from personal experience.

natural

all the more

And with you it's all the more natural—you're a professor.

absent-minded; scatter-brained (*lit.* scattered)

All professors are absent-minded.

поэтому

И поэ́тому рассе́ян, как все́ профессора́.

Вы́ э́то хоте́ли сказа́ть?

и́менно

во́т и́менно

Во́т и́менно.

лека́рство

прописа́ть, пропи́шут (pfv I)

Я́ ва́м пропишу́ лека́рство.

ита́к

Ита́к, я́ ва́м пропишу́ лека́рство.

Вы́ его́ принима́йте три́ ра́за в де́нь.

ча́йная ло́жка

по ча́йной ло́жке

по ча́йной ло́жке перед едо́й

**Вы́ его́ принима́йте три́ ра́за в де́нь по
ча́йной ло́жке перед едо́й.**

посте́ль (f)

**И скажи́те ему́, до́ктор, чтобы о́н лежа́л в
посте́ли.**

слу́шаться, –аются (I) (*plus* gen)

сове́т

слу́шаться сове́тов

О́н не слу́шается мои́х сове́тов.

непреме́нно

О́н непреме́нно ся́дет за сво́й сто́л.

**А то́ о́н мои́х сове́тов не слу́шается и
непреме́нно ся́дет за сво́й сто́л.**

рекомендова́ть, –ду́ют (I)

Я́ ва́м рекоменду́ю немно́го полежа́ть.

норма́льный

пока́ не (*plus* pfv verb)

**Да́, я́ ва́м рекоменду́ю полежа́ть, пока́ у ва́с
температу́ра не ста́нет норма́льной.**

обеща́ть, –а́ют (I)

та́к и бы́ть

Та́к и бы́ть, обеща́ю лежа́ть.

боле́знь (f)

продли́ться, продля́тся (pfv II)

По-ва́шему, э́та боле́знь до́лго продли́тся?

полтора́ (m, n); полторы́ (f) (*plus* gen)

Полторы́ неде́ли.

Неде́лю — полторы́.

therefore

And therefore, like all professors, absent-
minded.

Is that what you meant to say?

exactly; just, namely

that's exactly (*or* just) it

That's exactly my point.

medicine, drug

to prescribe, write a prescription; to register

I'll prescribe some medicine for you.

well now, so, thus

Well now, I'm going to prescribe some medicine
for you.

You're to take it three times a day.

teaspoon

at the rate of a teaspoon (*or* a teaspoonful)

a teaspoon before each meal

You're to take it three times a day, a teaspoon
before each meal.

bed

And tell him, doctor, he's to stay in bed.

to obey, listen to, mind

advice; council; soviet

to take (*or* heed) advice

He doesn't take my advice.

surely, without fail

He's sure to get back to his desk (*lit.* sit down at
his desk).

Otherwise, [since] he doesn't listen to my advice,
he's sure to get back to his desk.

to recommend, advise

I recommend you stay in bed awhile.

normal

until

Yes, I recommend you stay in bed until your
temperature is normal.

to promise

so be it, all right; well, all right then

Well, all right then; I promise to stay in bed.

illness, sickness

to last, continue

Do you think this illness will last long?

one and a half

A week and a half.

A week or a week and a half.

бюллете́нь (m) [b̩uļițé̩n̩]
вы́писать, вы́пишут (pfv I)

to write out, copy; to subscribe

medical certificate; bulletin

По́зже зайди́те ко мне́ в поликли́нику, я́ ва́м вы́пишу бюллете́нь.

Later, drop in to see me at the out-patient clinic and I'll write you out a medical certificate.

поправля́ться, –я́ются (I)

to get well, get better, recover; to correct oneself

Ну́, поправля́йтесь!

Well, hurry up and get well!

До свида́ния, до́ктор. Большо́е спаси́бо.

Good-bye, doctor. Thanks very much.

SUPPLEMENT

послу́шаться (pfv I) (*plus* gen)

to obey, listen to, heed, mind

Почему́ ты́ не послу́шался учи́теля?

Why didn't you mind the teacher?

Послу́шайся моего́ сове́та и лети́ самолётом.

Take my advice and go by plane.

попра́виться, –ятся (pfv II)

to get well, recover, improve; to correct oneself

Его́ здоро́вье попра́вилось.

His health has improved.

раздева́ться, –аются (I)

to undress, take off one's clothes (*or* coat)

Я́ не бу́ду раздева́ться, я́ то́лько на мину́тку.

I won't take off my coat; I'm only staying a minute.

разде́ться, разде́нутся (pfv I)

to undress, take off one's clothes (*or* coat)

Разде́ньтесь, до́ктор сейча́с придёт.

Take off your clothes; the doctor will be here in a minute.

ка́шлять, –яют (I)

to cough, have a cough

Я́ до си́х по́р ка́шляю.

I'm still coughing.

просту́да

cold

У ва́с ка́жется просту́да?

You seem to have a cold?

на́сморк

head cold; runny nose

У меня́ си́льный на́сморк.

I have a bad head cold.

ка́шель, ка́шля (m)

cough

Вы́ мне́ пропи́шете лека́рство от ка́шля?

Will you prescribe some medicine for my cough?

анги́на

sore throat; strep throat; tonsillitis

Я́ подозрева́ю, что у меня́ анги́на.

I suspect that I have a strep throat.

бронхи́т

bronchitis

Ему́ тепе́рь ху́же: просту́да перешла́ в бронхи́т.

He's worse now: his cold developed into bronchitis.

аспири́н

aspirin

Ложи́тесь в посте́ль и прими́те аспири́н.

Go to bed and take aspirin.

табле́тка

tablet, pill

Ско́лько табле́ток в де́нь ва́м прописа́ли?

How many tablets a day were you told to take?

Во́т табле́тки от просту́ды.

Here are some cold tablets.

столо́вая ло́жка

tablespoon

Принима́йте э́то лека́рство три́ ра́за в де́нь по столо́вой ло́жке по́сле еды́.

Take this medicine three times a day, a tablespoon after each meal.

буты́лка

bottle

Одолжи́те мне́ буты́лку молока́.

Lend me a bottle of milk.

полбуты́лки

half a bottle

К сожале́нию, у меня́ е́сть то́лько полбуты́лки.

Unfortunately, I have only half a bottle.

У Берёзова грипп

Те же и врач.[1]

Врач 1 Да, температура довольно высокая: тридцать восемь и три.[2]

В. С. 2 Что у него, доктор?

Врач 3 Сейчас ещё трудно сказать определённо, но по всей вероятности, грипп.

Ф. В. 4 Я так и подозревал. Признаюсь, я два дня ходил без кашне.

В. С. 5 Не могу тебя понять, Фёдя! На дворе настоящая метель, а ты бегаешь с открытой шеей.

Ф. В. 6 Варя, милая, я ведь не виноват, что кашне где-то потерялось. Перчатки и кашне у всех теряются, правда, доктор?

Врач 7 Совершенно верно. Знаю по собственному опыту. А у вас это тем более естественно: вы профессор.

В. С. 8 И поэтому рассеян как все профессора. Вы это хотели сказать?

Врач 9 Вот именно. Итак, я вам пропишу лекарство. Вы его принимайте три раза в день по чайной ложке перед едой.

В. С. 10 И скажите ему, доктор, чтобы он лежал в постели. А то он моих советов не слушается и непременно сядет за свой стол.[3]

Врач 11 Да, я вам рекомендую полежать, пока у вас температура не станет нормальной.

Ф. В. 12 Так и быть, обещаю лежать. По-вашему, эта болезнь долго продлится?

Врач 13 Неделю — полторы. Позже зайдите ко мне в поликлинику, я вам выпишу бюллетень.[4] Ну, поправляйтесь!

Ф. В. 14 До свидания, доктор. Большое спасибо.

NOTES

[1] **Те же и врач** means that the same speakers as in the preceding Conversation (**Фёдор Васильевич** and **Варвара Сергеевна**) and the doctor appear in this Conversation.

[2] Russians use a comma instead of a period for writing decimal fractions, for example, 38,3. This is usually read as **и** *and*: **тридцать восемь и три** (for **тридцать восемь и три десятых** *thirty-eight and three tenths*). Conversely, a period instead of a comma is written between thousands: 1.000.000 (one million).

[3] Russians very often use the plural form **советы** in the sense *advice*:

Он любит давать советы. *He loves to give advice.*

We have already encountered the political-administrative meaning of this word in the term **горсовет** (**городской совет**) *city soviet* or *council*. The noun **совет** can never be used in reference to the Soviets as people, but the adjective **советский** may be so used, for example, **советский народ** *the Soviet people*.

⁴ It is a law that every Soviet worker who has been absent from work because of illness must bring in a statement to that effect, that is, a medical certificate. This document, called a **бюллете́нь**, is issued at the nearest regional out-patient clinic and must be obtained there even if the person has been treated at home by a private physician.

Basic sentence patterns

1. О́н всё испо́ртил.
——— потеря́л.
——— пригото́вил.
——— укра́л.
——— съе́л.

He spoiled everything.
— lost ————.
— prepared ———.
— stole ————.
— ate ————.

2. Она́ не рассе́рдится.
——— заболе́ет.
——— суме́ет.
——— услы́шит.
——— пове́рит.

She won't be angry.
——— get sick.
——— be able to.
——— hear.
——— believe it.

3. Кто́ э́то сде́лает?
——— поде́ржит?
——— прочита́ет?
——— нальёт?
——— сошьёт?

Who'll do this?
——— hold —?
——— read —?
——— pour —?
——— sew —?

4. Она́ ему́ соврала́.
—— его́ полюби́ла.
—— ему́ написа́ла.
—— его́ испуга́ла.

She lied to him.
—— fell in love with him.
—— wrote to him.
—— scared him.

5. Пове́рьте мне́!
Заплати́те —!
Позвони́те —!
Посове́туйте —!
Нале́йте ———!

Believe me!
Pay ——!
Call ——!
Advise —!
Pour for —! (*I.e.*, Pour me some!)

6. Нале́й мне́ полча́шки ча́ю.
——————— полстака́на вина́.
——————— пол-ло́жки лека́рства.

Pour me half a cup of tea.
——— half a glass of wine.
——— half a spoonful of medicine.

7. Я́ та́м про́был всего́ полчаса́.
——————————— полго́да.
——————————— полме́сяца.
——————————— полдня́.

I was there for only half an hour.
——————— half a year.
——————— half a month.
——————— half a day.

8. Мы́ уже́ прошли́ полкиломе́тра.
——————— полми́ли.
——————— полдоро́ги.

We've already gone half a kilometer.
——————— half a mile.
——————— half of the way.

9. Мне́ ну́жно не бо́льше получа́са.
————————————— полуго́да.
————————————— полуме́тра.

I don't need more than half an hour.
——————— half a year.
——————— half a meter.

10. Две́рь была́ полуоткры́та.
——————— полузакры́та.

The door was half-open.
——————— half-shut.

11. Я не сразу понял, что сделал ошибку.

I didn't understand right away that I'd made a mistake.

Она не сразу поняла, что сделала ошибку.

She didn't understand right away that she'd made a mistake.

12. Я этого никогда не пойму.
Мы ——————— поймём.
Он ——————— поймёт.

I'll never understand it.
We'll ———————.
He'll ———————.

13. Я вам не рекомендую туда ехать.
Я вам порекомендую лучшую гостиницу.
Кто вам порекомендовал эту гостиницу?
Это не рекомендуется.

I wouldn't advise you to go there.
I'll recommend a better hotel to you.

Who recommended this hotel to you?

It's not recommended. (You'd better not do it.)

14. Я поднимусь наверх.
Он поднимется ——.
Мы поднимемся ——.
Поднимитесь на гору.
——————— на лестницу.
——————— на второй этаж.

I'll go upstairs.
He'll go ——.
We'll go ——.
Climb the mountain.
—— the stairs.
—— to the second floor.

15. Я сейчас вызову такси.
——————— машину.
——————— врача.
——————— милицию.

I'll get a taxi right away.
—— a car ———————.
—— the doctor ——.
—— the police ——.

16. Вызовите милицию.
——————— дружинников.
——————— мне такси.

Send for (or Call) the police.
——————— the militiamen.
Call me a taxi.

17. Хочешь, я укрою тебя вторым одеялом?

[Do you] want me to put a second blanket on you?

——————— мы укроем ———————?
——————— она укроет ———————?

——————— us to put ———————?
——————— her to put ———————?

18. Кого вы подозреваете?
— Мы никого не подозреваем.
Кого ты подозреваешь?
— Я никого не подозреваю.

Whom do you suspect?
We don't suspect anyone.
Whom do you suspect?
I don't suspect anyone.

19. Зимой я всегда болею гриппом.
—— ты —— болеешь ——.
—— она —— болеет ——.

In winter I'm always sick with the flu.
——— you're ———————.
——— she's ———————.

20. Они редко болеют.
Мы —— болеем.
Вы —— болеете.

They're seldom sick.
We're ———————.
You're ———————.

21. Я признаюсь, что виноват.
Мы признаёмся, что виноваты.

I admit that I'm to blame.
We admit that we're to blame.

22. Дóктор сказáл емý приня́ть горя́чую
          ва́нну.
———————— принимáть э́то
         лекáрство.
———————— принимáть э́ти
         табле́тки.
———————— прийти́ в
         поликли́нику.

The doctor told him to take a hot bath.

———————— to take this medicine.

———————— to take these pills.

———————— to come to the
         out-patient clinic.

23. У тебя́ высóкая температýра.
——— нормáльная температýра.
——— серьёзная болéзнь.

You have a high temperature.
Your temperature is normal.
You have a serious illness.

24. У меня́ кáшель.
——— нáсморк.
——— простýда.

I have a cough.
——— a head cold.
——— a cold.

25. Óн заболéл.
Óн лежи́т больнóй.
——— в постéли.
——— в больни́це.

He's fallen sick.
——— sick in bed.
——— in bed.
——— in the hospital.

Pronunciation practice: clusters of three consonants with з as the initial consonant

A. Consonant cluster здр pronounced [zdr] or [zdr̥].

[zdrástuj] здрáвствуй
hello
[pəzdravḷáju] поздравля́ю
congratulations

[nózdr̩i] нóздри
nostrils

B. Consonant cluster здв pronounced [zdv] or [zd̥v̥].

[rəzdvajéṇijə] раздвоéние
splitting
[izdvór̩ikə] из двóрика
from the small yard

[izd̥vér̩i] из двéри
from the door

C. Consonant cluster збр pronounced [zbr] or [zbr̥].

[izbr̩úkvi] из брю́квы
from turnips
[vrazbrót] вразбрóд
disunitedly

[rəzbrasát̬] разбросáть
to scatter

D. Consonant cluster звр pronounced [zvr] or [zvr̥].

[vəzvrat̬ít̬] возврати́ть
to return
[b̬izvr̩éṃiṇjə] безврéменье
hard times

[bizvr̩édnij] безврéдный
harmless

E. Consonant cluster **згл** pronounced [zgl] or [zgl̦].

[rəzgl̦iḍéț] разглядéть
  to discern

[izgl̦íni̦] из глины
  from clay

[izglúpəj] из глупой
  from stupid

F. Consonant cluster **згр** pronounced [zgr] or [zgr̦].

[rəzgraṇíči̦ț] разграничить
  to differentiate

[izgr̦ibóf] из грибóв
  from mushrooms

[izgrúš] из груш
  from pears

G. Consonant cluster **згн** pronounced [zgn] or [zgṇ].

[izgnáṇijə] изгнáние
  banishment

[razgṇévətcə] разгнéваться
  to become angry

[vazgnáț] возгнáть
  to turn to vapor

STRUCTURE AND DRILLS

Verbal prefixes: part 1—perfectivization by prefixation

The prefixes most commonly used as perfectivizers of simple imperfective verbs are the following: **по–, с–, вы–, на–, у–**, and to a lesser extent, **из–, за–, при–, под–, про–**, and **раз–**. In this lesson we will treat these prefixes only in their function to provide basic perfectives for unprefixed imperfective verbs:

MODELS

Ктó-то стучит.	Someone's knocking.
Ктó-то **по**стучáл.	Someone knocked.
Я емý не вéрю.	I don't believe him.
Я емý не **по**вéрил.	I didn't believe him.
Óн вáс зовёт.	He's calling you.
Óн вáс **по**звáл.	He called you.
Мы чáсто гуляем в пáрке.	We often stroll in the park.
Мы **по**гуляли в пáрке.	We took a stroll in the park.
Онá чáсто поёт.	She often sings.
Онá **с**пéла красивую пéсню.	She sang a beautiful song.
Я умéю это дéлать.	I know how to do it.
Я **с**умéю это **с**дéлать.	I'll be able to do it.
Óн óчень быстро растёт.	He's growing very rapidly.
Óн скóро **вы**растет.	He'll soon grow up.
Я не пью кóфе.	I don't drink coffee.
Я **вы**пью чáшку чáю.	I'll drink a cup of tea.

Óн ýчит меня́ игра́ть в те́ннис.	He's teaching me how to play tennis.
Научи́те меня́ игра́ть в те́ннис.	Teach me how to play tennis.
Вы́ слы́шите звоно́к?	Do you hear the bell?
Вы́ ско́ро **у**слы́шите звоно́к.	You'll soon hear a bell.
Я́ не ви́жу ва́шего портфе́ля.	I don't see your briefcase.
Я́ ва́с **у**ви́жу за́втра ýтром.	I'll see you tomorrow morning.
Óн э́тим интересова́лся.	He was interested in it.
Óн э́тим **за**интересова́лся.	He became interested in it.

■ REPETITION DRILL

Repeat the given models illustrating the use of the prefixes most often employed in forming basic perfectives.

■ STRUCTURE REPLACEMENT DRILLS

1. *She's out taking a walk.*
   She's going to take a walk.
   Она́ гуля́ет.
   Она́ погуля́ет.
   Она́ звони́т по телефо́ну.
   Она́ позвони́т по телефо́ну.
   (нам верит, нас зовёт, нас любит,
   нам мешает, нас слушается)

2. *Who'll be singing this?*
   Who's going to sing this?
   Кто́ э́то бу́дет пе́ть?
   Кто́ э́то споёт?
   Кто́ э́то бу́дет вари́ть?
   Кто́ э́то сва́рит?
   (делать, есть, печь, шить, играть)

■ RESPONSE DRILLS

1. *I don't want to wash it.*
   Let me wash it.
   Я́ не хочý э́того стира́ть.
   Дава́й я́ вы́стираю.
   Я́ не хочý э́того пи́ть.
   Дава́й я́ вы́пью.
   (учить, мыть, пить, стирать)

2. *They've already danced.*
   Let's dance now, you and I.
   Они́ уже́ танцева́ли.
   Тепе́рь дава́йте мы́ потанцу́ем.
   Они́ уже́ иска́ли.
   Тепе́рь дава́йте мы́ пои́щем.
   (катались, танцевали, обедали,
   ýжинали, гуляли, слушали радио)

■ QUESTION-ANSWER DRILLS

1. *Does she like to sew?*
   Yes, she sewed this for me.
   Она́ лю́бит ши́ть?
   Да́, она́ мне́ э́то сши́ла.
   Она́ лю́бит пе́ть?
   Да́, она́ мне́ э́то спе́ла.
   (варить, петь, играть, шить, варить)

2. *Are they going to have dinner?*
   No, they've already had it.
   Они́ бу́дут обе́дать?
   Не́т, они́ уже́ пообе́дали.
   Они́ бу́дут спа́ть?
   Не́т, они́ уже́ поспа́ли.
   (гулять, танцевать, звонить, мыть
   окна, кататься на лыжах, играть в
   лапту)

1. *Wake me up!*
   Don't wake me!
   Разбуди́те меня́!
   Не буди́те меня́!
   Напиши́те мне́!
   Не пиши́те мне́!
   Позвони́те мне́!
   Подожди́те меня́!
   Научи́те меня́!
   Позови́те меня́!
   Сыгра́йте со мно́й!

2. *He ate up everything.*
   He ate everything.
   Óн всё съе́л.
   Óн всё е́л.
   Óн всё потеря́л.
   Óн всё теря́л.
   (испортил, выпил, украл, прочитал,
   выстирал, помыл, спрятал)

3. *They've fallen ill.*
   They often fell ill.
   Они́ заболе́ли.
   Они́ ча́сто боле́ли.
   Они́ вы́купались ещё ра́з.
   Они́ ча́сто купа́лись.
   (сыграли ещё раз, написали ещё раз,
   спели ещё раз, погуляли, позвонили,
   помечтали, заболели)

4. *He scared everybody.*
   He was always scaring everybody.
   Óн все́х испуга́л.
   Óн всегда́ все́х пуга́л.
   Óн все́х научи́л.
   Óн всегда́ все́х учи́л.
   (со всеми поспорил, на всех
   рассердился, всем написал, всех
   побил, обо всех подумал, всем
   поверил, всех позвал)

DISCUSSION

The prefix вы– always attracts the stress to itself in perfective verbs: **расти́** (imperfective), **вы́расти** (perfective); **купа́ться** (imperfective), **вы́купаться** (perfective); **учи́ть** (imperfective), **вы́учить** (perfective).

The imperfective verb **пе́чь** *to bake* has two basic perfectives with exactly the same meaning: **спе́чь** and **испе́чь**. It should be noted that the prefixes **из–** and **раз–** are spelled **ис–** and **рас–** when they join stems beginning with a voiceless consonant: **испуга́ть** (compare **изучи́ть, изме́рить**), **рассерди́ть-ся** (compare **разбуди́ть, разли́ть**). Note also that when a prefix ending in a consonant is joined to a stem ordinarily beginning with и, the и is replaced by ы: compare **игра́ть** with perfective **сыгра́ть**.

Like the prepositions from which most of them are derived, prefixes ending in a consonant may have an alternate form ending in –о (actually an inserted vowel). This occurs when the root begins with a consonant cluster:

Compare	сши́ть	*with*	**со**шью́, **со**шьёшь, etc.
	жда́ть		по**до**жда́ть
	вра́ть		**со**вра́ть

Compounds formed by means of the prefix пол- (or полу-)

MODELS

Прошло́ полмину́ты.		Half a minute passed.
———— полчаса́.		—— an hour ——.
———— полдня́.		—— a day ————.
———— полго́да.		—— a year ————.

Мне́ ну́жно полстака́на са́хару.	I need half a glass of sugar.
—————— полча́шки ——————.	—————— a cup ——————.
—————— полкило́ ——————.	—————— a kilogram ——————.
—————— пол-лимо́на.	—————— a lemon.
—————— пол-апельси́на.	—————— an orange.
—————— пол-листа́ бума́ги.	—————— a sheet of paper.
Нале́й мне́ полча́шки ча́ю.	Pour me half a cup of tea.
—————— полстака́на молока́.	—————— a glass of milk.
—————— пол-ло́жки лека́рства.	—————— a teaspoonful of medicine.
—————— полведра́ воды́.	—————— a pailful of water.
На́м оста́лось о́коло полукиломе́тра.	We have about half a kilometer left.
—————————————— полуми́ли.	—————————————— a mile ——————.
Мы́ та́м про́были о́коло полуго́да.	We spent about half a year there.
—————————————— получа́са.	—————————————— an hour ————.
Её глаза́ бы́ли полуоткры́ты.	Her eyes were half-open.
—————————— полузакры́ты.	—————————— half-shut.
Они́ бы́ли полуоде́ты.	They were half-dressed.
—————————— полубольны́.	—————————— half-sick.
—————————— полуго́лодны.	—————————— half-starved.

■ REPETITION DRILL

Repeat the given models illustrating the patterns of nouns and adjectives formed by means of пол– (or полу–).

■ STRUCTURE REPLACEMENT DRILLS

1. *Lend me a glass of sugar.*
   Lend me half a glass of sugar.
   Одолжи́те мне́ стака́н са́хару.
   Одолжи́те мне́ полстака́на са́хару.
   Одолжи́те мне́ кило́ са́хару.
   Одолжи́те мне́ полкило́ са́хару.
   (килогра́мм, ча́шку, ло́жку, кило́, стака́н)

2. *A minute passed.*
   Half a minute passed.
   Прошла́ мину́та.
   Прошло́ полмину́ты.
   Прошёл ча́с.
   Прошло́ полчаса́.
   (год, месяц, ночь, день, жизнь, минута, час)

3. *You can see the whole village from here.*
   You can see half the village from here.
   Отсю́да ви́дно всё село́.
   Отсю́да ви́дно полсела́.
   Отсю́да ви́дно ве́сь го́род.
   Отсю́да ви́дно полго́рода.
   (окно, дом, здание, избу, коридор, деревню, площадь, парк)

4. *He said that in earnest.*
   He said that half seriously.
   О́н э́то сказа́л серьёзно.
   О́н э́то сказа́л полусерьёзно.
   О́н э́то сказа́л рассе́янно.
   О́н э́то сказа́л полурассе́янно.
   (определенно, спокойно, театрально, серьёзно, рассеянно)

5. *He was drunk.*
   He was half-drunk.
   О́н бы́л пья́ный.
   О́н бы́л полупья́ный.
   О́н бы́л больно́й.
   О́н бы́л полубольно́й.
   (голодный, одетый, сумасшедший, пьяный, больной)

6. *We have one kilometer to go.*
   We have about half a kilometer to go.
   На́м оста́лся оди́н киломе́тр.
   На́м оста́лось о́коло полукиломе́тра.
   На́м оста́лась одна́ ми́ля.
   На́м оста́лось о́коло полуми́ли.
   (час, год, месяц, километр, миля)

Compound adjectives and adverbs are formed by prefixing unstressed полу– *half* to a number of adjectives, adverbs, and participles: полупья́ный *half-drunk*, полупусто́й *half-empty*, полуоткры́тый *half-open*, полусерьёзно *half-seriously*, полуоде́тый *half-dressed*, and others.

Compound nouns are formed essentially the same way except that in the nominative and accusative cases the first part of the compound is usually пол–, followed by the genitive singular of the noun: compare ча́шка *cup* with полча́шки, стака́н *glass* with полстака́на. The prefix пол– must be written with a hyphen before nouns beginning with an л (пол-ло́жки), before vowels (пол-огурца́), and before capitalized words (пол-Москвы́).

Compound nouns formed by means of the prefix пол– are generally used only in the nominative and accusative cases. In other cases, the regular noun полови́на is ordinarily used instead. In the genitive case, both пол– and полу– occur with some nouns, for example:

о́коло получа́са *or* о́коло полчаса́   about half an hour

Review of two-stem first conjugation verbs

Two-stem verbs were discussed in Lesson 12 of Volume I. In this section we review and drill some of the most important two-stem verbs introduced in later lessons.

Remember that almost all two-stem verbs belong to the first conjugation.

MODELS

Она́ наде́ла но́вое пла́тье.	She put on a new dress.
Она́ наде́нет но́вое пла́тье.	She'll put on a new dress.
Она́ уже́ разде́ла дете́й.	She's already undressed the children.
Она́ сейча́с разде́нет дете́й.	She'll get the children undressed now.
Я́ ва́с не по́нял.	I didn't understand you.
Вы́ меня́ не поймёте.	You won't understand me.
Она́ сняла́ пальто́ и се́ла.	She took off her coat and sat down.
Сними́те пальто́ и сади́тесь.	Take off your overcoat and sit down.
Я́ не могу́ подня́ть э́того я́щика.	I can't lift this box.
Дава́йте подни́мем вме́сте.	Let's try lifting it together.
Она́ ча́сто мы́ла о́кна.	She often washed the windows.
————— мо́ет —————.	————— washes —————.
На́до закры́ть фо́рточку.	The window vent has got to be closed.
Закро́йте, пожа́луйста, фо́рточку.	Please close the window vent.
Ско́лько дне́й вы́ про́были в Ки́еве?	How many days did you spend in Kiev?
————————— вы́ пробу́дете ————?	————————— will you spend ————?
Ты́ уже́ до́пил молоко́?	Have you already finished your milk?
— Не́т, я́ сейча́с допью́.	No, I'll finish it right away.
Зи́на приши́ла пу́говицу.	Zina sewed the button on.
—— пришьёт ————.	—— will sew ————.

Какóй-то мáльчик сби́л меня́ с нóг.	Some little boy knocked me down.
Осторóжно, Пéтя. Ты́ собьёшь когó-нибудь с нóг.	Careful, Petya. You'll knock somebody down.
Ктó-то разли́л молокó.	Somebody spilled the milk.
Осторóжно, ты́ разольёшь молокó.	Careful, you'll spill the milk.
Я́ ужé позвáл дóктора.	I've already called the doctor.
Позови́те, пожáлуйста, дóктора.	Please call the doctor.
Вы́ ужé собрáли вéщи?	Have you already collected your things?
Нéт, мы́ сейчáс соберём.	No, we'll do it right away.
Кудá вы́ спря́тали чáйные лóжки?	Where have you hidden the teaspoons?
——— ты́ спря́чешь эти бумáги?	——— will you hide these papers?
Чтó óн рекомендовáл?	What did he recommend?
——— óн рекомендýет?	——— does he recommend?
Вы́ ужé запаковáли свои́ вéщи?	Have you already packed your things?
Когдá вы́ запакýете свои́ вéщи?	When are you going to pack your things?
Нáм нáдо переéхать на другýю квартéру.	We've got to move to another apartment.
Они́ скóро переéдут на другýю квартéру.	They'll soon be moving to another apartment.

■ REPETITION DRILL

Repeat the given models illustrating two-stem verbs. Note particularly that the form of the stem used in the past and the infinitive differs from that used in the present-future and the imperative:

INFINITIVE	надé–ть		FUTURE	надéн–у, надéн–ешь
PAST	надé–л, надé–ла, etc.		IMPERATIVE	надéн–ь! надéн–ьте!

■ TRANSFORMATION DRILLS

1. *I've packed the books.*
   I'll pack the books.
   Я́ запаковáл кни́ги.
   Я́ запакýю кни́ги.
   Ты́ запаковáл кни́ги.
   Ты́ запакýешь кни́ги.
   (мы, он, вы, они, я, она)

2. *She closed the vent.*
   She'll close the vent.
   Онá закры́ла фóрточку.
   Онá закрóет фóрточку.
   Вы́ закры́ли фóрточку.
   Вы́ закрóете фóрточку.
   (я, они, ты, он, мы, она, вы)

3. *You won't understand a thing.*
   You didn't understand a thing.
   Вы́ ничегó не поймёте.
   Вы́ ничегó не пóняли.
   Я́ ничегó не поймý.
   Я́ ничегó не пóнял.
   (она, он, вы, мы, они, она)

4. *I'll spend a week and a half there.*
   I spent a week and a half there.
   Я́ тáм пробýду полторы́ недéли.
   Я́ тáм пробы́л полторы́ недéли.
   Ты́ тáм пробýдешь полторы́ недéли.
   Ты́ тáм пробылá полторы́ недéли.
   (мы, он, они, вы, она)

5. *I collected some material.*
I'll collect some material.
Я собра́л материа́л.
Я соберу́ материа́л.
Мы́ собра́ли материа́л.
Мы́ соберём материа́л.

   (ты, он, вы, они, мы, она)

6. *I looked in my desk.*
I'll look in my desk.
Я поиска́л у себя́ в столе́.
Я поищу́ у себя́ в столе́.
О́н поиска́л у себя́ в столе́.
О́н пойщет у себя́ в столе́.

   (мы, они, ты, она, вы, он, я, мы)

■ QUESTION-ANSWER DRILLS

1. *Did you finish your juice?*
Not yet; I'm going to finish it now.
Ты́ до́пил со́к?
Не́т ещё, я сейча́с допью́.
Вы́ до́пили со́к?
Не́т ещё, мы́ сейча́с допьём.

   (он, ты, они, вы, она, ты, они)

2. *When are you going to move to the city?*
I've already moved.
Когда́ ты́ перее́дешь в го́род?
Я́ уже́ перее́хал.
Когда́ вы́ перее́дете в го́род?
Мы́ уже́ перее́хали.

   (он, вы, она, они, Варя, Варя с Федей)

3. *Are you going to rent a cottage here?*
We already have.
Вы́ сни́мете зде́сь да́чу?
Мы́ уже́ сня́ли.
Ты́ сни́мешь зде́сь да́чу?
Я́ уже́ сня́л.

   (она, он, вы, они, она)

4. *You haven't started training yet?*
I'll start in half an hour.
Ты́ ещё не на́чал тренирова́ться?
Я́ начну́ через полчаса́.
О́н ещё не на́чал тренирова́ться?
О́н начнёт через полчаса́.

   (вы, она, ты, он, вы, они, ты)

5. *Did he sing at the party?*
No, he doesn't sing at parties.
О́н пе́л на ве́чере?
Не́т, о́н не поёт на вечера́х.
Вы́ пе́ли на ве́чере?
Не́т, я́ не пою́ на вечера́х.

   (она, они, ты, он, вы, она)

■ RESPONSE DRILLS

1. *You see, I didn't spill any milk.*
And you were afraid I would.
Ви́дишь, я не разли́л молока́.
А ты́ боя́лся, что я́ разолью́.
Ви́дишь, о́н не разли́л молока́.
А ты́ боя́лся, что о́н разольёт.

   (мы, она, я, они, мы, он, я, они)

2. *It's necessary that you raise this question.*
I certainly will.
На́до, чтобы ты́ по́днял э́тот вопро́с.
Я́ непреме́нно подниму́.
На́до, чтобы вы́ по́дняли э́тот вопро́с.
Мы́ непреме́нно подни́мем.

   (он, они, вы, она, мы, он, ты)

3. *You forgot to hide the key.*
I'll do it now.
Ты́ забы́л спря́тать клю́ч.
Я́ сейча́с спря́чу.
Вы́ забы́ли спря́тать клю́ч.
Мы́ сейча́с спря́чем.

   (она, ты, они, вы, он, она, мы)

4. *I haven't sewn on the pockets yet.*
I'll sew them on tomorrow.
Я́ ещё не приши́л карма́нов.
Я́ пришью́ за́втра.
Они́ ещё не приши́ли карма́нов.
Они́ пришью́т за́втра.

   (мы, ты, он, она, я, вы, они, ты)

Although two-stem verbs contain several different subclasses, all have two features in common:

1. The stem ends in a vowel before the infinitive ending –ть and before the past tense endings –л, –ла, –ло, and –ли.

2. The stem ends in a consonant (including [j]) before endings of the present-future and imperative:

INFINITIVE	показа́–ть *to show*	FUTURE	покаж–у́
PAST	показа́–л		пока́ж–ешь
	показа́–ла		пока́ж–ут
	показа́–ли	IMPERATIVE	покаж–и́!
			покаж–и́те!

The small but important class of two-stem verbs that pattern like **пи́ть** *to drink* have a vowel inserted in their root in the imperative:

приши́ть	*to sew on*	прише́й! прише́йте!
допи́ть	*to drink on*	допе́й! допе́йте!
разли́ть	*to spill*	разле́й! разле́йте!
сби́ть	*to knock down*	сбе́й! сбе́йте!

Verbs of this type whose prefix is a single consonant or ends in a consonant (**с–**, **раз–**) have an alternate prefix ending in a vowel (**со–**, **разо–**) before the forms of the present-future:

Compare	**со**бью́, **со**бьёшь, **со**бью́т
	разолью́, **разо**льёшь, **разо**лью́т
with	**с**би́ть
	разби́ть

Further reflexive verb drills

MODELS

Ва́м на́до офо́рмиться.	You've got to register (*or* fill out the forms).
— Офо́рмитесь!	Register! *or* Fill out the forms!
Ва́м на́до поправля́ться.	You've got to get better.
— Поправля́йтесь!	Get well!
Тебе́ на́до умыва́ться.	You've got to wash up.
— Умыва́йся!	Wash up!
Тебе́ на́до побри́ться.	You've got to get shaved.
— Побре́йся!	Get shaved! *or* Shave!
Ты́ уже́ оде́лся?	Have you gotten dressed?
— Оде́нься!	Get dressed!
Ты́ разде́лся?	Have you gotten undressed?
— Разде́нься!	Get undressed!
Ты́ умы́лся?	Have you washed up?
— Умо́йся!	Wash up!
Я́ в э́том не сомнева́юсь.	I don't doubt it.
Я́ в э́том не сомнева́лся.	I didn't doubt it.
Не сомнева́йтесь в э́том.	Have no doubt of it.

Я обы́чно остана́вливаюсь у друзе́й.	I usually stay with friends.
Почему́ вы́ остана́вливаетесь?	Why are you stopping?
Не остана́вливайтесь!	Don't stop!
Я́ постара́юсь прийти́ в во́семь.	I'll try to come at eight.
Постара́йтесь прийти́ в во́семь.	Try to come at eight.
Я́ постара́лся прийти́ пора́ньше.	I tried to come as early as I could.

■ REPETITION DRILL

Repeat the given models illustrating the use of reflexive verbs.

■ TRANSFORMATION DRILLS

1. *I always stop here.*
   I always stopped here.
   Я́ здесь всегда́ остана́вливаюсь.
   Я́ здесь всегда́ остана́вливался.
   О́н здесь всегда́ остана́вливался.
   О́н здесь всегда́ остана́вливается.
   (мы, она, ты, они, я, он, туристы, вы)

2. *I didn't doubt it.*
   I don't doubt it.
   Я́ в э́том не сомнева́лся.
   Я́ в э́том не сомнева́юсь.
   Она́ в э́том не сомнева́лась.
   Она́ в э́том не сомнева́ется.
   (мы, они, я, он, ты, она, вы, мы)

■ QUESTION-ANSWER DRILLS

1. *Have you dressed?*
   No, we're getting dressed.
   Вы́ оде́лись?
   Не́т, мы́ одева́емся.
   О́н оде́лся?
   Не́т, о́н одева́ется.
   (ты, вы, она, они, ты, он, вы)

2. *Have you washed up yet?*
   No, I'm just washing up.
   Ты́ уже́ умы́лся?
   Не́т, я́ как ра́з умыва́юсь.
   Они́ уже́ умы́лись?
   Не́т, они́ как ра́з умыва́ются.
   (вы, он, ты, они, вы, она, ты)

■ RESPONSE DRILLS

1. *You're not disturbing me.*
   We'll try not to.
   Вы́ мне́ не меша́ете.
   Мы́ постара́емся не меша́ть.
   О́н мне́ не меша́ет.
   О́н постара́ется не меша́ть.
   (ты, она, вы, они, ты, он, вы)

2. *She never listens to me.*
   This time she will.
   Она́ меня́ никогда́ не слу́шается.
   На э́тот ра́з послу́шается.
   Ты́ меня́ никогда́ не слу́шаешься.
   На э́тот ра́з послу́шаюсь.
   (они, вы, он, ты, она, вы, он)

■ STRUCTURE REPLACEMENT DRILLS

1. *It was easy to break it.*
   It broke easily.
   Э́то легко́ бы́ло слома́ть.
   Э́то легко́ слома́лось.
   Э́то легко́ бы́ло пе́чь.
   Э́то легко́ пекло́сь.
   (снимать, стирать, оформлять, делать, закрывать, открывать, играть, начинать, ломать)

2. *You must get registered.*
   Register!
   Тебе́ на́до офо́рмиться.
   Офо́рмись!
   Тебе́ на́до побри́ться.
   Побре́йся!
   (одеваться, слушаться, раздеваться, побриться, повернуться, умываться, поправляться)

ПОВТОРЕ́НИЕ

— Ну́, молодо́й челове́к, прошу́ ва́с разде́ться. Посмо́трим, попра́вились ли вы́ за́ лето.

— Пе́тя, когда́ бу́дешь раздева́ться, не броса́й боти́нки и положи́ бельё на сту́л.

— Я́, ма́ма, са́м зна́ю — не ма́ленький. Во́т, я уже́ гото́в, до́ктор.

— Прекра́сно, Пе́тя, иди́ сюда́. Дыши́ споко́йно. Тепе́рь переста́нь дыша́ть. Хорошо́.

— Ну́, ка́к вы́ нахо́дите его́ здоро́вье, до́ктор?

— Ва́ш Пе́тя молоде́ц, кре́пкий ма́льчик, здоро́вый. Ты́, Пе́тя, мно́го пла́вал ле́том, ка́к я тебе́ сове́товал?

— Да́, до́ктор. И пла́вал, и в го́ры ходи́л, и на велосипе́де е́здил.

— О́чень хорошо́, спо́рт — лу́чшее сре́дство, чтобы ста́ть кре́пким и здоро́вым. По́мнишь, каки́м ты́ бы́л сла́бым про́шлой зимо́й? А тепе́рь на тебя́ прия́тно смотре́ть.

— Я́ по́мнил ва́ш сове́т, до́ктор: «Побо́льше движе́ния, спо́рта».

— Ви́жу, Пе́тенька. Продолжа́й да́льше занима́ться спо́ртом и — кто́ зна́ет — мо́жет бы́ть, в бу́дущем из тебя́ вы́йдет настоя́щий ма́стер спо́рта.

Жена́ профе́ссора Берёзова о́чень рассе́янная же́нщина. Вчера́ она́ положи́ла в су́п столо́вую ло́жку са́хара вме́сто со́ли, а сего́дня она́ пекла́ сла́дкий пиро́г и вме́сто са́хара положи́ла в него́ полстака́на со́ли. Знако́мые Берёзовых удивля́ются, как бе́дный Берёзов мо́жет жи́ть с тако́й жено́й. Но у него́ споко́йный, ти́хий хара́ктер, а гла́вное, ему́ соверше́нно всё равно́, что е́сть: за едо́й о́н всегда́ чита́ет и да́же не смо́трит, что́ перед ни́м поста́вили. Сча́стье бы́ть жено́й тако́го му́жа.

Берёзов преподаёт ру́сский язы́к и литерату́ру в одно́м америка́нском университе́те. Неда́вно его́ студе́нты чита́ли «Мете́ль» Пу́шкина. Мно́гие не пове́рили, что тако́е могло́ случи́ться. И́м каза́лось стра́нным, что жени́х потеря́л доро́гу, что в це́рковь прие́хал друго́й челове́к вме́сто него́, а гла́вное, что неве́ста не посмотре́ла на своего́ жениха́ и вы́шла за́муж за друго́го челове́ка. Берёзов объясни́л свои́м студе́нтам, что в то́ вре́мя, когда́ Пу́шкин писа́л свою́ «Мете́ль», в ру́сской литерату́ре — и не то́лько в ру́сской, но и в други́х литерату́рах — таки́е ве́щи счита́лись интере́сными.

NOTES

PREPARATION FOR CONVERSATION

Да́й прикури́ть

прикури́ть, прику́рят (pfv II)

to light up (from another cigarette)

Да́й прикури́ть, Оле́г.

Give me a light from your cigarette, Oleg.

бензи́н
зажига́лка

gas; lighter fluid
cigarette lighter

У меня́ ко́нчился бензи́н в зажига́лке.

I've run out of fluid in my lighter.

Пожа́луйста.

O.K.

спи́чка

match

Во́т, возьми́ заодно́ спи́чки.

Here, take the matches while you're at it.

кури́ть, ку́рят (II)
папиро́са

to smoke
cigarette (with hollow, built-in filter)

Ты́ каки́е папиро́сы ку́ришь?

What kind of cigarettes do you smoke?

«Кре́мль» (m)

"Kreml" (brand of cigarettes)

Я́ курю́ «Кре́мль».

I smoke "Kreml."

угоща́ться (I)

to be treated, be given (something good);
to be one's guest; to treat oneself

угоща́йся!

help yourself! have one! be my guest!

Во́т, пожа́луйста, угоща́йся.

Here, please help yourself.

Не́т, спаси́бо, «Кре́мль» у меня́ самого́ е́сть.

No, thanks, I have "Kreml" myself.

сигаре́та

cigarette

Я́ ду́мал, ты́ ку́ришь америка́нские сигаре́ты.

I thought you smoked American cigarettes.

па́чка
вы́курить, –ят (pfv II)

pack; stack
to smoke, finish smoking, smoke up

Не́т, в понеде́льник вы́курил после́днюю
па́чку.

No, I smoked the last pack on Monday.

**Не́т, к сожале́нию, в понеде́льник вы́курил
после́днюю па́чку.**

No, unfortunately I smoked the last pack on
Monday.

Покажи́ мне́ свою́ зажига́лку.

Show me your lighter.

Покажи́-ка мне́ свою́ зажига́лку.

How about showing me your lighter.

сде́лан, –а, –о (ppp of сде́лать)

made, done

Интере́сно сде́лана.

Interestingly made.

А кака́я у тебя́ зажига́лка?

Никако́й.

ломáться, –áются (I)

пáра

пáру рáз

Я пáру рáз покупáл, а они ломáлись.

момента́льно

Я пáру рáз покупáл, а они момента́льно ломáлись.

махну́ть, махну́т (pfv I)

махну́ть руко́й

наконéц

Так я, наконéц, махну́л руко́й и перешёл на спи́чки.

бри́тва

электри́ческая бри́тва

Я купи́л электри́ческую бри́тву в ГУ́Ме в про́шлом мéсяце.

бедá

У меня́ така́я же бедá с электри́ческой бри́твой.

переста́ть, переста́нут (pfv I)

Купи́л в ГУ́Ме в про́шлом мéсяце, онá порабо́тала дня́ три́ и переста́ла.

исто́рия

Знако́мая исто́рия.

безопáсный

Я всегдá брéюсь безопáсной бри́твой.

чéшский

предпочитáть, –áют (I)

лéзвие

Я предпочитáю чéшские лéзвия — они лу́чше нáших.

Я всегдá брéюсь безопáсной бри́твой, а лéзвия предпочитáю чéшские — они лу́чше нáших.

ка́чество

У вáс почти́ всё таки́е вéщи невáжного ка́чества.

обижáться, –áются (I)

Не обижáйся!

Ты́ не обижáйся, éсли я скажу́, что у вáс почти́ всё таки́е вéщи невáжного ка́чества.

чегó тáм (or что́ тáм)

Да чегó тáм обижáться, э́то прáвда.

What kind of lighter do you have?

None.

to break, be broken

couple, pair

a couple of times

I bought them a couple of times, but they broke.

immediately, instantly; in no time at all

I bought them a couple of times, but in no time at all they'd break.

to wave

to wave one's hand; to throw up one's hands, give up

finally, at last

So I finally gave up and switched to matches.

razor

electric razor

I bought an electric razor at GUM last month.

misfortune, trouble; harm

I had the same kind of trouble with an electric razor.

to stop, cease

I bought one at GUM last month; it worked for about three days and stopped.

history, story

A familiar story.

safe, safety (adj)

I always shave with a safety razor.

Czech (adj)

to prefer

blade

I prefer Czech blades—they're better than ours.

I always shave with a safety razor and, [as for] blades, I prefer the Czech ones—they're much better than ours.

quality

Almost all such things in your country are of poor quality.

to be offended, take offense, be hurt

Don't take offense! *or* Don't be offended!

Don't take offense if I say that almost all such things in your country are of poor quality.

what for, why

Why, what's there to be offended about—it's the truth.

ширпотре́б	consumer goods
о́бласть (f)	region, sphere, province, field
затрудне́ние	difficulty, trouble

Э́то затрудне́ния в о́бласти ширпотре́ба.

These are difficulties in the sphere of consumer goods.

У на́с всегда́ затрудне́ния в о́бласти ширпотре́ба.

We're always having difficulties in the area of consumer goods.

положе́ние	position, situation, condition
улу́чшить, –ат (pfv II)	to improve
прави́тельство	government

Прави́тельство обеща́ет улу́чшить положе́ние.

The government promises to improve the situation.

семиле́тка

seven-year plan

Ка́жется, ва́ше прави́тельство обеща́ет улу́чшить положе́ние в сле́дующей семиле́тке.

It seems your government promises to improve the situation in the next seven-year plan.

пятиле́тка

five-year plan

Ра́ньше всё обеща́ли на сле́дующую пятиле́тку.

Formerly they kept promising it for the following five-year plan.

отодви́нуть, –ут (pfv I)	to move away, move off; move back
сро́к	date, deadline; time, period of time

Тепе́рь опя́ть сро́к отодви́нули.

Now they've again moved back the deadline.

дожда́ться, дожду́тся (pfv I)

to wait (until something is obtained); to get (by waiting long enough)

аво́сь

maybe; let's hope

Аво́сь, дождёмся.

Maybe we'll live to see it.

SUPPLEMENT

тyши́ть, –ат (II)

to turn out, put out, switch off; to extinguish

Не туши́ ла́мпы.

Don't turn out the light.

потуши́ть, –ат (pfv II)

to put out, turn out; to extinguish

Я потушу́ све́т.

I'll turn out the light.

зажига́ть (I)

to light, turn on; to set on fire

Не зажига́йте электри́чества.

Don't turn on the electric lights.

зажéчь (pfv I) (past зажёг, зажгла́; fut зажгу́, зажжёшь, зажгу́т)

to light, turn on; to set on fire

Я зажгу́ спи́чку.

I'll light a match.

закури́ть, –ят (pfv II)

to light up, have a smoke, begin smoking

Мо́жно закури́ть?

May I smoke? *or* Is it all right to smoke?

Дава́й заку́рим.

Let's have a smoke.

маха́ть (I) (*plus* instr) (pres машу́, ма́шешь, ма́шут)

to wave

Она́ ма́шет на́м платко́м из окна́.

She's waving her kerchief at us from the window.

помаха́ть, пома́шут (pfv I)

to wave

Помаши́ руко́й!

Wave your hand!

оби́деться, оби́жусь, оби́дятся (pfv II)

to be offended, be hurt, take offense

Я бою́сь, что она́ оби́дится.

I'm afraid she'll be offended.

обижа́ть (pfv оби́деть)
Меня́ обижа́ют таки́е разгово́ры.
Наде́юсь, что я́ её не оби́дел.
    зажига́ться (pfv заже́чься)
Вдру́г в окне́ зажёгся све́т.
Э́ти спи́чки пло́хо зажига́ются.

to offend, slight, hurt
I feel hurt by such talk.
I hope I didn't offend her.
    to light up; to begin to burn
Suddenly, the light went on in the window.
These matches are hard to light.

Да́й прикури́ть

Ф. — Фили́пп   О. — Оле́г

Ф. 1 Да́й прикури́ть, Оле́г. У меня́ ко́нчился бензи́н в зажига́лке.

О. 2 Пожа́луйста. Во́т возьми́ заодно́ спи́чки. Ты́ каки́е папиро́сы ку́ришь?

Ф. 3 «Кре́мль».[1] Во́т, пожа́луйста, угоща́йся.

О. 4 Не́т, спаси́бо, «Кре́мль» у меня́ самого́ е́сть. Я́ ду́мал, ты́ ку́ришь америка́нские сигаре́ты.[2]

Ф. 5 Не́т, к сожале́нию, в понеде́льник вы́курил после́днюю па́чку.

О. 6 Покажи́-ка мне́ свою́ зажига́лку. Интере́сно сде́лана.

Ф. 7 А кака́я у тебя́?

О. 8 Никако́й. Я́ па́ру ра́з покупа́л, а они́ момента́льно лома́лись. Так я́, наконе́ц, махну́л руко́й и перешёл на спи́чки.[3]

Ф. 9 У меня́ така́я же беда́ с электри́ческой бри́твой: купи́л в ГУ́Ме в про́шлом ме́сяце, она́ порабо́тала дня́ три́ и переста́ла.

О. 10 Знако́мая исто́рия. Я́ всегда́ бре́юсь безопа́сной бри́твой, а ле́звия предпочита́ю че́шские — они́ лу́чше на́ших.

Ф. 11 Ты́ не обижа́йся, е́сли я́ скажу́, что у ва́с почти́ всё таки́е ве́щи нева́жного ка́чества.

О. 12 Да чего́ та́м обижа́ться, э́то пра́вда. У на́с всегда́ затрудне́ния в о́бласти ширпотре́ба.

Ф. 13 Ка́жется, ва́ше прави́тельство обеща́ет улу́чшить положе́ние в сле́дующей семиле́тке.[4]

О. 14 Да́, ра́ньше всё обеща́ли на сле́дующую пятиле́тку, тепе́рь опя́ть сро́к отодви́нули. Аво́сь дождёмся.[5]

NOTES   [1] «Кре́мль» is named after the famous Kremlin, the ancient fortress located on Red Square in the center of Moscow, where the Russian czars lived and where the Soviet government is now located.

    Some of the other popular Soviet brands of cigarettes are «Казбе́к», «Авро́ра», «Беломо́р», and «Ла́йка». The last is named after the famous dog who went up in one of the early Soviet space ships. The best home-grown tobaccos come from coastal regions along the Black Sea.

² **Папироса**, the typical Russian cigarette, contains a long hollow filter comprising about a third of its length. The term **сигаре́та** is used for the kind without the hollow filter.

³ The expression **махну́ть руко́й** illustrates a common feature of Russian grammar: the use of the instrumental to describe movement of the parts of one's body. Compare other similar constructions: **покача́ть голово́й** *to shake one's head*, **то́пать нога́ми** *to stamp one's feet*, **пожа́ть плеча́ми** *to shrug one's shoulders*.

⁴ In the Soviet planned economy, the **семиле́тка** *seven-year plan* has recently replaced the former five-year plan. The word **семиле́тка** also refers to the seven-year secondary school, which has now given way to the **восьмиле́тка** *eight-year school*.

⁵ The term **аво́сь** may express both resignation and hope, for example, the phrases «**жи́ть на аво́сь**» *to live by relying on luck or chance* and **идти́ на аво́сь** *to take a chance, to venture*. From the term **аво́сь** is derived the word **аво́ська**, a *shopping bag* one takes along in hope of finding something to buy.

PREPARATION FOR CONVERSATION · **Я́ тебя́ угоща́ю моро́женым**

моро́женое, –ого	ice cream
угоща́ть, –а́ют (I)	to treat, buy for someone
Я́ тебя́ угоща́ю моро́женым.	I'm treating you to some ice cream.
моро́женщица	ice cream vender (f)
перекрёсток, –тка	intersection, crossroads
Во́н та́м моро́женщица на перекрёстке.	There's an ice cream vender over there at the intersection.
Хо́чешь моро́женого? Я́ угоща́ю.	Want some ice cream? I'm treating.
шокола́дный	chocolate (flavor)
идёт	O.K., it's a deal
Идёт. Я́ люблю́ шокола́дное, а ты́ како́е?	O.K., I like chocolate—what kind do you like?
сли́вочный	cream (adj), vanilla (flavor)
Я́ предпочита́ю сли́вочное.	I prefer vanilla.
по́рция	portion, helping; order
Две́ по́рции, пожа́луйста: одну́ по́рцию сли́вочного и одну́ шокола́дного.	Two [portions] please: one vanilla and one chocolate.
Два́дцать копе́ек.	Twenty kopecks.
сда́ча	change (money in exchange); surrender
Извини́те, у меня́ не́т сда́чи с рубля́.	Sorry, I don't have change for a ruble.
Дава́й, Фили́пп, я́ заплачу́.	Let me pay, Philip.
ме́лочь (f)	change (small); trifle; detail
У меня́ е́сть ме́лочь.	I have some change.
ни в ко́ем слу́чае	under no circumstances
Не́т, не́т, ни в ко́ем слу́чае.	No, no, under no circumstances.
Во́т я́ нашёл два́дцать копе́ек.	Here, I found the twenty kopecks.
скаме́йка	bench

скве́р	public garden, small park
Ну́, хорошо́. Пойдём, ся́дем во́н та́м в скве́ре на скаме́йку.	Well, all right. Let's go sit on the bench over there in the public garden.
легкова́я маши́на	automobile, passenger car
Ла́дно. Во́т смотрю́ и удивля́юсь: всё грузовики́ е́дут, а легковы́х маши́н почти́ не ви́дно.	Fine. You know, I look and I'm amazed: trucks going by all the time, but almost no passenger cars to be seen.
Да́, и́х у на́с гора́здо ме́ньше, че́м грузовико́в.	Yes, we have far fewer of them than we do of trucks.
миллио́н	million
В Аме́рике о́коло семи́десяти миллио́нов маши́н.	In America there are about seventy million cars.
А скажи́, э́то пра́вда, что в Аме́рике о́коло семи́десяти миллио́нов маши́н?	Tell me, is it true that there are about seventy million cars in America?
вро́де (*plus* gen)	like, something (*or* somewhat) like, that looks like
Да́, что́-то вро́де э́того.	Yes, something like that.
автомоби́ль (m)	automobile, car, auto
коли́чество	quantity, number, amount
Я́ не зна́ю то́чного коли́чества.	I don't know the exact number.
У на́с почти́ ка́ждая семья́ име́ет автомоби́ль.	In our country almost every family owns a car.
невероя́тно	incredible, inconceivable, beyond belief
Пря́мо невероя́тно!	It's just incredible!

SUPPLEMENT

предпоче́сть (pfv I) (past предпочёл, предпочла́; fut предпочту́, предпочтёшь, –у́т)	to prefer
Я́ предпочёл бы оста́ться до́ма.	I'd prefer to stay home.
угости́ть, угощу́, угостя́т (pfv II)	to treat, buy for someone
Че́м они́ ва́с угости́ли?	What did they treat you to?
Я́ ва́с угощу́ моро́женым.	I'll treat you to some ice cream.
улучша́ть (I)	to improve
С ка́ждым го́дом у на́с улучша́ют ка́чество автомоби́лей.	They improve the quality of automobiles [with] every year.
улучша́ться (pfv улу́чшиться)	to improve, get better
Его́ здоро́вье улучша́ется.	His health is improving.
Пого́да немно́го улу́чшилась.	The weather has improved slightly.
сли́вки, сли́вок (pl only)	cream
Вы́ пьёте ко́фе со сли́вками?	Do you take cream in your coffee?
моро́женщик	ice cream vender (m)
Во́н та́м на перекрёстке стои́т моро́женщик.	There's an ice cream man standing over there at the intersection.
ки́слый	sour
Э́тот со́к сли́шком ки́слый.	This juice is too sour.
сла́дкий	sweet

Это мороженое слишком сладкое.	This ice cream is too sweet.
сладкое, –ого	dessert
Что вы хотите на сладкое?	What do you want for dessert?
желе (indecl n)	gelatin
Хочешь желе на сладкое?	Do you want gelatin for dessert?
компот	stewed fruit
Давай закажем компот.	Let's order stewed fruit.
срочный	urgent; prompt
Это очень срочное дело.	This matter is very urgent.

Я тебя угощаю мороженым

Ф. — Филипп   О. — Олег   М. — Мороженщица

Ф. 1 Вон там мороженщица на перекрёстке.[1] Хочешь мороженого? Я угощаю.

О. 2 Идёт. Я люблю шоколадное, а ты какое?

Ф. 3 Я сливочное. Две порции, пожалуйста: одну сливочного и одну шоколадного.

М. 4 Двадцать копеек. Извините, у меня нет сдачи с рубля.

О. 5 Давай, Филипп, я заплачу. У меня есть мелочь.

Ф. 6 Нет, нет, ни в коем случае. Вот я нашёл двадцать копеек.

О. 7 Ну, хорошо. Пойдём, сядем вон там в сквере на скамейку.[2]

Ф. 8 Ладно. Вот смотрю и удивляюсь: всё грузовики едут, а легковых машин почти не видно.

О. 9 Да, их у нас гораздо меньше, чем грузовиков. А скажи, это правда, что в Америке около семидесяти миллионов машин?

Ф. 10 Да, что-то вроде этого. Я не знаю точного количества. У нас почти каждая семья имеет автомобиль.

О. 11 Прямо невероятно!

NOTES

[1] A typical sight on a hot summer day in any Russian city is the **мороженщица** or **мороженщик** *ice cream vender*. Soviet ice cream venders are employees of a state corporation.

[2] The term **сквер** is borrowed from the English *square* and refers to any rest area or small public garden, usually with benches. The government has expended a good deal of effort to make cities attractive through the establishment of many such public gardens or rest areas, not to mention the large **Парки культуры и отдыха** *Parks of Culture and Rest*, which usually have very ornate flower beds and well-cared-for lawns and trees.

Basic sentence patterns

1. О́н подошёл к окну́.
   О́н отошёл от окна́.
   Она́ подходи́ла к две́ри.
   Она́ отходи́ла от две́ри.
   Они́ подъе́хали к ста́нции.
   Они́ отъе́хали от ста́нции.

   He stepped up to the window.
   He stepped away from the window.
   She was approaching the door.
   She was coming away from the door.
   They drove up to the station.
   They drove away from the station.

2. Самолёт уже́ прилете́л.
   _____ вы́летел.
   _____ отлете́л.
   _____ улете́л.

   The plane has already arrived.
   _____ taken off.
   _____ departed.
   _____ left.

3. Самолёты уже́ вылета́ют.
   _____ подлета́ют.
   _____ отлета́ют.
   _____ улета́ют.

   The planes are already flying out.
   _____ approaching.
   _____ departing.
   _____ leaving.

4. Принеси́те воды́.
   Кто́ принёс во́ду?
   Унеси́те э́ту еду́.
   Кто́ унёс еду́?
   Внеси́те чемода́ны.
   Кто́ внёс чемода́ны?
   Вы́несите на дво́р матра́цы.
   Кто́ вы́нес на дво́р матра́цы?

   Bring some water.
   Who brought the water?
   Take this food away.
   Who took the food away?
   Bring in the suitcases.
   Who brought in the suitcases?
   Take (or carry) the mattresses outdoors.
   Who took the mattresses outdoors?

5. Мы́ за́втра туда́ переезжа́ем.
   Они́ туда́ уже́ перее́хали.
   Мы́ за́втра отту́да выезжа́ем.
   Они́ отту́да уже́ вы́ехали.
   Мы́ за́втра туда́ въезжа́ем.
   Они́ туда́ уже́ въе́хали.

   We're moving there tomorrow.
   They've already moved there.
   We're moving out from there tomorrow.
   They've already moved from there.
   We're moving in there tomorrow.
   They've already moved in there.

6. Пришло́ о́коло пяти́десяти челове́к.
   _____ шести́десяти _____.
   _____ семи́десяти _____.
   _____ восьми́десяти _____.

   About fifty people came.
   _____ sixty _____.
   _____ seventy _____.
   _____ eighty _____.

7. Аво́сь, к семи́десяти года́м о́н ста́нет
   умне́е.
   Аво́сь, к восьми́десяти года́м о́н ста́нет
   умне́е.

   Perhaps by the time he's seventy he'll be smarter.

   Perhaps by the time he's eighty he'll be smarter.

8. Она́ должна́ забо́титься о сорока́
                              ма́льчиках.
   _____ о девяно́ста ___.
   _____ о ста́ ___.
   _____ о пяти́десяти ___.

   She has to take care of forty boys.

   _____ of ninety __.
   _____ of a hundred __.
   _____ of fifty _____.

9. Что́ на́м де́лать с э́тими пятью́десятью
                              зажига́лками?
   _____ шестью́десятью __?
   _____ семью́десятью __?
   _____ восемью́десятью __?

   What'll we do with these fifty lighters?

   _____ sixty _____?
   _____ seventy _____?
   _____ eighty _____?

10. У меня́ всего́ па́ра ру́к. I only have two hands.
——————— па́ра гла́з. ——————— eyes.
——————— па́ра ног. ——————— feet.

11. У него́ две́ па́ры перча́ток. He has two pairs of gloves.
——————— гало́ш. ——————— rubbers.
——————— брю́к. ——————— trousers.

12. О́н зави́довал э́той молодо́й па́ре. He envied this young couple.
——————— счастли́вой —. ——————— happy ———.
——————— весёлой ———. ——————— merry ———.

13. Э́тот слу́чай мне́ ка́жется невероя́тным. This case seems incredible to me.
——————— необы́чным. ——————— unusual ———.
——————— неинтере́сным. ——————— uninteresting —.

14. Хоти́те желе́ на сла́дкое? Do you want gelatin for dessert?
— Не́т, я предпочита́ю компо́т. No, I prefer stewed fruit.
——————— све́жие фру́кты. ——————— fresh fruit.
——————— моро́женое. ——————— ice cream.

15. О́н обеща́л прие́хать сего́дня у́тром. He promised to come this morning.
——————— сего́дня ве́чером. ——————— this evening.
——————— сего́дня но́чью. ——————— tonight (*or* late tonight).
——————— сего́дня днём. ——————— this afternoon (*or* during the day today).

16. Они́ пожени́лись э́тим ле́том. They got married this summer.
——————— э́той весно́й. ——————— this spring.
——————— про́шлой о́сенью. ——————— last autumn.
——————— про́шлой зимо́й. ——————— last winter.

17. По́езд прихо́дит но́чью? Does the train arrive tonight (*or* at night)?
— Да́, в два́ часа́ но́чи. Yes, at two A.M.
По́езд прихо́дит у́тром? Does the train arrive in the morning?
— Да́, в три́ часа́ утра́. Yes, at three A.M.
По́езд отхо́дит ве́чером? Does the train leave this evening (*or* during the evening)?
— Да́, в се́мь часо́в ве́чера. Yes, at seven A.M.

18. Че́м о́н бре́ется? What does he shave with?
— Безопа́сной бри́твой. A safety razor.
— Электри́ческой бри́твой. An electric razor.

19. Зажги́ све́т! Turn on the light!
Не зажига́й све́та! Don't turn on the light!
Потуши́ ла́мпу! Switch off the lamp! *or* Turn out the light!
Не туши́ ла́мпы! Don't switch off the lamp!
Помаши́ де́душке руко́й! Wave to Grandfather!
Не маши́ рука́ми! Don't wave your hands around!

20. Переста́нь кури́ть! Зде́сь нельзя́ кури́ть. Stop smoking! It's not allowed here.
— Я́ уже́ переста́л. I've already stopped.
Отодви́нь сто́л от окна́. Move the table away from the window.
— Я́ уже́ отодви́нул. I already did.

21. Она́, вероя́тно, предпочтёт друго́й цве́т.　　　She'll probably prefer a different color.
　　Она́, вероя́тно, предпочла́ бы друго́й　　　She'd probably prefer a different color.
　　　цве́т.
　　Она́ предпочита́ет бо́лее тёмный цве́т.　　　She prefers a darker color.

Pronunciation practice: clusters of three consonants
with д as the initial consonant

A. Clusters in which initial д is pronounced voiced.

1. дгр pronounced [dgr] or [dgr̦]
   [nadgrísț] надгры́зть
   　to nibble at
   [pədgr̦isțí] подгрести́
   　to rake under
   [pr̦idgrózjə] предгро́зье
   　pre-stormy weather

2. дгл pronounced [dgl] or [dgl̦]
   [padgl̦ádivəț] подгля́дывать
   　to spy on
   [nadglávək] надгла́вок
   　top of a cupola
   [padgláz̦jə] подгла́зье
   　area under the eyes

3. дбр pronounced [dbr] or [dbr̦]
   [padbrásivət] подбра́сывать
   　to throw up
   [padbr̦íț] подбри́ть
   　to shave
   [padbr̦úšṇik] подбрю́шник
   　part of harness

4. дзн pronounced [dzn]
   [padznákəm] под зна́ком
   　under the sign
   [padznójim] под зно́ем
   　in the heat
   [pr̦idznəm̦inaváṇjə] предзнаменова́ние
   　omen

B. Clusters in which initial д is pronounced voiceless.

1. дкр pronounced [tkr] or [tkr̦]
   [patkráṣiț] подкра́сить
   　to add color
   [pətkr̦ip̦íț] подкрепи́ть
   　to strengthen
   [nətkr̦iml̦óm] над Кремлём
   　above the Kremlin

2. дст pronounced [tst]
   [patstáfkə] подста́вка
   　prop
   [patstáț] подста́ть
   　to be fitting
   [pr̦itstajáț] предстоя́ть
   　to be in store

3. дпр pronounced [tpr] or [tpr̦]
   [patpráyiț] подпра́вить
   　to correct
   [patpr̦ígnuț] подпры́гнуть
   　to jump up
   [pr̦itpr̦ijáțijə] предприя́тие
   　enterprise

4. дсн pronounced [tsn] or [tṣṇ]
   [nətsṇigám̦i] над снега́ми
   　over the stretches of snow
   [p̦ir̦itsnóm] перед сно́м
   　before sleep
   [patṣṇéžṇik] подсне́жник
   　a flower

5. дск pronounced [tsk]
   [pr̦itskazáț] предсказа́ть
   　to forecast
   [patskók] подско́к
   　a small jump
   [pətskabl̦íț] подскобли́ть
   　to scrape off

6. дпл pronounced [tpl] or [tpl̦]
   [patplótnim] под пло́тным
   　under a thick
   [patpl̦ól] подплёл
   　wove
   [pr̦itpl̦éčjə] предпле́чье
   　part of arm

7. дсм pronounced [tsm] or [tşm̥]
   [pətsmatr̥ét] подсмотре́ть
   to look, spy
   [patsmóḷinij] подсмо́ленный
   smoked
   [pritş̥m̥értnij] предсме́ртный
   dying

8. дкл pronounced [tkl] or [tkl̥]
   [patklátkə] подкла́дка
   lining
   [natklúbəm] над клу́бом
   over the club
   [patkḷónəm̥i] под клёнами
   under the maples

9. дсв pronounced [tsv] or [tşɣ]
   [p̥ir̥itsvádbəj] перед сва́дьбой
   before the wedding
   [nətsvajím] над свои́м
   over one's
   [patş̥ɣétəm] под све́том
   under the light

STRUCTURE AND DRILLS

Verbal prefixes: part II—verbs of motion with the directional prefixes в-, под-, при-, вы-, от-, and у-

The prefixes give the following basic meanings to verbs of motion:

в–	*into, entry into*
вы–	*out of, exiting, going out of*
под–	*toward, to, approach, going* or *coming up to* or *under*
от–	*off from, departure, moving off from* (or *away from*)
при–	*to, arrival at a destination*
у–	*away, leaving, going away*

MODELS

Не входи́те в э́то зда́ние.	Don't go into that building.
Войди́те в ко́мнату.	Come into the room.
Не выходи́ из ко́мнаты.	Don't go out of the room.
Вы́йди из ко́мнаты.	Step out of the room.
Не подходи́ к окну́.	Don't go over to the window.
Подойди́те к доске́.	Come (*or* Go) up to the blackboard.
Отойди́те от окна́.	Come away from the window.
По́езд сейча́с отхо́дит.	The train is about to leave.
Приходи́те к на́м.	Come and see us.
Приди́те по́зже.	Come later.
Уйди́ отсю́да.	Get away from here.
Уходи́ от меня́!	Get away from me!
Приходи́те на обе́д.	Come to dinner.
Я́ не приду́ на ве́чер.	I won't be coming to the party.

Они́ ушли́ с собра́ния.	They left the meeting.
Все́ ухо́дят из па́рка.	Everyone's leaving the park.
Когда́ вы́ прие́хали в Москву́?	When did you arrive in Moscow?
——————— уе́хали из Москвы́?	——————— leave Moscow?
Когда́ о́н пришёл на рабо́ту?	When did he get to work?
——————— ушёл с рабо́ты?	——————— leave work?
Когда́ вы́ прие́хали на Кавка́з?	When did you arrive in the Caucasus?
——————— уе́хали с Кавка́за?	——————— leave the Caucasus?
Подойдём к бе́регу.	Let's walk over to the shore.
Отойдём от бе́рега.	Let's get away from the shore.
Мы́ подъе́хали к реке́.	We drove up to the river.
Мы́ отъе́хали от реки́.	We drove away from the river.
Мы́ подплы́ли к бе́регу.	We swam over to the shore.
Мы́ отплы́ли от бе́рега.	We swam away from the shore.

■ REPETITION DRILL

Repeat the given models, noting particularly that the prefixes **в–**, **под–**, and **при–** denote arrival and are respectively the exact opposites of the prefixes **вы–**, **от–**, and **у–**, which denote departure: **в–** versus **вы–**, **под–** versus **от–**, and **при–** versus **у–**.

■ STRUCTURE REPLACEMENT DRILLS

1. *I'll step into the room for a minute.*
   I'll step out of the room for a minute.
   Я́ войду́ на мину́тку в ко́мнату.
   Я́ вы́йду на мину́тку из ко́мнаты.
   О́н войдёт на мину́тку в ко́мнату.
   О́н вы́йдет на мину́тку из ко́мнаты.
   (они, Ва́ря, мы, ты, вы, она, я)

2. *He stepped over to the window.*
   He stepped away from the window.
   О́н подошёл к окну́.
   О́н отошёл от окна́.
   Она́ подошла́ к окну́.
   Она́ отошла́ от окна́.
   (Фе́дя, они, Ва́ря, он, дети, она)

3. *Take this boy out of here.*
   Bring this boy here.
   Уведи́те отсю́да э́того мальчи́шку.
   Приведи́те сюда́ э́того мальчи́шку.
   Увези́те отсю́да э́того мальчи́шку.
   Привези́те сюда́ э́того мальчи́шку.
   (унесите, уведите, увезите, уносите, уводите, увозите)

4. *When does your train arrive?*
   When does your train depart?
   Когда́ прихо́дит ва́ш по́езд?
   Когда́ отхо́дит ва́ш по́езд?
   Когда́ прилета́ет ва́ш самолёт?
   Когда́ отлета́ет ва́ш самолёт?
   Когда́ прихо́дит ва́ш авто́бус?
   Когда́ приезжа́ет ва́ша маши́на?
   Когда́ прилета́ет ва́ш самолёт?
   Когда́ приезжа́ет ва́ше такси́?
   Когда́ прихо́дит ва́ш по́езд?
   Когда́ прихо́дит ва́ш грузови́к?
   Когда́ прилета́ет ва́ш самолёт?

5. *He ran into the garden.*
   He ran out of the garden.
   Óн вбежáл в сáд.
   Óн вы́бежал из сáда.
   Óн влетéл в сáд.
   Óн вы́летел из сáда.
   (вошёл, въехал, влетел, вбежал)

6. *We stepped out of the hall.*
   We entered the hall.
   Мы́ вы́шли из аудитóрии.
   Мы́ вошли́ в аудитóрию.
   Я́ вы́шел из аудитóрии.
   Я́ вошёл в аудитóрию.
   (они, онá, он, мы с Зинóй, Вáря,
   Фéдя, подрýги)

7. *Get a little farther away from the shore.*
   Come a bit closer to the shore.
   Отойди́ подáльше от бéрега.
   Подойди́ поблúже к бéрегу.
   Отведи́ и́х подáльше от бéрега.
   Подведи́ и́х поблúже к бéрегу.
   (отвези их, отнеси их, отбеги,
   отъезжай, отойди, отведи их)

8. *Where did he go?*
   Where did he come from?
   Кудá óн ушёл?
   Откýда óн пришёл?
   Кудá óн уéхал?
   Откýда óн приéхал?
   (убежал, улетел, их увёз, их унёс,
   их увёл, их уносúл, их увозил,
   их уводил, ушёл, уехал)

DISCUSSION

The directional prefixes can be added to any of the basic non-prefixed motion verbs. Each adds its particular notion of direction to the principal meanings contained in the basic verb. From the non-prefixed multidirectional verb comes the new imperfective, and from the non-prefixed unidirectional verb comes the new perfective:

носи́ть (m-d ipfv)	нести́ (u-d ipfv)	*to carry; to be carrying (while on foot)*
IMPERFECTIVE	PERFECTIVE	
вноси́ть	внести́	to carry in, bring in
выноси́ть	вы́нести	to carry out, take out
подноси́ть	поднести́	to carry up to, bring up to
относи́ть	отнести́	to carry off, take off
приноси́ть	принести́	to carry to, bring to
уноси́ть	унести́	to carry away, take away

éздить (m-d ipfv)	éхать (u-d ipfv)	*to go, drive; to be going, be driving*
IMPERFECTIVE	PERFECTIVE	
въезжáть	въéхать	to drive into, enter (by vehicle)
выезжáть	вы́ехать	to drive out of, exit (by vehicle)
подъезжáть	подъéхать	to approach, drive up to
отъезжáть	отъéхать	to depart, drive off
приезжáть	приéхать	to arrive, come (by vehicle)
уезжáть	уéхать	to leave, go away (by vehicle)

Note particularly that the verb **éздить** is replaced in its prefixed forms by **–езжáть**.

It is important to know the prepositions which generally accompany these prefixed motion verbs. They are illustrated in the models below:

Войди́те **в** сад.	Come *into* the garden.
Не выходи́те **из** ко́мнаты.	Don't go *out of* the room.
Подойди́ **к** окну́.	Come *over to* the window.
Отойди́ **от** окна́.	Come *away from* the window.
Приходи́ **к** на́м.	Come and see us.
Когда́ вы́ прие́хали **в** Москву́?	When did you arrive *in* Moscow?
Уходи́те **от** на́с.	Go *away from* us.
Мы́ уезжа́ем **из** Москвы́ за́втра у́тром.	We're leaving Moscow tomorrow morning.

<table>
<tr><td colspan="4" align="center">Prefixed verbs of motion and taking[1]</td></tr>
<tr><td colspan="4" align="center">VERBS OF MOTION</td></tr>
<tr>
<td>входи́ть, войти́
выходи́ть, вы́йти
подходи́ть, подойти́
отходи́ть, отойти́
приходи́ть, прийти́
уходи́ть, уйти́</td>
<td>въезжа́ть, въе́хать
выезжа́ть, вы́ехать
подъезжа́ть, подъе́хать
отъезжа́ть, отъе́хать
приезжа́ть, прие́хать
уезжа́ть, уе́хать</td>
<td>влета́ть, влете́ть
вылета́ть, вы́лететь
подлета́ть, подлете́ть
отлета́ть, отлете́ть
прилета́ть, прилете́ть
улета́ть, улете́ть</td>
<td>вбега́ть, вбежа́ть
выбега́ть, вы́бежать
подбега́ть, подбежа́ть
отбега́ть, отбежа́ть
прибега́ть, прибежа́ть
убега́ть, убежа́ть</td>
</tr>
<tr><td colspan="4" align="center">VERBS OF TAKING</td></tr>
<tr>
<td>вноси́ть, внести́
выноси́ть, вы́нести
подноси́ть, поднести́
относи́ть, отнести́
приноси́ть, принести́
уноси́ть, унести́</td>
<td>ввози́ть, ввезти́
вывози́ть, вы́везти
подвози́ть, подвезти́
отвози́ть, отвезти́
привози́ть, привезти́
увози́ть, увезти́</td>
<td colspan="2">вводи́ть, ввести́
выводи́ть, вы́вести
подводи́ть, подвести́
отводи́ть, отвести́
приводи́ть, привести́
уводи́ть, увести́</td>
</tr>
</table>

Declension of со́рок, пятьдеся́т, шестьдеся́т, се́мьдесят, во́семьдесят, девяно́сто, and сто́

	forty		*ninety*	*one hundred*
NOM-ACC	со́рок		девяно́сто	сто́
GEN-PREP-DAT-INSTR	сорока́		девяно́ста	ста́

	fifty	*sixty*	*seventy*	*eighty*
NOM-ACC	пятьдеся́т	шестьдеся́т	се́мьдесят	во́семьдесят
GEN-PREP-DAT	пяти́десяти	шести́десяти	семи́десяти	восьми́десяти
INSTR	пятью́десятью	шестью́десятью	семью́десятью	восьмью́десятью (*or* восемью́десятью)

---

[1] In the chart, the *imperfective* verb is always listed first and the *perfective* verb second.

MODELS

Это стоит сорок рублей.   This costs forty rubles.

_____ пятьдесят __.   _____ fifty _____.

_____ шестьдесят __.   _____ sixty _____.

_____ семьдесят __.   _____ seventy __.

_____ восемьдесят __.   _____ eighty _____.

_____ девяносто _____.   _____ ninety __.

_____ сто _____.   _____ a hundred __.

Мы продали около сорока пластинок.   We sold about forty records.

_____ девяноста _____.   _____ ninety _____.

_____ ста _____.   _____ a hundred __.

Здесь живёт пятьдесят тысяч американцев.   Fifty thousand Americans live here.

_____ шестьдесят _____.   Sixty _____.

_____ семьдесят _____.   Seventy _____.

_____ восемьдесят _____.   Eighty _____.

Там было больше пятидесяти человек.   There were more than fifty people there.

_____ шестидесяти _____.   _____ sixty _____.

_____ семидесяти _____.   _____ seventy _____.

_____ восьмидесяти _____.   _____ eighty _____.

Что случилось с нашими пятьюдесятью   What happened to our fifty tourists?

       туристами?

_____ шестьюдесятью __?   _____ sixty _____?

_____ семьюдесятью __?   _____ seventy __?

_____ восьмьюдесятью __?   _____ eighty _____?

■ REPETITION DRILL

Repeat the model illustrating the declension of forty, fifty, sixty, seventy, eighty, ninety, and one hundred.

Note that there are two patterns for the declension of numbers from forty to one hundred: сорок, девяносто, and сто follow a very simple declension pattern, while пятьдесят, шестьдесят, семьдесят, and восемьдесят follow a slightly more complex one.

■ RESPONSE DRILLS

1. *You have to read these forty applications.*
   I didn't forget about those forty applications.
   Нужно прочитать эти сорок заявлений.
   Я не забыл об этих сорока заявлениях.
   Нужно прочитать эти пятьдесят
   заявлений.
   **Я не забыл об этих пятидесяти
   заявлениях.**
   (100, 80, 90, 60, 40, 70, 50)

2. *We have only fifty packs of cigarettes.*
   Even less than fifty packs.
   У нас всего пятьдесят пачек папирос.
   Даже меньше пятидесяти пачек.
   У нас всего шестьдесят пачек папирос.
   Даже меньше шестидесяти пачек.
   (70, 80, 40, 50, 60, 100)

3. *Forty boxes of matches are left.*
   I'll pay you for all forty boxes.
   Осталось сорок коробок спичек.
   Я вам заплачу за всё сорок коробок.
   Осталось сто коробок спичек.
   Я вам заплачу за всё сто коробок.
   (90, 40, 100, 50, 60, 80)

4. *We've ordered forty pairs of boots.*
   What happened to those forty pairs?
   Мы заказали сорок пар ботинок.
   Что случилось с этими сорока парами?
   Мы заказали семьдесят пар ботинок.
   Что случилось с этими семьюдесятью парами?
   (100, 60, 90, 80, 40, 50, 100)

■ STRUCTURE REPLACEMENT DRILLS

1. *They sent trucks to fifty areas.*
   Fifty areas need trucks.
   В пятьдесят областей послали грузовики.
   Пятидесяти областям нужны грузовики.
   В сорок областей послали грузовики.
   Сорока областям нужны грузовики.
   (80, 100, 70, 40, 60, 90, 50)

2. *This tree is one hundred years old.*
   This tree is about a hundred years old.
   Этому дереву сто лет.
   Этому дереву около ста лет.
   Этому дереву восемьдесят лет.
   Этому дереву около восьмидесяти лет.
   (60, 100, 70, 90, 50, 40, 80)

3. *We've driven a hundred kilometers.*
   We've driven more than a hundred kilometers.
   Мы проехали сто километров.
   Мы проехали больше ста километров.
   Мы проехали восемьдесят километров.
   Мы проехали больше восьмидесяти километров.
   (50, 40, 60, 70, 90, 80, 100)

4. *Life begins at forty.*
   Life begins after forty.
   Жизнь начинается в сорок лет.
   Жизнь начинается после сорока лет.
   Жизнь начинается в сто лет.
   Жизнь начинается после ста лет.
   (70, 80, 90, 100, 50, 60, 40)

DISCUSSION

The numbers **сорок** *forty*, **девяносто** *ninety*, and **сто** *one hundred* follow a very simple declension pattern: the forms **сорок**, **девяносто**, and **сто** for the nominative and accusative cases, and the forms **сорока**, **девяноста**, and **ста** for all the other cases.

The numbers **пятьдесят** *fifty*, **шестьдесят** *sixty*, **семьдесят** *seventy*, and **восемьдесят** *eighty* have a more complicated declensional pattern.

NOM-ACC	пятьдесят	шестьдесят	семьдесят	восемьдесят
GEN-PREP-DAT	пятидесяти	шестидесяти	семидесяти	восьмидесяти
INSTR	пятьюдесятью	шестьюдесятью	семьюдесятью	восьмьюдесятью
				(*or* восемьюдесятью)

Note that although they are treated as compounds, with both parts declined in the oblique cases, each form has only a single stress: **пятидесяти** [pit͡ɕídʲiʂití], **пятьюдесятью** [pit͡ɕjúdʲiʂítju].

In terms of agreement, they follow the pattern typical for numbers from five upward: the nominative-accusative form is followed by the genitive plural form of the noun, but in all the other cases the noun is in the same case as the number itself:

Compare Он нашёл пятьдесят рублей.   He found fifty rubles.

with Я работал вместе с пятьюдесятью колхозниками.   I worked together with fifty collective farm workers.

Пятидесяти колхозам нужны грузовики.   Fifty kolkhozes need trucks.

Adjectives and adverbs formed by means of the unstressed negative prefix не-

MODELS

Несладкий чай невкусно пить. | Unsweetened tea doesn't taste good.

У них небольшая комната. | They have a rather small room.
————————————— квартира. | ————————————————— apartment.
————————————— машина. | ————————————————— car.

Она неглупый человек. | She's not a stupid person.
—— неинтересный ——. | —— a dull ——————.
—— неумный ————. | —— not a very bright —.
—— нехороший ——. | —— not a good ——.

Это ненужные вещи. | Those are unnecessary things.
—— неважные ——. | ———— unimportant ——.
—— недорогие ——. | ———— inexpensive ——.

Она неважно себя чувствует. | She doesn't feel very well.
—— нехорошо —————. | —— feels poorly.
—— неплохо —————. | —— feels pretty good.

Это совсем недорого. | It's quite inexpensive.
————————— невозможно. | ———— impossible.
————————— невероятно. | ———— unbelievable.

■ REPETITION DRILL

Repeat the given models illustrating the use of the unstressed negative prefix не– in forming adjectives and adverbs of opposite meaning.

■ STRUCTURE REPLACEMENT DRILLS

1. *It isn't done quite right.*
   It's done wrong.
   Это сделано не вполне правильно.
   Это сделано неправильно.
   Это сделано не вполне точно.
   Это сделано неточно.
   (хорошо, крепко, ровно, серьёзно, точно, правильно, понятно)

2. *She doesn't look very well.*
   She looks sick.
   У неё не совсем здоровый вид.
   У неё нездоровый вид.
   У неё не совсем довольный вид.
   У неё недовольный вид.
   (хороший, умный, счастливый, весёлый, здоровый, довольный, обычный)

3. *He's to blame.*
   He's innocent.
   Он виноват.
   Он невиноват.
   Он умён.
   Он неумён.
   (прав, красив, высок, способен, доволен, глуп, женат, умён, виноват)

4. *This is an important question.*
   This is an unimportant question.
   Это важный вопрос.
   Это неважный вопрос.
   Это интересный вопрос.
   Это неинтересный вопрос.
   (нужный, естественный, обычный, правильный, определённый, новый)

1. *Were you comfortable?*
   No, I wasn't.
   Вáм бы́ло удóбно?
   Нéт, мнé бы́ло неудóбно.
   Вáм бы́ло плóхо?
   Нéт, мнé бы́ло неплóхо.
   (хорошо́, тяжело́, ве́село, удо́бно,
   ую́тно, легко́)

2. *Is this possible?*
   No, it's impossible.
   Э́то возмóжно?
   Нéт, э́то невозмóжно.
   Э́то удóбно?
   Нéт, э́то неудóбно.
   (ве́рно, до́рого, хорошо́, поня́тно,
   умно́, изве́стно, дёшево, есте́ственно,
   норма́льно, вероя́тно, ва́жно)

DISCUSSION

Many adjectives and adverbs are formed in Russian by means of the negative prefix **не–**. Although such words are usually more or less equivalent to non-prefixed adjectives and adverbs based on other stems, there is often a slight shade of difference between the pairs. For example:

Compare   **большóй** *large, big*

with   **небольшóй** *small, rather small, not so large*
   мáленький *small, little*

Compare   **дорогóй** *expensive*

with   **недорогóй** *inexpensive, not too expensive*
   дешёвый *cheap*

Compare   **плохóй** *bad, poor*

with   **неплохóй** *not half bad, pretty good*
   хорóший *good*

Sometimes the meaning is quite different:

Compare   **мéдленно** *slowly*

with   **немéдленно** *immediately*
   бы́стро *quickly*

Uses of the instrumental case:
part I—the instrumental without a preposition

MODELS

Пиши́те карандашóм.
———— мéлом.
———— рýчкой.
———— перóм.

Write with a pencil *or* Use a pencil to write.
———— a chalk.
———— a pen.
———— a pen.

В своё врéмя óн бы́л извéстным учёным.
———————————— певцóм.

In his time he was a famous scientist.
———————————— singer.

В своё врéмя онá былá извéстной певи́цей.
———————————— учи́тельницей пéния.

In her time she was a famous singer.
———————————— singing teacher.

Мы́ е́хали по́лем.   We went by way of the field.
————————— ле́сом.   ————————————— the woods.

Како́й доро́гой вы́ пошли́?   Which way did you go?
— Мы́ пошли́ ста́рой доро́гой.   We went the old way.
————————— но́вой ————.   ———— a new ————.
————————— друго́й————.   ———— a different ——.

Мы́ прие́хали по́ездом.   We came by train.
————————— авто́бусом.   ————————— bus.
————————— грузовико́м.   ————————— truck.
————————— легково́й маши́ной.   ————————— passenger car.
————————— автомоби́лем.   ————————— car.
———— прилете́ли самолётом.   ————————— plane.

Э́тот ковёр сде́лан само́й хозя́йкой.   This rug was made by the landlady herself.
————————————— мое́й ма́терью.   ————————————————— my mother.

О́н вы́глядит о́чень споко́йным.   He looks very calm.
————————————— счастли́вым.   ————————————— happy.
————————————— несча́стным.   ————————————— unhappy.

О́н счита́ется прекра́сным студе́нтом.   He's considered an excellent student.
————————— плохи́м —————————.   ————————— a poor —————————.
————————— отли́чным —————————.   ————————— an outstanding ————.
————————— неплохи́м —————————.   ————————— not a bad —————————.

Вы́ по́льзуетесь э́тим словарём?   Are you using this dictionary?
————————— э́той кни́гой?   ————————— this book?
————————— э́той тетра́дью?   ————————— this notebook?
————————— э́тим телефо́ном?   ————————— this phone?

Че́м о́н заболе́л?   What made him ill? (*Lit.* What did he fall ill
                                               with?)
— Гри́ппом.   Flu.
— Бронхи́том.   Bronchitis.
— Ангри́ной.   Strep throat.

Че́м вы́ интересу́етесь?   What are you interested in?
— Ру́сской литерату́рой.   Russian literature.
— Наро́дной му́зыкой.   Folk music.
— Иностра́нными языка́ми.   Foreign languages.
— Англи́йским языко́м.   The English language.
— Ру́сским теа́тром.   The Russian theater.

Вы́ дово́льны и́м?   Are you pleased (*or* satisfied) with him?
————————————— е́ю?   ————————————————————— her?
————————————— мно́й?   ————————————————————— me?
————————————— на́ми?   ————————————————————— us?
————————————— и́ми?   ————————————————————— them?

■ REPETITION DRILL

Repeat the models illustrating the use of the instrumental case.

■ RESPONSE DRILLS

1. *Here, take a pencil.*
   It's all right to write the address with a pencil.
   На́, возьми́ каранда́ш.
   А́дрес мо́жно написа́ть карандашо́м.
   На́, возьми́ ру́чку.
   А́дрес мо́жно написа́ть ру́чкой.
   (хими́ческий каранда́ш, авторучку,
   перо, каранда́ш, ру́чку)

2. *He's so calm!*
   He's just trying to look calm.
   О́н тако́й споко́йный!
   Э́то о́н стара́ется вы́глядеть споко́йным.
   О́н тако́й молодо́й!
   Э́то о́н стара́ется вы́глядеть молоды́м.
   (счастли́вый, весёлый, несча́стный,
   дово́льный, больно́й, ва́жный,
   серьёзный)

3. *I love the woods.*
   Let's go by way of the woods then!
   Я́ люблю́ ле́с.
   Так пое́дем ле́сом!
   Я́ люблю́ мо́ре.
   Так пое́дем мо́рем!
   (эту доро́гу, ма́ленькие переу́лки,
   э́тот пу́ть, э́тот па́рк, ле́с, мо́ре,
   э́тот переу́лок)

4. *He's a chemist.*
   I plan to be a chemist, too.
   О́н хи́мик.
   Я́ то́же собира́юсь бы́ть хи́миком.
   О́н вра́ч.
   Я́ то́же собира́юсь бы́ть врачо́м.
   (учи́тель, дире́ктор, космона́вт,
   журнали́ст, до́ктор, инжене́р)

■ STRUCTURE REPLACEMENT DRILLS

1. *The buns weren't too tasty.*
   The buns turned out to be not too tasty.
   Бу́лочки бы́ли невку́сные.
   Бу́лочки оказа́лись невку́сными.
   Желе́ бы́ло невку́сное.
   Желе́ оказа́лось невку́сным.
   (компо́т, моро́женое, сли́вки,
   шокола́д, конфе́ты, тяну́чки)

2. *I'll go on the train.*
   I'll go by train.
   Я́ пое́ду на по́езде.
   Я́ пое́ду по́ездом.
   Я́ пое́ду на авто́бусе.
   Я́ пое́ду авто́бусом.
   (на ло́дке, на грузовике́,
   на легково́й маши́не, на по́езде)

■ QUESTION-ANSWER DRILLS

1. *May I borrow this dictionary?*
   Yes, you may use this dictionary.
   Мо́жно взя́ть э́тот слова́рь?
   Да́, вы́ мо́жете по́льзоваться э́тим
   словарём.
   Мо́жно взя́ть э́ту ру́чку?
   Да́, вы́ мо́жете по́льзоваться э́той ру́чкой.
   (эту ла́мпу, э́тот зо́нтик, э́ту су́мку,
   э́то полоте́нце, э́ти часы́, э́ту бума́гу,
   э́тот сто́л)

2. *Did she take the pictures herself?*
   Yes, all the pictures were taken by her.
   Она́ сама́ сде́лала сни́мки?
   Да́, все́ сни́мки сде́ланы е́ю.
   Ты́ са́м сде́лал сни́мки?
   Да́, все́ сни́мки сде́ланы мно́й.
   (он, вы, они, Оле́г, Фе́дя, бра́т, сестра́)

DISCUSSION

The instrumental case without a preposition has many functions, the most important of which are the following:

To indicate the means by which an action is accomplished, that is, the tool used to perform the action:

Пиши́те карандашо́м.	Use a pencil to write with.
Наре́жь огурцы́ э́тим ножо́м.	Slice the cucumbers with this knife.
Вы́три ру́ки э́тим полоте́нцем.	Use this towel to wipe your hands.

To define one's position or profession, particularly in past and future tense constructions:

О́н бы́л инжене́ром.	He was an engineer.
Она́ ста́нет певи́цей.	She's going to be a singer.

To describe a temporary state or condition:

Она́ вы́глядит счастли́вой.	She looks happy.
О́н счита́ется пе́рвым в гру́ппе.	He's considered the first in his group.
Дни́ стано́вятся дли́нными.	The days are getting long.

To indicate the vehicle by means of which one travels:

Мы́ прие́хали авто́бусом.	We came by bus.
—————— по́ездом.	——— by train.

To indicate the medium or route taken during travel:

Не е́здите ле́сом.	Don't go by way of the forest.
——— по́лем.	—————— the field.

To indicate the agent performing an action in reflexive and passive constructions:

Э́та посы́лка запако́вана мно́й, а та́ — Фили́ппом.	This package was wrapped by me and that one, by Philip.
Э́тот мо́ст стро́ится на́шими инжене́рами.	This bridge is being built by our engineers.

As the complement of a number of verbs, for example **боле́ть**, **заболе́ть** *to be sick*; **по́льзоваться**, **воспо́льзоваться** *to use*; **занима́ться**, **позанима́ться** *to study, occupy oneself with*; **интересова́ться**, **заинтересова́ться** *to be interested in*; as well as such adjectives as: **дово́льный**, **недово́льный** *satisfied, dissatisfied*; **бо́лен** *sick*:

О́н заболе́л гри́ппом.	He came down with the flu.
Я́ не по́льзуюсь э́тим словарём.	I don't use this dictionary.
О́н занима́ется ру́сским языко́м.	He's studying the Russian language.
О́н интересу́ется хи́мией и фи́зикой.	He's interested in chemistry and physics.
Она́ недово́льна мое́й рабо́той.	She's dissatisfied with my work.
О́н дово́лен мои́ми успе́хами.	He's pleased with my progress.

Additional time expressions

MODELS

У́тром бы́ло хо́лодно.	It was cold in the morning (*or* this morning).
Днём ——————.	——— this afternoon (*or* during the day).
Но́чью ——————.	——— last night (*or* during the night).
Ве́чером ——————.	——— last evening (*or* during the evening).

Заходи́те к на́м сего́дня ве́чером.

_____ за́втра _____.

_____ за́втра у́тром.

_____ за́втра днём.

Drop in and see us this evening.

_____ tomorrow __.

_____ tomorrow morning.

_____ tomorrow afternoon.

Она́ прие́хала сего́дня у́тром.

_____ вчера́ _____.

_____ про́шлым ле́том.

_____ но́чью.

_____ вчера́ но́чью.

She arrived this morning.

_____ yesterday __.

_____ last summer.

_____ at night (*or* during the night).

_____ last night.

Когда́ о́н прие́дет, э́тим ле́том?

_____ бу́дущим ле́том?

_____ э́той зимо́й?

_____ бу́дущей зимо́й?

_____ э́той весно́й?

_____ бу́дущей весно́й?

_____ э́той о́сенью?

_____ бу́дущей о́сенью?

When will he come—this summer?

_____ next summer?

_____ this winter?

_____ next winter?

_____ this spring?

_____ next spring?

_____ this fall?

_____ next fall?

Она́ прие́хала в два́ часа́ дня́.

_____ в два́ часа́ но́чи.

She arrived at two P.M.

_____ at two A.M.

Мы́ уезжа́ем в се́мь часо́в утра́.

_____ в се́мь часо́в ве́чера.

We leave at seven A.M.

_____ at seven P.M.

■ REPETITION DRILL

Repeat the models illustrating expressions of time. Note that most of these employ the instrumental case forms, but that the genitive case forms **но́чи**, **утра́**, **дня́**, and **ве́чера** are used for A.M. and P.M.

■ STRUCTURE REPLACEMENT DRILLS

1. *Call the day after tomorrow at seven in the morning.*
   Call the day after tomorrow at seven A.M.
   Позвони́те послеза́втра у́тром, в се́мь часо́в.
   Позвони́те послеза́втра, в се́мь часо́в утра́.
   Позвони́те послеза́втра ве́чером, в во́семь часо́в.
   Позвони́те послеза́втра, в во́семь часо́в ве́чера.
   Позвони́те послезавтра утром, в десять часов.
   Позвони́те послезавтра вечером, в десять часов.
   Позвони́те послезавтра днём, в четыре часа.
   Позвони́те послезавтра утром, в четыре часа.
   Позвони́те послезавтра вечером, в девять часов.
   Позвони́те послезавтра утром, в девять часов.
   Позвони́те послезавтра днём, в пять часов.
   Позвони́те послезавтра вечером, в пять часов.

2. *He arrived at seven P.M.*
   He arrived at seven o'clock in the evening.
   О́н прие́хал в се́мь часо́в ве́чера.
   О́н прие́хал ве́чером, в се́мь часо́в.
   О́н прие́хал в ше́сть часо́в утра́.
   О́н прие́хал у́тром, в ше́сть часо́в.
   (в 8 часов вечера, в 8 часов утра,
   в 9 часов вечера, в 9 часов утра,
   в 10 часов вечера, в 10 часов утра,
   в 5 часов вечера, в 5 часов утра)

3. *He arrived at three P.M.*
   He arrived at three in the afternoon.
   Óн приéхал в трú часá дня́.
   Óн приéхал днём, в трú часá.
   Óн приéхал в двенáдцать часóв нóчи.
   Óн приéхал нóчью, в двенáдцать часóв.
   (в 4 часа дня, в 2 часа ночи, в 2 часа
   дня, в час ночи, в час дня, в 12
   часов дня, в 12 часов ночи, в 3 часа дня)

4. *I worked all day and all night.*
   I worked day and night.
   Я́ рабóтал вéсь дéнь и всю́ нóчь.
   Я́ рабóтал днём и нóчью.
   Я́ рабóтал всю́ зи́му.
   Я́ рабóтал зимóй.
   (весь день, весь вечер, всё утро,
   всю ночь, всё лето, всю весну,
   всю осень, всю зиму)

■ RESPONSE DRILLS

1. *He couldn't wait for evening to come.*
   She had promised to come in the evening.
   Óн не мóг дождáться вéчера.
   Онá обещáла приéхать вéчером.
   Óн не мóг дождáться весны́.
   Онá обещáла приéхать веснóй.
   (утра, зимы, вечера, лета, дня,
   осени, весны, утра)

2. *It'll soon be fall [already].*
   Yes, in the fall we'll go to the city.
   Ужé скóро óсень.
   Дá, óсенью мы́ поéдем в гóрод.
   Ужé скóро зимá.
   Дá, зимóй мы́ поéдем в гóрод.
   (вечер, осень, утро, весна,
   вечер, лето, утро, зима)

■ EXPANSION DRILLS

1. *He returned in the summer.*
   He returned last summer.
   Óн вернýлся лéтом.
   Óн вернýлся прóшлым лéтом.
   Óн вернýлся зимóй.
   Óн вернýлся прóшлой зимóй.
   (осенью, зимой, весной, летом,
   осенью, весной, зимой, летом)

2. *I was there during the winter.*
   I was there this winter.
   Я́ тáм бы́л зимóй.
   Я́ тáм бы́л э́той зимóй.
   Я́ тáм бы́л óсенью.
   Я́ тáм бы́л э́той óсенью.
   (зимой, весной, летом, осенью,
   зимой, летом, весной)

DISCUSSION

The instrumental case provides a number of very useful time expressions, particularly those indicating the seasons and the division of the day into parts:

зимóй	in winter, during the winter
вéчером	in the evening, during the evening
сегóдня вéчером	this evening, tonight
э́тим лéтом	this summer

Note that *this* is expressed by means of **сегóдня** in **сегóдня вéчером**, **сегóдня ýтром**, but that otherwise the instrumental form of **э́тот** is used: **э́тим лéтом**, **э́той зимóй**, and so forth.

In colloquial usage, however, Russians frequently omit **сегóдня** and sometimes **зáвтра** when it is obvious from the context which morning, evening, etc. is meant:

Утром бы́ло хóлодно.	It was cold this morning.
Приходи́те вéчером, в сéмь часóв.	Come this evening at seven.
Позвони́ мнé ýтром, до девяти́.	Call me tomorrow morning before nine.

Although **днём** literally means *during the day*, it is often understood to mean *in the afternoon*:

Óн приéхал днём, в три́ часá.	He arrived at three in the afternoon.

Other ways of expressing the notion *in the afternoon* in Russian are: **после обе́да**, **по́сле двена́дцати**, and **во второ́й полови́не дня́**.

The genitive forms **но́чи**, **утра́**, **дня́**, and **ве́чера** are used to express A.M. and P.M. in more specific statements of time:

два́ часа́ но́чи	two A.M.
два́ часа́ дня́	two P.M.
се́мь часо́в утра́	seven A.M.
се́мь часо́в ве́чера	seven P.M.

These terms (with some overlapping) are used as follows: **но́чи** from midnight until about four A.M. (**ча́с но́чи**, **два́ часа́ но́чи**); **утра́** from four A.M. until about noon (**четы́ре часа́ утра́**, **оди́ннадцать часо́в утра́**); **дня́** from noon until about five P.M. (**ча́с дня́**, **четы́ре часа́ дня́**); **ве́чера** from five P.M. until midnight (**пя́ть часо́в ве́чера**, **де́сять часо́в ве́чера**). The word for *midnight* is **по́лночь** (gen sg **полу́ночи**) and the word for *noon* is **по́лдень** (gen sg **полу́дня**).

ПОВТОРЕ́НИЕ

— Пожа́луйста, Никола́й, переста́нь кури́ть. До́ктор сказа́л тебе́, что ты́ сли́шком мно́го ку́ришь.

— Но я́ то́лько что закури́л, и, вообще́, за ве́сь де́нь сего́дня я́ вы́курил то́лько две́ папиро́сы. Не беспоко́йся.

— Ну́, хорошо́. Я́ сейча́с иду́ в го́род, тебе́ ничего́ не ну́жно?

— Ка́жется, ничего́. Во́т ра́зве что папиро́с. У меня́ уже́ конча́ются.

— Почему́ и́менно меня́ ты́ про́сишь покупа́ть тебе́ папиро́сы? Ты́ же зна́ешь, ка́к мне́ не нра́вится, что ты́ ку́ришь!

— Зна́ю, но мне́ самому́ не́когда пойти́ за папиро́сами. Пожа́луйста, не обижа́йся. Я́ тебе́ обеща́ю, что не бу́ду кури́ть бо́льше, чем пя́ть папиро́с в де́нь.

— Ну́, ла́дно. Что́ с тобо́й поде́лаешь?

— Зна́ешь, Вади́м, я́ бы́л вчера́ на вокза́ле и ви́дел, как на́ша Га́ля провожа́ла кого́-то. По́езд уже́ шёл, а она́ всё стоя́ла и маха́ла руко́й.

— Ты́ спроси́л её, кто́ э́то уезжа́л?

— Не́т, ка́к-то неудо́бно бы́ло, она́ была́ сли́шком взволно́вана. Я́ про́сто подошёл и предложи́л ей зайти́ в буфе́т и закуси́ть.

— И пра́вильно сде́лал. Э́то, наве́рно, уезжа́л Оле́г. О́н получи́л пра́ктику на лето где́-то далеко́ на се́вере.

— А́х, во́т оно́ что́! Они́ с Га́лей бли́зкие друзья́?

— Бо́льше, че́м друзья́. Они́ собира́ются о́сенью пожени́ться.

— Да ну́? А я́, призна́ться, ничего́ не подозрева́л.

— Посове́туй, Вади́м, что́ купи́ть Козло́ву на де́нь рожде́ния. Ты́ его́ лу́чше зна́ешь, вы́ това́рищи по ко́мнате.

— Таки́е ве́щи тру́дно сове́товать.

— Ну́, наприме́р, что́ ты́ ска́жешь насчёт га́лстука?

— Не́т, он га́лстуков не лю́бит. Да и костю́ма у него́ подходя́щего не́т.

— А что́ е́сли ему́ купи́ть хоро́ших папиро́с?

— Папиро́сы, по-мо́ему, сли́шком ма́ленький пода́рок.

— Пожа́луй, ты́ пра́в. А зажига́лка у него́ есть?

— Не́т, не́ту. Зажига́лка — э́то хоро́шая мы́сль. Бы́ло бы хорошо́, е́сли бы ты́ доста́л америка́нскую, а то на́ши плохо́го ка́чества.

— Постара́юсь. У меня́ есть знако́мые америка́нцы.

В двух киломе́трах от на́шего го́рода есть большо́й лес. Когда́-то он начина́лся сра́зу за го́родом, всего́ в полукиломе́тре от го́рода. Мы́ с това́рищами ча́сто ходи́ли туда́ за гриба́ми и́ли игра́ть в войну́. Но пото́м го́род вы́рос, и из окна́ на́шего до́ма ле́са уже́ не ви́дно — он далеко́ у реки́. И вообще́ тепе́рь э́того ме́ста не узна́ешь: на берегу́ стои́т больша́я фа́брика, через лес хо́дят поезда́, по доро́гам е́дут автомоби́ли. Ра́ньше всё бы́ло ти́хо и споко́йно, а тепе́рь везде́ лю́ди, движе́ние.

NOTES

PREPARATION FOR CONVERSATION На по́чте

Мы́ уже́ пришли́?	Are we here already?
двести	two hundred
свя́зь (f)	connection, tie, contact; communication
вы́веска	sign
Да́. Ви́дишь, вы́веска: «Отделе́ние свя́зи В–261 (вэ-две́сти шестьдеся́т оди́н)».	Yes. See, there's a sign: Branch V–261.
–то (unstressed emphatic particle)	why! goodness!
Наро́ду-то ско́лько!	Goodness, look at all the people!
око́шко	window
Тебе́ к како́му око́шку?	What window do you want?
вы́дача	issue; delivery, distribution
напи́сан, –а, –о (ppp of написа́ть)	written
Во́н туда́, где́ напи́сано «Вы́дача посы́лок».	Over there, where it's written "Parcel Delivery."
бла́нк	blank, form
запо́лнить, –ят (pfv II)	to fill out
Я́ ми́гом запо́лню бла́нк.	It'll take me just a minute to fill out a form.
извеще́ние	notification, notice; summons
доста́точно	sufficient, enough
Ра́зве не доста́точно показа́ть извеще́ние?	Isn't it enough to show your notice?
предъяви́ть, предъя́вят (pfv II)	to produce, present, show
Не́т, чтобы получи́ть посы́лку, ну́жно ещё запо́лнить бла́нк и предъяви́ть па́спорт.	No, in order to get a package you also have to fill out a form and present your passport.
ступи́ть, –ят (pfv II)	to step
ступи́ть ша́г	to take a step, make a move; to do a thing
У ва́с, я́ ви́жу, без па́спорта ша́гу ступи́ть нельзя́.	I see that in your country it's impossible to make a move without a passport.
Э́то, зна́ешь, для поря́дка.	It's for the sake of order, you know.
три́ста	three hundred

Ну́ во́т, смотри́: Москва́, Сове́тская три́ста со́рок во́семь, Никола́й Ива́нович Остро́вский.

Well now, watch: Moscow, 348 Sovetskaya Street, Nikolay Ivanovich Ostrovsky.

Гото́во.

All set.

    конве́рт

    откры́тка

Я куплю́ откры́ток и конве́ртов.

    пока́ (*plus* ipfv verb)

Пока́ ты бу́дешь получа́ть посы́лку, я куплю́ конве́ртов и откры́ток.

    envelope

    post card

I'll buy some post cards and envelopes.

    while

While you're getting your package, I'll buy some envelopes and post cards.

Тебе́ купи́ть?

Should I buy any for you?

    дю́жина

Купи́, пожа́луй, дю́жину откры́ток.

    dozen

[Maybe] buy me a dozen post cards.

    перевести́, переведу́т (pfv I)

    to lead across; to transfer; to remit; to translate

    перевести́ де́ньги

Да́, мне́ ещё ну́жно перевести́ отцу́ де́ньги. Ты́ меня́ подождёшь?

    to send a money order; to remit money

Oh, yes; I also have to send my father a money order. Will you wait for me?

Коне́чно.

Of course.

    те́м вре́менем

    отпра́вить, –ят (pfv II)

Я тем вре́менем отпра́влю письмо́.

    грани́ца

    за грани́цу

    авиапо́чта

    авиапо́чтой (*or* а́виа)

Я те́м вре́менем отпра́влю за грани́цу письмо́ авиапо́чтой.

    in the meantime, meanwhile

    to send off, dispatch

In the meantime I'll mail a letter.

    border, frontier; limit

    abroad, overseas

    airmail

    by airmail

In the meantime I'll send an airmail letter abroad.

    вы́ход

Так встре́тимся у вы́хода.

    exit, way out; appearance

We'll meet at the exit then.

SUPPLEMENT

    анке́та

Запо́лните э́ту анке́ту.

    выдава́ть (pfv вы́дать)

    questionnaire, form

Fill in this form *or* Fill out this questionnaire.

    to give out, hand out, distribute; to give away

В э́том око́шке выдаю́т посы́лки.

Не бо́йтесь, я ва́с не вы́дам.

    переводи́ть, –ят (II)

At this window they hand out parcels.

Don't be afraid; I won't give you away.

    to lead across; to transfer; to translate; to remit

Его́ перево́дят на Кавка́з.

    переводи́ть (pfv перевести́) с (*plus* gen) на (*plus* acc)

He's being transferred to the Caucasus.

    to translate from (one language) to (another)

Переводи́те с ру́сского на англи́йский.

Переведи́те э́то с англи́йского на ру́сский.

    перево́дчик

Он хо́чет ста́ть перево́дчиком.

Translate from Russian to English.

Translate this from English to Russian.

    translator, interpreter

He wants to be an interpreter (*or* translator).

перевод	translation; transfer
Это очень плохой перевод.	It's a very bad translation.
почтовый перевод	postal money order
Пошлите деньги почтовым переводом.	Send the money by postal money order.
почтовый ящик	mailbox, letter box
Я ищу почтовый ящик.	I'm looking for a mailbox.
Бросьте ваше письмо в этот почтовый ящик.	Drop your letter in this mailbox.
вход	entrance, entry, way in
Жди меня у входа.	Wait for me at the entrance.
четыреста	four hundred
Это было четыреста лет тому назад.	That was four hundred years ago.

На почте

Н. — Николай   Ф. — Филипп

Ф. 1 Мы уже пришли?

Н. 2 Да. Видишь, вывеска: «Отделение связи В-261».[1]

Ф. 3 Народу-то сколько! Тебе к какому окошку?

Н. 4 Вон туда, где написано «Выдача посылок». Я мигом заполню бланк.

Ф. 5 Разве не достаточно показать извещение?

Н. 6 Нет, чтобы получить посылку, нужно ещё заполнить бланк и предъявить паспорт.[2]

Ф. 7 У вас, я вижу, без паспорта шагу ступить нельзя.

Н. 8 Это, знаешь, для порядка.[3] Ну вот, смотри: Москва, Советская 348, Николай Иванович Островский.[4] Готово.

Ф. 9 Пока ты будешь получать посылку, я куплю конвертов и открыток. Тебе купить?

Н. 10 Купи, пожалуй, дюжину открыток. Да, мне ещё нужно перевести отцу деньги. Ты меня подождёшь?

Ф. 11 Конечно. Я тем временем отправлю за границу письмо авиапочтой.

Н. 12 Так встретимся у выхода.

NOTES

[1] Post office branch V–261 is located near Moscow University. Note that the letter **В** is pronounced as in the alphabet, using the letter name, **вэ**.

[2] A form must be filled out and one's passport shown not only when receiving a letter or package from abroad, but when sending them as well.

[3] Nikolay's comment on all the red tape being necessary for the sake of order is said in irony. Requirements to produce one's passport at every step are a feature not only of the Soviet bureaucracy but were also typical of the Czarist government.

[4] Here Philip is being shown the way to fill out the form: first the city, next the street address, and then the first name, patronymic, and surname.

Ма́рки для колле́кции

колле́кция	collection
ма́рка	stamp; brand
Я хочу́ купи́ть не́сколько ма́рок для колле́кции.	I want to buy a few stamps for my collection.
Во́т и я́!	Here I am.
Ты́ уже́ давно́ ждёшь?	Have you been waiting long?
Не́т. Ну́, пошли́.	No. Well, let's go.
спу́тник	"sputnik" (satellite); co-traveler
Áх, я́ забы́л купи́ть ма́рок со спу́тниками для свое́й колле́кции.	Oh, I forgot to buy some stamps with "sputniks" for my collection.
вря́д ли	scarcely, hardly; it's unlikely, I doubt whether
Вря́д ли ты́ и́х ту́т доста́нешь.	I doubt that you'll get them here.
почта́мт	post office
Гла́вный почта́мт	Main Post Office
Э́то на́до спра́шивать на Гла́вном почта́мте.	You have to ask for them at the Main Post Office
попро́бовать, попро́буют (pfv I)	to try, attempt; to taste
всё же	anyway, nevertheless, all the same
Я́ всё же попро́бую.	I'm going to try all the same.
филатели́ст	stamp collector, philatelist
Росси́я	Russia
А ка́к у ва́с в Росси́и, мно́го филатели́стов?	How is it in Russia—are there many stamp collectors?
подро́сток, –тка	teenager, youngster, young person
Э́тим занима́ются де́ти и подро́стки.	Children and teenagers go in for it.
о́браз	form, mode; image, kind; way
гла́вным о́бразом	mainly, chiefly
Не зна́ю. Э́тим занима́ются, гла́вным о́бразом, де́ти и подро́стки.	I don't know. It's mainly children and teenagers who go in for it.
филатели́я [filətelíjə]	stamp collecting, philately
увлека́ться, –а́ются (I) (*plus* instr)	to be fascinated by, be intrigued by, be carried away by; to have as one's hobby
взро́слые, –ых	adults, grown-ups
В Аме́рике мно́гие взро́слые увлека́ются филатели́ей.	But in America lots of adults go in for stamp collecting.
Собира́ют ма́рки все́х стра́н ми́ра.	They collect stamps from all the countries of the world.
заграни́чный	foreign, foreign made; imported
большинство́	the majority
У на́с большинство́ собира́ет не заграни́чные, а свои́, сове́тские.	With us the majority don't collect foreign stamps, but rather their own, Soviet ones.

сло́жный	complicated, complex
заграни́ца	foreign countries
Свя́зь с заграни́цей — де́ло сло́жное.	Communication with foreign countries is a complicated business.
Я́ понима́ю.	I understand.
о́чередь (f)	line; turn
Ну́ во́т, уже́ моя́ о́чередь.	Well, it's already my turn.
служи́ть, –ат (II)	to serve, work
слу́жащий, –его (prap used as noun)[1]	employee, clerk
Спроси́ у того́ слу́жащего.	Ask that clerk over there.
ко́смос	cosmos, universe, space
се́рия	series
У ва́с есть се́рия «Челове́к страны́ Сове́тов в ко́смосе»?	Do you have the series, "Soviet Man in Space"?
У ва́с есть се́рия шестьдеся́т пе́рвого го́да «Челове́к страны́ Сове́тов в ко́смосе»?	Do you have the 1961 series, "Soviet Man in Space"?
Да́. Ме́жду про́чим, есть ещё одна́ се́рия.	Yes, we do. Incidentally, we also have one other series.
кора́бль (m)	ship
косми́ческий	cosmic
косми́ческий кора́бль-спу́тник	space ship, space satellite
У на́с есть «Косми́ческий кора́бль-спу́тник Восто́к пе́рвый» и «Восто́к второ́й».	We have "Space Ship Vostok 1" and "Vostok 2."
та́кже	as well, likewise, also
Да́. Ме́жду про́чим, есть та́кже «Косми́ческий кора́бль-спу́тник Восто́к пе́рвый» и, то́й же се́рии, «Восто́к второ́й».	Yes, we do. Incidentally, we also have "Space Ship Vostok 1" and "Vostok 2" in the same series.
портре́т	portrait, picture; likeness
О́, с портре́тами Гага́рина и Тито́ва!	Oh, with pictures of Gagarin and Titov!
повезти́ (pfv I)	to be in luck, be lucky
мне́ повезло́	I was lucky, I've had luck
Ви́дишь, Никола́й, ка́к мне́ повезло́!	See, Nikolay, how lucky I was!

SUPPLEMENT

про́бовать, про́буют (ipfv I)	to try, attempt; to taste
Я́ давно́ про́бую доста́ть э́ту ма́рку.	I've been trying for a long time to get this stamp.
везёт (везло́)	is lucky (was lucky)
Ему́ всегда́ везло́.	He was always lucky.
Ему́ всегда́ во всём везёт.	He's always lucky in everything.
увле́чься (pfv I) (plus instr) (past увлёкся, увлекла́сь; fut увлеку́сь, увлечёшься, увлеку́тся)	to be fascinated by; to be carried away with, be mad for, be crazy about; to fall for
О́н вдру́г увлёкся спо́ртом.	He's suddenly become crazy about sports.
парохо́д	steamer, steamship

---

[1] The abbreviation *prap* stands for *present active participle.*

Пароход отходит в два часа ночи. The steamer leaves at two A.M.
   заграницей   abroad, overseas
Он учился заграницей. He studied abroad.
   из-за (*plus* gen)   from behind; from; because of, on account of

Ты получил посылку из-за границы. You received a package from abroad.
Из-за детей я вас не слышал. Because of the children I didn't hear you.
   каким образом   how, in what way
Каким образом вы надеетесь это достать? How do you hope to get it?
   северный   north, northern
   южный   south, southern
   восточный   east, eastern
   западный   west, western

NAMES OF CONTINENTS AND WESTERN EUROPEAN COUNTRIES

Азия Англия
Африка Франция
Австралия Западная Германия
Северная Америка Восточная Германия
Южная Америка Италия
Арктика Испания
Антарктика

Марки для коллекции

Сл. — Почтовый служащий   Н. — Николай   Ф. — Филипп

Н.   1 Вот и я! Ты уже давно ждёшь?

Ф.   2 Нет. Ну, пошли. Ах, я забыл купить марок со спутниками для своей коллекции.[1]

Н.   3 Вряд ли ты их тут достанешь. Это надо спрашивать на Главном почтамте.

Ф.   4 Я всё же попробую. А как у вас в России, много филателистов?[2]

Н.   5 Не знаю. Этим занимаются, главным образом, дети и подростки.

Ф.   6 А в Америке многие взрослые увлекаются филателией. Собирают марки всех стран мира.

Н.   7 У нас большинство собирает не заграничные, а свои, советские.[3] Связь с заграницей — дело сложное.

Ф.   8 Я понимаю. Ну вот, уже моя очередь. Скажите, у вас есть серия 61-го года «Человек страны Советов в космосе»?

Сл. 9 Да. Между прочим, есть также «Космический корабль-спутник Восток 1» и, той же серии, «Восток 2».[4]

Ф. 10 О, с портретами Гагарина и Титова! Видишь, Николай, как мне повезло!

[1] The first successful Soviet earth satellite, **Спу́тник пе́рвый**, was launched in October 1957.

[2] The term **Росси́я** was banned and officially replaced by **СССР** shortly after the Revolution of 1917. During World War II it began to be accepted again, particularly if preceded by the adjective **сове́тский** (**Сове́тская Росси́я**).

[3] There are two adjectives that mean *foreign*, **иностра́нный** and **заграни́чный**. Of the two, **заграни́чный** is more limited, usually being used to describe *imported* or *foreign-made* products, whereas **иностра́нный** may refer not only to foreign things but to people as well:

Compare	Я ре́дко покупа́ю **заграни́чные** ви́на.	I rarely buy *imported* wines.
with	Она́ зна́ет два́ **иностра́нных** языка́.	She knows two *foreign* languages.
	Ско́лько **иностра́нных** тури́стов!	There are so many *foreign* tourists!

[4] The first successful Soviet-manned earth satellite was «**Восто́к пе́рвый**», piloted by Yury Gagarin in April 1961; the second one, in August 1961, was «**Восто́к второ́й**», with Gherman Titov at the controls.

Basic sentence patterns

1. Она́ замаха́ла платко́м.
   —— закури́ла.
   —— заспеши́ла.
   —— заторопи́лась.

   She began to wave her kerchief.
   ———— to smoke.
   ———— to hurry.
   ———— to rush.

2. Э́то на́до переписа́ть.
   ———— переши́ть.
   ———— перепакова́ть.
   ———— переде́лать.
   ———— перестро́ить.

   This has to be rewritten.
   ———— resewn.
   ———— rewrapped.
   ———— redone.
   ———— rebuilt.

3. Зайдём за Пе́тей.

   Let's stop by for Petya *or* Let's drop in and get Petya.

   Забежи́м за Пе́тей.
   Зае́дем за Пе́тей.

   Let's run over and get Petya.
   Let's stop by and pick up Petya.

4. Когда́ мы́ перейдём грани́цу?
   ———— перее́дем ———?
   ———— перелети́м ———?

   When will we cross the border?
   When ————————?
   ———— fly across ——?

5. Они́ встре́тились заграни́цей.
   ———————— во Фра́нции.
   ———————— в А́нглии.
   ———————— в Герма́нии.
   ———————— в За́падной Герма́нии.
   ———————— в Испа́нии.
   ———————— в Ита́лии.

   They met abroad.
   ———— in France.
   ———— in England.
   ———— in Germany.
   ———— in West Germany.
   ———— in Spain.
   ———— in Italy.

6. Мы́ пое́дем заграни́цу.
    ————————— во Фра́нцию.
    ————————— в А́нглию.
    ————————— в Ита́лию.

We're going to go abroad.
    ————————— to France.
    ————————— to England.
    ————————— to Italy.

7. Вы́ когда́-нибудь бы́ли в Ю́жной Аме́рике?
    ————————— в Се́верной Аме́рике?
    ————————— в За́падной Евро́пе?
    ————————— в Восто́чной Евро́пе?

Have you ever been to South America?
    ————————— to North America?
    ————————— to Western Europe?
    ————————— to Eastern Europe?

8. Я́ тогда́ зараба́тывал две́сти рубле́й.
    ————————— о́коло двухсо́т рубле́й.
    ————————— три́ста рубле́й.
    ————————— о́коло трёхсо́т рубле́й.
    ————————— четы́реста рубле́й.
    ————————— о́коло четырёхсо́т рубле́й.

I was earning two hundred rubles then.
    ————————— about two hundred rubles then.
    ————————— three hundred rubles then.
    ————————— about three hundred rubles then.
    ————————— four hundred rubles then.
    ————————— about four hundred rubles then.

9. С двумяста́ми рубля́ми далеко́ не уе́дешь.
    С тремяста́ми —————————.
    С четырьмяста́ми —————————.

You won't go far with two hundred rubles.
    ————————— three hundred ——.
    ————————— four hundred ——.

10. Что́ та́м напи́сано?
    — «Авиапо́чта».
    — «Вы́дача посы́лок».
    — «Почто́вые перево́ды».
    — «Почто́вый я́щик».

What does it say there? *or* What's written there?
    "Airmail."
    "Parcel delivery."
    "Postal money orders."
    "Mailbox."

11. Э́то должно́ быть момента́льно сде́лано.
    ————————— напи́сано.
    ————————— офо́рмлено.
    ————————— запако́вано.
    ————————— переде́лано.

This has to be done immediately.
    ————————— written —————.
    ————————— made official ——.
    ————————— packed —————.
    ————————— redone —————.

12. Э́то лека́рство пропи́сано О́сиповым.
    Э́тот о́черк напи́сан О́сиповым.
    Э́та рабо́та перепи́сана О́сиповым.

This medicine was prescribed by Osipov.
This essay was written by Osipov.
This work was rewritten by Osipov.

13. Две́рь не закры́та.
    ————————— заперта́.
    Две́ри не закры́ты.
    ————————— за́перты.

The door isn't closed.
    ————————— locked.
    The doors aren't closed.
    ————————— locked.

14. Э́то оста́нется ме́жду на́ми.
    ————————— ме́жду мно́й и тобо́й.
    ————————— ме́жду мно́й и ва́ми.
    ————————— ме́жду мно́й и Ко́лей.

This will remain between us.
    ————————— between you and me.
    ————————— between you and me.
    ————————— between Kolya and me.

15. Она́ сиде́ла ря́дом со мно́й. She was sitting next to me.
  _____ за мно́й. _____ behind me.
  _____ передо мно́й. _____ in front of me.

16. Он высо́кий блонди́н с ка́рими глаза́ми. He's a tall blond with brown eyes.
  _____ с се́рыми _____. _____ with grey _____.
  _____ с чёрными _____. _____ with dark _____.
  _____ с голубы́ми _____. _____ with blue _____.

17. Я позвоню́ перед конце́ртом. I'll call just before the concert.
  — Лу́чше позвони́ за ча́с до конце́рта. Better call an hour before.
  Я позвоню́ перед ле́кцией. I'll call just before the lecture.
  — Лу́чше позвони́ за ча́с до ле́кции. Better call an hour before.
  Я позвоню́ перед рабо́той. I'll call just before work.
  — Лу́чше позвони́ за ча́с до рабо́ты. Better call an hour before.
  Я позвоню́ перед экза́меном. I'll call just before the examination.
  — Лу́чше позвони́ за ча́с до экза́мена. Better call an hour before the exam.

18. Я до́лжен зае́хать за Ве́рой. I've got to stop by and pick up Vera.
  _____ за Верёвкиным. _____ Veryovkin.
  _____ за Верёвкиной. _____ Miss (*or* Mrs.)
  Veryovkin.
  _____ за Верёвкиными. _____ the Veryovkins.

19. Его́ не́т. О́н пошёл за хле́бом. He's not here. He went out to get bread.
  _____ за папиро́сами. _____ cigarettes.
  _____ за моро́женым. _____ ice cream.
  _____ за сли́вками. _____ cream.

20. Позвони́ ме́жду ча́сом и двумя́. Call between one and two.
  _____ ме́жду двумя́ и тремя́. _____ two and three.
  _____ ме́жду тремя́ и четырьмя́. _____ three and four.
  _____ ме́жду четырьмя́ и пятью́. _____ four and five.

21. Вы́ живёте в само́й Москве́? Do you live right in Moscow?
  — Не́т, под Москво́й. No, near Moscow.
  Вы́ живёте в само́м Ленингра́де? Do you live right in Leningrad?
  — Не́т, под Ленингра́дом. No, near Leningrad.

22. Над Москво́й встаёт со́лнце. The sun is rising over Moscow.
  Перед на́ми Кре́мль. In front of us is the Kremlin.
  За на́ми Кра́сная пло́щадь. Behind us is Red Square.
  Э́тот переу́лок ме́жду у́лицей Ге́рцена и This alley is between Herzen and Sovetskaya
  Сове́тской. Streets.

23. Ско́лько тури́стов е́здило в Евро́пу? How many tourists went to Europe?
  — Пя́ть с полови́ной миллио́нов. Five and a half million.
  — Три́ с полови́ной миллио́на. Three and a half million.

24. Ты́ ви́дишь вы́веску над две́рью? Do you see the sign over the door?
  _____ над вхо́дом? _____ over the entrance?
  _____ над дверьми́? _____ over the doors?

25. Ва́м ну́жно запо́лнить бла́нк. You've got to fill out the blank.
  _____ анке́ту. _____ the questionnaire.
  _____ предъяви́ть па́спорт. _____ to present your passport.
  _____ ви́зу. _____ visa.

Pronunciation practice: clusters of four consonants with ст as the two middle consonants

1. **встр** pronounced [fstr] or [fstr̩]

   [fstraņé] в стране́
   in the country
   [fstrokú] в строку́
   in a line

   [fstr̩éčə] встре́ча
   meeting

2. **льств** pronounced [l̩stv], [l̩s̩tv̩], or [l̩stf]

   [apstajáţil̩stvə] обстоя́тельство
   circumstance
   [udavól̩s̩tv̩ijə] удово́льствие
   satisfaction

   [pasól̩stf] посо́льств
   of legations

3. **мств** pronounced [mstv] or [mstf]

   [patómstvə] пото́мство
   offspring
   [ḅizúmstvə] безу́мство
   madness

   [ɣédəmstf] ве́домств
   of departments

4. **нств** pronounced [nstv] or [nstf]

   [kŗisţjánstvə] крестья́нство
   the peasant class
   [p̩jánstvə] пья́нство
   drunkenness

   [blažénstf] блаже́нств
   of beatitudes

5. **рств** pronounced [rstv] or [rstf]

   [abžórstvə] обжо́рство
   gluttony
   [upórstvə] упо́рство
   persistence

   [ļikárstf] лека́рств
   of medicine

6. **бств, пств** pronounced [pstv] or [pstf]

   [pápstvə] па́пство
   papacy
   [xalópstvə] холо́пство
   slavishness

   [udópstf] удо́бств
   of comforts

7. **вств, фств** pronounced [fstv] or [fstf]

   [ribalófstvə] рыболо́вство
   fishing
   [šéfstvə] ше́фство
   patronage over something

   [kəraļéfstf] короле́вств
   of kingdoms

8. **дств, тств** pronounced [tstv] or [tstf]

[bagátstvə] богáтство
riches
[rukavótstvə] руковóдство
guidance

[sr̝étstf] срéдств
of means

9. **йств** pronounced [jstv] or [jstf]

[svójstvə] свóйство
property
[ustrójstvə] устрóйство
arrangement

[svójstf] свóйств
of properties

STRUCTURE AND DRILLS

General remarks on the verbal prefixes

The addition of a verbal prefix to a simple imperfective verb stem not only provides a new perfective but usually involves some change in meaning as well. For example:

курить (ipfv)	to smoke
закурить (pfv)	to begin to smoke; to light up a cigarette
выкурить (pfv)	to have a smoke; to smoke up all one's cigarettes; to finish smoking; to smoke someone out
прикурить (pfv)	to get a light from another cigarette
покурить (pfv)	to smoke for a while, do a bit of smoking
накурить (pfv)	to fill up with smoke; to smoke up the room.

In this lesson and the lessons following, the major verbal prefixes which provide new perfective verbs from given simple imperfective verbs will be treated.

Perfective verbs formed by means of the prefix за-

In addition to its use as a pure perfectivizing prefix (**паковáть, запаковáть**), the prefix **за-** very often modifies the meaning of the basic verb stem. Some of the most common changes in meaning that occur with the addition of **за-** to simple imperfective verbs are illustrated below:

To indicate the beginning of an action:

Вдрýг зазвонил телефóн.	The phone suddenly began to ring.
Онá тихо запéла.	She began to sing softly.
Всé дéвушки замахáли платкáми.	All the girls started waving their kerchiefs.
Онá заговорила о своих несчáстьях.	She began talking about her troubles.

To indicate motion behind or beyond, that is, to a position out of sight:

Мáльчик забежáл за дéрево.	The boy ran behind a tree.
Сóлнце ужé зашлó.	The sun has already set.
Я заéду за дóм.	I'll drive behind the house.

To indicate an action interrupted by a stopping off:

Мы́ зайдём к ва́м по́сле ле́кции.   We'll drop by your place after the lecture.
Они́ зае́дут за ва́ми.   They'll stop by and pick you up.
Занеси́ ему́ э́ту кни́гу.   Drop this book off at his place.
Я́ забегу́ на мину́тку к сосе́дке.   I'll run in to [see] my neighbor for a minute.

To indicate closing, covering, or performing the action over a limited area:

Закро́йте кни́ги!   Close your books!
Я́ зашью́ э́ту ды́рку.   I'll sew up this hole.
Заде́лай э́ту ды́рку в стене́!   Fix that hole in the wall!
Замо́йте э́то пятно́ на полу́!   Mop up this spot on the floor!
Застира́й э́то ме́сто на ска́терти!   Wash out this spot on the tablecloth!

To indicate an excess of the action:

Ты́ совсе́м заноси́л э́ти брю́ки.   You've completely worn these trousers out.
На́м на́до заучи́ть э́ти стихи́.   We've got to memorize these verses.
О́н зачита́лся.   He's become engrossed in reading.

■ REPETITION DRILL

Repeat the given models, noticing the various ways in which the prefix за– functions.

■ RESPONSE DRILLS

1. *I have an interesting book.*
   I'll drop it off at your place.
   У меня́ е́сть интере́сная кни́га.
   Я́ ва́м её занесу́.
   У него́ е́сть интере́сная кни́га.
   О́н ва́м её занесёт.
   (у них, у неё, у меня, у нас, у него,
   у них, у неё)

2. *I wanted to find out the schedule.*
   I'll run down to the information desk.
   Я́ хоте́л узна́ть расписа́ние.
   Я́ забегу́ в спра́вочное бюро́.
   Ты́ хоте́л узна́ть расписа́ние.
   Ты́ забежи́шь в спра́вочное бюро́.
   (мы, он, вы, она, я, они, ты, мы)

■ STRUCTURE REPLACEMENT DRILLS

1. *He began to speak.*
   О́н на́чал говори́ть.
   О́н заговори́л.
   О́н на́чал пе́ть.
   О́н запе́л.
   (курить, торопиться, беспокоиться,
   кашлять, спешить, интересоваться
   этим, махать рукой, говорить)

2. *He drove up to the fence.*
   He drove around behind the fence.
   О́н подъе́хал к забо́ру.
   О́н зае́хал за забо́р.
   О́н подошёл к забо́ру.
   О́н зашёл за забо́р.
   (подполз, подбежал, поднёс это,
   подвёл их, подвёз их, подъехал,
   подошёл)

■ QUESTION-ANSWER DRILLS

1. *Are you going to Fedya's place?*
Yes, I have to stop by for Fedya.
Ты́ идёшь к Фе́де?
Да́, я до́лжен зайти́ за Фе́дей.
Ты́ е́дешь к Фе́де?
Да́, я до́лжен зае́хать за Фе́дей.
    (бежи́шь, идёшь, е́дешь, бежи́шь,
    идёшь, е́дешь)

2. *Do you want to run over and see him?*
Yes, let's run over and see him.
Хо́чешь забежа́ть к нему́?
Да́, дава́й забежи́м к нему́.
Хо́чешь зае́хать к нему́?
Да́, дава́й зае́дем к нему́.
    (зайти́, забежа́ть, зае́хать,
    забежа́ть, зайти́)

■ STRUCTURE REPLACEMENT DRILL

We thought for a long time.
We were lost in thought.
Мы́ до́лго ду́мали.
Мы́ заду́мались.[1]
Мы́ до́лго игра́ли.
Мы́ заигра́лись.
    (ду́мали, чита́ли, игра́ли, говори́ли,
    сиде́ли)

DISCUSSION

The most basic meanings of the prefix **за–** are inherent in the preposition **за**; both prefix and preposition are often used together:

Óн забежа́л за две́рь. | He ran behind the door.
Со́лнце зашло́ за го́ры. | The sun has set behind the mountains.
Зайдём за Оле́гом. | Let's stop by and get Oleg.

Sometimes the addition of a prefix significantly alters the meaning of the basic verb, so that its meaning cannot be guessed:

Compare **вести́** *to be leading*
with **завести́** *to wind (a clock)*

Compare **рабо́тать** *to work*
with **зарабо́тать** *to earn*

It is important to bear in mind, moreover, that the same prefix may provide a new verb with more than one meaning. For example, **зарабо́тать** means *to begin to work* as well as *to earn*. With the addition of the reflexive particle **–ся**, a completely different meaning may be added: **зарабо́таться** *to work too long, to lose oneself in one's work.*

Here is a reference list of verbs with the prefix **за–** which are encountered and drilled in this section:

1. Beginning of the action:
    запе́ть   to begin to sing
    зазвони́ть   to begin to ring
    замаха́ть   to begin to wave
    заговори́ть   to begin to talk
    забеспоко́иться to begin to worry
    заторопи́ться   to begin to hurry

---

[1] Note that the perfective form becomes reflexive with the addition of the prefix **за-**.

зака́шлять	to begin to cough
заспеши́ть	to begin to hurry
закури́ть	to begin to smoke; to light up a cigarette
зажéчь	to set a fire; to light, turn on (a light)

2. Motion interrupted by stopping off; motion beyond, to a position out of sight:

зайти́	to drop in, stop by; to go behind
заéхать	to stop by (by vehicle); to drive behind
забежа́ть	to run in (to see someone); to run behind
занести́	to drop by (carrying something); to carry behind
завезти́	to drive by (carrying something)
завести́	to lead behind, lead astray
заползти́	to crawl behind

3. Closing, covering, or focusing activity on a single spot:

закры́ть	to close, shut, cover
заперéть	to lock (conj like умерéть)
заши́ть	to sew up, mend
замы́ть	to wash off, wash away; to mop up (a spot)
застира́ть	to wash off, wash out; to launder (a spot)
задéлать	to do up, fix up, close up (an opening)

4. Excess of action, overdoing of a thing:

Note that in the sense *to overdo a thing* most of the verbs are simultaneously prefixed and made reflexive:

заду́маться	to be lost in thought, be sunk in reverie
заигра́ться	to play too long; to lose oneself in playing
заговори́ться	to talk so much one forgets the time
засидéться	to sit too long; to stay too long
зачита́ться	to lose oneself in reading, become engrossed in reading
заучи́ть	to learn by heart, memorize
заучи́ться	to study too much, overdo one's studies
заноси́ть	to wear out; to wear to the point of fraying

Declension of двéсти, три́ста, and четы́реста

MODELS

Óн перевёл двéсти рублéй.	He sent a two hundred ruble money order.
_____ три́ста _____.	_____ three hundred _____.
_____ четы́реста ___.	_____ four hundred _____.
Скóлько та́м бы́ло человéк?	How many people were there?
— Óколо двухсóт.	About two hundred.
— Óколо трёхсóт.	About three hundred.
— Óколо четырёхсóт.	About four hundred.

Óн приéхал с двумястáми рублями в кармáне.

He arrived with two hundred rubles in his pocket.

_____ с тремястáми _____.

_____ with three hundred _____.

_____ с четырьмястáми _____.

_____ with four hundred _____.

О каки́х деньгáх ты говори́шь?

What money are you talking about?

— О тéх двухстáх рублях, котóрые я тебé одолжи́л.

About that two hundred rubles I lent you.

_____ трёхстáх рублях, котóрые _____.

_____ three hundred _____.

_____ четырёхстáх рублях, котóрые _____.

_____ four hundred _____.

Э́тим двумстáм колхóзам нужны́ грузовики́.

These two hundred farms need trucks.

_____ трёмстáм _____.

_____ three hundred _____.

_____ четырёмстáм _____.

_____ four hundred _____.

Like fifty, sixty, seventy, and eighty, the numbers two hundred, three hundred, and four hundred decline in both parts.

NOM-ACC	двéсти	три́ста	четы́реста
GEN	двухсóт	трёхсóт	четырёхсóт
PREP	о двухстáх	о трёхстáх	о четырёхстáх
DAT	двумстáм	трёмстáм	четырёмстáм
INSTR	двумястáми	тремястáми	четырьмястáми

■ REPETITION DRILL

Repeat the given models, noting the declension patterns of numerals **двéсти** *two hundred*, **три́ста** *three hundred*, and **четы́реста** *four hundred*.

■ SUBSTITUTION DRILLS[1]

1. *They live at number one hundred and twenty-one.*

   Они́ живу́т в дóме нóмер стó двáдцать оди́н.

   (222, 333, 444, 200, 300, 400, 202, 303, 404, 212, 313, 414, 221, 331, 441)

2. *It's about a hundred kilometers to that place.*

   Тудá óколо стá киломéтров.

   (200, 300, 400, 220, 330, 440, 202, 303, 404)

■ STRUCTURE REPLACEMENT DRILLS

1. *We've covered two hundred kilometers.*
   We've covered at least two hundred kilometers.
   Мы́ проéхали двéсти киломéтров.
   Мы́ проéхали не мéньше двухсóт киломéтров.
   Мы́ проéхали четы́реста киломéтров.
   Мы́ проéхали не мéньше четырёхсóт киломéтров.
   (300, 100, 200, 400, 90, 300, 40, 200)

2. *Two hundred ships took the tourists.*
   Tourists were taken on two hundred ships.
   Двéсти парохóдов повезли́ тури́стов.
   Тури́стов повезли́ на двухстáх парохóдах.
   Три́ста парохóдов повезли́ тури́стов.
   Тури́стов повезли́ на трёхстáх парохóдах.
   (400, 100, 200, 300, 100, 200, 400, 90, 300, 200)

[1] These substitution drills may be used in class for number reading practice with open books.

1. *We sent you a money order for a hundred rubles.*
   I didn't receive the hundred rubles.
   Мы́ ва́м перевели́ сто́ рубле́й.
   Я не получи́л э́тих ста́ рубле́й.
   Мы́ ва́м перевели́ две́сти рубле́й.
   Я не получи́л э́тих двухсо́т рубле́й.
   (300, 400, 200, 100, 300, 400, 200)

2. *He earns twelve hundred rubles a year.*
   Can one really live on twelve hundred rubles?
   Óн получа́ет ты́сячу две́сти рубле́й в го́д.
   Ра́зве мо́жно жи́ть на ты́сячу две́сти рубле́й?
   Óн получа́ет ты́сячу три́ста рубле́й в го́д.
   Ра́зве мо́жно жи́ть на ты́сячу три́ста рубле́й?
   (400, 1100, 200, 1300, 1200, 1400, 300, 200, 400)

3. *I have three hundred stamps in my collection already.*
   Here's another dozen to add to your three hundred.
   У меня́ в колле́кции уже́ три́ста ма́рок.
   Вóт тебе́ ещё дю́жина к твои́м трёмста́м.
   У меня́ в колле́кции уже́ две́сти ма́рок.
   Вóт тебе́ ещё дю́жина к твои́м двумста́м.
   (400, 100, 200, 300, 400, 200)

4. *Here's a hundred rubles for you.*
   Pay him with these hundred rubles.
   Вóт тебе́ сто́ рубле́й.
   Заплати́ ему́ э́тими ста́ рубля́ми.
   Вóт тебе́ две́сти рубле́й.
   Заплати́ ему́ э́тими двумяста́ми рубля́ми.
   (300, 100, 200, 400, 300)

DISCUSSION

Like the numerals fifty, sixty, seventy, and eighty, both parts of numerals two hundred, three hundred, and four hundred decline: **две́сти, двухсо́т, двухста́х, двумста́м, двумяста́ми,** and so forth.

Note that the last part of the compound functions as an independent noun after adverbs of quantity such as **мно́го** and **не́сколько**:

Не́сколько со́т рубле́й пропа́ло.
Это бы́ло мно́го со́т ле́т тому́ наза́д.
У меня́ в колле́кции не́сколько со́т ма́рок.

Several hundred rubles were missing.
It was many hundreds of years ago.
I have several hundred stamps in my collection.

Perfective verbs formed by means of the prefix пере-

Some of the most typical changes in meaning that occur by adding the verbal prefix **пере–** to simple imperfective verbs are illustrated below:

To indicate action across or over:

Перейдём через у́лицу.
Мы́ ско́ро перее́дем грани́цу.
Пти́ца перелете́ла через ре́ку.

Let's go across the street.
We'll soon cross the border.
The bird flew across the river.

To indicate transference (trans–):

Перелéй слúвки в э́ту чáшку.	Pour the cream off into this cup.
Óн хорошó перевёл э́тот óчерк.	He translated this essay very well.
Егó перевелú на другóе мéсто.	He was transferred to a different spot.
Я́ хочý пересла́ть дéньги в Ки́ев.	I want to send money to Kiev.
Мы́ переéдем на нóвую кварти́ру.	We'll move to a new apartment.

To indicate a repetition of the action (re–, over):

Перепиши́те э́то объявлéние.	Rewrite (or Copy) this announcement.
Э́то всё нáдо передéлать.	This all has to be done over.
Перешéй э́то ещё рáз!	Sew this over again!
Перемóй э́то ещё рáз!	Wash this over again!

To indicate surpassing some limit, or action to an excess:

Они́ нáс не перегóнят.	They won't surpass us.
Óн скóро перерастёт брáта.	He'll soon be bigger than his brother.
Ты́ переварúла бóрщ.	You overcooked the borsch.
Я́ бою́сь, что дéти перекупáются.	I'm afraid the children will stay in the water too long.

■ REPETITION DRILL

Repeat the models illustrating the various functions of the prefix **пере–**.

■ STRUCTURE REPLACEMENT DRILLS

1. *Let's go over to the other side.*
   Let's cross over to the other side.
   Пойдём на другу́ю стóрону.
   Перейдём на другу́ю стóрону.
   Поéдем на другу́ю стóрону.
   Переéдем на другу́ю стóрону.
   (поплывём, поползём, побежим,
   поедем, пойдём, побежим, повезём их,
   поведём их, понесём их)

2. *He wrote it all once more.*
   He rewrote it all.
   Óн э́то всё написа́л ещё рáз.
   Óн э́то всё переписа́л.
   Óн э́то всё почи́стил ещё рáз.
   Óн э́то всё перечи́стил.
   (прочитал, запаковал, сшил, написал,
   посмотрел, сделал, помыл, почистил,
   примерил, постирал)

3. *The soup has been cooking too long.*
   I'm afraid it's overcooked.
   Сýп сли́шком дóлго вари́лся.
   Бою́сь, что óн перевари́лся.
   Пирóг сли́шком дóлго пёкся.
   Бою́сь, что óн перепёкся.

   Кóфе сли́шком дóлго стоя́л.
   Хлéб сли́шком дóлго лежа́л.
   Óн сли́шком мнóго старáлся.
   Они́ сли́шком мнóго пи́ли.
   Онá сли́шком дóлго купáлась.
   Óн сли́шком мнóго заплати́л.

■ TRANSFORMATION DRILLS

1. *He'll outargue them.*
   He outargued them.
   Óн и́х переспóрит.
   Óн и́х переспóрил.
   Óн и́х перегóнит.
   Óн и́х перегнáл.
   (перерастёт, перепоёт, переспорит,
   переживёт, перепьёт, переиграет,
   перегонит)

2. *I'll translate it into English.*
   I translated it into English.
   Я́ переведý э́то на англи́йский.
   Я́ перевёл э́то на англи́йский.
   Онá переведёт э́то на англи́йский.
   Онá перевелá э́то на англи́йский.
   (мы, учитель, Варя, студенты,
   учительница, мой приятель, подруги,
   Зина)

2. *This has to be carried over there.*
   Carry it over!
   Это ну́жно туда́ перенести́.
   Перенеси́те э́то!
   Это ну́жно туда́ перевезти́.
   Перевези́те э́то!
   (пересла́ть, перели́ть, переста́вить,
   переписа́ть, перенести́, перевезти́)

2. *You're sewing it wrong.*
   O.K., I'll sew it over.
   Ты́ не та́к шьёшь.
   Хорошо́, я́ перешью́.
   Ты́ не та́к паку́ешь.
   Хорошо́, я́ перепаку́ю.
   (мо́ешь, стро́ишь, пи́шешь,
   стира́ешь, де́лаешь)

DISCUSSION

With the addition of the prefix **пере–**, verbs that were intransitive as simple verbs may become transitive; for example, compare **идти́** *to be going* with **перейти́** *to cross*. With verbs of motion, the preposition **че́рез** may be used or omitted with the same meaning retained. Compare the English *to cross the street* with *to go across the street*.

Occasionally the prefix **пере–** considerably alters the meaning of the basic verb: **би́ть** *to beat, strike*, but **переби́ть** *to interrupt*.

Here is a reference list of verbs with the prefix **пере–** which are encountered and drilled in this section:

1. Action across or over, transference:

перейти́	to go across, go over, cross (on foot); to switch over
перее́хать	to go across, drive across, cross (by vehicle); to move (to another residence)
перебежа́ть	to run across; to defect
перевести́	to lead across, take across (on foot); to translate; to transfer
перевезти́	to take across (by vehicle)
перенести́	to carry across (on foot)
переплы́ть	to swim across; to sail across; to drift across
пересла́ть	to send over
переста́вить	to shift over

2. Action in excess of or beyond some limit:

пережи́ть	to survive
перели́ть	to pour too much
перегна́ть	to surpass, outdistance
перевари́ть	to boil too long, overcook
перестоя́ть	to stand too long
перепи́ть	to outdrink
перепи́ться	to become inebriated
перепе́чься	to bake too long
перележа́ть	to lie around too long
перестара́ться	to try too hard
переспо́рить	to outargue
перепе́ть	to outsing
перерасти́	to exceed in growth
переигра́ть	to outplay
перекупа́ться	to bathe too long
переплати́ть	to overpay

3. Action repeated:

переписа́ть	to write over again, copy, rewrite
перечита́ть	to read over again, reread
переде́лать	to do over again, redo
переши́ть	to sew over again, resew
перемы́ть	to wash over again, rewash
перестира́ть	to wash over again, redo the wash
перепакова́ть	to pack over again, repack
пересмотре́ть	to look over again, take another look
перечи́стить	to clean over again, reclean
переме́рить	to measure again, remeasure
пересчита́ть	to count again, recount
перестро́ить	to build over again, rebuild

Past passive participles : part I—short forms ending in -т and -н

Past passive participles are derived from verbs (mostly perfective) but are adjectival in form. The short-form participles function like short-form adjectives.

In this section we drill only those past passive participles already introduced, plus a few based on the same stems but with different prefixes. Note that the stress of the past passive participle often differs from that of the verb from which it is derived.

MODELS

Past passive participles ending in –т:

Две́рь уже́ откры́та.	The door is already open.
Две́ри уже́ откры́ты.	The doors are already open.
Я́щик бы́л закры́т.	The drawer was closed.
Окно́ бы́ло закры́то.	The window was closed.
Э́тот сту́л за́нят?	Is this chair occupied?
Э́то ме́сто за́нято?	_____ seat _____?
Э́та ко́мната занята́?	_____ room _____?
Э́ти ко́мнаты за́няты?	Are these rooms occupied?
Ты́ уже́ оде́т?	Are you dressed yet (or already)?
Ты́ уже́ оде́та?	Are _____?
Вы́ уже́ оде́ты?	Are _____?

Past passive participles ending in –н:

Э́та се́рия ма́рок уже́ распро́дана.	That series of stamps is already sold out.
Всё уже́ распро́дано.	Everything is already sold out.
Все́ биле́ты уже́ распро́даны.	All the tickets are already sold out.
Че́м ты́ та́к взволно́ван?	What are you so agitated (or upset) about?
____ ты́ та́к взволно́вана?	What _____?
____ вы́ та́к взволно́ваны?	What _____?

Пода́рок ещё не запако́ван. | The gift isn't wrapped yet.
Посы́лка ——— запако́вана. | —— package —————.
Пла́тье ——— запако́вано. | —— dress —————.
Пальто́ —————————. | —— overcoat —————.

Э́тот но́ж сде́лан из дорого́го | This knife is made of expensive material.
материа́ла. |

Э́та су́мка сде́лана —————————. | This purse is made —————————.

Э́тот рома́н бы́л напи́сан бо́льше ста́ | This novel was written more than a
ле́т тому́ наза́д. | hundred years ago.

Э́та пе́сня была́ напи́сана —————————. | This song was written —————————.

■ REPETITION DRILL

Repeat the models illustrating the use of short-form past passive participles.

■ RESPONSE DRILLS

1. *Somebody open the window!*
The window is already open.
Пу́сть кто́-нибудь откро́ет окно́!
Окно́ уже́ откры́то.
Пу́сть кто́-нибудь откро́ет две́ри!
Две́ри уже́ откры́ты.
(я́щик, дверь, письмо́, форто́чку,
око́шко, коро́бку)

2. *I want to buy tomatoes.*
The tomatoes are already sold out.
Я́ хочу́ купи́ть помидо́ры.
Помидо́ры уже́ распро́даны.
Я́ хочу́ купи́ть ры́бу.
Ры́ба уже́ распро́дана.
(моро́женое, фру́кты, шокола́д,
конфе́ты, хле́б, тяну́чки, ко́фе)

3. *This has to be redone.*
It's already been redone.
Э́то на́до переде́лать.
Э́то уже́ переде́лано.
Э́ту ча́сть на́до переде́лать.
Э́та ча́сть уже́ переде́лана.
(этот коне́ц, это нача́ло, эти стихи́,
этот рома́н, эту исто́рию, это
заявле́ние, этот пла́н, эту ча́сть)

4. *There's one more thing I have to do.*
There, now it's done.
Мне́ ну́жно сде́лать ещё одну́ ве́щь.
Во́т, уже́ сде́лано.
Мне́ ну́жно переписа́ть ещё одну́ ве́щь.
Во́т, уже́ перепи́сано.
(кончить, запакова́ть, написа́ть,
переде́лать, сде́лать)

■ QUESTION-ANSWER DRILLS

1. *Is this chair vacant* (or *unoccupied*)?
No, it's occupied.
Э́тот сту́л свобо́ден?
Не́т, за́нят.
Э́то кре́сло свобо́дно?
Не́т, за́нято.
(комната, место, номер, ванная,
отделение, места́, такси, уборная)

2. *Is the store open?*
No, it's closed.
Магази́н откры́т?
Не́т, закры́т.
Ба́ня откры́та?
Не́т, закры́та.
(почтамт, бюро, дорога, каток,
граница, поликлиника, базар)

3. *Is everything packed?*
   Yes, all the things are packed.
   Всё запаковано?
   Да, все вещи запакованы.
   Всё переделано?
   Да, все вещи переделаны.
   (распродано, сделано, продано,
   переделано, запаковано)

4. *Did you write everything?*
   Yes, everything's written.
   Вы всё написали?
   Да, всё написано.
   Вы всё сделали?
   Да, всё сделано.
   (закрыли, переписали, распродали,
   запаковали, открыли, сделали,
   написали)

■ STRUCTURE REPLACEMENT DRILLS

1. *I'll do it in a jiffy.*
   It'll be done in a jiffy.
   Я это мигом сделаю.
   Это будет мигом сделано.
   Я это мигом запакую.
   Это будет мигом запаковано.
   (перепишу, продам, напишу,
   сделаю, запакую)

2. *We wrote everything a long time ago.*
   Everything was written a long time ago.
   Мы давно всё написали.
   Всё было давно написано.
   Мы давно всё запаковали.
   Всё было давно запаковано.
   (написали, распродали, закрыли,
   сделали, переписали)

DISCUSSION

Past passive participles are formed from transitive verbs, usually perfective. They fall into three categories, two of which are based on the infinitive stem: those ending in –т and those ending in –н, preceded by the linking vowel **a** (or **я**).[1]

1. Past passive participles ending in –т are derived generally from verbs whose infinitives end in **–нуть** and from those verbs whose stem (not including the prefix) consists of a single syllable. Characteristic of this class are those verbs whose present-future stem differs from that of the infinitive-past tense stem:

> **передви́нут, –а, –о, –ы** *shifted* (from передви́нуть, передви́нут)
> **откры́т, –а, –о, –ы** *open, opened* (from откры́ть, откро́ют)
> **наде́т, –а, –о, –ы** *dressed* (from наде́ть, наде́нут)
> **забы́т, –а, –о, –ы** *forgotten* (from забы́ть, забу́дут)
> **перемы́т, –а, –о, –ы** *rewashed* (from перемы́ть, перемо́ют)
> **на́чат, –а́, –о, –ы** *begun* (from нача́ть, начну́т)

Note that the stress of this type of participle is usually like the stress of the past tense.

2. Past passive participles ending in –н are derived generally from verbs with infinitives ending in **–ть** preceded by the linking vowel **a** (or **я**):

> **прочи́тан, –а, –о, –ы** *read* (from прочита́ть, прочита́ют)
> **ска́зан, –а, –о, –ы** *said* (from сказа́ть, ска́жут)
> **взволно́ван, –а, о, –ы** *excited* (from взволнова́ть, взволну́ют)
> **запако́ван, –а, –о, –ы** *packed* (from запакова́ть, запаку́ют)
> **напи́сан, –а, –о, –ы** *written* (from написа́ть, напи́шут)
> **про́дан, –а, –о, –ы** *sold* (from прода́ть, продаду́т)
> **распро́дан, –а, –о, –ы** *sold out* (from распрода́ть, распродаду́т)
> **да́н, –а́, –о́, –ы́** *given* (from да́ть, даду́т)
> **сде́лан, –а, –о, –ы** *done, made* (from сде́лать, сде́лают)

Note that in those verbs which stress the **a** (or **я**) in the active forms, the stress usually shifts back one syllable in the past passive participle forms.

---

[1] Those of the third category, ending in -ен (or -ён), are drilled and discussed in Lesson 33.

Uses of the instrumental case:
part II—the instrumental with prepositions

Major prepositions which require the instrumental case are: **с** *with;* **за** *behind, after;* **перед** *before, in front of;* **над** *above;* **под** *below;* and **между** *between, among.*

MODELS

Принима́йте лека́рство перед едо́й.	Take the medicine before meals.
——————————— перед за́втраком.	——————————— before breakfast.
Она́ сиде́ла перед на́ми.	She was sitting in front of us.
————————— передо мно́й.	————————— in front of me.
За до́мом бы́л ма́ленький са́д.	Behind the house was a small garden.
За забо́ром ————————.	Behind the fence ————————.
За избо́й ————————.	Behind the cabin ————————.
За общежи́тием ————————.	Behind the dorm ————————.
Со́лнце уже́ за горо́й.	The sun is already behind the mountain.
————————— за гора́ми.	————————— behind the hills (*or* mountains).
Я́ пойду́ за лека́рством.	I'll go get the medicine.
————— за ма́зью.	————— the ointment.
————— за врачо́м.	————— the doctor.
————— за до́ктором.	————— the doctor.
За столо́м мы́ говори́ли о му́зыке.	At the table we talked about music.
За за́втраком ——————————.	At breakfast ——————————.
За обе́дом ——————————.	At dinner ——————————.
За не́й кто́-то идёт.	Someone's following her.
За мно́й —————.	————————— me.
Со́лнце поднима́ется над горо́й.	The sun is rising above the mountain.
————————— над реко́й.	————————— above the river.
————————— над го́родом.	————————— above the city.
————————— над о́зером.	————————— above the lake.
Кни́га лежи́т под кре́слом.	The book is (lying) under the chair.
————————— под газе́той.	————————————— newspaper.
Мы́ живём под Москво́й.	We live near Moscow.
————— под Ленингра́дом.	————— near Leningrad.
————— под Ки́евом.	————— near Kiev.
Ста́нь ря́дом с на́ми.	Stand next to us.
————————— с ни́м.	————————— him.
————————— с не́й.	————————— her.
Не шути́ со мно́й.	Don't joke with me.
————— с ни́м.	————— with him.
————— с не́й.	————— with her.

Мы́ с Ка́тей пойдём на като́к.	Katya and I will go to the rink.
—— с Воло́дей ——————.	Volodya ——————————.
—— с Тама́рой ——————.	Tamara ——————————.

Вы́ пьёте ча́й с лимо́ном?	Do you drink tea with lemon?
—————— с са́харом?	—————————— with sugar?
—————— с молоко́м?	—————————— with milk?
—————— со сли́вками?	—————————— with cream?

Я́ с ни́м согла́сен.	I agree with him.
— с ва́ми ——.	—— with you.
— с тобо́й ——.	—— with you.

■ REPETITION DRILL

Repeat the given models illustrating the various prepositions used with the instrumental case.

■ STRUCTURE REPLACEMENT DRILLS

1. *He stepped behind the house.*
   He hid behind the house.
   О́н зашёл за до́м.
   О́н спря́тался за до́мом.
      (избу, кресло, диван, шкаф,
      скамейку, кровать, комод)

2. *He shaved an hour before dinner.*
   He shaved before dinner.
   О́н побри́лся за ча́с до обе́да.
   О́н побри́лся перед обе́дом.
      (до конце́рта, до занятий, до ужина,
      до вечеринки, до собрания, до
      экзамена, до лекции, до урока)

3. *There was a sign on the door.*
   There was a sign over the door.
   На дверя́х была́ вы́веска.
   Над дверьми́ была́ вы́веска.
      (на окне, на доме, на киоске, на избе,
      на здании, на окошке, на магазине,
      на лавке, на клубе)

4. *Sit beside us.*
   Sit next to us.
   Сади́тесь во́зле на́с.
   Сади́тесь ря́дом с на́ми.
      (возле него, возле них, возле меня,
      возле неё, возле него, возле нас,
      возле них, возле Вари, возле Феди,
      возле Ирины)

■ RESPONSE DRILLS

1. *We have no bread.*
   All right, I'll go get some bread.
   У на́с не́т хле́ба.
   Хорошо́, я́ пойду́ за хле́бом.
   У на́с не́т сли́вок.
   Хорошо́, я́ пойду́ за сли́вками.
      (папирос, мороженого, воды,
      соли, продуктов, сахара)

2. *I'm mad at him.*
   I'm not speaking to him.
   Я́ на него́ сержу́сь.
   Я́ с ни́м не разгова́риваю.
   Я́ на тебя́ сержу́сь.
   Я́ с тобо́й не разгова́риваю.
      (на них, на неё, на него, на вас,
      на тебя, на Козлова, на Петрову,
      на Фёдора Васильевича, Варвару
      Петровну)

1. *Will you call after one?*
   Yes, between one and two.
   Ты́ позвони́шь по́сле ча́са?
   Да́, ме́жду ча́сом и двумя́.
   Ты́ позвони́шь по́сле пяти́?
   Да́, ме́жду пятью́ и шестью́.
   (двух, десяти́, трёх, шести́,
   четырёх, восьми́, девяти́)

2. *Do they live in Moscow proper?*
   No, near Moscow.
   Они́ живу́т в само́й Москве́?
   Не́т, под Москво́й.
   Они́ живу́т в само́м Ленингра́де?
   Не́т, под Ленингра́дом.
   (Харькове, Киеве, Одессе,
   Владивостоке, Ялте, Ташкенте,
   Горьком)

DISCUSSION

The prepositions **перед** and **над** always require the instrumental case:

Ста́нь перед ни́м.	Stand in front of him.
Над на́ми лети́т самолёт.	There's a plane flying over us.

The prepositions **за** and **под** can be accompanied by either the instrumental or the accusative cases: the instrumental for locational constructions (answering to **гдé**), and the accusative for destinational constructions (answering to **куда́**):

Гдé ло́жка?	Where's the spoon?
— Под столо́м. (instrumental)	Under the table.
— За шка́фом. (instrumental)	Behind the cupboard.
Куда́ исче́зла ло́жка? (accusative)	Where did the spoon disappear to?
— Она́ упа́ла под сто́л. (accusative)	It fell under the table.
— Она́ упа́ла за шка́ф. (accusative)	It fell behind the cupboard.

Note, however, that after verbs of motion **за** can be followed by the instrumental if it is not used to indicate destination:

Кто́-то идёт за на́ми.	Someone's following us.
Поезжа́й за э́той маши́ной.	Follow that car.
Я́ зайду́ за ва́ми.	I'll stop by for you.

Notice also that the preposition **под** is used with the instrumental in the special meaning *near, in the environs of* in conjunction with names of cities:

Мы́ жи́ли под Москво́й.	We lived near Moscow.

The preposition **с** is often employed where English uses *and*:

Э́то сто́ит два́ с полови́ной рубля́.	That costs two and a half rubles.
Мы́ с бра́том всю́ но́чь прорабо́тали.	My brother and I worked the whole night through.

Remember that **с** takes the instrumental only when used in the sense of *accompaniment*. In the meaning *from*, it is followed by the genitive:

Compare	Поговори́ с ни́м. (instrumental)	Have a talk with him.
with	Я́ иду́ с рабо́ты. (genitive)	I'm coming from work.

Notice the special use of **перед** in the expression **винова́т перед**, as in **Я́ винова́т перед ва́ми** *I've done something to you* (for which I ought to apologize) or *I haven't "done right by you."*

ПОВТОРÉНИЕ

— Витя, ты не знáешь Бóриного áдреса?

— Знáю: Гéрцена 442. А зачéм тебé?

— Да такáя глýпая истóрия. Он мнé рáз одолжи́л свóй словáрь. Я обещáл вернýть егó через полторы́ недéли и совсéм забы́л об этом. Вчерá дéлал у себя́ поря́док и вдрýг, ви́жу на пóлке мéжду кни́гами стои́т какóй-то словáрь. Смотрю́ — Бóрин. Я хотéл срáзу же идти́ к немý, но мнé сказáли, что Бóря не живёт бóльше на стáром мéсте.

— А ты рáзве не знáл, что он переéхал? Это ужé давнó бы́ло.

— Да вóт не знáл. Я всéх спрáшивал, но никтó не мóг мнé сказáть, кудá и́менно он переéхал: одни́ говори́ли, что в цéнтр гóрода, други́е — что на крáй гóрода и́ли вообщé зá город. И вóт тóлько сейчáс от тебя́ я узнáл егó тóчный áдрес. Большóе тебé спаси́бо.

— Пожáлуйста. Рáд, что смóг помóчь.

— Михаи́л, когдá бýдешь в гóроде, зайди́, пожáлуйста, на почтáмт и отпрáвь это письмó авиапóчтой.

— Хорошó. Я тогдá заоднó и своё пошлю́ авиапóчтой, чтобы скорéе бы́ло. Я написáл отцý, что мнé óчень нужны́ дéньги, не могý дождáться от негó перевóда.

— Дá, я замéтил, что ты обы́чно получáешь извещéние в начáле кáждого мéсяца, а сегóдня ужé деся́тое. Мóжет бы́ть, твóй отéц сéрдится, что ты покупáешь стóлько мáрок?

— Нéт, чегó тáм! Éсли бы я пи́л и́ли в кáрты игрáл, тогдá другóе дéло. И потóм, пя́ть рублéй в мéсяц на мáрки — это не тáк мнóго.

— Нý, для моегó кармáна пя́ть рублéй это больши́е дéньги. Но, конéчно, я — бéдный студéнт, а твóй отéц дирéктор завóда. Это большáя рáзница.

— Дá, у негó дéнег бóльше, чéм достáточно.

Пóсле войны́ Пётр Николáевич вы́ехал заграни́цу. Пéрвые гóды он жи́л в Еврóпе и переезжáл из однóй страны́ в другýю. Это бы́ло óчень неприя́тно, потомý что в кáждой нóвой странé емý приходи́лось учи́ть нóвый язы́к. Кáждый рáз, как тóлько он начинáл ужé немнóго говори́ть на нóвом языкé, емý нáдо бы́ло уезжáть. На нóвом мéсте он опя́ть начинáл учи́ть язы́к этой страны́. И тáк он не вы́учил как слéдует ни одногó языкá. Наконéц он приéхал в Амéрику и стáл америкáнским граждани́ном. Но к этому врéмени он стáл ужé стáрым человéком, и вы́учить англи́йский язы́к оказáлось для негó почти́ невозмóжным. Пётр Николáевич говори́л на какóм-то своём, óчень стрáнном языкé: однó слóво англи́йское, другóе — рýсское, а трéтье ещё из какóго-нибудь языкá, котóрый он учи́л когдá-то в Еврóпе. Трýдно жи́ть «без языкá».

NOTES

PREPARATION FOR CONVERSATION | Проведём о́тпуск в Москве́

о́тпуск, –а; –а́, –о́в
в отпуску́
провести́ о́тпуск
Проведём о́тпуск в Москве́.
А не провести́ ли на́м о́тпуск в Москве́?
Слу́шайте, друзья́, а не провести́ ли на́м
о́тпуск в Москве́?

Мы́ мо́жем останови́ться у знако́мых.

иде́я
Неплоха́я иде́я!

стра́шный
Я́ быва́л в Москве́ мно́го ра́з, но всегда́
бы́л стра́шно за́нят и ничего́ не ви́дел.

А ты́, Алёша?

мавзоле́й
Кро́ме мавзоле́я Ле́нина и Кра́сной
пло́щади ты́ ничего́ та́м не зна́ешь.
жа́ловаться, жа́луются (I)
жа́ловаться на (*plus* acc)
по́мнится
По́мнится, ты́ то́же жа́ловался, что кро́ме
мавзоле́я Ле́нина и Кра́сной пло́щади
ничего́ та́м не зна́ешь.

ка́к и
Да́, я́, ка́к и Ми́тя, всегда́ торопи́лся.

ве́чный
ве́чно
Да ещё и Ва́ля ве́чно проси́ла, чтобы я́
поскоре́е возвраща́лся.
заде́рживаться, –аются (I)

leave, vacation; holiday
on leave, on one's vacation
to spend one's vacation
Let's spend our vacation in Moscow.
Shouldn't we spend our vacation in Moscow?
Listen, friends, don't you think we ought to
spend our vacation in Moscow?

We can stay with friends.

idea
That's not a bad idea!

terrible, awful, frightful
I've been in Moscow many times but was always
terribly busy and never saw anything.

How about you, Alyosha?

mausoleum, tomb
Aside from Lenin's Tomb and Red Square you
know nothing there.
to complain
to complain of (*or* about)
I seem to remember
I seem to remember that you were complaining,
too, that aside from Lenin's Tomb and Red
Square you know nothing there.

just like
Yes, just like Mitya, I was always in a hurry.

eternal, everlasting, immortal; perpetual
constantly, perpetually; forever
And besides, Valya was forever begging me to
return as soon as possible.
to stay too long, linger

761

Да ещё и Ва́ля ве́чно проси́ла, чтобы я́ не заде́рживался, поскоре́е возвраща́лся.

And besides, Valya was forever begging me not to stay too long but to return as soon as possible.

А я́ совсе́м в Москве́ не была́.

And I've never been to Moscow at all.

Выхо́дит, что из на́с все́х ты́ одна́, Ва́ля, зна́ешь Москву́.

It turns out that of us all, only you know Moscow, Valya.

повсю́ду

everywhere

Да́, и поэ́тому бу́дешь на́шим ги́дом. Бу́дешь води́ть на́с повсю́ду.

Yes, and for that reason you'll be our guide. You'll take us everywhere.

во-пе́рвых
осмотре́ть, осмо́трят (pfv II)

first, first of all
to examine, look over; to sightsee

Во-пе́рвых, мы́ должны́ осмотре́ть Кре́мль.

First we must see the Kremlin.

ба́шня, –и; –и, ба́шен
дворе́ц, дворца́; –ы́, –о́в
собо́р
стари́нный

tower
palace
cathedral
antique, old, ancient

Хорошо́. Во-пе́рвых, мы́ должны́ осмотре́ть Кре́мль — стари́нные дворцы́, ба́шни, собо́ры.

All right. First we must see the Kremlin—the old palaces, towers, and cathedrals.

хра́м
хра́м Васи́лия Блаже́нного

temple
Saint Basil's Cathedral

И хра́м Васи́лия Блаже́нного на́до осмотре́ть.

And we must see Saint Basil's Cathedral.

внутри́
снару́жи

inside, on the inside
outside, from the outside

Я́ его́ ви́дел то́лько снару́жи, а внутри́ не́ был.

I've only seen it from the outside; I've never been inside.

музе́й
истори́ческий
побыва́ть, –а́ют (pfv I)

museum
historical, historic
to visit, go see, stop in

А ещё на́м на́до побыва́ть в Истори́ческом музе́е.

And we've also got to visit the Historical Museum.

галере́я
Третьяко́вская галере́я

gallery
the Tretyakov Gallery

А ещё на́м на́до побыва́ть в Третьяко́вской галере́е и в Истори́ческом музе́е.

And we've also got to visit the Tretyakov Gallery and the Historical Museum.

худо́жественный
Худо́жественный теа́тр

art, artistic
Art Theater (that is, the Moscow Art Theater)

Мы́ бу́дем ходи́ть в Худо́жественный теа́тр.
вечера́ми

We'll be going to the Moscow Art Theater.
(during the) evenings

А вечера́ми бу́дем ходи́ть в Худо́жественный и Большо́й.

And we'll go to the Moscow Art Theater and the Bolshoi evenings.

програ́мма [pragrámə]
Во́т програ́мма и гото́ва.

program, itinerary
Well, our itinerary is set.

SUPPLEMENT

пра́здник [prázɲik]
По пра́здникам музе́й закры́т.

holiday
On holidays the museum is closed.

худо́жник	artist, painter; writer
Он изве́стный худо́жник.	He's a well-known artist
па́мятник	monument, memorial; statue
На́до осмотре́ть все стари́нные па́мятники.	We've got to visit all the old monuments.
задержа́ться, –атся (pfv II)	to be detained, be delayed
Он немно́го задержа́лся.	He was delayed a bit.
заде́рживать (pfv задержа́ть)	to detain, delay; to arrest
Наде́юсь, что я ва́с не заде́рживаю.	I hope I'm not detaining you.
Он непра́вильно переходи́л у́лицу, и милиционе́р его́ задержа́л.	He was jaywalking and the policeman arrested him.
осма́тривать, –ают (I)	to sightsee, visit; to inspect, examine
Сего́дня мы́ осма́триваем Кре́мль.	Today we see the Kremlin.
пожа́ловаться, пожа́луются (pfv I)	to complain
пожа́ловаться на (*plus* acc)	to complain about
Дава́йте пожа́луемся дире́ктору на плохо́е обслу́живание.	Let's complain to the director about the poor service.
моско́вский	Moscow (adj), Muscovite
Вы́ уже́ осмотре́ли моско́вский Кре́мль?	Have you visited the Moscow Kremlin?
ленингра́дский	Leningrad (adj)
Гла́вная ленингра́дская у́лица — э́то Не́вский проспе́кт.	Leningrad's main street is the Nevsky Prospect.
ки́евский	Kiev (adj), Kievan
Ка́к прое́хать на Ки́евский вокза́л?	How does one get to the Kiev station?
ташке́нтский	Tashkent (adj)
Вы́ уже́ бы́ли на ташке́нтском база́ре?	Have you already been to the Tashkent market?
оде́сский	Odessa (adj)
Вы́ чита́ли про оде́сских воро́в?	Have you read about the Odessa thieves?
ха́рьковский	Kharkov (adj)
Я́ учи́лся в Ха́рьковском университе́те.	I studied at Kharkov University.
кита́йский	China (adj), Chinese
В СССР тепе́рь мно́го кита́йских студе́нтов.	There are lots of Chinese students in the U.S.S.R. now.
во-вторы́х	secondly, in the second place
Во-пе́рвых, у меня́ не́т вре́мени, а во-вторы́х, у меня́ не́т де́нег.	In the first place I have no time, and in the second place I have no money.
знамени́тый	famous
Вы́ осмотре́ли знамени́тый хра́м Васи́лия Блаже́нного?	Have you visited the famous Saint Basil's Cathedral?

Проведём о́тпуск в Москве́

A. — Алёша (Алексе́й) В. — Ва́ля (Валенти́на) М. — Ми́тя (Дми́трий)
Л. — Лю́ба (Любо́вь)

В. 1 Слу́шайте, друзья́, а не провести́ ли на́м о́тпуск в Москве́?[1] Останови́ться мо́жем у знако́мых.

М. 2 Неплоха́я иде́я! Я́ быва́л в Москве́ мно́го ра́з, но всегда́ бы́л стра́шно за́нят и ничего́ та́м не ви́дел.

Л. 3 А ты, Алёша? Помнится, ты тоже жаловался, что кроме мавзолея Ленина и Красной площади ничего там не знаешь.[2]

А. 4 Да, я, как и Митя, всегда торопился. Да ещё и Валя вечно просила не задерживаться и поскорее возвращаться.

Л. 5 А я совсем в Москве не была. Выходит, что из нас всех ты одна, Валя, знаешь Москву.

М. 6 Да, и поэтому будешь нашим гидом. Будешь водить нас повсюду.

В. 7 Хорошо. Во-первых, мы должны осмотреть Кремль — старинные дворцы, башни, соборы.[3]

М. 8 И храм Василия Блаженного.[4] Я его видел только снаружи, а внутри не был.

В. 9 А ещё нам надо побывать в Третьяковской галерее и в Историческом музее.[5]

Л. 10 А вечерами будем ходить в Художественный и Большой.[6]

В. 11 Вот программа и готова.

NOTES

[1] The word for *school vacation* is **каникулы**; vacation from work is **отпуск**, which is also used in the military sense *leave*. Compare **праздники** *holidays*, which cannot be substituted for *vacation*.

[2] Lenin's Tomb is a prime tourist attraction in Moscow and the shrine to which communists everywhere make their pilgrimage. It is open only during certain hours and there is always a long line of people waiting to enter the underground mausoleum and file slowly past the glass coffin. No pictures are allowed to be taken, and any cameras and baggage must be checked before one enters the tomb. After Stalin's death in 1953 his body shared the tomb with Lenin. The de-Stalinization campaign in 1961 brought about its removal to a simple grave along the Kremlin wall.

[3] The Kremlin wall, originally built in 1156, has been replaced twice—once in the fourteenth century and again in the late fifteenth century. Over a mile and a half in length and roughly triangular in shape, it contains, in addition to the famous cathedrals, such varied tourist attractions as the great bell tower of **Иван Великий** *Ivan the Great*, with over fifty bells; the famous eighteen-foot **Царь-пушка** *Czar's cannon*; the gigantic, broken **Царь-колокол** *Czar's bell*; as well as various museums and palaces, including an amusement palace.

[4] The magnificent **храм Василия Блаженного** *Saint Basil's Cathedral*, located on Red Sqare, was built by **Иван Грозный** *Ivan IV* to commemorate his victory over the Kazan and Astrakhan Tatars in the fifteenth century. Uniquely constructed, it consists of a central chapel surrounded by eight churches, each with its onion-shaped dome. Officially called the **Покровский собор**, it received its more popular second name at the end of the sixteenth century when Saint Basil the Blessed was canonized and buried there. According to popular legend, the cathedral was so beautiful that Ivan IV ordered the architect blinded after it was built so that he would not be able to duplicate his masterpiece anywhere else.

[5] The Tretyakov Art Gallery got its name from a rich merchant who for forty years collected paintings of native Russian artists in the last half of the nineteenth century. In 1892 he donated his gallery to the city of Moscow. It is located across the river from the Kremlin.

The State Historical Museum, founded toward the end of the last century, traces the history and cultural development of Russia from ancient times to the present and is a must for students of anthropology and archaeology. It is located on Red Square just opposite the north Kremlin wall.

[6] The Bolshoi Theater, founded in 1776, is the oldest and most renowned in the country. It is here that operas and ballets are performed by the famous Bolshoi Company and that the great orchestra and concert artists play. Political meetings are also held there on occasion.

The Moscow Art Theater, known as the **Худо́жественный теа́тр** or **МХА́Т** (**Моско́вский Худо́жественный академи́ческий теа́тр**), opened in 1898. Its most celebrated founder was the producer and director Stanislavsky, who originated "method acting." It was here that the plays of the great writer Anton Chekhov were produced. The theater emblem which adorns its curtains is a seagull, in honor of Chekhov's play *The Seagull*.

PREPARATION FOR CONVERSATION   **В трамва́е**

трамва́й	streetcar
Ско́лько в трамва́е наро́ду!	So many people in the streetcar!
размена́ть, –я́ют (pfv I)	to change, give change for
Алёша, мо́жешь разменя́ть ру́бль?	Alyosha, can you give me change for a ruble?
Мне́ ну́жно три́ копе́йки на биле́т.	I need three kopecks for a ticket.
У меня́ не оста́лось ме́лочи.	I don't have any change left.
пассажи́р	passenger
Мо́жет бы́ть, найдётся у кого́-нибудь из пассажи́ров?	Maybe somebody among the passengers would have it?
Да не хо́чется спра́шивать.	I don't feel like asking.
беда́	trouble, misfortune
ве́чная беда́	constant nuisance
Ве́чная беда́ с э́той ме́лочью.	It's a constant nuisance with this small change.
моне́та	coin
Подожди́, я нашёл моне́ту.	Wait a minute, I found a coin.
Как ра́з три́ копе́йки.	It just happens to be three kopecks.
вы́ручить, –ат (pfv II)	to rescue, save, come to one's aid
Спаси́бо, что вы́ручил.	Thanks for saving my life.
черепа́ха	tortoise, turtle
А трамва́й ползёт, ка́к черепа́ха.	The streetcar's crawling along like a tortoise.
дое́хать, дое́дут (pfv I)	to reach, arrive (by vehicle)
Пока́ дое́дем, в ка́ссе не оста́нется биле́тов.	By the time we get there, there won't be any tickets left at the box office.
Не бо́йся, на́м ведь не на сего́дня.	Don't worry; after all, it's not for today.
сати́ра	satire
Теа́тр сати́ры	Satiric Theater

МХА́Т (Моско́вский Худо́жественный академи́ческий теа́тр)	Moscow Art Theater
А е́сли не доста́нем в МХА́Т, то́ попро́буем в Теа́тр сати́ры.	And if we don't get tickets to the Moscow Art Theater, we'll try the Satiric Theater.
А что́ та́м тепе́рь идёт?	And what's playing there now?
Ка́жется, «Ба́ня»?	*The Bathhouse*, isn't it?
Да́.	Yes.
сме́х	laughter
помира́ть (I)	to die
помира́ть со́ смеху	to die laughing, split one's sides laughing
Все́ пря́мо помира́ют со́ смеху.	Everybody just dies laughing.
пу́блика	audience, people
Пу́блика пря́мо помира́ет со́ смеху.	The audience just dies laughing.
пье́са	play, piece (musical)
остроу́мный	witty, clever
«Ба́ня» така́я остроу́мная пье́са, что пу́блика пря́мо помира́ет со́ смеху.	*The Bathhouse* is such a witty play that the public just dies laughing.
Да́, я слы́шал.	Yes, so I've heard.
попа́сть, попаду́т (pfv I)	to get in (*or* to), make it to; to hit; to fall
То́лько на э́ту пье́су почти́ нельзя́ попа́сть.	Only it's almost impossible to get in to see this play.
То́лько на э́ту пье́су, говоря́т, почти́ нельзя́ попа́сть.	Only they say it's almost impossible to get in to see this play.
Мы́ всё-таки попро́буем.	We'll try anyway.
На́м ско́ро выходи́ть.	We have to get off soon.
вперёд	ahead, forward
продвига́ться, –а́ются (I)	to move on, push on
Ну́, продвига́йся вперёд, на́м ско́ро выходи́ть.	Well, push on ahead; we've got to get off soon.
тролле́йбус [traḷéjbus]	trolley
пересе́сть, переся́дут (pfv I)	to transfer, change vehicles; to change seats
Мы́ переся́дем на тролле́йбус?	Will we transfer to the trolley?
метро́	subway
Не́т, пое́дем на метро́.	No, we'll go by subway.

SUPPLEMENT

ве́к, ве́ка; века́, веко́в	century; lifetime
О́н роди́лся в пе́рвой полови́не семна́дцатого ве́ка.	He was born in the first half of the seventeenth century.
акаде́мия	academy
О́н рабо́тает в Акаде́мии нау́к.	He works at the Academy of Sciences.
цена́, –ы́; це́ны, це́н	price, value
Це́ны бы́ли о́чень высо́кие.	The prices were very high.
доезжа́ть (I)	to reach, get to; to arrive at
О́н всегда́ доезжа́ет со мно́й до моста́.	He always rides with me as far as the bridge.

не доезжа́я до (*plus* gen)	before reaching, before one gets to
Не доезжа́я до ста́нции, по́езд вдру́г останови́лся.	Just before reaching the station, the train suddenly stopped.
Не доезжа́я дву́х киломе́тров до го́рода, сверни́те напра́во.	Two kilometers before you get to town, turn right.
пассажи́рский	passenger (adj)
Пассажи́рские поезда́ здесь прохо́дят два́ ра́за в де́нь.	Passenger trains go by here twice a day.
впереди́ (*plus* gen)	in front of, ahead of, up ahead
Они́ уже́ далеко́ впереди́ на́с.	They're already way ahead of us.
позади́ (*plus* gen)	behind, in back of
Э́ти тяжёлые го́ды позади́ на́с.	Those difficult years are behind us.
о́стрый	sharp, keen; witty
Мне́ ну́жен о́стрый но́ж.	I need a sharp knife.
тупо́й	dull, blunt
Э́тот но́ж тупо́й.	This knife is dull.
глубо́кий	deep, profound
Байка́л — са́мое глубо́кое о́зеро в ми́ре.	Baikal is the deepest lake in the world.
ме́лкий	shallow; fine, small; petty
Ту́т ме́лко, мы́ мо́жем здесь перейти́ ре́ку.	It's shallow here; we can cross the river here.
У меня́ не́т ме́лких де́нег.	I don't have any small change.
кру́пный	important; big, large-scale; coarse
Его́ оте́ц — кру́пный учёный.	His father's a big scientist.

В трамва́е

А. — Алёша   М. — Ми́тя

М.   1 Алёша, мо́жешь разменя́ть ру́бль? Мне́ ну́жно три́ копе́йки на биле́т.

А.   2 У меня́ не оста́лось ме́лочи. Мо́жет бы́ть, найдётся у кого́-нибудь из пассажи́ров?

М.   3 Да не хо́чется спра́шивать. Ве́чная беда́ с э́той ме́лочью![1]

А.   4 Подожди́, я́ нашёл моне́ту. Как ра́з три́ копе́йки.

М.   5 Спаси́бо, что вы́ручил.

А.   6 А трамва́й ползёт, ка́к черепа́ха. Пока́ дое́дем, в ка́ссе не оста́нется биле́тов.

М.   7 Не бо́йся, на́м ведь не на сего́дня. А е́сли не доста́нем в МХА́Т, то́ попро́буем в Теа́тр сати́ры.[2]

А.   8 А что́ та́м тепе́рь идёт? Ка́жется, «Ба́ня»?

М.   9 Да́. Така́я остроу́мная пье́са — пу́блика пря́мо помира́ет со́ смеху.

А.   10 Да́, я́ слы́шал. То́лько на э́ту пье́су, говоря́т, почти́ нельзя́ попа́сть.

М.   11 Мы́ всё-таки попро́буем. Ну́, продвига́йся вперёд, на́м ско́ро выходи́ть.

А.   12 Мы́ переся́дем на тролле́йбус?

М.   13 Не́т, пое́дем на метро́.[3]

NOTES

[1] Bus drivers are often not equipped to provide small change, so unless one comes prepared, it may be necessary to ask other passengers for change. This also is true for the small entrance fees one must pay to get into museums and other such places.

[2] The **Теа́тр сати́ры** *Satiric Theater* is claimed by the Soviet Union to be the only one of its kind in the world. It has gained new popularity in recent years when such satires on Soviet bureaucracy as Mayakovsky's *The Bathhouse* and *The Bedbug* have been allowed to reappear on its stage.

[3] The Moscow **метро́** *subway* is seventy kilometers long and has fifty-one stations. It is famous for its ornateness: elaborate chandeliers, mosaic work, and statues decorate its stations. The first line was completed in 1935, and even during World War II, work on it was carried on. It is considered a great achievement in engineering and is remarkably efficient in its operation. Many of the motormen and most of the station workers are women.

Basic sentence patterns

1. Дава́йте проведём о́тпуск в Москве́.
   ———————————————— в Я́лте.
   ———————————————— в Оде́ссе.

   Let's spend our vacation in Moscow.
   ———————————————— in Yalta.
   ———————————————— in Odessa.

2. Мы́ остано́вимся у знако́мых.
   ——————————————— у друзе́й.
   ——————————————— у ро́дственников.

   We'll stay with friends.
   ————————— with friends.
   ————————— with relatives.

3. Что́ мы́ осмо́трим, кро́ме собо́ра?
   ————————————————— дворца́?
   ————————————————— ба́шни?
   ————————————————— Кремля́?

   What should we visit besides the cathedral?
   ——————————————————— palace?
   ——————————————————— tower?
   ——————————————————— Kremlin?

4. Кто́ из ва́с не ви́дел мавзоле́я Ле́нина?
   ——— из ни́х ————————————?
   ——— из студе́нтов ——————————?

   Which of you hasn't seen Lenin's Tomb?
   ——————— them ———————————?
   ——————— the students ——————————?

5. Внутри́ зда́ния бы́ло темно́.
   ———————— мавзоле́я ————————.

   Inside the building it was dark.
   ——————— mausoleum ————————.

6. Музе́й откры́т от восьми́ до четырёх.
   ——————————— от девяти́ до пяти́.
   ——————————— от десяти́ до шести́.

   The museum is open from eight to four.
   —————————————————— from nine to five.
   —————————————————— from ten to six.

7. Мы́ осмотре́ли Истори́ческий музе́й.
   ———————————— Третьяко́вскую галере́ю.
   ———————————— мно́го знамени́тых
                             собо́ров.

   We visited the State Historical Museum.
   ——————— the Tretyakov Gallery.
   ——————— many famous cathedrals.

8. Мы́ встре́тились во́зле МХА́Та.
   ———————————————— Третьяко́вской
                              галере́и.
   ———————————————— Истори́ческого
                              музе́я.

   We met near the Moscow Art Theater.
   ———————————— Tretyakov Gallery.
   ———————————— Historical Museum.

9. Мы́ переся́дем на тролле́йбус?
— Не́т, пое́дем на метро́.
— Не́т, пое́дем на авто́бусе.

Shall we transfer to the trolley?
No, let's take the subway.
No, let's take the bus.

10. Во́т ва́м сда́ча с рубля́.
_____ с десяти́ рубле́й.
_____ с двадцати́ рубле́й.
_____ со ста́ рубле́й.

Here's your change for a ruble.
_____ for ten rubles.
_____ for twenty rubles.
_____ for a hundred rubles.

11. Пока́ мы́ дойдём, галере́я закро́ется.

_____ музе́й _____.
_____ дворе́ц _____.
_____ мавзоле́й _____.

By the time we get there, the gallery will be
closed.
_____ museum _____.
_____ palace _____.
_____ mausoleum _____.

12. Я́ рабо́таю здесь с о́сени.
_____ с января́.
_____ с понеде́льника.
_____ с про́шлого ме́сяца.
_____ с про́шлого го́да.

I've been working here since fall.
_____ since January.
_____ since Monday.
_____ since last month.
_____ since last year.

13. О́н уже́ верну́лся из о́тпуска.
_____ из командиро́вки.
_____ из теа́тра.
_____ из це́ркви.

He's already returned from his vacation.
_____ from his assignment.
_____ from the theater.
_____ from [the] church.

14. Из-за горы́ показа́лось со́лнце.
_____ ле́са _____.
_____ дере́вьев _____.

The sun appeared from behind the mountain.
_____ woods.
_____ trees.

15. Мы́ из-за тебя́ опозда́ем.
_____ ни́х _____.
_____ неё _____.

Because of you we'll be late.
_____ them _____.
_____ her _____.

16. Я́ не успе́л дочита́ть о́черк.
_____ дописа́ть _____.
_____ досмотре́ть сни́мки.

_____ дое́сть ка́шу.
_____ допи́ть молоко́.

I didn't manage to finish reading the essay.
_____ to finish writing _____.
_____ to finish looking at the
snapshots.
_____ to finish eating the kasha.
_____ to finish drinking my milk.

17. Доведи́те и́х до угла́.
Довези́те и́х до вокза́ла.
Мы́ не успе́ем дойти́ до трамва́я.
Мы́ не успе́ем добежа́ть до трамва́я.

Walk them up to the corner.
Take them as far as the terminal.
We won't make it to the streetcar.
We won't make it to the streetcar, even [by]
running.

18. Докури́ папиро́су.
Допиши́ письмо́.
Дочита́й газе́ту.
Допе́й ча́й.
Дое́шь компо́т.

Finish smoking your cigarette.
_____ writing your letter.
_____ reading the newspaper.
_____ drinking your tea.
_____ eating your stewed fruit.

19. Мы́ дое́хали до са́мой грани́цы.
_____ дошли́ _____.
_____ долете́ли _____.

We drove right up to the border.
_____ walked _____.
_____ flew _____.

20. Я опя́ть недоспа́л.
    ———— недое́л.

I didn't get enough sleep again.
    ———————— to eat again.

21. Вы́ ему́ опя́ть звони́ли?
   — Да́, наконе́ц дозвони́лся.
   Вы́ к нему́ опя́ть стуча́ли?
   — Да́, наконе́ц достуча́лся.
   Вы́ его́ разбуди́ли?
   — Да́, наконе́ц добуди́лся.

Did you phone him again?
Yes, I finally reached him.
Did you knock on his door again?
Yes, I finally got him to answer.
Did you wake him up?
Yes, I finally roused him.

22. Ка́к туда́ пройти́?
   ——— пройти́ на Кра́сную пло́щадь?
   ——— прое́хать на ста́нцию?
   ——— прое́хать на Ки́евский вокза́л?

How does one get there?
   ———————— to Red Square?
   ———————— to the station?
   ———————— to the Kiev Station?

23. О́н проигра́л бо́льше двухсо́т рубле́й.

He lost more than two hundred rubles

                                  gambling.

   ———————— трёхсо́т ————.
   ———————— четырёхсо́т ——.

   ———————— three hundred ————.
   ———————— four hundred ————.

24. О́н её разлюби́л.
   О́н разду́мал туда́ е́хать.
   О́н разучи́лся говори́ть по-ру́сски.
   Ему́ расхоте́лось спа́ть.

He's fallen out of love with her.
He's changed his mind about going there.
He's forgotten how to speak Russian.
He's gotten over his desire to sleep.

25. Всё разошли́сь по дома́м.
   ——— разъе́хались ————.
   Де́ти разбежа́лись ———.

Everyone went off to his home.
   ———— drove off ————.
The children ran off ————.

26. Вы́ уже́ распакова́ли чемода́ны?
   ———— разде́ли дете́й?
   ———— разобра́ли всё бума́ги?
   Вы́ разобра́ли, что́ та́м напи́сано?
   Раскро́й зо́нтик, начина́ется до́ждь.

Have you already unpacked the suitcases?
   ———————— undressed the children?
   ———————— sorted out all the papers?
Did you make out what's written there?
Open the umbrella; it's beginning to rain.

Pronunciation practice: part I—initial consonant clusters with no parallel in the English sound system

A. Initial clusters with л as the first consonant.

  1. лг, льг pronounced [lg] or [l̬g]

    [l̬gótnij] льго́тный
    preferential
    [lgát] лга́ть
    to lie
    [lgút] лгу́т
    they lie

    [lgún] лгу́н
    liar
    [lgúṇjə] лгу́нья
    liar (f)
    [lguṇíškə] лгуни́шка
    fibber

  2. лж pronounced [lž]

    [lži̬] лжи́
    of a lie
    [lžót] лжёт
    he's lying
    [lži̬vəṣt] лжи́вость
    falsity

    [lžéc] лже́ц
    liar
    [lžənaúkə] лженау́ка
    pseudoscience

3. **льд** pronounced [l̦d] or [l̦d̦]

[l̦dí] льды́
ices

[l̦dá] льда́
of ice

[l̦dú] льду́
to the ice

[l̦d̦ínə] льди́на
ice floe

4. **льн** pronounced [l̦n] or [l̦n̦]

[l̦ná] льна́
of flax

[l̦navódstvə] льново́дство
flax growing

[l̦n̦inój] льняно́й
flaxen

[l̦nút] льну́ть
cling to

[l̦n̦ót] льнёт
he clings to

B. Initial clusters with **p** as the first consonant.

1. **рв** pronounced [rv] or [rγ]

[rvánij] рва́ный
torn

[rván̦] рва́нь
rags

[rváț] рва́ть
to tear

[rvú] рву́
I tear

[rγóš] рвёшь
you tear

[rváč] рва́ч
grabber

[rvótə] рво́та
retching

2. **рж** pronounced [rž]

[rží] ржи́
of rye

[žáfčinə] ржа́вчина
rust

[rži̟γéț] ржаве́ть
to rust

[ržánkə] ржа́нка
plover

[ržáț] ржа́ть
to neigh

[ržót] ржёт
neighs

3. **рт** pronounced [rt] or [rț]

[rtí] рты́
mouths

[rtá] рта́
of the mouth

[rtúț] рту́ть
mercury

[rtútnij] рту́тный
mercurial

[rtóm] рто́м
with the mouth

[rțíščif] Рти́щев
name

STRUCTURE AND DRILLS

Perfective verbs formed by means of the prefix до-

Among the most common functions of the verbal prefix до– are the following:

To indicate the reaching or attainment of a goal; action up to or as far as:

Мы́ дошли́ до о́зера за ча́с.
We reached the lake in an hour.

Они́ хотя́т на́с догна́ть.
They want to catch up to us.

Доведи́ дете́й до остано́вки.
Take the children up to the stop.

О́н довёз на́с до вокза́ла.
He gave us a lift to the station.

Мы́ дошли́ до кра́я го́рода.
We walked as far as the edge of town.

To emphasize the final stages necessary to complete an action, that is, to put the finishing touches to an action:

Óн докури́л папиро́су.	He finished smoking the cigarette.
Я́ не успе́л добри́ться.	I didn't finish shaving.
Допе́й молоко́, Пе́тя!	Finish drinking your milk, Petya!
Когда́ ты́ дое́шь ка́шу?	When are you going to finish eating your kasha?
Я́ сейча́с достира́ю бельё.	I'll be finished with the wash right away.
Она́ сейча́с дова́рит уху́.	She'll soon be finished cooking the fish chowder.

Together with the negative prefix **не–** (that is, **недо–**), to indicate falling short of a goal or failure to complete an action:

Óн недорабо́тал полдня́.	He worked half a day less than was expected.
Она́ недосмотре́ла, и су́п сбежа́л.	She failed to watch, and the soup boiled over.
Я́ недоспа́л.	I didn't get enough sleep.
Я́ недое́л.	I didn't get enough to eat.
Ты́ недодержа́л термо́метра.	You didn't leave the thermometer in long enough.

■ REPETITION DRILL

Repeat the given examples illustrating the functions of the verbal prefix **до–** and the compound prefix **недо–**.

■ STRUCTURE REPLACEMENT DRILLS

1. *When will you finish writing it?*
   Когда́ ты́ ко́нчишь э́то писа́ть?
   Когда́ ты́ э́то допи́шешь?
   Когда́ ты́ ко́нчишь э́то е́сть?
   Когда́ ты́ э́то дое́шь?
   (мыть, чистить, стирать, варить, читать, пить, шить)

2. *Keep sitting until the end!*
   Sit through to the end!
   Сиди́ до конца́!
   Досиди́ до конца́!
   Слу́шай до конца́!
   Дослу́шай до конца́!
   (играй, пой, читай, говори, делай, пиши)

3. *He drank the tea.*
   He didn't have time to finish his tea.
   Óн вы́пил ча́й.
   Óн не успе́л допи́ть ча́й.
   Óн съе́л бу́лку.
   Óн не успе́л дое́сть бу́лку.
   (курил папиросу, мыл посуду, играл в шахматы, чистил ботинки, делал уроки, писал письмо, читал газету)

4. *They flew across the border.*
   They flew as far as the border.
   Они́ перелете́ли через грани́цу.
   Они́ долете́ли до грани́цы.
   Они́ перешли́ через грани́цу.
   Они́ дошли́ до грани́цы.
   (переехали, переползли, перебежали, перешли, перелетели, перенесли это, перевезли это, перевели их)

■ QUESTION-ANSWER DRILLS

1. *Did you call him?*
   Yes, but I couldn't get through to him.
   Ты́ ему́ звони́л?
   Да́, но не мо́г дозвони́ться.
   Ты́ с ни́м говори́л?
   Да́, но не мо́г договори́ться.
   (его будил, ему звонил, к нему стучал, его ждал, его просил, с ним говорил)

2. *You slept poorly, didn't you?*
   Yes, I didn't get enough sleep.
   Вы́, ка́жется, пло́хо спа́ли?
   Да́, я́ недоспа́л.
   Вы́, ка́жется, пло́хо е́ли?
   Да́, я́ недое́л.
   (смотрели, слышали, спали, ели)

■ RESPONSE DRILLS

1. *We've already been driving so long!*
   Never mind, we'll soon get there.
   Мы́ уже́ та́к до́лго е́дем!
   Ничего́, ско́ро дое́дем.
   Мы́ уже́ та́к до́лго лети́м!
   Ничего́, ско́ро долети́м.
   (идём, ползём, едем, летим, это
   несём, это везём)

2. *Stop sewing and let's go.*
   All right, I'll finish up later.
   Бро́сь ши́ть и пойдём.
   Хорошо́, я́ дошью́ пото́м.
   Бро́сь стира́ть и пойдём.
   Хорошо́, я́ достира́ю пото́м.
   (варить, читать, мыть посуду, писать,
   чистить, слушать пластинки)

DISCUSSION

Like other verbal prefixes, **до–** sometimes alters the basic meaning of the verb so that knowing both prefix and stem does not necessarily give an insight into the meaning of the prefixed verb. Compare, for example, **бы́ть** *to be* with **добы́ть** *to obtain*, or **нести́** *to be carrying* with **донести́** *to denounce, to inform on.*

Here is a reference list of verbs with the prefix **до–** (and **недо–**) which are treated in this lesson:

1. Reaching, getting to, action up to a point (usually followed by the preposition **до** plus the genitive):

дойти́	to reach, get to (on foot)
дое́хать	to reach, get to (by vehicle)
догна́ть	to catch up to, overtake
довести́	to conduct (as far as); to accompany (on foot)
довезти́	to take to, haul to (by vehicle)
долете́ть	to reach (by air)
добежа́ть	to reach (by running); to run (as far as)
доползти́	to reach (by crawling); to crawl (as far as)
досиде́ть	to sit through (up to a point)
дослу́шать	to hear out, listen to (up to a point)

2. Finishing an action, emphasis on the final attainment of a goal:

достуча́ться	to knock until someone answers
дозвони́ться	to ring until someone answers; to reach, get through to (by phone)
дожда́ться	to get what you've waited for, wait through to the end
добуди́ться	to manage to rouse
добри́ться	to finish shaving (oneself)
договори́ться	to talk until one reaches an agreement (*or* to a point of absurdity)
доигра́ть	to finish playing
допи́ть	to finish drinking
дое́сть	to finish eating
домы́ть	to finish washing
достира́ть	to finish the wash
дописа́ть	to finish writing
дочита́ть	to finish reading
довари́ть	to finish cooking
доши́ть	to finish sewing
дочи́стить	to finish cleaning
докури́ть	to finish smoking
договори́ть	to finish talking
доде́лать	to finish doing, complete
достро́ить	to finish building

3. Falling short of a goal, failure to perform an activity (**недо–**):

недоде́лать	to half-finish
недорабо́тать	to work less than the full amount
недоплати́ть	to pay less than the full amount, underpay
недобра́ть	to not get the full amount
недослы́шать	to fail to hear, not catch what is said
недосмотре́ть	to fail to watch carefully enough; to overlook
недое́сть	to get less than enough to eat
недоспа́ть	to get less than the full amount of sleep

Perfective verbs formed by means of the prefix про–

The most important meanings of the verbal prefix **про–** are illustrated below:

To indicate action through:

Пройдём через па́рк.	Let's go through the park.
Проведи́те на́с через ле́с.	Take us through the woods.
Пробежи́м через са́д.	Let's run through the garden.
Мы́ прое́хали через ве́сь го́род.	We drove (*or* rode) right through the city.
Я́ не зна́ю, ка́к туда́ пройти́.	I don't know how to get there.
Ка́к прое́хать на Кра́сную пло́щадь?	How does one get to Red Square?
Смотри́, не промочи́ но́ги.	See that you don't get your feet all wet.

To indicate action past or alongside of:

Мы́ прошли́ ми́мо ва́шего до́ма.	We went past your house.
Кто́ э́то пробежа́л?	Who's that [who] just ran by?
Они́ прое́хали бли́зко от грани́цы.	They passed close to the border.
Парохо́д проплы́л далеко́ от бе́рега.	The steamer sailed by far from the shore.

To indicate coverage or action extended over a specified period of time:

Мы́ уже́ прошли́ два́дцать уро́ков.	We've already covered (*or* gone through) twenty lessons.
Ско́лько ми́ль мы́ уже́ прое́хали?	How many miles have we driven now?
Мы́ прорабо́тали всю́ но́чь.	We've spent the whole night working.
Мы́ пробу́дем в Ки́еве де́сять дне́й.	We'll spend ten days in Kiev.
Он не́сколько ле́т про́жил на Кавка́зе.	He spent (*or* lived) several years in the Caucasus.
Я́ проспа́л всю́ ле́кцию.	I slept through the whole lecture.
Они́ всю́ но́чь проигра́ли в ша́хматы.	They spent the whole night playing chess.
Тру́дно прожи́ть на таки́е де́ньги.	It's hard to get by on such money.

To indicate loss:

Я́ проигра́л де́сять рубле́й.	I gambled away ten rubles.
Е́сли я́ проспо́рю, ты́ полу́чишь от меня́ пя́ть рубле́й.	If I lose the bet, you'll get my five rubles.
Она́ проспала́ сво́й по́езд.	She slept late and missed her train.
Он всё про́пил.	He lost everything drinking.

■ REPETITION DRILL

Repeat the given examples illustrating the various uses of the verbal prefix **про–**.

■ QUESTION-ANSWER DRILLS

1. *How many lessons did you cover?*
   We covered thirty lessons.
   Ско́лько уро́ков вы́ прошли́?
   Мы́ прошли́ три́дцать уро́ков.
   Ско́лько уро́ков ты́ прошёл?
   Я́ прошёл три́дцать уро́ков.
   (она, вы, он, ты, она, вы, он)

2. *Did they stand there long?*
   No, they stood there for only a week.
   Они́ та́м до́лго стоя́ли?
   Не́т, они́ та́м простоя́ли всего́ неде́лю.
   Они́ та́м до́лго лежа́ли?
   Не́т, они́ та́м пролежа́ли всего́ неде́лю.
   (были, лежали, стояли, висели,
   лежали, были)

■ STRUCTURE REPLACEMENT DRILLS

1. *The time flew [by] fast for me.*
   I had a good time.
   Вре́мя пролете́ло для меня́ бы́стро.
   Я́ хорошо́ провёл вре́мя.
   Вре́мя пролете́ло для ни́х бы́стро.
   Они́ хорошо́ провели́ вре́мя.
   (для Зины, для Олега, для нас,
   для них, для неё, для Феди, для Вари,
   для девушек, для него)

2. *We have halfway to go.*
   We've gone halfway.
   На́м оста́лось пройти́ полпути́.
   Мы́ прошли́ полпути́.
   На́м оста́лось прое́хать полпути́.
   Мы́ прое́хали полпути́.
   (пробежать, проползти, проплыть,
   пролететь, пройти, проехать)

3. *They were driving along far from the shore.*
   They passed far from the shore.
   Они́ е́хали далеко́ от бе́рега.
   Они́ прое́хали далеко́ от бе́рега.
   Они́ шли́ далеко́ от бе́рега.
   Они́ прошли́ далеко́ от бе́рега.
   (плыли, бежали, летели, ползли,
   ехали, бежали, шли)

4. *We studied all night long.*
   We spent the whole night studying.
   Мы́ занима́лись всю́ но́чь.
   Мы́ прозанима́лись всю́ но́чь.
   Мы́ игра́ли всю́ но́чь.
   Мы́ проигра́ли всю́ но́чь.
   (работали, ждали, танцевали, сидели,
   стояли, говорили, спорили)

■ TRANSFORMATION DRILLS

1. *You made a hole through the wall.*
   You'll make a hole through the wall.
   Ты́ проби́л ды́рку в стене́.
   Ты́ пробьёшь ды́рку в стене́.
   Ты́ прожёг ды́рку в брю́ках.
   Ты́ прожжёшь ды́рку в брю́ках.
   (промочил ноги, прошил подкладку,
   прожёг дырку, проделал дырку,
   пробил дырку)

2. *We spent about two hours there.*
   We'll spend about two hours there.
   Мы́ та́м про́были часа́ два́.
   Мы́ та́м пробу́дем часа́ два́.
   Мы́ та́м просиде́ли часа́ два́.
   Мы́ та́м просиди́м часа́ два́.
   (простояли, прождали, пробыли,
   просидели, прождали, простояли)

3. *They gambled away everything.*
   He gambled away everything.
   Они́ всё проигра́ли.
   О́н всё проигра́л.

   Они́ всё про́пили.
   О́н всё про́пил.
   (проспали, проиграли, прослушали,
   пролили, проспали)

They ran into the corridor.

They ran through the corridor.

Они́ вбежа́ли в коридо́р.

Они́ пробежа́ли через коридо́р.

Они́ вбежа́ли в ко́мнату.

Они́ пробежа́ли через ко́мнату.

(сад, парк, переулок, закусочную, зал, столовую, буфет)

DISCUSSION

With the addition of the prefix **про–**, otherwise intransitive verbs may become transitive: compare **Он спа́л** *He was asleep* with **Он проспа́л свою́ остано́вку** *He slept through (and missed) his stop.*

Like the other prefixes, **про–** may alter the meaning of the verb to which it is affixed: compare **ве́рить** *to believe* with **прове́рить** *to check; to verify.*

Here is a reference list of verbs formed by means of the prefix **про–** which are treated in this lesson:

1. Action through or past:

пройти́	to go through, go past, pass; to get to (by walking through)
прое́хать	to go through, go past, pass; to get to (by driving through)
пробежа́ть	to run through, run past
провести́	to lead through, take through, lead past, pass
пролете́ть	to fly through, fly past
проплы́ть	to swim through, swim past, sail past, pass (by water)
проползти́	to crawl through, crawl past
промочи́ть	to wet through, get soaking wet
проби́ть	to pierce, make a hole through
прожѐчь	to burn (a hole) through
проши́ть	to sew through, stitch
прока́шляться	to clear one's throat

2. Coverage, action extended over a period of time:

пройти́	to go, go through; to cover
прое́хать	to go, go through; to cover
прорабо́тать	to work through, spend time working
проигра́ть	to play through, spend time playing
пробы́ть	to spend time, stay
прожи́ть	to stay; to live (for a specified period of time); to make ends meet
проспа́ть	to sleep through, oversleep
просиде́ть	to sit through, spend time sitting
простоя́ть	to stand through, spend time standing
пролежа́ть	to lie through, spend time lying
прожда́ть	to wait through, spend time waiting
прозанима́ться	to study through, spend time studying
проспо́рить	to spend time arguing
проговори́ть	to spend time talking
протанцева́ть	to spend time dancing

3. Loss:

проигра́ть	to lose by gambling
проспа́ть	to miss by sleeping
пропи́ть	to lose through drinking
проспо́рить	to lose a bet

Uses of the genitive case : part I—the genitive with prepositions

More prepositions require the genitive than any other case. The most common of these are:

без *without, minus*

Ваш перевод сделан **без** ошибок.	Your translation was done *without* any mistakes.
Я приду **без** четверти двенадцать.	I'll come at a quarter to twelve (*lit.* at twelve *minus* a quarter).

для *for*

Купите **для** неё коробку конфет.	Buy a box of candy *for* her.
Для иностранца он очень хорошо говорит по-английски.	He speaks English very well *for* a foreigner.

до *to, up to, as far as, until; before; of*

Отсюда **до** аэродрома больше пяти километров.	It's more than five kilometers from here *to* the airport.
Я его ждал **до** шести часов.	I waited for him *until* six o'clock.

из *from, of, out of*

Они только что приехали **из** Франции.	They just came *from* France.
Мы узнали об этом **из** вечерней газеты.	We learned about it *from* the evening paper.
Кто **из** вас поможет ему?	Which *of* you is going to help him?

из-за *from behind, from beyond, from around; because of, on account of*

Мы только что встали **из-за** стола.	We just got up *from* the table.
Из-за угла выбежал мальчик.	A little boy ran out *from around* the corner.
Это всё **из-за** него.	It's all *on account of* him.

от *from, away from; to*

Доктор принимает **от** часа до шести.	The doctor's office hours are *from* one to six.
Отойди **от** окна.	Get away *from* the window.
Я получил письмо **от** родителей.	I received a letter *from* my parents.
Где ключ **от** этого чемодана?	Where's the key *to* this suitcase?

с *from, off; since, for*

Он упал **с** лестницы.	He fell *off* a ladder.
Я только что вернулся **с** завода.	I just returned *from* the plant.
Переведите **с** английского на русский.	Translate *from* English to Russian.
Я **с** утра не ел.	I haven't eaten *since* morning.
У вас есть сдача **с** пяти рублей?	Do you have change *for* five rubles?

у *at, by; from; at the place of, with; to have*

Я буду вас ждать **у** входа.	I'll wait for you *at* the entrance.
Они живут **у** моря.	They live *by* the sea (shore).
Я это взял **у** брата.	I got it *from* my brother.
Она была **у** друзей.	She was *with* friends.
У меня болит голова.	I *have* a headache.

вместо *instead of, in place of*

Вместо мороженого, я сегодня закажу компот.	*Instead of* ice cream, I'll order the stewed fruit today.
Я пойду на собрание **вместо** тебя.	I'll go to the meeting *in your place*.

вóзле *alongside, next to, near, by*

Онá сидéла **вóзле** меня́ в трамвáе.
Они́ живýт **вóзле** реки́.

She sat *next to* me in the streetcar.
They live *by* the river.

вокрýг *around*

Мы́ дóлго сидéли **вокрýг** столá и разговáривали.

We sat *around* the table for a long time and talked.

внутри́ *inside, within*

Внутри́ избы́ бы́ло óчень темнó.
Внутри́ страны́ бы́ло неспокóйно.

Inside the cottage it was very dark.
There was unrest *within* the country.

впереди́ *in front of, ahead of*

Онá стоя́ла **впереди́** нáс на двá человéка.
Óн шёл **впереди́** всéх.

She stood two places *ahead of* us (in line).
He was walking *ahead of* all the rest.

позади́ *behind, in back of* (at some distance)*; on the other side*

Óн остáвил всéх други́х **позади́** себя́.
Они́ шли́ **позади́** нáс.

He left all the others *behind* him.
They were walking a couple of paces *behind* us.

врóде *like, something like, sort of*

Óн **врóде** неё: не лю́бит рабóтать.

He's *like* her; [he] doesn't like to work.

óколо *near, next to, by; about*

Аптéка гдé-то **óколо** гости́ницы.
Сади́сь **óколо** меня́.
Я́ ждáл **óколо** сорокá минýт.

The pharmacy is somewhere *near* the hotel.
Sit down *by* me.
I waited *about* forty minutes.

насчёт *about, concerning, as to*

Как **насчёт** холóдного пи́ва?
Насчёт себя́ не могý сказáть ничегó определённого.

Насчёт э́того нáдо спроси́ть у Фéди.

How *about* some cold beer?
As far as I'm *concerned* I can't tell you anything definite.
As to that, you have to ask Fedya.

пóсле *after*

Пóсле дождя́ стáло прохлáднее.
Они́ приéхали сюдá **пóсле** войны́.

After the rain it got cooler.
They came here *after* the war.

крóме *except for, but, outside of, aside from; besides*

Крóме тебя́, никтó об э́том не знáет.
Всé бы́ли на собрáнии, **крóме** Алексéева.

Except for you, nobody knows about it.
Everyone *but* Alexeev was at the meeting.

прóтив *opposite, across from; against, opposed to*

Аптéка нахóдится как рáз **прóтив** Гастронóма.
Óн ничегó не имéет **прóтив** э́того.
Я́ не **прóтив** егó плáна.

The pharmacy is just *opposite* the food store.
He doesn't have anything *against* it.
I'm not *opposed to* his plan.

■ REPETITION DRILL

Repeat the given examples illustrating the use of prepositions requiring the genitive case. Note that some are pronounced without stress: без, для, до, из, из-за, от, с, у, while others are pronounced with a weak secondary stress: вмéсто, вóзле, вокрýг, внутри́, впереди́, врóде, óколо, крóме, насчёт, пóсле, позади́, прóтив.

■ STRUCTURE REPLACEMENT DRILLS

1. *It's Mitya who's to blame.*
   It's all because of Mitya.
   Э́то Ми́тя винова́т.
   Э́то всё из-за Ми́ти.
   Э́то Ва́ля винова́та.
   Э́то всё из-за Ва́ли.

   (ребя́та, сосе́дка, Алёша,
   моро́женщик, сестра́, брат)

2. *Olya invited everybody to her place.*
   Everybody gathered at Olya's place.
   О́ля пригласи́ла всех к себе́.
   Всё собрали́сь у О́ли.
   Ва́ля пригласи́ла всех к себе́.
   Всё собрали́сь у Ва́ли.

   (Орло́вы, Фёдор Васи́льевич, Ири́на,
   Бори́с Миха́йлович, Мари́я Ива́новна,
   Алёша, Фили́пп)

3. *I've brought you some stamps.*
   I'm collecting stamps for you.
   Я принёс вам ма́рки.
   Я собира́ю для вас ма́рки.
   Я принёс ему́ ма́рки.
   Я собира́ю для него́ ма́рки.

   (им, ей, тебе́, вам, ему́, им, тебе́)

4. *It was dark in the theater.*
   Inside the theater it was dark.
   В теа́тре бы́ло темно́.
   Внутри́ теа́тра бы́ло темно́.
   В музе́е бы́ло темно́.
   Внутри́ музе́я бы́ло темно́.

   (в ба́не, в гости́нице, в мавзоле́е,
   в галере́е, в ба́шне, во дворце́,
   в хра́ме, в собо́ре)

■ RESPONSE DRILLS

1. *Let Fedya take his bath first.*
   I'll bathe after Fedya.
   Пу́сть Фе́дя купа́ется пе́рвый.
   Я вы́купаюсь по́сле Фе́ди.
   Пу́сть Вади́м купа́ется пе́рвый.
   Я вы́купаюсь по́сле Вади́ма.

   (Ви́тя, Оле́г, Бори́с, Воло́дя,
   Михаи́л, Пе́тя, Никола́й, Вади́м)

2. *My visa runs out in May.*
   Extend my visa till June.
   Моя́ ви́за конча́ется в ма́е.
   Продли́те мне ви́зу до ию́ня.
   Моя́ ви́за конча́ется в ию́не.
   Продли́те мне ви́зу до ию́ля.

   (в ию́ле, в а́вгусте, в сентябре́,
   в октябре́, в ноябре́, в декабре́)

3. *It's already eight.*
   Let's wait until nine.
   Уже́ во́семь.
   Подождём до девяти́.
   Уже́ де́вять.
   Подождём до десяти́.

   (де́сять, оди́ннадцать, двена́дцать,
   час, два, три, четы́ре)

4. *Kolya can't play; he's sick.*
   But who'll play in Kolya's place?
   Ко́ля не мо́жет игра́ть, он бо́лен.
   Кто́ же бу́дет игра́ть вме́сто Ко́ли?
   Фили́пп не мо́жет игра́ть, он бо́лен.
   Кто́ же бу́дет игра́ть вме́сто Фили́ппа?

   (Фе́дя, Оле́г, Ири́на, Орло́в, Петро́ва,
   Никола́й, Бори́с, Верёвкин)

■ QUESTION-ANSWER DRILLS

1. *Is the museum close to the Kremlin?*
   The museum is directly opposite the Kremlin.
   Музе́й недалеко́ от Кремля́?
   Музе́й пря́мо про́тив Кремля́.
   Музе́й недалеко́ от дворца́?
   Музе́й пря́мо про́тив дворца́.

   (от галере́и, от собо́ра, от па́рка,
   от гости́ницы, от горсове́та, от теа́тра)

2. *Does this road go through the village?*
   No, around the village.
   Э́та доро́га идёт че́рез село́?
   Нет, вокру́г села́.
   Э́та доро́га идёт че́рез лес?
   Нет, вокру́г ле́са.

   (че́рез дере́вню, че́рез го́род, че́рез
   по́ле, че́рез парк, че́рез сад, че́рез го́ру,
   че́рез село́, че́рез лес)

■ STRUCTURE REPLACEMENT DRILLS

1. *The boy was sitting on the fence.*
   He jumped from (or off) the fence.
   Ма́льчик сиде́л на забо́ре.
   Он пры́гнул с забо́ра.
   Ма́льчик сиде́л на де́реве.
   Он пры́гнул с де́рева.
   (на мосту́, на столе́, на ле́стнице,
   на крова́ти, на берегу́, на дива́не)

2. *The sun hid behind a cloud.*
   The sun appeared from behind the cloud.
   Со́лнце спря́талось за ту́чу.
   Со́лнце показа́лось из-за ту́чи.
   Со́лнце спря́талось за го́ру.
   Со́лнце показа́лось из-за горы́.
   (за ту́чи, за дере́вья, за зда́ния,
   за го́ры, за го́род, за село́)

DISCUSSION

As pointed out in an earlier lesson, **до**, when used in a time sense, means *an unspecified range of time prior to* an event, whereas **перед** (which requires the instrumental) means *just before* the event:

Compare	Э́то случи́лось **до** войны́.	That happened *before* the war.
with	Он позвони́л **перед** за́втраком.	He phoned [just] *before* breakfast.

The prepositions **впереди́** *in front of* and **позади́** *in back of*, both of which require the genitive, are far less common than **перед** and **за** used in these meanings. In addition, there is a slight distinction in meaning: **впереди́** and **позади́** specify something that is further removed from the speaker than is the case with **перед** and **за**:

Compare	Она́ сиде́ла где́-то **позади́** нас.	She sat somewhere *in back of* us.
with	Она́ сиде́ла **за** на́ми.	She sat [right] *behind* us.

Furthermore, **впереди́** and **позади́** may be used as adverbs as well as prepositions, whereas **перед** and **за** are only used as prepositions:

Что́ э́то та́м **впереди́**?	What's that up *ahead* there?
Мы́ оста́вили его́ далеко́ **позади́**.	We've left him way *behind*.

Note particularly that in conjunction with motion verbs, the prepositions **из, с**, and **от** indicate motion away from. They are the opposites of **в, на**, and **к**, respectively. While **к** indicates going to a person, **от** is used for coming from a person. While **в** indicates going to (*or* into) a place, **из** must be used for coming from (*or* out of) a place. While **на** indicates going to a place, **с** must be used for coming from a place:

куда́ *where to*	отку́да *from where*
к (*plus* dat)	от (*plus* gen)
Я́ иду́ **к** бра́ту.	Я́ иду́ **от** бра́та.
в (*plus* acc)	из (*plus* gen)
Я́ иду́ **в** общежи́тие.	Я́ иду́ **из** общежи́тия.
на (*plus* acc)	с (*plus* gen)
Я́ иду́ **на** слу́жбу.	Я́ иду́ **со** слу́жбы.

Note the contrast between **из до́ма** *from the house* and **и́з дому** *from home, from one's own house*.

Compare	Они́ успе́ли вы́нести всю ме́бель **из до́ма**.	They managed to carry all the furniture *out of the house*.
with	Она́ ре́дко выхо́дит **и́з дому**.	She rarely steps *out of the house*.
	Я́ получи́л два́ письма́ **и́з дому**.	I received two letters *from home*.

Perfective verbs formed by means of the prefix раз-

The most important functions of the verbal prefix раз- are the following:

To indicate separation, dispersal, or distribution, that is, action in various directions:

Всё разошли́сь.	Everybody's gone off.
Вы́ уже́ разосла́ли всё извеще́ния?	Have you already sent out all the notices?
Де́ти разбежа́лись.	The children ran off in different directions.
Я́ до́лжен разобра́ть всё э́ти бума́ги.	I've got to sort out all these papers.
Она́ разошла́сь с му́жем.	She separated from her husband.
Она́ расста́вила всё кни́ги на по́лке.	She arranged the books on the shelf.
Ты́ уже́ разре́зала пиро́г?	Have you already sliced up the pirog?
Ты́ и́х распуга́л.	You've frightened them away.

To indicate opening to the full extent, removal, undoing, taking apart, or analysis (compare the English prefix un–):

Разде́ньтесь. До́ктор сейча́с вернётся.	Undress. The doctor will be right back.
Распаку́й чемода́ны.	Unpack the suitcases.
Сейча́с пойдёт до́ждь. Раскро́й зо́нтик.	It's about to rain. Open the umbrella.
Я́ не рассл́ышал, что́ вы́ сказа́ли.	I couldn't make out what you said.
Я́ не разобра́л, что́ вы́ написа́ли.	I wasn't able to make out what you wrote.

To indicate the thoroughness or intensity of an action:

Карто́шка развари́лась.	The potatoes got cooked to a pulp.
Я́ уже́ рассмотре́л его́ заявле́ние.	I've already examined his application (that is, looked at it from all angles).
Я́ хочу́ разучи́ть э́ту пе́сню.	I want to really learn this song.
Она́ разби́ла два́ стака́на.	She's smashed two glasses.
Я́ бою́сь, что она́ разобьёт всё стака́ны.	I'm afraid she'll break all the glasses.
О́н расплати́лся за свою́ оши́бку.	He really paid for his mistake.
О́н совсе́м растеря́лся.	He completely lost his head.

To indicate the complete reversal of an activity:

Она́ его́ разлюби́ла.	She stopped loving him.
Э́та рабо́та расстро́ила его́ здоро́вье.	The work ruined his health.
О́н совсе́м разучи́лся говори́ть по-англи́йски.	He's completely forgotten (*lit.* unlearned) how to speak English.
Ему́ расхоте́лось спа́ть.	He doesn't want to sleep anymore.
Ты́ расхоте́л купа́ться?	Did you decide against going swimming?
Ты́ разду́мал поступа́ть в ву́з?	Did you change your mind about going to college?

■ REPETITION DRILL

Repeat the given examples illustrating the various ways in which the verbal prefix раз- functions. Note the different possible spellings of the prefix: раз-, рас-, разъ-, разо-.

1. *They ran in different directions.*
   They ran off in different directions.
   Они́ побежа́ли в ра́зные сто́роны.
   Они́ разбежа́лись.
   Они́ пошли́ в ра́зные сто́роны.
   Они́ разошли́сь.

   (пое́хали, полете́ли, попо́лзли, пошли́,
   побежа́ли)

2. *He learned to speak Russian.*
   He forgot how to speak Russian.
   Он научи́лся говори́ть по-ру́сски.
   Он разучи́лся говори́ть по-ру́сски.
   Мы научи́лись говори́ть по-ру́сски.
   Мы разучи́лись говори́ть по-ру́сски.

   (она́, вы, он, они́, Фили́пп, его́
   неве́ста, его́ роди́тели, его́ брат)

3. *He fell in love with her.*
   He fell out of love with her.
   Он её полюби́л.
   Он её разлюби́л.
   Они́ её полюби́ли.
   Они́ её разлюби́ли.

   (мы, Оле́г, подру́ги, все, я, учи́тельница,
   Вади́м, сосе́ди)

4. *I'll pay him tomorrow.*
   I'll settle accounts with him tomorrow.
   Я ему́ заплачу́ за́втра.
   Я с ни́м распла́чу́сь за́втра.
   Они́ ему́ запла́тят за́втра.
   Они́ с ни́м распла́тятся за́втра.

   (ты, мы, я, она́, вы, они́, он)

5. *You won't be able to make out this word.*
   You won't make out this word.
   Вы не смо́жете разобра́ть э́то сло́во.
   Вы не разберёте э́того сло́ва.
   Я не смогу́ разобра́ть э́то сло́во.
   Я не разберу́ э́того сло́ва.

   (они́, ты, мы, я, она́, вы, он)

6. *I'm afraid he's changed his mind.*
   I'm afraid he'll change his mind.
   Бою́сь, что он разду́мал.
   Бою́сь, что он разду́мает.
   Бою́сь, что ты разду́мала.
   Бою́сь, что ты разду́маешь.

   (они́, вы, он, она́, вы, они́)

1. *Did you hear everything?*
   No, there was a lot I didn't catch.
   Ты всё слы́шал?
   Нет, я мно́гого не расслы́шал.
   Вы всё слы́шали?
   Нет, мы мно́гого не расслы́шали.

   (он, они́, она́, Оле́г, Ва́ля, вы)

2. *Where did they all run to?*
   I don't know; they all ran off somewhere.
   Куда́ они́ всё побежа́ли?
   Не зна́ю, всё куда́-то разбежа́лись.
   Куда́ они́ всё полете́ли?
   Не зна́ю, всё куда́-то разлете́лись.

   (пошли́, пое́хали, попо́лзли, побежа́ли,
   полете́ли, пошли́)

DISCUSSION

The verbal prefix **раз–** is spelled **рас–** before voiceless consonants, thus conforming to its pronunciation, for example, **рассмотре́ть**. It takes the form **разо–** before certain stems beginning with a consonant cluster: **разойти́сь, разойду́сь, разобью́, разобьёшь**. Before stems beginning with **е, я,** and **ё** the prefix is written **разъ–**: **разъе́хаться**; stems beginning with **и** replace the **и** with **ы**: **разыгра́ть**.

Like the other prefixes, **раз–** may alter the meaning of the verb to which it is affixed: compare **пе́чь** *to bake* with **распе́чь** *to give a good scolding*.

Here is a reference list of verbs formed by means of the prefix **раз–** which are treated in this lesson:

1. Separation; dispersal, distribution:

   разойти́сь   to separate, go off (in different directions)
   разъе́хаться   to drive off (in different directions)
   разбежа́ться   to run off (in different directions)

разлетéться	to fly off (in different directions)
расползтись	to crawl off (in different directions)
разменять	to change money
разрéзать	to cut up, slice up; to cut open
расстáвить	to arrange; to distribute; to place in a standing position (at certain intervals)
разогнáть	to drive off, chase off (in different directions)
разослáть	to send around, circulate; to distribute

2. Opening out; undoing, uncovering, removal; taking apart, analyzing; elaboration:

раздéть	to undress
раздéться	to undress, remove one's clothing
распаковáть	to unpack
раскрыть	to open up, open out (to the full extent); to disclose
расслышать	to catch, make out (hear everything)
разобрáть	to take to pieces, disassemble, analyze; to sort out

3. Intensity or thoroughness of an activity; action to excess:

рассмотрéть	to examine thoroughly, study and evaluate
развариться	to be overcooked, be ruined by cooking too much, be cooked to a pulp
разучить	to learn thoroughly; to memorize a part
разбить	to break completely, smash; to break down (or up)
разбиться	to be broken, be smashed; to be broken down (or up)
расплатиться	to pay up, settle one's account in full
разыгрáть	to play; to perform in a play; to play a trick on
растеряться	to lose one's head, become lost or confused
разлить	to spill; to ladle out
разрабóтать	to work out, elaborate; to exploit, cultivate
размочить	to soak, wet through

4. Reversal or cessation of an activity; undoing:

разлюбить	to fall out of love, cease to love
разучиться	to unlearn, forget something one has learned
раздýмать	to change one's mind
расхотéть	to no longer want, cease to want
расхотéться	to no longer feel like doing something
расстрóить	to disturb; to ruin, shatter, tear down
расстрóиться	to be upset, be disturbed

ПОВТОРÉНИЕ

— Кáк мы бýдем éхать, Митя? Доéдем этим автóбусом до Киевского вокзáла и тáм пересядем на метрó?

— Нéт, мы сойдём с автóбуса недоезжáя до вокзáла, пройдём один квартáл и сядем на трамвáй.

— И óн довезёт нáс до ýлицы Гóрького?

— Почти. Оттýда ужé двé минýты до Козлóвых. Они бýдут нáс ждáть. Ты у них бывáл, Кóля?

— Дá, заходил пáру рáз. Знáчит, они поéдут с нáми в Третьякóвскую галерéю?

— Дá. Сегóдня, я дýмал, мы осмóтрим картины худóжников девятнáдцатого вéка.

— Óчень ра́д. Э́то са́мое интере́сное для меня́. Я, призна́ться, не люблю́ но́вого иску́сства. Не понима́ю его́.

— Ну́, зна́ешь, на́ше но́вое иску́сство не тако́е уж и но́вое, его́ поня́ть не тру́дно. Во́т за́падное — э́то друго́е де́ло.

— За́падного я не зна́ю и ничего́ сказа́ть не могу́, хотя́ на́ши газе́ты и журна́лы пи́шут, что оно́ плохо́е.

— Дми́трий Ива́нович, я хочу́ угости́ть ва́с настоя́щим кита́йским ча́ем. Во́т, пожа́луйста, попро́буйте.

— Спаси́бо, я о́чень люблю́ э́тот ча́й. Наско́лько он вкусне́е грузи́нского.

— Коне́чно. Но, зна́ете, е́сли вы́ хоти́те пи́ть ча́й, ка́к его́ пью́т в Кита́е, то не кла́ди́те са́хару. Та́м счита́ют, что от са́хара ча́й стано́вится ме́нее вку́сным.

— Э́то, мо́жет бы́ть, в Кита́е та́к счита́ют, но не у на́с, в Росси́и. Я во́т люблю́ сла́дкий ча́й, кладу́ в стака́н два́ и́ли да́же три́ куска́ са́хару.

— Ну́, пе́йте себе́ по-ру́сски.

Козло́в по профе́ссии инжене́р, но у него́ душа́ худо́жника. Когда́ его́ посла́ли на Кавка́з на нефтяно́й заво́д, то́ он всё свобо́дное вре́мя ходи́л и смотре́л на сне́г на гора́х, на ни́зкие ту́чи, кото́рые ползли́ с э́тих го́р. Смотре́л, как со́лнце поднима́ется над гора́ми. Всё бы́ло для него́ но́во и почти́ невероя́тно краси́во.

Та́м в гора́х он нашёл стари́нную грузи́нскую ба́шню и назва́л её «Ба́шней Тама́ры». Ему́ сказа́ли, что её постро́или ле́т восемьсо́т — девятьсо́т тому́ наза́д. Э́та ба́шня стоя́ла на высо́кой горе́, и к ней вела́ стари́нная ка́менная ле́стница. Козло́в ходи́л туда́ ка́ждый свобо́дный де́нь и зна́л та́м ка́ждый ка́мень.

NOTES

NOTES

PREPARATION FOR CONVERSATION   **На вы́ставке**

вы́ставка	exhibition, show
Во́т мы́ и на вы́ставке.	Well, here we are at the exhibition.
павильо́н	pavilion
грузи́нский	Georgian
Пойдём тепе́рь в Грузи́нский павильо́н.	Let's go into the Georgian Pavilion now.
тка́нь (f)	fabric, cloth, textile
замеча́тельный	wonderful, remarkable
Та́м замеча́тельные тка́ни.	There are wonderful fabrics there.
Подожди́, я́ ещё ту́т не всё осмотре́л.	Wait a bit; I still haven't seen everything here.
арбу́з	watermelon
огро́мный	enormous, huge, vast, great
Како́й огро́мный арбу́з!	What an enormous watermelon!
А вы́ заме́тили у вхо́да ковры́?	And did you notice the rugs by the entrance?
красота́	beauty
Кака́я красота́!	What beauty!
Э́х вы́, же́нщины! «Тка́ни, ковры́!»	Oh you women with your "fabrics and rugs"!
промы́шленность (f)	industry
Ва́с не интересу́ет промы́шленность.	You're not interested in industry.
виноде́льческий	wine making
экспона́т	display, exhibit
В одно́м павильо́не бо́льше двухсо́т экспона́тов виноде́льческой промы́шленности.	In one pavilion there are more than two hundred displays of the wine industry.
пятьсо́т [p̩itsót]	five hundred
молда́вский	Moldavian
В Молда́вском павильо́не бо́льше пятисо́т экспона́тов виноде́льческой промы́шленности.	In the Moldavian Pavilion there are more than five hundred displays of the wine industry.

путеводи́тель (m)
    ска́зан, –а, –о (ppp of сказа́ть)

guidebook
    said, told

Слу́шайте, что́ ска́зано в путеводи́теле: «В Молда́вском павильо́не бо́льше пятисо́т экспона́тов виноде́льческой промы́шленности».

Listen to what's said in the guidebook: "In the Moldavian Pavilion there are more than five hundred displays of the wine industry."

    обра́доваться, обра́дуются (pfv I)

to be happy, be glad

А ты́ и обра́довался!

And didn't that make you glad!

Ты́ ду́маешь, что тебе́ даду́т попро́бовать э́ти са́мые «экспона́ты»?

You think they're going to let you taste those same "displays"?

    смея́ться, –ю́тся (I)

to laugh, make fun

Не сме́йся, Ва́ля!
    буты́лочка
    дари́ть, да́рят (II)

Don't laugh, Valya!
    bottle, a bottle, a nice bottle
    to give, make a present of

Э́то неплоха́я иде́я, чтобы ка́ждому дари́ли буты́лочку вина́.
    посети́тель (m)

It wouldn't be a bad idea if they gave everyone a nice bottle of wine.
    visitor; customer

Э́то неплоха́я иде́я, чтобы ка́ждому посети́телю дари́ли буты́лочку вина́.
    па́мять (f)
    на па́мять

It wouldn't be a bad idea if they gave every visitor a nice bottle of wine.
    memory
    to remember one by, as a souvenir (or keepsake)

Ты́ смеёшься, Ва́ля, а э́то неплоха́я иде́я, чтобы ка́ждому посети́телю дари́ли на па́мять буты́лочку вина́.

You may laugh, Valya, but it wouldn't be a bad idea if they were to give every visitor a nice bottle of wine as a souvenir.

    шампа́нское, –ого

champagne

Наприме́р, шампа́нского.

For example, champagne.

    гениа́льный

brilliant; great; ingenious

Гениа́льная иде́я!

Brilliant idea!

    о́рден

order, decoration, medal

Тебе́ за неё даду́т о́рден Ле́нина.
    зна́мя, зна́мени; знамёна, знамён
    трудово́й

They'll give you the Order of Lenin for it.
    banner
    working, laboring (adj)

Тебе́ за неё даду́т о́рден Ле́нина и́ли Трудово́го Кра́сного Зна́мени.
    ме́ра
    кра́йний, –яя, –ее
    по кра́йней ме́ре

They'll give you the Order of Lenin or the Order of Labor's Red Banner for it.
    measure
    extreme, drastic; last; lowest
    at least

Тебе́ за неё даду́т о́рден Ле́нина и́ли, по кра́йней ме́ре, Трудово́го Кра́сного Зна́мени.

They'll give you the Order of Lenin or at least the Order of Labor's Red Banner for it.

    дура́к, –а́, –и́, –о́в
    валя́ть дурака́

fool
    to play the fool, fool around

Ну́, хва́тит валя́ть дурака́.

Well, enough of this fooling around.

    проголода́ться, –а́ются (pfv I)

to get hungry; to be famished (or starved)

Я́ ду́маю, мы́ все́ проголода́лись.

I'm sure we're all starved.

ко́лос, –а; коло́сья, –ьев	ear (of grain)
золото́й	golden, of gold
подкрепи́ться, –я́тся (pfv II)	to refresh oneself, to fortify oneself
Зайдём в «Золото́й ко́лос» подкрепи́ться.	Let's drop in at the "Golden Ear" to refresh ourselves.
пионе́р	pioneer
ю́ный	young, youthful
Я гото́в, ка́к ю́ный пионе́р. А ка́к вы́?	Like a Young Pioneer, I'm prepared. What about the rest of you?
Мы́ с Алёшей то́же.	We are too, Alyosha and I.
зоопа́рк [zəapárk]	zoo
Кста́ти, каки́е у на́с на за́втра пла́ны? Зоопа́рк?	By the way, what are our plans for tomorrow? The zoo?
Да́.	Yes.

SUPPLEMENT

шестьсо́т [šissót]	six hundred
семьсо́т [şimsót]	seven hundred
восемьсо́т [vəşimsót]	eight hundred
Он нашёл восемьсо́т рубле́й.	He found eight hundred rubles.
смея́ться над (*plus* instr)	to laugh at, make fun of (someone)
Она́ смея́лась над ни́м.	She laughed at him.
засмея́ться (pfv I)	to begin laughing; to burst out laughing
засмея́ться от (*plus* gen)	to begin laughing at (something)
Он засмея́лся от э́той мы́сли.	He began to laugh at the thought.
ра́доваться, ра́дуются (I) (*plus* dat)	to be glad, be happy, rejoice
Чему́ вы́ ра́дуетесь?	What are you happy about?
подари́ть, –ят (pfv II)	to give, present, make a present of
Он ей подари́л кни́гу ко дню́ рожде́ния.	He gave her a book for her birthday.
тру́д	work, effort; difficulty
Я с больши́м трудо́м доста́л биле́ты.	It was with great difficulty [that] I got the tickets.
ге́ний, ге́ния	genius
Он, действи́тельно, ге́ний	He's really a genius.
гру́ша	pear; pear tree
Вы́ лю́бите гру́ши?	Do you like pears?
У ни́х в саду́ мно́го гру́ш.	They have a lot of pear trees in their orchard.
я́блоко, –а; –и, я́блок	apple(s)
Пе́тя съе́л все́ я́блоки.	Petya ate all the apples.
сли́ва	plum, plum tree
Ты́ купи́ла э́ти сли́вы на база́ре?	Did you buy these plums at the market?
виногра́д (sg only)	grapes
Э́тот виногра́д о́чень ки́слый.	These grapes are very sour.
ды́ня	melon; cantaloupe
Я предпочита́ю ды́ню арбу́зу.	I prefer cantaloupe to watermelon.
украи́нский	Ukrainian (adj)
Пойдём тепе́рь в Украи́нский павильо́н.	Let's go to the Ukrainian Pavilion now.
яку́тский	Yakut (adj)

Пойдём тепе́рь в Яку́тский павильо́н.   Let's go to the Yakut Pavilion now.
   промы́шленный   industrial
Э́то большо́й промы́шленный це́нтр.   It's a large industrial center.

На вы́ставке

Ва́ля и Алёша (пе́рвая па́ра)   Ми́тя и Лю́ба (втора́я па́ра)

Ва́ля   1   Пойдём тепе́рь в Грузи́нский павильо́н. Та́м замеча́тельные тка́ни.[1]

Алёша   2   Подожди́, я́ ещё ту́т не всё осмотре́л. Како́й огро́мный арбу́з!

Лю́ба   3   А вы́ заме́тили у вхо́да ковры́? Кака́я красота́!

Ми́тя   4   Э́х вы́, же́нщины! «Тка́ни, ковры́»... Ва́с не интересу́ет промы́шленность.

Алёша   5   Слу́шайте, что́ ска́зано в путеводи́теле: «В Молда́вском павильо́не бо́льше пятисо́т экспона́тов виноде́льческой промы́шленности».[2]

Ва́ля   6   А ты́ и обра́довался! Ду́маешь, что тебе́ даду́т попро́бовать эти́ са́мые «экспона́ты»?

Ми́тя   7   Ты́ смеёшься, Ва́ля, а э́то неплоха́я иде́я, чтобы ка́ждому посети́телю дари́ли на па́мять буты́лочку вина́. Наприме́р, шампа́нского.[3]

Лю́ба   8   Гениа́льная иде́я! Тебе́ за неё даду́т о́рден Ле́нина и́ли, по кра́йней ме́ре, Трудово́го Кра́сного Зна́мени.[4]

Алёша   9   Ну́, хва́тит валя́ть дурака́. Я́ ду́маю, мы́ все проголода́лись. Зайдём в «Золото́й ко́лос» подкрепи́ться.

Ми́тя   10   Я́ гото́в, ка́к ю́ный пионе́р.[5] А ка́к вы́?

Ва́ля   11   Мы́ с Алёшей то́же. Кста́ти, каки́е у на́с на за́втра пла́ны? Зоопа́рк?

Лю́ба   12   Да́.

NOTES

[1] The permanent agricultural exhibition, now called **Вы́ставка достиже́ний наро́дного хозя́йства** *Exhibit of Achievements of the National Economy*, was first organized in the early nineteen thirties. It is located in north Moscow and occupies a space of over five hundred acres. There are some three hundred pavilions, each featuring the products typical of a particular republic or geographical area. For example, the Georgian Pavilion exhibits such products as fruits, wines, teas, and silks. In addition, the exhibition has several thematic pavilions, for example, a "Hunting Pavilion," "Pavilion of the Academy of Sciences" (which exhibits models of satellites), a "Flowers and Gardening Pavilion," and a "Beekeeping Pavilion."

[2] The Moldavian Republic is located near the Black Sea to the northeast of Rumania. It is famous not only for its grapes and wines, but also for its grains, dairy products, and fruits.

[3] The so-called **сове́тское шампа́нское** is not considered comparable in quality to the French or the better American champagnes. Like other Soviet wines, it is mainly produced in areas surrounding the Black Sea, such as Moldavia, Georgia, and the Krasnodar region.

The **о́рден Ле́нина** *Order of Lenin* is the highest medal of honor in the U.S.S.R. It may be awarded not only to individual citizens, but to organizations, factories, farms, theaters, and other enterprises. The Order of Labor's Red Banner is usually bestowed on factory workers and farmers for outstanding performance in surpassing established norms.

[5] The "Young Pioneers" is an organization which somewhat resembles the Boy Scouts and Girl Scouts, but it has a political slant. Considerable emphasis is placed on sports and group activities as well as on indoctrination in the philosophy and principles of communism. The expression «**Гото́в, ка́к ю́ный пионе́р**» is a take-off on the typical scout rallying cry: «**Бу́дь гото́в! — Всегда́ гото́в!**» *"Be prepared!—always prepared!"*

PREPARATION FOR CONVERSATION   **В зоопа́рке**

Иди́ сюда́, Ва́ля.	Come here, Valya.
обезья́на	monkey
Посмотри́ на э́тих обезья́н.	Look at those monkeys.
дру́г дру́га	each other, one another
дру́г за дру́гом	after one another, after each other
гоня́ться (I)	to chase
Посмотри́, как э́ти обезья́ны гоня́ются дру́г за дру́гом.	Look at those monkeys chasing each other.
смешно́й	funny, amusing; ridiculous
ужа́сный	terrible, awful
Ужа́сно смешно́.	It's terribly amusing.
вы́держать, –ат (pfv II)	to stand, endure; to pass (exam)
Но ту́т тако́й во́здух, что я́ не могу́ бо́льше вы́держать.	But I can't stand the air in here any longer.
помеще́ние	place, quarters, premises
Но зна́ешь, в э́том помеще́нии тако́й во́здух, что я́ не могу́ бо́льше вы́держать.	But, you know, I can't stand the air in this place any longer.
Я́ то́же.	Neither can I.
зве́рь, –я́; –и, –е́й (m)	wild animal
о́стров, –а; –а́, –о́в	island
Я́ то́же. Пойдём к «О́строву звере́й».	Neither can I. Let's go to the "Island of Animals."
ти́гр	tiger
ле́в, льва́	lion
Та́м львы́ и ти́гры.	There are lions and tigers there.
медве́дь, –я; –и, –ей (m)	bear
бе́лый медве́дь	polar bear
взгляну́ть, –ут (pfv I)	to glance, look
Дава́йте взгля́нем на бе́лых медве́дей.	Let's look at the polar bears.
Я́ предлага́ю снача́ла взгляну́ть на бе́лых медве́дей.	I suggest first looking at the polar bears.
Йх павильо́н как ра́з ря́дом.	Their pavilion is right next door.

Хорошо́.

All right.

Сейча́с без десяти́ пя́ть.

It's ten to five right now.

    корми́ть, –ят (II)

    to feed

Через де́сять мину́т начну́т корми́ть звере́й.

In ten minutes they're going to start feeding the animals.

    бегемо́т

    hippopotamus

Дава́йте посмо́трим, как ко́рмят бегемо́тов.

Let's watch them feed the hippopotamuses.

    зре́лище

    удиви́тельный

    sight

    amazing, marvelous

Э́то удиви́тельное зре́лище.

It's a marvelous sight.

    алле́я [aļéjə]

    кле́тка

    path, lane, walk (in a park or garden)

    cage

Тогда́ поспеши́м — и́х кле́тка в конце́ алле́и.

Then let's hurry, their cage is at the end of the walk.

    пла́н

    plan, map, scheme

Покажи́ мне́ пла́н.

Show me the map.

    терра́риум [teráɹijum]

    terrarium (vivarium for land animals)

Ага́, ту́т ря́дом терра́риум.

Ah, the terrarium is right next door.

    уда́в

    boa constrictor

Смо́жем посмотре́ть, как ко́рмят уда́ва.

We'll be able to watch them feeding the boa constrictor

    свинья́, –и́; сви́ньи, свине́й

    живо́й

    pig

    live, alive; lively, living, vivid

Ему́, говоря́т, даю́т це́лую живу́ю свинью́.

They give it a whole live pig, they say.

Не́т, на э́то я́ смотре́ть не хочу́.

No, I don't want to watch that.

    пуска́ть, –а́ют (I)

    let, let in, allow; start, open

Пу́блику туда́ в э́то вре́мя не пуска́ют.

The public isn't allowed in at that time.

    наско́лько

    as far as, how much, so much, to what extent

К тому́ же, наско́лько я́ зна́ю, пу́блику в э́то вре́мя туда́ не пуска́ют.

Besides, as far as I know, the public isn't allowed in at that time.

И сла́ва Бо́гу!

Thank goodness!

    отврати́тельный

    repulsive, disgusting

Э́то должно́ бы́ть отврати́тельное зре́лище.

That must be a disgusting sight.

    живо́тное, –ого

    animal

Я́ люблю́ живо́тных.

I love animals.

    уничтожа́ть (I)

    to destroy, annihilate, do away with

Я́ люблю́ живо́тных, но смотре́ть, как они́ уничтожа́ют дру́г дру́га — э́то не для меня́.

I love animals, but to watch them destroying each other is not for me.

    мы́шь (f)

    ко́шка

    mouse

    cat

Э́х вы́! Ва́ля бои́тся да́же смотре́ть, когда́ ко́шка ло́вит мы́шь.

Oh, you! Valya's even afraid to watch a cat catch a mouse.

накорми́ть, –ят (pfv II)	to feed
На́с о́чень хорошо́ накорми́ли.	They fed us very well.
пусти́ть, –ят (pfv II)	to let, let in, allow; start, open
На́с пу́стят в э́тот собо́р?	Will they let us in this cathedral?
уничто́жить (pfv II)	to destroy, annihilate, do away with
Моро́з уничто́жил всё фру́кты.	The frost destroyed all the fruit.
во́лк, –а; –и, –о́в	wolf
В э́тих леса́х бо́льше не́т волко́в.	There are no more wolves in these forests.
лиси́ца	fox
Лиси́ца вы́бежала из-за де́рева.	The fox ran out from behind the tree.
сло́н, –а́; –ы́, –о́в	elephant
Где́ нахо́дится кле́тка слона́?	Where is the elephant cage located?
ло́шадь, –и; –и, –е́й	horse
На Кавка́зе мы́ е́здили на лошадя́х.	We rode horses in the Caucasus.
коро́ва	cow
Ско́лько в э́том колхо́зе коро́в?	How many cows are there on this farm?
соба́ка	dog
Она́ бои́тся соба́к.	She's afraid of dogs.
за́яц, за́йца; –ы, –ев	rabbit
Соба́ка пойма́ла за́йца.	The dog caught the rabbit.
дома́шний, –яя, –ее	domestic; home (adj)
Вы́ уже́ ко́нчили дома́шнюю рабо́ту?	Have you already finished your homework?
ди́кий	wild
В э́том зоопа́рке мно́го ди́ких звере́й.	There are lots of wild animals in this zoo.
и́мени (*plus* gen)	named after
Э́то Па́рк культу́ры и о́тдыха и́мени Го́рького.	That's the Gorky Park of Culture and Rest.

В зоопа́рке

Лю́ба 1 Иди́ сюда́, Ва́ля. Посмотри́, как э́ти обезья́ны гоня́ются дру́г за дру́гом.

Ва́ля 2 Ужа́сно смешно́! Но зна́ешь, в э́том помеще́нии тако́й во́здух, что я́ не могу́ бо́льше вы́держать.

Ми́тя 3 Я́ то́же. Пойдём к «О́строву звере́й». Та́м льв́ы и ти́гры.[1]

Алёша 4 Не́т, я́ предлага́ю снача́ла взгляну́ть на бе́лых медве́дей. И́х павильо́н как ра́з ря́дом.

Лю́ба 5 Хорошо́. Сейча́с без десяти́ пя́ть. Через де́сять мину́т начну́т корми́ть звере́й.

Ва́ля 6 Дава́йте посмо́трим, как ко́рмят бегемо́тов. Э́то удиви́тельное зре́лище.

Ми́тя 7 Тогда́ поспеши́м — и́х кле́тка в конце́ алле́и.

Алёша 8 Покажи́ мне́ пла́н. Ага́, ту́т ря́дом терра́риум. Смо́жем посмотре́ть, как ко́рмят удава́. Ему́, говоря́т, даю́т це́лую живу́ю свинью́.

Лю́ба 9 Не́т, на э́то я́ смотре́ть не хочу́. К тому́ же, наско́лько я́ зна́ю, пу́блику в э́то вре́мя туда́ не пуска́ют.[2]

Ва́ля 10 И сла́ва Бо́гу! Э́то должно́ бы́ть отврати́тельное зре́лище. Я́ люблю́ живо́т-
ных, но смотре́ть, как они́ уничтожа́ют дру́г дру́га — э́то не для меня́.

Алёша 11 Э́х вы́! Ва́ля бои́тся да́же смотре́ть, когда́ ко́шка ло́вит мы́шь.[3]

NOTES

[1] The Moscow Zoo was founded in 1864 and is the oldest and biggest in the Soviet Union. Located in the western part of the city, it is especially known for its large open-air enclosures which simulate the natural environments of the given species. The **О́стров звере́й** *Island of Animals* is an artificial rock "island," which houses lions, tigers, and other animals of prey.

[2] The public is not allowed to feed the animals, and severe fines are imposed for violations. Ordinarily, people may watch them being fed; but they are not permitted to watch when live animals are fed to the boa constrictor.

[3] Notice the use of **ка́к** and **когда́** after such verbs as **смотре́ть** and **посмотре́ть** to introduce a subordinate clause with a subject different from that of the main clause:

Посмотри́, как э́ти обезья́ны гоня́ются дру́г за дру́гом.	Look at those monkeys chasing each other *or* Look how those monkeys chase each other.
Ва́ля бои́тся да́же смотре́ть, когда́ ко́шка ло́вит мы́шь.	Valya is even afraid to watch a cat catching a mouse *or* Valya is even afraid to watch when a cat catches a mouse.

In Russian such subordinate clauses must be introduced by **ка́к** or **когда́**, always preceded by a comma, whereas in English a direct object and a second verb may be used to avoid a subordinate clause:

Мы́ смо́жем посмотре́ть, как ко́рмят уда́ва.	We can watch them feeding (*or* feed) the boa constrictor.

Basic sentence patterns

1. На пло́щади собрало́сь пятьсо́т
   пионе́ров.
   _____ шестьсо́т _____.
   _____ семьсо́т _____.

   Five hundred pioneers assembled in the square.
   Six hundred _____.
   Seven hundred _____.

2. На вы́ставке бо́льше семисо́т карти́н.

   _____ восьмисо́т _____.
   _____ девятисо́т _____.

   There are over seven hundred pictures at the exhibition.
   _____ eight hundred _____.
   _____ nine hundred _____.

3. Они́ полюби́ли дру́г дру́га.
   ____ зави́довали дру́г дру́гу.
   ____ забо́тились дру́г о дру́ге.
   ____ рассерди́лись дру́г на дру́га.
   ____ пря́тались дру́г от дру́га.

   They fell in love with each other.
   ____ envied each other.
   ____ took care of each other.
   ____ got mad at each other.
   ____ hid from each other.

4. С ке́м они́ встреча́лись?
   — Дру́г с дру́гом.
   У кого́ они́ быва́ли в гостя́х?
   — Дру́г у дру́га.

   Whom did they meet?
   Each other.
   Whom did they visit?
   Each other.

5. Смо́й гря́зь с гало́ш.   Wash the dirt off your galoshes.
 Счи́сти гря́зь с брю́к.   Clean the dirt off your trousers.
 Сбе́й я́блоко с де́рева.   Knock an apple down from the tree.
 Сле́й сли́вки с молока́.   Pour the cream off the milk.

6. На пра́здники всё съе́хались вме́сте. Everyone came together (or convened) for the holidays.

 _____ сошли́сь _____. Everyone _____.
 _____ собрали́сь _____. _____ gathered together _____.

7. Они́ сбежа́лись со все́х сторо́н. They came running from all sides.
 ____ съе́хались _____. ____ came riding _____.
 ____ сошли́сь _____. ____ came on foot _____.
 ____ слете́лись _____. ____ came flying _____.

8. Кто́-то сби́л его́ с но́г.   Someone knocked him off his feet.
 _____ снёс его́ с ле́стницы. _____ carried him off the ladder.
 _____ свёз его́ с горы́.   _____ drove him down the hill.

9. Что́ вы́ ему́ пода́рите?   What (gift) will you give him?
 — Мы́ ему́ пода́рим золоту́ю зажига́лку. We'll give him a gold cigarette lighter.
 Что́ они́ ему́ пода́рят?   What (gift) will they give him?
 — Они́ ему́ пода́рят золоты́е часы́. They'll give him a gold watch.

10. Не сме́йтесь над не́й!   Don't laugh at her!
 _____ над ни́м!   _____ at him!
 _____ над ни́ми!   _____ at them!
 Заче́м ты́ смеёшься надо мно́й? Why are you laughing at me?

11. Е́й ста́ло смешно́ от э́той мы́сли. She was amused at the thought.
 Она́ засмея́лась _____. She began to laugh _____.
 И́м ста́ло смешно́ _____. They were amused _____.
 Они́ засмея́лись _____. They began to laugh _____.

12. Посмотри́, как пу́блика смеётся. Look at the audience laughing.
 — Да́, пря́мо умира́ет со́ смеху. Yes, they're simply dying of laughter.
 Посмотри́, как они́ смею́тся.   Look at them laughing.
 — Да́, пря́мо умира́ют со́ смеху. Yes, they're simply dying of laughter.

13. Я́ та́к проголода́лся.   I've gotten so hungry.
 Я́ пря́мо умира́ю с го́лоду.   I'm just dying of hunger.
 Мы́ та́к проголода́лись.   We've gotten so hungry.
 Мы́ пря́мо умира́ем с го́лоду. We're just dying of hunger.

14. О́н купи́л па́ру гало́ш.   He bought a pair of rubbers.
 _____ перча́ток. _____ gloves.
 _____ носко́в.   _____ socks.

15. Вы́ сде́лали мно́го оши́бок.   You've made lots of mistakes.
 _____ не́сколько ____. _____ several _____.
 _____ немно́го _____. _____ a few _____.

16. Попро́буйте гру́ш.   Try some pears.
 _____ я́блок.   _____ apples.
 _____ сли́в.   _____ plums.
 _____ виногра́да.   _____ grapes.

17. По-мо́ему, я́блоки вкусне́е апельси́нов.
_____ ды́ни.
_____ арбу́за.
_____ всех други́х
                                фру́ктов.

I think apples are tastier than oranges.
_____ melons.
_____ watermelons.
_____ any other fruit.

18. В э́том лесу́ не́т волко́в.
_____ лиси́ц.
_____ за́йцев.
_____ змей.
_____ медве́дей.

There aren't any wolves in these woods.
_____ foxes _____.
_____ rabbits _____.
_____ snakes _____.
_____ bears _____.

19. Тури́стов туда́ не пуска́ют.
Иностра́нцев _____.
Дете́й _____.
Посети́телей _____.
Пу́блику _____.

Tourists aren't allowed in there.
Foreigners _____.
Children _____.
Visitors _____.
The public isn't allowed in there.

20. Мне́ не хвата́ет трёх копе́ек.
_____ двух _____.

I'm short three kopecks.
_____ two _____.

21. С на́с дово́льно и одного́ экза́мена.
Со студе́нтов _____.

Even one exam is enough for us.
_____ for the students.

22. Мы́ бы́ли в теа́тре и́мени Го́рького.
_____ Ле́нина.
_____ Маяко́вского.
_____ Че́хова.

We went to the Gorky Theater.
_____ Lenin _____.
_____ Mayakovsky _.
_____ Chekhov _____.

23. Ва́м ну́жно побыва́ть в музе́е
                    Достое́вского.
_____ Чайко́вского.

You've got to visit the Dostoevsky Museum.

_____ Tschaikovsky _____.

24. Мы́ живём на у́лице Ге́рцена.
_____ Пу́шкина.
_____ Гага́рина.
_____ Тито́ва.

We live on Herzen Street.
_____ Pushkin _____.
_____ Gagarin _____.
_____ Titov _____.

Pronunciation practice: part II—initial consonant clusters with no parallel in the English sound system

A. Initial clusters with п as the first consonant.

1. пн pronounced [pn] or [pn̩]
   [pnút] пну́ть
   to kick
   [pn̩í] пни́
   stumps
   [pn̩óm] пнём
   with a stump

   [pn̩ivman̩íjə] пневмони́я
   pneumonia
   [pn̩á] пня́
   of a stump
   [pn̩ivmátik] пневма́тик
   pneumatic tire

2. **пс** pronounced [ps] or [pş]

[psú] псу́
 for the dog

[pşixalógijə] психоло́гия
 psychology

[psóm] псо́м
 by the dog

[pşól] Псёл
 river

[psalóm] псало́м
 psalm

[pşivdaņím] псевдони́м
 pseudonym

[psárņə] пса́рня
 kennel

B. Initial clusters with **в** as the first consonant.

1. **вм** pronounced [vm] or [vm̦]

[vmázəţ] вма́зать
 to putty in

[vm̦áţinə] вмя́тина
 dent

[vm̦éstə] вме́сто
 instead of

[vm̦ík] вми́г
 in a flash

[vm̦ésţi] вме́сте
 together

[vm̦išátcə] вмеша́ться
 interfere

2. **вн** pronounced [vn] or [vņ]

[vnačáļi] внача́ле
 in the beginning

[vnutŗí] внутри́
 inside

[vņé] вне́
 outside

[vnúčkə] вну́чка
 granddaughter

[vņizápnə] внеза́пно
 suddenly

[vnúk] внук
 grandson

[vnaşíţ] вноси́ть
 bring in

[vņís] вниз
 downstairs

[vņisţí] внести́
 bring in

[vnóf] вно́вь
 anew

STRUCTURE AND DRILLS

Declension of пятьсо́т, шестьсо́т, семьсо́т, восемьсо́т, and девятьсо́т

	five hundred	*six hundred*	*seven hundred*	*eight hundred*	*nine hundred*
NOM-ACC	пятьсо́т	шестьсо́т	семьсо́т	восемьсо́т	девятьсо́т
GEN	пятисо́т	шестисо́т	семисо́т	восьмисо́т	девятисо́т
PREP	о пятиста́х	о шестиста́х	о семиста́х	о восьмиста́х	о девятиста́х
DAT	пятиста́м	шестиста́м	семиста́м	восьмиста́м	девятиста́м
INSTR	пятьюста́ми	шестьюста́ми	семьюста́ми	восемьюста́ми	девятьюста́ми

MODELS

Та́м живёт приблизи́тельно семьсо́т
 иностра́нцев.

About seven hundred foreigners live there.

_____ восемьсо́т _____.

_____ eight hundred _____.

_____ девятьсо́т _____.

_____ nine hundred _____.

Это сто́ило бо́льше пятисо́т рубле́й.   This cost more than five hundred rubles.
_____ шестисо́т _____.   _____ six hundred _____.
_____ семисо́т _____.   _____ seven hundred ____.

Это бы́ло бо́льше восьмисо́т лет тому́   That was more than eight hundred years ago.
                наза́д.
_____ девятисо́т _____.   _____ nine hundred _____.

О ско́льких рабо́чих они́ говори́ли?   How many workers were they talking about?
— О пятиста́х.   Five hundred.
— О шестиста́х.   Six hundred.
— О семиста́х.   Seven hundred.
— О восьмиста́х.   Eight hundred.
— О девятиста́х.   Nine hundred.

Ско́лькими ковра́ми они́ интересова́лись?   How many rugs were they interested in?
— Пятьюста́ми.   Five hundred.
— Шестьюста́ми.   Six hundred.
— Семьюста́ми.   Seven hundred.
— Восемьюста́ми.   Eight hundred.
— Девятьюста́ми.   Nine hundred.

■ REPETITION DRILL

Repeat the models illustrating the declension of the numbers five hundred to nine hundred, noticing that both parts are declined.

■ QUESTION-ANSWER DRILLS

1. *How many displays did they bring?*
   Four hundred?
   No, five hundred.
   Ско́лько привезли́ экспона́тов?
      Четы́реста?
   Нет, пятьсо́т.
   Ско́лько привезли́ экспона́тов? Пятьсо́т?
   Нет, шестьсо́т.
      (600, 700, 800, 900, 400, 500, 600)

2. *How many students do you have from China?*
   Four hundred?
   No, five hundred.
   Ско́лько у ва́с студе́нтов из Кита́я?
      Четы́реста?
   Нет, пятьсо́т.
   Ско́лько у ва́с студе́нтов из Кита́я?
      Пятьсо́т?
   Нет, шестьсо́т.
      (700, 800, 500, 600, 400)

■ STRUCTURE REPLACEMENT DRILLS

1. *Five hundred workers received medals.*
   They gave medals to five hundred workers.
   Пятьсо́т рабо́чих получи́ли ордена́.
   Пятиста́м рабо́чим да́ли ордена́.
   Шестьсо́т рабо́чих получи́ли ордена́.
   Шестиста́м рабо́чим да́ли ордена́.
      (700, 800, 500, 900, 600)

2. *Nine hundred visitors have been here.*
   About nine hundred visitors have been here.
   Здесь побыва́ло девятьсо́т посети́телей.
   **Здесь побыва́ло о́коло девятисо́т
   посети́телей.**
   Здесь побыва́ло семьсо́т посети́телей.
   **Здесь побыва́ло о́коло семисо́т
   посети́телей.**
      (800, 900, 500, 600, 700)

1. *Six hundred bottles of champagne are missing.*
   Report these six hundred bottles.
   Пропа́ло шестьсо́т буты́лок
   шампа́нского.
   Сообщи́те об э́тих шестиста́х буты́лках.
   Пропа́ло семьсо́т буты́лок шампа́нского.
   Сообщи́те об э́тих семиста́х буты́лках.
   (800, 900, 500, 600, 700)

2. *About six hundred watermelons are left over.*
   What are we going to do with six hundred
   watermelons?
   Оста́лось о́коло шестисо́т арбу́зов.
   Что́ на́м де́лать с шестьюста́ми
   арбу́зами?
   Оста́лось о́коло восьмисо́т арбу́зов.
   Что́ на́м де́лать с восемьюста́ми
   арбу́зами?
   (500, 700, 900, 600, 800)

DISCUSSION

The numbers five hundred to nine hundred, like two hundred, three hundred, and four hundred, decline in both parts. The stress is always on the last element of the compound:

NOMINATIVE-ACCUSATIVE	пятьсо́т	[p̧itsót]
GENITIVE	пятисо́т	[p̧it̡isót]
PREPOSITIONAL	о пятиста́х	[p̧it̡istáx]
DATIVE	пятиста́м	[p̧it̡istám]
INSTRUMENTAL	пятьюста́ми	[p̧it̡justám̧i]

Notice that in the nominative-accusative, the middle т or м is written soft but pronounced hard:
пятьсо́т [p̧itsót]   **восемьсо́т** [vəşimsót].

The reciprocal compound pronoun дру́г дру́га

Like the reflexive personal pronoun **себя́**, the reciprocal compound pronoun **дру́г дру́га** has no nominative form. When a preposition is used it falls between the two parts:

	Used without preposition	Used with preposition
ACC	дру́г дру́га	дру́г на дру́га
GEN	дру́г дру́га	дру́г у дру́га
PREP		дру́г о дру́ге
DAT	дру́г дру́гу	дру́г к дру́гу
INSTR	дру́г дру́гом	дру́г с дру́гом

MODELS

Мы́ лю́бим дру́г дру́га.	We love each other.
Они́ се́рдятся дру́г на дру́га.	They're angry at each other.
Они́ боя́тся дру́г дру́га.	They're afraid of one another.
Мы́ ча́сто быва́ем дру́г у дру́га.	We often visit each other.
Мы́ не меша́ем дру́г дру́гу.	We don't disturb one another.
Мы́ ча́сто захо́дим дру́г к дру́гу.	We often stop by to see each other.
Они́ не лю́бят говори́ть дру́г о дру́ге.	They don't like to talk about each other.
Забо́тьтесь дру́г о дру́ге!	Take care of one another!
Они́ интересу́ются дру́г дру́гом.	They're interested in each other.
Они́ бо́льше не говоря́т дру́г с дру́гом.	They don't talk to each other any more.

Repeat the above models illustrating the usage of **дру́г дру́га**, noting that the first part of the compound remains unchanged and that prepositions are placed between the two parts.

■ STRUCTURE REPLACEMENT DRILLS

1. *The brothers always helped one another.*
   The brothers always helped each other.
   Бра́тья всегда́ помога́ли оди́н друго́му.
   Бра́тья всегда́ помога́ли дру́г дру́гу.
   Сёстры всегда́ помога́ли одна́ друго́й.
   Сёстры всегда́ помога́ли дру́г дру́гу.
   (товарищи, подруги, соседи, приятели,
   соседки, друзья, ребята, девушки)

2. *They argued among themselves.*
   They argued with each other.
   Они́ поспо́рили между собо́й.
   Они́ поспо́рили дру́г с дру́гом.
   Роди́тели поспо́рили между собо́й.
   Роди́тели поспо́рили дру́г с дру́гом.
   (мы, муж и жена, пассажиры, Алёша
   и Валя, Митя и Люба, жених и
   невеста)

3. *They thought only of themselves.*
   They thought of each other.
   Они́ ду́мали то́лько о себе́.
   Они́ ду́мали дру́г о дру́ге.
   Они́ интересова́лись то́лько собо́й.
   Они́ интересова́лись дру́г дру́гом.
   Они́ жи́ли то́лько для себя́.
   Они́ забо́тились то́лько о себе́.
   Они́ по́мнили то́лько о себе́.
   Они́ люби́ли то́лько себя́.
   Они́ ве́рили то́лько себе́.
   Они́ занима́лись то́лько собо́й.

4. *We won't see each other soon.*
   Мы́ не ско́ро уви́димся.
   Мы́ не ско́ро уви́дим дру́г дру́га.
   Они́ не ско́ро уви́дятся.
   Они́ не ско́ро уви́дят дру́г дру́га.
   (вы, девушки, приятели, мы, подруги,
   вы, они)

■ EXPANSION DRILLS

1. *They often talk on the phone.*
   They often talk on the phone with each other.
   Они́ ча́сто разгова́ривают по телефо́ну.
   **Они́ ча́сто разгова́ривают по телефо́ну
   дру́г с дру́гом.**
   Они́ ча́сто встреча́ются.
   Они́ ча́сто встреча́ются дру́г с дру́гом.
   (играют, поют, пьют, танцуют,
   ходят в гости)

2. *They won't take offense?*
   They won't take offense at each other?
   Они́ не бу́дут обижа́ться?
   Они́ не бу́дут обижа́ться дру́г на дру́га?
   Они́ не бу́дут игра́ть?
   Они́ не бу́дут игра́ть дру́г с дру́гом?
   (завидовать, танцевать, мешать,
   звонить, ждать, спорить)

DISCUSSION

The usual way of expressing the reciprocal concept *one another*, *each other* is by means of the combination **дру́г дру́га**. The first **дру́г** is never inflected; prepositions, when used, fall between the two parts.

Since more than one person is involved, the subject is always plural:

Мы́ лю́бим дру́г дру́га.　　　　We love each other.
Мы́ забо́тимся дру́г о дру́ге.　　We take care of each other.

With certain reflexive verbs, the action is understood to be reciprocal without using forms of **друг друга**:

Мы́ ча́сто встреча́лись.	We often used to meet.
Когда́ мы́ опя́ть уви́димся?	When will we see each other again?

With reflexive verbs which are not inherently reciprocal, however, forms of **друг друга** are necessary to distinguish between reciprocal and non-reciprocal action:

Compare	Они́ рассерди́лись дру́г на дру́га.	They got mad at each other.
with	Они́ рассерди́лись на на́с.	They got mad at us.

Besides **друг друга**, reciprocal activity can also be expressed by a combination of **оди́н** and the adjective **друго́й**, particularly if only two people are involved:

Они́ забо́тились оди́н о друго́м.	They took care of one another.
Они́ забо́тились дру́г о дру́ге.	
Мы́ всегда́ помога́ли оди́н друго́му.	We always helped one another.
Мы́ всегда́ помога́ли дру́г дру́гу.	
Де́вушки на́чали танцева́ть одна́ с друго́й.	The girls began to dance with one another.
Де́вушки на́чали танцева́ть дру́г с дру́гом.	

Perfective verbs formed by means of the prefix с-

The verbal prefix **с–** is used for three distinctly different meanings:

To indicate a collection, combination, or gathering together:

Ты́ уже́ собра́л свои́ ве́щи?	Have you already gathered your things together?
Мы́ собра́ли ма́ссу грибо́в.	We picked lots of mushrooms.
Соста́вьте всю́ ме́бель в э́тот у́гол.	Put all the furniture together in the corner.
Сле́й сюда́ сли́вки из все́х буты́лок.	Pour the cream from all the bottles in here.
Го́сти уже́ собрали́сь.	The guests have already assembled.
Мы́ созва́ли все́х друзе́й.	We called all our friends together.
Мы́ созовём собра́ние.	We'll call a meeting together.
Смеша́й ка́шу с ма́слом.	Mix the kasha (together) with butter.
О́н смеша́л вино́ и во́ду.	He's mixed wine and water together.
Все́ сбежа́лись на пло́щадь.	Everyone came running to the square.
Все́ сошли́сь на пло́щадь.	Everyone assembled in the square.
Все́ съе́хались на пло́щадь.	

To indicate motion off the surface, down, or away from:

Я́ собью́ я́блоко с де́рева па́лкой.	I'll use a stick and knock an apple off the tree.
Медве́дь сби́л его́ с но́г.	The bear knocked him off his feet.
Я́ сойду́ на сле́дующей остано́вке.	I'll get off at the next stop.
Ты́ уже́ слила́ с молока́ сли́вки?	Have you already poured off the cream from the milk?
Я́ ва́с свезу́ на ста́нцию.	I'll give you a lift down to the station.
Дава́й я́ снесу́ твоё письмо́ на по́чту.	Let me take your letter off to the post office.
Пти́ца слете́ла с де́рева.	The bird flew from the tree.

Срежь конец палки.	Cut the end off the stick.
Снесите мой багаж вниз.	Take my baggage downstairs.

To indicate a single round trip:

Я схожу в лавку за хлебом.	I'll go to the store and get bread.
Утром мы съездили на озеро.	We drove to the lake this morning.
Давайте съездим в город.	Let's drive downtown and back.
Я мигом туда слетаю.	I'll fly there and be back in no time.
Сбегай в аптеку за лекарством.	Run to the pharmacy and get the medicine.
Вчера мать свозила сына к врачу.	Yesterday Mother took her son to see the doctor.
Свозите их на выставку.	Take them to the exhibition.
Своди её на эту картину.	Take her to that movie.

■ STRUCTURE REPLACEMENT DRILLS

1. *Everyone ran off in different directions.*
   Everybody came running from different directions.
   Все разбежались в разные стороны.
   Все сбежались с разных сторон.
   Все разошлись в разные стороны.
   Все сошлись с разных сторон.
   (разъехались, разлетелись, расползлись, разошлись, разбежались)

2. *I'm taking your books.*
   I'll put your books together.
   Я беру твои книги.
   Я соберу твои книги.
   Я зову всех на вечер.
   Я созову всех на вечер.
   Я ставлю сюда всю посуду.
   Я везу туда всю мебель.
   Я несу туда все бутылки.
   Я зову туда всех друзей.
   Я беру все вещи.

3. *We'll put things in their places.*
   We'll put things in one place.
   Мы расставим вещи по местам.
   Мы составим вещи в одно место.
   Мы разольём вино по стаканам.
   Мы сольём вино в один стакан.
   Мы развезём подарки по домам.
   Мы разведём детей по домам.
   Мы разольём шампанское по стаканам.

4. *He was driving down the mountain.*
   He drove down the mountain.
   Он ехал с горы.
   Он съехал с горы.
   Он шёл с горы.
   Он сошёл с горы.
   (летел, полз, нёс это, вёз это, вёл их, вёз их, бежал, шёл)

■ TRANSFORMATION DRILLS

1. *I got off at the (very) last stop.*
   I'll get off at the (very) last stop.
   Я сошёл на последней остановке.
   Я сойду на последней остановке.
   Мы сошли на последней остановке.
   Мы сойдём на последней остановке.
   (она, ты, он, вы, они, мы, я)

2. *We ran out and got cigarettes.*
   We'll run out and get cigarettes.
   Мы сбегали за папиросами.
   Мы сбегаем за папиросами.
   Ты сбегал за папиросами.
   Ты сбегаешь за папиросами.
   (мы, она, они, он, вы, мы)

Pour the cream off the milk.
I'll do it right away.
Слей сли́вки с молока́.
Сейча́с солью́.
Срежь не́сколько ли́стьев.
Сейча́с сре́жу.

Сбей не́сколько я́блок.
Счи́сти грязь с э́тих я́блок.
Смой грязь с э́тих я́блок.
Срежь коне́ц огурца́.
Сбей не́сколько груш.

■ QUESTION-ANSWER DRILLS

1. *Where are you going?*
   We'll run and get some matches and be back in a jiffy.
   Куда́ вы идёте?
   Мы ми́гом слета́ем за спи́чками.
   Куда́ ты идёшь?
   Я ми́гом слета́ю за спи́чками.
   (он, они, Петя, ты, Таня, они)

2. *Where are you going?*
   I want to go to the market to get a watermelon.
   Куда́ ты идёшь?
   Хочу́ сходи́ть на база́р за арбу́зом.
   Куда́ ты е́дешь?
   Хочу́ съе́здить на база́р за арбу́зом.
   (бежишь, идёшь, едешь, бежишь, идёшь)

DISCUSSION

The verbal prefix **с–** (also spelled **со–** or **съ–**) may alter the meaning of the verb to which it is prefixed so that the meaning of the new verb is not predictable. Compare **бы́ть** *to be* with **сбы́ть** *to dispose of* or compare **знать** *to know* with **созна́ть** *to realize* and **созна́ться** *to confess*.

The two most basic meanings of the prefix **с–** are also inherent in the preposition **с**, with its opposed meanings *off* and *from* versus *with*.

Here is a reference list of verbs with the prefix **с–** which are encountered and drilled in this section. Note that some verbs employ the prefix in more than one meaning.

1. Assembling, gathering, combining, contacting:

собра́ться	to gather, assemble, get together
собра́ть	to collect, gather, pick
соста́вить	to place together, assemble (in a standing position)
слить	to pour together (into one container)
созва́ть	to call together, convene
смеша́ть	to mix together; to confuse
смеша́ться	to become mixed, be blended, merge; to become embarrassed
созвони́ться	to get together over the phone, talk on the phone
сговори́ться	to come to an agreement, come to a mutual understanding
списа́ться	to arrange some business by mail
срабо́таться	to work together in harmony
свезти́	to bring together (by vehicle)
свести́	to take together; to conduct in a group
снести́	to bring together; to pile up
сойти́сь	to come together, converge
съе́хаться	to come together, converge (by vehicle)
сбежа́ться	to come running together, converge (running)
сползти́сь	to come crawling together, converge (crawling)
слете́ться	to come flying together, converge (flying)

2. Motion off the surface, down, away from:

сойти́	to get off, go off; to step off, descend (on foot)
съе́хать	to drive down, drive off; to descend (by vehicle); to move out
слете́ть	to fly down, fly off, come down flying
снести́	to carry off, carry away, to take down
свезти́	to carry off, carry away; to take down (by vehicle)
свести́	to take down, lead down, conduct down
сбежа́ть	to run down, descend running
сползти́	to crawl down, descend crawling
смы́ть	to wash off
счи́стить	to brush off, clear away
сли́ть	to pour off, pour out
сре́зать	to cut off
сби́ть	to knock off, knock down

3. A single round trip:

Note that while most prefixed perfectives are based on the unidirectional imperfective, these are all formed from multidirectional imperfectives.

сходи́ть	to go, make a round trip
съе́здить	to go, make a round trip (by vehicle)
слета́ть	to fly, make a round trip (by air), make a quick trip
сбе́гать	to run, make a round trip (running)
своди́ть	to take, conduct, lead (to a place and back)
свози́ть	to take, drive (to a place and back)
сноси́ть	to take, carry (to a place and back)

Uses of the genitive case: part II—the genitive without prepositions

MODELS

Чей э́то зо́нтик?
— Михаи́ла.
Чья э́то маши́на?
— Соловьёва.

Whose umbrella is this?
Mikhail's.
Whose car is this?
Solovyov's.

Здесь большо́е коли́чество плаще́й.
——————————————— лошаде́й.

There's a large number of raincoats here.
——————————————— horses ———.

Владивосто́к бо́льше Ташке́нта.
Я́лта ме́ньше Оде́ссы.
Москва́ южне́е Ленингра́да.
Ки́ев краси́вее Ха́рькова.

Vladivostok is larger than Tashkent.
Yalta is smaller than Odessa.
Moscow is farther south than Leningrad.
Kiev is more beautiful than Kharkov.

Она́ прие́хала двадца́того а́вгуста.
——————————— тридца́того ————.
——————————— три́дцать пе́рвого —.

She arrived on the twentieth of August.
——————————— thirtieth —————.
——————————— thirty-first ————.

Сего́дня мы́ не получи́ли пи́сем.
——————————————— газе́ты.
——————————— ничего́ не получи́ли.

We didn't get any letters today.
——————— any newspaper ——.
——————————— anything ————.

Сегодня нет собрания.
Вчера не было _____.
Завтра не будет _____.

В кассе не осталось ни одного билета.
В колхозе не осталось ни одного мужчины.

У нас не хватает бензина.
_____ масла.
_____ картошки.
_____ мяса.
_____ сахара.

Нам не достаточно одного килограмма
                                      мяса.
____ не довольно _____.
____ не хватит _____.

Хочешь воды?
_____ пива?
_____ водки?
_____ шампанского?

Он просит совета.
_____ хлеба.
_____ денег.

Я жду трамвая.
_____ автобуса.
_____ поезда.

Желаю вам счастливого пути.
_____ спокойной ночи.
_____ всего хорошего.
_____ всего доброго.

Я боюсь собак.
_____ волков.

Он женился тридцати двух лет.
_____ тридцати трёх лет.
_____ тридцати пяти лет.

Какого цвета ваш ковёр?
— Красного.
— Синего.
— Зелёного.
— Серого.

There's no meeting today.
There wasn't any _____ yesterday.
There won't be any _____ tomorrow.

There wasn't a single ticket left at the box office.
There wasn't a single man left in the kolkhoz.

We don't have enough gas.
_____ butter (*or* oil).
_____ potatoes.
_____ meat.
_____ sugar.

One kilogram of meat isn't sufficient for us.

_____ isn't enough _____.
_____ won't suffice _____.

Want some water?
_____ beer?
_____ vodka?
_____ champagne?

He's asking for advice.
_____ bread.
_____ money.

I'm waiting for a streetcar.
_____ a bus.
_____ a train.

I wish you a pleasant trip.
_____ a restful night.
_____ all the best.
_____ everything good.

I'm afraid of dogs.
_____ wolves.

He married at the age of thirty-two.
_____ thirty-three.
_____ thirty-five.

What color is your rug?
Red.
Dark blue.
Green.
Gray.

■ REPETITION DRILL

Repeat the above models illustrating the various usages of the genitive case without a preposition.

1. *I'm looking for a job.*
   What kind of job are you looking for?
   Я ищу́ слу́жбы.
   Како́й вы и́щете слу́жбы?
   Я ищу́ уро́ков.
   Каки́х вы и́щете уро́ков?

   (рабо́ты, слу́чая, знако́мств, отве́та,
   вы́хода, пра́вды, ме́ста, заня́тия)

2. *The first of May will be here soon.*
   On the first of May I go on vacation.
   Ско́ро придёт пе́рвое ма́я.
   Пе́рвого ма́я я ухожу́ в о́тпуск.
   Ско́ро придёт второ́е ма́я.
   Второ́го ма́я я ухожу́ в о́тпуск.

   (тре́тье, четвёртое, пя́тое, шесто́е,
   седьмо́е, восьмо́е, девя́тое, деся́тое)

3. *It's going to rain.*
   I'm not afraid of rain.
   Бу́дет до́ждь.
   Я не бою́сь дождя́.
   Бу́дет экза́мен.
   Я не бою́сь экза́мена.

   (затрудне́ния, соревнова́ния, чи́стка,
   экза́мены, снег, спе́шка, гром)

4. *Here's the champagne.*
   Try some of this champagne.
   Во́т шампа́нское.
   Попро́буйте э́того шампа́нского.
   Во́т кра́сное вино́.
   Попро́буйте э́того кра́сного вина́.

   (бе́лое вино́, чёрное пи́во, шокола́дное
   моро́женое, замеча́тельный арбу́з,
   сла́дкий виногра́д, вку́сные сли́вы)

■ QUESTION-ANSWER DRILLS

1. *Does this road go through Moscow?*
   No, a bit to the north of Moscow.
   Э́та доро́га идёт че́рез Москву́?
   Нет, немно́го се́вернее Москвы́.
   Э́та доро́га идёт че́рез ва́шу о́бласть?
   Нет, немно́го се́вернее на́шей о́бласти.

   (Владивосто́к, э́ти го́ры, э́тот го́род,
   э́то село́, э́ту дере́вню, Го́рький, Я́лту)

2. *Are there any wolves in these woods?*
   No, there are no wolves here.
   В э́тих леса́х есть во́лки?
   Нет, здесь волко́в нет.
   В э́тих леса́х есть медве́ди?
   Нет, здесь медве́дей нет.

   (лиси́цы, за́йцы, зме́и, обезья́ны,
   ти́гры, львы, слоны́)

3. *Was he twenty years old then?*
   Yes, he married at twenty.
   Ему́ тогда́ бы́ло два́дцать ле́т?
   Да, он жени́лся двадцати́ ле́т.
   Ему́ тогда́ бы́л два́дцать оди́н го́д?
   Да, он жени́лся двадцати́ одного́ го́да.

   (два́дцать два го́да, два́дцать три го́да,
   два́дцать четы́ре го́да, два́дцать пять
   лет, три́дцать лет, со́рок лет)

4. *Are there watermelons at the market?*
   Loads of watermelons.
   На база́ре есть арбу́зы?
   Ма́сса арбу́зов.
   На база́ре есть грибы́?
   Ма́сса грибо́в.

   (ды́ни, я́блоки, гру́ши, сли́вы, огурцы́,
   виногра́д, фру́кты, карто́шка)

■ STRUCTURE REPLACEMENT DRILLS

1. *They're identical in height.*
   They're of identical height.
   У ни́х одина́ковый ро́ст.
   Они́ одина́кового ро́ста.
   У ни́х высо́кий ро́ст.
   Они́ высо́кого ро́ста.

   (ни́зкий, большо́й, ма́ленький, оди́н,
   высо́кий, одина́ковый)

2. *The towers can be seen from here.*
   The towers can't be seen from here.
   Отсю́да ви́дно ба́шни.
   Отсю́да не ви́дно ба́шен.
   Отсю́да ви́дно Кре́мль.
   Отсю́да не ви́дно Кремля́.

   (дворе́ц, собо́р, музе́й, храм, МХА́Т,
   тролле́йбус, трамва́й)

1. *Our bus has left.*
   Yes, we'll have to wait for the next bus.
   Наш автобус ушёл.
   Да, придётся ждать следующего автобуса.
   Наш трамвай ушёл.
   Да, придётся ждать следующего трамвая.
   (поезд, грузовик, троллейбус, машина, автобус, трамвай)

2. *There's only one cup of tea here.*
   One cup is plenty.
   Тут всего одна чашка чаю.
   Довольно и одной чашки.
   Тут всего один стакан молока.
   Довольно и одного стакана.
   (килограмм сахару, ведро воды, бутылка молока, чашка кофе, стакан сока, четверть бутылки, кусок пирога)

3. *We already have five hundred rubles.*
   Will five hundred rubles be enough for you?
   У нас уже есть пятьсот рублей.
   Вам будет достаточно пятисот рублей?
   У нас уже есть шестьсот рублей.
   Вам будет достаточно шестисот рублей?
   (семьсот, восемьсот, девятьсот, триста, четыреста, двести, сто, девяносто)

DISCUSSION

The genitive case without a preposition has many functions, the most important of which are the following:

To indicate relationships of possession:

Где машина **Олега**?

Где's *Oleg's* car?

Это шляпа **моей соседки, Марии Ивановны**.

This is the hat of *my neighbor, Maria Ivanovna*.

Note that nouns in apposition are in the same case as the one that precedes them.

To indicate relationships of descriptive limitation:

Посмотри на карту **Китая**.

Look at the map of *China*.

У меня был урок **пения**.

I had a *singing* lesson.

Пойдём на Выставку **достижений народного хозяйства**.

Let's go to the Exhibition of the *Achievements of the National Economy*.

Note that in a series the genitive is ordinarily used for nouns (and their modifiers) immediately following the first noun, that is, where English uses *of* phrases.

After nouns and adverbs of quantity:

Они получили большое количество **шампанского** из Молдавии.

They received a large quantity of *champagne* from Moldavia.

Хотите чашку **чаю**?

Want a cup of *tea*?

Купите мне дюжину **апельсинов**.

Buy me a dozen *oranges*.

Там много **арбузов**.

There are lots of *watermelons* there.

В зоопарке есть несколько **львов**.

They have several *lions* in the zoo.

After numbers from *two* upward:

Вы уронили десять **копеек**.

You dropped ten *kopecks*.

Я проиграл два **рубля**.

I lost two *rubles* gambling.

To indicate absence:

В э́тих леса́х не́т **волко́в**.	There aren't any *wolves* in these woods.
У ни́х не́т **де́нег**.	They have no *money*.
В ка́ссе не оста́лось **биле́тов** на э́тот концéрт.	There aren't any *tickets* to this concert left at the box office.

With certain verbs and adverbs to indicate sufficiency or, more often, insufficiency:

Я не ду́маю, что **э́того** доста́точно.	I don't think *that* will be sufficient.
Дово́льно и **одно́й ча́шки**.	*One cup* is plenty.
У на́с не хвата́ет **мя́са**.	We don't have enough *meat*.
Сорока́ рубле́й в неде́лю ему́ ма́ло.	*Forty* rubles a week is too little for him.

After negated verbs:

Мы́ не получи́ли сего́дня **пи́сем**.	We didn't get any *letters* today.
Отсю́да я не ви́жу **о́зера**.	I don't see the *lake* from here.
Она́ не éст **яи́чницы**.	She doesn't eat *fried eggs*.
Почему́ вы́ не лю́бите **стихо́в**?	Why don't you like *poetry*?

After certain verbs, for example, **боя́ться**, **испуга́ться**, **проси́ть**, **жела́ть**, **иска́ть**, and **жда́ть**:

Я бою́сь **змéй**.	I'm afraid of *snakes*.
Дéти испуга́лись **обезья́н**.	The children were frightened of the *monkeys*.
О́н про́сит **де́нег**.	He's asking for *money*.
Жела́ю ва́м **счастли́вого пути́**.	I wish you a *pleasant trip*.
О́н давно́ уже́ и́щет **рабо́ты**.	He's been looking for *work* a long time.
Придётся жда́ть **сле́дующего трамва́я**.	We'll have to wait for the *next streetcar*.

Note: Although the genitive is obligatory with **боя́ться**, **испуга́ться**, and **жела́ть**, the accusative is often used with the verbs **проси́ть**, **иска́ть**, and **жда́ть**, especially if the direct object is very specific.

Compare	Я жду́ **авто́буса**.	I'm expecting a *bus*.
with	Я жду́ **сестру́**.	I'm waiting for my *sister*.

After certain verbs, to indicate a portion of a larger amount, that is, in the partitive sense:

Хоти́те **шокола́да**?	Want *some chocolate*?
Попро́буйте э́того **то́рта**.	Try *some* of this *cake*.
Наре́жь **хле́ба**.	Slice *some bread*.

To indicate the object of a comparison:

Москва́ краси́вее **Ха́рькова**.	Moscow is more beautiful than *Kharkov*.
О́н симпати́чнее **бра́та**.	He's nicer than his *brother*.
Ки́ев на́м понра́вился бо́льше **Оде́ссы**.	We liked Kiev better than *Odessa*.

To express the concept *on a certain date*:

Э́то бы́ло **четвёртого ию́ля**.	It was *on the fourth of July*.
Она́ прие́хала **пятна́дцатого ма́я**.	She arrived *on May fifteenth*.

To indicate the age at which something happened:

Я на́чал кури́ть **семна́дцати ле́т**.	I started smoking *at the age of seventeen*.
Она́ вы́шла за́муж **двадцати́ одного́ го́да**.	She married *at the age of twenty-one*.

In certain stereotyped definitions:

Óн челове́к **высо́кого ро́ста**.   He's a man *tall in stature.*
Она́ о́чень **кре́пкого здоро́вья**.   She's very *sturdy or* She's of very *sound health.*
У неё глаза́ **си́него цве́та**.   She has *dark-blue* eyes.

ПОВТОРЕ́НИЕ

— Посмотри́, Алёша, на э́того во́лка. Óн совсе́м, ка́к соба́ка. Éсли бы я́ встре́тила его́ вдру́г на у́лице, я́ бы никогда́ не поду́мала, что э́то ди́кий зве́рь.

— А зна́ешь, тако́й слу́чай действи́тельно бы́л в Ха́рькове, в нача́ле тридца́тых годо́в. Ка́к-то ра́нней весно́й в Ха́рьковском зоопа́рке во́лк в свое́й кле́тке ста́л зва́ть к себе́ свои́х това́рищей. Далеко́ за го́родом, в лесу́, его́ услы́шал друго́й во́лк и пошёл к нему́.

— Ка́к пошёл? Пря́мо по у́лицам?

— Да́, пря́мо через го́род. Зоопа́рк та́м в са́мом це́нтре го́рода. Во́лк бежа́л по у́лицам, — э́то бы́ло но́чью — и всё ду́мали, что э́то соба́ка.

— Действи́тельно, кто́ мо́г поду́мать, что э́то во́лк?

— Во́т и́менно. Пришёл э́тот во́лк в зоопа́рк, сёл про́тив кле́тки своего́ това́рища, и они́ на́чали «разгова́ривать». Но слу́жащий па́рка и́х услы́шал. Óн попро́бовал пойма́ть го́стя, но во́лк вы́бежал из па́рка.

— Та́к его́ и не пойма́ли?

— В па́рке не пойма́ли, но пото́м на у́лице его́ уби́л милиционе́р. Уже́ совсе́м на краю́ го́рода.

— Бе́дный во́лк!

На вы́ставке карти́н бо́льше всего́ говори́ли о рабо́тах худо́жника Медве́дева. Посети́тели заде́рживались перед его́ карти́нами и горячо́ спо́рили о ни́х. Его́ но́вые иде́и интересова́ли все́х. Мно́гие да́же говори́ли, что о́н ге́ний. Пу́блика привы́кла ви́деть, что молоды́е худо́жники пи́шут карти́ны та́к же, ка́к худо́жники 19-го ве́ка — ничего́ но́вого. Те́мы у все́х обы́чно и́ли истори́ческие, и́ли фа́брики, заво́ды, колхо́зы. В рабо́тах же худо́жника Медве́дева бы́ло мно́го сло́жного, совсе́м незнако́мого. Говори́ли, что о́н про́шлое ле́то провёл в Евро́пе — в Ита́лии и на ю́ге Фра́нции. Очеви́дно, о́н привёз с собо́й за́падные иде́и.

В Аме́рике зда́ние, кото́рому 300 ле́т, счита́ется уже́ стари́нным. А во́т в Евро́пе, не по́мню то́чно, во Фра́нции или Герма́нии бы́л со мно́й тако́й слу́чай. Прие́хал я́ ка́к-то в ма́ленький, ста́рый го́род и сра́зу же отпра́вился его́ осма́тривать. До́лго ходи́л я́ по его́ те́сным у́лицам и то́лько ве́чером поду́мал, что ещё не нашёл себе́ гости́ницы. Я́ подошёл к какому́-то молодо́му челове́ку на углу́ и спроси́л, е́сть ли зде́сь где́-нибудь недалеко́ гости́ница. Óн отве́тил, что е́сть и сказа́л, ка́к туда́ пройти́: «Иди́те по э́той у́лице и через два́ кварта́ла уви́дите но́вую це́рковь. Гости́ница как ра́з про́тив неё». Я́ прошёл два́ кварта́ла, смотрю́: стои́т стари́нная це́рковь, мо́жет бы́ть 15-го ве́ка, а но́вой никако́й не ви́жу. Тогда́ я́ спроси́л де́вушку, кото́рая проходи́ла ми́мо, где́ ту́т но́вая це́рковь. «А во́т», — отве́тила она́ и показа́ла руко́й на э́ту стари́нную це́рковь. Оказа́лось, что в э́том го́роде е́сть ещё и друга́я це́рковь, кото́рая у ни́х счита́ется уже́ действи́тельно ста́рой: ей бо́льше семисо́т ле́т.

NOTES

PREPARATION FOR CONVERSATION | **В чём ты́ пойдёшь на вечери́нку?**

В чём ты́ пойдёшь на вечери́нку?
Зна́ешь, А́ня, вчера́ я встре́тила О́лю.

устра́ивать (I)
устра́ивать (*or* устро́ить) вечери́нку
Они́ с Ми́шей устра́ивают у себя́ вечери́нку в пя́тницу и на́с приглаша́ют.

новосе́лье
отнести́, отнесу́т (pfv I)
Во́т, кста́ти, и отнесём и́м на́ш пода́рок на новосе́лье.

А кто́ у ни́х бу́дет?

Бу́дут на́ши ребя́та из институ́та и како́й-то студе́нт америка́нец.

напра́сно
Во́т америка́нца они́ напра́сно позва́ли!

при (*plus* prep)

При иностра́нцах нельзя́ свобо́дно разгова́ривать.

смотря́ како́й (*or* смотря́ ка́к)
Смотря́ како́й иностра́нец.

Э́тот америка́нец, говоря́т, сво́й па́рень.

Он о́чень интересу́ется на́шей жи́знью.

Ну́, ла́дно.

повесели́ться, –я́тся (pfv II)
Пойдём, повесели́мся.

What are you going to wear to the party?
You know, Anya, yesterday I met Olya.

   to arrange, set up; to establish, organize
   to have a party, throw a party
She and Misha are having a party at their place on Friday, and we're invited.

   housewarming, housewarming party
   to take, carry away; to bring, deliver
Just the right moment for us to bring our housewarming present.

And who's going to be there?

There'll be our crowd from the institute and some American student.

   pointless, useless; unjustly
What was the point in inviting an American!

   at, with, attached to; under, connected with; in the presence of
You can't talk freely in front of foreigners.

   depending on, it depends on
It depends on the foreigner.

This American, they say, is right at home with us.

He's very much interested in our life.

Well, all right.

   to have fun, have a good time
Let's go and have a good time.

Ты́ в чём пойдёшь?	What are you going to wear?
шёлковый	silk
Я́ пойду́ в голубо́м шёлковом пла́тье.	I'm going to wear my light-blue silk dress.
Э́то моё люби́мое пла́тье.	It's my favorite dress.
наря́дный	smart, stylish, fashionable, dressy
еди́нственный	only, sole, one
Э́то моё люби́мое пла́тье, да и, по пра́вде сказа́ть, еди́нственное наря́дное.	It's my favorite dress and, to tell the truth, my only stylish one.
Оно́ тебе́ о́чень к лицу́.	It really becomes you.
А я́ вот совсе́м не зна́ю, что́ наде́ть.	And I have no idea what to wear.
шерстяно́й	wool, woolen
кори́чневый	brown, tan
А твоё кори́чневое шерстяно́е?	What about your brown wool?
годи́ться, –я́тся (II)	to be good enough, be suitable, do
Ну́ нет, оно́ годи́тся в университе́т, но не на ве́чер.	No, it's good enough for going to the university, but not (for) a party.
сви́нство	dirty trick, swinishness
поро́к	vice; defect
бе́дность (f)	poverty
«Бе́дность не поро́к, но большо́е сви́нство».	"Poverty is no crime, but it's an awfully dirty trick."
Во́т действи́тельно пра́вда, что «Бе́дность не поро́к, но большо́е сви́нство».	It sure is true that "Poverty is no crime, but it's an awfully dirty trick."
грусти́ть, грущу́, грустя́т (II)	to be sad
Бро́сь, А́ня, не грусти́.	Come on, Anya, don't be sad.
ту́фли, ту́фель (sg ту́фля)	shoes (women's), slippers
каблу́к, –а́	heel
ту́фли на каблука́х	high-heeled shoes
У меня́ не́т ту́фель на каблука́х.	I don't have any high-heeled shoes.
пла́кать, пла́чут (I)	to cry
Во́т у меня́ не́т ту́фель на каблука́х, и я́ ведь не пла́чу.	I don't have any high-heeled shoes, and I'm not crying after all.
тря́пка	rag (pl clothes [women's])
Из-за тря́пок не сто́ит по́ртить себе́ жи́знь.	It's not worthwhile ruining your life because of clothes.
Да́, пра́вильно, Ми́ла. Из-за тря́пок не сто́ит по́ртить себе́ жи́знь.	Yes, it's true, Mila. It's not worthwhile ruining your life because of clothes.
Коне́чно же.	Of course.

SUPPLEMENT

запла́кать, запла́чут (pfv I)	to begin crying, burst into tears
Она́ вдру́г запла́кала.	She suddenly began to cry.
пригоди́ться (pfv II)	to be useful, be of use, come in handy
Возьми́ зо́нтик, мо́жет бы́ть пригоди́тся.	Take an umbrella; it may come in handy.

матéрия	material, cloth, fabric; matter, stuff
Вóт красúвая матéрия на плáтье.	Here's some nice dress material.
блýзка	blouse
Ктó э́та дéвушка в жёлтой блýзке?	Who's that girl in the yellow blouse?
чулкú, чулóк (sg чулóк)	stockings
У неё тóлько однá пáра шёлковых чулóк.	She has only one pair of silk stockings.
Надéнь лýчше шерстянúе чулкú.	Better wear your woolen stockings.
сúтцевый	calico, cotton print
Онá пошлá на вечерúнку в сúтцевом плáтье.	She wore a cotton-print dress to the party.
грýстный [grúsnij]	sad
Мнé почемý-то грýстно.	Somehow I feel sad.
богáтый	rich, wealthy; abundant
Нáша óбласть богáта лесáми.	Our region is rich in forests.
богáче	richer, wealthier; more abundant
Вú богáче меня́.	You're richer than I.
мóдный	fashionable, stylish
Какáя на тебé мóдная шля́па!	What a stylish hat you have on!
вчерáшний, –яя, –ее	yesterday's
Тú ужé вúбросила вчерáшнюю газéту?	Did you already throw out yesterday's paper?
сегóдняшний, –яя, –ее	today's
Сегóдняшняя газéта ещё не пришлá.	Today's paper hasn't come yet.
зáвтрашний, –яя, –ее	tomorrow's
Óн готóвится к зáвтрашнему экзáмену.	He's preparing for tomorrow's exam.
весéнний, –яя, –ее	spring (adj)
Мú рáдуемся весéнней погóде.	We're glad to see spring weather.
лéтний, –яя, –ее	summer (adj)
Чтó вú бýдете дéлать во врéмя лéтних канúкул?	What will you be doing during the summer vacation?
осéнний, –яя, –ее	autumn, fall (adj)
Осéнние дождú ужé началúсь.	The autumn rains have already begun.

В чём тú пойдёшь на вечерúнку?

А. — Áня (Áнна)   М. — Мúла (Людмúла)

М. 1 Знáешь, Áня, вчерá я встрéтила Óлю. Онú с Мúшей устрáивают у себя́ вечерúнку в пя́тницу и нáс приглашáют.

А. 2 Вóт, кстáти, и отнесём úм нáш подáрок на новосéлье. А ктó у нúх бýдет?

М. 3 Бýдут нáши ребя́та из институ́та и какóй-то студéнт америкáнец.

А. 4 Вóт америкáнца онú напрáсно позвáли! При инострáнцах нельзя́ свобóдно разговáривать.

М. 5 Смотря́ какóй иностáнец. Этот америкáнец, говоря́т, свóй пáрень и óчень интересýется нáшей жúзнью.

А. 6 Нý, лáдно. Пойдём, повеселúмся. Тú в чём пойдёшь?

М. 7 В голубóм шёлковом. Это моё любúмое плáтье, да и, по прáвде сказáть, едúнственное наря́дное.

А. 8 Онó тебé óчень к лицý. А я́ вóт совсéм не знáю, чтó надéть.

M. 9 А твоё кори́чневое шерстяно́е?[1]

A. 10 Ну́ не́т, оно́ годи́тся в университе́т, но не на ве́чер. Во́т действи́тельно пра́вда, что «Бе́дность не поро́к, но большо́е сви́нство».[2]

M. 11 Бро́сь, А́ня, не грусти́. Во́т у меня́ не́т ту́фель на каблука́х, — и я́ ведь не пла́чу.[3]

A. 12 Да́, пра́вильно, Ми́ла. Из-за тря́пок не сто́ит по́ртить себе́ жи́знь.

M. 13 Коне́чно же.

NOTES

[1] The adjective **кори́чневый** comes from the noun **кори́ца** *cinnamon* and generally describes things of a dark, brownish-yellow color. It is far more limited in usage than the English adjective *brown*, and Russians do not use it to refer to brown eyes or brown hair; **ка́рие глаза́** are *brown eyes*, **кашта́новые во́лосы** is *brown hair* (literally *chestnut-colored hair*).

[2] «**Бе́дность не поро́к, но большо́е сви́нство**» is a take-off on the old Russian proverb, «**Бе́дность не поро́к**». The latter was the title of a well-known play by the nineteenth-century dramatist, Ostrovsky.

[3] **Ту́фли на каблука́х** *women's high-heeled shoes* in the Soviet Union are not what Americans would call high-heeled shoes. They are similar to shoes with low or medium heels.

PREPARATION FOR CONVERSATION **Что́ тако́е меща́нство?**

Фили́пп, ты́ пе́рвый ра́з в ру́сском до́ме?
Philip, is this your first time in a Russian home?

Не́т, я́ уже́ быва́л в ру́сских дома́х.
No, I've been to Russian homes before.

И, наве́рно, тебя́ всю́ду угоща́ли ча́ем.
And probably everywhere you were served tea.

обы́чай
Э́то на́ш ру́сский обы́чай.
custom, tradition
It's our Russian custom.

самова́р
Да́, но то́лько меня́ удивля́ет, что я́ нигде́ не ви́дел самова́ра.
samovar
Yes, but I'm surprised that I haven't seen a samovar anywhere.

возня́
С самова́ром мно́го возни́.
fuss, bother
It's a lot of bother with a samovar.

старомо́дный
И пото́м э́то немно́го старомо́дно.
old-fashioned, outmoded
And then, too, it's a bit old-fashioned.

си́дя (verbal adverb from **сиде́ть**)
си́дя за самова́ром
бесе́довать, бесе́дуют (I)
Ра́ньше люби́ли бесе́довать, си́дя за самова́ром.
sitting, while sitting
sitting by the samovar
to converse, discuss, talk, chat
Formerly they used to love to talk while sitting by the samovar.

зи́мними вечера́ми
Да́, э́то ра́ньше люби́ли зи́мними вечера́ми бесе́довать, си́дя за самова́ром.
on (*or* during) winter evenings
Yes, formerly on winter evenings they used to love to talk while sitting by the samovar.

«Три́ сестры́»
Во́т ка́к у Че́хова в «Трёх сёстрах».
The Three Sisters
That's how it was in Chekhov's *The Three Sisters*.

«У самова́ра я́ и моя́ Ма́ша, а на дворе́ совсе́м уже́ темно́...»

"My Masha and I by the samovar, while outside it's quite dark already . . ."

Э́то пе́сня из «Трёх сестёр».

It's a song from *The Three Sisters*.

внима́ние
обраща́ть внима́ние на (*plus* acc)
Не обраща́й на неё внима́ния, Фили́пп, она́ шу́тит.

attention
to pay attention (to)
Don't pay any attention to her, Philip; she's joking.

меща́нский

tasteless, common, narrow-minded, bourgeois

фокстро́т
Э́то меща́нский фокстро́т.

dance tune, song (popular)
That's a tasteless popular song.

популя́рный
Э́то меща́нский фокстро́т, кото́рый бы́л популя́рен в тридца́тых года́х.

popular
That's a tasteless song that was popular in the thirties.

меща́нство
Пожа́луйста, объясни́те мне́, что́ тако́е «меща́нство».

Philistinism; petty bourgeoisie; Philistines
Please, explain to me what "meshchanstvo" means.

выраже́ние
Я́ ча́сто слы́шу э́то выраже́ние, но не совсе́м его́ понима́ю.

expression
I often hear this expression, but [I] don't quite understand it.

поня́тие
Э́то сло́жное поня́тие.

notion, concept, idea
It's a complicated concept.

типи́чный
Э́то сло́жное поня́тие и типи́чное ру́сское.

typical
It's a complicated concept and a typically Russian one.

Ну́ не́т!

I disagree. (*Lit.* Why no!)

не́мец, не́мца; –ы, –ев
среди́ (*plus* gen)
меща́ни́н, –а; меща́не, меща́н
Меща́не е́сть среди́ не́мцев.

German, German man
among, amidst
Philistine; member of the petty bourgeoisie
Philistines are found among the Germans.

францу́з
Меща́не е́сть и среди́ не́мцев, и среди́ францу́зов.

Frenchman
Philistines exist both among the Germans and among the French.

национа́льность (f)
любо́й
Меща́не е́сть среди́ люде́й любо́й национа́льности.

nationality
any, every
Philistines can be found among people of any nationality.

Меща́не е́сть и среди́ не́мцев, и среди́ францу́зов, и вообще́ люде́й любо́й национа́льности.

Philistines can be found among the Germans, French, and, in general, among the people of any nationality.

Я́ согла́сна с А́ней.

I agree with Anya.

те́ма
Но вы́ отошли́ от те́мы.

theme, topic, subject
But you departed from the subject.

отве́тить на вопро́с
Но вы́ отошли́ от те́мы и не отве́тили Фили́ппу на его́ вопро́с.

to answer a question
But you departed from the subject and didn't answer Philip's question.

На него́ не та́к легко́ отве́тить.

It's not so easy to answer.

Почита́й Зо́щенко.

Read Zoshchenko.

Зна́ешь, Фили́пп, чтобы поня́ть, кто таки́е меща́не, почита́й Зо́щенко.

You know, Philip, if you want to understand just who the Philistines are, read Zoshchenko.

изобрази́ть, изображу́, изобразя́т (pfv II)

to portray, show, depict

мастерски́

artistically, artfully, masterfully

Зо́щенко их мастерски́ изобрази́л.

Zoshchenko portrayed them masterfully.

писа́тель (m)

writer, author

Да́, э́тот писа́тель их мастерски́ изобрази́л.

Yes, this author portrayed them masterfully.

расска́з

story, short story, tale

Да́, э́тот писа́тель их мастерски́ изобрази́л в свои́х расска́зах.

Yes, this writer portrayed them masterfully in his short stories.

проче́сть, прочту́т (pfv I)[1] (past прочёл, прочла́)

to read (through to the end), to finish reading

Хорошо́, я́ прочту́.

All right, I'll read him.

SUPPLEMENT

побесе́довать, побесе́дуют (pfv I)

to have a talk, have a chat

Мы́ с ни́м хорошо́ побесе́довали.

We had a nice talk together.

объясня́ть (I)

to explain

Объясня́й ме́дленно, ина́че о́н не поймёт.

Explain slowly; otherwise he won't understand.

изобража́ть (I)

to portray, show, depict

Зо́щенко мастерски́ изобража́ет меща́н в свои́х расска́зах.

Zoshchenko masterfully portrays the Philistines in his stories.

ва́льс

waltz

О́н о́чень лю́бит танцева́ть ва́льс.

She really loves to waltz (*or* dance the waltz).

орке́стр

orchestra, band

Орке́стр игра́ет ва́ш люби́мый ва́льс.

The orchestra is playing your favorite waltz.

европе́ец, –е́йца

European (noun), European man

Европе́йцы ма́ло зна́ют о жи́зни в Аме́рике.

Europeans know very little about life in America.

европе́йский

European (adj)

Европе́йские поезда́ не похо́жи на америка́нские.

The European trains are different from American ones.

не́мка

German woman

О́н америка́нец, а его́ жена́ не́мка.

He's an American, but his wife is a German.

неме́цкий

German (adj)

Вы́ зна́ете неме́цкий язы́к?

Do you know German?

испа́нец, –нца

Spaniard

На парохо́де е́хало не́сколько испа́нцев.

There were several Spaniards traveling on the ship.

испа́нка

Spanish woman

Кака́я-то испа́нка прекра́сно пе́ла.

Some Spanish woman sang beautifully.

испа́нский

Spanish (adj)

О́н на́ш учи́тель испа́нского (языка́).

He's our Spanish teacher.

---

[1] The verb **проче́сть** has the same meaning as **прочита́ть**. It is conjugated like **предпоче́сть** *to prefer*.

итальянец, –нца	Italian (noun), Italian man
Он итальянец, а его жена испанка.	He's Italian, and his wife is Spanish.
итальянка	Italian woman
Он немец, а его жена итальянка.	He's German, and his wife is Italian.
итальянский	Italian (adj)
Он учится итальянскому языку.	He's studying the Italian language.
француженка	French woman
Он итальянец, а его жена француженка.	He's Italian, but his wife is French.
французский [francúsķij]	French (adj)
Я предпочитаю французское шампанское.	I prefer French champagne.
Япония	Japan
Мы два года жили в Японии.	We lived in Japan for two years.
японец, –нца	Japanese (noun), Japanese man
На вечеринке мы познакомились с интересным японцем.	At the party we met an interesting Japanese man.
японка	Japanese woman
Он женился на японке.	He married a Japanese woman.
японский	Japanese (adj)
Мы мало знаем о японских обычаях.	We know very little about Japanese customs.
китаец, китайца	Chinese (noun), Chinese man
Сейчас в Москве столько китайцев!	There are so many Chinese in Moscow now!
китаянка	Chinese woman
Он японец, а его жена китаянка.	He's Japanese, but his wife is Chinese.
англичанин, –а; англичане, англичан	English (noun), Englishman
Он не англичанин, а американец.	He's not English; he's an American.
англичанка	Englishwoman
Он француз, а его жена англичанка.	He's French, but his wife is English.

Что такое мещанство?

О. — Оля   М. — Миша   А. — Аня   Ф. — Филипп

О. 1 Филипп, ты первый раз в русском доме?

Ф. 2 Нет, я уже бывал в русских домах.

О. 3 И, наверно, тебя всюду угощали чаем. Это наш русский обычай.[1]

Ф. 4 Да, но только меня удивляет, что я нигде не видел самовара.[2]

М. 5 С самоваром много возни. И потом это немного старомодно.

О. 6 Да, это раньше любили зимними вечерами беседовать, сидя за самоваром. Вот как у Чехова в «Трёх сёстрах».[3]

А. 7 «У самовара я и моя Маша, а на дворе совсем уже темно...». Это песня из «Трёх сестёр».

М. 8 Не обращай на неё внимания, она шутит. Это мещанский фокстрот, который был популярен в тридцатых годах.

Ф. 9 Пожалуйста, объясните мне, что такое «мещанство». Я часто слышу это выражение, но не совсем его понимаю.[4]

М. 10 Это сложное понятие и типично русское.

A. 11 Ну́ не́т. Меща́не е́сть и среди́ не́мцев, и среди́ францу́зов, и вообще́ люде́й любо́й национа́льности.

О. 12 Я́ согла́сна с А́ней. Но вы́ отошли́ от те́мы и не отве́тили Фили́ппу на его́ вопро́с.

М. 13 На него́ не та́к легко́ отве́тить. Зна́ешь, Фили́пп, чтобы поня́ть, кто́ таки́е меща́не, почита́й Зо́щенко.[5]

А. 14 Да́, э́тот писа́тель и́х мастерски́ изобрази́л в свои́х расска́зах.

Ф. 15 Хорошо́, я́ прочту́.

NOTES

[1] Tea drinking was introduced in Russia as early as the middle of the seventeenth century but did not become really popular until the beginning of the nineteenth. Chinese tea is considered the best of the imported teas but prohibitive because of its cost. Of the domestic teas, Georgian is considered the best. Tea is served at every meal, but especially with breakfast and supper. Traditionally, men drink their tea from glasses, with special metal holders which also keep the glass from breaking when the hot tea is poured in.

Russians usually take their tea with sugar and some even consider it *uncultivated* **некульту́рно** if a foreigner drinks it unsweetened. In some areas it is also considered uncultivated to drink tea during one's dinner. It is not uncommon for Russians to drink tea Scandinavian style, with a lump of sugar held between the teeth, or **впри-ку́ску** as it is called. Many Russians put milk, preserves, or wine in their tea, and in Siberia, butter is often added to tea.

A tourist ordering tea in a restaurant or snack bar is advised to specify if he wants **пусто́й ча́й** *unsweetened tea*, **просто́й ча́й** *tea with one teaspoon of sugar*, or **двойно́й ча́й** *with two*. Otherwise, he is apt to get overly sweetened tea.

[2] The samovar is a typically Russian device for boiling water for tea. It is usually made of copper and consists of a large rounded container shaped like an urn with a hollow pipe running down the center. A small charcoal fire is built inside the pipe to heat the water contained in the surrounding area. The tea is made in concentrated form in a separate small teapot, and guests are served a small amount of the tea concentrate to which hot water from the samovar is added. The small teapot is often placed on top the samovar to keep it warm. Samovars come in various sizes, often holding several gallons of water.

[3] Chekhov's famous play **Три́ сестры́** *The Three Sisters* portrays life in a provincial town in late nineteenth-century Russia, and specifically deals with the dreams of returning to Moscow of the three protagonists. They frequently entertain neighbors and officers from the nearby garrison, and a typical scene has them all sitting around the samovar, talking and philosophizing.

[4] The term **меща́нство** originally referred to the petty bourgeoisie or lower middle class. It is now taken to mean all that was considered typical of this class— narrow-mindedness and lack of taste or cultivation. The current official use of the adjective **меща́нский** is to describe someone who puts "selfish" individualism ahead of what is good for the state.

[5] One of the few truly popular writer-humorists of Soviet literature is the late Mikhail Zoshchenko. In his short stories he points up the discrepancies between bureaucratic ideals and the actual realities of the system in its application by the average citizen. He achieves much of his comic effect through a mixture of highbrow and lowbrow language as spoken by the characters in his stories.

Basic sentence patterns

1. Óн типи́чный америка́нец.
———————— европе́ец.
———————— францу́з.
———————— не́мец.
———————— англича́нин.

He's a typical American.
———————— European.
———————— Frenchman.
———————— German.
———————— Englishman.

2. На́ша сосе́дка — францу́женка.
———————— не́мка.
———————— италья́нка.
———————— испа́нка.
———————— япо́нка.
———————— китая́нка.
———————— англича́нка.

Our neighbor (f) is French.
———————— German.
———————— Italian.
———————— Spanish.
———————— Japanese.
———————— Chinese.
———————— English.

3. Мо́й това́рищ по ко́мнате — францу́з.
———————— не́мец.
———————— япо́нец.
———————— кита́ец.

My roommate is French.
———————— German.
———————— Japanese.
———————— Chinese.

4. Италья́нцы на́с не понима́ют.
Испа́нцы ————————.
Англича́не ————————.
Кита́йцы ————————.

The Italians don't understand us.
The Spanish ————————.
The English ————————.
The Chinese ————————.

5. Вы́ говори́те по-неме́цки?
———————— по-францу́зски?
———————— по-италья́нски?
———————— по-испа́нски?
———————— по-япо́нски?
———————— по-кита́йски?

Do you speak German?
———————— French?
———————— Italian?
———————— Spanish?
———————— Japanese?
———————— Chinese?

6. Óн преподаёт францу́зский.
———————— неме́цкий.
———————— англи́йский.

He teaches French.
———————— German.
———————— English.

7. Из Ита́лии мы́ привезли́ италья́нские ту́фли.
Из Испа́нии мы́ привезли́ испа́нское вино́.
Из Герма́нии мы́ привезли́ неме́цкое пи́во.
Из Фра́нции мы́ привезли́ францу́зское шампа́нское.

We brought Italian shoes from Italy.
We brought Spanish wine from Spain.
We brought German beer from Germany.
We brought French champagne from France.

8. Всё бу́дет объяснено́.
———————— испечено́.
———————— принесено́.
———————— изменено́.
———————— прочтено́.
———————— привезено́.

Everything will be explained.
———————— baked.
———————— brought.
———————— changed.
———————— read through.
———————— delivered.

9. Всё ужé офóрмлено.   Everything's already been made official.
   _____ провéрено.   _____ checked.
   _____ заплáчено.   _____ paid.
   _____ полýчено.   _____ received.
   _____ устрóено.   _____ arranged.
   _____ запóлнено.   _____ filled out.
   _____ осмóтрено.   _____ examined.
   _____ почúщено.   _____ cleaned.

10. Он был останóвлен милиционéром.   He was stopped by a policeman.
    _____ встрéчен _____.   _____ met _____.
    _____ увезён _____.   _____ taken away _____.
    _____ привезён _____.   _____ brought _____.
    _____ замéчен _____.   _____ noticed _____.

11. Устрóить вечерúнку?   Shall I throw a party?
    — Нéт, не нáдо устрáивать.   No, you don't need to.
    Перешúть тебé плáтье?   Shall I resew the dress for you?
    — Нéт, не нáдо перешивáть.   No, you don't need to.
    Передéлать плáн?   Shall I redo the plan?
    — Нéт, не нáдо передéлывать.   No, you don't need to.
    Распаковáть чемодáн?   Shall I unpack the suitcase?
    — Нéт, не нáдо распакóвывать.   No, you don't need to.

12. Не задéрживайся!   Don't stay too long!
    — останáвливайся!   _____ stop!
    — задýмывайся!   _____ daydream!
    — зарабáтывайся!   _____ work too hard!

13. Умывáйся!   Wash up!
    Закýривай!   Light up a cigarette!
    Допивáй!   Finish your drink!

14. Это было при Петрé.   That was during Peter's reign.
    _____ Екатерúне.   _____ Catherine's reign.
    _____ Николáе.   _____ Nicholas' reign.

15. Вахтёр живёт при посóльстве.   The custodian lives right at the embassy.
    _____ общежúтии.   _____ dormitory.

16. При нём онá бойтся открыть рóт.   She's afraid to open her mouth in his presence.
    При них _____.   _____ in their presence.

    При нáс _____.   _____ in our presence.

17. Приходú, побесéдуем о нáших делáх.   Come and we'll talk about our affairs.
    _____ о нáшей жúзни.   _____ our life.
    _____ о нáшем бýдущем.   _____ our future.

18. Кáк ты с нúм разговáриваешь?   How do you talk to him?
    — По-францýзски.   In French.
    На какóм языкé ты с нúм   In what language did you talk to him?
       разговáривал?
    — На францýзском.   In French.

19. Óн говори́т на трёх европе́йских языка́х.
    ———————— на четырёх ————————.

He speaks three European languages.
———————— four ————————.

20. Мы́ пое́дем на метро́.
    ———————— на трамва́е.
    ———————— на тролле́йбусе.
    ———————— на по́езде.
    ———————— на авто́бусе.

We'll go by subway.
———————— by streetcar.
———————— by trolley.
———————— by train.
———————— by bus.

21. Ты́ уже́ бы́л на у́лице?
    ———————— на дворе́?

Have you already been outside?
———————————————— outdoors?

22. Э́тот сни́мок сде́лан на мосту́.
    ———————— на берегу́.

This snapshot was taken on the bridge.
———————————————— at the shore.

23. О́черк называ́ется «На ста́нции».
    ———————— «На Кавка́зе».
    ———————— «На О́строве звере́й».

The sketch is called "At the Station."
———————————————— "In the Caucasus."
———————————————— "On the Island of
                                    Animals."

24. Я́ ду́маю о вчера́шнем дне́.
    ———————— о сего́дняшнем ве́чере.
    ———————— о за́втрашнем дне́.
    ———————— о за́втрашнем у́тре.

I'm thinking about yesterday.
———————————————— this evening.
———————————————— tomorrow.
———————————————— tomorrow morning.

25. Я́ люблю́ весе́ннюю пого́ду.
    ———————— осе́ннюю ————.
    ———————— зи́мнюю ————.
    ———————— ле́тнюю ————.

I love spring weather.
———— fall ————.
———— winter ————.
———— summer ————.

Pronunciation practice: part III—initial consonants with no parallel in the English sound system

A. **гн** pronounced [gn] or [gn̠].

[gnóm] гно́м
gnome

[gnój] гно́й
pus

[gnát̠] гна́ть
be chasing

[gnút̠] гну́ть
to bend

[gn̠ilój] гнило́й
rotten

[gn̠éf] гне́в
anger

[gn̠izdó] гнездо́
nest

B. **дн** pronounced [dn] or [dn̠].

[dnó] дно́
bottom

[dná] дна́
of the bottom

[dn̠épr] Дне́пр
Dnieper (river)

[dn̠í] дни́
days

[dn̠óm] днём
during the day

[dn̠ivnój] дневно́й
daily

[dn̠ivn̠ík] дневни́к
diary

[dn̠ófkə] днёвка
day's rest

C. **жг** pronounced [žg] or [žg].

[žgút] жгут	[žgúčij] жгучий	[žgí] жги!
they burn	burning	burn!
[žgú] жгу	[žgúč] жгуч	[žgíṭi] жгите!
I burn	plait	burn!

D. **кн** pronounced [kn] or [kṇ].

[knópkə] кнопка	[kṇígə] книга	[kṇáṣ] князь
push-button	book	prince
[knút] кнут	[kṇíškə] книжка	[kṇížnij] книжный
whip	booklet	book (adj)

STRUCTURE AND DRILLS

Past passive participles: part II—short forms ending in -ен (or -ён)

MODELS

Бла́нк уже́ запо́лнен.	The form is already filled out.
Анке́та ⸺ запо́лнена.	The questionnaire ⸺.
Здесь бу́дет постро́ена но́вая по́чта.	A new post office will be built here.
⸺ бу́дут постро́ены но́вые дома́.	New houses ⸺.
Наконе́ц о́черк око́нчен.	The essay is finished at last.
⸺ рабо́та око́нчена.	The job ⸺.
Э́то кре́сло бы́ло оста́влено ва́шим сы́ном.	This chair was left by your son.
Э́ти ве́щи бы́ли оста́влены ⸺.	These things were left ⸺.
Э́тот вопро́с уже́ решён.	This question has already been decided (*or* settled).
Э́то де́ло ⸺ решено́.	This matter ⸺.
Его́ после́днее сочине́ние ещё не переведено́.	His last work hasn't been translated yet.
⸺ после́дние стихи́ ещё не переведены́.	⸺ verses haven't been translated yet.
Про́игрыватель испо́рчен.	The record player is broken.
Зажига́лка испо́рчена.	The cigarette lighter is broken.
В ко́мнате был зажжён свет.	There was a light turned on in the room.
⸺ была́ зажжена́ ла́мпа.	⸺ a lamp ⸺.

■ REPETITION DRILL

Repeat the given models illustrating the use of short-form past passive participles ending in **-ен**.

■ RESPONSE DRILLS

1. *It's necessary to bring some boards.*
   The boards will be delivered.
   Ну́жно привезти́ до́ски.
   До́ски бу́дут привезены́.
   Ну́жно привезти́ вино́.

   Вино́ бу́дет привезено́.
   (самовар, материю, шампанское, матрасы, стулья, холодильник, скамейки)

2. *Translate these verses into French.*
They've already been translated.
Переведи́те э́ти стихи́ на францу́зский.
Они́ уже́ переведены́.
Переведи́те э́тот расска́з на францу́зский.

О́н уже́ переведён.
(исто́рию, о́черк, объявле́ние, кни́гу, рома́н, сло́во, выраже́ние, вопро́с, пье́су, отве́т)

■ STRUCTURE REPLACEMENT DRILLS

1. *My money has been stolen.*
The money is stolen.
У меня́ укра́ли де́ньги.
Де́ньги укра́дены.
У меня́ укра́ли кошелёк.
Кошелёк укра́ден.
(ве́щи, чемода́н, су́мку, чулки́, пальто́, кало́ши, кашне́, ту́фли)

2. *The work fascinated me.*
I was fascinated by the work.
Рабо́та меня́ увлекла́.
Я́ бы́л увлечён рабо́той.
Рабо́та её увлекла́.
Она́ была́ увлечена́ рабо́той.
(на́с, его́, и́х, тебя́, её, ва́с, меня́)

3. *The Germans destroyed the bridge.*
The bridge had been destroyed by the Germans.
Не́мцы уничто́жили мо́ст.
Мо́ст бы́л уничто́жен не́мцами.
Не́мцы уничто́жили дере́вню.
Дере́вня была́ уничто́жена не́мцами.
(село́, ста́нцию, го́род, вокза́л, фа́брику, заво́д, аэродро́м, э́ти дома́)

4. *When did they build this palace?*
When was this palace built?
Когда́ постро́или э́тот дворе́ц?
Когда́ постро́ен э́тот дворе́ц?
Когда́ постро́или э́ту це́рковь?
Когда́ постро́ена э́та це́рковь?
(э́тот дворе́ц, э́ту ба́шню, э́тот собо́р, э́ти дома́, э́ту сте́ну, Кре́мль, метро́)

5. *Who detected the mistake?*
By whom was the mistake detected?
Кто́ заме́тил оши́бку?
Ке́м заме́чена оши́бка?
Кто́ заме́тил движе́ние?
Ке́м заме́чено движе́ние?
(э́тих люде́й, шпио́на, шу́м, э́ту свя́зь, э́ту ра́зницу, э́то положе́ние)

6. *The painter portrayed a girl.*
A girl is portrayed in the picture.
Худо́жник изобрази́л де́вушку.
На карти́не изображена́ де́вушка.
Худо́жник изобрази́л Каква́з.
На карти́не изображён Кавка́з.
(са́д, о́зеро, го́ры, самова́р, за́йцев, медве́дя, у́тро, зи́му)

■ QUESTION-ANSWER DRILLS

1. *Have you put out the light?*
Yes, the light's been put out.
Вы́ потуши́ли све́т?
Да́, све́т поту́шен.
Вы́ потуши́ли папиро́су?
Да́, папиро́са поту́шена.
(ла́мпу, сигаре́ту, огонёк, папиро́сы, электри́чество, све́т)

2. *Have you checked his documents?*
Yes, the documents have been checked.
Ты́ прове́рил его́ докуме́нты?
Да́, докуме́нты прове́рены.
Ты́ прове́рил его́ рабо́ту?
Да́, рабо́та прове́рена.
(заявле́ние, бума́ги, про́пуск, разреше́ние, биле́т, ви́зу, национа́льность, паспо́рт)

DISCUSSION

Short-form past passive participles ending in **–ен** differ in their formation from those ending in **–т** or **–н**, which were discussed earlier; they are based not on the infinitive stem, but on the present-future stem. Most of them are from perfective verbs of the second conjugation. It is typical of such past passive participles to reflect the same change in the stem as occurs in the first person singular present-future:

PAST PASSIVE PARTICIPLE		PRESENT–FUTURE	INFINITIVE
офо́рмлен, –а, –о, –ы	registered	офо́рмлю, офо́рмят	офо́рмить
почи́щен, –а, –о, –ы	cleaned	почи́щу, почи́стят	почи́стить
запла́чен, –а, –о, –ы	paid	заплачу́, запла́тят	заплати́ть
нако́рмлен, –а, –о, –ы	fed	накормлю́, нако́рмят	накорми́ть
приглашён, –а́, –о́, –ы́	invited	приглашу́, приглася́т	пригласи́ть
отпу́щен, –а, –о, –ы	released	отпущу́, отпу́стят	отпусти́ть
приго́товлен, –а, –о, –ы	prepared	приго́товлю, приго́товят	приго́товить
предъя́влен, –а, –о, –ы	presented	предъявлю́, предъя́вят	предъяви́ть
изображён, –а́, –о́, –ы́	depicted	изображу́, изобразя́т	изобрази́ть

The so-called "closed-stem" verbs of the first conjugation also have their past passive participles ending in –ен. Those from verbs with infinitives ending in –чь undergo the same stem change that occurs in all but the first person singular and the third person plural of their present-future:

испечён, –а́, –о́, –ы́	baked	испеку́, испечёшь, испеку́т	испе́чь
зажжён, –а́, –о́, –ы́	lit	зажгу́, зажжёшь, зажгу́т	заже́чь
увлечён, –а́, –о́, –ы́	fascinated	увлеку́, увлечёшь, увлеку́т	увле́чь
прочтён, –а́, –о́, –ы́	read	прочту́, прочту́т	проче́сть
переведён, –а́, –о́, –ы́	translated; led, transferred	переведу́, переведу́т	перевести́
перевезён, –а́, –о́, –ы́	taken, hauled	перевезу́, перевезу́т	перевезти́
принесён, –а́, –о́, –ы́	brought	принесу́, принесу́т	принести́

The stress of the short-form past passive participle tends to follow that of the basic verb. If the verb stress is on the root or shifts back to the root in any of the forms, the past passive participle will also have its stress on the root:

PAST PASSIVE PARTICIPLE	PRESENT–FUTURE	PAST	INFINITIVE
заме́чен, –а, –о, –ы	заме́чу, заме́тишь, заме́тят	заме́тил	заме́тить
укра́ден, –а, –о, –ы	украду́, –ёшь, –у́т	укра́л	укра́сть
осмо́трен, –а, –о, –ы	осмотрю́, осмо́тришь, осмо́трят	осмотре́л	осмотре́ть
полу́чен, –а, –о, –ы	получу́, полу́чишь, полу́чат	получи́л	получи́ть

In most other verbs the masculine form ends in stressed –ён, with the stress shifting to the endings in all the other forms (–а́, –о́, –ы́):

привезён, привезена́, –о́, –ы́	привезу́, –ёшь, –у́т	привёз, привезла́	привезти́
решён, решена́, –о́, –ы́	решу́, –и́шь, –а́т	реши́л	реши́ть
изображён, –а́, –о́, –ы́	изображу́, изобрази́шь, –я́т	изобрази́л	изобрази́ть

Remember that past passive participles can be formed only from *transitive* verbs, that is, verbs which take a direct accusative object.

Nouns, adjectives, and adverbs referring to countries, their inhabitants, and languages

MODELS

Отку́да они́, из А́нглии?
— Да́, они́ англича́не.

Where are they from—England?
Yes, they're English.

Откуда они, из Италии?	Where are they from—Italy?
— Да, они итальянцы.	Yes, they're Italians.
Откуда они, из Испании?	Where are they from—Spain?
— Да, они испанцы.	Yes, they're Spaniards.
Откуда они, из Китая?	Where are they from—China?
— Да, они китайцы.	Yes, they're Chinese.
Откуда они, из Японии?	Where are they from—Japan?
— Да, они японцы.	Yes, they're Japanese.
Он русский, а его жена англичанка.	He's Russian, but his wife is English.
Он англичанин, а его жена русская.	He's English, but his wife is Russian.
Он американец, а его жена француженка.	He's American, but his wife is French.
Он француз, а его жена американка.	He's French, but his wife is American.
Он немец, а его жена итальянка.	He's German, but his wife is Italian.
Он итальянец, а его жена немка.	He's Italian, but his wife is German.
Он испанец, а его жена француженка.	He's Spanish, but his wife is French.
Он француз, а его жена испанка.	He's French, but his wife is Spanish.
Он китаец, а его жена японка.	He's Chinese, but his wife is Japanese.
Он японец, а его жена китаянка.	He's Japanese, but his wife is Chinese.
Она хорошо знает французский язык?	Does she know French well?
— Да, она свободно говорит по-французски.	Yes, she speaks French fluently.
Она хорошо знает немецкий язык?	Does she know German well?
— Да, она свободно говорит по-немецки.	Yes, she speaks German fluently.
Она хорошо знает итальянский язык?	Does she know Italian well?
— Да, она свободно говорит по-итальянски.	Yes, she speaks Italian fluently.

■ REPETITION DRILL

Repeat the given models illustrating names of countries, male and female inhabitants, and related adjectives and adverbs. Note that **русский** (f **русская**) is the only inhabitant name that is adjectival in form, and that only the names of countries are capitalized in Russian.

■ QUESTION-ANSWER DRILLS

1. *Is he French?*
   Yes, and his wife is also French.
   Он француз?
   Да, и его жена тоже француженка.
   Он англичанин?
   Да, и его жена тоже англичанка.
   (китаец, итальянец, испанец, японец, американец, немец)

2. *Is she French?*
   Yes, and her husband is also French.
   Она француженка?
   Да, и её муж тоже француз.
   Она китаянка?
   Да, и её муж тоже китаец.
   (испанка, немка, японка, англичанка, американка, итальянка)

3. *He's American, but what about his wife?*
   They're both Americans.
   Он американец, а его жена?
   Они оба американцы.
   Он испанец, а его жена?
   Они оба испанцы.
   (немец, англичанин, француз, японец, итальянец, китаец)

4. *Do people read Tolstoy in France?*
   Yes, but in French translation, of course.
   У вас во Франции читают Толстого?
   Да, но во французском переводе, конечно.
   У вас в Японии читают Толстого?
   Да, но в японском переводе, конечно.
   (в Германии, в Италии, во Франции, в Испании, в Англии)

1. *I'm studying Japanese.*
   I'll soon go to Japan.
   Я учу́ япо́нский язы́к.
   Я ско́ро пое́ду в Япо́нию.
   Я учу́ францу́зский язы́к.
   Я ско́ро пое́ду во Фра́нцию.
   (неме́цкий, италья́нский, кита́йский,
   испа́нский, япо́нский, францу́зский)

2. *These workers are Germans.*
   They understand only German.
   Э́ти рабо́чие — не́мцы.
   Они́ понима́ют то́лько по-неме́цки.
   Э́ти рабо́чие — италья́нцы.
   Они́ понима́ют то́лько по-италья́нски.
   (япо́нцы, ру́сские, францу́зы, англича́не,
   испа́нцы, украи́нцы, грузи́ны)

■ STRUCTURE REPLACEMENT DRILLS

1. *This book is written in Russian.*
   This book is written in the Russian language.
   Э́та кни́га напи́сана по-ру́сски.
   Э́та кни́га напи́сана на ру́сском языке́.
   Э́та кни́га напи́сана по-кита́йски.
   Э́та кни́га напи́сана на кита́йском языке́.
   (по-япо́нски, по-неме́цки,
   по-италья́нски, по-францу́зски,
   по-испа́нски, по-англи́йски)

2. *This writer is a Frenchman.*
   We're translating him from French into Russian.
   Э́тот писа́тель францу́з.
   Мы́ его́ перево́дим с францу́зского на ру́сский.
   Э́тот писа́тель америка́нец.
   Мы́ его́ перево́дим с англи́йского на ру́сский.
   (не́мец, япо́нец, грузи́н, италья́нец,
   англича́нин, кита́ец, испа́нец)

3. *He lived in France for many years.*
   He speaks beautiful French.
   О́н мно́го ле́т жи́л во Фра́нции.
   О́н прекра́сно говори́т по-францу́зски.
   О́н мно́го ле́т жи́л в Росси́и.
   О́н прекра́сно говори́т по-ру́сски.
   (в А́нглии, в Япо́нии, в Испа́нии,
   в Ита́лии, во Фра́нции, в Молда́вии,
   в Кита́е)

4. *This car is made in Europe.*
   This is a European car.
   Э́тот автомоби́ль сде́лан в Евро́пе.
   Э́то европе́йский автомоби́ль.
   Э́тот автомоби́ль сде́лан в Япо́нии.
   Э́то япо́нский автомоби́ль.
   (в Аме́рике, во Фра́нции, в Ита́лии,
   в Кита́е, в Испа́нии, в Сове́тском
   Сою́зе)

DISCUSSION

Ру́сский is the only name for the inhabitant of a country which is adjectival in form. Most names of inhabitants take the suffix **–ец** for the male and **–ка** for the female. A few differ from the usual pattern: **китая́нка** has a longer suffix (compare **кита́ец**); and **францу́з** and **францу́женка** follow still another pattern. **Англича́нин** (plural **англича́не**, feminine **англича́нка**) follows the same pattern as **мещани́н** and **граждани́н** (plural **меща́не**, **гра́ждане**; feminine **меща́нка**, **гражда́нка**).

Note that although both the adjective **францу́зский** and the adverb **по-францу́зски** are spelled with the combination **зс**, only a single [s] is pronounced: [francúskĭj, pəfrancúskĭ]. Compare the adjective **неме́цкий** and its adverb **по-неме́цки**, which are written without the **с**. These forms are unique in that they retain the suffix **–ец**, ordinarily dropped in the adjective and adverb.

Although English often uses nouns and adjectives interchangeably for reference to national residents, Russian uses only the noun:

У него́ жена́ францу́женка.	He has a French wife.
О́н испа́нец.	He's Spanish *or* He's a Spaniard.

Furthermore, Russian is stricter than English in its use of adjectives which refer to nationalities. For example, **ру́сский учи́тель** means a teacher who *is* Russian, not one who teaches Russian. The latter would be expressed by the phrase **учи́тель ру́сского языка́**.

Secondary imperfectives

Secondary imperfectives are verbs formed from prefixed perfectives largely by means of the stem suffixes **–ва–**, **–ыва–**, and **–ива–**. They are called secondary imperfectives because they are formed on the basis of perfective verbs which, in their turn, have been formed by the addition of a prefix to a simple, primary imperfective verb.

MODELS

Мо́жно прикури́ть?	May I light a cigarette from yours?
— Пожа́луйста, прику́р**ива**йте.	Please do.
Мо́жно э́то осмотре́ть?	May I examine this?
— Пожа́луйста, осма́т**рива**йте.	Please do.
Мо́жно, я э́то пересмотрю́?	May I look this over?
— Пожа́луйста, пересма́т**рива**йте.	Please do.
Мо́жно, я э́то переде́лаю?	May I do this over?
— Пожа́луйста, переде́л**ыва**йте.	Please do.
Мо́жно, я э́то ещё ра́з прослу́шаю?	May I listen to this once more?
— Пожа́луйста, прослу́ш**ива**йте.	Please do.
О́н опя́ть проигра́л в ка́рты?	Has he lost at cards again?
— Да́, о́н тепе́рь ча́сто прои́г**рыва**ет.	Yes, he often loses nowadays.
Ты́ уже́ допила́ молоко́?	Have you already finished [up] your milk?
— Как ра́з допи**ва́**ю.	I'm just finishing it now.
Ты́ уже́ приши́ла пу́говицу?	Have you already sewed on the button?
— Как ра́з приши**ва́**ю.	I'm just sewing it on now.
Ты́ уже́ переписа́ла её а́дрес?	Have you already copied her address?
— Как ра́з перепи́**сыва**ю.	I'm just copying it now.
Мо́жет бы́ть, устро́ить вечери́нку?	Maybe I should throw a party?
— Не́т, не на́до устра́**ива**ть.	No, don't.
Мо́жет бы́ть, откры́ть фо́рточку?	Maybe I should open the window vent?
— Не́т, не на́до откры**ва́**ть.	No, don't.
Мо́жет бы́ть, закры́ть фо́рточку?	Maybe I should close the window vent?
— Не́т, не на́до закры**ва́**ть.	No, don't.
Мо́жет бы́ть, переде́лать пла́н?	Maybe I should redo the plan.
— Не́т, не на́до переде́л**ыва**ть.	No, don't.
Распаку́й чемода́н!	Unpack the suitcase!
Не распако́**выва**й чемода́на!	Don't unpack the suitcase!
Перепиши́ э́то!	Write that over!
Не перепи́**сыва**й э́того!	Don't write that over!
Сле́й сли́вки с молока́!	Pour the cream off the milk!
Не сли**ва́**й сли́вок с молока́!	Don't pour the cream off the milk!
Сбе́й я́блоко с де́рева!	Knock an apple [down] off the tree!
Не сби**ва́**й я́блок с де́рева!	Don't knock apples [down] off the tree!
Спроси́ его́!	Ask him!
Не спра́ш**ива**й его́!	Don't ask him!
Остани́сь!	Stop!
Не остана́**влива**йся!	Don't stop!

Repeat the given models illustrating the formation of secondary imperfectives from prefixed perfective verbs. All such derived imperfectives are "j-stem" verbs of the first conjugation.

■ RESPONSE DRILLS

1. *Don't stop!*
   We aren't (stopping).
   Не остана́вливайтесь!
   Мы́ не остана́вливаемся.
   Не разма́хивайте рука́ми!
   Мы́ не разма́хиваем.
   (не перепи́сывайтесь, не заде́р-
   живайтесь, не распако́вывайте, не заду́-
   мывайтесь, не перепако́вывайте,
   не остана́вливайтесь, не разма́хивайте
   па́лками)

2. *This ought to be rebuilt.*
   We have no time to rebuild it.
   Э́то ну́жно бы перестро́ить.
   На́м не́когда э́то перестра́ивать.
   Э́то ну́жно бы перешы́ть.
   На́м не́когда э́то перешива́ть.
   (запаковать, приготовить, переделать,
   осмотреть, проработать)

3. *This has to be rewritten.*
   I don't want to rewrite it.
   Э́то ну́жно переписа́ть.
   Я́ не хочу́ э́того перепи́сывать.
   Э́то ну́жно пересмотре́ть.
   Я́ не хочу́ э́того пересма́тривать.
   (выписать, перепаковать, замыть,
   переварить, переделать, проработать)

4. *Ask him.*
   Why should I be the one to ask?
   Спроси́ у него́.
   Почему́ я́ до́лжен спра́шивать?
   Приго́товь ему́ за́втрак.
   Почему́ я́ до́лжен пригота́вливать?
   (Задержи́ его́. Останови́ его́. Устро́й
   его́ на тёплое месте́чко.)

■ STRUCTURE REPLACEMENT DRILLS

1. *He spent everything on drink.*
   He always spends everything on drink.
   О́н всё про́пил.
   О́н всегда́ всё пропива́ет.
   О́н всё проигра́л.
   О́н всегда́ всё прои́грывает.
   (разлил, разбил, переделал, устроил,
   перешил, перепаковал, осмотрел)

2. *How many magazines did you subscribe to?*
   How many magazines do you usually subscribe to?
   Ско́лько журна́лов вы́ вы́писали?
   Ско́лько журна́лов вы́ обы́чно
   выпи́сываете?
   Ско́лько папиро́с вы́ вы́курили?
   Ско́лько папиро́с вы́ обы́чно выку́риваете?
   Ско́лько ле́кций вы́ прослу́шали?
   Ско́лько пласти́нок вы́ проигра́ли?
   Ско́лько посы́лок вы́ запакова́ли?
   Ско́лько заявле́ний вы́ рассмотре́ли?
   Ско́лько реце́птов вы́ вы́писали?
   Ско́лько сигаре́т вы́ вы́курили?

■ QUESTION-ANSWER DRILLS

1. *May I light up (and smoke)?*
   Go ahead.
   Мо́жно закури́ть?
   Заку́ривайте.
   Мо́жно э́то переписа́ть?
   Перепи́сывайте.
   (это перелить, это сбить,
   это переделать, это пересмотреть)

2. *Has he been detained again?*
   Yes, he's often detained nowadays.
   О́н опя́ть задержа́лся?
   Да́, о́н тепе́рь ча́сто заде́рживается.
   О́н опя́ть проигра́л?
   Да́, о́н тепе́рь ча́сто прои́грывает.
   (недоработал, проиграл, задумался,
   остановился, закурил)

Secondary imperfectives are those imperfective verbs formed from perfective verbs, most of which in turn have been formed by the addition of a prefix to a simple imperfective verb. The secondary imperfective is formed by means of expanding the stem through the addition of an imperfectivizing stem suffix, usually **–ыва–** (or **–ива–**), less often, **–ва–**. All such secondary imperfectives are verbs of the first conjugation of the "j-stem" type, that is, they are conjugated like **рабо́тать**, **ду́мать**, and **чита́ть**. Note from the following chart that whereas the prefixed perfective is conjugated like the basic simple imperfective, its meaning is the same as that of the secondary imperfective:

BASIC SIMPLE IMPERFECTIVE	PREFIXED PERFECTIVE	SECONDARY IMPERFECTIVE
писа́ть *to write*	**勘прописа́ть** *to prescribe*	**пропи́сывать**
пишу́, пи́шут	пропишу́, пропи́шут	пропи́сываю, –ют
накова́ть *to pack*	**распакова́ть** *to unpack*	**распако́вывать**
пакую, –ют	распакую, –ют	распако́вываю, –ют
пить *to drink*	**допить** *to finish drinking*	**допива́ть**
пью, пьют	допью, допьют	допива́ю, –ют
шить *to sew*	**приши́ть** *to sew on*	**пришива́ть**
шью, шьют	пришью, пришьют	пришива́ю, –ют

There are two modifications which may take place in the stem of the secondary imperfective:

1. Stressed **á** frequently replaces **o** of the basic stem:

Compare **перерабо́тать** (perfective)
with **перераба́тывать** (imperfective)

Compare **устро́ить** (perfective)
with **устра́ивать** (imperfective)

2. The same consonant changes that take place in the first person singular of second conjugation verbs are found in *all* forms of the secondary imperfective:

Compare **просиде́ть, просижу́, просидя́т** (perfective)
with **проси́живать, проси́живаю, проси́живают** (imperfective)

Compare **останови́ться, остановлю́сь, остано́вятся** (perfective)
with **остана́вливаться, остана́вливаюсь, остана́вливаются** (imperfective)

Uses of the prepositional case: prepositions в, на, о, and при

The prepositional case is used only with prepositions, four of which are in common use. The prepositions **в**, **на**, and **о** have been treated extensively in earlier lessons. The preposition **при** may be translated variously (*in the presence of*; *at, on*; *under*; *in front of*; *during the time of*), but its basic meaning involves attachment, immediate proximity, or close association either in space or in time.

MODELS

При иностра́нцах нельзя́ свобо́дно
говори́ть.

You can't talk freely in front of strangers.

Ты́ не забы́л докуме́нты?	You didn't forget your documents, did you?
— Не́т, они́ всегда́ при мне́.	No, I always have them on me.
Ты́ до́лжен всегда́ име́ть при себе́ де́ньги.	You should always have some cash on you.
У меня́ при себе́ не́т его́ а́дреса.	I don't have his address on me.
Э́то бы́ло при Петре́ Пе́рвом.	It was during the reign of Peter the First (*or* under Peter the First).
Э́то бы́ло при Екатери́не.	It was during Catherine's time (*or* reign).
Э́то случи́лось ещё при жи́зни Ле́нина.	It happened while Lenin was still alive.
Вахтёр живёт при клу́бе.	The custodian lives right at the club.
При тако́м здоро́вье ва́м нельзя́ кури́ть.	You can't smoke with your health the way it is.
Не говори́ таки́х глу́постей при де́тях.	Don't say such silly things when the children are around.
Э́то на́до сде́лать при дире́кторе.	This must be done in the director's presence.

■ QUESTION-ANSWER DRILLS

1. *You didn't forget your documents, did you?*
   No, I always have them on me.
   Ты́ не забы́л докуме́нты?
   Не́т, они́ всегда́ при мне́.
   Вы́ не забы́ли докуме́нты?
   Не́т, они́ всегда́ при на́с.
   (она, ты, он, вы, они, она, ты)

2. *Will you wear your brown dress?*
   No, I don't want to wear it.
   Ты́ пойдёшь в кори́чневом пла́тье?
   Не́т, я́ не хочу́ в нём идти́.
   Ты́ пойдёшь в кори́чневой шля́пе?
   Не́т, я́ не хочу́ в не́й идти́.
   (в коричневых ботинках, в коричневом плаще, в коричневых туфлях, в коричневом пальто, в коричневых перчатках, в коричневой блузке, в коричневой юбке)

■ RESPONSE DRILLS

1. *Someone asked just what happiness was.*
   Everybody began arguing about happiness.
   Кто́-то спроси́л, что тако́е сча́стье.
   Все́ заспо́рили о сча́стье.
   Кто́-то спроси́л, что тако́е пра́вда.
   Все́ заспо́рили о пра́вде.
   (мещанство, слава, душа, ум, война, характер, наука, вероятность)

2. *Let's go to the park for a walk.*
   It's wet in the park.
   Пойдём в па́рк погуля́ть.
   В па́рке мо́кро.
   Пойдём в ле́с погуля́ть.
   В лесу́ мо́кро.
   (в сад, на двор, в сквер, на берег, в лес, в парк)

■ STRUCTURE REPLACEMENT DRILLS

1. *She can't sing when he's listening.*
   She can't sing when he's around.
   Она́ не мо́жет пе́ть, когда́ о́н слу́шает.
   Она́ не мо́жет пе́ть при нём.

   Она́ не мо́жет пе́ть, когда́ ты́ слу́шаешь.
   Она́ не мо́жет пе́ть при тебе́.
   (вы, они, ты, он, все, Миша, Аня)

2. *That was the time of Catherine.*
   It was in Catherine's time.
   Э́то бы́ло вре́мя Екатери́ны.
   Э́то бы́ло при Екатери́не.

Э́то бы́ло вре́мя Петра́.
Э́то бы́ло при Петре́.
(Ста́лина, Ле́нина, Никола́я Пе́рвого, Ива́на Четвёртого, Михаи́ла, Алексе́я, Алекса́ндра Второ́го, Па́вла)

ПОВТОРЕ́НИЕ

— Смотри́, Ва́ля, во́н та́м знамени́тый па́мятник Пу́шкину.

— Подойдём побли́же. Я́ ма́ссу ра́з ви́дела э́тот па́мятник на фотогра́фиях и о́чень люблю́ его́.

— Я́ то́же, и, зна́ешь, когда́ смотрю́ на него́, то́ всегда́ ду́маю о францу́зском выраже́нии: «Для его́ сла́вы ничего́ не ну́жно, но для на́шей сла́вы ну́жен о́н». По́мнишь?

— Должна́ призна́ться, Алёша, что я́ не по́мню, о ко́м э́то ска́зано.

— Ка́к тебе́ не сты́дно, Ва́ля! Э́то ска́зано о вели́ком францу́зском писа́теле, а́вторе мно́гих остроу́мных пье́с и сати́р.

— А́х, о Молье́ре!

— Ну́ коне́чно же! Францу́зы уме́ют сказа́ть ко́ротко, си́льно и краси́во.

— Да́. И ты́ пра́в, Алёша: э́ти слова́ о́чень подхо́дят к на́шему ге́нию.

— Что́ вы́ чита́ете, Никола́й Па́влович?

— «Трёх сестёр». Люблю́ э́ту пье́су. Ско́лько ра́з чита́л и опя́ть могу́ чита́ть.

— Я́ зна́ю, что Че́хов ва́ш люби́мый писа́тель. Его́, действи́тельно, мо́жно чита́ть без конца́. Но пье́сы всё-таки лу́чше смотре́ть, че́м чита́ть.

— Возмо́жно, но у Че́хова и в пье́сах и в расска́зах лю́ди таки́е живы́е, что забыва́ешь, что э́то литерату́ра, а не настоя́щая жи́знь.

— Да́, Че́хов большо́й худо́жник, и по-мо́ему, типи́чно ру́сский.

— Я́ ду́маю, что вы́ не пра́вы. Сочине́ния Че́хова име́ют не ме́ньший, е́сли не бо́льший успе́х заграни́цей. О́н бли́зок и поня́тен лю́дям любо́й национа́льности.

— Да́, действи́тельно, о́н популя́рен и во Фра́нции, и в Герма́нии, и в А́нглии.

— И в Аме́рике то́же. Везде́.

Во́т, послу́шайте оди́н расска́з Зо́щенко.

Бы́ло весе́ннее у́тро и по у́лице шла́ молода́я краси́вая же́нщина, наря́дно оде́тая, в мо́дном шёлковом пла́тье и в ту́флях на высо́ких каблука́х. На неё всё смотре́ли, мужчи́ны заде́рживались и провожа́ли её глаза́ми. Во́т э́та же́нщина дошла́ до угла́, и ту́т ей на́до бы́ло перейти́ у́лицу. Бы́ло большо́е движе́ние, по у́лице е́хали оди́н за други́м авто́бусы и трамва́и. Же́нщина останови́лась, посмотре́ла напра́во, нале́во и ста́ла бы́стро переходи́ть у́лицу. Она́ о́чень спеши́ла, почти́ бежа́ла, но когда́ пробежа́ла полови́ну у́лицы, она́ вдру́г останови́лась. Оказа́лось, что каблу́к её ту́фли бы́л ме́жду дву́х камне́й, и она́ не могла́ идти́ да́льше, а ту́т уже́ подходи́л трамва́й. Круго́м стоя́ли лю́ди, удивля́лись и не понима́ли, что́ с не́й случи́лось. Наконе́ц подошёл милиционе́р. — «Не заде́рживайтесь», — сказа́л о́н, — «смотри́те, из-за ва́с останови́лся трамва́й. Бро́сьте ва́шу ту́флю! Сними́те её!» Тогда́ же́нщина запла́кала и сняла́ ту́флю. И ту́т все́ по́няли, в чём бы́ло де́ло: у неё на чулке́ была́ больша́я ды́рка и, кро́ме того́, нога́ оказа́лась совсе́м гря́зной! Лю́ди вокру́г засмея́лись, и её наря́дное шёлковое пла́тье уже́ никому́ не нра́вилось и вы́глядело смешны́м.

NOTES

PREPARATION FOR CONVERSATION   **Во́лков бы́л в Сре́дней А́зии**

сре́дний, –яя, –ее	middle, central, average
Во́лков бы́л в Сре́дней А́зии.	Volkov was in Central Asia.
Алексе́й, приве́т!	Hi, Alexis!
Ка́к живёшь?	How are you?
А́, Григо́рий!	Oh, Grigory!
пропада́ть, –а́ют (I)	to disappear, be missing, be lost
Где́ ты́ пропада́л?	Where have you been keeping yourself?
Я́ — ничего́, а где́ ты́ пропада́л?	I'm all right, but where have you been keeping yourself?
Я́ е́здил в Сре́днюю А́зию, в командиро́вку.	I've been to Central Asia, on official business.
поко́й	peace, rest
Ва́м никогда́ не́т поко́я.	There's never any rest for you.
рабо́тник	worker
отве́тственный	responsible
отве́тственный рабо́тник	executive
Ва́м, отве́тственным рабо́тникам, никогда́ не́т поко́я.	There's never any rest for you executives.
целина́	frontier, virgin land
На целину́ посыла́ли?	Did they send you to the frontier?
Да́.	Yes.
вы́полнить, –ят (pfv II)	to fulfill, carry out, perform, implement
райо́н	district, region, area
Та́м в одно́м райо́не не вы́полнили пла́на.	In one area there they didn't fulfill the plan.
подтяну́ть, подтя́нут (pfv I)	to pull up, tighten, pull together, shape up
Та́м в одно́м райо́не не вы́полнили пла́на, ну́жно бы́ло подтяну́ть.	In one area there they didn't fulfill the plan, and it was necessary to shape things up.
пополне́ть, –е́ют (pfv I)	to put on weight, fill out
А ты́ пополне́л.	But you've put on weight.

выража́ться, –а́ются (I)	to express oneself; to put it
ма́гко выража́ясь	putting it mildly, to put it mildly
А ты́, ма́гко выража́ясь, пополне́л.	And you, putting it mildly, have gained some weight.
Эх, бра́т, и не говори́!	Oh brother, are you telling me!
бара́нина	mutton, lamb
Всё вре́мя е́л бара́нину.	I ate mutton all the time.
жи́рный	fat, fatty, rich
Всё вре́мя е́л бара́нину, а она́ ведь стра́шно жи́рная.	I ate mutton all the time, and it is, after all, terribly rich.
санато́рий	sanatorium
Поезжа́й в санато́рий.	Go to a sanatorium.
похуде́ть, –е́ют (pfv I)	to become thin, lose weight
Хо́чешь похуде́ть — поезжа́й в санато́рий.	If you want to lose weight, go to a sanatorium.
дие́та	diet, reducing plan
строжа́йший	strictest
посади́ть, посажу́, поса́дят (pfv II)	to place; to plant; to seat
Та́м тебя́ поса́дят на строжа́йшую дие́ту.	There they'll put you on the strictest diet.
ве́с (pl весы́)	weight (pl scales)
ли́шний, –яя, –ее	excess, extra; unnecessary
сбро́сить, –ят (pfv II)	to drop, throw off, shed
Та́м тебя́ поса́дят на строжа́йшую дие́ту, пока́ не сбро́сишь ли́шний ве́с.	There they'll put you on the strictest diet until you shed your excess weight.
спо́соб	method, device, way
ве́рный	true, correct; sure, reliable, faithful
наибо́лее	the most
Да́, э́то, пожа́луй, наибо́лее ве́рный спо́соб.	Yes, perhaps that's the surest way.
Кры́м	the Crimea
в Крыму́	in the Crimea
Я́ пое́ду в Кры́м.	I'll go to the Crimea.
путёвка	permit, pass
Я́ возьму́ путёвку в Кры́м.	I'll get a permit to go to the Crimea.
о́тдых	rest, relaxation
до́м о́тдыха	rest home
Во́т, во́т. Я́ са́м собира́юсь куда́-нибудь в до́м о́тдыха.	That's the idea. I myself am planning to go to a rest home somewhere.
надое́сть, надоедя́т (irreg pfv) (*like* е́сть)	to be bored; to have enough; to be tired, be sick and tired, be fed up
Надое́ло ту́т сиде́ть.	I'm tired of staying here.
говоря́	speaking, while speaking
открове́нный	frank, outspoken, blunt
Открове́нно говоря́, надое́ло ту́т сиде́ть.	Frankly speaking, I'm tired of staying here.
Коне́чно.	Of course.
вечеро́к (var. of ве́чер)	evening
Послу́шай, заходи́ сего́дня вечерко́м.	Listen, why don't you drop in this evening?

зде́шний, –яя, –ее   local; here
рассказа́ть, расска́жут (pfv I)   to tell

Расска́жешь мне зде́шние но́вости.   You can tell me the local news.

Хорошо́, приду́.   All right, I'll come.

набра́ться, наберу́тся (pfv I)   to accumulate, pile up

Новосте́й набрало́сь мно́го, пока́ тебя́ не́ было.   Lots of news has accumulated while you were away.

SUPPLEMENT

ве́сить, –ят (II)   to weigh
Ско́лько ве́сит э́тот кусо́к мя́са?   How much does this piece of meat weigh?
выполня́ть, –я́ют (I)   to fulfill, carry out, perform
Они́ всегда́ выполня́ют ва́ши распоряже́ния.   They always carry out your orders.
подтя́гивать, –ают (I)   to pull up, hitch up, tighten, pull together
Переста́нь подтя́гивать брю́ки!   Stop hitching up your trousers!
подтя́гиваться (pfv подтяну́ться)   to pull oneself up; to pull oneself together, brace oneself; to catch up to; to improve
Плохи́е студе́нты на́чали подтя́гиваться.   The poor students began to improve.
О́н подтяну́лся к окну́.   He pulled himself up to the window.
нача́льник   chief, administrator, head, boss
О́н хоро́ший нача́льник.   He's a good administrator.
пусты́ня   desert; wilderness
Э́то настоя́щая пусты́ня.   It's a real desert.
песо́к, песка́   sand
Та́м не́т дере́вьев, то́лько песо́к.   There are no trees there, only sand.
отдыха́ющий   guest, vacationer (*lit.* one who is resting)
В Крыму́ тепе́рь мно́го отдыха́ющих.   There are many vacationers in the Crimea now.
пля́ж   beach
Пойдём на пля́ж.   Let's go to the beach.
загора́ть, –а́ют (pfv загоре́ть)   to tan, become sunburned
Я́ всё у́тро лежа́л на со́лнце и загора́л.   I lay in the sun all morning getting a tan.
Ка́к вы́ хорошо́ загоре́ли!   What a nice tan you've got!
свини́на   pork
Вы́ лю́бите свини́ну?   Do you like pork?
ветчина́   ham
Я́ предпочита́ю ветчину́.   I prefer ham.
говя́дина   beef
Америка́нцы лю́бят говя́дину.   Americans like beef.
ку́рица   chicken
Купи́те ку́рицу к обе́ду.   Buy a chicken for dinner.
весы́, весо́в (pl only)   scales, balance
Э́ти весы́ нето́чные.   These scales are not accurate.
стро́гий   strict, severe, stern
Ты́ с ни́м сли́шком стро́г.   You're too strict with him.
стро́же   stricter, more strictly
С ни́м ну́жно бы́ть стро́же.   You have to be stricter with him.
оста́вить в поко́е   to leave alone
Оста́вь меня́ в поко́е!   Let me alone!

в сре́днем	on the average
Я выку́риваю в сре́днем две́ па́чки в де́нь.	I smoke on the average two packs a day.
наиме́нее	the least
О́н наиме́нее спосо́бный студе́нт среди́ ни́х.	He's the least capable student among them.

Во́лков бы́л в Сре́дней А́зии

В. — Во́лков   Х. — Хитро́в

В. 1 Алексе́й, приве́т! Ка́к живёшь?

Х. 2 А́, Григо́рий! Я́ — ничего́, а где́ ты́ пропада́л?

В. 3 Е́здил в Сре́днюю А́зию, в командиро́вку.[1]

Х. 4 Ва́м, отве́тственным рабо́тникам, никогда́ не́т поко́я.[2] На целину́ посыла́ли?[3]

В. 5 Да́. Та́м в одно́м райо́не не вы́полнили пла́на, ну́жно бы́ло подтяну́ть.[4]

Х. 6 А ты́, мя́гко выража́ясь, пополне́л.

В. 7 Э́х, бра́т, и не говори́. Всё вре́мя е́л бара́нину, а она́ ведь стра́шно жи́рная.[5]

Х. 8 Хо́чешь похуде́ть — поезжа́й в санато́рий. Та́м тебя́ поса́дят на строжа́йшую дие́ту, пока́ не сбро́сишь ли́шний ве́с.[6]

В. 9 Да́, э́то, пожа́луй, наибо́лее ве́рный спо́соб. Возьму́ путёвку в Кры́м.

Х. 10 Во́т, во́т. Я́ са́м собира́юсь куда́-нибудь в до́м о́тдыха.[7] Открове́нно говоря́, надое́ло ту́т сиде́ть.

В. 11 Коне́чно. Послу́шай, заходи́ сего́дня вечерко́м. Расска́жешь мне́ зде́шние но́вости.

Х. 12 Хорошо́, приду́. Новосте́й набрало́сь мно́го, пока́ тебя́ не́ было.

NOTES

[1] Soviet Central Asia comprises the area lying to the east of the Caspian Sea and south of the Ural Mountains, much of which is arid desert land.

[2] The term **отве́тственный рабо́тник** refers to a worker at the executive level, and one who can usually be assumed to be a party member. Both **рабо́чий** and **рабо́тник** mean *worker*, but the former refers to an ordinary or unskilled worker, whereas **рабо́тник** is comparable to what we term a "white-collar" worker. **Рабо́тник** may refer to a woman as well as a man: **Она́ прекра́сный рабо́тник** *She's an excellent worker*.

[3] Land which has not been previously cultivated is termed **целина́** (see Mikhail Sholokhov's novel «**По́днятая целина́**» *Virgin Soil Upturned*). More recently the term has been applied specifically to the vast stretches of pasture land in Kazakhstan and other Central Asiatic republics, which Khrushchev decreed are to be turned into corn- and grain-producing fields.

[4] The term **подтяну́ть** (imperfective **подтя́гивать**) literally means *to pull up* or *tighten*, and is used here in the sense *to whip into line* or *shape, to straighten out the situation*.

5 Central Asia is a sheep-raising area and consequently lamb or mutton is the meat most widely eaten there. The native population is predominantly nomadic or semi-nomadic.

6 Although the word **диéта** is used here in the popular American sense *reducing diet*, it is much more often used in the medical sense, that is, a special diet for diabetics and people with ulcers or other illnesses.

7 A **санатóрий** *sanatorium* may be either a health and vacation resort or a medical rehabilitation center, for example, for tuberculosis patients. **Домá óтдыха** *rest homes* are not as elegant as sanatoriums. Often a rest home consists simply of a large house, somewhere on the outskirts of town, where people go to relax, play chess or checkers, dance, listen to the radio, or just stroll in the garden. The Crimean peninsula on the Black Sea is one of the famous vacation areas of the U.S.S.R., and several former czarist palaces there have been converted into sanatoriums. In order to go to a sanatorium, rest home, or resort, one must obtain a special **путёвка** *travel permit* from the local committee of one's labor union which entitles the bearer to accommodation at one of these facilities. It is much easier for the average citizen to get to a rest home than to a sanatorium.

PREPARATION FOR CONVERSATION   **В Мѝргороде тепéрь курóрт**

курóрт	health resort, resort area
В Мѝргороде тепéрь курóрт.	There's a health resort in Mirgorod now.
превосхóдный	excellent, superb, perfect, magnificent
пельмéни, –ей (pl only)	dumplings, pelmeni
Пельмéни бы́ли превосхóдные.	The dumplings were excellent.
превосхóднейший	most excellent, absolutely perfect
Пельмéни бы́ли превосхóднейшие.	The dumplings were absolutely perfect.
рабóтница	maid, woman worker; servant
Вáша рабóтница прекрáсно готóвит.	Your maid is an excellent cook.
блю́до	dish, course
у́тка	duck
жáреный	roasted; broiled; fried
Жáреная у́тка с я́блоками — моё люби́мое блю́до.	Roast duck stuffed with apples is my favorite dish.
Жáреная у́тка с я́блоками — моё люби́мое блю́до, и вáша рабóтница егó прекрáсно готóвит.	Roast duck stuffed with apples is my favorite dish, and your maid cooks it excellently.
вкус	taste, flavor
угадáть –áют (I)	to guess
Рáд, что угадáл твóй вкус.	I'm glad I guessed what you like (*lit.* your taste).
гости́ная	living room; parlor
Но давáй перейдём в гости́ную.	But let's move into the living room.
убирáть, –áют (I)	to take away, remove; to tidy up
убирáть со столá	to clear the table
Пу́сть рабóтница убирáет со столá.	Let the maid clear off the table.

Но дава́й перейдём в гости́ную, пусть
рабо́тница убира́ет со стола́.

    расска́зывать, –ают (I)
Так продолжа́й расска́зывать.

    гости́ть, гощу́, гостя́т (II)
    Со́ня (var. of Со́фья)
Ты́ говори́л, что Со́ня гости́т у родны́х.

Да́, она́ пое́хала к ни́м по́сле того́, как
побыва́ла в Ми́ргороде, на куро́рте.

Ра́зве в Ми́ргороде е́сть куро́рт?

Да́, коне́чно.

    лу́жа
    описа́ть, опи́шут (pfv I)
    опи́санный (ppp описа́ть)
По́мнишь знамени́тую лу́жу, опи́санную
Го́голем?

    широ́кий; широ́к, –а́, –о́, –и́
    ши́ре
А ка́к же: «...широ́кая ка́к мо́ре».

    утону́ть, уто́нут (pfv I)
    гря́зь (f)
    в грязи́
«В грязи́ утону́ть мо́жно».

    при чём ту́т
Но при чём ту́т лу́жа?

    исто́чник
    минера́льный
Это оказа́лся минера́льный исто́чник.
Это оказа́лся минера́льный исто́чник, и та́м
тепе́рь устро́ен куро́рт.

    чу́до, –a (irreg pl чудеса́, чуде́с)
    во́т так чудеса́!

Во́т так чудеса́!

    вы́сохнуть, –ут (pfv I) (past вы́сох, –ла)
Но подожди́, у Го́голя ска́зано, что лу́жа
вы́сохла.

    цензу́ра
    ра́ди (plus gen)
Это ра́ди цензу́ры.

    револю́ция
    до са́мой револю́ции
Наско́лько я́ зна́ю, лу́жа была́ до са́мой
револю́ции.

But let's move into the living room and let the
maid clear off the table.

    to tell
Go on with what you were telling me.

    to stay, spend time (as a guest), visit
    Sonya
You were saying that Sonya is visiting her folks.

Yes, she went to see them after she was at the
health resort in Mirgorod.

You mean there's a health resort in Mirgorod?

Yes, of course.

    puddle, pool
    to describe; to write about
    described
Remember the famous puddle described by
Gogol?

    wide, broad; large, vast
    wider, broader
Why of course: ". . . wide as the sea."

    to drown, sink, be swallowed up
    mud, dirt
    in the mud (or dirt)
"One can drown in the mud."

    what has . . . got to do with it
But what's the puddle got to do with it?

    spring; source
    mineral
It turned out to be a mineral spring.
It turned out to be a mineral spring, and there's
a health resort built there now.

    miracle, wonder
    well, I'll be darned! will wonders never
    cease! amazing!
Well, I'll be darned!

    to dry up, wither
But wait, it's said in Gogol that the puddle dried
up.

    censorship
    for the sake of
That's for the sake of censorship.

    revolution
    right up to the Revolution
As far as I know, the puddle existed right up to
the Revolution.

власть (f)
при сове́тской вла́сти

power, authority, rule
during the Soviet regime

То́лько при сове́тской вла́сти та́м откры́ли куро́рт.

It was only during the Soviet regime [that] they opened a health resort there.

Интере́сная исто́рия!

An interesting story!

SUPPLEMENT

опи́сывать, –ают (I)

to describe

Писа́тель опи́сывает жи́знь дере́вни до револю́ции.

The author describes village life before the Revolution.

убра́ть, уберу́т (pfv I)

to clear off, take away, remove; to tidy up

Рабо́тница уже́ убрала́ со стола́.

The maid has already cleared off the table.

спа́льня, –и; –и, спа́лен

bedroom

Неуже́ли в но́вых кварти́рах не́т спа́лен?

You mean there aren't any bedrooms in the new apartments?

Я ва́м покажу́ спа́льню.

I'll show you the bedroom.

перед те́м как

before (conjunction)

Перед те́м как уе́хать, я поговори́л с ни́ми.

I had a talk with them before I went away.

Я говори́л с ни́ми перед те́м, как они́ уе́хали.

I talked with them before they went away.

у́зкий
у́же

narrow, tight
narrower, tighter

Они́ живу́т в у́зком переу́лке, недалеко́ от гла́вной по́чты.

They live in a narrow alley not far from the main post office.

На́ша у́лица у́же ва́шей.

Our street is narrower than yours.

бито́к, –тка́

meatball, hamburger steak (usually cooked in sauce); cube steak

На второ́е у на́с битки́ в тома́те.

For the second course we have meatballs in tomato sauce.

котле́та

meat patty, hamburger; chop

Котле́ты о́чень вку́сные.

The meat patties are delicious.

бифште́кс [þifštéks]

steak, beefsteak

Зака́жем бифште́кс.

Let's order steak.

капу́ста

cabbage

Хоти́те пирога́ с капу́стой?

Would you like cabbage pirog?

гарни́р (sg only)

vegetable (side dish)

Како́го гарни́ра ва́м принести́?

What kind of vegetable[s] shall I bring you?

со́ус

sauce, gravy

Э́тот со́ус сли́шком жи́рный.

This sauce is too rich.

о́вощи, –е́й (pl)

vegetables

Купи́ на база́ре овоще́й.

Buy some vegetables at the market.

сала́т

salad; lettuce

Я сде́лаю сала́т из све́жих овоще́й.

I'll make a fresh vegetable salad.

варёный

boiled; cooked

Я обы́чно е́м на за́втрак варёное яйцо́.

I usually eat a boiled egg for breakfast.

тушёный

stewed

Хоти́те тушёные о́вощи?

Do you want some stewed vegetables?

тушёное мя́со

beef stew

Я о́чень люблю́ тушёное мя́со.

I really like beef stew.

В Миргороде теперь курорт

Х. — Хитров   В. — Волков

Х. 1 Пельмени были превосходнейшие.[1] А жареная утка с яблоками — моё любимое блюдо,[2] и ваша работница его прекрасно готовит.[3]

В. 2 Рад, что угадал твой вкус. Но давай перейдём в гостиную, пусть работница убирает со стола.[4]

Х. 3 Так продолжай рассказывать. Ты говорил, что Соня гостит у родных.

В. 4 Да, она поехала к ним после того, как побывала в Миргороде, на курорте.[5]

Х. 5 Разве в Миргороде есть курорт?

В. 6 Да, конечно. Помнишь знаменитую лужу, описанную Гоголем?[6]

Х. 7 А как же: «...широкая как море, в грязи утонуть можно». Но при чём тут лужа?

В. 8 Это оказался минеральный источник, и там теперь устроен курорт.

Х. 9 Вот так чудеса! Но подожди, у Гоголя сказано, что лужа высохла.

В. 10 Это ради цензуры. Насколько я знаю, лужа была до самой революции. Только при советской власти там открыли курорт.

Х. 11 Интересная история!

NOTES

[1] **Пельмени** are small dumplings filled with raw meat and boiled. They are typical fare in Siberia, where they are prepared in great quantities at the beginning of winter and are partially cooked, then stored outside in large barrels. They are taken as needed through the winter from this "natural freezer," reheated, and served.

[2] The word **любимый** *favorite, beloved* is now used as an ordinary adjective but is structurally a present passive participle (literally *being loved*). Present passive participles are seldom used other than for written technical and scientific Russian. They are derived from transitive imperfective verbs and usually have the endings –мый, –мая, –мое, and –мые (long-forms) and –м, –ма, –мо, and –мы (short-forms).

понимаемый	*being understood*	снимаемый	*being taken off*
оформляемый	*being made official*	переносимый	*being carried over*
поднимаемый	*being lifted*	приводимый	*being brought in*

Since the present passive participles are so very limited in use, they will not be drilled.

[3] The word **работница**, while structurally the feminine counterpart of **работник**, is closer in meaning to **рабочий**, which refers to an unskilled worker.

На этом заводе много работниц.   There are lots of women workers at this plant.

In this conversation, however, **работница** is used in the special sense *domestic worker* or *maid* and is actually short for **домашняя работница** (or **домработница**).

[4] Apartments with separate dining and living rooms are not typical of the Soviet Union, and only important people, for example, party officials, executives, famous artists, writers, and performers, can obtain or afford such accommodations.

⁵ The term **курóрт** refers not only to the health resort proper, but is also the whole resort area. Some of the widely known resorts are Sochi on the eastern Black Sea coast and Gagra in the Caucasus. In order to be sent to such a health resort, one must have not only the proper amount of influence, but a medical certificate recommending a resort as well.

⁶ The work by Gogol referred to is called **«Пóвесть о тóм, как поссóрились Ивáн Ивáнович с Ивáном Никúфоровичем»** *Tale of How the Two Ivans Quarreled*, whose opening passages describe the large, muddy pool in the middle of the town of Mirgorod in the Ukraine. Nikolai Gogol (1809–1852) is considered the father of modern Russian literature and the founder of the so-called "natural" school. His best-known works are **«Мёртвые дýши»** *Dead Souls*, **«Ревизóр»** *The Inspector General*, **«Тарáс Бýльба»** *Taras Bulba*, and the short story, **«Шинéль»** *The Overcoat*.

Basic sentence patterns

1. Я не слы́шал, когдá онá звонúла.
   —————————————— стучáла.
   —————————————— пéла.
   —————————————— плáкала.

   I didn't hear her ring.
   ———————————— knock.
   ———————————— sing.
   ———————————— cry.

2. Я вúдел, как óн подтянýл лóдку.
   —————————— уронúл дéньги.
   —————————— упáл с дéрева.
   —————————— танцевáл.

   I saw him pull the boat in.
   ————————— drop the money.
   ————————— fall from the tree.
   ————————— dance.

3. Я не замéтил, что óн упáл.
   —————————————— пры́гнул.
   —————————————— спря́тался.

   I didn't notice him fall.
   ———————————————— jump.
   ———————————————— hide.

4. Э́то вкуснéйшее блю́до.
   —— вкуснéйшая ветчинá.
   —— вкуснéйшая кýрица.

   This is the (*or* a) most delicious dish.
   ———————————————————— ham.
   ———————————————————— chicken.

5. Э́то старéйший спóсоб.
   —— наибóлее стáрый ——.
   —— вернéйший спóсоб.
   —— наибóлее вéрный ——.
   Э́то наимéнее вéрный ——.

   That's the oldest method.
   That's ——————————.
   That's the most reliable ——.
   That's ——————————.
   That's the least reliable ——.

6. У вáс стрóгий начáльник?
   — Строжáйший.
   У вáс дóбрый начáльник?
   — Добрéйший.

   Do you have a strict boss?
   The very strictest.
   Do you have a nice boss?
   The very nicest.

7. Я отдохнý пóсле тогó, как кóнчу э́ту
   рабóту.
   —————————————— как напишý э́то
   письмó.
   —————————————— как провéрю э́ти
   сочинéния.

   I'll relax after I finish this job.
   ———————————— I write this letter.
   ———————————— I check these compositions.

8. Бу́дешь на дие́те, пока́ не сбро́сишь
                    ли́шний ве́с.
_____ пока́ не ста́нешь
                    здоро́вым.
_____ пока́ не пополне́ешь.

You'll be on a diet until you shed your excess
                    weight.
_____ until you get well.
_____ until you put on some
                    weight.

9. Пока́ я бы́л в до́ме о́тдыха, жена́
                    гости́ла у родны́х.
_____ на целине́ _____ .

While I was at the rest home my wife visited
                    her folks.
_____ at the frontier _____ .

10. Э́то ну́жно сде́лать, пока́ ещё е́сть
                    вре́мя.
_____ де́ньги.

This must be done while there's still time.
_____ money.

11. О́н игра́л, пока́ бы́ли де́ньги.
_____ пока́ не проигра́л все́х де́нег.
Весели́тесь, пока́ вы́ ещё мо́лоды.
Все́ весели́лись, пока́ не пришёл
                    дире́ктор клу́ба.

He played as long as there was money.
_____ until he lost all his money.
Have fun while you're still young.
Everyone had fun until the director of the
                    club arrived.

12. Пе́ред те́м как писа́ть, поду́май.
_____ говори́ть _____ .
_____ спо́рить _____ .

Think before you write.
_____ speak.
_____ argue.

13. Мы́ око́нчим э́то до того́, как нача́ль-
                    ник уе́дет на куро́рт.
_____ пое́дет в до́м о́тдыха.

_____ прие́дет из Москвы́.

We'll finish it before the boss leaves for the
                    health resort.
_____ goes to a rest
                    home.
_____ arrives from
                    Moscow.

14. Грибы́, со́бранные Ва́лей, оказа́лись
                    плохи́ми.
Грибы́, ку́пленные Ва́лей _____ .
Грибы́, на́йденные Ва́лей _____ .

The mushrooms Valya picked turned out to
                    be bad.
The mushrooms Valya bought _____ .
The mushrooms Valya found _____ .

15. Неда́вно полу́ченная и́м кни́га пропа́ла.
_____ при́сланная _____ .

The book he recently received disappeared.
_____ recently sent by him _____ .

16. Ты́ не ви́дел ку́пленных мно́й овоще́й?
_____ ку́пленного ____ сала́та?
_____ ку́пленной ____ говя́дины?

You haven't seen the vegetables I bought?
_____ the lettuce _____ ?
_____ the beef _____ ?

17. Ско́лько ве́сит э́тот кусо́к ветчины́?
_____ говя́дины?
_____ свини́ны?
_____ бара́нины?

How much does this piece of ham weigh?
_____ of beef ____ ?
_____ of pork ____ ?
_____ of lamb ____ ?

18. Они́ пое́хали на пля́ж купа́ться.
_____ на куро́рт отдохну́ть.
_____ в санато́рий _____ .
_____ в до́м о́тдыха _____ .

They've gone to the beach to swim.
_____ to a health resort to rest.
_____ to a sanatorium _____ .
_____ to a rest home _____ .

19. Зде́сь широко́, зде́сь нельзя́ перейти́.
____ ши́ре _____ .
Зде́сь у́зко, зде́сь мо́жно перейти́.
____ у́же _____ .

It's wide here; you can't cross here.
____ wider _____ .
It's narrow here; you can cross here.
____ narrower _____ .

20. Полежи́м на пля́же, пока́ не вы́сохнем.   Let's lie on the beach until we dry.
    Полежи́ _____ не вы́сохнешь.   Lie _____ you dry.
    Полежи́те _____ не вы́сохнете.   Lie _____ you dry.
    Я полежу́ _____ не вы́сохну.   I'll lie _____ I dry.

21. Она́ была́ дома́шней хозя́йкой.   She was a housewife.
    _____ дома́шней рабо́тницей.   _____ a housemaid.
    _____ домрабо́тницей.   _____ a housemaid.
    _____ го́рничной.   _____ a chambermaid.

22. Во́т на́ша столо́вая.   Here's our dining room.
    _____ гости́ная.   _____ living room.
    _____ спа́льня.   _____ bedroom.
    _____ ку́хня.   _____ kitchen.

23. Како́й гарни́р вы́ предло́жите?   What (side) vegetable would you suggest?
    — Возьми́те сала́т из све́жих овоще́й.   Try the fresh vegetable salad.
    _____ ки́слой капу́сты.   _____ sauerkraut.
    _____ сла́дкого карто́феля.   _____ sweet potatoes.
    _____ сала́т из огурцо́в.   _____ cucumber salad.
    _____ тушёные помидо́ры.   _____ stewed tomatoes.
    _____ варёного карто́феля.   _____ boiled potatoes.
    _____ жа́реного карто́феля.   _____ fried potatoes.

24. Отдыха́ющие лежа́ли на со́лнце.   The vacationers lay in the sun.
    _____ на со́лнце и   _____ in the sun getting a tan.
              загора́ли.
    _____ на песке́ _____.   _____ in the sand _____.

Pronunciation practice : part IV—initial consonants with no parallel in the English sound system

A. **мр** pronounced [mr]

[mrámər] мра́мор
   marble
[mrák] мра́к
   gloom
[mrámərnij] мра́морный
   of marble
[mráčnə] мра́чно
   gloomy

[mráş] мра́зь
   mean wretches
[mráčnəst] мра́чность
   gloominess
[mrakəḃés] мракобе́с
   obscurantist

B. **нр** pronounced [nr]

[nráf] нра́в
   disposition
[nráγitcə] нра́виться
   to like

[nrávi] нра́вы
   customs
[nráfstγinóst] нра́вственность
   morals

C. **сц** pronounced [sc]

[scináŗij] сцена́рий
   scenario

[scépkə] сце́пка
   coupling

[scinaɻíst] сценарист
script writer
[scénə] сцена
stage
[scipļáț] сцеплять
to couple

[scápəț] сцапать
to lay hold of
[scarápəț] сцарапать
to scratch away

D. **чт** pronounced [čt] or [čț]

[čtú] чту
I honor
[čțéņijə] чтение
reading
[čțéc] чтец
elocutionist

[čțícə] чтица
elocutionist (f)
[čțíț] чтить
to honor

STRUCTURE AND DRILLS

Subordinate clauses introduced by как, когда́, and что

MODELS

Я люблю́ смотре́ть, как они́ игра́ют.
_____ как они́ танцу́ют.
_____ как они́ пла́вают.
_____ как они́ трениру́ются.

I love to watch them play.
_____ them dance.
_____ them swim.
_____ them train.

Óн не лю́бит слу́шать, когда́ она́ чита́ет.
_____ когда́ она́ поёт.
_____ когда́ она́ говори́т.

He doesn't like to listen to her read.
_____ to her sing.
_____ to her talk.

Ты́ не ви́дел, как о́н сби́л меня́ с но́г?
_____ как о́н бро́сил письмо́?

You didn't see him knock me down?
_____ him mail the letter?

Я не заме́тил, как о́н ушёл.
_____ как о́н вы́шел и́з дому.
_____ как о́н вошёл в до́м.

I didn't notice him leave.
_____ him step out of the house.
_____ him enter the house.

Я жду́, когда́ о́н напи́шет.
_____ когда́ о́н позвони́т.
_____ когда́ о́н придёт.

I'm waiting for him to write.
_____ for him to phone.
_____ for him to come.

Я не ожида́л, что она́ прие́дет та́к ско́ро.
_____ что она́ уе́дет _____.

I didn't expect her to arrive so soon.
_____ her to leave _____.

■ REPETITION DRILL

Repeat the given models, noticing the use of **как, когда́,** and **что** to introduce subordinate clauses in which the action is performed by a subject different from the one in the main clause. Contrast the English, which does not require the use of a subordinate clause in comparable situations.

■ QUESTION-ANSWER DRILLS

1. *Does Anya know how to skate?*
   Yes, I've often watched her skate.
   А́ня уме́ет ката́ться на конька́х?
   Да́, я́ ча́сто смотре́л, как она́ ката́ется.
   А́ня уме́ет танцева́ть?
   Да́, я́ ча́сто смотре́л, как она́ танцу́ет.
   (гото́вить, печь, шить, игра́ть в
   те́ннис, запако́вывать посы́лки,
   пла́вать)

2. *Have they already left?*
   Yes, I didn't expect them to leave so soon.
   Они́ уже́ ушли́?
   **Да́, я́ не ожида́л, что они́ уйду́т та́к
   ско́ро.**
   Они́ уже́ верну́лись?
   **Да́, я́ не ожида́л, что они́ верну́тся та́к
   ско́ро.**
   (договори́лись, прие́хали, умы́лись,
   побри́лись, позавтракали, оде́лись)

■ RESPONSE DRILLS

1. *They play chess well.*
   Did you see them play yesterday?
   Они́ хорошо́ игра́ют в ша́хматы.
   Ты́ ви́дел, как они́ вчера́ игра́ли?
   Они́ хорошо́ рабо́тают.
   Ты́ ви́дел, как они́ вчера́ рабо́тали?
   (пры́гают, ката́ются на конька́х,
   танцу́ют, ката́ются на лы́жах, пла́вают,
   игра́ют в те́ннис, игра́ют в ша́хматы,
   е́здят на велосипе́де)

2. *When did he leave?*
   You mean you didn't notice him leave?
   Когда́ о́н ушёл?
   Ра́зве ты́ не заме́тил, когда́ о́н ушёл?
   Когда́ о́н уе́хал?
   Ра́зве ты́ не заме́тил, когда́ о́н уе́хал?
   (вы́шел, вошёл, верну́лся, пришёл,
   упа́л, пры́гнул)

3. *I came in very quietly.*
   No one heard me come in.
   Я́ вошёл о́чень ти́хо.
   Никто́ не услы́шал, что я́ вошёл.
   Я́ вы́шел о́чень ти́хо.
   Никто́ не услы́шал, что я́ вы́шел.
   (закры́л окно́, положи́л кни́ги,
   поста́вил самова́р, взя́л ту́фли,
   откры́л две́рь)

4. *She promised to write.*
   I'm waiting for her to write.
   Она́ обеща́ла написа́ть.
   Я́ жду́, когда́ она́ напи́шет.
   Она́ обеща́ла прийти́.
   Я́ жду́, когда́ она́ придёт.
   (позвони́ть, прие́хать, отве́тить,
   верну́ться, прилете́ть, спе́ть, зайти́)

■ STRUCTURE REPLACEMENT DRILLS

1. *I can't wait for spring.*
   I can't wait for spring to come.
   Я́ не могу́ дожда́ться весны́.
   **Я́ не могу́ дожда́ться, когда́ придёт
   весна́.**
   Я́ не могу́ дожда́ться отве́та.
   **Я́ не могу́ дожда́ться, когда́ придёт
   отве́т.**
   (зимы́, ле́та, о́сени, посы́лки, перево́да,
   результа́тов, разреше́ния, ви́зы)

2. *He fell.*
   No one noticed him fall.
   О́н упа́л.
   Никто́ не заме́тил, что о́н упа́л.
   О́н пры́гнул с моста́.
   Никто́ не заме́тил, что о́н пры́гнул.
   (убежа́л, уплы́л, спря́тался, на́с догна́л,
   на́с перегна́л, от на́с отошёл, к на́м
   подошёл)

DISCUSSION

Unlike English, which freely uses constructions consisting of an infinitive phrase with an accusative subject (for example, *I didn't expect him to come*), Russian usually requires that actions which involve a second subject be expressed by a subordinate clause containing the subject and the verb and be introduced by a conjunction. The conjunctions most often used for this purpose are **как**, **когда**, and **что**:

Я не заметил, как он пришёл.	I didn't notice him come.
Я жду, когда он напишет.	I'm waiting for him to write.
Я не ожидал, что он приедет так скоро.	I didn't expect him to arrive so soon.

Such constructions are particularly common where the verb of the main clause is a verb of *seeing*, *noticing*, *expecting*, or *waiting* as, for example, **смотреть**, **видеть**, **слышать**, **замечать**, **ждать**, **ожидать**, **дожидаться**, and their perfective counterparts.

The conjunction пока versus пока не

MODELS

1. **Пока** *while*, *as long as* plus the imperfective verb:

Я помою посуду, **пока** ты кончаешь завтракать.	I'll wash the dishes *while* you finish eating breakfast.
Посидим здесь в спальне, **пока** работница убирает со стола.	Let's sit here *while* the maid clears off the table.
Пока ты спал, дождь перестал.	*While* you were sleeping, it stopped raining.
Постарайся побольше отдыхать, **пока** ты будешь на курорте.	Try to get as much rest as you can *while* you're at the health resort.
Пока он пил пиво, поезд отошёл.	*While* he was drinking beer, the train left.
Он играл, **пока** были деньги.	He played *as long as* there was money.

2. **Пока не** *until* plus the perfective verb:

Он играл, **пока не** проиграл всё деньги.	He played *until* he lost all his money.
Я не буду мыть посуды, **пока** ты **не** кончишь завтракать.	I won't wash the dishes *until* you finish eating breakfast.
Не ходи туда, **пока** работница **не** уберёт со стола.	Don't go in *until* the maid clears off the table.
Сиди, **пока не** кончишь эту работу.	Stay *until* you finish the job.
Мы работали до тех пор, **пока не** стало темно.	We worked *until* it got dark.
Придётся ждать, **пока** рубашка **не** высохнет.	You'll have to wait *until* the shirt has dried.

■ REPETITION DRILL

Repeat the given models, noting that **пока** *while*, *as long as* is accompanied by imperfective verbs, whereas **пока не** *until* is used with perfective verbs.

■ RESPONSE DRILLS

1. *You must finish it.*
   Stay until you've finished.
   Ты́ до́лжен э́то ко́нчить.
   Сиди́, пока́ не ко́нчишь.
   Ты́ до́лжен э́то написа́ть.
   Сиди́, пока́ не напи́шешь.

   (съесть, вы́пить, реши́ть, заши́ть,
   проче́сть, переписа́ть)

2. *The shirt hasn't dried yet.*
   Wait till it dries.
   Руба́шка ещё не вы́сохла.
   Подожди́, пока́ не вы́сохнет.
   Пельме́ни ещё не свари́лись.
   Подожди́, пока́ не сва́рятся.
   Пиро́г ещё не испёкся.
   Магази́н ещё не откры́лся.
   Уро́к ещё не ко́нчился.
   Све́т ещё не зажёгся.
   Конце́рт ещё не начался́.
   Трамва́й ещё не останови́лся.

■ STRUCTURE REPLACEMENT DRILLS

1. *I ran out to drink some beer, and in the mean-time the train left.*
   While I was drinking beer, the train left.
   Я́ вы́бежал вы́пить пи́ва, а по́езд те́м
   вре́менем отошёл.
   Пока́ я́ пи́л пи́во, по́езд отошёл.
   Я́ вы́бежал купи́ть газе́ту, а по́езд те́м
   вре́менем отошёл.
   Пока́ я́ покупа́л газе́ту, по́езд отошёл.

   (прове́рить расписа́ние, позвони́ть
   дру́гу, купи́ть буты́лку минера́льной
   воды́, посла́ть письмо́, закуси́ть)

2. *I worked fast.*
   As long as I worked I didn't feel the cold.
   Я́ рабо́тал бы́стро.
   Пока́ я́ рабо́тал, я́ не чу́вствовал моро́за.
   Я́ шёл бы́стро.
   Пока́ я́ шёл, я́ не чу́вствовал моро́за.

   (бежа́л, убира́л, е́хал, ката́лся,
   поднима́лся, спуска́лся)

3. *We stopped working when it grew dark.*
   We worked till it grew dark.
   Мы́ переста́ли рабо́тать, когда́ ста́ло
   темно́.
   **Мы́ рабо́тали до те́х по́р, пока́ не ста́ло
   темно́.**
   Мы́ переста́ли рабо́тать, когда́ пошёл
   до́ждь.

   **Мы́ рабо́тали до те́х по́р, пока́ не пошёл
   до́ждь.**

   (прие́хал грузови́к, зашло́ со́лнце,
   испо́ртилась маши́на, привезли́ обе́д,
   услы́шали гро́м, уста́ли)

■ EXPANSION DRILLS

1. *I make all the decisions.*
   As long as I'm the chief here, I make all the decisions.
   Я́ всё реша́ю.
   Я́ всё реша́ю, пока́ я́ зде́сь нача́льник.
   Я́ за всё отвеча́ю.
   **Я́ за всё отвеча́ю, пока́ я́ зде́сь
   нача́льник.**

   (всё подпи́сываю, все́х посыла́ю в до́м
   о́тдыха, всё оформля́ю, даю́ путёвки,
   даю́ командиро́вки)

2. *Try to get as much rest as you can.*
   Try to get as much rest as you can while you're there.
   Постара́йся побо́льше отдыха́ть.
   **Постара́йся побо́льше отдыха́ть, пока́ ты́
   та́м бу́дешь.**
   Постара́йся побо́льше гуля́ть.
   **Постара́йся побо́льше гуля́ть, пока́ ты́
   та́м бу́дешь.**

   (пла́вать, узна́ть, ходи́ть, спа́ть,
   лежа́ть)

■ STRUCTURE REPLACEMENT DRILLS

1. *I'll sit here while you finish eating breakfast.*
   I'll sit here till you finish eating breakfast.
   Я здесь посижу, пока ты кончаешь
   завтракать.
   **Я здесь посижу, пока ты не кончишь
   завтракать.**
   Я здесь посижу, пока ты кончаешь
   писать.
   **Я здесь посижу, пока ты не кончишь
   писать.**
   (кончаешь обедать, кончаешь купаться,
   кончаешь мыть посуду, кончаешь
   убирать)

2. *I'm waiting for the children to finish eating.*
   I'll wait until they finish eating.
   Я жду, когда дети кончат есть.
   Я подожду, пока они не кончат есть.
   Я жду, когда он позвонит.
   Я подожду, пока он не позвонит.
   (станет темно, пойдёт снег, придёт
   весна, перестанет дождь, он
   научится плавать, он признается, они
   уйдут)

■ QUESTION-ANSWER DRILLS

1. *How long will you be working?*
   I'll work until I get everything finished.
   До каких пор ты будешь работать?
   Я буду работать, пока не кончу всего.
   До каких пор вы будете работать?
   **Мы будем работать, пока не кончим
   всего.**
   (они, ты, они, вы, она, мы, служащие,
   рабочие)

2. *Did you sing for a long time?*
   Yes, we sang until we got tired.
   Вы долго пели?
   Да, мы пели, пока не устали.
   Она долго пела?
   Да, она пела, пока не устала.
   (они, ты, он, вы, она, испанка,
   итальянцы)

DISCUSSION

The word **пока** has several meanings. As an adverb it is used in the sense *meanwhile, for the time being* or even as the expression *so long*:

Это можно пока оставить так.	In the meantime this can be left as is.
Пока всё.	That's all for the time being.
Пока *or* Пока до свидания.	So long.

As a conjunction it is used in two distinct senses: with imperfective verbs it means *while*; with perfective verbs and together with the negative particle **не** it means *until*.

Compare	Он сидел в гостиной, пока мы кончали завтракать.	He sat in the living room while we were finishing breakfast.
with	Он сидел в гостиной, пока мы не кончили завтракать *or* Он сидел в гостиной до тех пор, пока мы не кончили завтракать.	He sat in the living room until we had finished breakfast.

Note that the combination **пока не** may be preceded in the main clause by **до тех пор** with no essential difference in meaning.

It should be pointed out that Russian often uses the future where English uses the present. This is particularly the case after **пока не**, **если**, **когда**, and **как только** in subordinate clauses:

Я подожду здесь, пока магазин не **откроется**.	I'll wait here till the store *opens*.

Завтра мы́ пое́дем на́ мо́ре, е́сли пого́да **бу́дет** хоро́шая.

We'll go to the seashore tomorrow if the weather *is* nice.

Как то́лько мы́ **прилети́м**, спроси́те в спра́вочном бюро́.

As soon as we *arrive*, ask at the information desk.

Мы́ опя́ть уви́димся, когда́ вы́ **прие́дете** в ма́е.

We'll see each other again when you *come* in May.

Long-form past passive participles

MODELS

Вы́ чита́ли переведённый и́м расска́з?
_____ напи́санный _____?
_____ то́лько что ко́нченный —?

Have you read the story translated by him?
_____ written _____?
_____ he just finished?

Во́т забы́тая ке́м-то кни́га.
___ поте́рянная _____.
___ оста́вленная _____.
___ принесённая _____.
___ незаме́ченная _____.

Here's a book someone forgot.
_____ lost.
_____ left.
_____ brought.
_____ didn't notice.

Попро́буйте пельме́ней, пригото́вленных
                                      А́ней.
_____ виногра́да, ку́пленного А́ней.
_____ пирожко́в, испечённых А́ней.

Try some of the dumplings Anya prepared.
___ some of the grapes Anya bought.
___ some of the pirogs Anya baked.

Не сто́ит пла́кать из-за разби́того блю́да.
_____ разли́того ча́я.

It's not worthwhile crying over a broken dish.
_____ a little spilled
                                      tea.

Где́ полу́ченное и́м письмо́?
___ распако́ванная и́м посы́лка?
___ запако́ванная и́м посы́лка?
___ испо́рченный и́м прои́грыватель?
___ на́йденные и́м де́ньги?
___ полу́ченная и́м посы́лка?

Where's the letter he received?
___ the package he unwrapped?
___ the package he wrapped?
___ the record player he broke?
___ the money he found?
___ the parcel he received?

■ REPETITION DRILL

Repeat the given models illustrating the use of the long-form past passive participles. The long-form past passive participle may either precede the noun it modifies or follow in a subordinate clause set off by commas. Note particularly that participles preceding nouns are not so closely tied to the noun they modify as are regular adjectives in that other elements of the phrase may fall between the participle and noun. For example:

На столе́ вы́ уви́дите оста́вленные и́ми для ва́с докуме́нты.

1. *Who said the tickets have been ordered?*
   No one was talking about tickets [*which were*]
   ordered.
   Кто́ сказа́л, что биле́ты зака́заны?
   Никто́ не говори́л о зака́занных биле́тах.
   Кто́ сказа́л, что рабо́та сде́лана?
   Никто́ не говори́л о сде́ланной рабо́те.
   (деньги найдены, план выполнен,
   работа начата, курорт закрыт,
   церковь уничтожена, деньги потеряны)

2. *Has the deadline been postponed again?*
   Yes, I'm sick of these postponed deadlines.
   Сро́к опя́ть отодви́нут?
   Да́, надое́ли мне́ э́ти отодви́нутые сро́ки.
   Рабо́та опя́ть переде́лана?
   **Да́, надое́ла мне́ э́та переде́ланная
   рабо́та.**
   Реше́ние опя́ть пересмо́трено?
   Ли́фт опя́ть испо́рчен?
   Каранда́ши опя́ть поло́маны?
   Пла́ны опя́ть попра́влены?
   Сту́лья опя́ть сло́маны?

1. *The record player was broken.*
   Did you see the broken record player?
   Прои́грыватель бы́л испо́рчен.
   Вы́ ви́дели испо́рченный прои́грыватель?
   Папиро́са была́ поту́шена.
   Вы́ ви́дели поту́шенную папиро́су?
   Посы́лка была́ распако́вана.
   Докуме́нты бы́ли офо́рмлены.
   Програ́мма была́ соста́влена.
   Самова́р бы́л почи́щен.
   Ла́мпа была́ зажжена́.
   Зве́рь бы́л по́йман.
   Сту́л бы́л сло́ман.

2. *Did you gamble away all the money?*
   Why talk about money gambled away?
   Вы́ проигра́ли всё де́ньги?
   Заче́м говори́ть о прои́гранных деньга́х?
   Вы́ потеря́ли всё де́ньги?
   Заче́м говори́ть о поте́рянных деньга́х?
   (послали, отдали, отнесли, забыли,
   оставили, перевели)

1. *Someone brought records.*
   Here are some records brought by somebody.
   Кто́-то принёс пласти́нки.
   Во́т принесённые ке́м-то пласти́нки.
   Кто́-то изобрази́л го́ры.
   Во́т изображённые ке́м-то го́ры.
   (получил извещение, приготовил
   материал, поправил работы, написал
   очерк, купил весы, нашёл грибы,
   поймал птицу)

2. *Here are the dumplings which she prepared.*
   Here are the dumplings prepared by her.
   Во́т пельме́ни, кото́рые она́ пригото́вила.
   Во́т пельме́ни, пригото́вленные е́ю.
   Во́т блу́зка, кото́рую она́ купи́ла.
   Во́т блу́зка, ку́пленная е́ю.
   Во́т пода́рки, кото́рые она́ получи́ла.
   Во́т анке́та, кото́рую она́ запо́лнила.
   Во́т заявле́ние, кото́рое она́ подала́.
   Во́т расска́з, кото́рый она́ перевела́.
   Во́т грибы́, кото́рые она́ собрала́.
   Во́т да́ча, кото́рую она́ описа́ла.

DISCUSSION

Long-form past passive participles decline like hard-stem adjectives. Those with short forms ending in **–т** have nominatives ending in **–тый, –тая, –тое,** and **–тые.** Those with short forms ending in **–н** and **–ен** add a second **н** and have nominatives ending in **–нный, –нная, –нное,** and **–нные.** It should be pointed out, however, that a single [n] is often heard in rapid speech.

The long forms are used both in subordinate clauses and as adjective-like modifiers preceding the noun. However, unlike adjectives, they may be separated from the noun they modify by elements of their own phrase. Note that the participle phrase is set off by a comma from the noun it modifies only when it follows the noun:

Я вам покажу́ ку́пленную е́ю руба́шку *or*
Я вам покажу́ руба́шку, ку́пленную е́ю.

I'll show you the shirt she bought (*lit.* bought by her).

The long-form participle must agree with its noun in gender, number, and case:

Гдé кни́ги, полу́ченные тобо́й из Москвы́?

Where are the books you received from Moscow?

Покажи́ мне кни́гу, полу́ченную тобо́й из Москвы́.

Show me the book you received from Moscow.

Я ещё не чита́л напи́санного и́м расска́за.

I still haven't read the story written by him.

In contrast with the stress of the short form, which may fall on the endings, stress in the long form is never on the endings. It is always on the same syllable as in the masculine short form:

отнесённый, –ая, –ое	отнесён, –а́, –о́	*from*	отнести́
за́пертый, –ая, –ое	за́перт, –а́, –о		запере́ть
увлечённый, –ая, –ое	увлечён, –а́, –о́		увле́чь
зажжённый, –ая, –ое	зажжён, –а́, –о́		заже́чь
на́чатый, –ая, –ое	на́чат, –а́, –о		нача́ть
вы́полненный, –ая, –ое	вы́полнен, –а, –о		вы́полнить
у́бранный, –ая, –ое	у́бран, –а, –о		убра́ть

Simple superlatives ending in -ейший and -айший; compound superlatives with наибо́лее and наиме́нее

MODELS

Она́ интере́снейшая же́нщина.
—— краси́вейшая ————.
—— умне́йшая ————.

She's an extremely interesting woman.
———————— beautiful ————.
———————— intelligent ————.

Его́ счита́ют важне́йшим челове́ком.
———————— сильне́йшим ————.

He's considered a most important man.
———————— a most powerful ——.

Это ближа́йшее отделе́ние по́чты.
—— высоча́йшая гора́.
—— сладча́йшая ды́ня.
—— крепча́йшая во́дка.
—— тонча́йшая тка́нь.
—— глубоча́йшее о́зеро.
—— мельча́йшая река́.
—— мягча́йший матра́ц.

It's the nearest post office branch.
—— tallest mountain.
—— sweetest melon.
—— strongest vodka.
—— thinnest fabric.
—— deepest lake.
—— shallowest river.
—— softest mattress.

Это наибо́лее дешёвая гости́ница из все́х.
Это наибо́лее дорога́я гости́ница ————.

It's the most inexpensive hotel of all.
It's the most expensive hotel ————.

Из все́х его́ сынове́й о́н наиме́нее
                    спосо́бный.
—— его́ сочине́ний это наиме́нее
                    серьёзное.

Of all his sons he's the least gifted.

—— his compositions this is the least serious.

Repeat the given models illustrating the simple superlatives ending in **–ейший** and **–айший** and the compound (**наибо́лее, наиме́нее**) superlatives.

■ STRUCTURE REPLACEMENT DRILLS

1. *He considered himself a fortunate man.*
   He considered himself a most fortunate man.
   Он себя́ счита́л счастли́вым челове́ком.
   Он себя́ счита́л счастли́вейшим
   челове́ком.
   Он себя́ счита́л несча́стным челове́ком.
   Он себя́ счита́л несча́стнейшим
   челове́ком.
   (добрым, бедным, важным, умным,
   превосходным)

2. *She's a very nice woman.*
   She's the nicest woman.
   Она́ о́чень ми́лая же́нщина.
   Она́ миле́йшая же́нщина.
   Она́ о́чень интере́сная же́нщина.
   Она́ интере́снейшая же́нщина.
   (умная, глупая, красивая, добрая,
   пустая, богатая)

■ QUESTION-ANSWER DRILLS

1. *Are those mountains high?*
   The very highest.
   Э́ти го́ры высо́кие?
   Высоча́йшие.
   Э́то вино́ сла́дкое?
   Сладча́йшее.
   Э́та во́дка кре́пкая?
   Э́та мате́рия то́нкая?
   Э́тот спо́соб лёгкий?
   Э́то мо́ре глубо́кое?
   Э́то кре́сло мя́гкое?
   Э́та пти́ца ре́дкая?

2. *Is this the widest river in the world?*
   Yes, the widest in the world.
   Э́та река́ са́мая широ́кая в ми́ре?
   Да́, широча́йшая в ми́ре.
   Э́то о́зеро са́мое глубо́кое в ми́ре?
   Да́, глубоча́йшее в ми́ре.
   Э́ти го́ры са́мые высо́кие в ми́ре?
   Э́тот мо́ст са́мый дли́нный в ми́ре?
   Э́та страна́ са́мая бога́тая в ми́ре?
   Э́ти го́ры са́мые ста́рые в ми́ре?

■ STRUCTURE REPLACEMENT DRILLS

1. *You have the strictest rules.*
   У ва́с са́мые стро́гие пра́вила.
   У ва́с строжа́йшие пра́вила.
   У ва́с са́мые сло́жные пра́вила.
   У ва́с сложне́йшие пра́вила.
   (самые длинные, самые простые,
   самые трудные, самые интересные,
   самые лёгкие, самые строгие)

2. *He's the most important person here.*
   Он са́мый ва́жный челове́к зде́сь.
   Он наибо́лее ва́жный челове́к зде́сь.
   Э́то са́мая широ́кая река́ зде́сь.
   Э́то наибо́лее широ́кая река́ зде́сь.
   Э́то са́мое ме́лкое ме́сто зде́сь.
   Э́то са́мые высо́кие го́ры зде́сь.
   Э́то са́мая дешёвая гости́ница зде́сь.
   Э́то са́мые вку́сные я́блоки зде́сь.
   Э́то са́мый опа́сный зве́рь зде́сь.

■ RESPONSE DRILLS

1. *It's a very interesting concept.*
   Yes, a most interesting one.
   Э́то о́чень интере́сное поня́тие.
   Да́, интере́снейшее.
   Э́то о́чень глубо́кое поня́тие.
   Да́, глубоча́йшее.
   (важное, верное, типичное, опасное,
   сложное, старое)

2. *This story is the dullest of (them) all.*
   Yes, it's an extremely dull story.
   Э́тот расска́з скучне́е все́х.
   Да́, э́то скучне́йший расска́з.
   Э́тот расска́з про́ще все́х.
   Да́, э́то просте́йший расска́з.
   (длиннее, веселее, глупее, интереснее)

In addition to the ordinary superlatives formed by a combination of **са́мый** plus the positive adjective (**са́мый интере́сный**), there also exist the slightly more bookish superlatives formed by adding **–ейший** or **–айший** to the adjective stem. As a general rule, **–ейший** is added to the stem of those adjectives which have a comparative ending in **–ее**, and **–айший** to the stem of those adjectives with the special comparative ending in **–е**.

Here is a reference list giving positive, simple comparative and simple superlative forms of some of these adjectives:

Group 1: adjectives with comparatives ending in **–ее**			*Group* 2: adjectives with comparatives ending in **–е**		
бе́дный	бедне́е	бедне́йший	высо́кий	вы́ше	высоча́йший
ва́жный	важне́е	важне́йший	глубо́кий	глу́бже	глубоча́йший
ве́рный	верне́е	верне́йший	кре́пкий	кре́пче	крепча́йший
вку́сный	вкусне́е	вкусне́йший	лёгкий	ле́гче	легча́йший
дли́нный	длинне́е	длинне́йший	ме́лкий	ме́льче	мельча́йший
до́брый	добре́е	добре́йший	мя́гкий	мя́гче	мягча́йший
интере́сный	интере́снее	интере́снейший	ни́зкий	ни́же	нижа́йший
кру́пный	крупне́е	крупне́йший	ре́дкий	ре́же	редча́йший
ми́лый	миле́е	миле́йший	сла́дкий	сла́ще	сладча́йший
несча́стный	несча́стнее	несча́стнейший	то́нкий	то́ньше	тонча́йший
но́вый	нове́е	нове́йший	ти́хий	ти́ше	тиша́йший
опа́сный	опа́снее	опа́снейший	широ́кий	ши́ре	широча́йший
прекра́сный	прекра́снее	прекра́снейший	стро́гий	стро́же	строжа́йший
си́льный	сильне́е	сильне́йший	дорого́й	доро́же	дорожа́йший
ску́чный	скучне́е	скучне́йший	бли́зкий	бли́же	ближа́йший
сло́жный	сложне́е	сложне́йший			
ста́рый	старе́е	старе́йший			
счастли́вый	счастли́вее	счастли́вейший			

There are a few exceptions to this basic pattern: **просто́й** has the superlative **просте́йший**, but the comparative **про́ще**; **бога́тый** has the superlative **богате́йший**, but the comparative **бога́че**; **дешёвый** has the superlative **дешеве́йший**, but the comparative **деше́вле**.

Compound superlatives may also be formed by substituting the unchanging adverb **наибо́лее** *the most* for the appropriate form of **са́мый**:

Э́то **наибо́лее высо́кая** гора́ на Кавка́зе.
Э́то **са́мая высо́кая** гора́ на Кавка́зе *or*   It's *the tallest* mountain in the Caucasus.
Э́то **высоча́йшая** гора́ на Кавка́зе.

Based on the same pattern, *the least* is expressed by a combination of **наиме́нее** plus the positive adjective:

Э́то **наиме́нее** удо́бная гости́ница в го́роде.   It's *the least* comfortable hotel in town.

Like the **–ейший** and **–айший** superlatives, those superlatives formed from **наибо́лее** and **наиме́нее** are more typical of literary than colloquial style Russian.

Unlike the compound superlatives, the simple **–ейший** and **–айший** superlatives are often used not as absolute superlatives, but to express a very high degree of the quality noted.

Она́ **миле́йшая** же́нщина.

She's *the nicest* woman *or* She's *an extremely nice* woman.

Это **интере́снейший** рома́н.

This is *a most interesting* novel *or* This is *an extremely interesting* novel.

The conjunctive phrases до того́ как, перед тем как, and по́сле того́ как versus the prepositions до, перед, and по́сле

MODELS

Это бы́ло до нача́ла войны́.	It was before the beginning of the war.
Это бы́ло до того́, как начала́сь война́.	It was before the war began.
Вы́пей со́ка перед едо́й.	Drink some juice before your meal.
Вы́пей со́ка перед тем, как есть.	Drink some juice before eating.
Он пришёл по́сле конце́рта.	He came after the concert.
Он пришёл по́сле того́, как ко́нчился концерт.	He came after the concert ended.
Я его́ ви́дел до собра́ния.	I saw him before the meeting.
Я его́ ви́дел до того́, как мы собрали́сь.	I saw him before we assembled.
Это случи́лось по́сле на́шей встре́чи.	That happened after our encounter.
Это случи́лось по́сле того́, как мы встре́тились.	That happened after we met.
Это бы́ло до его́ прие́зда.	That was before his arrival.
Это бы́ло до того́, как он прие́хал.	That was before he arrived.
Я ему́ позвоню́ перед тем, как уе́ду.	I'll phone him before I leave.
Я ему́ позвоню́ перед тем, как уезжа́ть.	I'll phone him before leaving.
Он мне позвони́т перед тем, как я бу́ду уезжа́ть.	He'll phone me before I leave.

■ REPETITION DRILL

Repeat the given models, noting that the prepositions **до**, **перед**, and **по́сле** in combination with the appropriate form of **тот** and **как** are used to introduce subordinate clauses. Note particularly that the infinitive can only be used in the subordinate clause if the subject is the same as in the main clause.

■ EXPANSION DRILLS

1. *I'll call him.*
   I'll call him before leaving.
   Я ему́ позвоню́.
   Я ему́ позвоню́ перед тем, как уезжа́ть.
   Она́ ему́ позвони́т.
   Она́ ему́ позвони́т перед тем, как уезжа́ть.
   (они ему позвонят, мы ему позвоним, Зина ему позвонит, ты ему позвонишь, вы ему позвоните)

2. *I had a talk with him.*
   I had a talk with him before he left.
   Я с ним поговори́л.
   Я с ним поговори́л перед тем, как он уе́хал.
   Я с ним договори́лся.
   Я с ним договори́лся перед тем, как он уе́хал.
   (познакомился, поужинал, сыграл в шахматы, побеседовал, поспорил, переговорил)

3. *He became a professor.*
I knew him even before he became a professor.
Он стал профе́ссором.
Я его́ зна́л ещё до того́, как о́н ста́л профе́ссором.
Он ста́л знамени́тым учёным.
Я его́ зна́л ещё до того́, как о́н ста́л знамени́тым учёным.
(врачо́м, изве́стным специали́стом, во́ром, ма́стером спо́рта, бога́тым, отве́тственным рабо́тником, коммуни́стом)

4. *Don't forget to shave.*
Don't forget to shave before going to the doctor.
Не забу́дь побри́ться.
Не забу́дь побри́ться перед те́м, как пойдёшь к врачу́.
Не забу́дь приня́ть ва́нну.
Не забу́дь приня́ть ва́нну перед те́м, как пойдёшь к врачу́.
(позвони́ть, почи́стить зу́бы, перемени́ть бельё, меня́ разбуди́ть, поме́рить температу́ру, приши́ть пу́говицу)

■ QUESTION-ANSWER DRILLS

1. *When did he get sick—after (eating) these mushrooms?*
Yes, after he ate some mushrooms.
По́сле чего́ о́н заболе́л, по́сле э́тих грибо́в?
Да́, по́сле того́, как пое́л грибо́в.
По́сле чего́ о́н заболе́л, по́сле арбу́за?
Да́, по́сле того́, как пое́л арбу́за.
(ды́ни, огурцо́в, сли́в, я́блок, помидо́ров, бара́нины, э́того мя́са)

2. *Did he call later and explain everything?*
Yes, but I had it all figured out before he called.
О́н пото́м позвони́л и всё объясни́л?
Да́, но я́ всё угада́л до того́, как о́н позвони́л.
О́н пото́м написа́л и всё объясни́л?
Да́, но я́ всё угада́л до того́, как о́н написа́л.
(с тобо́й поговори́л, с тобо́й побесе́довал, с тобо́й встре́тился, тебя́ пригласи́л, тебе́ позвони́л, тебе́ написа́л)

■ RESPONSE DRILLS

1. *You must phone him.*
I'll phone him before I start cleaning up.
Ты́ до́лжен ему́ позвони́ть.
Я́ позвоню́ ему́ перед те́м, как начну́ убира́ть.
Ты́ до́лжен э́то ко́нчить.
Я́ ко́нчу перед те́м, как начну́ убира́ть.
(э́то запакова́ть, передви́нуть ме́бель, пое́сть, написа́ть заявле́ние, принести́ воды́, помы́ть посу́ду)

2. *You should get some rest.*
I will after I'm finished with this.
Тебе́ ну́жно отдохну́ть.
Я́ отдохну́ по́сле того́, как ко́нчу э́то.
Тебе́ ну́жно пое́сть.
Я́ пое́м по́сле того́, как ко́нчу э́то.
(офо́рмиться, запакова́ть ве́щи, полежа́ть, взя́ть о́тпуск, переоде́ться, поу́жинать, поспа́ть, посиде́ть)

■ STRUCTURE REPLACEMENT DRILLS

1. *That was even before the beginning of the concert.*
That was even before the concert started.
Э́то бы́ло ещё до нача́ла конце́рта.
Э́то бы́ло ещё до того́, как начался́ конце́рт.

Э́то бы́ло ещё до нача́ла войны́.
Э́то бы́ло ещё до того́, как начала́сь война́.
(собра́ния, моего́ о́тпуска, кани́кул, ве́чера, револю́ции, разгово́ра, экза́менов)

2. *I'll first have something to eat.*
   I'll tell you after I've had something to eat.
   Я снача́ла пое́м.
   Я расскажу́ по́сле того́, как пое́м.
   Я снача́ла разде́нусь.
   Я расскажу́ по́сле того́, как разде́нусь.
   (отдохну́, поу́жинаю, переоде́нусь,
   пообе́даю, закурю́, побре́юсь,
   вы́купаюсь)

3. *He called when you'd already left.*
   He called after you left.
   Óн позвони́л, когда́ вы́ уже́ ушли́.
   Óн позвони́л по́сле того́, как вы́ ушли́.
   Óн позвони́л, когда́ вы́ уже́ уе́хали.
   Óн позвони́л по́сле того́, как вы́ уе́хали.
   (ему́ написа́ли, посла́ли ему́ письмо́,
   продли́ли ему́ ви́зу, почи́стили его́
   костю́м, помы́ли его́ маши́ну,
   получи́ли извеще́ние)

DISCUSSION

Unlike English, where *before* and *after* serve both as prepositions and conjunctions, Russian makes a distinction between preposition and conjunction. Thus the prepositions **до** *before, until,* **перед** *before* and **по́сле** *after* are used with nouns, but in verbal constructions the corresponding conjunctive phrase (**до того́, как** *before*, **перед те́м, как** *before*, or **по́сле того́, как** *after*) must be used:

Compare Приходи́ по́сле у́жина.   Come after supper.
with   Приходи́ по́сле того́, как поу́жинаешь.   Come after you've had supper.

Compare Прове́рь бу́тсы перед игро́й.   Check your soccer shoes before the game.
with   Прове́рь бу́тсы перед те́м, как игра́ть   Check your soccer shoes before playing.
          or Прове́рь бу́тсы перед те́м, как
          бу́дешь игра́ть.

The conjunctive phrases may be followed by the active verb (in the past or future) or, if the subject is the same as that of the main clause, by the infinitive, usually imperfective.

ПОВТОРÉНИЕ

— Пожа́луйста, А́ня, пока́ я бу́ду бри́ться, позвони́ Орло́ву и спроси́, не мо́жет ли о́н зае́хать у́тром ко мне́ на рабо́ту. Мне́ ну́жно с ни́м поговори́ть.

— Хорошо́, но почему́ Ивано́в не сговори́лся с ни́м вчера́? О́н твой секрета́рь, и он до́лжен бы́л позабо́титься обо всём.

— А́х, А́ня, ты́ же зна́ешь э́того Ивано́ва — пока́ ему́ не ска́жешь, ничего́ са́м не сде́лает. А я́ вчера́ бы́л за́нят и не сказа́л ему́.

— Не понима́ю, Фе́дя. Ты́ до́лжен подтяну́ть его́. О́н тепе́рь совсе́м ничего́ не де́лает. За что́ о́н де́ньги получа́ет?

— Открове́нно говоря́, я и са́м не зна́ю за что́. Ты́ права́, ему́ на́до подтяну́ться.

— Коне́чно. О́н мо́жет, е́сли захо́чет, бы́ть превосхо́днейшим рабо́тником. Ты́ са́м э́то ещё та́к неда́вно говори́л.

— Да́, я са́м понима́ю, что до́лжен бы́ть стро́же.

— Скажи́, пожа́луйста, Никола́й, почему́ Во́лкова посла́ли на целину́? Ра́зве о́н бы́л плохи́м дире́ктором?

— Совсе́м не́т. Я́ бы да́же сказа́л, что о́н бы́л наибо́лее спосо́бным из все́х, кото́рые у на́с бы́ли за после́дние де́сять ле́т. Не напра́сно о́н име́ет о́рден Трудово́го Кра́сного Зна́мени.

— Тогда́ в чём же де́ло?

— А во́т и́менно потому́, что о́н превосхо́дный администра́тор, его́ и посла́ли на целину́, чтобы подтяну́ть те́х, кто отстаёт и не выполня́ет пла́на.

— Жа́ль. С но́вым нача́льником тебе́, пожа́луй, бу́дет ху́же рабо́тать.

— Наде́юсь, что не́т. У на́с ведь дире́ктором бу́дет Хитро́в. Я́ его́ зна́ю, когда́-то вме́сте отдыха́ли на куро́рте.

— Ну́, зна́ешь, на куро́рте челове́ка тру́дно узна́ть. Та́м о́н не тако́й, как на рабо́те.

— Но о́н мне́ понра́вился, и я́ уве́рен, что мы́ с ни́м срабо́таемся.

— Ты́ ви́дел, Ми́ша, каки́е ужа́сные карти́ны вися́т в кварти́ре Берёзовых?

— Ви́дел. То́лько, по-мо́ему, они́ совсе́м не ужа́сные. Э́то и́х сы́н Вади́м присла́л и́м из Ленингра́да.

— Неуже́ли? Так э́то его́ вку́с?

— Э́то не то́лько его́ вку́с, но и его́ рабо́та. О́н ведь студе́нт Худо́жественной акаде́мии.

— Во́т не зна́ла. Зна́чит, и́х та́м та́к у́чат? Бе́дные!

— Я́ не люблю́, О́ля, когда́ ты́ говори́шь о веща́х, кото́рых не зна́ешь и не понима́ешь.

— Что́ зна́чит не зна́ю и не понима́ю? Карти́ны должны́ бы́ть таки́ми, чтобы и́х все́ понима́ли и чтобы они́ все́м нра́вились.

— Таки́х карти́н бы́ть не мо́жет. У вся́кого сво́й вку́с, и ка́ждый по-сво́ему понима́ет иску́сство. Худо́жник до́лжен писа́ть та́к, как о́н счита́ет ну́жным.

— Ты́ та́к говори́шь, потому́ что тво́й бра́т худо́жник. А призна́йся открове́нно, ра́зве тебе́ самому́ нра́вятся, наприме́р, рабо́ты э́того Вади́ма?

— Нра́вятся, хотя́ я́ не ду́маю, что о́н ста́нет больши́м худо́жником. Впро́чем, пока́ о́н не ко́нчит Акаде́мию, тру́дно что́-нибудь сказа́ть определённое.

NOTES

PREPARATION FOR CONVERSATION | Письмо́ от Зи́ны из Сиби́ри

Оле́г, ту́т тебе́ пришло́ письмо́.

Oleg, there's a letter for you here.

твёрдый

hard, solid

Внутри́ что́-то твёрдое, наве́рно сни́мки.

There's something hard inside, probably snap-shots.

Да́й сюда́.

Hand it over *or* Give it to me.

Сиби́рь (f)

Siberia

Э́то от Зи́ны, из Сиби́ри.

It's from Zina, from Siberia.

Та́к и е́сть — во́т сни́мок.

You were right—it's a snapshot.

Покажи́. Кото́рая же она́?

Let's see it. Which one is she?

посереди́не

in the middle, in the center

Во́т э́та посереди́не?

The one in the middle?

Да́же не узна́ть.

You can't even recognize her.

Да́й и мне́ посмотре́ть.

Let me have a look.

шу́ба

fur coat

Да́, тру́дно узна́ть в тако́й шу́бе и зи́мней ша́пке.

Yes, she's hard to recognize in that fur coat and winter cap.

Ну́, что́ ж она́ пи́шет?

Well, what does she write?

жи́ться (I)

to get along

Ка́к ей та́м живётся?

How's she getting along there?

тайга́

taiga (dense northern forest region)

Ка́к ей та́м живётся в тайге́?

How's she getting along there in the taiga?

мёрзнуть, мёрзнут (I) (past мёрз *or* мёрзнул)

to freeze, be freezing cold

в о́бщем

on the whole, all in all

В о́бщем ничего́, жа́луется то́лько, что мёрзнет.

All right on the whole, only she complains that she's freezing.

доходи́ть, –ят (II)

Температу́ра дохо́дит до сорока́ пяти́
гра́дусов.

нуль, –я́ (*also* ноль, –я́)

ни́же

Говори́т, что температу́ра дохо́дит до
сорока́ пяти́ гра́дусов ни́же нуля́.

заморо́зить, –ят (pfv II)

Та́м зимо́й молоко́ заморо́женным
продаю́т.

ры́нок, ры́нка

Мо́й оте́ц быва́л в Сиби́ри, расска́зывал, как
зимо́й на ры́нке молоко́ заморо́женным
продаю́т.

куска́ми

Заморо́женное молоко́ про́сто лежи́т
куска́ми на стола́х.

Не понима́ю, ка́к та́м лю́ди живу́т.

кли́мат

Я́ бы не вы́держал тако́го кли́мата.

хо́лод, –а; –а́, –о́в

ненави́деть, –ят (II)

Я́ ненави́жу хо́лод.

суро́вый

Кли́мат, коне́чно, суро́вый.

ве́тер, ве́тра

зато́

Кли́мат, коне́чно, суро́вый, но зато́ зимо́й
почти́ не быва́ет ве́тра.

А како́е та́м ле́то? То́же холо́дное?

центра́льный

Не́т, в центра́льной ча́сти ле́то жа́ркое.

ду́ть, ду́ют (I)

Та́м ле́том ча́сто ду́ют си́льные ве́тры.

здоро́вый

Кли́мат дово́льно здоро́вый.

су́щность (f)

в су́щности говоря́

В су́щности говоря́, кли́мат дово́льно
здоро́вый.

желе́зный

желе́зное здоро́вье

Да́, здоро́вый для те́х, у кого́ желе́зное
здоро́вье.

---

to reach; to go as far as

The temperature reaches forty-five degrees.

zero

lower, below

She says the temperature gets down to forty-five
degrees below zero.

to freeze

In winter there they sell milk that's been frozen.

market

My father was in Siberia. He used to tell us how
at the market, in winter, they sell milk frozen.

in pieces, in chunks

The frozen milk just lies in chunks on the tables.

I can't understand how people can live there.

climate

I wouldn't survive such a climate.

the cold, cold weather

to hate

I hate cold weather.

harsh, severe; stern, strict

The climate is harsh, of course.

wind

then, on the other hand, however; to make
up for it

The climate is harsh, of course, but on the other
hand there's almost no wind in the winter.

But what's summer like there? Also cold?

central

No, in the central part the summer is hot.

to blow

Strong winds often blow there during the summer.

healthy

The climate is a rather healthy one.

essence

as a matter of fact, actually; basically

As a matter of fact, the climate is a rather
healthy one.

iron

robust health, iron constitution

Yes, healthy for those who have an iron constitution.

поживáть (I)

Кáк поживáет вáш брáт?

светúть, –ят (II)

Сóлнце свéтит.

огóнь, огня́; –ú, –éй

Не игрáй с огнём.

Зажгú огóнь.

дым

Нéт дыма без огня́.

тумáн

Здéсь по утрáм чáсто бывáют тумáны.

серединá

Я́ поéду в Крым в середúне áвгуста.

мúнус

Пя́ть мúнус двá бýдет трú.

плюс

Пя́ть плюс пя́ть бýдет дéсять.

Двá плюс двá бýдет четы́ре.

сúла

Э́то éй не по сúлам.

сибúрский

Кáк вáм нрáвится нáш сибúрский клúмат?

влáжный

В райóне озёр клúмат влáжный.

морскóй

Морскóй вóздух óчень здорóвый.

вéтреный

Я́ ненавúжу вéтреную погóду.

пáсмурный

Зáвтра бýдет пáсмурный дéнь.

дождлúвый [dažžлívij]

Пóсле дождлúвой погóды всегдá мнóго
грибóв.

снéжный

Я́ предпочитáю снéжную погóду такóй
сумасшéдшей жарé.

я́сный

Дéнь сегóдня я́сный и холóдный.

тумáнный

По утрáм на берегý мóря погóда всегдá
тумáнная.

Дáльний Востóк.

Мы двá гóда жúли на Дáльнем Востóке.

вы́сший

Вóт материáл вы́сшего кáчества.

вы́ше (compar. of высóкий)

Лéтом температýра дохóдит до тридцатú
пятú грáдусов вы́ше нуля́.

---

to get along; to be

How's your brother getting along?

to shine

The sun is shining.

fire; light

Don't play with fire.

Turn on the light.

smoke

Where there's smoke, there's fire.

fog, mist

There are often mists here in the mornings.

middle

I'll go to the Crimea in the middle of August.

minus

Five minus two is three.

plus, and

Five plus five is ten.

Two and two is four.

strength, power; ability

It's beyond her abilities.

Siberian

How do you like our Siberian climate?

damp, humid, moist

The climate is damp in the lake region.

sea (adj), naval, marine

The sea air is very healthy.

windy; flighty, frivolous

I hate windy weather.

cloudy, overcast

Tomorrow will be cloudy.

rainy, wet

After rainy weather there are always lots of
mushrooms.

snowy

I prefer snowy weather to this crazy heat.

clear

Today is clear and cold.

misty, foggy, hazy

In the mornings the weather is always foggy by
the seashore.

the Far East

We lived in the Far East for two years.

higher, superior; highest

Here's material of superior quality.

higher, above

In summer the temperature gets to 35° above
zero.[1]

---

[1] About 95° Fahrenheit.

Письмо́ от Зи́ны из Сиби́ри

И. — Ива́н   О. — Оле́г   Б. — Бори́с

И. 1 Оле́г, ту́т тебе́ пришло́ письмо́. Внутри́ что́-то твёрдое, наве́рно сни́мки.

О. 2 Да́й сюда́. Э́то от Зи́ны, из Сиби́ри.[1] Та́к и е́сть — во́т сни́мок.

И. 3 Покажи́. Кото́рая же она́? Во́т э́та посереди́не? Да́же не узна́ть.

Б. 4 Да́й и мне́ посмотре́ть. Да́, тру́дно узна́ть в тако́й шу́бе и зи́мней ша́пке.

И. 5 Ну́, что́ ж она́ пи́шет? Ка́к е́й та́м живётся в тайге́?[2]

О. 6 В о́бщем ничего́, жа́луется то́лько, что мёрзнет. Говори́т, что температу́ра дохо́дит до 45° ни́же нуля́.

И. 7 Мо́й оте́ц быва́л в Сиби́ри, расска́зывал, как зимо́й на ры́нке молоко́ заморо́женным продаю́т.[3] Про́сто лежи́т куска́ми на стола́х.

Б. 8 Не понима́ю, ка́к та́м лю́ди живу́т. Я́ бы не вы́держал тако́го кли́мата, ненави́жу хо́лод.

О. 9 Кли́мат, коне́чно, суро́вый, но зато́ зимо́й почти́ не быва́ет ве́тра.

Б. 10 А како́е та́м ле́то? То́же холо́дное?

О. 11 Не́т, в центра́льной ча́сти жа́ркое, но ча́сто ду́ют си́льные ве́тры. В су́щности говоря́, кли́мат дово́льно здоро́вый.

Б. 12 Да́, здоро́вый для те́х, у кого́ желе́зное здоро́вье.

NOTES

[1] **Сиби́рь** *Siberia* comprises the vast area east of the Ural Mountains extending to the Bering Sea and bounded on the north by the Arctic Ocean.

[2] The **тайга́** *taiga* is a zone of dense coniferous forests stretching in a wide belt across the northern part of the U.S.S.R. To most Russians the term is practically synonymous with Siberia.

[3] Both **база́р** and **ры́нок** mean *market*, but the latter term is more commonly used for a smaller market, specializing in such items as dairy products, vegetables, and poultry. When it is indoors, it is called **кры́тый ры́нок** (literally *covered market*). Goods are usually sold at tables or counters at the **ры́нок**, while those at the **база́р** are more often simply placed on the ground or sold from carts.

PREPARATION FOR CONVERSATION	Зи́на опи́сывает пое́здку в Ирку́тск
Ирку́тск	Irkutsk
пое́здка	trip, journey, outing
Зи́на опи́сывает пое́здку в Ирку́тск.	Zina describes a trip to Irkutsk.
Заходи́, Фили́пп, сади́сь! Ту́т Оле́г расска́зывает, что́ пи́шет Зи́на из Сиби́ри.	Come in and sit down, Philip. Oleg here is telling us what Zina writes from Siberia.

сосла́ть, сошлю́т (pfv I)	to banish, exile; to deport
ша́хта	mine
соляно́й	salt (adj)
Из Сиби́ри? Её сосла́ли в соляны́е ша́хты?	From Siberia? Did they deport her to the salt mines?
ссыла́ть, –а́ют (I)	to exile, banish, deport
Да что́ ты́! Никуда́ её не ссыла́ли.	What are you talking about! They didn't deport her anywhere.
что́ за (*plus* nom)	what, what a, what's that, what's this, what the
И что́ за соляны́е ша́хты?	And what's all this about salt mines?
зо́лото	gold
добыва́ть (I)	to mine, dig up
Та́м добыва́ют зо́лото.	They mine gold there.
ры́ть, ро́ют (I)	to dig
В гора́х ро́ют зо́лото.	They dig gold in the mountains.
Забайка́лье	Trans-Baikal (region beyond Lake Baikal)
сте́пь (f)	steppe (Russian plains), prairie
«По ди́ким степя́м Забайка́лья, где́ зо́лото ро́ют в гора́х...»	"Through the wild steppes of Trans-Baikal where they dig gold in the mountains . . .".
Ты́ слыха́л ста́рую пе́сню: «По ди́ким степя́м Забайка́лья, где́ зо́лото ро́ют в гора́х»?	Have you heard the old song "Through the wild steppes of Trans-Baikal where they dig gold in the mountains"?
Не́т, не слыха́л.	No, I haven't heard it.
А насчёт соляны́х ша́хт я́ пошути́л.	And I was joking about the salt mines.
Э́то у на́с в Аме́рике та́к говоря́т.	That's what we say in America.
Так что́ же Зи́на пи́шет?	So what does Zina write?
встреча́ть Но́вый го́д	to celebrate the New Year
Пи́шет, что они́ е́здили в Ирку́тск встреча́ть Но́вый го́д.	She writes that they went to Irkutsk to celebrate the New Year.
су́тки, су́ток (pl only)	twenty-four hours, a whole day (and night)
Из-за мете́лей е́хали дво́е су́ток.	It took them two whole days because of snow-storms.
са́ни, –е́й (pl only)	sleigh
тро́йка	troika (team of three horses)
Наве́рно на саня́х, на тро́йках?	In sleighs, probably, [or] in troikas?
Да не́т, на грузовика́х.	Why no, in trucks.
Кто́ ж тепе́рь е́здит на тро́йках?	Who rides in troikas now?
полтора́ста, полу́тораста	one hundred and fifty
И пото́м э́то в полу́тораста киломе́трах отту́да.	And then, too, it's one hundred and fifty kilometers from there.
уда́ться (pfv) (*like* да́ть)	to succeed, be lucky enough, manage
мне́ удало́сь (*plus* inf)	I succeeded, I managed
Академгородо́к, –дка́	Science City (*lit.* Academytown)

А в Академгородке́ Зи́не удало́сь побыва́ть, как она́ мечта́ла?

And did Zina manage to visit Science City, as she dreamed of doing?

Очеви́дно не́т.

Apparently not.

В Ирку́тске она́ побыва́ла в университе́те.

In Irkutsk she visited the university.

    декабри́ст

    Decembrist (member of early nineteenth-century revolutionary group)

    основа́ть (pfv I)

    to found, establish

Она́ ви́дела библиоте́ку, осно́ванную декабри́стами.

She saw the library founded by the Decembrists.

Ты́, Фили́пп, зна́ешь что́-нибудь о декабри́стах?

Do you know anything about the Decembrists, Philip?

    культу́ра
    изуча́ть, –а́ют (I)

    culture
    to study, master

Да́. Мы́ изуча́ли ру́сскую культу́ру и исто́рию в университе́те.

Yes. We studied Russian culture and history at the university.

Во́т бы́ли лю́ди!

Those were real men!

    поэ́т

    poet

Их поэ́т бы́л пра́в.

Their poet was right.

    сказа́вший (past active participle)
    ско́рбный

    one who said, he who said
    sorrowful, mournful

Пра́в бы́л и́х поэ́т, сказа́вший: «На́ш ско́рбный тру́д не пропадёт...»

Their poet was right, who said: "Our sorrowful work will not be wasted ..."

    пла́мя, пла́мени (sg only)
    возгоре́ться, –я́тся (pfv II)
    и́скра

    flame
    to be kindled, flare up
    spark

«Из и́скры возгори́тся пла́мя...»

"A flame will be kindled from [a] spark . . . ."

SUPPLEMENT

    горе́ть, –я́т (II)

    to be burning, be on fire

Что́-то гори́т.

Something's burning.

    сгоре́ть, –я́т (pfv II)

    to burn up, burn down, burn out

До́м сгоре́л.

The house burned down.

    греме́ть, –я́т (II)

    to thunder

Послу́шай, ка́жется греми́т гро́м.

Listen—it sounds like thunder.

    поздравля́ть, –я́ют (I)

    to congratulate, wish one well

(Поздравля́ю ва́с) с днём рожде́ния.

Happy Birthday!

(Поздравля́ю ва́с) с Но́вым го́дом.

Happy New Year!

    бу́ря

    storm, tempest

Это бу́ря в стака́не воды́.

It's a tempest in a teapot.

    гроза́

    thunderstorm

Я́ бою́сь, что бу́дет гроза́.

I'm afraid there'll be a thunderstorm.

    мо́лния

    lightning; zipper; fast telegram

Мы́ ви́дели мо́лнию, но не слы́шали гро́ма.

We saw lightning but didn't hear any thunder.

    расстоя́ние

    distance

Како́е расстоя́ние между Ки́евом и Москво́й?

What's the distance between Kiev and Moscow?

ширина́	width, breadth
Како́й ширины́ э́та река́?	How wide is this river?
длина́	length
Како́й длины́ э́та река́?	How long is this river?
глубина́	depth
Како́й глубины́ э́та река́?	How deep is this river?
высота́	height
Како́й высоты́ э́та гора́?	How high is this mountain?
деся́ток, –тка	ten (set of ten)
Да́йте мне́ деся́ток яи́ц.	Give me ten eggs.*
со́тня, –и; –и, со́тен	hundred, group of a hundred
На пло́щади собрали́сь со́тни люде́й.	Hundreds of people gathered in the square.
труди́ться, тружу́сь, тру́дятся (II)	to work (hard), labor, toil; to go to some trouble, make some effort
Мы́ тяжело́ труди́лись.	We really worked hard.
Не труди́тесь!	Don't go to any trouble!
трудя́щийся	worker, working man
У на́с е́сть дома́ о́тдыха для трудя́щихся.	We have rest homes for workers.
поле́зный	useful, good
Две́ неде́ли на куро́рте ва́м бу́дут о́чень поле́зны.	Two weeks at a health resort will do you a lot of good.
культу́рный	cultured, cultivated
Она́ высоко́ культу́рный челове́к.	She's a highly cultured person.
некульту́рный	uncultured, crude
Не снима́ть шля́пы в теа́тре — э́то некульту́рно.	Keeping your hat on in the theater is bad manners.
надо́лго	for long, for a long time
Вы́ надо́лго прие́хали?	Will you be here long?
— На две неде́ли.	Two weeks.
желе́зная доро́га	railroad
Вы́ е́дете по желе́зной доро́ге?	Are you going by railroad?

Зи́на опи́сывает пое́здку в Ирку́тск

И. — Ива́н   Ф. — Фили́пп   Б. — Бори́с   О. — Оле́г

И.   1 Заходи́, Фили́пп, сади́сь. Ту́т Оле́г расска́зывает, что́ пи́шет Зи́на из Сиби́ри.

Ф.   2 Из Сиби́ри? Её сосла́ли в соляны́е ша́хты?

Б.   3 Да что́ ты́! Никуда́ её не ссыла́ли. И что́ за соляны́е ша́хты? Та́м добыва́ют зо́лото.

И.   4 Слыха́л ста́рую пе́сню: «По ди́ким степя́м Забайка́лья, где́ зо́лото ро́ют в гора́х...»?[1,2]

Ф.   5 Не́т, не слыха́л. А насчёт ша́хт я пошути́л. Это у на́с в Аме́рике та́к говоря́т. Так что́ же Зи́на пи́шет?

---

* Such commodities as eggs and apples are usually sold by tens in the Soviet Union rather than by dozens.

О. 6 Пи́шет, что они́ е́здили в Ирку́тск встреча́ть Но́вый го́д.[3] Из-за мете́лей е́хали дво́е су́ток.

Ф. 7 Наве́рно на саня́х, на тро́йках?[4]

О. 8 Да не́т, на грузовика́х. Кто́ ж тепе́рь е́здит на тро́йках? И пото́м э́то в полу́тораста киломе́трах отту́да.

Б. 9 А в Акаде́мгородке́ Зи́не удало́сь побыва́ть, ка́к она́ мечта́ла?[5]

О. 10 Очеви́дно не́т. В Ирку́тске она́ побыва́ла в университе́те, ви́дела библиоте́ку, осно́ванную декабри́стами.[6]

И. 11 Ты́, Фили́пп, зна́ешь что́-нибудь о декабри́стах?

Ф. 12 Да́, мы́ изуча́ли ру́сскую культу́ру и исто́рию в университе́те.

Б. 13 Во́т бы́ли лю́ди! Пра́в бы́л и́х поэ́т, сказа́вший:

«На́ш скорбный тру́д не пропадёт,
Из и́скры возгори́тся пла́мя...»[7]

NOTES

[1] The area known as **Забайка́лье** *Trans-Baikal* is a large region including not only that adjacent to Lake Baikal, but a large territory to the north and east which borders on the far eastern coastal region known as **Да́льний Восто́к**. To the south of Trans-Baikal lie Mongolia and Manchuria.

[2] The song Ivan refers to is a ballad that tells the story of a runaway convict who crosses Lake Baikal and meets the only survivor of his family, his mother. The first stanza goes:

«По ди́ким степя́м Забайка́лья,	"Through the wild steppes of Trans-Baikal,
Где́ зо́лото ро́ют в гора́х,	Where they dig gold in the mountains,
Бродя́га, судьбу́ проклина́я,	A vagabond, cursing his fate,
Тащи́лся с сумо́й на плеча́х».	Trailed along with a sack on his shoulders."

[3] Irkutsk is a city of some three hundred thousand people, located just west of Lake Baikal on the Trans-Siberian railway. Traditionally it is the cultural, economic, and administrative center of all Siberia. There are eight institutions of higher learning in Irkutsk, including a major university.

[4] As a means of transportation, the troika, or team of three horses pulling a sleigh, belongs mainly to the past. Today, troika races are special state-sponsored winter sports events.

[5] The Soviet **Акаде́мгородо́к** *Science City* was built in an attempt to concentrate scientific research efforts in an area distant from the European part of the U.S.S.R. Located a few miles from Novosibirsk, on the Ob river, it already contains at least twenty research institutes. Outstanding scientists are paid high commissions to move there and the most gifted high-school students are selected from all over Siberia and brought there to be trained as future scientists.

[6] The **декабри́сты** *Decembrists* were a small group of young Russian aristocrats who, on the fourteenth of December 1825, tried unsuccessfully to arouse the army to revolt and force the czar to yield to their demands for establishing a constitutional monarchy in Russia. Several of the leaders were hanged, and the rest were exiled to

Siberia. While in exile, they managed to exercise considerable cultural influence on those with whom they came in contact. Many of them had their private libraries shipped to Siberia, which is how such libraries as the one mentioned in Irkutsk were formed. To this day they are particularly remembered and revered by the descendants of the local population of the area they helped to enlighten.

[7] The author of these lines was Alexander Odoevsky (1802–39), a member of the Decembrist group. The quotation was so famous that Lenin used it as a motto for the first Communist newspaper, which took its name, **Йскра** *The Spark*, from the poem.

Basic sentence patterns

1. Ве́тер, ду́ющий с мо́ря, всегда́
   вла́жный.
   ——————— с ю́га, всегда́ тёплый.

The wind blowing from the sea is always
   humid.
   ——————— from the south is always
   warm.

2. Достое́вский бы́л со́слан в Сиби́рь на
   де́сять ле́т.
   Йх сосе́дка была́ со́слана ———————.
   Йх роди́тели бы́ли со́сланы ———————.

Dostoevsky was exiled to Siberia for ten years.
   Their neighbor (f) was exiled ———————.
   Their parents were exiled ———————.

3. Двои́х из ни́х посла́ли изуча́ть
   Да́льний Восто́к.
   Трои́х ———————————.
   Четверы́х ———————————.

Two of them were sent to study the Far East.
   Three ———————————.
   Four ———————————.

4. Пое́здка продли́тся дво́е су́ток.
   ——————— тро́е ——.
   ——————— че́тверо ——.

The trip will last two days and nights.
   ——————— three ———————.
   ——————— four ———————.

5. Температу́ра упа́ла на полтора́ гра́дуса.
   ——————— подняла́сь ———————.
   ——————— упа́ла ни́же нуля́.

The temperature dropped a degree and a half.
   ——————— rose ———————.
   ——————— dropped below zero.

6. Я́ ненави́жу дождли́вую пого́ду.
   ——————— тума́нные дни́.
   ——————— сне́жные бу́ри.

I hate rainy weather.
   ——— foggy days.
   ——— snowstorms.

7. Она́ ненави́дит Сиби́рь.
   ——————— хо́лод.
   ——————— ве́тер.

She hates Siberia.
   ——————— the cold.
   ——————— the wind.

8. Стро́го говоря́, о́н не подхо́дит для
   э́той рабо́ты.

   Ме́жду на́ми говоря́, ———————.

Strictly speaking, he isn't suitable for this job.

   Speaking *entre nous* (*or* Just between us) ———.

9. О́н испо́ртит себе́ глаза́, чита́я в
   крова́ти.
   О́н по́ртит себе́ глаза́, ———————.

He'll ruin his eyes reading in bed.

   He's ruining his eyes ———————.

10. Мы ходи́ли по тайге́, ища́ зо́лото.
   _____ не находя́ зо́лота.
   _____ наде́ясь найти́
                            зо́лото.

We roamed the taiga looking for gold.
_____ without finding any gold.
_____ hoping to find gold.

11. Они́ рабо́тали, не обраща́я внима́ния
                          на хо́лод.
   Они́ рабо́тают _____.
   Они́ бу́дут рабо́тать _____.

They worked without paying attention to
                         the cold.
They work _____.
They'll work _____.

12. Тепе́рь здесь отдыха́ют на́ши
                    труди́щиеся.
   _____ слу́жащие.

Now our workers vacation here.

_____ employees _____.

13. Обрати́ внима́ние на люде́й,
          купа́ющихся в реке́.
   _____ игра́ющих в футбо́л.
   _____ трениру́ющихся на катке́.

Notice the people bathing in the river.

_____ playing soccer.
_____ practicing in the rink.

14. Где по́езд, иду́щий в Москву́?
   —— пассажи́р, е́дущий в Москву́?
   —— пассажи́ры, летя́щие в Москву́?

Where is the train going to Moscow?
_____ the passenger _____?
_____ are the passengers flying to Moscow?

15. Я уви́дел ме́дленно ползу́щую черепа́ху.
   _____ плыву́щую ло́дку.
   _____ летя́щих у́ток.

I saw a tortoise crawling slowly.
_____ a boat drifting _____.
_____ some ducks flying _____.

16. Всё отдыха́ющие на э́том куро́рте — от-
         ве́тственные рабо́тники.
   Всё живу́щие в э́том до́ме — от-
         ве́тственные рабо́тники.
   Всё уча́щиеся в э́той шко́ле — де́ти от-
         ве́тственных рабо́тников.

All those vacationing at this resort are
                        executives.
All those living in this house are executives.

All those studying at this school are the
                 children of executives.

17. Не хвата́ет полу́тораста рубле́й.
   _____ па́р боти́нок.
   _____ ме́тров
                      мате́рии.
   _____ килогра́ммов
                      со́ли.

One hundred and fifty rubles are missing.
_____ pairs of shoes ___.
_____ meters of material ____.

_____ kilograms of salt _____.

18. Отсю́да до грани́цы полтора́ киломе́тра.

   _____ полторы́ ми́ли.
   _____ нет полу́тора
                   киломе́тров.
   _____ нет полу́тора ми́ль.

It's a kilometer and a half from here to the
                      border.
It's a mile and a half _____.
It's less than a kilometer and a half _____.

It's less than a mile and a half _____.

19. Он прошёл расстоя́ние в полтора́ста
                    киломе́тров.
   _____ ми́ль.

He walked a distance of one hundred and fifty
                      kilometers.
_____ miles.

20. Это озеро шириной в полтора
километра.

This lake is one and a half kilometers in width.

_____ шириной в полторы мили.

_____ is one and a half miles in width.

_____ длиной около полутора
километров.

_____ is about one and a half kilometers in
length.

_____ длиной около полутора
миль.

_____ is about one and a half miles in
length.

21. Эта скамейка полтора метра высоты.

This bench is one and a half meters high.

_____ не больше полутора
метров высоты.

_____ is not over one and a half meters
high.

22. На Новый год я получил открытку из
Иркутска.

At New Year's time I received a post card from
Irkutsk.

_____ от
сестры с Кавказа.

_____ from
my sister in the Caucasus.

23. Что это за шум?

What's that noise?

_____ за возня?

_____ commotion?

_____ за музыка?

_____ music?

24. Что за свинство!

What a dirty trick!

____ за вопрос!

____ a question!

____ за жара!

____ heat!

25. Что он за человек?

What kind of person is he?

____ она за женщина?

_____ woman is she?

____ они за люди?

_____ people are they?

STRUCTURE AND DRILLS

Verbal adverbs: part I—imperfective verbal adverbs ending in -я (or -а) and -ясь (or -ась)

Verbal adverbs (sometimes called gerunds) are unchanging forms which are derived from verbs and used to describe an activity secondary to the action of the main verb but always performed by the same subject.

In this section are treated only those verbal adverbs formed from imperfective verbs by means of the suffix –я (spelled –а after ч, ж, ш, and щ), to which the particle –сь is added for the reflexive form. The suffix is added to the present stem for all classes of verbs except those ending in –авать, where it is added to the infinitive stem: compare **говор-я**, **совету-я**, **плач-а** with **дава-я**, **встава-я**. The stress is that of the first person singular.

The examples given below are paired to illustrate both the use of the verbal adverb and an alternate way of expressing the same notion by using a purely verbal form.

Откровенно **говоря**, это мне не нравится.

Frankly *speaking*, I don't like it.

Если говорить откровенно, то это мне не
нравится.

If I were to speak frankly, why I don't like it.

Убирая комнату, она нашла под диваном
пять рублей.

While *cleaning* the room, she found five rubles
under the sofa.

Когда она убирала комнату, она нашла
под диваном пять рублей.

While she was cleaning the room, she found five
rubles under the sofa.

Гуля́я в па́рке, я́ встре́тил профе́ссора Орло́ва.

While *strolling* in the park, I met Professor Orlov.

Когда́ я́ гуля́л в па́рке, я́ встре́тил профе́ссора Орло́ва.

While I was strolling in the park, I met Professor Orlov.

Смея́сь, о́н расска́зывал о то́м, как упа́л в лу́жу.

Laughing, he told how he had fallen in a puddle.

О́н смея́лся и расска́зывал о то́м, как упа́л в лу́жу.

He laughed and told how he had fallen in a puddle.

Я́ могу́ доста́ть с буфе́та ча́шку не **встава́я**.

I can get a cup from the sideboard without *getting up*.

Мне́ не ну́жно встава́ть для того́, чтобы доста́ть с буфе́та ча́шку.

I don't need to get up in order to get a cup from the sideboard.

Подъезжа́я к го́роду, вы́ уви́дите но́вый до́м о́тдыха.

As you *approach* the city, you'll see a new rest home.

Когда́ вы́ бу́дете подъезжа́ть к го́роду, вы́ уви́дите но́вый до́м о́тдыха.

When you approach the city, you'll see a new rest home.

Уча́ но́вый язы́к, легко́ забы́ть ста́рый.

In *learning* a new language, it's easy to forget the old one.

Пока́ у́чишь но́вый язы́к, легко́ забы́ть ста́рый.

While you're learning a new language, it's easy to forget the old one.

Идя́ по ле́стнице, о́н упа́л и чу́ть не слома́л себе́ ру́ку.

Going downstairs, he fell and almost broke his arm.

Когда́ о́н шёл по ле́стнице, о́н упа́л и чу́ть не слома́л себе́ ру́ку.

While he was going downstairs, he fell and almost broke his arm.

Она́ э́то расска́зывала, чу́ть не **пла́ча**.

She was telling it, almost *crying*.

Она́ э́то расска́зывала и чу́ть не пла́кала.

She was telling it and almost cried.

Мы́ разгова́ривали, не **замеча́я** вре́мени.

We talked, not *noticing* the time.

Мы́ разгова́ривали и не замеча́ли вре́мени.

We talked and didn't notice the time.

Ка́к ты́ мо́жешь занима́ться, **слу́шая** ра́дио?

How can you study, *listening* to the radio?

Ка́к ты́ мо́жешь занима́ться и в то́ же вре́мя слу́шать ра́дио?

How can you study and listen to the radio at the same time?

■ REPETITION DRILL

Repeat the paired examples illustrating the use of the imperfective verbal adverbs and compare each with the alternate way of expressing the same notion.

■ EXPANSION DRILLS

1. *Don't forget about us.*
   When ordering tickets, don't forget about us.
   Не забу́дьте о на́с.
   Зака́зывая биле́ты, не забу́дьте о на́с.
   Не забу́дьте о Зи́не.
   Зака́зывая биле́ты, не забу́дьте о Зи́не.
   (об Олеге, об Иване, о Вале, о Боре, о соседях, о соседке)

2. *Tell about the bears.*
   In describing Siberia, tell about the bears.
   Расскажи́те о медве́дях.
   Опи́сывая Сиби́рь, расскажи́те о медве́дях.
   Расскажи́те о холода́х.
   Опи́сывая Сиби́рь, расскажи́те о холода́х.
   (о тайге, о Забайкалье, о климате, о степях, о золоте, о шахтах, о декабристах, об Академгородке, о Дальнем Востоке)

1. *When did you meet him?*
   I met him on returning from the movies.
   Когда́ ты́ его́ встре́тил?
   Я́ его́ встре́тил, возвраща́ясь из кино́.
   Когда́ вы́ его́ встре́тили?
   Мы́ его́ встре́тили, возвраща́ясь из кино́.
   (Зина, девушки, сосед, хозяева,
   соседка, Филипп, ты, вы)

2. *How can you read and listen to music?*
   I always read while listening to music.
   Ка́к ты́ мо́жешь чита́ть и слу́шать
   му́зыку?
   Я́ всегда́ чита́ю, слу́шая му́зыку.
   Ка́к ты́ мо́жешь рабо́тать и слу́шать
   му́зыку?
   Я́ всегда́ рабо́таю, слу́шая му́зыку.
   (заниматься, считать, поправлять
   работы, проверять счета́, учить уроки,
   писать очерк)

■ STRUCTURE REPLACEMENT DRILLS

1. *He listened and didn't understand a thing.*
   He listened without understanding a thing.
   О́н слу́шал и ничего́ не понима́л.
   О́н слу́шал, ничего́ не понима́я.
   О́н слу́шал и ничего́ не замеча́л.
   О́н слу́шал, ничего́ не замеча́я.
   (говорил, отвечал, чувствовал,
   подозревал, думал, спрашивал)

2. *They were walking and didn't notice the cold.*
   They were walking, not noticing the cold.
   Они́ шли́ и не замеча́ли моро́за.
   Они́ шли́, не замеча́я моро́за.
   Они́ шли́ и не счита́ли киломе́тров.
   Они́ шли́, не счита́я киломе́тров.
   (и не находили источника, и не
   отставали от нас, и не чувствовали
   мороза, и не разговаривали, и не
   отдыхали, и не смотрели вниз, и не
   задерживались, и не жаловались)

3. *Before retiring, close the windows.*
   On retiring, close the windows.
   Перед те́м как ложи́ться спа́ть, закро́й
   о́кна.
   Ложа́сь спа́ть, закро́й о́кна.
   Перед те́м как уезжа́ть, закро́й о́кна.
   Уезжа́я, закро́й о́кна.
   (уходить, садиться работать, выходить
   из дому, ложиться, уезжать)

4. *When she was cleaning the room, she found*
   some money.
   While cleaning the room, she found some
   money.
   Когда́ она́ убира́ла ко́мнату, она́ нашла́
   де́ньги.
   Убира́я ко́мнату, она́ нашла́ де́ньги.
   Когда́ она́ передвига́ла шка́ф, она́ нашла́
   де́ньги.
   Передвига́я шка́ф, она́ нашла́ де́ньги.
   (подходила к дому, собирала вещи,
   гуляла по парку, переходила
   переулок, выходила из лавки)

■ RESPONSE DRILLS

1. *We don't have time to eat breakfast.*
   Yes, we'll have to go without eating breakfast.
   У на́с не́т вре́мени за́втракать.
   Да́, придётся е́хать не за́втракая.

   У на́с не́т вре́мени бри́ться.
   Да́, придётся е́хать не бре́ясь.
   (умываться, переодеваться, отдыхать,
   убирать, обедать, ужинать,
   завтракать)

2. *He has no money.*

   How will he live, not having any money?

   Óн не имéет дéнег.

   Кáк óн бýдет жúть, не имéя дéнег?

   Óн ничéм не интересýется.

   Кáк óн бýдет жúть, ничéм не интересýясь?

Он никого не любит.

Он ни на что не надеется.

Он ни о чём не заботится.

Он ничего не умеет.

Он ни с кем не считается.

Он ничему не радуется.

DISCUSSION

Verbal adverbs ending in –я (or –a) from imperfective verbs describe an activity which is secondary to the main activity and always performed by the same subject:

Идя́ по коридóру, óн увúдел Зúну.

[While] walking down the hall, he noticed Zina (that is, as *he* was walking).

Идя́ по коридóру, Зúна увúдела егó.

[While] walking down the hall, Zina noticed him (that is, as *she* was walking).

The time of the action described by these verbal adverbs is simultaneous with that of the main verb and may be past, present, or future:

Óн рабóтал, слýшая мýзыку.

He worked while listening to music.

Óн рабóтает, слýшая мýзыку.

He works while listening to music.

Óн бýдет рабóтать, слýшая мýзыку.

He'll work while listening to music.

Verbal adverbs usually provide an alternate way of expressing what may also be said by using a subordinate clause introduced by such words as **когдá** *when, while,* **покá** *while,* and **тáк как** *because, since*:

Гуля́я в пáрке, я встрéтил профéссора Орлóва *or* Когдá я гуля́л в пáрке, я встрéтил профéссора Орлóва.

While strolling in the park, I met Professor Orlov *or* While I was strolling in the park, I met Professor Orlov.

The stress of the verbal adverbs is ordinarily that of the first person singular, present tense. Some, however, have two possible stresses, for example: **сидя́, сúдя** *sitting;* **стоя́, стóя** *standing;* **лежá, лёжа** *lying.* Of these, the forms where the stress has shifted back to the root vowel are now considered to be pure adverbs.

Collective numerals: двóе, трóе, чéтверо, пя́теро, шéстеро, сéмеро[1]

	two	*three*	*four*	*five*	*six*	*seven*
NOM	двóе	трóе	чéтверо	пя́теро	шéстеро	сéмеро
ACC			(*like* nominative *or* genitive)			
GEN } PREP }	двоúх	троúх	четверы́х	пятеры́х	шестеры́х	семеры́х
DAT	двоúм	троúм	четверы́м	пятеры́м	шестеры́м	семеры́м
INSTR	двоúми	троúми	четверы́ми	пятеры́ми	шестеры́ми	семеры́ми

---

[1] The collective numerals **вóсьмеро** *eight,* **дéвятеро** *nine,* and **дéсятеро** *ten* follow the same declension pattern, but because they are so rarely used they will not be drilled here.

MODELS

Ка́к до́лго вы́ бы́ли в Москве́?
— Дво́е су́ток.
— Тро́е _____.
— Че́тверо ___.

How long were you in Moscow?
Two days and nights.
Three _____.
Four _____.

Ско́лько ва́с? *Or* Ва́с ско́лько?
— На́с пя́теро.
_____ ше́стеро.
_____ се́меро.

How many of you are there?
There are five of us.
_____ six _____.
_____ seven ___.

Ско́лько у ни́х часо́в?
— Дво́е.
— Тро́е.
— Че́тверо.

How many clocks (*or* watches) do they have?
Two.
Three.
Four.

На́с, америка́нцев, бы́ло ше́стеро.
_____ се́меро.

There were six of us Americans.
_____ seven _____.

У ни́х дво́е дете́й.
_____ пя́теро ___.
_____ тро́е _____.

They have two children.
_____ five _____.
_____ three _____.

На́м ну́жен но́мер на двои́х.
_____ на трои́х.
_____ на четверы́х.

We need a room for two.
_____ three.
_____ four.

На́м двои́м нужны́ пропуска́.
_____ трои́м _____.
_____ четверы́м _____.
_____ пятеры́м _____.
_____ шестеры́м _____.
_____ семеры́м _____.

Two of us need passes.
Three _____.
Four _____.
Five _____.
Six _____.
Seven _____.

■ REPETITION DRILL

Repeat the given models illustrating the use of the collective numbers. Note particularly that the collective numbers must be used with nouns which have only plural forms, such as су́тки and са́ни.

■ STRUCTURE REPLACEMENT DRILLS

1. *Two graduate students came.*
   Пришло́ два́ аспира́нта.
   Пришло́ дво́е аспира́нтов.
   Пришло́ три́ аспира́нта.
   Пришло́ тро́е аспира́нтов.
   (четы́ре, пять, шесть, семь, два, три)

2. *She has four sons.*
   У неё четы́ре сы́на.
   У неё че́тверо сынове́й.
   У неё три́ сы́на.
   У неё тро́е сынове́й.
   (два, пять, семь, шесть, три, четыре)

1. *There's only the one sleigh here.*
   Well then, we'll have to go in the one sleigh.
   Ту́т всего́ одни́ са́ни.
   Ну́ что́ ж, придётся е́хать на одни́х
   саня́х.
   Ту́т всего́ дво́е сане́й.
   Ну́ что́ ж, придётся е́хать на двои́х
   саня́х.
   (тро́е сане́й, че́тверо сане́й, пя́теро
   сане́й, ше́стеро сане́й, се́меро сане́й,
   дво́е сане́й)

2. *There were seven of us, but one left.*
   So there are six of you now.
   На́с бы́ло се́меро, но оди́н уе́хал.
   Зна́чит, ва́с тепе́рь ше́стеро.
   На́с бы́ло ше́стеро, но оди́н уе́хал.
   Зна́чит, ва́с тепе́рь пя́теро.
   (нас бы́ло пя́теро, нас бы́ло че́тверо,
   нас бы́ло тро́е, нас бы́ло се́меро, нас
   бы́ло ше́стеро)

DISCUSSION

The collective numerals follow a declension pattern similar to that of **о́ба**, **о́бе** *both*, with adjectival endings in all but the nominative and inanimate accusative cases. Note that the stress shifts from the first syllable of the stem in the nominative and inanimate accusative to the ending in all the rest of the cases: compare **тро́е** with **трои́х**, **че́тверо** with **четверы́х**. The nominative and accusative forms require the genitive plural of the accompanying pronoun and noun; in all the other cases, the appropriate plural case form is used:

На́с бы́ло тро́е бра́тьев.	There were three of us brothers.
Придётся е́хать на трои́х саня́х.	We'll have to go in three sleighs.

As subject of the sentence, the collectives are treated as neuter singular nouns in terms of verb agreement:

Пришло́ пя́теро аспира́нтов.	Five graduate students came.

The collective numerals are used in place of the ordinary cardinal numbers with nouns having only plural forms: **дво́е су́ток** *two days and nights*, **дво́е часо́в** *two watches*, **дво́е сане́й** *two sleighs*.

When used with nouns denoting people, they point up the group as a collective unit. They are not used, however, with nouns specifying female persons. Thus both **два́ бра́та** and **дво́е бра́тьев** are possible, but only **две́ сестры́**. The collective numerals can, however, refer to a mixed group:

На́с бы́ло тро́е: два́ ма́льчика и одна́ де́вочка.	There were three of us: two boys and a girl.

Present active participles

Present active participles are formed by replacing the final –т of the third person plural imperfective verb with –щий, –щая, –щее (non-reflexive) or –щийся, –щаяся, –щееся (reflexive). Present active participles have no short forms and are used in all cases, singular and plural, following an adjectival declension pattern.

MODELS

На́м ну́жен челове́к, **говоря́щий** по-неме́цки.	We need a person *speaking* German.
На́м нужна́ же́нщина, **говоря́щая** по-неме́цки.	We need a woman *who speaks* German.
На́м нужны́ лю́ди, **говоря́щие** по-неме́цки.	We need people *who speak* German.

Посмотри́ на э́того ма́льчика, **игра́ющего** на у́лице.

_____ на э́ту де́вочку, **игра́ющую** на у́лице.

_____ на э́тих дете́й, **игра́ющих** на у́лице.

Мы́ незнако́мы с **живу́щей** та́м же́нщиной.

_____ с **живу́щим** та́м студе́нтом.

_____ с **живу́щими** та́м людьми́.

Где́ по́езд, **иду́щий** на Да́льний Восто́к?
____ самолёт, **летя́щий** на Да́льний Восто́к?

Где́ пассажи́ры, **е́дущие** в Москву́?
____ пассажи́р, **е́дущий** в Москву́?
____ де́вушка, **е́дущая** в Москву́?

Я́ уви́дел его́ **сидя́щим** за столо́м.[1]
_____ **стоя́щим** у окна́.
_____ **лежа́щим** на крова́ти.
_____ **бегу́щим** по у́лице.
_____ **купа́ющимся** в о́зере.

Look at that little boy *playing* in the street.

_____ that little girl *playing* in the street.

_____ those children *playing* in the street.

We're not acquainted with the woman *living* there.

_____ with the student *living* there.

_____ with the people *living* there.

Where's the train *going* to the Far East?
_____ the plane *flying* to the Far East?

Where are the passengers *going* to Moscow?
_____ is the passenger *going* to Moscow?
_____ is the girl *going* to Moscow?

I saw him *sitting* at the table.
_____ *standing* at the window.
_____ *lying* on the bed.
_____ *running* down the street.
_____ *swimming* in the lake.

■ REPETITION DRILL

Repeat the models illustrating the use of present active participles. Note particularly that the reflexive forms always end in –ся (never –сь).

■ EXPANSION DRILLS

1. *Look at that girl.*
   Look at that girl playing in the sand.
   Посмотри́те на э́ту де́вочку.
   Посмотри́те на э́ту де́вочку, игра́ющую в песке́.
   Посмотри́те на э́тих дете́й.
   Посмотри́те на э́тих дете́й, игра́ющих в песке́.
   (на этого мальчика, на этих ребят, на эту группу, на этого ребёнка, на их дочь, на этих мальчи́шек)

2. *The room was full of people.*
   The room was full of people celebrating the New Year.
   За́л бы́л по́лон люде́й.
   За́л бы́л по́лон люде́й, встреча́ющих Но́вый го́д.
   За́л бы́л по́лон студе́нтов.
   За́л бы́л по́лон студе́нтов, встреча́ющих Но́вый го́д.
   (граждан, пьяных, служащих, туристов, иностранцев, писателей, поэтов, художников)

■ STRUCTURE REPLACEMENT DRILLS

1. *Do you know the people who live there?*
   Do you know the people living there?
   Вы́ зна́ете люде́й, кото́рые ту́т живу́т?
   Вы́ зна́ете живу́щих ту́т люде́й?

   Вы́ зна́ете же́нщину, кото́рая ту́т живёт?
   Вы́ зна́ете живу́щую ту́т же́нщину?
   (студентов, квартиранта, девушку, паренька́, иностранцев, квартирантку, инженера, семью)

---

[1] Note that after a direct object pronoun, the participle is placed in the instrumental case and is not separated from the pronoun by a comma in writing:

Compare   Я́ уви́дел его́ отдыха́ющим на пля́же.   I saw him relaxing on the beach.
with   Я́ уви́дел Оле́га, отдыха́ющего на пля́же.   I saw Oleg relaxing on the beach.

2. *He stood by the window.*
I saw him standing by the window.
Он стоя́л у окна́.
Я уви́дел его́ стоя́щим у окна́.
Он сиде́л за столо́м.
Я уви́дел его́ сидя́щим за столо́м.
Он лежа́л на дива́не.

Он бежа́л по у́лице.
Он выходи́л из теа́тра.
Он входи́л в до́м.
Он купа́лся в о́зере.
Он плы́л к бе́регу.
Он переходи́л пло́щадь.

■ QUESTION-ANSWER DRILLS

1. *Is this train going to Siberia?*
No, the train going to Siberia is over there.
Э́тот по́езд идёт в Сиби́рь?
Не́т, по́езд, иду́щий в Сиби́рь, во́н та́м.
Э́тот авто́бус идёт в Сиби́рь?
Не́т, авто́бус, иду́щий в Сиби́рь, во́н та́м.
(маши́на, грузови́к, бага́ж, посы́лка,
я́щики, пи́сьма)

2. *Who are these people?*
They're people going to the frontier.
Что́ э́то за лю́ди?
Э́то лю́ди, е́дущие на целину́.
Что́ э́то за гру́ппа?
Э́то гру́ппа, е́дущая на целину́.
(де́вушки, семья́, рабо́чие, рабо́тницы,
па́рни, пассажи́р, па́рень)

■ STRUCTURE REPLACEMENT DRILLS[1]

1. *Did you see the way he laughs?*
Did you see him laughing?
Ты́ ви́дел, как о́н смеётся?
Ты́ ви́дел его́ смею́щимся?
Ты́ ви́дел, как о́н пла́чет?
Ты́ ви́дел его́ пла́чущим?
(игра́ет, танцу́ет, гуля́ет, ку́рит, пи́шет,
чита́ет стихи́, рабо́тает, пьёт)

2. *I saw Orlov strolling in the park.*
Я́ ви́дел, как Орло́в гуля́л в па́рке.
Я́ ви́дел Орло́ва, гуля́ющего в па́рке.
Я́ ви́дел, как Орло́в ходи́л по па́рку.
Я́ ви́дел Орло́ва, ходя́щего по па́рку.
(е́хал на тро́йке, осма́тривал ша́хту,
убира́л со стола́, звони́л по телефо́ну,
надева́л шу́бу, изуча́л ка́рту, гото́вил
э́то блю́до)

3. *We didn't notice that the kids were swimming.*
We didn't notice the kids who were swimming.
Мы́ не заме́тили, что ребя́та купа́ются.
Мы́ не заме́тили купа́ющихся ребя́т.
Мы́ не заме́тили, что ребя́та
трениру́ются.
Мы́ не заме́тили трениру́ющихся ребя́т.
(ката́ются, занима́ются, одева́ются,
поднима́ются, собира́ются)

4. *This car is for people who smoke.*
This is the car for smokers.
Э́тот ваго́н для те́х, кто́ ку́рит.
Э́то ваго́н для куря́щих.
Э́тот пля́ж для те́х, кто́ отдыха́ет.
Э́то пля́ж для отдыха́ющих.
Э́ти кни́ги для те́х, кто́ у́чится.
Э́тот за́л для те́х, кто́ ожида́ет.
Э́та гости́ница для те́х, кто́ приезжа́ет.
Э́та ча́сть бе́рега для те́х, кто́ купа́ется.
Э́тот санато́рий для те́х, кто́ тру́дится.
Э́тот ваго́н для те́х, кто́ не ку́рит.

DISCUSSION

Present active participles are formed only from imperfective verbs. Unlike the past passive participles, they have only long forms, which are fully declined. They are formed by replacing the –т of the

___
[1] The following drills are recommended as best suited for written homework.

third person plural ending with the suffix **–щ–** and adding the adjectival endings **–ий**, **–ая**, and **–ее**. Those formed from reflexive verbs further add the reflexive particle **–ся** (never **сь**):

INFINITIVE	THIRD PERSON PLURAL	PRESENT ACTIVE PARTICIPLE
чита́–ть	чита́ю–т	чита́ю–щий, –щая, –щее *who is reading*
говори́–ть	говоря́–т	говоря́–щий, –щая, –щее *who is speaking*
интересова́–ться	интересу́ю–тся	интересу́ю–щийся, –щаяся, –щееся *who is interested*
боя́–ться	боя́–тся	боя́–щийся, –щаяся, –щееся *who is afraid*

The stress of the present active participle usually falls on the same syllable as that of the third person plural. In second conjugation verbs with shifting stress, however, the stress of the participle tends to follow the stress position of the first person singular and infinitive:

INFINITIVE	FIRST PERSON SINGULAR	THIRD PERSON PLURAL	PRESENT ACTIVE PARTICIPLE
держа́ть	держу́	де́ржат	держа́щий
ходи́ть	хожу́	хо́дят	ходя́щий
кури́ть	курю́	ку́рят	куря́щий
учи́ться	учу́сь	у́чатся	уча́щийся

Despite their name, the present active participles are not so rigidly bound to present time as the name would imply. For example, they may be used in constructions which, from the English standpoint, would appear to involve past time as well as present:

На углу́ мы́ уви́дели челове́ка, продаю́щего моро́женое.

On the corner we saw a man selling ice cream.

Бы́л ве́тер, ду́ющий с мо́ря.

There was a wind blowing from the sea.

Мы́ смотре́ли на облака́, плыву́щие по́ небу.

We watched the clouds floating across the sky.

As a rule, the participles are avoided in spoken Russian but are frequently encountered in literature. Some function as nouns or adjectives:

Nouns

отдыха́ющие	vacationers	ожида́ющие	people waiting
слу́жащий	employee	купа́ющиеся	bathers
уча́щийся	student	куря́щие	smokers
трудя́щийся	worker, laborer	некуря́щие	non-smokers
бу́дущее	the future	приезжа́ющие	people arriving
встреча́ющие	people meeting someone	проезжа́ющие	people passing through
провожа́ющие	people seeing other people off	пью́щий	drinker
ве́рующий	believer	непью́щий	non-drinker

Adjectives

бу́дущий	future	выдаю́щийся	prominent, outstanding
подходя́щий	appropriate, fitting	вызыва́ющий	provocative; aggressive
сто́ящий	worthwhile	лета́ющий	flying
волну́ющий	disturbing; exciting	зна́ющий	knowing

Notice also the compounds **скоропо́ртящийся** *perishable* as in **скоропо́ртящиеся проду́кты** *perishables, perishable goods* and **многообеща́ющий** *promising* as in **многообеща́ющий молодо́й вра́ч** *promising young doctor.*

The special numbers полтора́ (m, n), полторы́ (f) *one and a half* and полтора́ста *one hundred and fifty*

	one and a half	one hundred and fifty
NOM-ACC	полтора́ (m,n) полторы́ (f)	полтора́ста
GEN-PREP-DAT-INSTR	полу́тора	полу́тораста

Notes

1. The nominative-accusative forms **полтора́, полторы́**, like **два́, две́** and **о́ба, о́бе**, are followed by the *genitive singular*. The other cases all share a single form, **полу́тора**, which is followed by the appropriate *plural* case form of the noun.

2. The nominative-accusative form **полтора́ста** is followed by the *genitive plural*. The genitive, prepositional, dative, and instrumental cases all share the single form **полу́тораста**, followed by the appropriate *plural* case form of the noun.

MODELS

Я́ уже́ вы́пил полтора́ стака́на молока́.
———————— полторы́ ча́шки ча́я.

I've already drunk a glass and a half of milk.
———————— a cup and a half of tea.

Прочти́те ещё полторы́ страни́цы.
— Я́ прочёл полтора́ста страни́ц.
— Я́ прочёл не ме́ньше полу́тораста
                              страни́ц.

Read a page and a half more.
I've read a hundred and fifty pages.
I've read at least a hundred and fifty pages.

На́м оста́лось то́лько полтора́ ме́сяца.
———————————— полторы́ неде́ли.

We have only a month and a half left.
———————— a week and a half left.

На́м оста́лось о́коло полу́тора ме́сяцев.
———————————— полу́тора неде́ль.

We have about a month and a half left.
———————— a week and a half left.

Она́ уе́хала полтора́ часа́ наза́д.
———————— полторы́ неде́ли ———.
———————— полтора́ ме́сяца ———.
———————— полтора́ го́да ———.

She left an hour and a half ago.
——— a week and a half ———.
——— a month and a half ——.
——— a year and a half ———.

Этой це́ркви полтора́ста лет.
_____ о́коло полу́тораста лет.

This church is a hundred and fifty years old.
_____ about a hundred and fifty years old.

Он зараба́тывает полтора́ста рубле́й в неде́лю.
_____ о́коло полу́тораста рубле́й в неде́лю.

He earns a hundred and fifty rubles a week.
_____ about a hundred and fifty rubles a week.

У меня́ полтора́ста рубле́й.
_____ о́коло полу́тораста рубле́й.
_____ полторы́ со́тни рубле́й.

I have a hundred and fifty rubles.
_____ about a hundred and fifty rubles.
_____ a hundred and fifty rubles.

■ REPETITION DRILL

Repeat the given models illustrating the use of **полтора́**, **полторы́**, and **полтора́ста**.

■ STRUCTURE REPLACEMENT DRILLS

1. *There'll be more than a kilogram here.*
There'll be more than one and a half kilograms here.
Здесь бу́дет бо́льше килогра́мма.
Здесь бу́дет бо́льше полу́тора килогра́мм.
Здесь бу́дет бо́льше ме́тра.
Здесь бу́дет бо́льше полу́тора ме́тров.
(ведра, рубля, тысячи, километра, ящика, коробки, ложки, чашки, стакана)

2. *This will last an hour and a half.*
This will last about an hour and a half.
Это продли́тся полтора́ часа́.
Это продли́тся о́коло полу́тора часо́в.
Это продли́тся полторы́ неде́ли.
Это продли́тся о́коло полу́тора неде́ль.
(полтора года, полторы минуты, полтора дня, полтора месяца, полторы недели, полтора часа)

■ RESPONSE DRILLS

1. *There are about two hundred people here.*
No, not more than a hundred and fifty.
Здесь о́коло двухсо́т челове́к.
Нет, не бо́льше полу́тораста.
Здесь о́коло двухсо́т книг.
Нет, не бо́льше полу́тораста.
(магазинов, киосков, холодильников, изб, велосипедов, яиц, умывальников)

2. *There are a hundred and fifty rubles here. Get going!*
With a hundred and fifty rubles?
Тут полтора́ста рубле́й. Поезжа́й!
С полу́тораста рубля́ми?
Тут полтора́ста студе́нтов. Поезжа́й!
С полу́тораста студе́нтами?
(студенток, туристов, мальчиков, девушек, детей, иностранцев)

■ QUESTION-ANSWER DRILLS

1. *How many shovels did they deliver?*
They delivered a hundred and fifty shovels.
Ско́лько лопа́т привезли́?
Привезли́ полтора́ста лопа́т.
Ско́лько шкафо́в привезли́?
Привезли́ полтора́ста шкафо́в.
(диванов, ковров, гардеробов, кроватей, ламп, комодов, кресел, письменных столов)

2. *How many potatoes should I put in?*
One and a half.
Ско́лько карто́шек положи́ть?
Полторы́ карто́шки.
Ско́лько куско́в са́хара положи́ть?
Полтора́ куска́.
(апельсинов, ложек масла, чашек сахара, помидоров, лимонов, стаканов соли, таблеток аспирина)

DISCUSSION

Like **со́рок** *forty*, **девяно́сто** *ninety*, and **сто́** *one hundred*, the special fractional numbers **полтора́**, **полторы́** *one and a half* and **полтора́ста** *one hundred and fifty* have a very simple declension pattern, with **полу́тора** and **полу́тораста** respectively used for all cases except the nominative and the accusative.

Paralleling the special feminine forms, **две́** and **о́бе**, is the special form, **полторы́**, used only with feminine nouns in the nominative and the accusative. Note particularly that while the nominative-accusative forms **полтора́**, **полторы́** require the genitive *singular* of the noun, **полу́тора** is always used with the appropriate *plural* case form of the noun.

In addition to **полтора́ста** it is also possible to use **полторы́ со́тни** for *one hundred and fifty*.

У меня́ полторы́ со́тни рубле́й *or* У меня́ полтора́ста рубле́й.	I have a hundred and fifty rubles.

ПОВТОРЕ́НИЕ

— Во́т не ожида́л встре́тить тебя́ зде́сь, в Москве́, Алексе́й. Мне́ говори́ли, что ты́ отдыха́ешь где́-то в Крыму́.

— Да́, я́ бы́л в санато́рии, то́лько вчера́ верну́лся. Кста́ти, зна́ешь, кого́ я́ та́м встре́тил — Хитро́ва.

— Что́ ты́ говори́шь? Я́ его́ не ви́дел уже́ о́коло полуго́да, с те́х по́р как о́н получи́л ме́сто в Сиби́ри. Где́ ж о́н тепе́рь?

— Всё та́м же, в Забайка́лье. Рабо́тает на большо́м комбина́те.

— А ка́к о́н выде́рживает сиби́рский кли́мат? Пра́вда, здоро́вье у него́ желе́зное, но всё-таки, я́ ду́маю, тру́дно. Не жа́ловался на моро́зы?

— О́н жа́ловался не сто́лько на моро́зы, ско́лько на своего́ нача́льника. Говори́т, что то́т большо́й специали́ст, хоро́ший администра́тор, но челове́к ужа́сный.

— А почему́ ж Хитро́в тогда́ не уйдёт? Его́ взя́л бы к себе́ дире́ктор любо́й фа́брики. Таки́е специали́сты, ка́к о́н, всегда́ нужны́.

— Да говори́т, что у него́ хоро́шие това́рищи по рабо́те, о́н срабо́тался с ни́ми, жа́лко расстава́ться.

— Да́, коне́чно, я́ э́то понима́ю.

— Не представля́ю себе́, ка́к ты́ пое́дешь в Москву́, Алёша. Уже́ ведь тре́тьи су́тки мете́ль и, наве́рно, поезда́ не хо́дят.

— Тогда́ я́ полечу́ самолётом.

— Но така́я бу́ря, что, наве́рно, и самолёты не лета́ют. Смотри́, что́ де́лается!

— Да́, действи́тельно. Пожа́луй, и лета́ть опа́сно в таку́ю пого́ду.

— К тому́ же и хо́лод ужа́сный. Сего́дня два́дцать четы́ре гра́дуса ни́же нуля́, а но́чью, говоря́т, упадёт до тридцати́.

— В су́щности говоря́, я́ могу́ пое́хать через не́сколько дне́й. Ничего́ стра́шного не случи́тся.

— А кста́ти, где́ Пе́тя? Неуже́ли до си́х по́р в шко́ле?

— Не́т, кака́я же шко́ла в тако́й моро́з, да ещё и в мете́ль. Все́ шко́лы сего́дня закры́ты. Пе́тя у това́рища в сосе́дней кварти́ре.

— Наве́рно, в ша́хматы игра́ют?

— Не́т, они́ стро́ят како́й-то самолёт.

— Сади́тесь, Фёдор Васи́льевич. Расска́зывайте, где́ вы́ побыва́ли э́тим ле́том.

— На э́тот ра́з моя́ пое́здка была́ осо́бенно интере́сной: я́ провёл ле́то в А́рктике.

— Во́т ка́к? Та́м, должно́ бы́ть, ску́чно: без конца́ сне́г и лёд и никако́й жи́зни.

— Ну́ что́ вы́! Та́м везде́ жи́знь: и в воде́, и на льду́, и в во́здухе. Жи́знь, о́чень меня́ интересу́ющая, совсе́м не похо́жая на зде́шнюю, к кото́рой мы́ привы́кли.

— Да́, ва́м, ка́к учёному, э́то должно́ бы́ть, действи́тельно, интере́сно. А что́ же вы́ изуча́ли, живя́ та́м?

— Гла́вным о́бразом пти́ц. Э́то ведь моя́ специа́льность, ка́к вы́ зна́ете. Не́которые из живу́щих та́м пти́ц ма́ло изу́чены.

— А тепе́рь вы́ возвраща́етесь в ва́ш Академгородо́к?

— Да́, через полтора́ ме́сяца.

NOTES

PREPARATION FOR CONVERSATION   **Пиши́ поча́ще**

поча́ще	as often as possible, a little more often
Пиши́ поча́ще.	Write as often as you can.
Како́е сего́дня число́?	What's the date today?
Сего́дня трина́дцатое ма́я.	It's the thirteenth of May today.
Нью-Йо́рк [ɲujórk]	New York
Ско́ро тебе́ уезжа́ть наза́д в твой Нью-Йо́рк.	Soon you'll have to be going back to your New York.
Уе́дешь, забу́дешь на́с.	You'll leave and forget us.
се́рдце [şércə]	heart
ми́лый (m), ми́лая (f)	sweetheart, darling
«До свида́нья, ми́лый ска́жет, а на се́рдце тя́жесть ля́жет...».	"Your sweetheart will say good-bye, and your heart will be heavy . . ."
Ко́лька (var. of Ко́ля)	Kolya
Переста́нь, Ко́лька!	Stop it, Kolya!
Мне́ гру́стно, а ты́ дурака́ валя́ешь.	I feel sad, and you're acting like a fool.
прости́! прости́те!	forgive me! excuse me!
Прости́! Мне́ самому́ жа́ль, что Фили́пп уезжа́ет.	Forgive me! I'm sorry myself that Philip is going away.
молча́ть, –а́т (II)	to be silent, be quiet
Ты́ что́ же, Фили́пп, молчи́шь?	What are you so quiet about, Philip?
проща́ться, –а́ются (I)	to say good-bye, part
Тру́дно проща́ться.	It's hard to say good-bye.
сдружи́ться, –а́тся (pfv II)	to become friends
Мы́ та́к сдружи́лись.	We've become such friends.
подде́рживать, –ают (I)	to keep up, maintain; to support
А ты́ пиши́, подде́рживай с на́ми свя́зь, хоть в пи́сьмах.	Well, you write and keep in touch with us even if only through letters.

всё (*here* всё время)   always, all the time

не так   wrong, not the right way, not that way

«В письмах всё нам кажется, что не так напишется».   "When we write letters it always seems to us that it will come out the wrong way."

Так, кажется, Симонов сказал?   Isn't that what Simonov said?

от случая до другого случая   from time to time, only now and then (*lit.* from occasion to another occasion)

следовать, следуют (I)   to follow

Ты не следуй его совету писать «от случая до другого случая».   Don't you follow his advice to write "only now and then."

Пиши почаще.   Write as often as you can.

как можно (*plus* comparative)   as ... as possible

Хорошо, обещаю писать, как можно чаще.   All right, I promise to write as often as possible.

Начну сразу же на пароходе.   I'll start right on the ship.

раздумать, –ают (pfv I)   to change one's mind; to give up the idea

Ты разве раздумал лететь?   Oh, have you given up the idea of flying?

Да, пароходом дешевле, и мне спешить некуда.   Yes, it's cheaper by boat and I'm in no hurry to get anywhere.

SUPPLEMENT

связаться, свяжутся (pfv I)   to get in touch, contact; to communicate

Я с вами свяжусь по телефону.   I'll get in touch with you by phone.

здороваться, здороваются (I) (pfv поздороваться)   to say hello, greet

Посетитель поздоровался и сел на лавку.   The visitor said hello and sat down on a bench.

Новый гость здоровался со всеми по очереди.   The new guest greeted everyone in turn.

ряд, –а; –ы, –ов   row, series, rank, file

Мы сидели в первом ряду.   We were sitting in the first row.

некого, некому (no nom)   there isn't anyone

Мне некого было спросить.   There wasn't anyone for me to ask.

Вам некого бояться.   There's no one for you to be afraid of.

Ему не с кем играть.   There's nobody for him to play with.

нечего, нечему (no nom)   there's nothing

Тебе здесь нечего делать.   There's nothing for you to do here.

Вам нечего бояться.   There's nothing for you to fear here.

Мне нечем бриться.   There's nothing for me to shave with.

наоборот   on the contrary, vice versa; backwards, the wrong way, the opposite

Я думал, что он рассердится, а он, наоборот, обрадовался.   I thought he'd be angry, but just the opposite— he was glad.

Работница нас не поняла и сделала всё наоборот.   The maid didn't understand us and did everything backwards.

мне жаль (*plus* acc)   I'm sorry for, I pity

Мне так жаль Галю: она не выдержала экзамена.   I'm so sorry for Galya; she failed the examination.

The ordinal numbers from one-hundredth to one-millionth

со́тый	one-hundredth	шестисо́тый	six-hundredth
сто́ пе́рвый	one-hundred-and-first	шестьсо́т пе́рвый	six-hundred-and-first
сто́ второ́й	one-hundred-and-second	семисо́тый	seven-hundredth
двухсо́тый	two-hundredth	семьсо́т пе́рвый	seven-hundred-and-first
две́сти пе́рвый	two-hundred-and-first	восьмисо́тый	eight-hundredth
трёхсо́тый	three-hundredth	восемьсо́т пе́рвый	eight-hundred-and-first
три́ста пе́рвый	three hundred-and-first	девятисо́тый	nine-hundredth
четырёхсо́тый	four-hundredth	девятьсо́т пе́рвый	nine-hundred-and-first
четы́реста пе́рвый	four-hundred-and-first	ты́сячный	one-thousandth
пятисо́тый	five-hundredth	ты́сяча пе́рвый	one-thousand-and-first
пятьсо́т пе́рвый	five-hundred-and-first	миллио́нный	one-millionth

Пиши́ поча́ще

Н. — Никола́й   Г. — Га́ля   Ф. — Фили́пп

Ф.   1   Како́е сего́дня число́, 13-ое ма́я?

Н.   2   Да́. Ско́ро тебе́ уезжа́ть наза́д в тво́й Нью-Йо́рк.

Г.   3   Уе́дешь, забу́дешь на́с.

Н.   4   «До свида́нья, ми́лый ска́жет, а на се́рдце тя́жесть ля́жет...».[1]

Г.   5   Переста́нь, Ко́лька! Мне́ гру́стно, а ты́ дурака́ валя́ешь.

Н.   6   Прости́! Мне́ самому́ жа́ль, что Фили́пп уезжа́ет. Ты́ что́ же, Фили́пп, молчи́шь?

Ф.   7   Тру́дно проща́ться. Мы́ та́к сдружи́лись.

Г.   8   А ты́ пиши́, подде́рживай с на́ми свя́зь, хоть в пи́сьмах.

Ф.   9   «В пи́сьмах всё на́м ка́жется, что не та́к напи́шется». Та́к, ка́жется, Си́монов сказа́л?[2]

Г. 10   Да́. Но ты́ не сле́дуй его́ сове́ту писа́ть «от слу́чая до друго́го слу́чая». Пиши́ поча́ще.

Ф. 11   Хорошо́, обеща́ю писа́ть, как мо́жно ча́ще. Начну́ сра́зу же на парохо́де.

Н. 12   А ты́ ра́зве разду́мал лете́ть?

Ф. 13   Да́, парохо́дом деше́вле, и мне́ спеши́ть не́куда.

NOTES   [1] This is a line from a Russian "blues" song about unrequited love. In the song, the girl stands on the bank of the Volga River and sings about her lover who has left her.

[2] The Russian poet Konstantin Simonov wrote this poem while he was at the front during World War II. The poem's opening line is «Не серди́тесь, к лу́чшему» *Don't be angry; it's for the best.* It is addressed to his love and tells of his decision not to write to her too often, so that she wouldn't need to use "*a wheelbarrow*

to haul his letters." Furthermore, in case she got married, she could hide them more conveniently from a jealous husband if there were only a few. The poem ends: «Ска́жете, что к лу́чшему... о́н писа́л от слу́чая до друго́го слу́чая» *You'll say it was for the best . . . [that] he wrote only now and then.*

PREPARATION FOR CONVERSATION   **Письмо́ от Фили́ппа**

Га́ля, на́м от Фили́ппа письмо́.	Galya, there's a letter for us from Philip.
кни́жка (var. of кни́га)	book, booklet
благода́рный	grateful
Я́ ва́м благода́рен за то́, что вы́ да́ли мне́ кни́жку расска́зов.	I'm grateful to you for giving me the little book of short stories.
«Дороги́е друзья́! Ка́к я́ ва́м благода́рен за то́, что вы́ да́ли мне́ на доро́гу кни́жку расска́зов Зо́щенко».	"Dear friends: How grateful I am to you for giving me the little book of Zoschenko's short stories for the trip."
скуча́ть, –а́ют (I)	to be bored; to be lonely
благодаря́ (*plus* dat)	thanks to
«Благодаря́ е́й я́ не скуча́л».	"Thanks to it I didn't get bored."
Ви́дишь, э́то была́ моя́ иде́я.	See, that was my idea.
изда́ние	edition
ра́нний, –яя, –ее	early
це́нный	valuable
Это це́нное ра́ннее изда́ние.	It's a valuable early edition.
К тому́ же, э́то це́нное ра́ннее изда́ние, кото́рого тепе́рь не доста́нешь.	Besides, it's a valuable early edition that you can't get now.
Фили́ппу пригоди́тся в рабо́те.	It'll be useful to Philip in his work.
настрое́ние	mood
тоскли́вый	sad, melancholy, dreary
У меня́ бы́ло тоскли́вое настрое́ние.	I felt blue.
развесели́ться, –я́тся (pfv II)	to cheer up
ма́ло-пома́лу	little by little, gradually
У меня́ бы́ло тоскли́вое настрое́ние, но чита́я Зо́щенко, я́ ма́ло-пома́лу развесели́лся.	I felt blue, but reading Zoshchenko, I gradually cheered up.
проща́ние	farewell, saying good-bye, parting
внача́ле	at first, in the beginning
«Признаю́сь, что внача́ле, по́сле на́шего проща́ния, у меня́ бы́ло тоскли́вое настрое́ние, но, чита́я Зо́щенко, я́ ма́ло-пома́лу развесели́лся».	"I confess that at first after our farewell I felt quite blue, but reading Zoshchenko, I gradually cheered up."
и та́к	anyway, anyhow
О́н и та́к бы не до́лго скуча́л на парохо́де.	Anyway, he wouldn't be bored for long on shipboard.
Та́м всегда́ устра́ивают та́нцы.	They always have dances there.
Та́м всегда́ устра́ивают та́нцы и конце́рты.	They always arrange dances and concerts there.

Да, Фили́пп как ра́з пи́шет: «Ве́чером был концерт».

роя́ль (m)
игра́ть на роя́ле
«Кака́я-то госпожа́ Бра́ун игра́ла на роя́ле».

выступа́ть, –а́ют (I)
выступа́ть с шу́тками
арти́ст
«Пото́м оди́н арти́ст выступа́л с шу́тками».

«А когда́ начали́сь та́нцы, оркéстр заигра́л — угада́йте что́»?

подмоско́вный
«Оркéстр заигра́л «Подмоско́вные вечера́» ».

Хорошо́ ещё, что не «О́чи чёрные».

терпéть, тéрпят (II)
Фили́пп тепéрь, навéрно, терпéть не мо́жет «чёрных очéй», кро́ме, конéчно, твои́х.
пожи́в (verbal adverb)
Пожи́в у на́с, Фили́пп тепéрь, навéрно, терпéть не мо́жет «чёрных очéй», кро́ме, конéчно, твои́х.

Ты́ опя́ть со свои́ми глу́постями.

Это совсéм не остроу́мно.

предмéт
делика́тный
каса́ться, –а́ются (I) (*plus* gen)
Даю́ сло́во бо́льше не каса́ться э́того делика́тного предмéта.
та́к как
Даю́ сло́во бо́льше не каса́ться э́того делика́тного предмéта, та́к как ви́жу, что тебé э́то неприя́тно.

Ну́, ла́дно.

Слу́шай да́льше.

океа́н
пла́вать по океа́ну
«Не зна́ю, пла́вали ли вы́ когда́-нибудь по океа́ну».

путешéствие
переноси́ть, –ят (II)
ли́чный
«Я́ ли́чно с трудо́м переношу́ тако́е путешéствие».

That's just what Philip writes: "There was a concert in the evening."

piano
to play the piano
"Some woman by the name of Brown played the piano."

to appear, come forward, advance, step out
to appear and tell jokes
actor, performer
"Then a performer appeared and told jokes."

"And when the dance began, guess what the orchestra began to play?"

situated near Moscow, Moscow (adj)
"The orchestra began to play *Moscow Nights*."

Good thing it wasn't *Dark Eyes*.

to stand, endure, bear, suffer
Philip probably can't stand "dark eyes" now—except yours, of course.
having lived, after having lived
After having lived in our country, Philip probably can't stand "dark eyes" now—except yours, of course.

You and your silly remarks again.

That's not at all clever.

topic, subject, object, thing
delicate, sensitive; tactful
to touch, touch on, mention, bring up
I promise not to bring up that delicate topic any more.
inasmuch as, since, because
I promise not to bring up that delicate subject any more since I see it's unpleasant for you.

Well, all right.

Listen to what else he says.

ocean
to sail the ocean
"I don't know if you've ever sailed the ocean."

journey, voyage, trip
to stand, endure, bear; to take across
personal, private
"I personally am finding it hard to take such a voyage."

морско́й
Зна́чит, у него́ морска́я боле́знь.

sea (adj), marine, naval
That means he's been seasick.

сочу́вствовать (*plus* dat)
Я ему́ сочу́вствую.

sympathize
I sympathize with him.

кача́ть, –а́ют (I)
на́с кача́ло
По́мнишь, как на́с кача́ло в Чёрном мо́ре?

to rock, swing, roll, pitch
the boat rocked (*lit.* it rocked us)
Do you remember how the boat rocked on the Black Sea?

каю́та
потанцева́в (verbal adverb)
«Поэ́тому, потанцева́в немно́го, я́ пошёл к себе́ в каю́ту».

cabin, state room
having danced a bit, after dancing awhile
"That's why, after I'd danced a bit, I went to my cabin."

почу́ствовать, –твуют (pfv I)
освежи́ться, –а́тся (pfv II)
освежи́вшись (verbal adverb)

«Освежи́вшись под ду́шем, я́ почу́вствовал себя́ лу́чше и во́т сижу́ и пишу́ ва́м э́то письмо́».

to feel, begin to feel
to refresh oneself, freshen up
having refreshed oneself, after refreshing oneself

"After refreshing myself in the shower, I began to feel better and here I am sitting and writing you this letter."

по (*plus* prep)
прие́зд
Очеви́дно, о́н его́ бро́сил сра́зу по прие́зде в Нью-Йо́рк.
сойдя́ (verbal adverb)
Очеви́дно, о́н его́ бро́сил сра́зу по прие́зде в Нью-Йо́рк, сойдя́ с парохо́да.

О́н мо́г бро́сить его́ и не сходя́ с парохо́да, та́м ведь е́сть почто́вые я́щики.

upon, after
arrival, coming
Evidently he mailed it immediately upon arriving in New York.
on getting off, after having gotten off
Evidently he mailed it immediately on arriving in New York, after getting off the ship.

He could have mailed it without even getting off the ship; after all, they do have mailboxes there.

Отве́тим ему́ сего́дня же и пошлём по а́виа, что́бы о́н скоре́е получи́л.

Let's answer him right away, today, and send it (the letter) via airmail so that he gets it sooner.

нала́дить, –ят (pfv II)
свя́зь нала́жена
Во́т свя́зь и нала́жена.

to put right, adjust, mend; to set up
communication is established
So now communication is established.

обме́н
Лу́чше скажи́ «культу́рный обме́н».
совреме́нный
звуча́ть, –а́т (II)
Лу́чше скажи́ «культу́рный обме́н», э́то звучи́т бо́лее совреме́нно и бо́лее безопа́сно.

exchange
Better say "cultural exchange."
contemporary, modern
to sound
Better say "cultural exchange." It sounds more modern and safer.

переспо́рить, –ят (pfv II)
бу́дь по-тво́ему
Ну́, бу́дь по-тво́ему, тебя́ не переспо́ришь!

to win an argument, outargue
have it your way
Well, have it your way; one can't win an argument with you!

телеви́зор	television set
У на́с в общежи́тии е́сть телеви́зор.	We have a TV set in our dormitory.
Что́ идёт по телеви́зору?	What's on TV?
телеви́дение	television, TV
Он не интересу́ется телеви́дением.	He's not interested in TV.
скри́пка	violin
Она́ у́чится игра́ть на скри́пке.	She's learning to play the violin.
отъе́зд	departure, leaving
Я обеща́л зайти́ к ни́м перед отъе́здом.	I promised to visit them before leaving.
телегра́мма	telegram, wire
Ва́м пришла́ телегра́мма.	A telegram has come for you.
телегра́ф	telegraph office
Я до́лжен зайти́ на телегра́ф отпра́вить телегра́мму.	I have to go to the telegraph office to send a wire.

Письмо́ от Фили́ппа

Н. — Никола́й   Г. — Гали́на (Га́ля)

Н. 1 Га́ля, на́м от Фили́ппа письмо́.

Г. 2 «Дороги́е друзья́! Ка́к я ва́м благода́рен за то́, что вы́ да́ли мне́ на доро́гу кни́жку расска́зов Зо́щенко. Благодаря́ ей я не скуча́л».[1]

Н. 3 Ви́дишь, это была́ моя́ иде́я. К тому́ же это це́нное ра́ннее изда́ние, кото́рого тепе́рь не доста́нешь. Фили́ппу пригоди́тся в рабо́те.

Г. 4 Да́. «Признаю́сь, что внача́ле, по́сле на́шего проща́ния, у меня́ бы́ло тоскли́вое настрое́ние, но, чита́я Зо́щенко, я ма́ло-пома́лу развесели́лся».

Н. 5 Он и та́к бы не до́лго скуча́л на парохо́де: та́м всегда́ устра́ивают та́нцы и конце́рты.

Г. 6 Да́, Фили́пп как ра́з пи́шет: «Ве́чером бы́л конце́рт. Кака́я-то госпожа́ Бра́ун игра́ла на роя́ле, пото́м оди́н арти́ст выступа́л с шу́тками.[2,3] А когда́ начали́сь та́нцы, орке́стр заигра́л — угада́йте что́? — «Подмоско́вные вечера́»!»[4]

Н. 7 Хорошо́ ещё, что не «О́чи чёрные». Пожи́в у на́с, Фили́пп тепе́рь, наве́рно, терпе́ть не мо́жет «чёрных оче́й», кро́ме, коне́чно, твои́х.

Г. 8 Ты́ опя́ть со свои́ми глу́постями. Это совсе́м не остроу́мно.

Н. 9 Даю́ сло́во бо́льше не каса́ться этого деликат́ного предме́та, та́к как ви́жу, что тебе́ это неприя́тно.[5]

Г. 10 Ну́, ла́дно. Слу́шай да́льше: «Не зна́ю, пла́вали ли вы́ когда́-нибудь по океа́ну. Я́ ли́чно с трудо́м переношу́ тако́е путеше́ствие».

Н. 11 Зна́чит, у него́ морска́я боле́знь. Я́ ему́ сочу́вствую. По́мнишь, как на́с кача́ло в Чёрном мо́ре?[6]

Г. 12 Да́. «Поэ́тому, потанцева́в немно́го, я́ пошёл к себе́ в каю́ту. Освежи́вшись под ду́шем, я́ почу́вствовал себя́ лу́чше и во́т сижу́ и пишу́ ва́м это письмо́».

Н. 13 Очеви́дно, о́н его́ бро́сил сра́зу по прие́зде в Нью-Йо́рк, сойдя́ с парохо́да.

Г. 14 О́н мо́г бро́сить его́ и не сходя́ с парохо́да, та́м ведь е́сть почто́вые я́щики. Отве́тим ему́ сего́дня же и пошлём по а́виа, чтобы о́н скоре́е получи́л.[7] Во́т свя́зь и нала́жена.

Н. 15 Лу́чше скажи́ «культу́рный обме́н», э́то звучи́т бо́лее совреме́нно и бо́лее безопа́сно.[8]

Г. 16 Ну́, бу́дь по-тво́ему, тебя́ не переспо́ришь!

NOTES

[1] Notice that **благодаря́** is followed by the dative case, while the verb from which it is derived, **благодари́ть**, is followed by the accusative:

Compare Благодаря́ ему́ мы́ не скуча́ли.   Thanks to him we didn't get bored.
with Благодарю́ ва́с.   Thank you.

[2] Foreign names ending in a consonant are declined only in the masculine singular and in the plural. If they refer to a woman they are not declined. In the plural they are usually not declined if preceded by a noun in the same case:

Compare Я́ встре́тил до́ктора Бра́уна.   I met Dr. Brown.
Я́ встре́тил Бра́унов.   I met the Browns.
with Я́ встре́тил Ли́дию Бра́ун.   I met Lydia Brown.
Я́ встре́тил бра́тьев Бра́ун.   I met the Brown brothers.

[3] The word **арти́ст** in Russian designates a *public performer*, most often an actor but also a concert artist, a singer, a comedian, or other performer. The word is not used in the sense of *painter*. The latter is expressed by the word **худо́жник**:

На ве́чере бы́ло мно́го писа́телей, арти́стов и худо́жников.   There were a lot of writers, performers, and artists at the party.

[4] «**Подмоско́вные вечера́**» *Moscow Nights*, or, more exactly, *Suburban Moscow Evenings*, is a Russian song which became extremely popular in the Soviet Union in the late 1950's. It was adapted and brought to America as "Midnight in Moscow" and became popular here in the early 1960's.

[5] The word **деликáтный** means *delicate* or *sensitive* only in relation to things; it means *tactful* or *considerate* when applied to people:

Compare О́н о́чень деликáтный челове́к.   He's a very tactful person.
with Э́то дово́льно деликáтный вопро́с.   That's a rather delicate question.

[6] Notice the impersonal construction using a neuter verb form in the sentence **На́с кача́ло в Чёрном мо́ре**. Russians often use a subjectless construction with a neuter verb to describe certain natural or accidental phenomena:

Ло́дку вы́бросило на́ берег.   The boat was thrown onto the shore.
Его́ уби́ло мо́лнией.   He was killed by lightning.
Соба́ку перее́хало грузовико́м.   The dog got run over by a truck.

The instrumental is used to specify the agent.

[7] There are various ways of expressing the notion *as . . . as possible* in Russian, all of which employ a comparative form of the adverb. For example: *as often as possible* can be said in three ways: **ка́к мо́жно ча́ще**, **возмо́жно ча́ще**, ог **поча́ще**.

[8] It was considered dangerous for the ordinary citizen to have any correspondence with foreigners during the Stalin period. The comment about "cultural exchange" refers to the official program of exchanges inaugurated under Khrushchev.

Basic sentence patterns

1. Откры́в буты́лку вина́, они́ вы́пили за его́ прие́зд.

   Купи́в буты́лку вина́ _____.
   Нали́в вина́ _____.
   Заказа́в вина́ _____.

   Opening a bottle of wine, they toasted his arrival.

   Having bought a bottle of wine _____.
   Pouring some wine _____.
   Ordering some wine _____.

2. Раскры́в кни́ги, мы́ на́чали чита́ть.
   Получи́в _____.
   Купи́в газе́ты _____.
   Доста́в _____.

   Opening our books, we began to read.
   Having received _____.
   Having bought newspapers _____.
   Having obtained _____.

3. Освежи́вшись, о́н почу́вствовал себя́ лу́чше.

   Вы́купавшись _____.
   Разде́вшись _____.
   Потрениро́вавшись _____.

   After freshening up he felt better.

   After bathing _____.
   After undressing _____.
   After exercising _____.

4. Мы́ должны́ ко́нчить э́то к тре́тьему ию́ля.
   _____ к двена́дцатому___.
   _____ к двадца́тому ___.
   _____ к тридца́тому ___.

   We have to finish it by July third.
   _____ twelfth.
   _____ twentieth.
   _____ thirtieth.

5. Э́тот дворе́ц постро́ен в ты́сяча трёхсо́том году́.
   _____ в ты́сяча четырёхсо́том году́.
   _____ в ты́сяча пятисо́том году́.

   This palace was built in 1300.
   _____ in 1400.
   _____ in 1500.

6. Э́ти иде́и бы́ли популя́рны в шести-деся́тых года́х про́шлого ве́ка.
   _____ в семи-деся́тых года́х про́шлого ве́ка.
   _____ в восьми-деся́тых года́х про́шлого ве́ка.
   _____ в девя-но́стых года́х про́шлого ве́ка.

   These ideas were popular in the 60's of the last century.
   _____ in the 70's of the last century.
   _____ in the 80's of the last century.
   _____ in the 90's of the last century.

7. Мне́ тогда́ шёл пятна́дцатый го́д.
   _____ шестна́дцатый ___.
   _____ двадца́тый ___.
   _____ два́дцать пе́рвый ___.

   I was then between fourteen and fifteen.
   _____ fifteen and sixteen.
   _____ nineteen and twenty.
   _____ twenty and twenty-one.

8. Мы́ верну́лись в пе́рвом часу́ но́чи.
   _____ во второ́м часу́ но́чи.
   _____ в тре́тьем часу́ утра́.
   _____ в четвёртом часу́ утра́.
   _____ в пя́том часу́ утра́.
   _____ в восьмо́м часу́ ве́чера.
   _____ в девя́том часу́ ве́чера.
   _____ в деся́том часу́ ве́чера.

   We returned between 12:00 and 1:00 A.M.
   _____ 1:00 and 2:00 A.M.
   _____ 2:00 and 3:00 A.M.
   _____ 3:00 and 4:00 A.M.
   _____ 4:00 and 5:00 A.M.
   _____ 7:00 and 8:00 P.M.
   _____ 8:00 and 9:00 P.M.
   _____ 9:00 and 10:00 P.M.

9. Осталось около одной пятой студентов.
——————— около одной шестой студентов.
——————— около двух пятых студентов.
——————— около трёх пятых студентов.

About one fifth of the students remained.
About one sixth ———————.
About two fifths ———————.
About three fifths ———————.

10. У неё температура упала на одну десятую.
——————————————— на две десятых.
——————————————— на три десятых.
——————————————— на четыре десятых.

Her temperature dropped one tenth of a point.
——————————— two tenths ———.
——————————— three tenths ———.
——————————— four tenths ———.

11. Мы остановились в сотом номере.
——————————— в двухсотом —.
——————————— в трёхсотом —.
——————————— в четырёхсотом ——.
——————————— в пятисотом ———.

We stayed in room 100.
——————— 200.
——————— 300.
——————— 400.
——————— 500.

12. Вы сотый человек, получивший этот орден.
Вы двухсотый человек ———————.
Вы шестисотый человек ———————.
Вы тысячный человек ———————.

You're the hundredth person who's received this medal.
You're the two-hundredth person ———————.
You're the six-hundredth person ———————.
You're the thousandth person ———————.

13. Придя в бюро, они стали возле дверей.
Войдя в бюро ———————.
Выйдя из бюро ———————.
Прочтя объявление ———————.
Не найдя свободных мест ———————.

Having come to the office, they stood near the door.
Entering the office ———————.
Leaving the office ———————.
Having read the announcement ———————.
Not finding any vacant seats ———————.

14. Вот идёт артист, познакомивший нас с Алексеевым.
——————————— рассказавший нам об Алексееве.

Here comes the actor who introduced us to Alexeev.
——————————— who told us about Alexeev.

15. Мы с удовольствием смотрели на тренировавшихся ребят.
——————————————— на загоравших ребят.
——————————————— на прыгавших ребят.

We enjoyed watching the kids training (or exercising).
——————————— the kids getting a sun tan.
——————————— the kids jumping.

16. Мысль, пришедшая ему в голову, была остроумной.
План, пришедший ——————— был остроумным.
Решение, пришедшее ——————— было остроумным.

The idea that occurred to him was an ingenious one.
The plan ——————— was an ingenious one.
The decision ——————— was an ingenious one.

17. Мне не с кем посоветоваться.
—— не к кому пойти.
—— не у кого спросить.
—— некого провожать.
—— некому писать.

I have no one to seek advice from.
——————— to go see.
——————— to ask.
——————— to see off.
——————— to write.

18. Ва́м не́ на что жа́ловаться.
    _____ не́чего боя́ться.
    _____ не́ о чем беспоко́иться.
    _____ не́ за что меня́ благодари́ть.

You have nothing to complain about.
_____ to fear.
_____ to worry about.
_____ to thank me for.

19. Прие́хало такси́ за господи́ном Бра́уном.
    _____ за госпожо́й Бра́ун.
    _____ за Бра́унами.

A cab arrived for Mr. Brown.
_____ for Mrs. Brown.
_____ for the Browns.

20. Я́ знако́м с Фили́ппом Гра́нтом.
    _____ с Ли́дией Гра́нт.
    _____ с Фили́ппом и Ли́дией Гра́нт.

I'm acquainted with Philip Grant.
_____ with Lydia Grant.
_____ with Philip and Lydia Grant.

STRUCTURE AND DRILLS

Verbal adverbs: part II—perfective verbal adverbs ending in -в (non-reflexive) and -вшись (reflexive)

In this section are treated verbal adverbs formed from perfective verbs by adding the suffix **–в** for non-reflexive verbs, and **–вшись** for reflexive verbs. Note that the forms are based on the past tense-infinitive stem.

MODELS

Пожи́в на ю́ге, ты́ не захо́чешь возвраща́ться на се́вер.

Having lived in the south awhile, you won't want to return to the north.

Е́сли поживёшь на ю́ге, ты́ не захо́чешь возвраща́ться на се́вер.

If you live in the south awhile, you won't want to return to the north.

Сказа́в э́то, о́н по́нял, что сде́лал оши́бку.

Having said it, he realized that he'd made a mistake.

Как то́лько о́н э́то сказа́л, о́н по́нял, что сде́лал оши́бку.

As soon as he said it, he realized that he'd made a mistake.

Осмотре́в музе́й, мы́ верну́лись домо́й.

Having looked through the museum, we returned home.

По́сле того́ как мы́ осмотре́ли музе́й, мы́ верну́лись домо́й.

After we looked through the museum, we returned home.

Переплы́в на друго́й бе́рег, мы́ легли́ на песо́к загора́ть.

Having swum across to the other shore, we lay down in the sand to get a tan.

Когда́ мы́ переплы́ли на друго́й бе́рег, мы́ легли́ на песо́к загора́ть.

When we had swum across to the other shore, we lay down in the sand to get a tan.

Опозда́в на сво́й по́езд, о́н до́лжен бы́л жда́ть двухчасово́го.

Having missed his train, he had to wait for the two-o'clock (train).

Та́к как о́н опозда́л на сво́й по́езд, о́н до́лжен бы́л жда́ть двухчасово́го.

Because he missed his train he had to wait for the two-o'clock (train).

Бы́стро **переоде́вшись**, де́вушки пошли́ на конце́рт.

Having quickly *changed clothes*, the girls set out for the concert.

По́сле того́ как они́ бы́стро переоде́лись, де́вушки пошли́ на конце́рт.

After they had quickly changed clothes, the girls set out for the concert.

Жени́вшись, о́н переста́л пи́ть.
Когда́ о́н жени́лся, о́н переста́л пи́ть.

Havin* married*, he stopped drinking.
When he got married he stopped drinking.

О́н уе́хал, ни с ке́м не **попроща́вшись**.
О́н уе́хал и да́же ни с ке́м не попроща́лся.

He left without *saying good-bye* to anybody.
He left and didn't even say good-bye to anybody.

Поздоро́вавшись со все́ми, о́н се́л за на́ш сто́л.
О́н снача́ла поздоро́вался со все́ми, а пото́м се́л за на́ш сто́л.

Having said hello to everybody, he sat down at our table.
First he said hello to everybody and then he sat down at our table.

■ REPETITION DRILL

Repeat the sets of models illustrating the use of the perfective verbal adverb along with an alternate way of expressing essentially the same idea.

■ RESPONSE DRILLS

1. *The kids are asking for permission to go swimming.*
   All right, but after swimming they have to finish the job.
   Ребя́та спра́шивают разреше́ния вы́купаться.
   Хорошо́, но вы́купавшись, они́ должны́ ко́нчить рабо́ту.
   Ребя́та про́сят разреше́ния отдохну́ть.
   Хорошо́, но отдохну́в, они́ должны́ ко́нчить рабо́ту.
   (посидеть, погулять, покурить, сходить на озеро, покататься на лодке, поплавать, освежиться)

2. *Again you didn't eat your breakfast!*
   How can you work without eating breakfast?
   Вы́ опя́ть не поза́втракали!
   Ка́к вы́ мо́жете рабо́тать не поза́втракав?
   Вы́ опя́ть не получи́ли материа́ла!
   Ка́к вы́ мо́жете рабо́тать не получи́в материа́ла?
   (не составили плана, не достали стульев, не проверили результатов, не позаботились о еде, не убрали со стола, не передвинули стола)

■ QUESTION-ANSWER DRILLS

1. *Has the boss returned?*
   Yes, but after returning he immediately disappeared somewhere.
   Нача́льник верну́лся?
   Да́, но верну́вшись, сра́зу куда́-то исче́з.
   Нача́льник прие́хал?
   Да́, но прие́хав, сра́зу куда́-то исче́з.
   (проверил кассу, осмотрел помещение, поговорил с рабочими, поблагодарил служащих)

2. *Why did you buy the tickets so early?*
   Once I've bought the tickets I feel better (lit. *calmer*).
   Заче́м ты́ та́к ра́но купи́л биле́ты?
   Купи́в биле́ты, я́ чу́вствую себя́ споко́йнее.
   Заче́м ты́ та́к ра́но за́нял места́?
   Заня́в места́, я́ чу́вствую себя́ споко́йнее.
   (оделся, запаковал вещи, вызвал такси, заказал обед, встал)

■ STRUCTURE REPLACEMENT DRILLS

1. *What did he say after he checked the new edition?*

   What did he say after having checked the new edition?

   Что́ о́н сказа́л, по́сле того́ как прове́рил но́вое изда́ние?

   Что́ о́н сказа́л, прове́рив но́вое изда́ние?

   Что́ о́н сказа́л, по́сле того́ как просмотре́л но́вое изда́ние?

   Что́ о́н сказа́л, просмотре́в но́вое изда́ние?

   (увидел, получил, купил, достал, заказал, приготовил)

2. *He changed his mind about coming to see us when he learned about the climate here.*

   He changed his mind about coming to see us on learning about the climate here.

   О́н разду́мал к на́м е́хать, когда́ узна́л о зде́шнем кли́мате.

   О́н разду́мал к на́м е́хать, узна́в о зде́шнем кли́мате.

   О́н разду́мал к на́м е́хать, когда́ получи́л рабо́ту в це́нтре.

   О́н разду́мал к на́м е́хать, получи́в рабо́ту в це́нтре.

   (стал главным врачом, поступил в вуз, устроился на мясокомбинат, заинтересовался театром, увидел нашу шахту, познакомился с начальником)

3. *When you cook dinner, don't forget to open the window vent.*

   When you've cooked dinner, don't forget to open the window vent.

   Приготовля́я обе́д, не забу́дь откры́ть фо́рточку.

   Пригото́вив обе́д, не забу́дь откры́ть фо́рточку.

   Убира́я в ко́мнатах, не забу́дь откры́ть фо́рточку.

   Убра́в в ко́мнатах, не забу́дь откры́ть фо́рточку.

   (запаковывая вещи, чистя ковры, купаясь в ванне, принимая ванну, стирая бельё, убирая квартиру)

4. *When you move to the new apartment, don't forget about a rug.*

   When you've moved to the new apartment, don't forget about a rug.

   Переезжа́я на но́вую кварти́ру, не забу́дь о ковре́.

   Перее́хав на но́вую кварти́ру, не забу́дь о ковре́.

   Передвига́я ме́бель, не забу́дь о ковре́.

   Передви́нув ме́бель, не забу́дь о ковре́.

   (заказывая обстановку, покупая мебель, посылая вещи, запаковывая вещи, ставя мебель)

DISCUSSION

Most perfective verbal adverbs are derived from the masculine past tense verb form, but without the suffix –л. For non-reflexive verbs, the suffix –л of the masculine past tense is replaced by –в; reflexive verbs replace –лся with –вшись: **осмотре́–л, осмотре́–в; сказа́–л, сказа́–в; верну́–лся, верну́–вшись; освежи́–лся, освежи́–вшись.** Verbs with infinitives ending in –чь and –чься take the variants –ши and –шись: **зажёг** (*from* **зажёчь**), **зажёгши; увлёкся** (*from* **увле́чься**), **увлёкшись.**[1]

The perfective verbal adverbs differ in their use from the imperfective ones; instead of a simultaneous activity, they describe an activity completed before the action of the main verb:

Compare   **Говоря́** (imperfective) со мно́й, о́н ча́сто смотре́л на часы́.

While talking to me, he often looked at his watch.

with   **Сказа́в** (perfective) э́то, о́н наде́л шля́пу и вы́шел.

Having said it, he put on his hat and left.

---

1 In literary Russian of an earlier period, one may also encounter –вши as a variant of –в: уе́ха–вши *or* уе́ха–в.

The perfective verbal adverbs usually provide an alternate way of expressing what may also be said using a subordinate clause introduced by **после того́ как** *after*, **когда́** *when*, **та́к как** *because*, *since*, and sometimes, **éсли** *if*:

Compare	Прие́хав в Ки́ев, позвони́те Во́лкову.	On arriving in Kiev, phone Volkov.
with	По́сле того́ как прие́дете в Ки́ев, позвони́те Во́лкову.	After you arrive in Kiev, phone Volkov.

The uses of ordinal numbers

MODELS

Како́е сего́дня число́?
— Пе́рвое ию́ня.
— Тре́тье ию́ня.
— Шесто́е ию́ня.

What's today's date?
The first of June.
—— third ——.
—— sixth ——.

Девятна́дцатого ию́ля я уе́ду в Ки́ев.
Двадца́того _____.
Два́дцать четвёртого _____.
Два́дцать восьмо́го _____.

On the nineteenth of July I'll leave for Kiev.
On the twentieth _____.
On the twenty-fourth _____.
On the twenty-eighth _____.

Э́то случи́лось в ты́сяча девятьсо́т шестьдеся́т второ́м году́.

It happened in 1962.

Он роди́лся в ты́сяча девятьсо́т шестьдеся́т тре́тьем году́.

He was born in 1963.

Э́то случи́лось в ию́не ты́сяча девятьсо́т шестьдеся́т второ́го го́да.

It happened in June (of) 1962.

Он роди́лся в ию́не ты́сяча девятьсо́т шестьдеся́т тре́тьего го́да.

He was born in June (of) 1963.

Э́то бы́ло в ты́сяча шестисо́том году́.
_____ семисо́том _____.
_____ восьмисо́том ____.
_____ девятисо́том ____.

That was in the year 1600.
_____ 1700.
_____ 1800.
_____ 1900.

Я тебе́ э́то в со́тый ра́з говорю́.
_____ в ты́сячный _____.
_____ в миллио́нный _____.

I'm telling you for the hundredth time.
_____ thousandth ____.
_____ millionth _____.

Ско́лько бу́дет две́ тре́тьих и две́ седьмы́х?
_____ одна́ восьма́я и се́мь девя́тых?
____ де́вять деся́тых и три́ восьмы́х?

How much are two thirds and two sevenths?
_____ one eighth and seven ninths?

_____ nine tenths and three eighths?

Како́й э́то трамва́й?
— Двадца́тый.
— Тридца́тый.
— Сороково́й.
— Пятидеся́тый.

What streetcar is that?
Number 20 (*lit*. the twentieth).
Number 30.
Number 40.
Number 50.

Она́ у́чится в восьмо́м кла́ссе.
_____ в девя́том _____.
_____ в деся́том _____.
_____ в оди́ннадцатом ___.

She's in the eighth grade.
_____ ninth _____.
_____ tenth _____.
_____ eleventh ___.

Óн на пéрвом кýрсе.   He's in his first year.

—— на вторóм ——.   ———— second —.

—— на трéтьем —.   ———— third ——.

—— на четвёртом —.   ———— fourth —.

—— на пя́том ——.   ———— fifth ——.

Кака́я у негó температýра?   What's his temperature?

— Три́дцать сéмь с деся́тыми.   Over thirty-seven (*lit.* thirty-seven with tenths).

— Три́дцать вóсемь ————.   —— thirty-eight.

— Три́дцать дéвять ————.   —— thirty-nine.

■ REPETITION DRILL

Repeat the models illustrating the various uses of ordinal numbers.

■ QUESTION-ANSWER DRILLS

1. *Is this his first year of college?*
   Yes, he's in his freshman (lit. first) year.
   Э́то óн пéрвый гóд ýчится в вýзе?
   Да́, óн на пéрвом кýрсе.
   Э́то óн вторóй гóд ýчится в вýзе?
   Да́, óн на вторóм кýрсе.
   (трéтий год, четвёртый год,
   пя́тый год, пéрвый год, вторóй год)

2. *What grade is their son in—the first?*
   No, he's already in the second.
   В какóм кла́ссе и́х сы́н, в пéрвом?
   Нéт, ужé во вторóм.
   В какóм кла́ссе и́х сы́н, во вторóм?
   Нéт, ужé в трéтьем.
   (в трéтьем, в четвёртом, в пя́том,
   в шестóм, в седьмóм,
   в восьмóм, в девя́том)

■ QUESTION-ANSWER DRILLS

1. *Which streetcar is this—number 19 (lit. the nineteenth)?*
   No, number 20 (lit. the twentieth).
   Котóрый э́то трамва́й, девятна́дцатый?
   Нéт, двадца́тый.
   Котóрый э́то трамва́й, два́дцать
   девя́тый?
   Нéт, тридца́тый.
   (39-ый, 49-ый, 59-ый, 69-ый, 79-ый,
   89-ый, 99-ый)

2. *Do you get off at the second stop?*
   No, at the third.
   Вы́ на вторóй останóвке схóдите?
   Нéт, на трéтьей.
   Вы́ на трéтьей останóвке схóдите?
   Нéт, на четвёртой.
   (на четвёртой, на пя́той, на шестóй,
   на седьмóй, на восьмóй, на девя́той,
   на деся́той)

■ RESPONSE DRILL

1. *It's already a little after twelve.*
   Yes, you're right.
   Ужé нача́ло пéрвого.
   Да́, ужé пéрвый ча́с.
   Ужé нача́ло вторóго.
   Да́, ужé вторóй ча́с.
   (нача́ло восьмóго, нача́ло девя́того,
   нача́ло деся́того, нача́ло
   одиннадцатого, нача́ло двена́дцатого,
   нача́ло трéтьего, нача́ло пя́того)

2. *We arrived after six.*
   Yes, between six and seven.
   Мы́ пришли́ пóсле шести́.
   Да́, в седьмóм часý.
   Мы́ пришли́ пóсле трёх.
   Да́, в четвёртом часý.
   (часа́, двух, семи́, десяти́,
   двена́дцати, восьми́, четырёх)

3. *The letter is dated the twenty-first of May.*
   So it was written on the twenty-first of May.
   На письме́ стои́т два́дцать пе́рвое ма́я.
   **Зна́чит, оно́ напи́сано два́дцать пе́рвого
   ма́я.**
   На письме́ стои́т два́дцать второ́е ма́я.
   **Зна́чит, оно́ напи́сано два́дцать второ́го
   ма́я.**
   (два́дцать тре́тье, два́дцать четвёртое,
   два́дцать пя́тое, два́дцать шесто́е,
   два́дцать седьмо́е, два́дцать восьмо́е,
   два́дцать девя́тое, тридца́тое)

4. *She's fourteen years old.*
   Yes, [she's] already going on fifteen.
   Ей четы́рнадцать ле́т.
   Да́, ей уже́ идёт пятна́дцатый го́д.
   Ей пятна́дцать ле́т.
   Да́, ей уже́ идёт шестна́дцатый го́д.
   (шестна́дцать лет, семна́дцать лет,
   восемна́дцать лет, девятна́дцать лет,
   два́дцать лет)

DISCUSSION

Besides the basic ordinal function of indicating the relative rank in a series, the ordinal numbers have the following important uses in Russian:

To indicate the date of the month, with the nominative used in stating the date, and the genitive in indicating *on* a certain date; note that only the last number of a compound uses the ordinal:

Сего́дня два́дцать пе́рвое а́вгуста. | Today's August twenty-first.
Два́дцать пе́рвого а́вгуста я уезжа́ю в Я́лту. | On August twenty-first I leave for Yalta.

To indicate the year date, with only the final number requiring the ordinal:

Э́то бы́ло в ты́сяча девятисо́том году́. | That was in 1900.
Э́то бы́ло в ма́е ты́сяча девятисо́того го́да. | It was in May 1900.
О́н роди́лся в ты́сяча девятьсо́т три́дцать пя́том году́. | He was born in 1935.

To indicate that the time falls somewhere between the past hour and the approaching hour, usually early in the hour:

Они́ пришли́ в девя́том часу́. | They arrived between eight and nine.
Уже́ второ́й ча́с. | It's already after one (that is, some time between one and two).

To indicate the coming hour, but only during the first half hour in telling specific time:

Сейча́с два́дцать мину́т тре́тьего. | It's now twenty past two.
О́н вернётся в че́тверть пя́того. | He'll be back at a quarter after four.

To indicate age between the past birthday and the next birthday, often with the third person of **идти́** plus the dative. (Compare the English *He's going on seven*):

Ему́ идёт седьмо́й го́д. | He's six, going on seven.
В то́ вре́мя мне́ шёл деся́тый го́д. | At that time I was going on ten.

To indicate the second element of a fraction with the noun **ча́сть** *part* usually understood:

Мы́ прошли́ одну́ шесту́ю пути́. | We've gone one sixth of the way.
Оста́лось о́коло одно́й пя́той студе́нтов. | About one fifth of the students remained.
Ско́лько бу́дет одна́ пя́тая и три́ пя́тых? | How much is one fifth and three fifths?

Note, however, that there are special nouns for the fractions **тре́ть** (f) *third* and **че́тверть** (f) *fourth*: **одна́ тре́ть** *one third*, **две́ тре́ти** *two thirds*, **одна́ че́тверть** *one fourth*, **три́ че́тверти** *three fourths*.

To indicate the courses of a meal, with the word **блю́до** *dish* understood:

На пе́рвое у на́с бы́л су́п с гриба́ми.	For the first course we had mushroom soup.
На второ́е бу́дет жа́реная у́тка.	There'll be roast duck for the main (*lit.* second) course.
А что́ бу́дет на тре́тье (*or* на сла́дкое)?	And what will there be for dessert (*lit.* for the third)?

Verbal adverbs: part III—special perfective verbal adverbs ending in -я (or -a)

A limited number of verbal adverbs are formed from perfective verbs by means of the suffix ordinarily used to form imperfective verbal adverbs. Thus, instead of the usual perfective suffix, **–в**, they add **–я** (or **–a**). These verbal adverbs are largely derived from verbs with infinitives ending in **–ти** or **–ть** directly preceded by a consonant, that is, the closed-stem verbs.

MODELS

Сойдя́ с парохо́да, о́н сра́зу позвони́л роди́телям.	*After getting off* the ship, he immediately called his parents.
Прочтя́ телегра́мму, о́н до́лго сиде́л и ду́мал.	*On reading* the telegram, he sat and thought for a long time.
Пройдя́ не́сколько кварта́лов, мы́ вспо́мнили, что забы́ли биле́ты.	*After we'd walked* several blocks, we remembered that we'd forgotten the tickets.
В СССР мо́жно посла́ть телегра́мму то́лько **сойдя́** с самолёта.	In the U.S.S.R. you can send a telegram only *after you get off* the plane.
Войдя́ в каю́ту, я на́чал распако́вывать чемода́нчик.	*Entering* the cabin, I began to unpack my suit-case.
Отойдя́ от на́с на не́сколько шаго́в, де́вочка останови́лась.	*Stepping* a few paces *away* from us, the little girl stopped.
Подойдя́ к на́м, о́н поздоро́вался и заговори́л о прие́хавших гостя́х.	*On approaching* us, he said hello and began talking about the arriving guests.
Неуже́ли вы́ не зна́ете э́того выраже́ния, **переведя́** сто́лько кни́г с ру́сского языка́?	You mean you don't know this expression *after having translated* so many books from Russian?
Вы́йдя из музе́я, мы́ се́ли на тролле́йбус.	*After leaving* the museum, we got on the trolley.
О́н полюби́л э́ти сте́пи, **проведя́** та́м ле́то.	He came to love the steppes *after spending* the summer there.
Найдя́, наконе́ц, свобо́дные места́, мы́ се́ли.	*After* finally *finding* vacant seats, we sat down.
Отвезя́ и́х на ста́нцию, мы́ верну́лись домо́й.	*After taking* them to the station, we returned home.
Войдя́ в галере́ю, вы́ сра́зу уви́дите его́ портре́т.	*On entering* the gallery, you'll see his portrait right away.

Repeat the models illustrating the use of the special **–я** (or **–a**) verbal adverbs formed from perfective verbs.

■ STRUCTURE REPLACEMENT DRILLS

1. *If you read this, you'll find out everything.*
   On reading this, you'll find out everything.
   Éсли ты́ э́то прочтёшь, то́ всё узна́ешь.
   Прочтя́ э́то, ты́ всё узна́ешь.
   Éсли ты́ э́то переведёшь, то́ всё узна́ешь.
   Переведя́ э́то, ты́ всё узна́ешь.

   (принесёшь, отвезёшь, найдёшь,
   отнесёшь, привезёшь, прочтёшь)

2. *When you get there, don't forget to ask about coupons.*
   On arriving there, don't forget to ask about coupons.
   Когда́ вы́ туда́ придёте, не забу́дьте спроси́ть о талóнах.
   Придя́ туда́, не забу́дьте спроси́ть о талóнах.
   Когда́ вы́ перевезёте ве́щи, не забу́дьте спроси́ть о талóнах.
   Перевезя́ ве́щи, не забу́дьте спроси́ть о талóнах.

   (вы́ туда́ войдёте, вы́ перенесёте ве́щи,
   вы́ и́х туда́ отведёте, вы́ и́х туда́
   отвезёте, вы́ к ни́м подойдёте, вы́ и́х
   найдёте)

■ QUESTION-ANSWER DRILLS

1. *Did you find out about it when you came to work?*
   Yes, I found out about it on coming to work.
   Вы́ об э́том узна́ли, когда́ пришли́ на рабóту?
   Да́, я́ об э́том узна́л, придя́ на рабóту.
   Вы́ об э́том узна́ли, когда́ прочли́ газéту?
   Да́, я́ об э́том узна́л, прочтя́ газéту.

   (когда́ перенесли́ вещи, когда отвезли
   их на станцию, когда зашли в бюро,
   когда привезли их на аэропорт, когда
   отвели их в милицию, когда вошли в
   комнату, когда вышли в коридор,
   когда прочли телеграмму)

2. *Did he say that after he had found the violin?*
   Yes, he said it after finding the violin.
   Óн э́то сказа́л пóсле тогó, как нашёл скри́пку?
   Да́, óн э́то сказа́л, найдя́ скри́пку.
   Óн э́то сказа́л пóсле тогó, как принёс скри́пку?
   Да́, óн э́то сказа́л, принеся́ скри́пку.

   (отвёз скрипку, принёс скрипку,
   отнёс скрипку, привёз скрипку, увёз
   скрипку, унёс скрипку, нашёл скрипку)

DISCUSSION

Verbal adverbs ending in **–я** (or **–a**), **–ясь** (or **–ась**), derived from perfective verbs, are ordinarily formed only from verbs with infinitives ending in **–ти** or **–ть** directly preceded by another consonant, that is, the closed-stem verbs. They are mainly the perfective verbs formed from the unidirectional verbs, **идти́, нести́, вести́,** and **везти́** by prefixation, plus a small number of others, for example, **прочéсть, предпочéсть,** and so forth. Like those ending in **–в** and **–вшись,** they describe an action completed before the action of the main verb:

Прочтя́ телегра́мму, óн дóлго сидéл и ду́мал.

Найдя́ свои́ места́, мы́ сéли.

After reading the telegram, he sat and thought for a long time.

Having found our seats, we sat down.

Most of these verbs, in addition to having verbal adverb forms ending in –я, –а, –ясь, and –ась, also have alternate verbal adverbs ending in –ши and –шись. For example: войдя́, воше́дши; принеся́, принёсши, and so forth. The forms ending in –ши and –шись are only found in literature now and are considered archaic by modern Russian standards.

Negative pronouns and adverbs: не́кого, не́чего, не́когда and не́где, не́куда

	DECLENSION OF не́кого *there's no one*	DECLENSION OF не́чего *there's nothing*
	(no nominative)	(no nominative)
ACC	не́кого (*or* не́... кого)	не́чего (*or* не́... что)
GEN	не́кого (*or* не́... кого)	не́чего (*or* не́... чего)
PREP	не́... ком	не́... чем
DAT	не́кому (*or* не́... кому)	не́чему (*or* не́... чему)
INSTR	не́кем (*or* не́... кем)	не́чем (*or* не́... чем)

It is particularly important to note that even when these forms are written as three words, that is, with a preposition falling between the two elements, they are pronounced as a single unit with a single stress on the first syllable: не́ у кого [ņéukəvə], не́ о чем [ņéəčim].

MODELS

Ту́т не́кого приглаша́ть.   There's no one here to invite.
—— не́ у кого спроси́ть.   ——————— to ask.
—— не́кому зави́довать.   ——————— to envy.
—— не́ с кем говори́ть.   ——————— to talk to.
—— не́ о ком забо́титься.   ——————— to take care of.

Не́чего боя́ться.   There's nothing to fear.
Не́ на что жа́ловаться.   ——————— to complain about.
Не́ о чем беспоко́иться.   ——————— to worry about.

Ему́ не́чего бы́ло де́лать.   He had nothing to do.
——————— кури́ть.   ——————— to smoke.
——————— пи́ть.   ——————— to drink.
——————— продава́ть.   ——————— to sell.
——————— теря́ть.   ——————— to lose.

Мне́ не́куда бу́дет пойти́.   I'll have nowhere to go.
—— не́где бу́дет спа́ть.   ——— no place to sleep.
—— не́когда бу́дет чита́ть.   ——— no time to read.
—— не́чего бу́дет де́лать.   ——— nothing to do.

И́м не́ на что бы́ло наде́яться.   They had nothing to hope for.
—— не́ о ком бы́ло забо́титься.   ——— no one to take care of.
—— не́ о чем бы́ло писа́ть.   ——— nothing to write about.
—— не́ к кому бы́ло пойти́.   ——— no one to go see.

Вáм нé за что благодари́ть меня́.

____ нéчему удивля́ться.

____ нé о чем спо́рить.

____ нéчего нéрвничать.

There's nothing for you to thank me for.

_____ to be surprised at.

_____ to argue about.

_____ to be nervous about.

■ REPETITION DRILL

Repeat the given models illustrating the use of negative pronouns and adverbs with stressed **нé–** as their first element. Note that they are generally used in dative-infinitive constructions, with **бы́ло** in the past and **бу́дет** in the future.

■ RESPONSE DRILLS

1. *Whom are you going to ask around here?*
   There's no one here to ask.
   Кого́ ты́ тýт спро́сишь?
   Тýт нéкого спроси́ть.
   Кудá ты́ пойдёшь?
   Тýт нéкуда пойти́.
   Где ты будешь спать?
   Что ты будешь делать?
   Кому ты будешь жаловаться?
   Куда ты сядешь?
   Где ты будешь жить?
   Когда ты будешь отдыхать?

2. *Someone should be told.*
   There's no one here to tell.
   Нáдо кому́-нибудь сказáть.
   Здéсь нéкому сказáть.
   Нáдо с кéм-нибудь посовéтоваться.
   Здéсь нé с кем посовéтоваться.
   Надо кого́-нибудь позвать.
   Надо к кому́-нибудь обратиться.
   Надо у кого́-нибудь спросить.
   Надо с кем-нибудь поговорить.
   Надо на кого́-нибудь оставить детей.
   Надо у кого́-нибудь попросить воды.
   Надо кому́-нибудь позвонить.

■ QUESTION-ANSWER DRILLS

1. *Why is it you don't go anywhere?*
   There's just nowhere to go.
   Почему́ вы́ никудá не хо́дите?
   Да нéкуда ходи́ть.
   Почему́ вы́ никогдá не гуля́ете?
   Да нéкогда гуля́ть.
   Почему вы ничего не пишете?
   Почему вы нигде не бываете?
   Почему вы никого не приглашаете?
   Почему вы никогда не ездите?
   Почему вы ничего не читаете?
   Почему вы ничéм не занимаетесь?
   Почему вы никому не пишете?
   Почему вы никогда не смотрите
   телевизор?

2. *Is he waiting for something?*
   No, there's nothing for him to wait for.
   О́н чего́-то ждёт?
   Нéт, емý нéчего ждáть.
   О́н о чём-то дýмает?
   Нéт, емý нé о чем дýмать.
   Он чего́-то боится?
   Он на что-то надеется?
   Он что-то прячет?
   Он о чём-то мечтает?
   Он о чём-то пишет?
   Он к чему-то готовится?
   Он чему-то радуется?

■ STRUCTURE REPLACEMENT DRILLS

1. *They're not talking about anything.*
   They have nothing to talk about.
   Они́ ни о чём не разгова́ривают.
   Им не́ о чем разгова́ривать.
   Они́ ни на что́ не се́рдятся.
   Им не́ на что серди́ться.
   Они ничего не боятся.
   Они ничего не отвечают.
   Они ни о чём не спорят.
   Они ниче́м не угощают.
   Они ничего не сообщают.
   Они ни с чём не считаются.
   Они ни в чём не сомневаются.

2. *I didn't make friends with anyone.*
   There was no one for me to make friends with.
   Я́ ни с ке́м не сдружи́лся.
   Мне́ не́ с кем бы́ло сдружи́ться.
   Я́ никуда́ не спеши́л.
   Мне́ не́куда бы́ло спеши́ть.
   Я нигде не работал.
   Я ничему не удивлялся.
   Я ни от кого не прятался.
   Я никому не жаловался.
   Я ничему не радовался.
   Я никогда не задумывался над этим.

DISCUSSION

The negative pronouns and adverbs with stressed **не–** as their first element are typically used in impersonal constructions, usually together with the dative and the infinitive:

Мне́ не́когда игра́ть. | I have no time to play (*Lit.* There's no time for me to play).

Мне́ не́кому бы́ло звони́ть. | There was no one for me to call.

Мне́ не́ с кем бу́дет говори́ть. | I'll have no one to talk to.

Like the negative pronouns with unstressed **ни–** as their first element (**никто́, ничего́**), those with **не–** are written as one word except where a preposition falls between their two parts. Notice, however, that unlike those with **ни–**, they do not require a second negative particle. Furthermore, the negative element **не–** always attracts the stress from the second part of the pronoun or adverb:

Compare Я́ никуда́ не иду́. | I'm not going anywhere.
with   Мне́ не́куда идти́. | I've nowhere to go.

Compare О́н ни о чём не говори́л. | He didn't talk about anything.
with   Мне́ не́ о чем писа́ть. | I've nothing to write about.

Past active participles

MODELS

Во́т студе́нт, **реши́вший** зада́чу *or* Во́т студе́нт, кото́рый реши́л зада́чу. | Here's the student *who solved* the problem.

Вы́ зна́ете де́вушку, **жи́вшую** внизу́? *Or* Вы́ зна́ете де́вушку, кото́рая жила́ внизу́? | Do you know the girl *who used to live* downstairs?

Она́ беспоко́илась о до́чери, **учи́вшейся** тогда́ в Ки́еве *or* Она́ беспоко́илась о до́чери, кото́рая учи́лась тогда́ в Ки́еве. | She was worried about her daughter *who was studying* in Kiev at the time.

Мы́ познако́мились со студе́нтом, **прие́хавшим** из А́нглии *or* Мы́ познако́мились со студе́нтом, кото́рый прие́хал из А́нглии. | We met a student *who had come* from England.

Де́вушка, **сказа́вшая** мне́ об э́том, уже́ ушла́
or Де́вушка, кото́рая мне́ сказа́ла об
э́том, уже́ ушла́.

The girl *who told* me about it has already left.

Во́т идёт **пожа́ловавшаяся** на меня́ же́нщина
or Во́т идёт же́нщина, кото́рая
пожа́ловалась на меня́.

Here comes the woman *who made* the complaint against me.

Мы́ до́лго смотре́ли на **игра́вших** в те́ннис
люде́й *or* Мы́ до́лго смотре́ли на люде́й,
кото́рые игра́ли в те́ннис.

We spent a long time watching the people *who were playing* tennis.

Инжене́р, **жени́вшийся** на Ве́ре, уе́хал на
Кавка́з *or* Инжене́р, кото́рый жени́лся на
Ве́ре, уе́хал на Кавка́з.

The engineer *who married* Vera left for the Caucasus.

Челове́к, **наше́дший** тво́й кошелёк, вдру́г
исче́з *or* Челове́к, кото́рый нашёл тво́й
кошелёк, вдру́г исче́з.

The man *who found* your change purse suddenly disappeared.

Го́рничная, **принёсшая** э́ти ве́щи, ничего́ не
сказа́ла *or* Го́рничная, кото́рая принесла́
э́ти ве́щи, ничего́ не сказа́ла.

The maid *who brought* these things said nothing.

■ REPETITION DRILL

Repeat the models illustrating the use of the past active participle, and compare each with the alternate way of expressing the same sentence through a subordinate clause with **кото́рый** as subject.

■ STRUCTURE REPLACEMENT DRILLS

1. *The man who told us about it has already left.*
   Челове́к, кото́рый сказа́л на́м об э́том,
   уже́ ушёл.
   **Челове́к, сказа́вший на́м об э́том, уже́
   ушёл.**
   Не́мка, кото́рая сказа́ла на́м об э́том,
   уже́ ушла́.
   **Не́мка, сказа́вшая на́м об э́том, уже́
   ушла́.**
   (лю́ди, студе́нт, де́вушка, ма́льчик,
   де́ти, де́вочка)

2. *The workers who were reading the newspapers didn't hear me.*
   Рабо́чие, кото́рые чита́ли газе́ту, не
   слы́шали меня́.
   **Рабо́чие, чита́вшие газе́ту, не слы́шали
   меня́.**
   Студе́нтка, кото́рая чита́ла газе́ту, не
   слы́шала меня́.
   **Студе́нтка, чита́вшая газе́ту, не слы́шала
   меня́.**
   (ребя́та, па́рень, студе́нты, челове́к,
   же́нщина, иностра́нец, носи́льщик)

3. *Here comes the actor who introduced us to Alexeev.*
   Во́т идёт арти́ст, кото́рый познако́мил
   на́с с Алексе́евым.
   **Во́т идёт арти́ст, познако́мивший на́с с
   Алексе́евым.**
   Во́т идёт певи́ца, кото́рая познако́мила
   на́с с Алексе́евым.
   **Во́т идёт певи́ца, познако́мившая на́с с
   Алексе́евым.**
   (во́т идёт писа́тель, во́т идёт же́нщина,
   во́т иду́т лю́ди, во́т идёт челове́к,
   во́т иду́т ребя́та, во́т идёт де́вушка)

4. *I know the girl who used to live here before.*
   Я́ зна́ю де́вушку, кото́рая ра́ньше зде́сь
   жила́.
   Я́ зна́ю де́вушку, жи́вшую зде́сь ра́ньше.
   Я́ зна́ю па́рня, кото́рый ра́ньше зде́сь
   жи́л.
   Я́ зна́ю па́рня, жи́вшего зде́сь ра́ньше.
   (люде́й, же́нщину, челове́ка, студе́нтку,
   студе́нтов, рабо́чего, иностра́нцев)

5. *At the party we met a man who had come from Kiev.*

На вéчере мы́ познакóмились с человéком, котóрый приéхал из Кѝева.

На вéчере мы́ познакóмились с человéком, приéхавшим из Кѝева.

На вéчере мы́ познакóмились с дéвушкой, котóрая приéхала из Кѝева.

На вéчере мы́ познакóмились с дéвушкой, приéхавшей из Кѝева.

(с турѝстами, со студéнтом, с артѝстами, со студéнткой, с дóктором, с жéнщиной)

6. *There are the students who just returned from the exam.*

Вóт студéнты, котóрые тóлько что вернýлись с экзáмена.

Вóт студéнты, тóлько что вернýвшиеся с экзáмена.

Вóт дéвушка, котóрая тóлько что вернýлась с экзáмена.

Вóт дéвушка, тóлько что вернýвшаяся с экзáмена.

(студéнт, студéнтка, аспирáнты, аспирáнт, человéк)

7. *Here comes the woman who made the complaint against you.*

Вóт идёт жéнщина, котóрая пожáловалась на вáс.

Вóт идёт жéнщина, пожáловавшаяся на вáс.

Вóт идёт мужчѝна, котóрый пожáловался на вáс.

Вóт идёт мужчѝна, пожáловавшийся на вáс.

(вóт идýт иностр́анцы, вóт идёт америќанка, вóт идёт человéк, вóт идýт турѝсты, вóт идёт дéвушка)

8. *We spoke of the students who studied in France.*

Мы́ говорѝли о студéнтах, котóрые учѝлись во Фрáнции.

Мы́ говорѝли о студéнтах, учѝвшихся во Фрáнции.

Мы́ говорѝли о студéнтах, котóрые сидéли в углý.

Мы́ говорѝли о студéнтах, сидéвших в углý.

(котóрые игрáли в кáрты, котóрые смеялись над нáми, котóрые писáли об Иркýтске, котóрые читáли «Огонёк», котóрые стоя́ли у окнá)

9. *We watched the kids who were swimming there.*

Мы́ смотрéли на ребя́т, котóрые тáм купáлись.

Мы́ смотрéли на ребя́т, купáвшихся тáм.

Мы́ смотрéли на ребя́т, котóрые тáм игрáли.

Мы́ смотрéли на ребя́т, игрáвших тáм.

(котóрые бéгали по бéрегу, котóрые пры́гали в вóду, котóрые сидéли на берегý, котóрые катáлись на лóдке, котóрые тренировáлись на берегý)

DISCUSSION

Past active participles are formed from both imperfective and perfective verbs by means of the suffix **–вш–** to which are added the adjectival endings **–ий**, **–ая**, **–ее**, and **–ие**. Reflexive verbs further add the reflexive participle **–ся** (never **–сь**). They are built on the past tense-infinitive stem:

получѝ–ть (pfv *to receive*) получѝ–**вший** *who received*
                                                       –вшая
                                                       –вшее
                                                       –вшие

тренирова–ться (ipfv *to exercise*) тренирова–**вшийся** *who exercised*

–вшаяся

–вшееся

–вшиеся

Those formed from closed-stem verbs take the suffix **–ш–** instead of **–вш–**. Note that the past active participles derived from the **идти** family of verbs base the form on a special root variant, **–шед–**:

принес–ти (pfv *to bring*) принёс–**ший** *who brought*

–шая

–шее

–шие

най–ти (past **нашёл**) (pfv *to find*) нашёд–**ший** *who found*

–шая

–шее

–шие

Like the present active participles, the past active participles have no short forms. They too may be placed as phrase modifiers before their noun, in which case they are not set off by commas in writing:

Compare Мы́ смотре́ли на купа́вшихся та́м ребя́т.

with Мы́ смотре́ли на ребя́т, купа́вшихся та́м.

We watched the kids who were swimming there.

ПОВТОРЕ́НИЕ

— А зна́ешь, Фили́пп, я́, по пра́вде говоря́, зави́дую тебе́.

— Что я́ уезжа́ю в Аме́рику?

— Не сто́лько тому́, что ты́ туда́ уезжа́ешь, ско́лько тому́, что ты́ вообще́ мо́жешь е́здить, куда́ хо́чешь.

— Ну́ э́то не совсе́м пра́вильно. Я́ не бога́тый челове́к, у меня́ не́т де́нег, чтобы е́здить куда́ хочу́.

— Де́ньги что? Я́ не о ни́х ду́мал, и́х всегда́ зарабо́тать мо́жно. Ко́нчишь университе́т и смо́жешь е́здить, ско́лько захо́чешь. А я́ во́т, да́же е́сли и мно́го зарабо́таю, всё равно́ никогда́ никуда́ не пое́ду.

— Бро́сь, Ко́ля, не грусти́. Да и пото́м ты́ не пра́в. Ты́ то́же ско́ро ко́нчишь, наве́рно ста́нешь кру́пным специали́стом, и тебя́ пошлю́т за грани́цу.

— Ма́ло в э́том ра́дости для меня́ сейча́с.

— Да что́ э́то с тобо́й сего́дня, Ко́ля? Почему́ тако́е настрое́ние?

— Са́м не зна́ю. Мо́жет бы́ть потому́, что ты́ уезжа́ешь, гру́стно расстава́ться.

— Ничего́, ещё уви́димся. Я́ на бу́дущий го́д постара́юсь опя́ть прие́хать.

— Это бы́ло бы замеча́тельно. Непреме́нно постара́йся. И, смотри́, ру́сский не забыва́й.

— Не забу́ду. А ты́ к моему́ прие́зду вы́учи англи́йский.

— Алло́! Это кто́? Ты́, Вади́м? Ка́к я́ ра́да, что ты́ са́м подошёл к телефо́ну. А то́ всегда́ звони́шь, звони́шь, пока́ у ва́с та́м в общежи́тии кто́-нибудь подойдёт. И ещё позва́ть пото́м не хотя́т.

— Молодец, Тамара, что позвонила, а то я сидел и грустил — никого тут не знаю, пойти некуда, делать тоже нечего. А как там у нас? Что нового?

— Всё в порядке. Как раз собрались тут все твои друзья и вот решили позвонить тебе. У нас новость: вчера были соревнования конькобежцев, и Света заняла первое место. Теперь она у нас настоящий мастер спорта.

— Ну, поздравляю. Боюсь, только, что теперь, став мастером, она уже не захочет со мной кататься.

— Захочет, не бойся. Но ты там не сиди по вечерам дома, а кончив работу, занимайся чем-нибудь полезным, вроде спорта.

— А я обычно так и делаю: придя домой и приняв душ, сразу же иду в клуб. Я теперь не спортом, а музыкой стал увлекаться. У нас в клубе стоит отличный рояль.

— А кроме тебя там кто-нибудь ещё играет?

— Да, одна девушка из Москвы. Она и тут продолжает брать уроки. Мы с ней иногда играем вместе.

— Ну, ты смотри там с девушками поосторожнее, а то я Свете скажу.

— Буду очень рад, если скажешь. Может, хоть писать будет, а то от неё письма не дождёшься. Скажи ей, кстати, что на Рождество[1] я на неделю в отпуск приеду.

— Отлично. Тогда соберём всех наших и устроим вечеринку. Мы и билеты в театр купим. Ну, пора уже кончать. До свидания. Привет тебе от всех.

— А ты передай всем от меня.

---

[1] **Рождество** *Christmas.*

APPENDIX

Noun declension

In the declension tables that follow, boldface type is used to indicate the elements of the word that undergo change. This includes both word endings and inserted vowels.

1. стóл-nouns

		table	*city*	*knife*	*genius*	*student*	*teacher*	*day*
				SINGULAR				
N		стóл	гóрод	нóж	гéний	студéнт	учи́тель	дéнь
A		стóл	гóрод	нóж	гéния	студéнта	учи́теля	дéнь
G		столá	гóрода	ножá	гéния	студéнта	учи́теля	дня́
P		столé	гóроде	ножé	гéнии	студéнте	учи́теле	днé
D		столý	гóроду	ножý	гéнию	студéнту	учи́телю	дню́
I		столóм	гóродом	ножóм	гéнием	студéнтом	учи́телем	днём
				PLURAL				
N		столы́	городá	ножи́	гéнии	студéнты	учителя́	дни́
A		столы́	городá	ножи́	гéниев	студéнтов	учителéй	дни́
G		столóв	городóв	ножéй	гéниев	студéнтов	учителéй	днéй
P		столáх	городáх	ножáх	гéниях	студéнтах	учителя́х	дня́х
D		столáм	городáм	ножáм	гéниям	студéнтам	учителя́м	дня́м
I		столáми	городáми	ножáми	гéниями	студéнтами	учителя́ми	дня́ми

2. окнó-nouns

		window	*word*	*letter*	*meeting*	*dress*	*field*	*gun*
				SINGULAR				
N		окнó	слóво	письмó	собрáние	плáтье	пóле	ружьё
A		окнó	слóво	письмó	собрáние	плáтье	пóле	ружьё
G		окнá	слóва	письмá	собрáния	плáтья	пóля	ружья́
P		окнé	слóве	письмé	собрáнии	плáтье	пóле	ружьé
D		окнý	слóву	письмý	собрáнию	плáтью	пóлю	ружью́
I		окнóм	слóвом	письмóм	собрáнием	плáтьем	пóлем	ружьём
				PLURAL				
N		óкна	словá	пи́сьма	собрáния	плáтья	поля́	ру́жья
A		óкна	словá	пи́сьма	собрáния	плáтья	поля́	ру́жья
G		óкон	слóв	пи́сем	собрáний	плáтьев	полéй	ру́жей
P		óкнах	словáх	пи́сьмах	собрáниях	плáтьях	поля́х	ру́жьях
D		óкнам	словáм	пи́сьмам	собрáниям	плáтьям	поля́м	ру́жьям
I		óкнами	словáми	пи́сьмами	собрáниями	плáтьями	поля́ми	ру́жьями

Note: The nouns **я́блоко** *apple* and **плечó** *shoulder* have irregular nominative-accusative plurals ending in **и**: **я́блоки, плéчи.** The noun **óблако** *cloud* has an irregular genitive plural: **облакóв.**

3. жена́-nouns

		wife	girl	sister	family	earth, land	lecture	uncle
		SINGULAR						
N		жена́	де́вушка	сестра́	семья́	земля́	ле́кция	дя́дя
A		жену́	де́вушку	сестру́	семью́	зе́млю	ле́кцию	дя́дю
G		жены́	де́вушки	сестры́	семьи́	земли́	ле́кции	дя́ди
P D		жене́	де́вушке	сестре́	семье́	земле́	ле́кции	дя́де
I		жено́й	де́вушкой	сестро́й	семьёй	землёй	ле́кцией	дя́дей
		PLURAL						
N		жёны	де́вушки	сёстры	се́мьи	зе́мли	ле́кции	дя́ди
A		жён	де́вушек	сестёр	се́мьи	зе́мли	ле́кции	дя́дей
G		жён	де́вушек	сестёр	семе́й	земе́ль	ле́кций	дя́дей
P		жёнах	де́вушках	сёстрах	се́мьях	зе́млях	ле́кциях	дя́дях
D		жёнам	де́вушкам	сёстрам	се́мьям	зе́млям	ле́кциям	дя́дям
I		жёнами	де́вушками	сёстрами	се́мьями	зе́млями	ле́кциями	дя́дями

4. две́рь-nouns

		door	notebook	mouse	thing	horse	daughter
		SINGULAR					
N A		дверь	тетра́дь	мышь	вещь	ло́шадь	до́чь
G P D		две́ри	тетра́ди	мы́ши	ве́щи	ло́шади	до́чери
I		две́рью	тетра́дью	мы́шью	ве́щью	ло́шадью	до́черью
		PLURAL					
N		две́ри	тетра́ди	мы́ши	ве́щи	ло́шади	до́чери
A		две́ри	тетра́ди	мыше́й	ве́щи	лошаде́й	дочере́й
G		двере́й	тетра́дей	мыше́й	веще́й	лошаде́й	дочере́й
P		дверя́х	тетра́дях	мыша́х	веща́х	лошадя́х	дочеря́х
D		дверя́м	тетра́дям	мыша́м	веща́м	лошадя́м	дочеря́м
I		дверя́ми дверьми́	тетра́дями	мыша́ми	веща́ми	лошадьми́ лошадя́ми	дочерьми́ дочеря́ми

Note 1: **ма́ть** is declined like **до́чь**. Both differ from other **дверь** nouns in that they have an alternate shorter stem used in the nominative and accusative singular only.

Note 2: Three **дверь**-nouns have alternate instrumental plurals: **дверя́ми** *or* **дверьми́**, **лошадьми́** *or* **лошадя́ми**, and **дочерьми́** *or* **дочеря́ми**.

5. и́мя-nouns (neuter)

		name	time	banner			names	times	banners
		SINGULAR					PLURAL		
N A		и́мя	вре́мя	зна́мя		N A	имена́	времена́	знамёна
G P D		и́мени	вре́мени	зна́мени		G	имён	времён	знамён
						P	имена́х	времена́х	знамёнах
						D	имена́м	времена́м	знамёнам
I		и́менем	вре́менем	зна́менем		I	имена́ми	времена́ми	знамёнами

Note: **пла́мя** *flame*, **бре́мя** *burden*, **пле́мя** *tribe*, **се́мя** *seed*, and **стре́мя** *stirrup* are declined like **и́мя**, except for the genitive plurals **семя́н** and **стремя́н**. All nouns of this class have an alternate shorter stem used only in the nominative and accusative singular.

6. Nouns with declension irregularities

	SINGULAR						
	church	*neighbor*	*brother*	*chair*	*leaf*	*pen*	*tree*
N	це́рковь (*f*)	сосе́д	бра́т	сту́л	ли́ст	перо́	де́рево
A	це́рковь	сосе́да	бра́та	сту́л	ли́ст	перо́	де́рево
G	це́ркви	сосе́да	бра́та	сту́ла	листа́	пера́	де́рева
P	це́ркви	сосе́де	бра́те	сту́ле	листе́	пере́	де́реве
D	це́ркви	сосе́ду	бра́ту	сту́лу	листу́	перу́	де́реву
I	це́рковью	сосе́дом	бра́том	сту́лом	листо́м	перо́м	де́ревом

	PLURAL						
N	це́ркви	сосе́ди	бра́тья	сту́лья	ли́стья	пе́рья	дере́вья
A	це́ркви	сосе́дей	бра́тьев	сту́лья	ли́стья	пе́рья	дере́вья
G	церкве́й	сосе́дей	бра́тьев	сту́льев	ли́стьев	пе́рьев	дере́вьев
P	церква́х	сосе́дях	бра́тьях	сту́льях	ли́стьях	пе́рьях	дере́вьях
D	церква́м	сосе́дям	бра́тьям	сту́льям	ли́стьям	пе́рьям	дере́вьям
I	церква́ми	сосе́дями	бра́тьями	сту́льями	ли́стьями	пе́рьями	дере́вьями

Note 1: The noun **це́рковь** *church* has a soft [ɣ] everywhere in its declension except for prepositional, dative, and instrumental plural, where [v] is hard. The noun **любо́вь** *love*, used in the singular only, is declined like **це́рковь**, with the inserted vowel **o** in the nominative, accusative, and instrumental singular only. The name **Любо́вь** retains the vowel **o** in all the cases. Compare **о любви́** *about love* with **о Любо́ви** *about Lyubov*.

Note 2: The noun **сосе́д** *neighbor* has a hard [d] throughout the singular but a soft [d] throughout the plural.

Note 3: The nouns **бра́т**, **сту́л**, **ли́ст**, **перо́**, and **де́рево** all have expanded soft stems in the plural, where they follow a soft declension pattern; in the singular they follow a hard declension pattern.

	SINGULAR						
	husband	*son*	*friend*	*citizen*	*landlord, boss*	*Mr., gentleman*	*Georgian*
N	му́ж	сы́н	дру́г	граждани́н	хозя́ин	господи́н	грузи́н
A G	му́жа	сы́на	дру́га	граждани́на	хозя́ина	господи́на	грузи́на
P	му́же	сы́не	дру́ге	граждани́не	хозя́ине	господи́не	грузи́не
D	му́жу	сы́ну	дру́гу	граждани́ну	хозя́ину	господи́ну	грузи́ну
I	му́жем	сы́ном	дру́гом	граждани́ном	хозя́ином	господи́ном	грузи́ном

	PLURAL						
N	мужья́	сыновья́	друзья́	гра́ждане	хозя́ева	господа́	грузи́ны
A G	муже́й	сынове́й	друзе́й	гра́ждан	хозя́ев	госпо́д	грузи́н
P	мужья́х	сыновья́х	друзья́х	гра́жданах	хозя́евах	господа́х	грузи́нах
D	мужья́м	сыновья́м	друзья́м	гра́жданам	хозя́евам	господа́м	грузи́нам
I	мужья́ми	сыновья́ми	друзья́ми	гра́жданами	хозя́евами	господа́ми	грузи́нами

	SINGULAR						
	ear	*knee*	*sky, heaven*	*person, man*	*child, baby*	*way, route*	*flower*
N	у́хо	коле́но	не́бо	челове́к	ребёнок	пу́ть (*m*)	цвето́к
A	у́хо	коле́но	не́бо	челове́ка	ребёнка	пу́ть	цвето́к
G	у́ха	коле́на	не́ба	челове́ка	ребёнка	пути́	цветка́
P	у́хе	коле́не	не́бе	челове́ке	ребёнке	пути́	цветке́
D	у́ху	коле́ну	не́бу	челове́ку	ребёнку	пути́	цветку́
I	у́хом	коле́ном	не́бом	челове́ком	ребёнком	путём	цветко́м

	PLURAL						
N	у́ши	коле́ни	небеса́	лю́ди	ребя́та	пути́	цветы́
A	у́ши	коле́ни	небеса́	люде́й	ребя́т	пути́	цветы́
G	уше́й	коле́ней	небе́с	люде́й	ребя́т	путе́й	цвето́в
P	уша́х	коле́нях	небеса́х	лю́дях	ребя́тах	путя́х	цвета́х
D	уша́м	коле́ням	небеса́м	лю́дям	ребя́там	путя́м	цвета́м
I	уша́ми	коле́нями	небеса́ми	людьми́	ребя́тами	путя́ми	цвета́ми

Note 1: The noun **ребёнок** *child, baby* also has a plural, **де́ти**, based on another stem (see table following).

Note 2: The noun **челове́к** *person, man* uses the zero-ending genitive plural form **челове́к** with certain adverbs of quantity and numbers, for example: **ско́лько челове́к, два́дцать челове́к**.

7. Nouns used in the plural

	children	*clock, watch*	*scale(s)*	*sleigh*	*schi*	*trousers*
N	де́ти	часы́	весы́	са́ни	щи́	брю́ки
A	детей	часы́	весы́	са́ни	щи́	брю́ки
G	детей	часо́в	весо́в	саней	щей	брюк
P	де́тях	часа́х	веса́х	саня́х	ща́х	брю́ках
D	де́тям	часа́м	веса́м	саня́м	ща́м	брю́кам
I	детьми́	часа́ми	веса́ми	саня́ми	ща́ми	брю́ками

	chess, chessboard	*vacation*	*money*	*cream*	*day (24 hours)*
N	ша́хматы	кани́кулы	де́ньги	сли́вки	су́тки
A	ша́хматы	кани́кулы	де́ньги	сли́вки	су́тки
G	ша́хмат	кани́кул	де́нег	сли́вок	су́ток
P	ша́хматах	кани́кулах	деньга́х	сли́вках	су́тках
D	ша́хматам	кани́кулам	деньга́м	сли́вкам	су́ткам
I	ша́хматами	кани́кулами	деньга́ми	сли́вками	су́тками

Note 1: The singular of **де́ти** *children* is **ребёнок**, which is based on a different stem. In the literature of an early period, particularly in poetry, one may encounter the word **дитя́** *child*.

Note 2: The nouns **часы́** and **весы́** are used only in the plural in the meanings *clock*, *watch*, and *scale(s)*. The singular nouns from which they are derived are **ча́с** *hour* and **ве́с** *weight*.

8. Indeclinable nouns

A few nouns are never declined. They use a single form in all the cases, singular and plural. All are borrowed from foreign languages and most are treated as neuter nouns unless they refer to a male or a female, for example: **атташе́** (*m*) *attaché*, **мисс** (*f*) *miss*. Some of the most common of these nouns are listed below:

бюро́	*office*	кило́	*kilogram*	ра́дио	*radio*
депо́	*depot*	кино́	*movies*	резюме́	*résumé*
желе́	*gelatin*	ко́фе (*m*)	*coffee*	такси́	*taxi*
интервью́	*interview*	купе́	*compartment*	фойе́	*foyer*
кака́о	*cocoa*	меню́	*menu*	шоссе́	*highway*
кафе́	*café*	метро́	*subway*	Баку́	*Baku (city)*
кашне́	*scarf*	пальто́	*overcoat*	Тбили́си	*Tbilisi (city)*

Declension of surnames ending in -ов, -ёв, -ев, and -ин

The surnames follow a mixed declension pattern, with some endings like those of nouns and some like those of adjectives. In the table below, the heavy line in the box demarcates nominal endings from adjectival endings.

	SINGULAR		PLURAL	
	Masculine	*Feminine*		
NOM	Соловьёв	Соловьёва	Соловьёвы	NOM
ACC	Соловьёва	Соловьёву	Соловьёвых	ACC
GEN				GEN
PREP	Соловьёве	Соловьёвой		PREP
DAT	Соловьёву		Соловьёвым	DAT
INSTR	Соловьёвым		Соловьёвыми	INSTR

Note: Surnames with adjectival endings are declined exactly like adjectives: Достое́вский, Достое́вского; Толсто́й, Толсто́го; and so forth.

Declension of possessive adjectives ending in the suffix -ин

Possessive adjectives ending in the suffix **–ин**, like the surnames ending in **–ов**, **–ёв**, and **–ин**, follow a mixed declension pattern, with some endings like those of nouns and some like those of adjectives. They differ from the surnames principally in the genitive, prepositional, and dative endings of the masculine forms, which are adjectival rather than nominal.

	SINGULAR			PLURAL
	Masculine	*Neuter*	*Feminine*	
NOM	Ко́лин *Kolya's*	Ко́лино	Ко́лина	Ко́лины
ACC	(*like* nom *or* gen)	Ко́лино	Ко́лину	(*like* nom *or* gen)
GEN	Ко́лин**ого**		Ко́лин**ой**	Ко́лин**ых**
PREP	Ко́лин**ом**			
DAT	Ко́лин**ому**			Ко́лин**ым**
INSTR	Ко́лин**ым**			Ко́лин**ыми**

Adjective declension (long-form adjectives)

Masculine and Neuter   SINGULAR

N (*m*)	но́вый	молодо́й	си́ний	друго́й	ру́сский	большо́й	хоро́ший
N (*n*)	но́вое	молодо́е	си́нее	друго́е	ру́сское	большо́е	хоро́шее
A			(animate = genitive; inanimate = nominative)				
G	но́вого	молодо́го	си́него	друго́го	ру́сского	большо́го	хоро́шего
P	но́вом	молодо́м	си́нем	друго́м	ру́сском	большо́м	хоро́шем
D	но́вому	молодо́му	си́нему	друго́му	ру́сскому	большо́му	хоро́шему
I	но́вым	молоды́м	си́ним	други́м	ру́сским	больши́м	хоро́шим

Feminine

N	но́вая	молода́я	си́няя	друга́я	ру́сская	больша́я	хоро́шая
A	но́вую	молоду́ю	си́нюю	другу́ю	ру́сскую	большу́ю	хоро́шую
G P D I	но́вой	молодо́й	си́ней	друго́й	ру́сской	большо́й	хоро́шей

PLURAL

N	но́вые	молоды́е	си́ние	други́е	ру́сские	больши́е	хоро́шие
A			(animate = genitive; inanimate = nominative)				
G P	но́вых	молоды́х	си́них	други́х	ру́сских	больши́х	хоро́ших
D	но́вым	молоды́м	си́ним	други́м	ру́сским	больши́м	хоро́шим
I	но́выми	молоды́ми	си́ними	други́ми	ру́сскими	больши́ми	хоро́шими

Note: The demonstrative pronoun **тако́й** *such, so* and the interrogative pronoun **како́й** *what, which* are declined exactly like **друго́й**. The same declension is followed by the indefinite pronouns **како́й-то** *some sort of, a certain* and **како́й-нибудь** *any sort of, any*, which are formed by adding the unstressed particles **–то** and **–нибудь** to the various forms of **како́й**.

Short-form adjectives

The short-form adjectives are limited to use in the predicate and have only nominative case forms. Masculines have zero-ending (often with an inserted vowel between the last two consonants of the stem); feminines have the ending –**a**; neuters have the ending –**o**; plurals ordinarily have the ending –**ы**, but if the stem ends in **к, г, х, ш, ж, ч,** or **щ** the plural ending is spelled –**и**. The stress of the short-form adjective frequently differs from that of the long-form adjective, and may vary within the short forms themselves. Often more than one position of stress is acceptable for the short-form adjectives.

Below are listed some of the short forms for the more commonly used adjectives:

безду́шный	безду́шен, –а, –о, –ы
бли́зкий	бли́зок, близка́, –о, –и
больно́й	бо́лен, больна́, –о, –ы́
ва́жный	ва́жен, важна́, –о, –ы
весёлый	ве́сел, –а́, –о, –ы
голо́дный	го́лоден, –дна́, –о, –ы (–ы́)
глу́пый	глуп, –а́, –о, –ы
гото́вый	гото́в, –а, –о, –ы
до́брый	добр, –а́, –о, –ы (–ы́)
дорого́й	до́рог, –а́, –о, –и
здоро́вый	здоро́в, –а, –о, –ы
коро́ткий	ко́роток, –тка́, –о, (–о́), –и (–и́)
краси́вый	краси́в, –а, –о, –ы
ми́лый	мил, –а́, –о, –ы
молодо́й	мо́лод, –а́, –о, –ы
несимпати́чный	несимпати́чен, –чна, –о, –ы
осторо́жный	осторо́жен, –жна, –о, –ы
по́лный	по́лон, полна́, –о (–о́), –ы (–ы́)
просто́й	прост, –а́, –о, –ы
пусто́й	пуст, –а́, –о–, –ы
свобо́дный	свобо́ден, свобо́дна, –о, –ы
серьёзный	серьёзен, –зна, –о, –ы
споко́йный	споко́ен, споко́йна, –о, –ы
ста́рый	стар, –а́, –о, –ы
у́мный	умён, умна́, –о (–о́), –ы (–ы́)
холо́дный	хо́лоден, –дна́, –о, –ы (–ы́)
це́лый	цел, –а́, –о, –ы

Comparison of adjectives and adverbs

1. Regular comparatives ending in -ee

Regular comparatives are formed by adding –**ee** to the adjective-adverb stem. In colloquial Russian this may be shortened to –**ей**. The stress of the comparative usually corresponds to that of the feminine short-form adjective.

COMPARATIVE	LONG-FORM ADJECTIVE AND ADVERB	SHORT-FORM FEMININE ADJECTIVE
интере́снее	интере́сный, интере́сно	интере́сна
краси́вее	краси́вый, краси́во	краси́ва
осторо́жнее	осторо́жный, осторо́жно	осторо́жна
прия́тнее	прия́тный, прия́тно	прия́тна
миле́е	ми́лый, ми́ло	мила́
веселе́е	весёлый, ве́село	весела́
длинне́е	дли́нный, дли́нно	длинна́
умне́е	у́мный, умно́	умна́
глупе́е	глу́пый, глу́по	глупа́
трудне́е	тру́дный, тру́дно	трудна́

2. Special comparatives ending in -e

Most of the special –e comparatives come from adjectives with stems ending in к, г, х, or ст. The change in stem is sometimes predictable: к is replaced by ч, г by ж, х by ш, and ст by щ. A few are based on completely different stems.

COMPARATIVE	LONG-FORM ADJECTIVE AND ADVERB
бли́же	бли́зкий, бли́зко
бо́льше	большо́й, мно́го
гро́мче	гро́мкий, гро́мко
да́льше	далёкий, далеко́
доро́же	дорого́й, до́рого
коро́че	коро́ткий, ко́ротко
кре́пче	кре́пкий, кре́пко
ле́гче	лёгкий, легко́
лу́чше	хоро́ший, хорошо́
ме́ньше	ма́ленький, ма́ло
моло́же	молодо́й, мо́лодо
мя́гче	мя́гкий, мя́гко
про́ще	просто́й, про́сто
ре́же	ре́дкий, ре́дко
ста́рше	ста́рый, ста́ро
то́лще	то́лстый, то́лсто
то́ньше	то́нкий, то́нко
ху́же	плохо́й, пло́хо
ча́ще	ча́стый, ча́сто

3. Simple superlatives ending in -ейший, -айший

Simple superlatives are formed by adding –ейший to the stem of those adjectives that have a comparative ending in –ее and –айший to the stem of those adjectives with the special comparative ending in –е.

Group 1: from adjectives with comparatives ending in –ее			Group 2: from adjectives with comparatives ending in –е		
SUPERLATIVE	LONG-FORM ADJECTIVE	COMPARATIVE	SUPERLATIVE	LONG-FORM ADJECTIVE	COMPARATIVE
бедне́йший	бе́дный	бедне́е	высоча́йший	высо́кий	вы́ше
важне́йший	ва́жный	важне́е	глубоча́йший	глубо́кий	глу́бже
верне́йший	ве́рный	верне́е	крепча́йший	кре́пкий	кре́пче
вкусне́йший	вку́сный	вкусне́е	легча́йший	лёгкий	ле́гче
длинне́йший	дли́нный	длинне́е	мельча́йший	ме́лкий	ме́льче
добре́йший	до́брый	добре́е	мягча́йший	мя́гкий	мя́гче
интере́снейший	интере́сный	интере́снее	нижа́йший	ни́зкий	ни́же
крупне́йший	кру́пный	крупне́е	редча́йший	ре́дкий	ре́же
миле́йший	ми́лый	миле́е	сладча́йший	сла́дкий	сла́ще
несча́стнейший	несча́стный	несча́стнее	тонча́йший	то́нкий	то́ньше
нове́йший	но́вый	нове́е	тиша́йший	ти́хий	ти́ше
опа́снейший	опа́сный	опа́снее	широча́йший	широ́кий	ши́ре
прекра́снейший	прекра́сный	прекра́снее	строжа́йший	стро́гий	стро́же
сильне́йший	си́льный	сильне́е	дорожа́йший	дорого́й	доро́же
скучне́йший	ску́чный	скучне́е	ближа́йший	бли́зкий	бли́же
сложне́йший	сло́жный	сложне́е			
старе́йший	ста́рый	старе́е			
счастли́вейший	счастли́вый	счастли́вее			

Note: Simple –ee and –e comparatives have the meaning of a superlative when followed by the pronouns **всего** or **всех**. **Всего** refers to things, **всех** to people. This is the only way of forming the superlative of adverbs:

Óн говори́т по-ру́сски **лу́чше** нáс всéх.	He speaks Russian *the best* of us all.
Лу́чше всегó óн говори́т по-ру́сски.	He speaks Russian *best* of all (that is, better than any other language).
Óн **молóже** всéх.	He's the *youngest* of all.

4. Compound comparatives

Compound comparatives are formed by means of the unchanging word **бóлее** plus the positive adjective, for example:

Бóлее дороги́е магази́ны нахóдятся в цéнтре гóрода.	The *more expensive* stores are located in the center of town.
Э́то оди́н из **бóлее дороги́х** ресторáнов.	This is one of the *more expensive* restaurants.
Онá **бóлее краси́ва**, чéм её подру́га.	She's *prettier* than her friend.

Note: Both long- and short-form adjectives may be used with **бóлее**.

5. Compound superlatives

Compound superlatives are formed by a combination of **сáмый** plus the long-form positive adjective. Both parts are declined:

Вы́ слы́шали **сáмую послéднюю** нóвость?	Have you heard *the latest* news?
Они́ живу́т в **сáмой большóй** квáрти́ре в э́том дóме.	They live in *the largest* apartment in this building.
Óн **сáмый извéстный** из ни́х всéх.	He's the *most famous* of them all.
Э́то оди́н из **сáмых краси́вых** городóв Совéтского Сою́за.	It's one of the *most beautiful* cities in the Soviet Union.

Compound superlatives may also be formed by means of the unchanging word **наибóлее** and the long-form adjective, for example:

Э́то **наибóлее высóкая** горá на Кавкáзе.	It's *the tallest* mountain in the Caucasus.

Pronoun declension

1. Personal pronouns and interrogatives кто́ and что́

N	я́	ты́	óн (*m*), онó (*n*)	онá	мы́	вы́	они́	кто́	что́
A	меня́	тебя́	егó, негó	её, неё	нáс	вáс	и́х, ни́х	когó	что́
G	меня́	тебя́	егó, негó	её, неё	нáс	вáс	и́х, ни́х	когó	чегó
P	мнé	тебé	нём	нéй	нáс	вáс	и́х, ни́х	кóм	чём
D	мнé	тебé	ему́, нему́	éй, нéй	нáм	вáм	и́м, ни́м	кому́	чему́
I	{мнóй / мнóю	{тобóй / тобóю	и́м, ни́м	{éй, нéй / éю, нéю	нáми	вáми	и́ми, ни́ми	кéм	чéм

Note: The reflexive personal pronoun **себя́** has no nominative form; it declines like **ты́**: **себя́, себé, собóй**.

2. Possessive pronoun modifiers and interrogative че́й *whose*

Masculine and Neuter　　　　　　　　　SINGULAR

N (m)	че́й	мо́й	тво́й	сво́й	на́ш	ва́ш
N (n)	чьё	моё	твоё	своё	на́ше	ва́ше
A	(animate = genitive; inanimate = nominative)					
G	чьего́	моего́	твоего́	своего́	на́шего	ва́шего
P	чьём	моём	твоём	своём	на́шем	ва́шем
D	чьему́	моему́	твоему́	своему́	на́шему	ва́шему
I	чьи́м	мои́м	твои́м	свои́м	на́шим	ва́шим

Feminine

N	чья́	моя́	твоя́	своя́	на́ша	ва́ша
A	чью́	мою́	твою́	свою́	на́шу	ва́шу
G P D I	чье́й	мое́й	твое́й	свое́й	на́шей	ва́шей

PLURAL

N	чьи́	мои́	твои́	свои́	на́ши	ва́ши
A	(animate = genitive; inanimate = nominative)					
G P	чьи́х	мои́х	твои́х	свои́х	на́ших	ва́ших
D	чьи́м	мои́м	твои́м	свои́м	на́шим	ва́шим
I	чьи́ми	мои́ми	твои́ми	свои́ми	на́шими	ва́шими

Note 1: The third person possessives его́, её, and и́х do not decline.

Note 2: The indefinite pronouns че́й-то *someone's* and че́й-нибудь *anyone's* are formed by adding the unstressed particles **-то** and **-нибудь** to the various forms of **че́й**.

3. Declension of оди́н, са́м, э́тот, то́т, and ве́сь

Masculine and Neuter　　　　　　　　　SINGULAR

N (m)	оди́н	са́м	э́тот	то́т	ве́сь
N (n)	одно́	само́	э́то	то́	всё
A	(animate = genitive; inanimate = nominative)				
G	одного́	самого́	э́того	того́	всего́
P	одно́м	само́м	э́том	то́м	всём
D	одному́	самому́	э́тому	тому́	всему́
I	одни́м	сами́м	э́тим	те́м	всём

Feminine

N	одна́	сама́	э́та	та́	вся́
A	одну́	саму́[1]	э́ту	ту́	всю́
G P D I	одно́й	само́й	э́той	то́й	все́й

PLURAL

N	одни́	са́ми	э́ти	те́	все́
A	(animate = genitive; inanimate = nominative)				
G P	одни́х	сами́х	э́тих	те́х	все́х
D	одни́м	сами́м	э́тим	те́м	всем
I	одни́ми	сами́ми	э́тими	те́ми	все́ми

[1] An alternate accusative form, **само́е**, also exists as a literary variant of **саму́**.

4. Indefinite pronouns

	someone, somebody anybody	someone, somebody			something, anything	something
N A } G } P D I	кто́-нибудь кого́-нибудь о ко́м-нибудь кому́-нибудь ке́м-нибудь	кто́-то кого́-то о ко́м-то кому́-то ке́м-то	N } A } G P D I	что́-нибудь чего́-нибудь о чём-нибудь чему́-нибудь чём-нибудь	что́-то чего́-то о чём-то чему́-то чём-то

5. Negative pronouns никто́ and ничто́

	no one, nobody	nothing, not anything
N A } G } P D I	никто́ никого́ ни о ко́м никому́ нике́м	ничто́ ничего́ ни о чём ничему́ ниче́м

Note: The negative pronouns are written as single words except when used with prepositions. Compare **нике́м** with **ни с ке́м**.

6. Negative pronouns не́кого *there's no one* and не́чего *there's nothing*

	(no nominative)	(no nominative)
A G P D I	не́кого (*or* не́... кого) не́кого (*or* не́... кого) не́... ком не́кому (*or* не́... кому) не́кем (*or* не́... кем)	не́чего (*or* не́... что) не́чего (*or* не́... чего) не́... чем не́чему (*or* не́... чему) не́чем (*or* не́... чем)

Note: It is particularly important to note that even when these forms are written as three words, that is, with a preposition falling between the two elements, they are pronounced as a single unit with a single stress on the first syllable: **не́ у кого** [ɲéukəvə], **не́ о чем** [ɲéəčim].

7. Reciprocal compound pronoun дру́г дру́га *one another, each other*

	Used without preposition	*Used with preposition*
A G P D I	дру́г дру́га дру́г дру́га дру́г дру́гу дру́г дру́гом	дру́г на дру́га дру́г у дру́га дру́г о дру́ге дру́г к дру́гу дру́г с дру́гом

Note: Like the reflexive personal pronoun **себя́**, the reciprocal compound pronoun **дру́г дру́га** has no nominative form. When a preposition is used it falls between the two parts.

Cardinal and ordinal numbers

оди́н, одна́, одно́	one	пе́рвый	first
два́, две́	two	второ́й	second
три́	three	тре́тий, тре́тья, тре́тье	third
четы́ре	four	четвёртый	fourth
пя́ть	five	пя́тый	fifth
ше́сть	six	шесто́й	sixth
се́мь	seven	седьмо́й	seventh
во́семь	eight	восьмо́й	eighth
де́вять	nine	девя́тый	ninth
де́сять	ten	деся́тый	tenth
оди́ннадцать	eleven	оди́ннадцатый	eleventh
двена́дцать	twelve	двена́дцатый	twelfth
трина́дцать	thirteen	трина́дцатый	thirteenth
четы́рнадцать	fourteen	четы́рнадцатый	fourteenth
пятна́дцать	fifteen	пятна́дцатый	fifteenth
шестна́дцать	sixteen	шестна́дцатый	sixteenth
семна́дцать	seventeen	семна́дцатый	seventeenth
восемна́дцать	eighteen	восемна́дцатый	eighteenth
девятна́дцать	nineteen	девятна́дцатый	nineteenth
два́дцать	twenty	двадца́тый	twentieth
два́дцать оди́н	twenty one	два́дцать пе́рвый	twenty-first
три́дцать	thirty	тридца́тый	thirtieth
со́рок	forty	сороково́й	fortieth
пятьдеся́т	fifty	пятидеся́тый	fiftieth
шестьдеся́т	sixty	шестидеся́тый	sixtieth
се́мьдесят	seventy	семидеся́тый	seventieth
во́семьдесят	eighty	восьмидеся́тый	eightieth
девяно́сто	ninety	девяно́стый	ninetieth
сто́	one hundred	со́тый	one-hundredth
сто́ оди́н	one hundred one	сто́ пе́рвый	one-hundred-first
две́сти	two hundred	двухсо́тый	two-hundredth
три́ста	three hundred	трёхсо́тый	three-hundredth
четы́реста	four hundred	четырёхсо́тый	four-hundredth
пятьсо́т	five hundred	пятисо́тый	five-hundredth
шестьсо́т	six hundred	шестисо́тый	six-hundredth
семьсо́т	seven hundred	семисо́тый	seven-hundredth
восемьсо́т	eight hundred	восьмисо́тый	eight-hundredth
девятьсо́т	nine hundred	девятисо́тый	nine-hundredth
ты́сяча	thousand	ты́сячный	thousandth
миллио́н	million	миллио́нный	millionth

Declension of cardinal numbers 2–900

Note: The number one is declined as a pronoun (see page 526).

	2	3	4
NOM	два́ две́ (f)	три́	четы́ре
ACC	*(like* nom *or* gen)		
GEN PREP	двух	трёх	четырёх
DAT	двум	трём	четырём
INSTR	двумя́	тремя́	четырьмя́

	5	6	7	8	9	10
NOM ACC	пя́ть	ше́сть	се́мь	во́семь	де́вять	де́сять
GEN PREP DAT	пяти́	шести́	семи́	восьми́	девяти́	десяти́
INSTR	пятью́	шестью́	семью́	восемью́ *(or* восьмью́)	девятью́	десятью́

	11	12	13	14	15	16
NOM ACC	оди́ннадцать	двена́дцать	трина́дцать	четы́рнадцать	пятна́дцать	шестна́дцать
GEN PREP DAT	оди́ннадцати	двена́дцати	трина́дцати	четы́рнадцати	пятна́дцати	шестна́дцати
INSTR	оди́ннадцатью	двена́дцатью	трина́дцатью	четы́рнадцатью	пятна́дцатью	шестна́дцатью

	17	18	19	20	30	40
NOM ACC	семна́дцать	восемна́дцать	девятна́дцать	два́дцать	три́дцать	со́рок
GEN PREP DAT	семна́дцати	восемна́дцати	девятна́дцати	двадцати́	тридцати́	сорока́
INSTR	семна́дцатью	восемна́дцатью	девятна́дцатью	двадцатью́	тридцатью́	сорока́

	50	60	70	80	90	100
NOM ACC	пятьдеся́т	шестьдеся́т	се́мьдесят	во́семьдесят	девяно́сто	сто́
GEN PREP DAT	пяти́десяти	шести́десяти	семи́десяти	восьми́десяти	девяно́ста	ста́
INSTR	пятью́десятью	шестью́десятью	семью́десятью	восьмью́десятью *(or)* восемью́десятью)	девяно́ста	ста́

	200	300	400
NOM ACC	двéсти	трúста	четы́реста
GEN	двухсóт	трёхсóт	четырёхсóт
PREP	двухстáх	трёхстáх	четырёхстáх
DAT	двумстáм	трёмстáм	четырёмстáм
INSTR	двумястáми	тремястáми	четырьмястáми

	500	600	700	800	900
NOM ACC	пятьсóт	шестьсóт	семьсóт	восемьсóт	девятьсóт
GEN	пятисóт	шестисóт	семисóт	восьмисóт	девятисóт
PREP	пятистáх	шестистáх	семистáх	восьмистáх	девятистáх
DAT	пятистáм	шестистáм	семистáм	восьмистáм	девятистáм
INSTR	пятьюстáми	шестьюстáми	семьюстáми	восьмьюстáми	девятьюстáми

Note: **ты́сяча** *thousand* and **миллиóн** *million* are treated as nouns and decline like regular **женá-** and **стóл-** nouns.

Declension of collective or "set" numerals

	2	3	4	5	6	7
NOM	двóе	трóе	чéтверо	пя́теро	шéстеро	сéмеро
ACC	*(like* nom *or* gen)					
GEN	двойх	тройх	четверы́х	пятеры́х	шестеры́х	семеры́х
PREP	двойх	тройх	четверы́х	пятеры́х	шестеры́х	семеры́х
DAT	двойм	тройм	четверы́м	пятеры́м	шестеры́м	семеры́м
INSTR	двойми	тройми	четверы́ми	пятеры́ми	шестеры́ми	семеры́ми

Declension of óба, óбе *both*

	Masculine and Neuter	*Feminine*
NOM	óба (*plus* gen sg)	óбе (*plus* gen sg)
ACC	*(like* nom *or* gen)	
GEN PREP DAT INSTR	обóих (*plus* gen pl) обóих (*plus* prep pl) обóим (*plus* dat pl) обóими (*plus* instr pl)	обéих (*plus* gen pl) обéих (*plus* prep pl) обéим (*plus* dat pl) обéими (*plus* instr pl)

Declension of the special numbers полторá (m, n), полторы́ (f) *one and a half* and полторáста *one hundred and fifty*

	Masculine Neuter	Feminine	
NOM-ACC	полторá	полторы́	полторáста
GEN-PREP-DAT-INSTR	полýтора		полýтораста

Declension of ordinal numbers

Ordinal numbers, with the exception of **трéтий** *third*, are declined like the hard-stem adjectives. **Трéтий** declines like **чей** *whose* except for the stress.

	SINGULAR			PLURAL
	Masculine	*Neuter*	*Feminine*	
NOM	трéтий	трéтье	трéтья	трéтьи
ACC	(*like* nom *or* gen)	трéтье	трéтью	(*like* nom *or* gen)
GEN	трéтьего		трéтьей	трéтьих
PREP	трéтьем			
DAT	трéтьему			трéтьим
INSTR	трéтьим			трéтьими

Nouns, adjectives, and adverbs referring to countries, their inhabitants, and languages

country	native (*m*)	native (*f*)	adjective	language
Амéрика	американéц	американка	американский	
Áнглия	англичáнин	англичáнка	англи́йский	по-англи́йски
Áфрика	африканéц	африкáнка	африкáнский	
Áвстрия	австри́ец	австри́йка	австри́йский	
Болгáрия	болгáрин	болгáрка	болгáрский	по-болгáрски
Вéнгрия	венгéрец	венгéрка	венгéрский	по-венгéрски
Гермáния	нéмец	нéмка	немéцкий	по-немéцки
Грéция	грéк	гречáнка	грéческий	по-грéчески
Испáния	испáнец	испáнка	испáнский	по-испáнски
Итáлия	итальянец	итальянка	итальянский	по-итальянски
Канáда	канáдец	канáдка	канáдский	
Китáй	китáец	китаянка	китáйский	по-китáйски
Мéксика	мексикáнец	мексикáнка	мексикáнский	
Пóльша	поля́к	пóлька	пóльский	по-пóльски
Россия (СССР)	рýсский	рýсская	рýсский	по-рýсски
Фрáнция	францýз	францýженка	францýзский	по-францýзски
Швейцáрия	швейцáрец	швейцáрка	швейцáрский	
Швéция	швéд	швéдка	швéдский	по-швéдски
Япóния	япóнец	япóнка	япóнский	по-япóнски

Indefinite adverbs

Indefinite adverbs are formed by adding the unstressed particles –то and –нибудь to such interrogative question-words as где́, куда́, когда́, ка́к, and почему́.

где́	where	где́-то	somewhere	где́-нибудь	anywhere, somewhere
куда́	where (to)	куда́-то	(to) somewhere	куда́-нибудь	(to) anywhere, somewhere
когда́	when	когда́-то	at one time, once	когда́-нибудь	at any time, ever
ка́к	how	ка́к-то	in some way, somehow	ка́к-нибудь	in any way, somehow
почему́	why	почему́-то	for some reason	почему́-нибудь	for any reason

Note: In place of –**нибудь**, the unstressed particle –**либо** may also be used.

Declension of мно́го, немно́го, ско́лько, не́сколько, and сто́лько

The so-called adverbs of quantity follow an adjectival declension pattern in the oblique cases.

NOM-ACC	мно́го	немно́го	ско́лько	не́сколько	сто́лько
GEN-PREP	мно́гих	немно́гих	ско́льких	не́скольких	сто́льких
DAT	мно́гим	немно́гим	ско́льким	не́скольким	сто́льким
INSTR	мно́гими	немно́гими	ско́лькими	не́сколькими	сто́лькмии

Table of prepositions and the cases they govern[1]

GENITIVE		PREPOSITIONAL	ACCUSATIVE	INSTRUMENTAL	DATIVE
без, безо	ми́мо	**в, во** *in, at*	**в, во** *into, to*	ме́жду	благодаря́
вме́сто	о́коло	**на** *on, at*	**за** *for, behind*	**за** *after, behind*	к, ко
внутри́	от, ото	о, об, обо	**на** *onto, to*	перед, передо	**по** *along, via; according to*
во́зле	позади́	**по** *after, upon*	**под, подо** *under; toward*	**под, подо** *under; near*	
вокру́г	по́сле	при	про	над, надо	
впереди́	про́тив		через	**с, со** *with*	
для	ра́ди				
до	све́рх				
из, изо	**с, со** *from, off*				
из-за	среди́				
из-под	у				
кро́ме					

[1] Prepositions governing more than one case are printed in boldface type and are accompanied by their meanings.

Verb conjugation

1. First conjugation verbs

	IMPERFECTIVE ASPECT						
INFINITIVE	чита́ть *read*	кра́сть *steal*	везти́ *take*	пе́чь *bake*	сове́товать *advise*	просыпа́ться *wake up*	дава́ть *give*
PAST	чита́л чита́ла чита́ло чита́ли	кра́л кра́ла кра́ло кра́ли	вёз везла́ везло́ везли́	пёк пекла́ пекло́ пекли́	сове́товал сове́товала сове́товало сове́товали	просыпа́лся просыпа́лась просыпа́лось просыпа́лись	дава́л дава́ла дава́ло дава́ли
PRESENT	чита́ю чита́ешь чита́ет чита́ем чита́ете чита́ют	краду́ крадёшь крадёт крадём крадёте краду́т	везу́ везёшь везёт везём везёте везу́т	пеку́ печёшь печёт печём печёте пеку́т	сове́тую сове́туешь сове́тует сове́туем сове́туете сове́туют	просыпа́юсь просыпа́ешься просыпа́ется просыпа́емся просыпа́етесь просыпа́ются	даю́ даёшь даёт даём даёте даю́т
IMPERATIVE	чита́й чита́йте	кради́ кради́те	вези́ вези́те	пеки́ пеки́те	сове́туй сове́туйте	просыпа́йся просыпа́йтесь	дава́й дава́йте

Note 1: The imperfective future is formed by combining the future forms of **бы́ть** with the imperfective infinitive: **бу́ду чита́ть, бу́дешь чита́ть**, etc.

Note 2: All verbs with infinitives ending in **–авать** or **–ава́ться** follow the conjugation pattern of **дава́ть**, for example: **продава́ть** *to sell*, **узнава́ть** *to recognize*, **встава́ть** *to get up*, **остава́ться** *to remain*, and so forth.

	PERFECTIVE ASPECT						
INFINITIVE	прочита́ть *read*	укра́сть *steal*	повезти́ *take*	испе́чь *bake*	посове́товать *advise*	просну́ться *wake up*	умере́ть *die*
PAST	прочита́л прочита́ла прочита́ло прочита́ли	укра́л укра́ла укра́ло укра́ли	повёз повезла́ повезло́ повезли́	испёк испекла́ испекло́ испекли́	посове́товал посове́товала посове́товало посове́товали	просну́лся просну́лась просну́лось просну́лись	у́мер умерла́ у́мерло у́мерли
FUTURE	прочита́ю прочита́ешь прочита́ет прочита́ем прочита́ете прочита́ют	украду́ украдёшь украдёт украдём украдёте украду́т	повезу́ повезёшь повезёт повезём повезёте повезу́т	испеку́ испечёшь испечёт испечём испечёте испеку́т	посове́тую посове́туешь посове́тует посове́туем посове́туете посове́туют	просну́сь проснёшься проснётся проснёмся проснётесь просну́тся	умру́ умрёшь умрёт умрём умрёте умру́т
IMPERATIVE	прочита́й прочита́йте	укради́ укради́те	повези́ повези́те	испеки́ испеки́те	посове́туй посове́туйте	просни́сь просни́тесь	умри́ умри́те

Note 1: Perfective verbs are not used in the present tense.

Note 2: Some perfective verbs with infinitives ending in **–нуть** lose the suffix **–ну–** in the past tense, for example:

INFINITIVE	PAST TENSE
исче́знуть *to disappear*	исче́з, исче́зла, исче́зли
привы́кнуть *to get used to*	привы́к, привы́кла, привы́кли

2. Second conjugation verbs

				IMPERFECTIVE ASPECT				
INFINITIVE	ве́рить *believe*	учи́ть *study, teach*	смотре́ть *look*	стоя́ть *stand*	спа́ть *sleep*	люби́ть *love*	проси́ть *ask*	серди́ться *be angry*
PAST	ве́рил ве́рила ве́рило ве́рили	учи́л учи́ла учи́ло учи́ли	смотре́л смотре́ла смотре́ло смотре́ли	стоя́л стоя́ла стоя́ло стоя́ли	спа́л спала́ спа́ло спа́ли	люби́л люби́ла люби́ло люби́ли	проси́л проси́ла проси́ло проси́ли	серди́лся серди́лась серди́лось серди́лись
PRESENT	ве́рю ве́ришь ве́рит ве́рим ве́рите ве́рят	учу́ у́чишь у́чит у́чим у́чите у́чат	смотрю́ смо́тришь смо́трит смо́трим смо́трите смо́трят	стою́ стои́шь стои́т стои́м стои́те стоя́т	сплю́ спи́шь спи́т спи́м спи́те спя́т	люблю́ лю́бишь лю́бит лю́бим лю́бите лю́бят	прошу́ про́сишь про́сит про́сим про́сите про́сят	сержу́сь се́рдишься се́рдится се́рдимся се́рдитесь се́рдятся
IMPERATIVE	ве́рь ве́рьте	учи́ учи́те	смотри́ смотри́те	сто́й сто́йте	спи́ спи́те	люби́ люби́те	проси́ проси́те	серди́сь серди́тесь

Note: The imperfective future is formed by combining the future forms of **бы́ть** with the infinitive: **бу́ду ве́рить, бу́дешь ве́рить,** etc.

				PERFECTIVE ASPECT			
INFINITIVE	пове́рить *believe*	научи́ть *teach*	посмотре́ть *look*	постоя́ть *stand*	оста́вить *leave*	попроси́ть *ask*	рассерди́ться *get mad*
PAST	пове́рил пове́рила пове́рило пове́рили	научи́л научи́ла научи́ло научи́ли	посмотре́л посмотре́ла посмотре́ло посмотре́ли	постоя́л постоя́ла постоя́ло постоя́ли	оста́вил оста́вила оста́вило оста́вили	попроси́л попроси́ла попроси́ло попроси́ли	рассерди́лся рассерди́лась рассерди́лось рассерди́лись
FUTURE	пове́рю пове́ришь пове́рит пове́рим пове́рите пове́рят	научу́ нау́чишь нау́чит нау́чим нау́чите нау́чат	посмотрю́ посмо́тришь посмо́трит посмо́трим посмо́трите посмо́трят	постою́ постои́шь постои́т постои́м постои́те постоя́т	оста́влю оста́вишь оста́вит оста́вим оста́вите оста́вят	попрошу́ попро́сишь попро́сит попро́сим попро́сите попро́сят	рассержу́сь рассе́рдишься рассе́рдится рассе́рдимся рассе́рдитесь рассе́рдятся
IMPERATIVE	пове́рь пове́рьте	научи́ научи́те	посмотри́ посмотри́те	посто́й посто́йте	оста́вь оста́вьте	попроси́ попроси́те	рассерди́сь рассерди́тесь

Note: Perfective verbs are not used in the present tense.

3. Irregular verbs

INFINITIVE	хоте́ть (ipfv) *want*	бежа́ть *to be running*	е́сть (ipfv) *eat*	да́ть (pfv) *give*
PAST	хоте́л хоте́ла хоте́ло хоте́ли	бежа́л бежа́ла бежа́ло бежа́ли	е́л е́ла е́ло е́ли	да́л дала́ да́ло да́ли
PRESENT-FUTURE	хочу́ хо́чешь хо́чет хоти́м хоти́те хотя́т	бегу́ бежи́шь бежи́т бежи́м бежи́те бегу́т	е́м е́шь е́ст еди́м еди́те едя́т	да́м да́шь да́ст дади́м дади́те даду́т
IMPERATIVE	(none)	беги́ беги́те	е́шь е́шьте	да́й да́йте

Similarly conjugated are the following perfective verbs: **захоте́ть, побежа́ть, пое́сть, съе́сть, прода́ть** *to sell*, **пода́ть, переда́ть,** and all other perfective verbs formed by adding prefixes to the above basic verbs.

Present active participles

Present active participles are formed by replacing the final –т of the third person plural imperfective verb with –щий, –щая, –щее (non-reflexive) or –щийся, –щаяся, –щееся (reflexive). Present active participles have no short forms and are used in all cases, singular and plural, following an adjectival declension pattern.

INFINITIVE	THIRD PERSON PLURAL	PRESENT ACTIVE PARTICIPLE
чита́–ть	чита́ю–т	чита́ю–щий, –щая, –щее (*who is*) *reading*
ид–ти́	иду́–т	иду́–щий, –щая, –щее (*who is*) *going*
жи́–ть	живу́–т	живу́–щий, –щая, –щее (*who is*) *living*
говори́–ть	говоря́–т	говоря́–щий, –щая, –щее (*who is*) *speaking*
кури́–ть	ку́ря–т	куря́–щий, –щая, –щее (*who is*) *smoking*
держа́–ть	де́ржа–т	держа́–щий, –щая, –щее (*who is*) *holding*
интересова́–ться	интересу́ю–тся	интересу́ю–щийся, –щаяся, –щееся (*who is*) *interested*
боя́–ться	боя́–тся	боя́–щийся, –щаяся, –щееся (*who is*) *afraid*

Examples of usage:

На́м ну́жен челове́к, **говоря́щий** по-неме́цки.
We need a person *speaking* German.

Где́ пассажи́ры, **е́дущие** в Москву́?
Where are the passengers (*who are*) *going* to Moscow?

Мы́ не знако́мы с **живу́щей** та́м же́нщиной.
We're not acquainted with the woman *living* there.

Мы́ не заме́тили **купа́ющихся** та́м ребя́т.
We didn't notice the kids *swimming* there.

Past active participles

Past active participles are formed from both imperfective and perfective verbs by means of the suffix –вш– or –в–, to which are added the adjectival endings –ий, –ая, and –ее. Reflexive verbs further add the reflexive participle –ся (never –сь). They are built on the past tense-infinitive stem.

INFINITIVE	PAST TENSE	PAST ACTIVE PARTICIPLE
получи́–ть	получи́–л	получи́–вший, –вшая, –вшее *who received*
тренирова́–ться	тренирова́–лся	тренирова́–вшийся, –вшаяся, –вшееся *who exercised*
принес–ти́	принёс	принёс–ший, –шая, –шее *who brought*

Note that those formed from closed-stem verbs take the suffix –ш– instead of –вш–. Past active participles derived from the **идти́** family of verbs base the form on a special root variant, –шед–.

най–ти́	нашёл	наше́д–ший, –шая, –шее *who found*

Examples of usage:

Де́вушка, **сказа́вшая** мне́ об э́том, уже́ ушла́.
The girl *who told* me about it has already left.

Во́т идёт **пожа́ловавшаяся** на меня́ же́нщина.
Here comes the woman *who made* the complaint against me.

Мы́ до́лго смотре́ли на **игра́вших** в те́ннис люде́й.
We spent a long time watching the people *who were playing* tennis.

Инжене́р, **жени́вшийся** на Ве́ре, уе́хал на Кавка́з.
The engineer *who married* Vera left for the Caucasus.

Челове́к, **наше́дший** тво́й кошелёк, вдру́г исче́з.
The man *who found* your change purse suddenly disappeared.

Го́рничная, **принёсшая** э́ти ве́щи, ничего́ не сказа́ла.
The maid *who brought* these things said nothing.

Present passive participles

The present passive participles are rarely encountered in the spoken language but occur frequently in technical and scientific writings. They are formed from transitive imperfective verbs by means of the suffix –ем (for first conjugation verbs) or –им (for second conjugation verbs), to which are added the regular hard-stem adjectival endings. They are formed from the imperative stem of transitive imperfective verbs.

INFINITIVE	IMPERATIVE	PRESENT PASSIVE PARTICIPLE	
		short forms	*long forms*
дава́–ть	дава́–й!	дава́–ем, –ема, –емо, –емы	дава́–емый, –емая, –емое, –емые *being given*
оформля́–ть	оформля́–й!	оформля́–ем, –ема, –емо, –емы	оформля́–емый, –емая, –емое, –емые *being registered*
переноси́–ть	перенос–й!	перенос–и́м, –и́ма, –и́мо, –и́мы	перенос–и́мый, –и́мая, –и́мое, –и́мые *being carried over*
приводи́–ть	привод–й!	привод–и́м, –и́ма, –и́мо, –и́мы	привод–и́мый, –и́мая, –и́мое, –и́мые *being brought in*
атакова́–ть	атаку́–й!	атаку́–ем, –ема, –емо, –емы	атаку́–емый, –емая, –емое, –емые *being attacked*

Examples of usage:

Ве́щи, **посыла́емые** по по́чте, должны́ доставля́ться по вто́рникам и по пя́тницам.

Things *being sent* by mail must be delivered on Tuesdays and Fridays.

Го́род, **атаку́емый** кита́йцами, упо́рно защища́лся.

The city *being attacked* by the Chinese defended itself stubbornly.

Она́ все́ми **люби́ма**.

She is *(be)loved* by all.

Past passive participles

Past passive participles are formed from transitive verbs, usually perfective. There are three structural types, two of which are based on the infinitive-past tense stem, one on the present-future stem. The past passive participles are identified by the suffixes –т, –н, and –ен in the short-forms, and by –т, –нн, and –енн in the long-forms, to which are added the regular hard-stem adjective endings.

1. Past passive participles with the suffix –т are derived mainly from verbs whose stem (not including the prefix) consists of a single syllable and from verbs with infinitives ending in –уть.

PAST PASSIVE PARTICIPLE		INFINITIVE	PAST TENSE
long form	*short forms*		
передви́нутый	передви́нут, –а, –о, –ы *shifted*	передви́нуть	передви́нул
откры́тый	откры́т, –а, –о, –ы *open, opened*	откры́ть	откры́л
наде́тый	наде́т, –а, –о, –ы *dressed*	наде́ть	наде́л
забы́тый	забы́т, –а, –о, –ы *forgotten*	забы́ть	забы́л
перемы́тый	перемы́т, –а, –о, –ы *rewashed*	перемы́ть	перемы́л
на́чатый	на́чат, –а́, –о, –ы *begun*	нача́ть	на́чал

Note: The stress of this type of past passive participle is usually like the stress of the past tense.

2. Past passive participles with the suffix **–н** (or **–нн**) are derived mainly from verbs whose infinitives end in **–ть** preceded by the linking vowel **–а–** or **–я–**.

PAST PASSIVE PARTICIPLE		INFINITIVE	PAST TENSE
long form	*short forms*		
прочи́танный	прочи́тан, –а, –о, –ы *read*	прочита́ть	прочита́л
ска́занный	ска́зан, –а, –о, –ы *said*	сказа́ть	сказа́л
запако́ванный	запако́ван, –а, –о, –ы *packed*	запакова́ть	запакова́л
напи́санный	напи́сан, –а, –о, –ы *written*	написа́ть	написа́л
распро́данный	распро́дан, –а, –о, –ы *sold out*	распрода́ть	распро́дал
да́нный	да́н, –а́, –о́, –ы́ *given*	да́ть	да́л
сде́ланный	сде́лан, –а, –о, –ы *done, made*	сде́лать	сде́лал

Note: In those verbs that stress the **а** (or **я**) in the infinitive, the stress of the past passive participle usually shifts one syllable toward the beginning of the word.

3. Most past passive participles with the suffix **–ен** (*or* **–енн**) are derived from second conjugation verbs whose infinitives end in **–ить**. Some are derived from first conjugation verbs of the closed-stem varieties, that is, those verbs with infinitives ending in **–чь**, **–сть**, **–зть**, and **–ти**. Notice that the changes of the stem consonant that occur in the present-future are regularly reflected in the past passive participle.

PAST PASSIVE PARTICIPLE		PRESENT–FUTURE	INFINITIVE
long form	*short forms*		
офо́рмленный	офо́рмлен, –а, –о, –ы *registered*	офо́рмлю, офо́рмят	офо́рмить
почи́щенный	почи́щен, –а, –о, –ы *cleaned*	почи́щу, почи́стят	почи́стить
запла́ченный	запла́чен, –а, –о, –ы *paid*	заплачу́, запла́тят	заплати́ть
нако́рмленный	нако́рмлен, –а, –о, –ы *fed*	накормлю́, нако́рмят	накорми́ть
приглашённый	приглашён, –а́, –о́, –ы́ *invited*	приглашу́, приглася́т	пригласи́ть
отпу́щенный	отпу́щен, –а, 0–, –ы *released*	отпущу́, отпу́стят	отпусти́ть
пригото́вленный	пригото́влен, –а, –о, –ы *prepared*	пригото́влю, пригото́вят	пригото́вить
предъя́вленный	предъя́влен, –а, –о, –ы *presented*	предъявлю́, предъя́вят	предъяви́ть
изображённый	изображён, –а́, –о́, –ы́ *depicted*	изображу́, изобразя́т	изобрази́ть
испечённый	испечён, –а́, –о́, –ы́ *baked*	испеку́, испечёшь, испеку́т	испе́чь
зажжённый	зажжён, –а́, –о́, –ы́ *lit*	зажгу́, зажжёшь, зажгу́т	заже́чь
увлечённый	увлечён, –а́, –о́, –ы́ *fascinated*	увлеку́, увлечёшь, увлеку́т	увле́чь
прочтённый	прочтён, –а́, –о́, –ы́ *read*	прочту́, прочту́т	проче́сть
переведённый	переведён, –а́, –о́, –ы́ *translated*	переведу́, переведу́т	перевести́
перевезённый	перевезён, –а́, –о́, –ы́ *taken, hauled*	перевезу́, перевезу́т	перевезти́
принесённый	принесён, –а́, –о́, –ы́ *brought*	принесу́, принесу́т	принести́

Examples of usage:

Зажига́лка **испо́рчена**. — The cigarette lighter is *broken*.

В ко́мнате бы́л **зажжён** све́т. — A light was *lit* in the room.

Э́ти ко́мнаты **за́няты**? — Are these rooms *occupied?*

Ты́ уже́ **оде́т**? — Are you *dressed* yet (*or* already)?

Пода́рок ещё не **запако́ван**. — The gift isn't *wrapped* yet.

Я́ ещё не чита́л **напи́санного** и́м расска́за. — I still haven't read the story *written* by him.

Вы́ чита́ли **переведённый** и́м расска́з? — Have you read the story *translated* by him?

Я́ ва́м покажу́ **ку́пленную** е́ю руба́шку *or*
Я́ ва́м покажу́ руба́шку, **ку́пленную** е́ю. — I'll show you the shirt she bought (*lit. bought* by her).

Verbal adverbs

1. Imperfective verbal adverbs

Imperfective verbal adverbs are formed by means of the suffix **–я** (written **–а** after **ш, ж, ч,** and **щ**). Reflexive verbs add the particle **–сь**. The suffix is added to the present stem for all classes of verbs except those ending in **–авáть**, where it is added to the infinitive stem. The stress is that of the first person singular. The imperfective verbal adverbs describe an activity secondary to the action of the main verb, which is performed at the same time and by the same subject.

INFINITIVE	FIRST PERSON SINGULAR	IPFV VERBAL ADVERB
говори́ть	говорю́	**говоря́** (*while*) *speaking*
гуля́ть	гуля́ю	**гуля́я** (*while*) *strolling*
убира́ть	убира́ю	**убира́я** (*while*) *cleaning*
идти́	иду́	**идя́** (*while*) *going*
име́ть	име́ю	**име́я** (*while*) *having*
смея́ться	смею́сь	**смея́сь** (*while*) *laughing*
бри́ться	бре́юсь	**бре́ясь** (*while*) *shaving*
интересова́ться	интересу́юсь	**интересу́ясь** (*while*) *being interested*
встава́ть	встаю́	**встава́я** (*while*) *getting up*
дава́ть	даю́	**дава́я** (*while*) *giving*
пла́кать	пла́чу	**пла́ча** (*while*) *crying*
учи́ть	учу́	**уча́** (*while*) *learning* or *teaching*
ложи́ться	ложу́сь	**ложа́сь** (*while*) *going to bed*

Examples of usage:

Гуля́я в па́рке, я́ встре́тил профе́ссора Орло́ва.

Уча́ но́вый язы́к, легко́ забы́ть ста́рый.

Смея́сь, о́н расска́зывал о то́м, как упа́л в лу́жу.

Я́ могу́ доста́ть с буфе́та ча́шку не **встава́я**.

Подъезжа́я к го́роду, вы́ уви́дите но́вый до́м о́тдыха.

While *strolling* in the park, I met Professor Orlov.

In *learning* a new language it's easy to forget the old one.

Laughing, he told how he had fallen in a puddle.

I can get a cup from the sideboard without *getting up*.

As you *approach* the city, you'll see a new rest home.

2. Perfective verbal adverbs with the suffixes -в, -ши, or -вши

Most perfective verbal adverbs are formed by means of the suffixes **–в, –ши,** or the combination **–вши**. Reflexive verbs add the particle **–сь** to **–ши** or **–вши**. The suffix is added to the past tense stem of the verb, which may be found by removing the **–л** of the masculine form. If there is no **–л**, the suffix variant **–ши** is used. The perfective verbal adverbs describe a secondary activity completed before the action of the main verb is completed, and which is performed by the same subject.

INFINITIVE	PAST TENSE	PFV VERBAL ADVERB
сказа́ть	сказа́–л	**сказа́–в** *having said*
осмотре́ть	осмотре́–л	**осмотре́–в** *having inspected*
переплы́ть	переплы́–л	**переплы́–в** *having swum across*
опозда́ть	опозда́–л	**опозда́–в** *having come late*
зажéчь	зажёг	**зажёг–ши** *having lit*
увлéчься	увлёк–ся	**увлёк–шись** *having been fascinated*
освежи́ться	освежи́–лся	**освежи́–вшись** *having refreshed oneself*
переодéться	переодé–лся	**переодé–вшись** *having changed clothes*

Note: In addition to the shorter forms with the suffix **–в**, there also exist longer variants in **–вши** formed from the same verbs: сказа́вши (= сказа́в), осмотре́вши (= осмотре́в), and so forth.

Examples of usage:

Пожи́в на ю́ге, ты́ не захо́чешь возвраща́ться на се́вер.

Having lived in the south *awhile*, you won't want to return to the north.

Сказа́в э́то, о́н по́нял, что сде́лал оши́бку.

Having said it, he realized that he'd made a mistake.

Осмотре́в музе́й, мы́ верну́лись домо́й.

Having looked through the museum, we returned home.

Жени́вшись, о́н переста́л пи́ть.

Having married, he stopped drinking.

О́н уе́хал, ни с ке́м не **попроща́вшись**.

He left without *saying good-bye* to anybody.

Поздоро́вавшись со все́ми, о́н се́л за на́ш сто́л.

Having said hello to everybody, he sat down at our table.

3. Perfective verbal adverbs with the suffix -я

A limited number of verbal adverbs formed from perfective verbs have the suffix **–я**, which is ordinarily used to form imperfective verbal adverbs. These are mostly from closed-stem verbs with infinitives in **–ти** or **–сть**.

INFINITIVE	FIRST PERSON SINGULAR	PFV VERBAL ADVERB
сойти́	сойду́	**сойдя́** *having got off*
пройти́	пройду́	**пройдя́** *having passed*
войти́	войду́	**войдя́** *having entered*
вы́йти	вы́йду	**вы́йдя** *having stepped out*
отойти́	отойду́	**отойдя́** *having stepped away*
провести́	проведу́	**проведя́** *having spent*
отвезти́	отвезу́	**отвезя́** *having taken*
найти́	найду́	**найдя́** *having found*
проче́сть	прочту́	**прочтя́** *having read*
предпоче́сть	предпочту́	**предпочтя́** *having preferred*
перевести́	переведу́	**переведя́** *having translated*
принести́	принесу́	**принеся́** *having brought*

Examples of usage:

Подойдя́ к на́м, о́н поздоро́вался и заговори́л о прие́хавших гостя́х.

On approaching us, he said hello and began talking about the guests who had arrived.

Неуже́ли вы́ не зна́ете э́того выраже́ния, **переведя́** сто́лько кни́г с ру́сского языка́?

You mean you don't know this expression *after having translated* so many books from Russian?

Вы́йдя из музе́я, мы́ се́ли на тролле́йбус.

After leaving the museum, we got on the trolley.

О́н полюби́л э́ти сте́пи, **проведя́** та́м ле́то.

He came to love the steppes *after spending* the summer there.

Найдя́, наконе́ц, свобо́дные места́, мы́ се́ли.

After finally *finding* vacant seats, we sat down.

Отвезя́ и́х на ста́нцию, мы́ верну́лись домо́й.

After taking them to the station, we returned home.

Войдя́ в галере́ю, вы́ сра́зу уви́дите его́ портре́т.

On entering the gallery, you'll see his portrait right away.

Russian-English Vocabulary

This Vocabulary includes all the vocabulary items from Volume I.

Arabic numerals refer to the lesson in which the word was introduced or discussed. Words introduced in the grammar sections have the letter *g* after the number.

Nouns are given in their nominative singular form, or, if used only in the plural, in their nominative plural form. Where an inserted vowel occurs in the nominative singular, the genitive singular is also indicated.

Verbs are given in their infinitive form, with the third person plural present-future sometimes also provided. Perfective verbs are marked pfv; imperfective verbs are not marked. Roman numerals I and II refer to the first and second conjugations.

Long-form adjectives are ordinarily given only in the nominative singular masculine form.

Prepositions are accompanied by a parenthetical indication of the case they require.

Captions for photographs are entered as phrases, usually under their initial word.

A a

а and, but, by the way, how about 1
á ah, oh 2
а то́ otherwise, or else, that way 19
а́вгуст August 21
а́виа (indecl) air mail, by air mail 30
авиапо́чта air mail 30
аво́сь perhaps 29
Австра́лия Australia 30
автобус bus 1
автомоби́ль (m) automobile 29
авторучка fountain pen 17
ага́ [ahá] aha! ahhh! 7
а́дрес address 23
А́зия Asia 30
Акаде́мгородо́к Science City 35
акаде́мия academy 31
алле́я path, walk 32
администра́тор clerk, administrator 12
Алёша (var. of Алексе́й) Alyosha (Alex) 17
алло́ hello (telephone only) 7
Аме́рика America 6
америка́нец, –нца American (m) 6
америка́нка American (f) 6
америка́нский American (adj) 6

Анато́лий Anatoly (Anatole) 18
ангина strep throat, sore throat 28
англича́нин (pl англича́не) Englishman 33
англича́нка English woman 33
А́нглия England 30
анке́та questionnaire, form 30
Анта́рктика Antarctica 30
А́ня (var. of А́нна) Anya (Annie) 33
апельси́н orange 25
апельси́новый orange (adj) 25
аппара́т camera, apparatus 15
апре́ль (m) April 21
апте́ка pharmacy 28
арбу́з watermelon 32
А́рктика the Arctic 30
арти́ст performer, actor 36
аспира́нт graduate student (m) 26
аспира́нтка graduate student (f) 26
аспиранту́ра graduate work, graduate study 26
аспири́н aspirin 28
а́тлас atlas 8
аудито́рия lecture room, auditorium, classroom 6
А́фрика Africa 30
áх oh! 4
аэропо́рт airport, airfield 19

Б б

ба́бушка grandmother 17
бага́ж luggage, baggage 12
  бага́жник baggage compartment, trunk 12
база́р market 21
Баку́ Baku 26
ба́ня bathhouse, public bath 25
бара́нина lamb, mutton 34
ба́шня tower 31
бе́гать (I) to run 22
бегемо́т hippopotamus 32
беги́, беги́те! (imper of бежа́ть) run! 21
бегу́, бежи́шь, бежи́т, etc. (*see* бежа́ть) 21
беда́ misfortune, trouble 29
бе́дность (f) poverty 33
бе́дный poor 21
бедро́ hip 22
бежа́ть (irreg pres: бегу́, бежи́шь, бежи́т, бежи́м, бежи́те, бегу́т) to be running 21
без, безо (*plus* gen) without 9
  без че́тверти (*plus* nom) a quarter of, a quarter to 19
безду́шный unfeeling, heartless 16
безопа́сный safe, safety (adj) 29
бейсбо́л baseball 11
бе́лый white 13
бельё wash, linen, underthings 25
бензи́н gas, fuel, lighter fluid 29
бе́рег bank, shore, coast 20
беру́, берёшь (pres of бра́ть) 13
бесе́довать (I) to converse, talk 33
беспла́тно free (of charge) 3
беспоко́ить (II) to disturb, worry 21
беспоко́иться (II) to worry, trouble oneself 19
библиоте́ка library 6
биле́т ticket 12
бито́к, битка́ meatball, cube steak 34
би́ть, бью́т (I) to beat, hit, strike 17
бифште́кс steak, beefsteak 34
благодари́ть (II) to thank 19
благода́рный grateful 36
благодаря́ (*plus* dat) thanks to 36
бла́нк blank, form 30
бли́же (compar of бли́зкий) closer, nearer 23
бли́зкий close, near 15
блонди́н blond 26
блонди́нка blonde (f) 26
блу́зка blouse 53
блю́до dish, course 34
Бо́г God 15
бога́тый rich 33
бога́че (compar of бога́тый) richer 33
Бо́же мо́й! good heavens! my God! 16
бо́к side 22
  на́ бок to the side, to one side, aside 22
  на боку́ on the side, on one's side 22
бо́лее more 23
боле́знь (f) illness, sickness 28
бо́лен, больна́, больны́ sick, ill 2, 3
боле́ть, боля́т (II) to ache, hurt 16
боле́ть, боле́ют (I) to be sick 28
больни́ца hospital 28
бо́льно it's painful, it hurts 27
больно́й sick; sick person, patient 21
бо́льше more, bigger 5
  бо́льше не́т there isn't any more 5

бо́льший larger, bigger 27
  бо́льшей ча́стью mostly, for the most part 27
большинство́ majority 30
большо́й large, big 6
  большо́е спаси́бо thanks very much, many thanks 9
Бори́с Boris 7
бортпроводни́ца stewardess 19
бо́рщ borsch (beet soup) 5
Бо́ря (var. of Бори́с) Borya 18
боти́нок, –нка shoe 27
боя́ться, боя́тся (II) to be afraid 14
бра́т brother 6
бра́ть, беру́т (I) to take, get 13
бра́тья (pl of бра́т) brothers 7
бри́тва razor 29
  безопа́сная бри́тва safety razor 29
бри́ться, бре́ются (I) to shave (oneself) 24
бронхи́т bronchitis 28
бро́сить (pfv II) to throw; to drop, quit 22
брю́ки (pl only) trousers 27
буди́ть (II) to waken (someone) 24
бу́ду, бу́дешь (fut of бы́ть) 10
бу́дущее the future 18
бу́лка large roll, small loaf of French bread 17
бу́лочка roll, bun 17
бульо́н consommé, bouillon soup 17
бума́га paper 19
бума́жник wallet, billfold 19
бу́ря storm 35
бу́тсы (pl) soccer shoes 27
буты́лка bottle 28
буты́лочка (var. of буты́лка) bottle, small bottle 32
буфе́т snack bar, sideboard 14
бы, б (conditional particle) would 17
быва́ть (I) to happen, be the case; to visit 19
бы́л, была́, бы́ло, бы́ли (past tense of бы́ть) 1
быстре́е (compar of бы́стрый) faster, more quickly 20
бы́стрый fast, quick, rapid 18
бы́ть to be 4
  бы́ть к лицу́ to look good (on one), to be becoming 27
  бы́ть похо́ж(им) на (*plus* acc) to look like, resemble 21
бюллете́нь (m) medical release; bulletin 28
бюро́ (indecl) office, bureau 19
  спра́вочное бюро́ information desk 19

В в

в, во (*plus* prep *or* acc) in, into, at, to, per 1
  в де́нь per day 24
  в друго́й ра́з next time 19
  в о́бщем on the whole 35
  в разъе́зде out, on the road 24
  в са́мом де́ле indeed, really, as a matter of fact 19
  во ско́лько? at what time? 10
ваго́н railroad car 12
Ва́дя (var. of Вади́м) Vadya 22
ва́жный important 19
ва́льс waltz 33
Ва́ля (var. of Валенти́на) Valya 17
валя́ть дурака́ to play the fool 32

вáм, вáми (dat, instr of вы) 9, 12
вáнна bathtub 25
вáнная bathroom 12
Вáня (var. of Ивáн) Vanya (Johnny) 18
Варвáра Varvara (Barbara) 28
варёный boiled, cooked (by boiling) 34
варúть (II) to cook (by boiling) 17
Вáря (var. of Варвáра) Varya 28
вáс (acc, gen of вы) 2
Василий Vasily (Basil) 23
вахтёр custodian (m) 7
вахтёрша custodian (f) 7
вáш, вáша, вáше, вáши your, yours 6
вдалú in the distance 15
вдвоём two together 14
вдрýг suddenly 16
ведрó pail, bucket 15
ведь after all, but, you know 9
вездé everywhere 13
везтú (I) to be carrying, be taking (by vehicle) 19
    емý везёт he's lucky 20
вéк century, lifetime 31
велúк, –á, –ó, –ú big; too big 22
велосипéд bicycle 23
вéра faith, confidence 15
Вéра Vera 18
вéрить (II) to believe, trust 15
вернýть (pfv I) to return, give back 21
вернýться (pfv I) to return, come back 16
вéрный true, right; sure, reliable, faithful, loyal 24, 34
вероя́тно probably, likely 19
вероя́тность (f) probability 28
вéрующий believer, one who believes 15
вéрхний, –яя, –ее upper 12
вéс weight; (pl) scales 34
весёлый merry, gay, jolly 18
    вéсело [it's] fun 18
весéнний, –яя, –ее spring (adj) 33
вéсить (II) to weigh 34
веснá spring (time) 11
    веснóй in spring 11
вестú, ведýт (I) to be taking, be leading 22
вестибю́ль (m) entrance hall, lobby 3
    вестибю́ль глáвного здáния МГУ entrance hall of the main building of Moscow State University 3
весы́ (pl of вéс) scales 34
вéсь, вся́, всё, всё all, whole 2, 7
вéтер, вéтра wind 35
вéтреный windy 35
ветчинá ham 34
вéчер evening, party (formal) 10, 18
    по вечерáм in the evenings 16
вечерúнка party (informal) 18
вечéрний, –яя, –ее evening (adj) 13
    «Вечéрняя Москвá» Evening Moscow (newspaper) 13
вечерóк, –ркá (var. of вéчер) evening 34
    сегóдня вечеркóм this evening 34
вéчером in the evening 10
    сегóдня вéчером this evening 10
вéчно constantly, perpetually, forever 31
вéчный eternal, everlasting, perpetual, immortal 31
    вéчная бедá constant nuisance 31
вéщь (f) thing 12

взволнóван upset, excited, agitated 21
взглянýть (pfv I) to glance, look 32
взрóслый grown-up, adult 25, 30
взя́ть, возьмýт (pfv I) to take, get 6, 12
вúд view, aspect 15
    вúд на жúтельство internal passport 24
    вúд на рекý Москвý view of the Moscow River 2
    вúд на нáбережную Москвы́-реки́ и стéны Кремля́ view of the Moscow River embankment and the Kremlin Walls 32
вúден, виднá, –о, –ы́ visible, can be seen 15
вúдеть, вúдят (II) to see 6
вúжу (first person sg of вúдеть) 5
вúза visa 24
Вúктор Viktor (Victor) 18
вúлка fork 5
винó wine 18
виновáт(ый) guilty, to blame, at fault 21
    всё я́ виновáт it's all my fault, I was to blame all along 21
виногрáд grapes 32
винодéльческий wine-producing, wine-making 32
висéть, вися́т (II) to be hanging 15
витрúна store window 33
    у витрúны Всесою́зного Дóма модéлей в Москвé window-shopping at the All-Union House of Models in Moscow 33
Вúтя (var. of Вúктор) Vitya (Vic) 18
вкýс taste 34
вкýсный tasty, good, delicious 13
Владивостóк Vladivostok 12
Владúмир Vladimir 8
влáжный moist, humid 35
влáсть (f) power, rule 34
    при совéтской влáсти under the Soviets, during the Soviet regime 34
вмéсте together 10
    всё вмéсте all together 1
вмéсто (plus gen) instead of, in place of 14
вначáле at first, in the beginning 36
внестú, внесýт (pfv I) to bring, carry in 29g
внúз down, downstairs 16
    внизý downstairs, below 12
внимáние attention 33
    обращáть внимáние на (plus acc) to pay attention to 33
Внýково Vnukovo (name of airport) 19
внутрú inside 31
вóвремя (or вó-время) in time, on time 22
во врéмя (plus gen) during, at the time of 27
во-вторы́х secondly, in the second place 31
водá water 12
водúть (II) to take, lead, conduct 22
вóдка vodka 19
водопровóд running water, plumbing 15
возвращáться (I) to return, come back 16
возгорéться (pfv II) to be kindled, flare up 35
вóздух air 14
возúть (II) to take, haul, carry (by vehicle) 22
вóзле (plus gen) by, beside, next to, near 20
возмóжный possible 17
возня́ fuss, commotion, bother 33
вóзраст age 22
возьмý, возьмёшь (fut of взя́ть) 6
войнá war 10
    «Войнá и мúр» War and Peace 10

войти, войдут (pfv I) to enter, come (*or* go) in 4
вокзал station, terminal 12
вокруг (*plus* gen) around 18
волк wolf 32
Волков Volkov (last name) 9
Володя (var. of Владимир) Volodya 10
вон there, yonder 6
   вон там over there, over yonder 6
   вон тот that person over there 6
вообще in general, at all 16
во-первых in the first place, first 31
вопрос question 20
вор thief 21
восемнадцатый eighteenth 21
восемнадцать eighteen 19
восемь eight 10
восемьдесят eighty 21
восемьсот eight hundred 32
воскресенье Sunday 10
воспользоваться (pfv I) to take advantage of, make use of 24
восток east 22
восточный eastern 30
   Восточная Германия East Germany 30
восьмидесятый eightieth 21
восьмисотый eight-hundredth 36
восьмой eighth 21
вот here('s), there('s) 1
   вот, вот! that's right! yes, that's it! 26
   вот как! is that so! 7
   вот что! so that's it! 9
вошёл, вошла, –о, –и (past tense of войти) 15
вперёд ahead, forward
впереди (*plus* gen) in front of, ahead of, up ahead 31
вполне completely, fully 2
впрочем however, but then again 14
вратарь (m) goal keeper 27
врать, врут (I) to lie, tell a lie 21
врач physician, doctor 16
времени, временем, etc. (*see* время) 10
время (n) time 10
вроде (*plus* gen) like, somewhat like 29
вряд ли hardly, scarcely, it's unlikely 30
всё, всё, вся, всю, etc. (*see* весь) all, whole 2, 7
   всё ещё still, yet 2
   всё же still, anyway, nevertheless 30
   всё равно it doesn't matter, anyway 18
   всё-таки nevertheless, still, just the same 8
всегда always 5
всего (with numbers) only, in all, altogether, a total of 20
всего хорошего good-bye 2
вставать, встают (I) to get up, rise 20
встать, встанут (pfv I) to get up, rise 20
встретить (pfv II) to encounter, meet 11
встретиться (pfv II) to meet (each other) 21
встреча encounter, meeting; welcome 19
встречать (I) to encounter, meet, greet 19
   встречать Новый год to greet (*or* celebrate) the New Year 35
встречаться (I) to meet (each other) 28
всю, вся, etc. (*see* весь) all, whole 2, 7
всюду everywhere 21
всякий any; anyone, anybody 16
   во всяком случае in any case 16

   на всякий случай just in case 25
вторник Tuesday 10
второй second 21
вуз college 18
вход entrance, entry 30
входить (II) to enter, come in 29
вчера yesterday 1
вчерашний, –яя, –ее yesterday's 33
въезжать (I) to drive in, enter (by vehicle) 29g
въехать, въедут (pfv I) to drive in, enter (by vehicle) 29g
вы you 1
выбросить (pfv II) to throw out, discard 17
вывеска sign 30
выглядеть (II) to look 25
выговорить (pfv II) to pronounce, say 11
выдавать, выдают (I) to give out, hand out 30
выдача issue; distribution; delivery 30
выдержать (pfv II) to bear, endure; to pass (exam) 32
вызвать, вызовут (pfv I) to call for, summon; to bring on, cause 28
вызывать (I) to call for, summon; to bring on, cause 28
выиграть (pfv I) to win (a game or bet) 20
выйти, выйдут (pfv I) to go out; get off 14
   выйти замуж to get married (women only) 26
выкупать (pfv I) to bathe (someone) 21
выкупаться (pfv I) to bathe, take a bath; to go for a swim 20
выкуривать (I) to smoke, smoke up 33g
выкурить (pfv II) to smoke, finish smoking, smoke up 33
выписать, выпишут (pfv I) to write out, copy out; to subscribe 28
   выписать бюллетень to make out a medical release 28
выпить, выпьют (pfv I) to drink, have a drink 13
выполнить (pfv II) to fulfill, carry out, perform 34
выполнять (I) to fulfill, carry out, perform 34
выражаться (I) to express oneself 34
   мягко выражаясь to put it mildly, to say the least 34
выражение expression 33
вырасти, вырастут (pfv I) to grow up 22
вырос, выросла, –ли (past tense of вырасти) 22
выручить (pfv II) to rescue, come to one's aid 31
высокий high, tall 26
высота height 35
высохнуть (pfv I) to dry out 34
высочайший highest, tallest, extremely high (*or* tall) 34g
выставка exhibition, exhibit, exposition, show 32
выступать (I) to appear, step out, advance 36
   выступать с шутками to appear and tell jokes 36
высший higher, superior; highest 35
вытереть, вытрут (pfv I) to wipe, wipe off, wipe dry 17
выучить (pfv II) to learn 28
выход exit, way out 30
выходить (II) to go out, get off 14
   выходить (выйти) замуж to get married (women only) 18
выходной (день) day off 20
выше (compar of высокий) higher, taller; above 35
вышел, вышла, etc. (past tense of выйти) 15

Г г

газе́та   newspaper 13
галере́я   gallery 31
гало́ша (*or* кало́ша)   rubber, overshoe 25
га́лстук   tie 27
Га́ля (var. of Гали́на)   Galya 6
гардеро́б   wardrobe; checkroom 26
гарни́р   side vegetable 34
гастроно́м   food store, grocery store, delicatessen 26
где́   where (at what place) 2
   где́ та́м!   go on! far from it! 22
где́-нибудь   anywhere 18
где́-то   somewhere 18
гениа́льный   ingenious, brilliant 32
ге́ний   genius 32
геогра́фия   geography 8
Ге́рцен   Herzen (writer) 21
   у́лица Ге́рцена   Herzen Street 21
ги́д   guide 24
гла́вное   the main thing 18
гла́вный   main, chief 18
   гла́вный почта́мт   main post office 30
   гла́вным о́бразом   mainly, chiefly 30
гла́з   eye 13
глу́бже (compar of глубо́кий)   deeper, more profound 34g
глубина́   depth 35
глубо́кий   deep, profound 31
глубоча́йший   deepest, extremely deep, most profound 34g
глу́пость (f)   foolishness, stupidity 16
глу́пый   foolish, stupid 16
говори́ть (II)   to speak, talk 1, 6
говори́ться (II)   to be said 21g
говоря́   (while) speaking 34
   открове́нно говоря́   frankly, speaking frankly 34
говя́дина   beef 34
Го́голь   Gogol (name of writer) 34
го́д   year 16
   в э́том году́   this year 16
годи́ться (II)   to be suitable, do, be good enough 33
голова́   head 19
   у меня́ боли́т голова́   I have a headache 19
го́лод   hunger, famine 20
го́лоден, голодна́, го́лодны   hungry 5
голубо́й   light blue 13
гоня́ться (I)   to chase 32
гора́   mountain, hill 22
гора́здо   by far, considerably, much 16
горе́ть (II)   to burn 35
го́рло   throat 28
го́рничная   maid 24
го́род   city, town 4
   в го́род, в го́роде   downtown 4
госуда́рственный   state (adj) 28
   Госуда́рственный истори́ческий музе́й в Москве́   State Historical Museum in Moscow 28
городско́й   city, town (adj) 27
горсове́т   gorsovet (city soviet *or* council) 2
Го́рький   Gorky (name of city and writer) 10
горя́чий   hot 12
господа́ (pl of господи́н)   ladies and gentlemen, gentlemen, everybody 3
господи́н   Mr., gentleman 3
госпожа́   Miss, Mrs. 3

гости́ная   living room, parlor 34
гости́ница   hotel 12
гости́ть (II)   to visit, stay, spend time (as a guest) 34
го́сть (m)   guest 25
   в го́сти, в гостя́х   visiting, for a visit 25
гото́в   ready 6
гото́вить (II)   to prepare, fix; to cook 25
гра́дус   degree 28
гра́дусник   thermometer 28
гра́ждане   (pl of граждани́н) 12
граждани́н   citizen 12
грани́ца   border, frontier 30
   из-за грани́цы   from abroad, from overseas 30
греме́ть (II)   to thunder 35
гри́б   mushroom 17
гри́пп   flu, grippe 28
гроза́   storm 35
гро́м   thunder 25
   греми́т гро́м   it's thundering 35
гро́мкий   loud 26
гро́мче (compar of гро́мкий)   louder 1
гру́дь (f)   chest 27
грузи́н   Georgian 7
грузи́нский   Georgian (adj) 32
грузови́к   truck 23
гру́ппа   group 7
грусти́ть (II)   to be sad 33
гру́стный   sad 33
гру́ша   pear 32
гря́зный   dirty, muddy 25
гря́зь (f)   dirt, mud 34
гуля́ть (I)   to stroll 14
ГУ́М   GUM (dept. store in Moscow) 4

Д д

да́   yes 2
да   and 5
   да ну́!   no kidding! 13
дава́ть, даю́т (I)   to give, let 14
   дава́ть сло́во   to promise 36
давно́   for a long time, a long time ago 2
дади́м, дади́те, даду́т (*see* да́ть) 13
да́же   even 5
да́й, да́йте (imper of да́ть) 13
далёкий (далеко́)   far, far away, distant 15
   Да́льний Восто́к   the Far East 35
да́льше (compar of далёкий)   farther; continue! go on! 4, 23
да́м, да́шь, да́ст (*see* да́ть) 13
дари́ть (II)   to give, present 32
да́ром gratis, for nothing 18
да́ть (pfv with irreg fut: да́м, да́шь, да́ст, дади́м, дади́те, даду́т)   to give 13
да́ча   dacha, summer place 20
два́, две́   two 10
двадца́тый   twentieth 21
два́дцать   twenty 19
двена́дцатый   twelfth 21
двена́дцать   twelve 19
две́рь (f)   door 4
две́сти   two hundred 30
движе́ние   motion, traffic 26
дво́е   (group of) two 27
дво́р   courtyard, yard
   на дворе́   outdoors, outside, in the yard 14

дворе́ц, дворца́   palace 31
двухсо́тый   two-hundredth 36
двухчасово́й   two-o'clock (adj) 17
де́вочка   (young) girl 21
де́вушка   girl, young lady 9
девяно́сто   ninety 21
девяно́стый   ninetieth 21
девятна́дцатый   nineteenth 21
девятна́дцать   nineteen 19
девя́тый   ninth 21
де́вять   nine 6
девятьсо́т   nine hundred 21
де́душка   grandfather 17
де́душкин   grandfather's 27g
действи́тельно   really, indeed 16
декабри́ст   Decembrist 35
дека́брь (m)   December 21
де́лать (I)   to do, make 3
де́латься (I)   to be done; to become; to be going on 21g
делика́тный   tactful; delicate, sensitive 36
де́ло   thing, matter, business 2, 7
   в чём де́ло?   what's the matter? 7
   ка́к дела́?   how is everything, how are things? 2
де́нь, дня́ (m)   day 4
   де́нь рожде́ния   birthday 4
де́ньги (pl only)   money 18
дереве́нский   village, country (adj), rural 27
дере́вня   village, country 27
де́рево (pl дере́вья)   tree 17
деревя́нный   wooden 15
держа́ть (II)   to keep, hold 22
держа́ться (II)   to hold on, hang on 22
деся́ток, –тка   (set of) ten 35
деся́тый   tenth 21
де́сять   ten 10
де́ти (sg ребёнок)   children 17
деше́вле (compar of дешёвый, дёшево)   cheaper, more cheaply 25
дешёвый (дёшево)   cheap, inexpensive 25
джа́з   American-style popular music; jazz 13
дива́н   sofa 26
дие́та   diet 34
ди́кий   wild 32
дире́ктор   director 18
длина́   length 35
дли́нный   long 17
для (plus gen)   for 9
дни́ (pl of де́нь)   days 7
   на дня́х   the other day, one of these days 20
до (plus gen)   before, until, up to, as far as 9
   до восьми́   until eight 23
   до девяти́   until nine 23
   до каки́х по́р   up to when, how long 28
   до свида́ния   good bye, I'll be seeing you 1
   до си́х по́р   until now, up to now, hitherto 28
   до те́х по́р   until then, up to then, before that time 28
добежа́ть (pfv) (like бежа́ть)   to reach by running, to run as far as 31g
добри́ться, добре́ются (pfv I)   to finish shaving 31g
до́брый   kind, good 11
   до́брый ве́чер   good evening 11
добуди́ться (pfv II)   to manage to rouse 31g
добыва́ть (I)   to mine 35
довари́ть (pfv II)   to finish cooking 31g

довезти́, довезу́т (pfv I)   to bring, deliver, take to (by vehicle) 23
довести́, доведу́т (pfv I)   to lead (or conduct) to 31g
дово́лен, –льна, etc.   pleased, satisfied 7
дово́льно   rather, quite, enough 14
догна́ть, дого́нят (pfv II)   to catch up to, overtake 20
договори́ть (pfv II)   to finish talking 31g
договори́ться (pfv II)   to come to terms, reach an agreement; to talk to the point of absurdity 11, 31g
догоня́ть (I)   to catch up to, overtake 20
доде́лать (pfv I)   to finish doing, complete 31g
доезжа́ть (I)   to reach (by vehicle) 31
   не доезжа́я до   before reaching, before one gets to 31
дое́сть (pfv) (like е́сть, едя́т)   to finish eating 25
дое́хать, дое́дут (pfv I)   to reach (by vehicle) 31
дожда́ться (pfv I)   to wait out, to get (by waiting long enough) 29
дождеви́к   raincoat 23
дождли́вый   rainy 35
до́ждь (m)   rain 20
   идёт до́ждь   it's raining, it rains 20
   шёл до́ждь   it was raining, it rained 20
дозвони́ться (pfv II)   to reach (by phone) 31g
доигра́ть (pfv I)   to finish playing 31g
дойти́, дойду́т (pfv I)   to reach, get to (on foot) 31g
до́ктор   doctor 16
докуме́нт   document, official paper 24
докури́ть (pfv II)   to finish smoking 31g
до́лго   long, a long time 4
долете́ть (pfv II)   to reach (by flying) 31g
до́м   house, building 9
   до́м но́мер   number (of house or building) 21
   до́м о́тдыха   rest home 34
дома́ (pl of до́м)   houses 9
до́ма   at home 10
дома́шний, –яя, –ее   home- (adj), domestic 32
домо́й   home(ward) 1
домы́ть, домо́ют (pfv I)   to finish washing 31g
донести́, донесу́т (pfv I)   to bring, take to, deliver (on foot) 23
допе́ть, допою́т (pfv I)   to finish singing 31g
допива́ть (I)   to finish drinking 25
допи́ть, допью́т (pfv I)   to finish drinking 25
дописа́ть, допи́шут (pfv I)   to finish writing 31g
доползти́ (pfv I)   to reach (by crawling), crawl up to 31g
доро́га   road, way, route 15
   на́м по доро́ге   we're going the same way 15
дорого́й   expensive, dear 8
доро́же (compar of дорого́й)   more expensive, dearer 23g
доса́да   annoyance 5
   во́т доса́да!   how annoying! what a nuisance! 5
досиде́ть (pfv II)   to sit through, stay (to the end); to stay up 31g
доска́   blackboard, board 4
дослу́шать (pfv I)   to keep listening, listen (to the end) 31g
досмотре́ть (pfv II)   to look through, examine 31g
достава́ть, достаю́т (I)   to get (hold of) 13
доста́точно   enough, sufficient, sufficiently 30
доста́ть, доста́нут (pfv I)   to get (hold of) 4
достира́ть (pfv I)   to finish a wash 31g

достуча́ться (pfv I)   to knock (until someone answers) 31g

доходи́ть (II)   to reach, get to, go as far as (on foot) 35

до́чери, до́черью, etc. (*see* до́чь) 17

дочи́стить (pfv II)   to finish cleaning 31g

дочита́ть (pfv I)   to finish reading 31g

до́чь   daughter 17

доши́ть, дошью́т (pfv I)   to finish sewing 31g

дру́г (pl друзья́)   friend 9

дру́г дру́га   one another, each other 32

дру́г за дру́гом   after each other, one after the other 32

друго́й   other, different, another 5

дружи́нник   druzhinnik (volunteer militiaman) 21

друзья́ (pl. of дру́г)   friends 9

ду́мать (I)   to think, plan, intend 6

дура́к   fool 32

валя́ть дурака́   to play the fool 32

ду́ть, ду́ют (I)   to blow 35

ду́ш   shower 25

принима́ть (приня́ть) ду́ш   to take a shower 25

душа́   soul, heart 16

душева́я   shower room 25

дю́жина   dozen 30

ды́м   smoke 35

не́т ды́ма без огня́   where there's smoke there's fire 35

ды́ня   melon, canteloupe 32

ды́рка   hole 21

дыша́ть (II)   to breathe 20

не́чем дыша́ть   it's impossible to breathe 20

дя́дя   uncle 17

Е е

Евге́ний   Evgeny (Eugene) 1

«Евге́ний Оне́гин»   *Eugene Onegin* 10

Евро́па   Europe 8

европе́ец, –е́йца   European (person from Europe) 33

европе́йский   European (adj) 33

его́   him, it; his 6, 10

еда́   food; meal(s); eating 24

еди́м, еди́те, едя́т (*see* е́сть) 20

еди́нственный   only, sole 33

е́ду, е́дешь, е́дет, etc. (*see* е́хать) 12

её   her, it; hers 6, 10

ей (dat of она́) 14

е́м, е́шь, е́ст (*see* е́сть) 20

ему́ (dat of о́н) 17

е́сли   if 16

е́сли бы (*or* е́сли б)   if (in conditional constructions) 23

есте́ственный   natural 28

е́сть   there is, there are 5

е́сть (irreg pres: е́м, е́шь, е́ст, еди́м, еди́те, едя́т) to eat 20

е́хать, е́дут (I)   to be going (by vehicle) 12

е́шь! е́шьте!   eat! (imper of е́сть) 20

ещё   yet, still, more, else 5

ещё бы!   of course! 21

ещё ка́к!   and how! 14

ещё ра́з   once again, once more 1

всё ещё   still 2

е́ю (instr of она́) 17

Ё ё

ёлка   fir tree, Christmas tree 17

Ж ж

жа́лко   too bad, it's a pity 23

жа́ловаться, жа́луются (I)   to complain 31

жа́ль   too bad, pity, sorry 15

мне́ жа́ль (*plus* acc)   I feel sorry for, I pity 36

жара́   heat, hot weather 20

ну́ и жара́!   boy it's hot! is it hot! 20

жа́реный   roasted, fried, broiled 34

жа́ркий   hot 14

жа́рко   (it's) hot 14

жда́ть, жду́т (I)   to wait 9

же (*or* ж)   (unstressed emphatic particle)   but 5

жела́ть (I)   to wish 18

желе́ (indecl n)   gelatin, jello 29

желе́зный   iron (adj) 35

желе́зная доро́га   railroad 35

желе́зное здоро́вье   iron constitution 35

жёлтый   yellow 13

жена́   wife 2

жена́т   married 26

жени́ться (II)   to marry 26

жени́х   fiancé, bridegroom-to-be 18

же́нский   ladies', women's; female, feminine 25

же́нщина   woman 12

жёсткий   hard 12

жёсткий ваго́н   second-class coach 12

живо́й   alive, live, lively, living 32

живо́т   stomach 27

живо́тное   animal 32

жи́знь (f)   life 18

жи́рный   fatty, rich (food) 34

жи́тельство   stay, sojourn, residence 24

ви́д на жи́тельство   internal passport 24

жи́ть, живу́т (I)   to live 9

жи́ться (I)   to get along 35

журна́л   magazine, journal 13

З з

за (*plus* acc *or* instr)   for, at, behind, after 9

за́ город (*or* за́ городом)   out of town 17

за меня́   for me, in my behalf 9

за столо́м   at the table 14

Забайка́лье   Trans-Baikal 35

забежа́ть (pfv) (*like* бежа́ть)   to run in (and see someone); to run behind 30g

забеспоко́иться (pfv II)   to begin to worry 30g

заболе́ть (pfv I)   to fall sick 28

забо́р   fence 22

забо́титься (II)   to take care of, be concerned about 25

забыва́ть (I)   to forget 14

забы́ть, забу́дут (pfv I)   to forget 7

заверну́ть (pfv I)   to wrap up, turn 25

зави́довать, зави́дуют (I)   to envy, be jealous of 20

заво́д   plant, factory 1

завора́чивать (I)   to wrap up, turn 25

за́втра   tomorrow 4

за́втрак   breakfast, lunch 19

за́втракать (I)   to eat breakfast, eat lunch 19

за́втрашний, –яя, –ее   tomorrow's 33

заговори́ть (pfv II)   to begin to talk 30g

заговори́ться (pfv II) to talk too long and forget the time 30g

загора́ть (I) to bake in the sun, get a sun-tan 34

загоре́ть (pfv II) to get a sun-tan, become sun-tanned 34

заграни́ца foreign countries 30

заграни́чный foreign-made, foreign, imported 30

задержа́ть (pfv II) to detain, delay; to arrest 31

задержа́ться (pfv II) to be detained, be delayed 31

заде́рживать (I) to detain, delay; to arrest 31

заде́рживаться (I) to be detained, stay too long, linger 31

заду́маться (pfv I) to daydream 18

заду́мываться (I) to daydream, be lost in thought 33g

зае́хать, зае́дут (pfv I) to drop by (by vehicle); to drive behind 30g

заже́чь, зажгу́т (pfv I) to light, set on fire; to turn on (light) 29

заже́чься, зажгу́тся (pfv I) to light up, begin to burn 29

зажига́лка lighter 29

зажига́ть (I) to light, set on fire; to turn on (light) 29

зажига́ться (I) to light up, begin to burn 29

заигра́ться (pfv I) to play too long 30g

заинтересова́ться, –су́ются (pfv I) to become interested in 30g

зайти́, зайду́т (pfv I) to drop in, stop by 13

заказа́ть, зака́жут (pfv I) to order 12

зака́шлять (pfv I) to begin to cough 30g

закрыва́ть (I) to close, shut 21g, 33g

закрыва́ться (I) to close, be closed 21g, 33g

закры́ть, закро́ют (pfv I) to close, shut 3, 12

заку́ривать (I) to light up, begin smoking 33g

закури́ть (pfv II) to light up, begin smoking 29

закуси́ть (pfv II) to have a bite, have a snack; bite 19

заку́ска snack, bite, appetizer, hors-d'oeuvre 19

заку́сочная grill, snack bar 24

за́л hall, room 6

замаха́ть, зама́шут (pfv I) to begin to wave 30g

замени́ть (pfv II) to substitute 4

заме́тить (pfv II) to notice 13

замеча́тельный remarkable, wonderful 32

замо́лвить слове́чко to put in a good word 9

заморо́женный frozen 35

заморо́зить (pfv II) to freeze 35

за́мужем married (women only) 26

замыва́ть (I) to wash off, mop up 33g

замы́ть, замо́ют (pfv I) to wash off, mop up 33g

занести́, занесу́т (pfv I) to drop by carrying something 30g

занима́ть (I) to occupy 21g

занима́ться (I) to occupy oneself, study 18

за́нят, занята́, за́няты busy, occupied 3

заня́тия studies, classes 8

заодно́ at the same time, while at it 28

зао́чница (full form студе́нтка-зао́чница) correspondence-school student (f) 9

за́пад west 22

за́падный western 30

За́падная Герма́ния West Germany 30

запако́ван packed, wrapped 23

запакова́ть, запаку́ют (pfv I) to pack up, wrap up, do up 23

запако́вывать (I) to wrap up, pack up 23

за́перт, заперта́, за́перто, за́перты locked 4

запе́ть, запою́т (pfv I) to begin to sing 30g

запла́кать, запла́чут (pfv I) to begin to cry, burst into tears 33

заплати́ть (pfv II) to pay 12

запо́лнить (pfv II) to fill out 30

зараба́тывать (I) to earn, make (money) 18

засиде́ться (pfv II) to sit too long 30g

засмея́ться (pfv I) to begin to laugh, burst out laughing 32

заспеши́ть (pfv II) to begin to hurry 30g

застира́ть (pfv I) to wash out, launder (a spot) 30g

зато́ to make up for it, on the other hand 35

заторопи́ться (pfv II) to begin to rush 30g

затрудне́ние difficulty, trouble 29

затрудни́ть (pfv II) to cause trouble, inconvenience 24

затрудня́ть (I) to cause trouble, inconvenience 24

заходи́ть (II) to drop in, stop by 4

захоте́ть, захотя́т (irreg pfv) (like хоте́ть) to want, feel like 18

захочу́, захо́чешь, захо́чет, захоти́м, захоти́те, etc. (irreg fut of захоте́ть) 18

зачем why, what for 6

зачем тебе́ why do you need 6

зачита́ться (pfv I) to become engrossed in reading 30g

заши́ть, зашью́т (pfv I) to begin sewing 30g

заявле́ние application; declaration, statement 9

за́яц, за́йца hare, rabbit 32

зва́ть, зову́т (I) to call 11

ка́к тебя́ (or ва́с) зову́т? what's your name? 11

зве́рь (m) beast, animal 32

звони́ть (II) to ring, phone 7

звоно́к, –нка́ bell 7

звуча́ть (II) to sound, resound 36

зда́ние building 7

зде́сь here 7

зде́шний, –яя, –ее local, here 34

здоро́в healthy, well 2

здоро́ваться, –о́ваются (I) to greet, say hello 36

здоро́вый healthy, well 35

здоро́вье health 28

желе́зное здоро́вье iron constitution 35

здра́вствуй, здра́вствуйте! hello 3

зелёный green 13

земля́ earth, land 18

зима́ winter 2

зимо́й in winter 11

всю зи́му all winter 2

зи́мний, –яя, –ее winter (adj) 33

Зи́мний дворе́ц, в кото́ром нахо́дится музе́й — Госуда́рственный Эрмита́ж The Winter Palace in which the State Hermitage Museum is located 23

зи́мними вечера́ми on winter evenings 33

Зи́на (var. of Зинаи́да) Zina 10

змея́ snake 17

знако́м acquainted, familiar 10

знако́мить (II) to introduce 21g

знако́миться (II) to be introduced, meet 21g

знако́мство acquaintance, familiarity 18

по знако́мству through friends; by knowing the right people 18 знако́мый (m), знако́мая (f) [an] acquaintance, [a] friend 13

знако́мый (short form знако́м) acquainted, familiar 10

знамени́тый famous, celebrated 31

зна́мя, зна́мени (n) banner 32

знать (I) to know 3

зна́чить (II) to mean 10

зна́чит means, so, then 10

знобить (II) to feel feverish, shiver 28

меня́ знобит I feel feverish; I'm shivering 28

зо́лото gold 35

золото́й golden 32

зо́нтик umbrella 25

зоопа́рк zoo 32

Зо́щенко Zoshchenko (name of writer) 33

зре́лище spectacle, sight 32

зу́б tooth

И и

и and, also, too 1

и... и... both . . . and . . . 20

Ива́н Ivan (John) 7

Ива́нович (patronymic, son of Ива́н) 9

Ива́новна (patronymic, daughter of Ива́н) 7

иго́лка needle 23

игра́ game, play 14

игра́ в ша́хматы game of chess 14

игра́ть (I) to play 11

игра́ть в ка́рты to play cards 11

игра́ть в футбо́л to play soccer 11

игра́ть в ша́хматы to play chess 14

идти́, иду́т (I) to be going 1

идём! let's go! 5

идёт O.K., it's a deal 29

идёт до́ждь it's raining, it rains 20

идёт снег it's snowing, it snows 20

идея idea 31

из, изо (plus gen) from, out of 9

из дому from home, from one's house 25

изба́ hut, village house 15

изве́стия news, news report 13

«Изве́стия» Izvestia (newspaper) 13

изве́стный renowned, noted, well-known 20

изве́стно it's known 20

всем изве́стно everybody knows 20

извеще́ние notification, notice 30

извини́те excuse [me] 1

изда́ние edition 36

из-за (plus gen) because of; from behind 30

измени́ть (pfv II) to change 4

изме́рить (pfv II) to measure 28

изме́рить (измеря́ть) температу́ру to take one's temperature 28

измеря́ть (I) to measure 28

изобража́ть (I) to depict, portray 33

изобрази́ть (pfv II) to depict, portray 33

изуча́ть (I) to study; to master 35

ико́на icon, holy picture 15

и́ли or 10

и́ли... и́ли... either . . . or . . . 26

им (dat of они́, instr of он) 7, 14, 17

и́мени (plus gen) named after 32

и́мени, и́менем, имена́, etc. (see и́мя) 11

и́менно namely, exactly, just 28

во́т и́менно that's just it 28

име́ть (I) to have, possess 27

име́ть в виду́ to bear in mind 27

име́ть про́тив to be against, have against 27

и́мя, и́мени (n) name, first name 11

ина́че (or и́наче) otherwise, differently 15

инжене́р engineer 18

иногда́ sometimes 3

иностра́нец, –нца foreigner 15

иностра́нный foreign 24

институ́т institute 18

интере́сно [that's] interesting, [I] wonder 3

интересова́ть, –су́ют (I) to interest 18

интересова́ться, –су́ются (I) to be interested in 18

Интури́ст Intourist (official travel agency) 24

И́ра (var. of Ири́на) Ira 26

Ири́на Irina (Irene) 9

Ирку́тск Irkutsk (city in Siberia) 35

иска́ть, и́щут (I) to look for, seek 12

и́скра spark 35

иску́сство art, skill 22

испа́нец, –нца Spaniard 33

Испа́ния Spain 30

испа́нка Spanish woman 33

испа́нский Spanish 33

испе́чь, испеку́т (pfv I) to bake 17

исполне́ние performance 13

в исполне́нии performed by 13

испо́ртить (pfv II) to spoil, ruin 22

испо́ртиться (pfv II) to be spoiled, be ruined, be broken 25

исто́рик historian 18

истори́ческий historic, historical 31

исто́рия history, story 8, 29

исто́чник source, spring 34

исчеза́ть (I) to disappear, vanish 19

исче́з, исче́зла, etc. (past tense of исче́знуть) 19

исче́знуть (pfv I) to disappear, vanish 19

ита́к well then, so, thus 28

Ита́лия Italy 30

италья́нец, –я́нца Italian man 33

италья́нка Italian woman 33

италья́нский Italian (adj) 33

итти́ (var. of идти́) 1

их their; them 6, 10

ию́ль (m) July 21

ию́нь (m) June 21

К к

к, ко (plus dat) toward, to, to see 4, 7, 14, 16g

к тому́ вре́мени by then, by that time 24

к тому́ же moreover, what's more, besides 26

к сожале́нию unfortunately 24

–ка (unstressed particle) just; what if

каби́на stall, booth, hut 24

каблу́к heel 33

ту́фли на каблука́х high-heeled shoes 33

Кавка́з the Caucasus 26

ка́ждый each, every 11

ка́жется [it] seems, I guess 6

каза́ться, ка́жутся (I) to seem, appear 16

как how, as, like 2

как дела́? how are things (going)? how is everything? 2

ка́к и   like, just like 31
ка́к мо́жно (*plus* comparative)   as . . . as possible 36
как ра́з   just, the very thing 5, 9
ка́к сле́дует   properly, well 19
как то́лько   as soon as 17
ка́к-нибудь   somehow, in any way 19
ка́к-то   in some way, somehow; once 19, 27
како́й   what, which, how 9
    каки́м о́бразом   how, in what way 30
    како́го во́зраста   how old; what age 22
како́й-нибудь   some, some sort of, any 19
како́й-то   some sort of, a, an, kind of 8, 16
ка́менный   (made of) stone, (made of) brick 15
ка́мень, ка́мня (m)   stone, rock 17
кани́кулы (pl only)   vacation 15
капро́новый   type of nylon 33
капу́ста   cabbage 34
каранда́ш   pencil 6
ка́рий, –яя, –ее   brown, hazel 26
карма́н   pocket 19
    не по карма́ну   beyond one's means 26
ка́рта   map, chart 8
карти́на   picture 11
карто́фель (m)   potatoes 20
карто́шка   potato, potatoes 20
каса́ться (I)   to touch, touch on, concern 36
ка́сса   ticket window, box office, cash register 12
ката́ться (I)   to ride (for pleasure), go for a ride 20
    ката́ться на конька́х   to skate 22
    ката́ться на лы́жах   to ski 22
като́к, катка́   skating rink 22
Ка́тя (var. of Екатери́на)   Katya (Kathy) 10
кафе́ (indecl n)   café, coffee house 24
кача́ть (I)   to rock, swing; to roll 36
ка́чество   quality 29
ка́ша   kasha, (mush, cooked cereal) 5
ка́шель, ка́шля (m)   cough 28
ка́шлять (I)   to cough 28
кашне́ (indecl n)   scarf, muffler 28
каю́та   cabin, stateroom 36
кварта́л   block 23
кварти́ра   apartment 9
квартира́нт   roomer, tenant 26
квартира́нтка   roomer, tenant (f) 26
квита́нция   receipt, claim check 12
Ки́ев   Kiev 12
ки́евский   Kievan 31
кило́ (indecl n)   kilogram 23
килогра́мм   kilogram 23
киломе́тр   kilometer (three fifths of a mile) 15
кино́ (indecl n)   movies, cinema 10
кио́ск   stand, newsstand 8
Кири́лл   Kirill (Cyril) 2
ки́слый   sour 29
кита́ец, кита́йца   Chinaman, Chinese man 33
Кита́й   China 8
кита́йский   Chinese (adj) 31
китая́нка   Chinese woman 33
класс   classroom, class, grade 21
класть, кладу́т (I)   to put, place, lay 19
кле́тка   cage 32
кли́мат   climate 35
кли́ника   clinic 28
клуб   club 1
ключ   key 7

кни́га   book 3
кни́жка (var. of кни́га)   book, booklet 36
ковёр, ковра́   rug, carpet 26
когда́   when, while 10
кого́ (gen, acc of кто́) 8
ко́е-что́   a thing or two, a couple of things 8
Козло́в   Kozlov (last name) 7
колбаса́   sausage 18
коле́но   knee 27
Ко́лин, –а, –о   Kolya's 27
коли́чество   quantity, amount 29
колле́кция   collection 30
коло́дец, –одца   well 15
ко́лос   ear (of grain) 32
колхо́з   kolkhoz, collective farm 15
колхо́зник   collective-farm worker 15
колхо́зница   collective-farm worker (f) 15
колхо́зный   collective-farm (adj) 15
Ко́лька (var. of Ко́ля) 36
Ко́ля (var. of Никола́й)   Kolya (Nick) 6
кома́нда   team 27
командиро́вка   official assignment, travel order, mission 19
комиссио́нный (магази́н)   secondhand store 13
ко́мната   room 9
комо́д   bureau, chest of drawers 26
компо́т   stewed fruit 29
конве́рт   envelope 30
коне́ц, конца́   end 16
    в конце́ концо́в   finally, in the end 16
коне́чно   of course, sure, certainly 4
конфе́та   candy 25
конце́рт   concert 3
конча́ть (I)   to finish, end 14
конча́ться (I)   to be finished, end 21
ко́нчить (pfv II)   to finish, end 14
ко́нчиться (pfv II)   to be finished, end 29
коньки́ (sg конёк)   skates 22
    ката́ться на конька́х   to skate 22
конькобе́жец, –е́жца   skater 22
копе́йка   kopeck 12
кора́бль (m)   ship 30
коридо́р   hall, corridor 24
кори́чневый   brown, tan 33
корми́ть (II)   to feed 32
коро́бка   box (cardboard) 4
коро́ва   cow 32
коро́ткий   short 17
коро́че (compar of коро́ткий)   shorter 23
косми́ческий   cosmic 30
    косми́ческий кора́бль-спу́тник   space ship, space satellite 30
космона́вт   cosmonaut, astronaut 18
костю́м   suit, costume 4
    материа́л на костю́м   suit material 4
ко́смос   cosmos, universe, space 30
котле́та   meat patty, chop 34
кото́рый   which, who, what, that 13
    кото́рый час?   what time is it? 19
ко́фе (indecl n)   coffee 5
кошелёк, кошелька́   change purse 21
ко́шка   cat 32
край   edge, outskirts; region 24
    на краю́ све́та   in the middle of nowhere 26
кра́йний, –яя, –ее   extreme 32
    по кра́йней ме́ре   at least 32

кра́н   faucet, tap 26

  под кра́ном   at the faucet, at the tap 26

краси́вый   lovely, pretty, handsome 4

кра́сный   red 13

  кра́сный уголо́к   recreation room (*lit.* red corner) 13

красота́   beauty 32

кра́сть, краду́т (I)   to steal 19

Кре́мль (m)   the Kremlin 29

кре́пкий   strong, sound, robust 23

кре́пче (compar of кре́пкий)   stronger, more robust 23

кре́сло   easy chair, armchair 26

крова́ть (f)   bed 25

кро́ме (*plus* gen)   except, besides 26

  кро́ме того́   besides (that), in addition (to that) 26

кру́пный   big, coarse, large-scale, important 31

Кры́м   the Crimea, the Crimean Peninsula 34

  в Крыму́   in the Crimea 34

кста́ти   incidentally, apropos, by the way, opportune, well-timed 3, 26

кто́   who 4

кто́-нибудь   anybody, anyone, someone (or other) 19

кто́-то   someone, somebody 19

  кто́-то из (*plus* gen)   one of, someone from 19

куда́   where (to) 1

куда́-нибудь   anywhere, somewhere (or other) 19

куда́-то   somewhere 19

культу́ра   culture 35

культу́рный   cultural; cultured, cultivated 35

купа́ть (I)   to bathe, give a bath 21g

купа́ться (I)   to bathe (oneself); to swim 20

купе́ (indecl n)   compartment (sleeping) 12

купи́ть (pfv II)   to buy 4

  ку́пленный (ppp of купи́ть)   bought, purchased 34g

Ку́рочкин   Kurochkin (last name) 7

ку́рс   class (year), course 10

  на одно́м ку́рсе   in the same year; in the same class 10

кури́ть (II)   to smoke 29

ку́рица   chicken, hen 34

куро́рт   health resort 34

кусо́к, куска́   piece, slice 8

  кусо́к мы́ла   bar (*or* cake) of soap 25

  куска́ми   in pieces, in chunks 35

ку́хня   kitchen 26

Л л

лаборато́рия   laboratory 3

ла́вка   (small) store, shop; bench 26

ла́дно   O.K., fine, all right 14

ла́мпа   lamp, light 26

  ла́мпа для рабо́ты   light to work by, work lamp 26

ла́па   paw 27

лапта́   lapta (Russian game) 27

лапша́   noodles 17

  су́п с лапшо́й   noodle soup 17

Ле́в, Льва́   Lev (Leo) 3

ле́в, льва́   lion 32

лёгкий (легко́)   light, easy 13

легкова́я маши́на   passenger car, automobile 29

лёгок, легка́, легко́ (short forms of лёгкий) 22

  лёгок (легка́) на поми́не   speak of the devil 22

ле́гче (compar of лёгкий)   lighter, easier, more easily 23

лёд, льда́   ice 22

лежа́ть (II)   to be lying; to lie in bed; to be (situated) 18

ле́звие   razor blade, blade 29

лека́рство   medicine 28

ле́кция   lecture, class 6

  ле́кция по хи́мии в МГУ   chemistry class at Moscow State University 6

Ленингра́д   Leningrad 12

ленингра́дский   Leningrad (adj) 31

ле́с   forest, woods 15

  в лесу́   in the forest, in the woods 22g

ле́стница   stairway, stairs, ladder 16

ле́т (gen pl of го́д) 16

лета́ть (I)   to fly 22

лете́ть (II)   to be flying 19

ле́тний, –яя, –ее   summer (adj) 33

ле́то   summer 11

  ле́том   in summer, during the summer 11

ле́чь, ля́гут (pfv I)   to lie down 24

  ле́чь спа́ть   to go to bed 24

ли   whether, if (question particle) 7

лимо́н   lemon 17

лимона́д   lemonade, soft drink 14

лиси́ца   fox 32

ли́ст   leaf; sheet 17

листы́   sheets 17

ли́стья   leaves 17

литерату́ра   literature 8

литерату́рный   literary, literature (adj) 18

литфа́к   department of literature 18

ли́фт   elevator 12

лицо́   face; person 27

  бы́ть к лицу́   to become one, look good on one 27

ли́чный   personal, private 36

ли́шний, –яя, –ее   excess, extra, superfluous 34

ло́б, лба́   forehead 27

лови́ть (II)   to catch; to hunt 20

  лови́ть ры́бу   to fish 20

ло́дка   boat 20

ложи́ться (II)   to lie down 24

  ложи́ться спа́ть   to go to bed 24

ло́жка   spoon 5

лома́ться (I)   to break, get broken 29

лопа́та   shovel, spade 27

ло́шадь (f)   horse 32

лу́жа   puddle, pool 34

лу́чше   better, rather 1, 3

лу́чший   better, best 7

лы́жи (sg лы́жа)   skis 22

  ката́ться на лы́жах   to ski 22

Лю́ба (var. of Любо́вь)   Lyuba 17

люби́мый   favorite, beloved 25

люби́тельский   amateur 27

люби́ть (II)   to love, like; to be fond of 10

любо́вь, любви́ (f)   love 17

Любо́вь, Любо́ви (f)   Lyubov (Amy) 17

любо́й   any, every 33

лю́ди (pl of челове́к)   people 13

лю́кс   deluxe class 12

М м

мавзоле́й   tomb, mausoleum 31
магази́н   store 8
ма́зь (f)   ointment, salve 16
ма́й   May 21
ма́йка   t-shirt, sports shirt 27
ма́л, мала́, –о́; –ы́   small, too small 22
ма́ленький   small, little 9
ма́ло   little, few, too little 10, 25g
   ма́ло-пома́лу   little by little, gradually 36
ма́льчик   boy 21
мальчи́шка (var. of ма́льчик)   boy, urchin, brat 21
ма́ма   Mamma, Mom 17
Мари́я   Maria (Mary) 7
ма́рка   stamp; brand, trademark 30
Ма́рс   Mars 18
ма́рт   March 21
ма́сло   butter, oil 18
ма́сса   lots, mass, plenty 17
масса́ж   massage 16
   де́лать масса́ж   to massage 16
ма́стер   expert, master 22
   ма́стер спо́рта   sports expert, master sportsman 22
мастерски́   masterfully, expertly 33
ма́т   checkmate 14
   да́ть ма́т   to checkmate, beat at chess (or checkers) 14
матема́тика   mathematics 8
ма́тери, матере́й (pl of ма́ть) 15
материа́л   material 4
   материа́л на костю́м   suit material 4
   материа́л на пла́тье   dress material 4
мате́рия   material, cloth, fabric, stuff 33
матра́с (or матра́ц)   mattress 28
ма́ть, ма́тери, ма́терью, etc.   mother 15
маха́ть, ма́шут (I)   to wave 29
махну́ть (pfv I)   to wave 29
   махну́ть руко́й   to throw up one's hands, give up; to wave one's hand 29
Ма́ша (var. of Мари́я)   Masha 7
Ма́шин, –а, –о   Masha's 27g
маши́на   car, machine 18
ме́бель (f)   furniture 26
меблиро́ванный   furnished 26
медве́дь (m)   bear 32
   бе́лый медве́дь   polar bear 32
ме́жду (plus instr)   between, among 13, 26
   между про́чим   by the way 13
ме́л   chalk 17
ме́лкий   shallow; small, fine 31
мело́дия   melody, tune 13
ме́лочь (f)   small change; detail 29
ме́льче (compar of ме́лкий)   shallower, finer 34g
ме́ньше (compar of ма́ленький, ма́ло)   smaller, less, fewer 23
   не ме́ньше   at least, not less than 23
меня́ (gen, acc of я)   me 8
ме́ра   measure 32
   по кра́йней ме́ре   at least 32
ме́сте́чко   spot, place, job, small town 18
   тёплое месте́чко   a soft spot, a nice cushy job 18
ме́сто   place, seat, berth, job 12
ме́сяц   month; moon 16
мете́ль (f)   blizzard, snowstorm 28

метро́ (indecl n)   subway 31
мечта́ть (I)   to dream 18
меша́ть (I)   to disturb, hinder; mix 17
меща́ни́н (pl меща́не)   philistine 33
меща́нский   narrowminded, vulgar, philistine (adj) 33
меща́нство   philistinism; petty bourgeoisie 33
ми́гом   in a jiffy 28
Ми́ла (var. of Людми́ла)   Mila 3
милиционе́р   policeman 21
мили́ция   police, militia 21
миллио́н   one million 29
миллио́нный   millionth 36
ми́лый   nice, kind, dear, darling 9, 17
ми́лый (m), ми́лая (f)   sweetheart, darling 36
ми́ля   mile 15
ми́мо (plus gen)   past, by 21
минера́льный   mineral 34
ми́нус   minus 35
мину́та   minute 19
мину́тка   minute, moment 7
   (одну́) мину́тку   just a minute, just a moment 7
ми́р   peace; world 10, 30
   «Война́ и ми́р»   War and Peace 10
Ми́тя (var. of Дми́трий)   Mitya 31
Михаи́л   Mikhail (Michael) 26
Миха́йлович (patronymic, son of Михаи́л) 7
Ми́ша (var. of Михаи́л)   Misha (Mike) 33
мла́дший   younger, youngest, junior 27
мне́ (prep, dat of я)   me 3
мно́го   a lot, lots, much, many 7
мно́гое   many things, lots of things 11
мно́й, мно́ю (instr of я)   me 17
могу́, мо́жешь, мо́жет, etc. (pres of мо́чь) 7
мо́дный   fashionable, stylish 33
мо́жет быть (or мо́жет)   perhaps, maybe 6, 14
мо́жно   it's possible, one may 4
мо́й, моя́, моё, мои́   my, mine 1, 6
мо́крый   wet 26
мо́л   says he, to quote him; and I quote 28
молда́вский   Moldavian 32
мо́лния   lightning 35
молоде́ц, –одца́   one who does an outstanding job 7
молодо́й   young 13
моло́же (compar of молодо́й)   younger 24
молоко́   milk 5
молча́ть (II)   to keep silent, be silent, keep quiet 36
момента́льно   immediately, instantly, in no time 29
моне́та   coin 31
мо́ре   sea 22
моро́женое   ice cream 29
моро́женщик   ice cream vender 29
моро́женщица   ice cream vender (f) 29
моро́з   freezing weather, frost 22
морско́й   sea (adj), marine, naval 35
Москва́   Moscow 9
   Москва́, у́лица Го́рького — одна́ из центра́льных у́лиц столи́цы   Moscow, Gorky Street—one of the central streets of the capital 9
моско́вский   Moscow (adj), Muscovite 31
   Моско́вский Госуда́рственный Университе́т (МГУ)   Moscow State University 1
   Моско́вский Кре́мль   the Moscow Kremlin 2
мо́ст   bridge 20
мохна́тое полоте́нце   bath towel, Turkish towel 25
моча́лка   (fiber) sponge 25

мочи́ть (II)   to wet, moisten, soak 23

мо́чь, мо́гут (I)   to be able, can 7

му́ж   husband 2

мужско́й   men's; masculine 25

мужчи́на   man 12

мужья́ (pl of му́ж) 7

музе́й   museum 31

музе́й в Петродворце́   museum in the Petrodvorets 16

му́зыка   music 13

МХАТ (Моско́вский Худо́жественный академи́-
ческий теа́тр)   Moscow Art Theater 31

мы́   we 1

мы́ло   soap 25

мы́сль (f)   idea, thought 18

мы́ть, мо́ют (I)   to wash 25

мы́ться, мо́ются (I)   to wash (oneself) 25

мы́шь (f)   mouse 32

мя́гкий (мя́гко)   soft 12

мя́гкий ваго́н   first-class coach 12

мя́гко выража́ясь   to put it mildly, to say the
least 34

мя́гче (compar of мя́гкий)   softer 23g

мя́со   meat 18

мясокомбина́т   meat-packing plant 18

Н н

на́ (stressed particle)   here you are! take it! 23

на (*plus* acc *or* prep)   on, onto, to, at, in, for 1

на бу́дущей неде́ле   next week 26

на ва́шем (*or* твоём) ме́сте   in your place, if I
were you 23

на вся́кий слу́чай   just in case 25

на дня́х   the other day, one of these days 20

на па́мять   as a souvenir, to remember one by 32

набра́ться, наберу́тся (pfv I)   to accumulate, pile up
34

наве́рно   probably, likely 8

наве́рх   up, upstairs 16

наверху́   upstairs, on top, in the upper 12

на́волока (*or* на́волочка)   pillow case 28

над, надо (*plus* instr)   above, over 19

надева́ть (I)   to put on 27

наде́жда   hope 18

Наде́жда   Nadezhda (Hope) 18

наде́ть, наде́нут (pfv I)   to put on 25

наде́яться, наде́ются (I)   to hope, count on 18

на́до   [it's] necessary, one has to 9

не на́до!   don't! 15

надое́сть, надоедя́т (irreg pfv) (*like* е́сть)   to be
bored, be sick and tired 34

надо́лго   for long 35

На́дя (var. of Наде́жда)   Nadya 18

наза́д   back, ago 17

тому́ наза́д   ago 17

назва́ть, назову́т (pfv I)   to name 10

назна́чить (pfv II)   to set, designate, appoint 16

наибо́лее   the most 34

наибо́льший   the largest, the greatest 4

ГУМ — наибо́льший универса́льный магази́н в
стране́   GUM, the largest general store in the
country 4

наиме́нее   the least 34

найти́, найду́т (pfv I)   to find 17

найти́сь, найду́тся (pfv I)   to turn up, be found 21

наказа́ть, нака́жут (pfv I)   to punish 28

нака́зан (ppp of наказа́ть)   punished 28

наконе́ц   at last, finally 29

накорми́ть (pfv II)   to feed 32

нала́дить (pfv II)   to put right, adjust; to set up 36

связь нала́жена   communication has been established 36

нале́во   on the left, to the left 12

налива́ть (I)   to pour, fill 33g

нали́ть, налью́т (pfv I)   to pour, fill 18

на́м (dat of мы́) 14

на́ми (instr of мы́) 17

наоборо́т   on the contrary, backwards, the other
way around 36

написа́ть, напи́шут (pfv I)   to write 4, 7, 12

напи́сан (ppp of написа́ть)   written 30

напиши́те (imper of написа́ть) 4

напра́во   on (*or* to) the right 12

напра́сно   to no purpose, in vain, there's no use (*or*
point) 33

наприме́р   for example 11

напуга́ть (pfv I)   to frighten, scare 22

наре́жь, наре́жьте (imper of наре́зать) 5

наре́зать, наре́жут (pfv I)   to cut, slice 12

наро́д   people, folk 7

наро́дный   folk, popular, people's 13

наря́дный   dressed up, dressy 33

на́с (gen, acc, prep of мы́) 5

у на́с (е́сть)   we have 5

наско́лько   as far as, to what extent, how much, so
much 32

на́сморк   head cold 38

настоя́щий   real, present 28

настрое́ние   mood 36

насчёт (*plus* gen)   about 5

Ната́ша (var. of Ната́лья)   Natasha 11

нау́ка   science, knowledge 18

во́т тебе́ нау́ка!   let that be a lesson to you! 18

научи́ть (pfv II)   to teach 20

научи́ться (pfv II)   to learn 18

нау́чный   scientific, scholarly 18

находи́ть (II)   to find 17

находи́ться (II)   to be located 17

национа́льность (f)   nationality 33

нача́ло   beginning, start 16

нача́льник   boss, chief 34

нача́ть, начну́т (pfv I)   to start, begin 18

на́чатый (ppp of нача́ть)   begun, started 34g

нача́ться, начну́тся (pfv II)   to begin, start 21g

начина́ть (I)   to start, begin 21g

начина́ться (I)   to start, begin 21

на́ш, на́ша, на́ше, на́ши   our, ours 5, 7

не   not (negative particle) 1

не ра́з   more than once, not just once 25

не то́, что   not like, a far cry from 22

небеса́ (pl of не́бо)   skies, heavens 20

не́бо   sky 20

небольшо́й   small, not large 12

нева́жный   unimportant; indifferent; not good 22

невероя́тно   inconceivable, incredible 29

неве́ста   fiancée, bride-to-be 26

невозмо́жно   impossible 17

не́где   there's nowhere, there's no place 25

него́ (gen, acc of о́н and оно́) 8, 10

у него́ [е́сть]   he has 8

негодя́й   villain, scoundrel 21

неда́вно   recently, not long ago, a while ago 5
недалеко́   not far, close, near 15
неде́ля   week 8
   дни́ неде́ли   days of the week 10
   на бу́дущей неде́ле   next week 18
   на сле́дующей неде́ле   the next week 8
   на про́шлой неде́ле   last week 18
   на э́той неде́ле   this week 8
недово́лен, –льна, etc.   dissatisfied, displeased 17
недое́сть, недоедя́т (pfv) (like есть)   to get less than enough to eat 31g
недорабо́тать (pfv I)   to work less than expected 31g
недослы́шать (pfv II)   to fail to hear, miss what is said 31g
недосмотре́ть (pf VII)   to overlook, not watch carefully enough 31g
недоспа́ть (pfv II)   to not get enough sleep 31g
неё (gen, acc of она́) 4, 8, 10
   у неё (есть)   she has 4
ней (prep, dat, instr of она́) 7, 14, 17
   с ней   with her 10
не́когда   there's no time 26, 36g
не́кого, не́кому, etc.   there isn't anyone, there's no one 36
не́который   some, certain 15
не́куда   there's nowhere 26, 36g
некульту́рный   uncultured 35
нелегко́   [it's] hard, [it's] not easy 26
нельзя́   [it's] impossible, one can't 15
нём (prep of он and оно́) 7
не́мец, не́мца   German man 33
неме́цкий   German (adj) 33
не́мка   German woman 33
немно́го   a little, somewhat 10
нему́ (dat of он and оно́) 14, 16
ненави́деть (II)   to hate 35
необходи́мый   necessary, essential, indispensable 26
непло́хо   not badly 6
   неплохо́й   not half bad, pretty good 7
непра́вильно   [it's] wrong, [it's] incorrect 3
непреме́нно   surely, certainly, without fail 28
не́рвничать (I)   to become nervous 22
несимпати́чный   not nice, not likable 16
не́сколько   several, some, a few 17
нести́, несу́т (I)   to be carrying, be taking 22
несча́стный   unhappy, unfortunate 16
   несча́стье   bad luck, misfortune, unhappiness 16
нет   no; there's no, there isn't any 1, 7
   не́ту (var. of нет)   there isn't any, there aren't any 26
неудо́бно   uncomfortable, inconvenient 12
неуже́ли!   really! you don't say! 13
нефтяно́й   oil, petroleum (adj) 26
не́чего, не́чему, etc.   there's nothing, there isn't anything 36
   не́чем дыша́ть   it's impossible to breathe 20
ни   not (negative particle) 13
   ни в ко́ем слу́чае   under no circumstances 29
   ни ра́зу   not once, never 25
   ни... ни...   neither . . . nor 25
нигде́   nowhere 7, 20g
ни́же (compar of ни́зкий)   lower, shorter; below 35
ни́жний, –яя, –ее   lower 12
ни́зкий   low, short 26

ника́к   in no way, by no means 9
никако́й   not . . . any, none at all 15, 29
Ники́тич (patronymic, son of Ники́та) 9
никогда́   never 3
Никола́евич (patronymic, son of Никола́й) 7
Никола́й   Nikolay (Nicholas) 6
никто́   nobody, no one 19
никуда́   nowhere 20g
ним (dat of они́, instr of он and оно́) 10, 14
   с ним   with him (or it) 10
   к ним   to them 14
ни́ми (instr of они́) 10
   с ни́ми   with them 10
Ни́на   Nina 1
ниско́лько   not at all, not in the least 24
ни́тка   thread 23
них (gen, acc, prep of они́) 7, 8, 10
   у них [есть]   they have 8
ничего́   nothing; all right 4, 6
но   but 1
новосе́лье   housewarming 33
но́вость (f)   news, novelty 13
но́вый   new 13
   что но́вого?   what's new? 13
нога́   leg, foot 16
нож   knife 5
ноль (or ну́ль) (m)   zero 35
но́мер   number, size; hotel room; issue 12, 27
   восьмо́й но́мер   size eight; room eight 27
норма́льный   normal 28
нос   nose 22
носи́льщик   porter 12
носи́ть   to carry, wear 15
носо́к, носка́   sock, short stocking 27
ночь (f)   night 11
   по ноча́м   nights 16
   споко́йной но́чи   good night 11
   но́чью   at night, during the night 11
ноя́брь (m)   November 21
нра́виться (II)   to like, please, appeal to 11, 16
ну   well, why 1
   ну, ка́к?   well, how about it? 11
   ну, что вы!   why, what do you mean! 6
   ну, что там!   whatever for! not at all! 9
ну́жен, нужна́, –о, –ы   necessary 8
   мне нужна́ ка́рта Евро́пы   I need a map of Europe 8
ну́ль (or ноль) (m)   zero 35
Нью-Йо́рк   New York 36

О о

о, об, обо (plus prep)   about, concerning 7, 22
о́!   oh! 12
о́ба, обо́их, обо́им, обо́ими (m, n)   both 22
о́бе, обе́их, обе́им, обе́ими (f)   both 22
обе́д   dinner; noon 5
   до обе́да   before noon 9
   по́сле обе́да   after noon, in the afternoon 9
обе́дать (I)   to dine; eat dinner 5
обезья́на   monkey 32
обеща́ть (I)   to promise 28
оби́деть (pfv II)   to offend, slight, hurt 29
оби́деться (pfv II)   to be offended, be slighted, be hurt 29
обижа́ть (I)   to offend, slight, hurt 29

обижа́ться (I)   to be offended, be slighted, be hurt 29

о́бласть (f)   region, sphere, province, field 29

обме́н   exchange 36

обо́их, обо́им, обо́ими (see о́ба both) 22

обра́доваться (pfv I)   to be glad, rejoice 32

о́браз   form, image 30

   гла́вным о́бразом   mainly, chiefly 30

   каки́м о́бразом   how, in what way 30

обрати́ться (pfv II)   to consult, turn to 16

обра́тно   back 24

обра́тный   return, reverse 24

обраща́ть (I)   to turn 33

   обраща́ть внима́ние (на plus acc)   to pay attention (to) 33

обраща́ться (I)   to consult, turn to 16

обслу́живание   service 24

   бюро́ обслу́живания   service bureau 24

обстано́вка   furnishings 26

общежи́тие   dormitory 4

о́бщий   general, overall, common 15

   в о́бщем   on the whole, all in all 35

объявле́ние   notice, announcement 13

объясни́ть (pfv II)   to explain 27

объясня́ть (I)   to explain 27

обы́чай   custom, tradition 33

обы́чно   usually 15

обы́чный   usual 15

обяза́тельно   for sure, without fail 20

о́вощи   vegetables 34

ого́нь, огня́ (m)   fire; light 35

огонёк, –нька́   small light 13

«Огонёк»   Ogonyok (magazine) 13

огро́мный   enormous, huge, vast 32

огурцы́ (pl of огуре́ц)   cucumbers 5

одева́ть (I)   to dress (someone) 27

одева́ться   to dress (oneself) 27

оде́жда   clothing 27

Оде́сса   Odessa 12

оде́сский   Odessa (adj) 31

оде́т, –а, –ы (ppp of оде́ть) 17

оде́ть, оде́нут (pfv I)   to dress (someone) 27

оде́ться, оде́нутся (pfv I)   to dress (oneself) 27

одея́ло   blanket 28

оди́н, одна́, одно́   one, a, one and the same; alone 6

одина́ковый   identical 27

оди́ннадцатый   eleventh 21

оди́ннадцать   eleven 19

одолжи́ть (pfv II)   to lend; to borrow 27

ожида́ние   waiting, wait, expectation 12

   за́л ожида́ния   waiting room 12

ожида́ть (I)   to expect, wait 8

о́зеро   lake 15

   о́зеро Ри́ца в Кавка́зских гора́х   Lake Ritsa in the Caucasus Mts. 26

оказа́ться, ока́жутся (pfv I)   to turn out to be, prove to be; to find oneself 19

океа́н   ocean 36

   пла́вать по океа́ну   to sail the ocean 36

окно́   window 5

о́коло (plus gen)   near, by, about 9

око́нчен, –а, –о, –ы   finished, over, done with 18

око́нчить (pfv II)   to finish, graduate from 18

око́шко   window 30

октя́брь (m)   October 21

Оле́г   Oleg 5

О́лин, –а, –о   Olya's 26

О́ля (var. of О́льга)   Olya 4

о́н   he, it 1

она́   she, it 1

они́   they 1

оно́   it 1

опа́здывать (I)   to come (or be) late 11

опозда́ть (pfv I)   to be late 11

опа́снее (compar of опа́сный)   more dangerous 23

опа́сный (опа́сен)   dangerous 23

о́пера   opera 10

   в Ленингра́дской о́пере   at the Leningrad opera 10

опи́санный (ppp of описа́ть)   described 34

описа́ть, опи́шут (pfv I)   to describe 34

опи́сывать (I)   to describe 34

определённый   definite, certain, sure 28

о́пыт   experience, experiment 28

опя́ть   again 5

ора́нжевый   orange (colored) 25

о́рден   order, medal, decoration 32

орке́стр   orchestra 33

Орло́в   Orlov (last name) 7

Орло́ва   Miss Orlov, Mrs. Orlov 7

освежи́ться (pfv II)   to refresh oneself 36

осе́нний, –яя, –ее   autumn (adj) 33

о́сень (f)   fall, autumn 2

   о́сенью   in fall, in autumn 11

   с о́сени   since fall, since autumn 2

О́сипов   Osipov (last name) 16

осма́тривать (I)   to sightsee; to look over, inspect, examine 31

осмотре́ть (pfv II)   to sightsee; to look over, examine, inspect 31

осно́ванный (ppp of основа́ть)   founded, established 35

основа́ть (pfv I)   to found, establish 35

осо́бенно   especially, particularly 18

осо́бенный   special, particular 18

остава́ться, остаю́тся (I)   to remain, be left 26g

оста́вить (pfv II)   to leave 7

   оста́вить в поко́е   to leave alone 34

остально́й   the rest, the remaining 26

остана́вливаться (I)   to stop, come to a stop; to stop over, stay 22

останови́ться (pfv II)   to stop, come to a stop; to stop over, stay 22

остано́вка   stop 22

оста́ться, оста́нутся (pfv I)   to remain, be left 17

осторо́жен, –жна, etc.   careful 16

осторо́жнее (compar of осторо́жный)   more careful 19

осторо́жный   careful 16

остроу́мный   witty, clever 31

о́стров   island 32

Остро́вский   Ostrovsky (writer) 30

о́стрый   sharp 31

от, ото (plus gen)   from, away from 9

отве́т   answer 13

отве́тить (pfv II)   to answer, reply 3

   отве́тить на вопро́с   to answer a question 33

отве́тственный   responsible 34

   отве́тственный рабо́тник   executive 34

отвеча́ть (I)   to answer, reply 3

отврати́тельный   repulsive, disgusting 32

отдава́ть, отдаю́т (I)   to give back, hand over, return; to pay 26g отда́ть, отдаду́т (pfv) (*like* да́ть) to give back, hand over, return; to pay 20

отда́ть в чи́стку to send out to be cleaned 24

отделе́ние department, branch, division, section; compartment 23

отде́льный separate, individual 26

отдохну́ть (pfv I) to rest 14

о́тдых rest, relaxation 34

отдыха́ть (I) to rest 14

отдыха́ющий vacationer 34

оте́ц, отца́ father 15

открове́нный frank, outspoken 34

открове́нно говоря́ frankly (speaking) 34

открыва́ть (I) to open 11

открыва́ться (I) to open, be opened 21g

откры́т, –а, –о, –ы open, opened 5

откры́тка post card 30

откры́ть, откро́ют (pfv I) to open 3, 7

отку́да from where 9

отли́чник "A" student 18

отли́чно excellent, excellently 7

отнести́ (pfv I) to take, bring, deliver; to take away 33

отодви́нуть (pfv I) to move aside, move back; to put off 29

отойти́, отойду́т (pfv I) to step back, come away, move off 29g

отплы́ть, отплыву́т (pfv I) to swim off, swim away, float away 29g

отпра́вить (pfv II) to send (forward), dispatch 30

отпра́виться (pfv II) to depart, leave, start out 19

отправля́ться (I) to depart, leave, start out 19

о́тпуск leave, vacation 31

отпусти́ть (pfv II) to let go, release 21

отстава́ть, отстаю́т (I) to lag behind, be slow 19

отсю́да from here, hence 15

отту́да from there, thence 15

отходи́ть (II) to depart, move off, step aside 29

о́тчество patronymic 11

Ка́к ва́ше и́мя [и] о́тчество? What are your first name and patronymic? 11

отъе́зд departure 36

отъезжа́ть (I) to drive off, depart (by vehicle) 29

отъе́хать, отъе́дут (pfv I) to drive off, depart, leave (by vehicle) 29

офо́рмлен, –а, –о (ppp of офо́рмить) registered, certified as official 24

офо́рмить (pfv II) to register, certify as official 24

офо́рмиться (pfv II) to be registered, be officially certified 24

оформля́ть (I) to register, certify as official 24

оформля́ться (I) to be registered, be officially certified 24

очеви́дно [it's] obvious, obviously 25

о́чень very, very much, really 4

о́чередь (f) line, turn 4, 30

о́черк sketch, essay, feature story 13

о́чи (*poetic for* глаза́) eyes 13

«О́чи чёрные» "Dark Eyes" (song) 13

оши́бка mistake, error 12

П п

павильо́н pavilion 32

Па́влович (patronymic, son of Па́вел) 2

па́дать (I) to fall, drop 22

па́лец, па́льца finger; toe 27

па́лка stick 17

пальто́ (indecl n) overcoat 23

па́мятник monument, memorial statue 31

па́мятник Пу́шкину на Пу́шкинском скве́ре и кино́ «Росси́я» memorial statue to Pushkin in Pushkin public garden and the movie theater "Russia" 11

па́мять (f) memory 32

на па́мять as a souvenir, as a keepsake 32

папиро́са cigarette (with hollow filter) 29

па́пка folder, cardboard case (for carrying documents) 19

па́ра pair, couple 29

па́ру ра́з a couple of times 29

паренёк, паренька́ lad, my boy 21

па́рень, па́рня (m) fellow, lad, boy 10

па́рк park 9

па́рк в Петродворце́ park at the Petrodvorets 20

парохо́д steamer, steamship 30

па́смурный cloudy, overcast 35

па́спорт passport 24

пассажи́р passenger 31

пассажи́рский passenger (adj) 31

па́чка pack, packet, package 29

певе́ц, певца́ singer (m) 13

певи́ца singer (f) 13

пединститу́т teachers college 18

пей, пе́йте (imper of пить) 13

пельме́ни (pl only) pelmeni, dumplings 34

пе́ние singing 1

уро́к пе́ния singing lesson 1

пе́рвый first 6

перебежа́ть (pfv) (*like* бежа́ть) to cross running, run across; to defect 30g

перева́ривать (I) to overcook; to boil too long 33g

перевари́ть (pfv II) to overcook; to boil too long 30g

перевезти́ (pfv I) to drive across, cross (driving) 30g

перевести́, переведу́т (pfv I) to take across, transfer; to translate 30

перевести́ де́ньги to remit money; to send a money order 30

перево́д translation 30

почто́вый перево́д postal money order 30

переводи́ть (II) to take across, transfer; to translate 30

переводи́ть на (*plus* acc) to translate into (another language) 30

переводи́ть с (*plus* gen) to translate from (another language) 30

перево́дчик translator, interpreter 30

перегна́ть, перего́нят (pfv II) to outdistance, surpass 20

перед, передо (*plus* instr) in front of, before 18

перед те́м как before, prior to 34

передава́ть, передаю́т (I) to broadcast, announce; hand over, pass 20

переда́ть, передаду́т (irreg pfv) (*like* да́ть) to pass, hand 18

передвига́ть (I) to shift, move across 26

передви́нуть (pfv I) to shift, move across 26

переде́лать (pfv I) to redo, do over 30g

переде́лывать (I) to redo, do over 33g

перее́хать, перее́дут (pfv I) to drive across; to run over; to move (to another residence) 26 пережи́ть, переживу́т (pfv I) to survive, live through 30g

переигра́ть (pfv I) to outplay; to play again 30g

перейти́, перейду́т (pfv 1) to go across, go over, to switch 14

перекрёсток, –тка crossing, crossroad(s) 29

перекупа́ться (pfv 1) to bathe too long 30g

перележа́ть (pfv) to lie around too long 30g

перели́ть, перелью́т (pfv I) to transfer by pouring; to pour too much 30g

переме́рить (pfv II) to remeasure; to try on 30g

перемы́ть, перемо́ют (pfv I) to rewash 30g

перенести́ (pfv I) to take across, transfer 30g; to endure, bear 36

переноси́ть (II) to take across, transfer; to endure, bear 36

перепакова́ть (pfv I) to repack 30g

перепако́вывать (I) to repack 33g

перепе́ть, перепою́т (pfv I) to outsing 30g

перепе́чься, перепеку́тся (pfv I) to be overbaked; to bake too long 30g

переписа́ть, перепи́шут (pfv I) to rewrite, recopy 30g

перепи́сывать (I) to rewrite, recopy 33g

перепи́ть, перепью́т (pfv I) to outdrink 30g

перепи́ться, перепью́тся (pfv I) to drink too much, get drunk 30g

переплати́ть (pfv II) to overpay 30g

переплы́ть, переплыву́т (pfv I) to cross by swimming, cross by boat 30g

переползти́ (pfv I) to crawl across 30g

перерасти́, перерасту́т (pfv I) to exceed in growth 30g

пересе́сть, переся́дут (pfv I) to transfer (from one vehicle to another); to change seats 31

пересла́ть, перешлю́т (pfv I) to send over; to forward; to remit 30g

пересма́тривать (I) to examine thoroughly, reexamine, look over again; to revise 33g

пересмотре́ть (pfv II) to examine thoroughly, reexamine, look over again; to revise 30g

переспо́рить (pfv II) to outargue, win an argument 30g, 36

переста́вить (pfv II) to shift over, transpose 30g

перестара́ться (pfv I) to try too hard, overdo a thing 30g

переста́ть, переста́нут (pfv I) to stop, cease 29

перестира́ть (pfv I) to relaunder, launder over again 30g

перестоя́ть (pfv II) to stand too long 30g

перестра́ивать (I) to rebuild, reconstruct 33g

перестро́ить (pfv II) to rebuild, reconstruct 30g

пересчита́ть (pfv I) to recount, count again 30g

переу́лок, –лка alley 23

переходи́ть (II) to go across, go over 14

перечи́стить (pfv II) to reclean 30g

перечита́ть (pfv I) to reread 30g

перешива́ть (I) to resew 33g

переши́ть, перешью́т (pfv I) to resew 30g

перо́ pen point, pen 6

перча́тка glove 28

пе́рья (pl of перо́) 7

пе́сня song 13

песо́к, песка́ sand 34

Пётр Pyotr (Peter) 9

Петро́в Petrov (last name) 11

Петро́ва Miss Petrov, Mrs. Petrov 7

Петро́вич (patronymic, son of Пётр) 11

Петро́вна (patronymic, daughter of Пётр) 9

пе́ть, пою́т (I) to sing 13

Пе́тя (var. of Пётр) Petya (Pete) 17

пече́нье cookies 17

пе́чь, пеку́т (I) to bake 17

пешко́м on foot 12

пи́во beer 19

пиджа́к jacket, suit-coat 23

пионе́р pioneer 32

пирамидо́н pyramidon (headache remedy) 28

пиро́г pirog 17

писа́тель (m) writer 33

писа́ть, пи́шут (I) to write 4, 7, 12

писа́ться, пи́шутся (I) to be written; to be spelled 21g

пи́сьменный writing, written 26

пи́сьменный сто́л desk, writing table 26

письмо́ letter; writing 1

пи́ть, пью́т (I) to drink 5, 12

пиши́те (imper of писа́ть) 4

пи́ща fare, food, diet 5

пла́вать (I) to swim, float, drift; to sail 20

пла́кать, пла́чут (I) to cry 33

пла́мя, пла́мени flame 35

пла́н plan, scheme, map (of city) 15, 34

пласти́нка record (phonograph) 13

плати́ть (II) to pay 12

плато́к, –тка́ handkerchief, kerchief 17

пла́тье dress 4

материа́л на пла́тье dress material 4

пла́щ raincoat 25

плечо́ shoulder 22

пло́хо poorly 1

плохо́й poor, bad 14

пло́щадь (f) square 23

плы́ть, плыву́т (I) to be swimming, be floating; to be sailing 20

плю́с plus 35

пля́ж beach 34

по (plus prep) after, on 36

по (plus dat) by, on, about, in, via, along, around, through 15

по-америка́нски [in] American style 27

по-англи́йски [in] English 6

по-ва́шему in your opinion, according to you; your way 27

побесе́довать (pfv I) to chat, have a talk 33

поби́ть, побью́т (pfv I) to beat 28g

побри́ться, побре́ются (pfv I) to shave 24

побыва́ть (pfv I) to visit, be (for a time) 31

побы́ть, побу́дут (pfv I) to be, spend some time 18

повезти́ (pfv I) to take, carry (by vehicle) 19; to be lucky 30

ему́ повезло́ he was lucky 30

пове́рить (pfv II) to believe 15

поверну́ть (pfv I) to turn, make a turn 23

поверну́ться (pfv I) to turn, turn around, be turned 26

повесели́ться (pfv II) to have fun, have a good time 33

повести́, поведу́т (pfv I) to take, lead, conduct 22

повсю́ду everywhere 31

повтори́ть (pfv II) to repeat 1

поговори́ть (pfv II) to have a talk, talk 11

погóда weather 14

погуля́ть (pfv I) to go for a walk, stroll 14

под, подо (plus instr or acc) under, underneath, beneath 17

подари́ть (pfv II) to give, make a present of 32

пода́рок, –рка present, gift 4

пода́ть, подаду́т (irreg pfv) (like да́ть) to give, serve, submit 9

подде́рживать (I) to keep up, maintain 36

подéлать (pfv I) to do 17

что́ ж поде́лаешь! it can't be helped! what can you do! 17

поделóм мнé serves me right 28

подéржанный secondhand 13

подкла́дка lining 21

подкрепи́ться (pfv II) to fortify oneself, refresh oneself 32

подмоскóвный suburban Moscow (adj) 36

поднима́ть (I) to raise, lift 28

поднима́ться (I) to rise, raise oneself 28

подня́ть, подни́мут (pfv I) to raise, lift 28

подня́ться, подни́мутся (pfv I) to rise, raise oneself 28

подожда́ть, подожду́т (pfv I) to wait (for awhile) 8

подозрева́ть (I) to suspect 28

подойти́, подойду́т (pfv I) to go up to, come over to, approach 7

подойди́(те) к телефóну! answer the phone! 7

подрóсток, –тка youngster, teenager 30

подру́га girl friend 13

подтя́гивать (I) to pull up, pull together 34

подтя́гиваться (I) to pull oneself up, brace oneself; to catch up 34

подтяну́ть (pfv I) to pull up, pull together, tighten up 34

подтяну́ться (pfv I) to pull oneself up, brace oneself; to catch up 34

поду́мать (pfv I) to think 7

поду́шка pillow 28

подходи́ть (II) to approach; to be suitable, fit 27

подходя́щий suitable, fitting 26

пóезд train 12

пое́здить, пое́здят (pfv II) to do some riding 18

пое́здка trip, outing 35

поезжа́й! поезжа́йте! drive! ride! go! 12

пое́м, пое́шь, пое́ст, поеди́м, поеди́те, поедя́т (fut of пое́сть to eat) 20

пое́сть, поедя́т (irreg pfv) to eat 20

пое́хать, пое́дут (pfv I) to go (by vehicle) 12

пожа́ловаться (pfv I) to complain 31

пожени́ться (pfv II) to get married 26

пожива́ть (I) to get along 35

Ка́к вы поживáете? How are you (getting along)? 35

пожа́луй perhaps, that's an idea, I wouldn't mind 14

пожа́луйста please; don't mention it; you first 1

пожи́ть, поживу́т (pfv I) to stay, live (for a time) 18

позабóтиться (pfv II) to look after, see to it 25

поза́втракать (pfv I) to have breakfast (or lunch) 19

позади́ (plus gen) behind, in back 31

позанима́ться (pfv I) to study 18

позва́ть, позову́т (pfv I) to call for, summon 24

позвони́ть (pfv II) to call, telephone 7

пóздно late 3

поздравля́ть (I) to congratulate 35

поздравля́ю ва́с (с plus instr) congratulations (on) 35

пóзже later, later on 16

познакóмить (pfv II) to introduce 10

познакóмиться (pfv II) to meet, to be introduced 6

поигра́ть (pfv I) to play (for a while) 18

поиска́ть, пои́щут (pfv I) to look for 18, 28g

пóй, пóйте (imper of пе́ть) 15

пойдём let's go 10

пойма́ть (pfv I) to catch 20

пойти́, пойду́т (pfv I) to go (on foot) 3, 6

пока́ so long; while, meanwhile, as long as; for the present 6, 30

пока́ не (plus pfv verb) until 28

пока́ что in the meantime, meanwhile 26

показа́ть, пока́жут (pfv I) to show 15

пока́зывать (I) to show 15

поката́ть (pfv I) to take for a ride 21g

поката́ться (pfv I) to go for a ride 21g

покóй rest, peace 34

оста́вить в покóе to leave alone 34

покупа́ть (I) to buy 4

пóл floor 19

пол- (полу-) half 28

полбуты́лки half a bottle 28

полвосьмóго half past seven 24

полгóда half a year, six months 28

пóлдень (gen sg полу́дня) noon, midday 29g

пóле field 15

полежа́ть (pfv II) to lie down (for awhile) 18

полéзный useful 35

полетéть (pfv II) to fly 18

ползти́, ползу́т (I) to be crawling; to be creeping 17

полива́ть (I) to pour; to water 33g

поликли́ника out-patient clinic 28

поли́ть, полью́т (pfv I) to begin to pour, come pouring down; to water 25

пóлка shelf, bookcase 6

пóлночь (gen sg полу́ночи) midnight 29g

пóлный full, complete 20

пóлное собра́ние сочинéний the complete works, the complete writings 20

полови́на half 24

положéние position, situation 29

положи́ть (pfv II) to put, lay 12

полотéнце towel 25

мохна́тое полотéнце bath towel, Turkish towel 25

полтора́ (m, n) one and a half 28

полтора́ста one hundred and fifty 35

полторы́ (f) one and a half 28

получа́ть (I) to receive; obtain, get 26

получи́ть (pfv II) to receive, get 9

полчаса́ half an hour 16

полюби́ть (pfv II) to become fond of, grow to like 28g

пóльзоваться (I) to use 24

помаха́ть, пома́шут (pfv I) to wave 29

помечта́ть (pfv I) to dream 28g

помеша́ть (pfv I) to bother, interfere 28g

помещéние place, quarters, premises 32

помидóр tomato 25

поми́н: лёгок на поми́не speak of the devil 22

помира́ть (I) to die 31

помира́ть сó смеху to die laughing 31

по́мнить (II) to remember 11

по́мнится (as introductory word) I remember, I seem to recall 31

помога́ть (I) to help 16

по-мо́ему in my opinion, I think 7

помо́чь, помо́гут (pfv I) to help 16

помо́щник assistant, aide 18

помы́ть, помо́ют (pfv I) to wash 25

помы́ться, помо́ются (pfv I) to wash oneself 25

понеде́льник Monday 10

понести́ (pfv I) to take, carry 22

понима́ние understanding, grasp 11

понима́ть (I) to understand 3

понра́виться (pfv II) to like 11, 16

поня́тие idea, notion, concept 33

поня́ть, пойму́т (pfv I) to understand 28

пообе́дать (pfv I) to eat dinner 5

попа́сть, попаду́т (pfv I) to get in, get to, make it to; to hit; to fall 31

поплы́ть, поплыву́т (pfv I) to set out swimming (or sailing) 20

пополне́ть (pfv I) to put on weight 34

попра́виться (pfv II) to recover, get well, improve 28

поправля́ться (I) to recover, get well, improve 28

попро́бовать (pfv I) to try; to taste 30

попроси́ть (pfv II) to ask, request 7

популя́рный (популя́рен) popular 33

попу́тчик traveling companion, fellow traveler 12

пора́ time, it's time 6

    до тех по́р until then, before that time 28

    с каки́х пор since when, how long 25

    с тех пор since then, since that time 22

порабо́тать (pfv I) to work (a bit) 18

поро́к vice, defect 33

    бе́дность не поро́к poverty is no crime 33

по́ртить (II) to spoil, ruin 22

портре́т portrait, likeness 30

портфе́ль (m) briefcase 4

по-ру́сски [in] Russian 6

по́рция portion, helping 29

поря́док, -дка order, arrangement 6, 15

    всё в поря́дке everything's O.K. 6

посади́ть (pfv II) to plant; to place, put; to seat 34

посереди́не in the center, in the middle 35

посети́тель (m) visitor 32

посиде́ть (pfv II) to sit (for awhile) 18

посла́ть, пошлю́т (pfv I) to send 1, 12

по́сле (plus gen) after 8

    по́сле того́ как after 25

после́дний, -яя, -ее last, latest 13

послеза́втра day after tomorrow 10

послу́шать (pfv I) to listen (to) 13

послу́шаться (pfv I) to listen to, obey 28

посмотре́ть (pfv II) to take a look 4

посове́товать, -уют (pfv I) to advise 13

посо́льство embassy 13

поспа́ть, поспя́т (pfv II) to sleep (for awhile) 18

поспо́рить (pfv II) to argue; to bet 20

поста́вить (pfv II) to put (in a standing position) 19

постара́ться (pfv I) to try 24

посте́ль (f) bed 28

постира́ть (pfv I) to do the wash 18

постоя́ть (pfv II) to stand (for awhile) 18

постро́ить (pfv II) to build 15

поступа́ть (I) to enroll, enter; behave 3

поступи́ть (pfv II) to enroll, enter; behave 18

постуча́ть (pfv II) to knock 18

посу́да dishes 26

посыла́ть (I) to send 19

посы́лка package, parcel 23

потанцева́ть, -у́ют (pfv I) to dance (for awhile) 18

потеря́ть (pfv I) to lose 17

пото́лще a little thicker; as thick as possible 23

пото́м afterward, later on, then 18

потому́ что because 22

потуши́ть (pfv II) to extinguish, put out 29

поу́жинать (pfv I) to have supper 24

походи́ть (pfv II) to walk (a bit) 18

похо́жий resembling, similar, like 21

    бы́ть похо́жим на (plus acc) to resemble, look like 21

похуде́ть (pfv I) to grow thin, lose weight 34

поча́ще a bit more often; as often as possible 36

почему́? why? 10

почему́-то for some reason 19

почи́стить (pfv II) to clean 24

по́чта post office, mail 1

почта́мт post office 30

почти́ almost 6

почто́вый postal, post (adj) 30

    почто́вый я́щик mailbox, letter box 30

почу́вствовать (pfv I) to begin to feel 36

пошёл, пошла́, etc. (past of пойти́) 8, 15

пошли́! let's go! 6

пошути́ть (pfv II) to joke 19

поэ́т poet 35

поэ́тому therefore, for that reason 28

пою́, поёшь, etc. (pres of петь) 15

по́яс belt 27

прав, -а́, -о, -ы right 16

пра́вда truth; that's true, isn't it, isn't that so 4, 6

    «Пра́вда» Pravda (newspaper) 13

пра́вило rule, regulation 23

пра́вильно right, that's right 3

пра́вильный correct, right 19

прави́тельство government 29

правле́ние колхо́за kolkhoz office 35

    правле́ние и клуб колхо́за «Ту́ндра» в се́верной Сиби́ри office and club of the "Tundra" kolkhoz in northern Siberia 35

пра́здник holiday 31

пра́ктика practice, practical experience 18

превосхо́днейший absolutely perfect, magnificent 34

превосхо́дный excellent, superb, perfect 34

предлага́ть (I) to suggest, propose, offer 14

предложи́ть (pfv II) to suggest, propose, offer 9

предме́т subject, topic 36

предпоче́сть, предпочту́т (pfv I) to prefer 29

предпочита́ть (I) to prefer 29

предсказа́ние prediction, forecast 20

предста́вить (pfv II) to present, introduce 16

    предста́вить себе́ to imagine 16

представля́ть (I) to present, introduce 15

    представля́ть себе́ to imagine 15

предъяви́ть (pfv II) to produce, show 30

прекра́сно fine, excellent, splendid 12

преподава́тель (m) instructor, teacher 18

преподава́ть, преподаю́т (I) to instruct, teach 18

приве́т greetings! regards! hi! 1

при (*plus* prep)   in the presence of, in front of; during, under; connected with, attached to 33

при чём тут (*plus* nom)   what has . . . got to do with it 34

приблизи́тельно   approximately 24

привезти́ (pfv I)   to bring, deliver (by vehicle) 33g

привести́, приведу́т (pfv I)   to bring to, lead to, take to 22

приводи́ть (II)   to bring to, lead to, take to 22

привы́к, –ла (past of привы́кнуть) 14

привы́кнуть (pfv I)   to get used to 14

привы́чка   habit 14

пригласи́ть (pfv II)   to invite 15

приглаша́ть (I)   to invite 15

пригоди́ться (pfv II)   to be useful, come in handy 33

приго́товить (pfv II)   to prepare, make ready, fix; to cook 25

прие́зд   arrival (by vehicle) 36

прие́хать, прие́дут (pfv I)   to arrive (by vehicle) 12

признава́ться, признаю́тся (I)   to confess, admit 28

призна́ться, призна́ются (pfv I)   to confess, admit 28

призна́ться (as introductory word)   I must confess, to tell the truth 19

прийти́, приду́т (pfv I)   to come, arrive (on foot) 14

прийти́сь (pfv I)   to have to, to be forced to 17

прикури́ть (pfv II)   to get a light (from another cigarette) 29

приме́рить (pfv II)   to try on 27

примеря́ть (I)   to try on 27

принести́, принесу́т (pfv I)   to bring (on foot) 8

принима́ть (I)   to accept, take 23

приноси́ть (II)   to bring (on foot) 13

приня́ть, при́мут (pfv I)   to accept, take 23

приходи́ть (II)   to come, arrive (on foot) 14

приходи́ться (II)   to have to 26

пришёл, пришла́, etc. (past of прийти́)   came, arrived 15

пришива́ть (I)   to sew on 23

приши́ть, пришью́т (pfv I)   to sew on 23

пришло́сь (past of прийти́сь) 17

прия́тель (m)   friend 27

прия́тно   pleased; [it's] nice 6

прия́тный   pleasant, nice, agreeable 19

про (*plus* acc)   about, concerning 27

пробежа́ть (irreg pfv) (*like* бежа́ть)   to run past, run through 31g

проби́ть, пробью́т (pfv I)   to pierce, break through 31g

про́бовать (I)   to try 30

пробы́ть, пробу́дут (pfv I)   to stay, spend some time 24

прове́рить (pfv II)   to check, verify 19

провести́, проведу́т (pfv I)   to take through (*or* past), lead through (*or* past); to pass, spend (time) 31

провести́ о́тпуск   to spend one's vacation 31

прове́триться (pfv II)   to get some fresh air; take an airing 28

проводни́к   conductor, guide 12

провожа́ть (I)   to accompany, see off 19

проговори́ть (pfv II)   to spend some time talking; to pronounce 31g

проголода́ться (pfv I)   to feel hungry, get hungry, be starved 32

програ́мма   program, itinerary 31

продава́ть, продаю́т (I)   to sell 13

продавщи́ца   saleslady 8

прода́жа   sale, selling 8

прода́жа кни́г на Невском проспе́кте в Ленингра́де   selling [of] books on the Nevsky Prospect in Leningrad 8

прода́жа грибо́в на ленингра́дском база́ре   selling [of] mushrooms at the Leningrad market 17

про́дан, –а́, –о, (ppp of прода́ть)   sold 30

прода́ть, продаду́т (irreg pfv)   to sell 30

продвига́ться (I)   to move forward, advance, push on 31

продли́ться (pfv II)   to last, continue, draw out 28

продолжа́ть (I)   to continue, keep on 16

продолжа́ться (I)   to continue, last, go on 28g

проду́кт   product, produce; (pl) food, groceries 21

прое́хать, прое́дут (pfv I)   to drive through, pass through (by vehicle) 31g

прожда́ть, прождут́ (pfv I)   to wait through, spend time waiting 31g

прожéчь, прожгу́т (pfv I)   to burn (a hole) through 31g

прозанима́ться (pfv I)   to study through, spend time studying 31g

проигра́ть (pfv I)   to lose (gambling); to play through to the end 20, 31g

прои́грыватель (m)   record player 13

прои́грывать (I)   to lose (gambling); to play through to the end 33g

произво́дство   production, manufacture 18

рабо́тать на произво́дстве   to work in a factory 18

происше́ствие   happening, occurrence, accident, event, incident 13

пройти́, пройду́т (pfv I)   to pass, go by 6

пролежа́ть (pfv II)   to spend time lying down; to lie down through 31g

пролете́ть (pfv II)   to fly through (*or* past) 31g

промочи́ть (pfv II)   to soak through 31g

промы́шленность (f)   industry 32

промы́шленный   industrial 32

пропада́ть (I)   to be lost, be missing, disappear 34

Где ты пропада́л?   Where have you been keeping yourself? 34

пропа́сть, пропаду́т (pfv I)   to be lost; to perish 18

пропива́ть (I)   to squander on drink, drink away 33g

прописа́ть, пропи́шут (pfv I)   to prescribe; to register 28

пропи́ть, пропью́т (pfv I)   to squander on drink, drink away 31g

проплы́ть, проплыву́т (pfv I)   to swim (*or* sail) past 31g

проползти́ (pfv I)   to crawl past, crawl through 31g

про́пуск   pass, entry permit 13

прораба́тывать (I)   to work through 33g

прорабо́тать (pfv I)   to work through, spend some time working 31g

просиде́ть (pfv II)   to sit through 31g

проси́ть (II)   to request, ask for 12

прослу́шать (pfv I)   to listen through 31g

прослу́шивать (I)   to listen through 33g

просну́ться (pfv I)   to wake up 18

проспа́ть (pfv II)   to oversleep, sleep through 31g

проспо́рить (pfv II)   to lose a bet 31g

прости́ть (pfv II)   to excuse, forgive 36

про́сто   just, simply 13

простóй simple 13

простóрный spacious, roomy 26

простоя́ть (pfv II) to stand through, spend some time standing 31g

просту́да cold 28

простуди́ться (pfv II) to catch a cold 27

просту́жен, –а, –о sick with a cold 27

    Óн си́льно просту́жен. He has a bad cold. 27

простыня́ sheet 28

просыпа́ться (I) to wake up 18

прóсьба request, favor 9

протанцева́ть (pfv I) to spend some time dancing 31g

прóтив (*plus* gen) opposite, across from, against 6

протокóл official record, report of proceedings, minutes 21

профессионáльный professional 27

профéссия profession, calling 18

профéссор professor 7

прохлáдный cool, fresh, chilly 25

проходи́ть (II) to pass, go by 9

прочéсть, прочту́т (pfv I) to read (through), finish reading 33

прочитáть (pfv I) to read (through), finish reading 13

прóчь away, off, be off! 19

    Я́ не прóчь. I don't mind *or* I don't object. 19

прошёл, прошлá, etc. (past of пройти́) 6

проши́ть, прошью́т (pfv I) to sew through, stitch 31g

прóшлое the past 18

прóшлый past, last 18

    на прóшлой недéле last week 18

прощáй, прощáйте good-bye, farewell 18

прощáльный farewell (adj) 18

прощáние farewell, parting 36

прощáться (I) to say good-bye, part 36

прóще (compar of простóй) simpler 23g

пры́гать (I) to jump, leap 20

пры́гнуть (pfv I) to jump, leap 20

пря́мо straight, straight ahead, directly; just, simply 12, 20

пря́тать, пря́чут (I) to hide, conceal 19

пря́таться (I) to hide oneself, be hidden 21g

пти́ца bird 22

пу́блика audience, public 31

пугáть (I) to frighten, scare 22

пу́говица button 23

пускáть (I) to allow, let; to let in 32

пусти́ть (pfv II) to allow, let; to let in; to start, open 32

пустóй empty 20

пусты́ня desert 34

пу́сть let! have! 17, 27

путеводи́тель (m) guidebook 32

путешéствие journey, voyage 36

путёвка travel pass, travel permit 34

пу́ть (irreg m) way, route, path 23

пьéса play 31

пья́ный drunk 23

пя́теро (group of) five 27

пятидеся́тый fiftieth 21

пятилéтка five-year plan 29

пятисóтый five-hundredth 36

пятнáдцатый fifteenth 21

пятнáдцать fifteen 19

пя́тница Friday 10

пятнó spot, stain, blot 25

пя́тый fifth 12

пя́ть five 10

пятьдеся́т fifty 15

пятьсóт five hundred 32

Р р

рабóта work, written paper 7

рабóтать to work 2

рабóтник worker 34

    отвéтственный рабóтник executive 34

рабóтница worker, maid, servant (f) 34

рабóчий worker 18

    простóй рабóчий unskilled worker 18

рáд, –а, –ы glad 2, 3

рáди (*plus* gen) for the sake of 34

рáдио (indecl n) radio 13

рáдоваться (I) to rejoice, be glad 32

рáз occasion, time; once 5

    как рáз just, it just happens 5

    на э́тот рáз this time 10

разбежáться (irreg pfv) (*like* бежáть) to run (in different directions) 31g

разбивáть (I) to break, smash 33g

разби́ть, разобью́т (pfv I) to break, smash; to hurt badly 22

разби́ться, разобью́тся (pfv I) to be smashed, be broken; to be smashed up; to be badly hurt 22

разбуди́ть (pfv II) to awaken (someone) 24

рáзве really; is it possible! 8

    рáзве что unless maybe 11

развесели́ться (pfv II) to cheer up 36

разговáривать (I) to converse, talk 27

разговóр conversation 4

раздевáлка dressing room 25

раздевáться (I) to undress; to take off one's coat 28

раздéться, раздéнутся (pfv I) to undress; to take off one's coat 28

разду́мать (pfv I) to change one's mind 36

разливáть (I) to spill; to pour out 33g

разли́ть, разолью́т (pfv I) to spill; to pour out 25

разлюби́ть (pfv II) to fall out of love, stop loving 31g

разменя́ть (pfv I) to change, give change for 31

размéр size, dimension, measure 27

рáзница difference 27

    Какáя рáзница? What's the difference? 27

    В чём рáзница? What's the difference? 27

рáзный different, various, diverse 27

разобрáть, разберу́т (pfv I) to take apart, analyze, sort out 31g

разойти́сь, разойду́тся (pfv I) to go off (in different directions) 31g

разрешéние permission, permit 15

разреши́ть (pfv II) to permit, allow 12

разучи́ться (pfv II) to unlearn, forget how 31g

разъéзд departure 24

    в разъéзде departed, out, on the move 24

разъéхаться, разъéдутся (pfv I) to drive off (in different directions) 31g

райóн district, region 34

рáнний, –яя, –ее early 36

рáно early 3

ра́ньше   earlier, before 16

раскры́ть, раскро́ют (pfv I)   to open up wide, expose 31g

расписа́ние   schedule, timetable 19

расплати́ться (pfv II)   to pay up, settle accounts 31g

распоряже́ние   disposal, instruction, order 24

распро́дан, –а, –о, –ы   sold out 13

рассерди́ть (pfv II)   to anger (someone), make angry 21g

рассерди́ться (pfv II)   to become angry, get mad 16

рассе́янный   absent-minded; scattered 28

расска́з   story

рассказа́ть, расска́жут (pfv I)   to tell, narrate, recount, relate 34

расска́зывать (I)   to tell, narrate, recount, relate 34

расслы́шать (pfv II)   to make out, catch what is said 31g

рассма́тривать (I)   to examine thoroughly, scrutinize 33g

рассмотре́ть (pfv II)   to examine thoroughly, scrutinize 31g

расстава́ться, расстаю́тся (I)   to part (with) 22

расста́ться, раста́нутся (pfv I)   to part (with) 22

расстоя́ние   distance 35

рассчи́тывать (I)   to count on; to calculate 26

растеря́ться (pfv I)   to lose one's head, be lost, become confused 31g

расти́, расту́т (I)   to grow 17

ребёнок, –нка   baby, child 17

ребя́та   kids, fellows, guys 5

револю́ция   revolution 34

до са́мой револю́ции   right up to the revolution 34

регистра́тор   desk clerk, registering clerk, registrar 24

ре́дко   rarely, seldom 3

редча́йший   the rarest 34

ре́же (compar of ре́дкий, ре́дко)   rarer, more rarely 23g

результа́т   result 7

река́   river 20

рекомендова́ть (I)   to recommend, advise 28

рекла́ма   advertisement, publicity 13

ре́ктор   chancellor, president 6

ремо́нт   repair, reconditioning 25

рестора́н   restaurant 9

рестора́н гости́ницы «Ленингра́дская» в Москве́   Leningrad Hotel restaurant in Moscow 18

реце́пт   prescription; recipe 16

реши́ть (pfv II)   to decide, solve 18

ро́вно   even, exactly, sharp (on the hour) 19

ро́вный   smooth, even, equal 19

роди́тели   parents 15

роди́ться (pfv II)   to be born 21

родны́е   close relatives, one's own people 19

ро́дственник   relative, relation 19

ро́дственница   relative, relation (f) 19

рожде́ние   birth 4

день рожде́ния   birthday 4

Рождество́   Christmas 36

рома́н   novel 10

рома́нс   love song 13

ро́с, росла́, etc. (irreg past of расти́) 17

Росси́я   Russia 30

ро́ст   height, stature, growth 26

ро́т, рта́   mouth 25

роя́ль (m)   piano 36

игра́ть на роя́ле   to play the piano 36

руба́шка   shirt, slip 17

ру́бль (m)   ruble 12

рука́   hand, arm 17

ру́сский   Russian 6

ру́чка   penholder, pen 6

ры́ба   fish 5

ры́нок, ры́нка   market 35

ры́нок в Самарка́нде   market at Samarkand 34

ры́ть, ро́ют (I)   to dig, mine 35

ря́д   row, series, rank 36

ря́дом   close by, next to each other 19

ря́дом с (plus instr)   next to, alongside 19

С с

с, со (plus gen)   since, from 2, 9

с мину́ты на мину́ту   any minute now 25

с, со (plus instr)   with, together with 3, 10, 17

с не́й   with her 10

с ни́м   with him 10

с ни́ми   with them 10

са́д   garden, orchard 22

сади́ться (II)   to sit down 14

сади́ться (or се́сть) в авто́бус   to get on the bus, board the bus 25

сади́ться (or се́сть) на авто́бус   to take a bus, catch a bus 25

сала́т   salad, lettuce 34

салфе́тка   napkin 18

са́м, –а́, –о́, са́ми   oneself (myself, yourself, etc.) 15

самова́р   samovar 33

самолёт   airplane 19

са́мый   the most, the very 23

то́ же са́мое   the same thing 25

в са́мом де́ле   indeed 19

санато́рий   sanatorium 34

са́ни (pl only)   sleigh 35

сати́ра   satire 31

са́хар   sugar 17

Са́ша (var. of Алекса́ндр, –дра)   Sasha (Sandy) 4

сбе́гать (pfv I)   to run to (and back), make a quick round trip 28, 32g

сбежа́ть (irreg pfv) (like бежа́ть)   to run down, descend running 32g

сбежа́ться (irreg pfv) (like бежа́ть)   to converge running, come together running 32g

сбива́ть (I)   to knock down 33g

сби́ть, собью́т (pfv I)   to knock down, knock off 21

сбо́р   gathering, assembly 18

в сбо́ре   together, present 18

сбро́сить (pfv II)   to throw off, drop, shed 34

сва́дьба   wedding 26

свари́ть (pfv II)   to cook (by boiling) 17

све́жий   fresh 14

свежо́   cool, chilly, fresh 14

свезти́ (pfv I)   to drive down; to take down; to bring together (by vehicle) 32g

сверну́ть (pfv I)   to turn 22

сверну́ть в сто́рону   to turn aside, turn to the side 22

свести́, сведу́т (pfv I)   to lead down, take down; to bring together (leading) 32g

све́т   light, world 26

Све́та (var. of Светла́на)   Sveta 22

све́тлый   light, bright 26
свети́ть (II)   to shine 35
свини́на   pork 34
сви́нство   swinishness; dirty trick 33
свинья́   pig 32
свобо́да   freedom, liberty 18
свобо́дно   freely, fluently 16
свобо́дный   free, unoccupied 14
свой   one's own (my own, your own, etc.) 7
связа́ться, свя́жутся (pfv I)   to get in touch with, contact 36
свя́зь (f)   contact, connection, communication 30
   свя́зь нала́жена   communication is established 36
сговори́ться (pfv II)   to come to an agreement 32g
сгоре́ть (pfv II)   to burn down 35
сдава́ться, сдаю́тся (I)   to be for rent; to surrender 26
сда́ча   change (money); surrender 29
сде́лан, –а, –о (ppp of сде́лать)   done, made 29
сде́лать (pfv I)   to do, get done 9, 11
сдружи́ться (pfv II)   to become friends 36
себя́   oneself (refl pers pron) 9
   у себя́   in one's room (or office) 9
се́вер   north 22
   Се́верная Аме́рика   North America 30
се́верный   north, northern 30
сего́дня   today 5
сего́дняшний, –яя, –ее   today's 33
седьмо́й   seventh 21
сейча́с   now, right away 6
секрета́рь (m)   secretary 9
селёдка   herring 5
село́   village 15
Семён   Semyon (Simon) 2
Семёнов   Semyonov (last name) 8
се́меро   (group of) seven 27
семидеся́тый   seventieth 21
семиле́тка   seven-year plan 29
семисо́тый   seven-hundredth 36
семна́дцатый   seventeenth 21
семна́дцать   seventeen 19
семь   seven 10
се́мьдесят   seventy 21
семьсо́т   seven hundred 32
семья́   family 15
сентя́брь (m)   September 21
Серге́й   Sergey 16
серди́ться (II)   to be angry, be mad 16
се́рдце   heart 36
середи́на   middle 35
се́рия   series 30
се́рый   gray 26
серьёзный   serious 18
сестра́   sister 6
сесть, ся́дут (pfv I)   to sit (down) 25
сиби́рский   Siberian 35
Сиби́рь (f)   Siberia 35
сигаре́та   cigarette 29
сиде́нье   seat 19
сиде́ть, сидя́т (II)   to sit, be sitting 10
   сиде́ть до́ма   to stay home 10
си́дя   sitting, while sitting 35
си́ла   strength, force 35
си́льный   strong 27
   Он си́льно просту́жен.   He has a bad cold. 27

симпати́чный   nice, likable 16
си́ний, –яя, –ее   dark blue 13
си́тцевый   cotton print, calico 33
скажи́те (imper of сказа́ть) 1
сказа́вший (prap of сказа́ть)   he who said 35
ска́зан (ppp of сказа́ть)   said 32
сказа́ть, ска́жут (pfv I)   to say, tell 12
скаме́йка   bench 29
ска́терть (f)   tablecloth 25
сквер   public garden, small park 29
ско́лько   how much, how many 10
   во ско́лько   at what time 10
ско́лько лет (plus dat)   how old 22
   Ско́лько вам лет?   How old are you? 22
ско́рбный   sorrowful 35
скоре́е, скоре́й   quick, hurry up; sooner, faster 17
ско́ро   soon 11
скри́пка   violin 36
   игра́ть на скри́пке   to play the violin 36
скуча́ть (I)   to be bored; to be lonely 36
ску́чно   dull, boring 3
слабе́е   weaker, more feeble 23
сла́бость (f)   weakness 28
   У меня́ така́я сла́бость.   I feel so weak. 28
сла́бый   weak, feeble 23
сла́ва   glory, fame 21
   сла́ва Бо́гу!   thank goodness! 21
сла́дкий   sweet 29
сла́дкое (as noun)   dessert 29
сладча́йший   the sweetest 34g
сле́довать (I)   to follow 36
сле́дующий   next 8
   на сле́дующей неде́ле   next week 8
слета́ть (pfv I)   to make a flying round trip 32g
слете́ть (pfv II)   to fly down, descend flying 32g
слете́ться (pfv II)   to converge flying, come together flying 32g
сли́ва   plum, plum tree 32
сли́вки (pl only)   cream 29
сли́вочный   cream (adj), creamy; vanilla 29
слить, солью́т (pfv I)   to combine by pouring 32g
сли́шком   too, too much 18
слова́рь (m)   dictionary, vocabulary 8
словечко (var. of сло́во) 9
   замо́лвите за меня́ слове́чко!   put in a good word for me! 9
сло́во   word 9
сло́жный   complicated, intricate, complex 30
слома́ть (pfv I)   to break 16
слома́ться (pfv I)   to be broken, get broken 28g
слон   elephant 32
слу́жащий   employee, clerk 30
слу́жба   job, service, work 4
служи́ть (II)   to work, serve 30
слу́чай   case, occasion, incident, event, chance 16
   во вся́ком слу́чае   in any case, in any event 16
случи́ться (pfv II)   to happen 16
слу́шать (I)   to listen 7
слу́шаться (I)   to listen to, obey, mind 28
слу́шаю   hello (on telephone) 7
слыха́л (= слы́шал)   heard 27
слы́шать (II)   to hear 2
смех   laughter 31
   помира́ть со́ смеху   to die laughing, split one's sides laughing 31
смешно́й   funny, ridiculous 32

смея́ться (I) to laugh 32
  смея́ться над (*plus* instr) to laugh at 32
смогу́, смо́жешь, etc. (fut of смочь) 7
смотре́ть (II) to look, see 5
смотря́ (verbal adverb) looking, while looking 35
смотря́ како́й (*or* смотря́ ка́к) depending on, it depends on 33
смочь, смо́гут (pfv I) to be able, can 7
смы́ть, смо́ют (pfv I) to wash off 32g
снару́жи outside, from outside 31
снача́ла at first, from the beginning, at the beginning 25
снег snow 20
  идёт снег it's snowing 20
  шёл снег it snowed 20
сне́жный snowy 35
снести́ (pfv I) to carry down; to bring together (by carrying) 32g
снима́ть (I) to take off, take a picture 15
сни́мок, –мка snapshot, photo 15
снять, сни́мут (pfv I) to take off, remove; to take down, take (a picture); to rent 25
соба́ка dog 32
собира́ть (I) to collect, gather 21g
собира́ться (I) to assemble, gather; to plan 18
собо́р cathedral 31
собра́ние meeting, gathering, collection 1
собра́ть, соберу́т (pfv I) to collect, gather; to pick 21g, 32g
собра́ться, соберу́тся (pfv I) to assemble, gather, get together 32g
со́бственный own, personal 28
соверше́нный perfect, absolute 24
  соверше́нно ве́рно quite right 24
сове́т advice, council; soviet 28
сове́товать (I) to advise 13
Сове́тский Сою́з Soviet Union 24
совреме́нный contemporary, modern 36
совсе́м completely, quite, altogether 7
совхо́з State farm 15
  совхо́з в Краснода́рском кра́е a State farm in the Krasnodarsk region 15
согла́сен, –сна, etc. agreed, agreeable 14
сожале́ние regret, pity 24
  к сожале́нию unfortunately 24
созва́ть, созову́т (pfv I) to call together, convene 32g
созвони́ться (pfv II) to get together by phone 32g
сойти́, сойду́т (pfv I) to go off, get off, come down, go down 16
сойти́ с ума́ to be out of one's mind; to go crazy 16
  вы с ума́ сошли́! you're out of your mind! 16
сойти́сь, сойду́тся (pfv I) to come together, converge 32g
сок juice 25
со́лнце sun 20
соль (f) salt 20
соляно́й salt (adj) 35
сомнева́ться (I) to doubt 22
Со́ня (var. of Со́фья) Sonya 34
сообща́ть (I) to inform, let know, report 24
сообщи́ть (pfv II) to inform, let know, report 24
соревнова́ние competition, contest, meet 22
со́рок forty 19
сороково́й fortieth 21
сосе́д neighbor (m) 15

сосе́дка neighbor (f) 15
сосе́дкин, –а, –о the neighbor lady's 27g
сосе́дний, –яя, –ее neighboring, next 15
сосла́ть, сошлю́т (pfv I) to exile, deport, banish 35
соста́вить (pfv II) to compile, draw up, put together 21
со́тня a hundred 35
со́тый hundredth 21
со́ус sauce, gravy 34
сочине́ние composition 7
сочу́вствовать (I) to sympathize with 36
спа́льня bedroom 34
спаси́бо thanks, thank you 2
  большо́е спаси́бо thanks very much 9
спать, спят (II) to sleep, be asleep 12, 13
спеть, спою́т (pfv I) to sing 28g
специали́ст specialist 16
специа́льный special 24
спечь, спеку́т (pfv I) to bake 28g
спеши́ть (II) to hurry 2
спе́шка hurry, rush, hurrying 25
списа́ться, спишу́тся (pfv I) to arrange by correspondence 32g
спи́чка match 29
сплю́, спи́шь, спи́т, etc. (pres of спать) 12, 13
споко́йно quietly, calmly, in peace 24
споко́йный calm, quiet 11
  споко́йной но́чи good night 11
сползти́ (pfv I) to crawl down 32g
сползти́сь (pfv I) to come crawling together 32g
спо́рить (II) to argue, bet 20
спорт sport, sports 22
спо́соб method, device, way 34
спосо́бный capable, clever, gifted 26
спра́вочный information (adj) 19
  спра́вочное бюро́ information desk 19
спра́шивать (I) to ask (a question), inquire 8
спроси́ть (pfv II) to ask (a question), inquire 8
спря́тать, спря́чут (pfv I) to hide, conceal 19
спря́таться, спря́чутся (pfv I) to hide (oneself); to be hidden 19
спу́тник sputnik, satellite 30
срабо́таться (pfv I) to work together in harmony 32g
сра́зу immediately, right 8
среда́ Wednesday 10
среди́ (*plus* gen) among, amidst 33
сре́дний, –яя, –ее middle, average 34
  в сре́днем on the average 34
Сре́дняя А́зия Central Asia 34
сре́зать, сре́жут (pfv I) to cut off 32g
срок date, term, deadline 29
сро́чный urgent, pressing 29
СССР (Сою́з Сове́тских Социалисти́ческих Респу́блик) U.S.S.R. 7
ссыла́ть (I) to exile, deport, banish 35
ста́вить (II) to stand (something), put, place (in standing position) 19
стадио́н stadium 12, 27
  стадио́н им. Ле́нина и МГУ Lenin Stadium and Moscow State University 12
стака́н glass 8
станови́ться (II) to stand, become, grow, get; to step 16
ста́нция station 12
стара́ться (I) to try, attempt 24

старинный   ancient, antique, old 31
старомодный   old-fashioned 33
старше (compar of старый)   older 23
старший   older, oldest, senior 27
старый   old 9
стать, станут (pfv I)   to stand, become, grow, get; to step 18
стена   wall 19
степь (f)   steppe (Russian prairie) 35
стирать (I)   to launder, wash 17
стихи   verses, poetry 10
сто   one hundred 21
стоить (II)   to cost 12
   сколько это стоит?   how much is this? 12
   не стоит   it's no use, it isn't worthwhile 18
стол   table, desk 5
столовая   dining hall, dining room, café 5
   в столовой МГУ   in the Moscow State University dining hall 5
столовая ложка   tablespoon 28
столько   so much, so many 25
   столько... сколько   as much . . . as, as many . . . as 25
сторона   side 22
стоять (II)   to be standing, to stand 4
страна   country 15
странный   strange 13
страшный   terrible, awful, frightful 31
строгий   strict, severe 34
строжайший   the strictest 34
строже (compar of строгий)   stricter 34
строить (II)   to build 15
строиться (II)   to be built 21g
студент   student (m) 1
   студенты играют в шахматы в Красном уголке общежития   students playing chess in a dormitory recreation room 14
студентка   student (f), coed 1
стул   chair 7
стулья (pl of стул) 7
ступить (pfv II)   to step, take a step 30
   ступить шаг   to make a move, do a thing 30
стучать (II)   to knock, pound, rap 17
стыдно   ashamed; it's a shame 20
   Как тебе не стыдно!   Aren't you ashamed of yourself?
суббота   Saturday 10
сумасшедший   madman 22
суметь (pfv I)   to be able, know how 20
сумка   pocketbook, bag, pouch 19
сумочка (var. of сумка)   small bag, handbag, purse 19
суп   soup 17
суровый   rigorous, severe 35
сутки, суток (pl only)   a whole day, twenty-four hours 35
сухой   dry 26
сущность (f)   essence, main point 35
   в сущности говоря   actually, as a matter of fact 35
сходить (pfv II)   to go (and return), make a round trip (on foot) 32g
счастливый   happy 26
счастье   happiness, luck 18
счёт   bill, check, account 23
   в два счёта   in a jiffy, in two shakes 23

счистить (pfv II)   to clean off, brush off; to clear away 32g
считать (I)   to count, consider 10
считаться (I)   to be counted, be considered 28g
США (Соединённые Штаты Америки)   U.S.A. 13
сшить, сошьют (pfv I)   to sew 23
съездить (pfv II)   to make a round trip (by vehicle) 32g
съеден (ppp of съесть)   eaten 33g
съем, съешь, съест, съедим, съедите, съедят (fut of съесть) 20
съесть, съедят (irreg pfv)   to eat up, finish eating 20
съехаться, съедутся (pfv I)   to converge (by vehicle) 32g
съехать, съедут (pfv I)   to drive down (or off) 32g
сыграть (pfv I)   to play a game 14
сын   son 17
сыновья (pl of сын) 17
сюда   here, over here 10

Т т

та (see тот)   that, that one, the latter 6, 25
таблетка   tablet, pill 28
тайга   taiga (Siberian forest) 35
так (unstressed)   then, in that case 3
так   so, as, that way, thus 3
   так и быть   so be it; well, all right then 28
   так и есть   just as I thought, I was right 19
   так как   inasmuch as, since, because 26
   так, как   just as 16
также   as well, likewise, also 30
такой   such, so 11
такси (indecl n)   taxi 12
талон   coupon 24
там   there 11
Тамарочка (var. of Тамара)   Tamara, Tamara dear 22
танец (sg of танцы) 10
танцевать, танцуют (I)   to dance 10
танцы   dance(s), dancing 10
Таня (var. of Татьяна)   Tanya 17
Ташкент   Tashkent 12
ташкентский   Tashkent (adj) 31
твёрдый   hard, solid, firm 35
твой, твоя, твоё, твои   your(s) 6
те (pl of тот) 13
те же   the same 13
театр   theater 9
   Театр сатиры   Satiric Theater 31
театральный   theatrical, theater (adj) 13
тебе (prep, dat of ты) 6, 14
тебя (gen, acc of ты) 6, 9, 10
телевидение   T.V., television 36
телевизор   T.V. set 36
телеграмма   telegram, wire 36
телефон   telephone, phone 7
   звонит телефон   the phone's ringing 7
   звонить по телефону   to phone 16
   подойди(те) к телефону!   answer the phone! 7
телеграф   telegraph office 36
тело   body 27
тем более   all the more, the more so 28
тем временем   in the meantime, meanwhile 30
тема   topic, theme, subject 33

темне́е (compar of тёмный)   darker 26
тёмный (темно́)   dark 26
температу́ра   temperature 28
те́ннис   tennis 11
  игра́ть в те́ннис   to play tennis 11
тепе́рь   now 2
тёплый   warm 14
  тепло́   [it's] warm 14
  тёплое месте́чко   a nice, cushy job 18
терпе́ть (II)   to endure, suffer, stand 36
терра́риум   terrarium 32
теря́ть (I)   to lose 17
те́сный   tight, cramped, crowded 26
тетра́дь (f)   notebook 6
тётя   aunt 17
те́хник   technician 18
те́хника   technology, engineering 18
ти́гр   tiger 32
типи́чный   typical 33
ти́хий   quiet, silent, calm, soft; slow 26
ти́ше (compar of ти́хий)   quieter, softer; more slowly; quiet! 26
тка́нь (f)   fabric, cloth, textile 32
то́ (see то́т that) 6, 25
то́   then, in that case 19
  а то́   otherwise, or else 19
тобо́й (instr of ты́) 17
това́рищ   comrade, friend, colleague 9
  това́рищ по ко́мнате   roommate 10
тогда́   then, in that case 6
то́же   too, also, either 2, 8
толку́чка   flea market, secondhand market 13
Толсто́й, Ле́в   Tolstoy, Leo (name of writer) 11
то́лстый   thick, coarse, heavy (duty) 23
то́лще (compar of то́лстый)   thicker, coarser 23
то́лько   only, just 5
  то́лько что   just, just now 8
То́ля (var. of Анато́лий)   Tolya 18
тома́т   tomato, tomato paste (or sauce) 25
тома́тный   tomato (adj) 25
тому́ наза́д   ago 17
то́нкий   thin, fine, slender 23
то́ньше (compar of то́нкий)   thinner, finer, more slender 23
торопи́ть (II)   to rush (someone or something) 21g
торопи́ться (II)   to rush, be in a hurry 19
то́рт   cake 17
тоскли́вый   sad, melancholy 36
то́т, та́, то́   that, that one, the latter 6, 25
то́т же, та́ же, то́ же   the same 13
то́чка   dot, point, period 17
то́чный   exact, precise 16
трава́   grass 17
трамва́й   streetcar 31
трём, тремя́ (see три́) 23g
трениров́аться (I)   to train, practice 22
тре́тий, тре́тья, тре́тье   third 21
трёх, трём, тремя́ (see три́) 23g
трёхсо́тый   three-hundredth 36
три́, трёх, трём, тремя́   three 10, 23g
тридца́тый   thirtieth 21
три́дцать   thirty 12, 23g
трина́дцатый   thirteenth 21
трина́дцать   thirteen 19
три́ста   three hundred 30
тро́е   (group of) three 27

тро́йка   troika (team of three horses) 35
тролле́йбус   trolley 31
тру́д   labor, work, difficulty 32
труди́ться (II)   to labor, toil, work hard, go to some trouble 35
тру́дный (тру́дно)   difficult, hard 13
трудово́й   labor (adj), working 32
трудя́щийся   working man, laborer 35
трусы́ (pl only)   trunks, shorts 27
тря́пка   rag, (pl) clothes 33
туда́   there, to that place 5
тума́н   fog, mist 35
тума́нный   foggy, misty 35
тупо́й   blunt, dull, obtuse, stupid 31
тури́ст   tourist 15
ту́т   here 4
ту́фля   woman's shoe, slipper 33
ту́ча   dark cloud, storm cloud 20
тушёный   stewed 34
  тушёное мя́со   stew 34
туши́ть (II)   to turn out, put out, extinguish 29
ты́   you (familiar) 1
ты́сяча   thousand 21
ты́сячный   thousandth 36
тяжеле́е (compar of тяжёлый)   heavier; harder 23
тяжёлый (тяжело́)   heavy; hard, difficult 23
тя́жесть (f)   load, weight 23
тяну́чка   toffee, caramel 25

У у

у (plus gen)   at, by, from, on, at the place of 4, 9g
  У меня́ боли́т голова́.   I have a headache. 19
  у на́с [е́сть]   we have 5
  у него́ [е́сть]   he has 8
  у неё [е́сть]   she has 4
  у ни́х [е́сть]   they have 8
убива́ть (I)   to kill 17
убира́ть (I)   to take away, remove, tidy up 34
  убира́ть (or убра́ть) со стола́   to clear the table 34
убо́рная   toilet, lavatory 12
убо́рщица   cleaning woman 7
убра́ть, уберу́т (pfv I)   to take away, remove, tidy up 34
уве́ренный (уве́рен)   sure, assured, certain 21
уви́деться (pfv II)   to see each other 21g
увлека́ться (I)   to be fascinated by; to have as a hobby 30
увле́чься, увлеку́тся (pfv I)   to be fascinated by; to be carried away by 30
угада́ть (I)   to guess 34
у́гол, угла́   corner, angle 8
уголо́к, –лка́   little corner 13
  кра́сный уголо́к   recreation room (lit. red corner) 13
уви́деть (pfv II)   to see, catch sight of 10
угости́ть (pfv II)   to treat, entertain 29
угоща́ть (I)   to treat, entertain 29
угоща́ться (I)   to be treated, treat oneself, be one's guest 29
угоща́йся, угоща́йтесь   help yourself, be my guest 29
уда́в   boa constrictor 32
уда́рить (pfv II)   to strike, hit; to kick 27
уда́ться (irreg pfv) (like да́ть)   to succeed, be lucky enough, manage 27
  мне́ удало́сь   I succeeded, I managed 27

уда́ча   luck, good luck 11
удиви́тельный   surprising, astonishing, amazing 32
удивля́ть (I)   to surprise 21g
удивля́ться (I)   to be surprised 12
удо́бный   convenient, comfortable 12
удо́бство   convenience, comfort 12
удово́льствие   pleasure 3
  с удово́льствием   with pleasure, gladly 3
уезжа́ть (I)   to go away (by vehicle) 16
уе́хать, уе́дут (pfv I)   to go away (by vehicle) 16
ужа́сный   terrible, awful 32
уже́   already, (by) now 2
  уже́ не   no longer, not . . . anymore 13
у́же (compar of у́зкий)   narrower 34
у́жин   supper 24
у́жинать (I)   to eat supper 24
у́зкий   narrow 34
узнава́ть, узнаю́т (I)   to find out, learn; to recognize, know 25
узна́ть (pfv I)   to find out, learn; to recognize 7
уйти́, уйду́т (pfv I)   to go away, leave 23
«Украи́на»   The Ukraine (hotel) 12
украи́нец –нца   Ukrainian 7
украи́нский   Ukrainian 32
укра́сть, украду́т (pfv I)   to steal 19
укры́ть, укро́ют (pfv I)   to cover 28
улете́ть (pfv II)   to fly away, leave (by air) 19
у́лица   street 13
у́личный   street (adj) 7, 25
  у́личная прода́жа ква́са   street vending of kvas
  у́личный продаве́ц пила́ва в Ташке́нте   street seller of pilaf in Tashkent 7
улучша́ть (I)   to improve (something) 29
улучша́ться (I)   to improve, get better 29
улу́чшить (pfv II)   to improve (something) 29
улу́чшиться (pfv II)   to improve, get better 29
у́м   mind, sense 16
  вы́ с ума́ сошли́!   you're out of your mind! 16
умён, умна́, –о́ (short forms of у́мный)   wise, smart, intelligent 22g
умере́ть, умру́т (pfv I)   to die 20
  умере́ть с го́лоду   to starve to death 20
уме́ть (I)   to be able; to know how 20
умира́ть (I)   to die 20
у́мный   wise, smart, intelligent 16
умыва́льник   washstand, wash basin 25
  под умыва́льником   at the washstand (or wash basin) 25
умыва́ться (I)   to wash up, wash oneself 26
умы́ться, умо́ются (pfv I)   to wash up, wash oneself 26
университе́т   university 3
уничтожа́ть (I)   to destroy, annihilate 32
уничто́жить (pfv II)   to destroy, annihilate 32
упа́сть, упаду́т (pfv I)   to fall, fall down 16
уползти́, уползу́т (pfv I)   to crawl away, creep off 17
ура́!   hurrah! 20
уро́к   lesson, class 1
урони́ть (pfv II)   to drop 28
услы́шать (pfv II)   to hear 13
Успе́нскнй собо́р, постро́енный в 1475–79 гг.   Uspensky Cathedral, built in 1475–79 36
успе́ть (pfv I)   to manage in time, make it, succeed 11

успе́х   success, luck 18
  де́лать больши́е успе́хи   to do very well, make excellent progress 18
уста́ть, уста́нут (pfv I)   to be tired, get tired 14
устра́ивать (I)   to arrange, set up, establish 33
  устра́ивать (or устро́ить) вечери́нку   to throw a party, give a party 33
устро́ить (pfv II)   to arrange, fix up, organize 18
устро́иться (pfv II)   to get fixed up, get established, get settled 18
у́тка   duck 34
утону́ть (pfv I)   to drown, be swallowed up 34
у́тро   morning 4
  у́тром   in the morning; this morning 19
  по утра́м   in the mornings 16
у́ф!   ugh! ooh! 14
уха́   fish soup, fish chowder 17
у́хо (pl у́ши)   ear 27
ухо́д   departure, going away 28
уходи́ть (II)   to go away, leave (on foot) 23
учёный   scholar, learned man, scientist 18
учи́тель (m)   teacher 7
учи́тельница   teacher (f) 7
учи́ть (II)   to teach; to study 6, 20
учи́ться (II)   to learn, study 18
у́ши (pl of у́хо)   ears 27
ую́тный   cozy, comfortable 26

Ф ф

фа́брика   factory 9
факульте́т   department 7
фами́лия   last name, family name 11
Фаренге́йт   Fahrenheit 28
февра́ль (m)   February 21
Фе́дя (var. of Фёдор)   Fedya (Ted) 28
фи́зик   physicist 18
фи́зика   physics 8
физкульту́рник   athlete, gymnast 27
  физкульту́рникн на моско́вском стадио́не «Дина́мо»   athletes at the Moscow Dynamo Stadium 27
филатели́ст   stamp collector 30
филатели́я   stamp collecting 30
Фили́ппович (patronymic, son of Фили́пп) 2
фи́льм   film, movie 10
фокстро́т   dance tune, fox-trot 33
фо́рточка   window vent 28
фо́то (indecl n)   photograph, picture 15
Фра́нция   France 30
францу́женка   French woman 33
францу́з   Frenchman 33
францу́зский   French 33
фрукто́вый   fruit (adj) 25
фру́кты (sg фру́кт)   fruit 25
Фу́ ты!   Darn it all! 23
футбо́л   soccer 11
  игра́ть в футбо́л   to play soccer 11
футболи́ст   soccer player 27

X x

хара́ктер   character, nature, temperament 22
Ха́рьков   Kharkov 12
ха́рьковский   Kharkov (adj) 31

хвата́ть (I)   to suffice, be enough 19
  не хвата́ть   to be short, be lacking; to run out of 19
хвати́ть (pfv II)   to suffice, be enough; to have enough; to last 20
хи́мик   chemist 18
хими́ческий   chemical 23
  хими́ческий каранда́ш   indelible pencil 23
хи́мия   chemistry 8
Хитро́в   Khitrov (last name) 2
хле́б   bread 5
ходи́ть (II)   to go, attend, walk 11
хозя́ева (pl of хозя́ин)   landlords, owners, hosts 26
хозя́йка   landlady, housewife, lady of the house, hostess 26
хозя́ин   landlord, owner, host; boss 26
хокке́й   hockey 11
  игра́ть в хокке́й   to play hockey 11
хо́лод   cold; (pl) cold weather 35
холоди́льник   refrigerator, icebox 25
холо́дный   cold 14
  хо́лодно   [it's] cold 14
хоро́ший   good 9
хорошо́   good, fine, well, nice 1
  хорошо́ бы   it'd be nice 20
хоте́ть (irreg pres: хочу́, хо́чешь, хо́чет, хоти́м, хоти́те, хотя́т)   to want 3, 4, 5
хотя́   although 14
  хотя́ бы   even if only 14
хо́чется   [one] feels like 5
хочу́, хо́чешь, хо́чет, etc. (see хоте́ть) 3, 4, 5
хра́м   temple, cathedral 31
  хра́м Васи́лия Блаже́нного   St. Basil's Cathedral 31
хрома́ть (I)   to limp 27
худо́жественный   artistic, art (adj) 31
  Худо́жественный теа́тр   Art Theater, Moscow Art Theater 31
худо́жник   artist, painter 31
ху́же   worse 16

Ц ц

Цара́пкин   Tsarapkin (last name) 2
цве́т   color 13
  цветно́й   in color, colored 15
це́л, –а́, –о (це́лый)   whole, intact, unbroken, in one piece 22
целина́   virgin soil, uncultivated land, frontier 34
це́лый   entire, whole 18
Це́льсий   centigrade 28
цена́   price 31
цензу́ра   censorship 34
це́нный   valuable 36
це́нтр   center 24
  це́нтр го́рода   right downtown, the heart of town 24
центра́льный   central 35
це́рковь, це́ркви (f)   church 15

Ч ч

ча́й   tea 5
  ча́йная ло́жка   teaspoon 28

ча́с   hour 10, 19
  Кото́рый ча́с?   What time is it? 19
  в кото́ром часу́?   at what time? 19
ча́стный   private, personal 13
ча́сто   often, frequently 3
ча́сть (f)   part 26
часы́   watch, clock 19
ча́шка   cup 8
ча́ще (compar of ча́сто)   more often 23g
чего́-то (gen of что́-то)   something 19
  чего́-то не хвата́ет   there's something missing 19
че́й, чья́, чьё, чьи́   whose 6
челове́к   person, human being, man 13
че́м   than 3
  лу́чше по́здно, че́м никогда́   better late than never 3
че́м (instr of что́) 17
чемода́н   suitcase 19
чемода́нчик   (small) suitcase 19
че́рез (plus acc)   through, across, in 13, 15, 24
  че́рез неде́лю   in a week 24
  че́рез ча́с   in an hour 13
  дне́й че́рез пя́ть   in about five days 16
черепа́ха   tortoise, turtle 31
чёрный   black 13
четве́рг   Thursday 10
че́тверо   (group of) four 27
четвёртый   fourth 21
че́тверть (f)   fourth, quarter 19
  без че́тверти   quarter of, quarter to 19
  че́тверть пя́того   quarter past four 24
четы́ре   four 10
четы́реста   four hundred 30
четырёхсо́тый   four-hundredth 36
четы́рнадцать   fourteen 19
четы́рнадцатый   fourteenth 21
Че́хов   Chekhov (name of writer) 33
че́шский   Czech (adj) 29
число́   date, number 21
чи́стить (II)   to clean, brush, scrub; to peel 24
чи́стка   cleaning 24
  отда́ть в чи́стку   to have (something) cleaned 24
чи́стый   clean 25
чита́льный   reading (adj) 13
  чита́льный за́л в одно́м из домо́в культу́ры   reading room in one of the Houses of Culture 13
чита́ть (I)   to read 1, 10
чита́ться   to be read 21g
что   that, who, which 6
что́   what 3
  что́ вы́!   you're not serious! 3
  да что́ (plus nom)   who cares about, to heck with 22
  что́ за (plus nom)   what, what a, what kind of 35
  что́ с (plus instr)   what's the matter with 21
  что́ ли   perhaps, possibly, maybe 18
  что́ но́вого?   what's new? 13
  что́ это   why is it, how come 16
что́бы   in order to, to 18
что́-нибудь   anything, something or other 9
что́-то   something 14
чу́вство   feeling 18
чу́вствовать, чу́вствуют (I)   to feel 16
  чу́вствовать себя́   to be feeling 16

чудеса́ (pl of чу́до)   miracles, wonders 34
   во́т так чудеса́!   will wonders never cease!
     amazing! 34
чу́до   wonder, miracle 34
чуло́к (pl чулки́)   stocking 33
чу́ть не   all but, darned near, almost 16
чьё (n of чей) 6
чьи́ (pl of чей) 6
чья́ (f of чей) 6

Ш ш

ша́г   step, pace 22
   в двух шага́х отсю́да   a couple of steps away,
     a short way from here 23
   на ка́ждом шагу́   with every step, at every turn
     11
шампа́нское   champagne 32
ша́пка   cap 17
ша́хматы (pl only)   chess, chess board 14
   игра́ть в ша́хматы   to play chess 14
ша́хта   mine 35
шве́йная маши́на   sewing machine 23
шёл, шла́, шло́, шли́ (past of идти́) 12, 15
   шёл до́ждь   it rained 20
   шёл сне́г   it snowed 20
шёлковый   silk (adj) 33
шерстяно́й   wool (adj), woolen 33
ше́стеро   (group of) six 27
шестидеся́тый   sixtieth 21
шестиле́тний, –яя, –ее   six-year old, of six years 22
   с шестиле́тнего во́зраста   since the age of six 22
шестисо́тый   six-hundredth 36
шестна́дцатый   sixteenth 21
шестна́дцать   sixteen 16
шесто́й   sixth 21
ше́сть   six 10
шестьдеся́т   sixty 21
шестьсо́т   six hundred 32
ше́я   neck 27
ши́ре (compar of широ́кий)   wider, broader 34
ширина́   width 35
широ́кий   wide, broad 34
ширпотре́б   consumer goods 29
ши́ть, шью́т (1)   to sew 23
шка́ф   cupboard, dresser 5
   в шкафу́   in the cupboard 5
шко́ла   school 6
шко́льник   schoolboy, school child 30
   шко́льники осма́тривают пе́рвый спу́тник   school
     children examine first satellite 30
шля́па   hat 19
шокола́д   chocolate 25

шокола́дный   chocolate (adj) 29
шофёр   driver (of car) 12
шпио́н   spy 19
шту́ка   item, piece; trick 20
   не́сколько шту́к   several, several of them 20
шу́ба   fur coat 35
шути́ть (II)   to joke 19
шу́тка   joke 18

Щ щ

щи́ (pl only)   schi (cabbage *or* sauerkraut soup) 5

Э э

экза́мен   examination, exam 7
экспона́т   display, exhibit 32
электри́ческая бри́тва   electric razor 29
электри́чество   lights, electricity 15
Эрмита́ж   the Hermitage (museum) 24
   в Эрмита́же   inside the Hermitage 24
эта́ж   floor, story 12
э́ти   these, those 6
э́то   it, this, that 2
э́тот, э́та, э́то   this, that 2

Ю ю

ю́бка   skirt 17
юг   south 22
Ю́жная Аме́рика   South America 30
ю́жный   southern, south (adj) 30
ю́ный   young 32
Ю́рий   Yury (George) 16

Я я

я́   I 1
я́блоко   apple 32
язы́к   language, tongue 6
яи́чница   omelet 25
яйцо́   egg 25
яку́т   Yakut
яку́тский   Yakut (adj) 32
Я́лта   Yalta 12
янва́рь (m)   January 21
япо́нец, –нца   Japanese man 33
Япо́ния   Japan 33
япо́нка   Japanese woman 33
япо́нский   Japanese 33
я́сный   clear, lucid; serene 35
я́щик   drawer, box (wooden) 5

INDEX

Russian words are in boldface and English translations in italics. The numbers refer to pages on which the items are discussed and drilled. The following abbreviations are used:

nouns: **стол**– nouns with special prep ending –ý or –ю́ 570–71; decl of irreg noun **путь** *way* 582 N; praps functioning as 877; referring to countries and their inhabitants 816–17, 824–26

numerals *or* numbers: collective or set numerals **двое** through **семеро** 669; decl—of **один** *one* 526–27, of cardinal numbers **2**, **3**, and **4** 590–92, of cardinal numbers **5** through **30** 592–94, of **40** through **100** 722–24, of **200**, **300**, and **400** 748–50, of **500** through **900** 797–99; of **третий** and ordinal numbers 544; ordinal numbers—as last element of year dates 545–47, from *fiftieth* to *one-hundredth* 537, from *first* through *fortieth* 535, special fractional numbers **полтора́**, **полторы́** *1¼*, **полтора́ста** *150* 878–80; summary of uses of ordinal numbers 896–98; usage and decl of **двое** through **семеро** 872–74

óба, **óбе** *both*: decl and usage of 572–74

оди́н *one*: decl of 524–26

ordinal numbers: decl of **тре́тий** and 544; from *first* through *fortieth* 535; from *fiftieth* to *one-hundredth* 537; use—as last element in year dates 545–47, in month dates 542–44; summary of uses of 896–98

participles: long-form ppps 849–51; past active participles 903–06; praps 874–78; ppps— with short forms containing suffix –**ен** (–**ён**) 822–24, with short forms containing suffixes –**т** and –**н** 753–55; pres passive participles 840 N

particle: indefinite advs and adj modifiers formed by means of unstressed particles –**нибудь** and –**то** 496–98; stressed particle **на́** (**на́те**) as substitute for imper **возьми́(те)**, **бери́(те)**, and **получи́(те)** *take!* 580 N; use of—**бы** (**б**) in mild suggestions, requests, and wishes 613–14, unstressed particle **бы** (**б**) in hypothetical conditions 594–96

partitive genitive: use of after transitive vbs to indicate part of a whole 520–21

passive participles: ppps 753–55, 822–24, 849–51; pres passive participles 840 N

passive voice: ppps 753–55, 822–24, 849–51; pres passive participles 840 N; use of refl vbs to express 548–49

past tense: **бы** (**б**) plus past tense in hypothetical conditions 594–96; **бы** (**б**) plus past tense in mild suggestions, requests, and wishes 613–14; **чтобы** (**чтоб**) plus past tense in subordinate clauses 615–16

perfective aspect: general remarks on verbal prefixes 745; pfv vbs—formed by means of prefix **до**– 771–74, formed by means of prefix **за**– 745–48, formed by means of prefix **пере**– 750–53, formed by means of prefix **про**– 774–76, formed by means of prefix **раз**– 781–83, formed by means of prefix **с**– 801–04; prefixes **по**–, **с**–, **вы**–, **на**–, **у**–, **из**–, **за**–, **при**–, **под**–, **про**–, and **раз**– as perfectivizers of simple ipfv vbs 698–700; use of prefix **по**– to form pfvs from u-d ipfvs 565–67, 569

personal pronouns: decl and usage of refl pers pron **себя́** 637–38

пол– (**полу**–) *half*: use of in forming compound nouns and adjs 700–02

possessive adjectives: decl of poss adjs ending in suffix –**ин** 676–78

prefix *or* prefixation: adjs and advs formed by means of unstressed neg prefix **не**– 725–26; general remarks on verbal prefixes 745; motion vbs with directional prefixes **в**–, **под**–, **при**–, **вы**–, **от**–, and **у**– 719–22; pfv vbs—formed by means of prefix **до**– 771–74, formed by means of prefix **за**– 745–48, formed by means of prefix **пере**– 750–53, formed by means of prefix **про**– 774–76, formed by means of prefix **с**– 801–04; prefixes **по**–, **с**–, **вы**–, **на**–, **у**–, **из**–, **за**–, **при**–, **под**–, **про**–, and **раз**– as perfectivizers of simple ipfv vbs 698–700; use of

prefix **по**– —in comparatives 579 N, to form pfvs from u-d ipfvs 565–67, 569

prepositional case: **стол**– nouns with ending –ý or –ю́ in sg 570–71; summary of prep case with major preps **в**, **на**, **о**, and **при** 829–31

prepositions: **за** and **под** with instr and acc cases 498–500; preps **до**, **перед**, and **после** vs conjunctive phrases **до того́ как**, **перед тем как**, and **после того́ как** 854–56; summary of uses—of gen case with preps 777–80, of instr case with preps **с**, **за**, **перед**, **над**, **под**, and **между** 756–58, of prep case with major preps **в**, **на**, **о**, and **при** 829–31

pronouns: decl—of **весь** *all*, *whole* 524–26, of **один** *one* 526–27, of **сам** 635–37; decl and usage—of reciprocal compound pron **друг друга** 799–801, of refl pers pron **себя́** 637–38; full decl of **этот** and **тот** 633; special expressions using **тот** 633–35; indefinite prons **кто́-то**, **кто́-нибудь**, **что́-то**, and **что́-нибудь** 493–96; neg prons—**некого** *there's no one* and **нечего** *there's nothing* 901–03, **никто** and **ничто** 521–23

pronunciation: assimilated clusters beginning with **с** and **з** 493; clusters of four consonants with **ст** as two middle consonants 744–45; clusters of three consonants: **стр**, **ств**, **стк**, **кст**, **лст**, and **льст** 608–09, with **в** as initial consonant 628–29, with **д** as initial consonant 718–19, with **з** as initial consonant 697–98, with **к** as initial consonant 652–53, with **с** as initial consonant 675–76; clusters of two consonants with **в** as second element 541–42; consonant clusters —**зв**, **св**, and **цв** 562, **льв**, **хв**, **кв**, **гв**, and **шв** 585; inconsistencies in spelling as compared with pronunciation 516–17; initial consonant clusters with no parallel in English sound system 770–71, 796–97, 821–22, 843–44

пусть *let*, *have*: third pers imper with **пусть** 678–80

reciprocal compound pron **друг друга**: decl and usage of 799–801

reflexive pronouns: decl and usage of refl pers pron **себя́** 637–38

reflexive verbs: formed from non-refl vbs 547–49; further drills on 705–06; vs non-refl vbs 544–45

secondary imperfectives: formation and usage of 827–29

short-form adjectives: obligatory use of **так** and **как** with short-form adjs as contrasted with use of **такой** and **какой** with long-form adjs 564; usage, formation and endings of 562–65

short-form past passive participles: containing suffix –**ен** (–**ён**) 822–24; containing suffixes –**т** and –**н** 753–55

stems: closed-stem vbs with infs ending in –**сть**, –**сти**, –**зть**, –**зти**, and –**чь** 500–02; review of two-stem 1st conj vbs 702–05

stress: in long-form vs short-form ppps 851; patterns—in praps 877, in surnames 655; shift of from ending to stem in **жена**– nouns **река́**, **рука́**, **нога́**, **вода́**, **зима́**, **стена́**, **среда́**, **голова́**, **пора́**, **душа́**, **земля́**, and others 510 N; two possible stresses in gen sg of **час**—**часа́** in **два часа́** as compared with **часа** in **около часа** 491 fn; variations in short-form adjs 564–65

study: vbs meaning *to study* and *to teach*: **учи́ть**, **научи́ть**, **учи́ться**, **научи́ться**, and **преподава́ть** 513–14 N

subordinate clauses: introduced by—**как**, **что**, and **когда́** when subject differs from that of main clause 794 N, 844–46, **который** 903–05, **чтобы** (**чтоб**) 614–16; use of future after **пока́ не**, **éсли**, **когда́**, and **как то́лько** in 848–49

suffixes: –**в**, –**вши**, and –**ши** as means of forming pfv verbal advs 893–96; –**вш**– and –**ш**– as means of forming past active participles 905–06; decl of poss adjs ending in suffix –ин 676–78; –ейш– and –айш– as means of forming superlative adjs 851–54; ppps—short forms ending in –т and –н 753–55, –ен (–ён) 822–24; –я (–а)—as means of forming a few pfv verbal advs 899–901, as means of forming ipfv verbal advs 869–72; –щ– as means of forming praps 877; stem suffixes –ва–, –ыва–, and –ива– used in forming secondary ipfvs 827–29; vbs that lose suffix –ну– in past tense—привы́кнуть and исчéзнуть 527–29

suggestions in which speaker volunteers to perform activity: 680–81

superlatives (see also comparison): simple superlatives ending in –ейший or –айший and compound superlatives with наибóлее the most and наимéнее the least 851–54; simple vs compound comparatives and superlatives 611–12

surnames (see also names): decl of surnames ending in –ов, –ёв, –ев, and –ин 654–55

time: expressions with instr case forms 729–32; months of year 537; ordinal numbers as last element of year dates 545–47; telling at a quarter past and half past the hour 609–11; telling in minutes—official vs colloquial style 662–63; telling on the hour and at a quarter to the hour 502–04; use of—gen case to express concepts A.M. and P.M. 730–32,—"hundred" system in dates 538 N, ordinal numbers in month dates 542–44

transitive verbs: of motion with paired ipfvs 567–69

two-stem verbs: ending in –овать or –евать 529–30; review of two-stem 1st conj vbs 702–05

unidirectional verbs of motion: intransitive vbs of motion with paired ipfvs—m-d vs u-d 565–67; плы́ть (u-d) vs плáвать (m-d) 514 N; transitive vbs of motion with paired ipfvs—m-d vs u-d 567–69

verbal adverbs: ipfv verbal advs ending in –я (–ясь) or –а (–ась) 869–72; pfv verbal advs ending in –в (non-refl) and –вшись or –шись (refl) 893–96; special pfv verbal advs ending in –я or –а 899–901

verbal prefixes (see also verbs, prefix): general remarks on 745; pfv vbs—formed by means of prefix до-

771–74, formed by means of prefix за- 745–48, formed by means of prefix пере- 750–53, formed by means of prefix про- 774–76, formed by means of prefix раз- 781–83, formed by means of prefix с- 801–04; vbs of motion with directional prefixes в-, под-, при-, вы-, от-, and у- 719–22

verbs: closed-stem vbs with infs ending in –сть, –сти, –зть, –зти, and –чь 500–02; further drills on refl vbs 705–06; general remarks on verbal prefixes 747; intransitive vbs of motion with paired ipfvs 565–67; irreg vbs éсть to eat, поéсть, and съéсть 518–20; катáться, покатáться vs éздить and éхать 510 N; купáться, вы́купаться vs плáвать and плы́ть 513 N; to study and to teach—учи́ть, научи́ть, учи́ться, научи́ться, and преподавáть 513–14 N; motion vbs with directional prefixes в-, под-, при-, вы-, от-, and у- 719–22; non-refl vs refl vbs 544–45; of lying, sitting, and standing—ложи́ться, лéчь; сади́ться, сéсть; станов́ться, стáть vs лежáть, полежáть; сидéть, посидéть; стоя́ть, постоя́ть 631–33; жени́ться, пожени́ться vs выходи́ть (вы́йти) зáмуж 656–58; of putting—клáсть, положи́ть vs стáвить, постáвить 630–631; pfv vbs—formed by means of prefix до- 771–74, formed by means of prefix за- 745–48, formed by means of prefix пере- 750–53, formed by means of prefix про- 774–76, formed by means of prefix раз- 781–83, formed by means of prefix с- 801–04; refl vbs formed from non-refl vbs 547–49; review of two-stem 1st conj vbs 702–05; transitive vbs of motion with paired ipfvs 567–69; use of stem suffixes –ва–, –ыва–, and –ива– in forming secondary ipfvs 827–29; used with instr case—болéть, заболéть, пóльзоваться, воспóльзоваться, занимáться, позанимáться, интересовáться, заинтересовáться 729; with infs ending in— –авáть (–авáться) 658–59, –нуть (–нуться) 527–29, –овать or –евать 529–30

verbs of motion: intransitive vbs of motion with paired ipfvs 565–67; плáвать (m-d) vs плы́ть (u-d) 514 N; transitive vbs of motion with paired ipfvs 567–69; with directional prefixes в-, под-, при-, вы-, от-, and у- 719–22

worker: рабóчий vs рабóтник 836 N